Rechnungslegung in wirtschaftlichen Krisenzeiten

Internationale Steuerlehre, Steuerrecht und Wirtschaftsprüfung

Herausgegeben von Rainer Heurung/Gerd Morgenthaler/Andreas Dutzi

Band 10

Zur Qualitätssicherung und Peer Review der vorliegenden Publikation

Die Qualität der in dieser Reihe erscheinenden Arbeiten wird vor der Publikation durch einen Herausgeber der Reihe geprüft.

Notes on the quality assurance and peer review of this publication

Prior to publication, the quality of the work published in this series is reviewed by one of the editors of the series.

Bastian Rausch

Rechnungslegung in wirtschaftlichen Krisenzeiten

Eine empirische Analyse der bilanzpolitischen Einflussnahme mittelständischer Unternehmen vor einer Insolvenz

PL ACADEMIC RESEARCH

Bibliografische Information der Deutschen Nationalbibliothek
Die Deutsche Nationalbibliothek verzeichnet diese Publikation in der Deutschen Nationalbibliografie; detaillierte bibliografische Daten sind im Internet über http://dnb.d-nb.de abrufbar.

Zugl.: Siegen, Univ., Diss., 2017

D 467
ISSN 2191-1223
ISBN 978-3-631-71486-7 (Print)
E-ISBN 978-3-631-71585-7 (E-PDF)
E-ISBN 978-3-631-71586-4 (EPUB)
E-ISBN 978-3-631-71587-1 (MOBI)
DOI 10.3726/b11374

PL Academic Research ist ein Imprint der Peter Lang GmbH.

Peter Lang – Frankfurt am Main · Bern · Bruxelles · New York · Oxford · Warszawa · Wien

Diese Publikation wurde begutachtet.

www.peterlang.com

Vorwort

Die vorliegende Arbeit ist an der Fakultät für Wirtschaftswissenschaften, Wirtschaftsinformatik und Wirtschaftsrecht der Universität Siegen im April 2017 als Dissertation angenommen worden. Sie entstand während meiner Tätigkeit als wissenschaftlicher Mitarbeiter am Lehrstuhl für Betriebswirtschaftslehre, insb. Rechnungslegung und Corporate Governance von Herrn Univ.-Prof. Dr. Andreas Dutzi.

Herzlich bedanken möchte ich mich bei meinem hoch geschätzten akademischen Lehrer und Doktorvater Univ.-Prof. Dr. Andreas Dutzi. Zusätzlich zur Übernahme des Erstgutachtens und der Betreuung des Promotionsverfahrens, durfte ich in meiner Tätigkeit an seinem Lehrstuhl zahlreiche wertvolle Erfahrungen sammeln, welche über die akademische Ausbildung deutlich hinausgehen. Bedanken möchte ich mich auch bei Univ.-Prof. Dr. Rainer Heurung für die Übernahme des Zweitgutachtens und bei Univ.-Prof. Dr. Arnd Wiedemann für den Vorsitz der Promotionskommission.

Auch meinen Kollegen und allen Doktoranden am Lehrstuhl gilt ein besonderer Dank für die tolle Zusammenarbeit und die produktiven fachlichen Diskussionen während der Entstehungsphase der Dissertation.

Widmen möchte ich die Arbeit meinen Eltern, welche mich in jeder Lebenslage uneingeschränkt unterstützt haben und ohne diese ich meinen beruflichen Werdegang in dieser Form nicht geschafft hätte. Des Weiteren möchte ich meiner Lebensgefährtin für das Verständnis und die Unterstützung während des gesamten Projektes Dank aussprechen. Auch bei allen meinen Freunden möchte ich mich bedanken, welche mich während des Promotionsverfahrens immer wieder auch auf andere Gedanken gebracht haben.

Siegen, April 2017 Bastian Rausch

Geleitwort

Aus wissenschaftlicher Sicht ist die Forschung über die Ausgestaltung der Rechnungslegung bzw. die Bilanzpolitik von Unternehmen in Krisen- bzw. Vorinsolvenzphasen interessanterweise noch vergleichsweise jung. Es finden sich zwar mehrere konzeptionelle Arbeiten, die auf einen hohen diskretionären Handlungsspielraum bei den Bilanzerstellern hinweisen. Umfangreiche qualitative oder quantitative Analysen liegen hingegen nur eingeschränkt vor. Dabei konzentrieren sich die bisherigen Arbeiten aufgrund der Datenverfügbarkeit auf kapitalmarktorientierte Unternehmen oder auf internationale Fälle. Bezogen auf nicht-kapitalmarktorientierte Unternehmen mit Sitz in Deutschland liegen hingegen keine Erkenntnisse vor, was angesichts der hohen Bedeutung des Mittelstands in Deutschland überrascht.

Herr Dr. Bastian Rausch setzt mit seiner Untersuchung an dieser Stelle an und analysiert über mehrere HGB-Berichtsperioden hinweg das bilanzpolitische Verhalten von mittelgroßen Unternehmen aus theoretischer und empirischer Perspektive. Zur Identifikation von bilanzpolitischen Besonderheiten werden 110 solvente Unternehmen und insolvente Unternehmen über einen Zeitraum von vier Jahren betrachtet. Herr Dr. Rausch wertet hierzu nicht nur die Jahresabschlüsse der betreffenden Unternehmen mit Hilfe eines umfassenden Bilanzpolitikindex qualitativ aus, sondern greift im Rahmen einer empirischen Analyse auch auf die einschlägigen Regressionsmodelle zur Messung von Earnings Management zurück. Durch diese kombinierte Vorgehensweise ist es Herrn Rausch möglich, die in der internationalen Forschung vorzufindenden heterogenen Messergebnisse detailliert und plausibel zu interpretieren und für weitere Forschungsarbeiten hilfreiche Schlüsse zu ziehen.

Die vorliegende Untersuchung zeigt in der Summe sehr deutlich auf, dass das Erkennen von Bilanzpolitik gerade in wirtschaftlichen Krisenzeiten von zentraler Bedeutung für Eigen- und Fremdkapitalgeber sowie andere externe Stakeholder ist. Die Lektüre der vorliegenden Untersuchung ist damit vor allem Personen, die Besonderheiten von mittelständischen Unternehmen erforschen und/oder jene Unternehmen beraten, dringend zu empfehlen. Die sehr anschauliche Ableitung der einzelnen Teilergebnisse dürfte auch die kritische Reflexion jener bilanzpolitischen Maßnahmen unterstützen, die auf der Seite der betroffenen Unternehmen zur Optimierung der individuellen Zielsetzungen zur Auswahl stehen.

Prof. Dr. Andreas Dutzi
Universität Siegen

Inhaltsverzeichnis

Tabellenverzeichnis

Abbildungsverzeichnis

Abkürzungsverzeichnis

Abb.	Abbildung
Abs.	Absatz
a.F.	alte Fassung
Afa	Absetzung für Abnutzung
AK	Anschaffungskosten
AktG	Aktiengesetz
Art.	Artikel
AV	Anlagevermögen
AWV	Anwartschaftsbarwertverfahren
BBK	Buchführung, Bilanzierung, Kostenrechnung
BC	Zeitschrift für Bilanzierung, Rechnungswesen und Controlling
BDI	Bundesverband der deutschen Industrie e.V.
BFH	Bundesfinanzhof
BFuP	Betriebswirtschaftliche Forschung und Praxis
BGBl	Bundesgesetzblatt
BGH	Bundesgerichtshof
BilMoG	Bilanzrechtsmodernisierungsgesetz
BilRiLiG	Bilanzrichtlinien-Gesetz
BilRUG	Bilanzrichtlinie-Umsetzungsgesetz
BP	Bilanzpolitik
bsph.	beispielhaft
bspw.	beispielsweise
BT-Drs	Bundestagsdrucksache
bzw.	beziehungsweise
CEO	Chief Executive Officer
CFL	Corporate Finance Law
CH	Change
Corp.	Corporation
DAX	Deutscher Aktienindex
DB	Der Betrieb
DBW	Die Betriebswirtschaft
DHBW	Duale Hochschule Baden-Württemberg
DRS	Deutscher Rechnungslegungsstandard
DRSC	Deutsches Rechnungslegungs Standards Committee
DStR	Deutsches Steuerrecht
EGHGB	Einführungsgesetz Handelsgesetzbuch
EHUG	Gesetz über elektronische Handelsregister und Genossenschaftsregister sowie das Unternehmensregister
EStG	Einkommensteuergesetz

ESUG	Gesetz zur weiteren Erleichterung der Sanierung von Unternehmen
EU	Europäische Union
e.V.	eingetragener Verein
EWB	Einzelwertberichtigung
EWG	Europäische Wirtschaftsgemeinschaft
E&Y	Ernst und Young
FAV	Finanzanlagevermögen
f.	folgend
Fifo	First in first out
FK	Fremdkapital
FMStG	Finanzmarktstabilisierungsgesetz
FN	Fachnachrichten
FW	Firmenwert
GE	Geldeinheiten
gem.	gemäß
GF	Geschäftsführung
ggf.	gegebenenfalls
GKR	Gesamtkapitalrentabilität
GmbH	Gesellschaft mit beschränkter Haftung
GmbHG	GmbH-Gesetz
GMM	generalized method of moment
GoB	Grundsätze ordnungsmäßiger Buchführung
GoF	Geschäfts- oder Firmenwert
GPA	Gesamte Periodenabgrenzungen
GuV	Gewinn- und Verlustrechnung
GWG	Geringwertiges Wirtschaftsgut
HGB	Handelsgesetzbuch in der Fassung nach BilMoG (Stand 25.5.2009)
HGB n.F.	Handelsgesetzbuch in der Fassung nach BilRUG (Stand 17.7.2015)
HK	Herstellungskosten
Hrsg.	Herausgeber
HS	Halbsatz
http	Hypertext Transfer Protocol
IAS	International Accounting Standard
i.d.R.	in der Regel
IDW	Institut der Wirtschaftsprüfer
IfM	Institut für Mittelstandsforschung
IFRS	International Financial Reporting Standards
i.H.v.	in Höhe von
insb.	insbesondere
InsO	Insolvenzordnung
i.V.m	in Verbindung mit
IRZ	Zeitschrift für internationale Rechnungslegung
JE	Jahresergebnis

JfB	Journal für Betriebswirtschaft
Jg.	Jahrgang
JM	Jones-Modell
KHG	Krankenhausfinanzierungsgesetz
KMU	kleine und mittlere Unternehmen
KoR	Zeitschrift für internationale und kapitalmarktorientierte Rechnungslegung
KPA	kurzfristige Periodenabgrenzungen
KPAJM	Jones-Modell auf Basis kurzfristiger Periodenabgrenzungen
KPAMJ	Modified-Jones-Modell auf Basis kurzfristiger Periodenabgrenzungen
KSI	Krisen, Sanierung, Insolvenz
LEV	Leverage
Lifo	Last in first out
lt.	laut
MDAX	Mid-Cap-Index
MicroBilG	Kleinstkapitalgesellschaften-Bilanzrechtsänderungsgesetz
MJ	Modified-Jones-Modell
MW	Managementwechsel
NACE	Nomenclature statistique des activités économiques dans la Communauté européenne (Statistische Systematik der Wirtschaftszweige in der Europäischen Gemeinschaft)
ND	Nutzungsdauer
Nr.	Nummer
nv	nicht verfügbar
NWB	Neue Wirtschafts-Briefe
OCF	Operativer Cash Flow
OLS	Ordinary least square
o.V.	ohne Verfasser
PMMJ	Performance-Matched-Modified-Jones-Modell
PS	Prüfungsstandard
PublG	Publizitätsgesetz
PWB	Pauschalwertberichtigung
Q	Quartil
R	Bestimmtheitsmaß
RH	Rechnungslegungshinweis
R^2	adjustiertes Bestimmtheitsmaß
Rn.	Randnummer
ROA	Return on Assets
S.	Seite (bei Literaturverweisen)/Satz (bei Gesetzesverweisen)
SEC	Securities and Exchange Commission
SMEs	small and medium-sized enterprises
sog.	so genannt
Sp.	Spalte

SSRN	Social Science Research Network
StB	Der Steuerberater
Std.-Abw.	Standardabweichung
TWV	Teilwertverfahren
u.a.	unter anderem
UR	Umsatzrentabilität
USA	United States of America
u.U.	unter Umständen
v.	vom/von
VG	Vermögensgegenstand
Vgl.	Vergleiche
vs.	versus
WiSt	Wirtschaftswissenschaftliches Studium
WP	Wirtschaftsprüfer
z.B.	zum Beispiel
ZfB	Zeitschrift für Betriebswirtschaft
ZfbF	Schmalenbachs Zeitschrift für betriebswirtschaftliche Forschung
ZInsO	Zeitschrift für das gesamte Insolvenzrecht
ZIS	Zentrum für Insolvenz und Sanierung an der Universität Mannheim e.V.
ZW	Zeitwert
zzgl.	zuzüglich

Symbolverzeichnis

$N_A(\cdot)$	Nutzenfunktion des Agenten
A_A	Aufwand des Agenten
I	Intensität des Aufwands des Agenten
S_{BP} (JA)	Bilanzpolitische Strategie in Abhängigkeit des Jahresabschlusses
JA	Jahresabschluss
$\min_{\dots} E[\dots]$	Minimierungsoperator für den Erwartungswert unter Restriktion der Nebenbedingungen
$n_{A,i}$	Nutzen des Agenten
$K_P(\cdot)$	Kostenfunktion des Prinzipals
I^H	Intensität des Aufwands des Agenten mit der Ausprägung hoch
e_A	Arbeitseinsatz des Agenten
$\in$	Element von
$<$	kleiner als
$>$	größer als
$\geq$	größer oder gleich als
Δ	Veränderung einer Variablenausprägung in Periode t im Vergleich zur Periode t-1
Q	Quartil
σ	Standardabweichung
$\{\dots\}$	Menge/Klasse
$a_A(\cdot)$	Kostenfunktion des Agenten
k_A	Kosten des Agenten für seinen Arbeitseinsatz
JÜ	Jahresüberschuss
$a_{A,BP}(\cdot)$	Kostenfunktion des Agenten für die betriebene Bilanzpolitik
$k_{A,BP}$	Kosten des Agenten für die betriebene Bilanzpolitik
$l_{A,i}$	Entlohnung des Agenten
θ	Zufallsvariable
p_h	Wahrscheinlichkeit für Arbeitseinsatz des Agenten hoch und Variable Jahresüberschuss hoch
p_n	Wahrscheinlichkeit für Arbeitseinsatz des Agenten niedrig und Variable Jahresüberschuss niedrig
x	Wahrscheinlichkeit, dass der Agent den Jahresüberschuss durch Bilanzpolitik beeinflussen kann
S_{BP} (JÜ)	Bilanzpolitische Strategie in Abhängigkeit des Jahresüberschusses
$N_A^{alternativ}$	Nutzen des Agenten für ein Alternativangebot
$\{\dots(\cdot)\|h\}$	Nutzen- oder Kostenfunktion bei der Eigenschaft Arbeitseinsatz des Agenten hoch

$\underset{e \in \{n,h\}}{\arg\max} E[\ldots]$	Argument des Maximums für den Erwartungswert unter der Bedingung eines Arbeitseinsatzes des Agenten als Element von hoch und niedrig
$\forall JÜ \in$	für die Entität Jahresüberschuss gilt die Eigenschaft Element aus
GPA_t	gesamte Periodenabgrenzungen in Periode t
NPA_t	normale Periodenabgrenzungen in Periode t
DPA_t	diskretionäre Periodenabgrenzungen in Periode t
BP_t	Bilanzpolitik in Periode t
$JE_{t,oBP}$	Jahresergebnis ohne den Einfluss von Bilanzpolitik in Periode t
$JE_{t,BP}$	Jahresergebnis inklusive des Einflusses von Bilanzpolitik in Periode t
DPA_t^A	aktuelle diskretionäre Periodenabgrenzungen in Periode t
DPA_t^U	Umkehrwirkungen vergangener diskretionärer Periodenabgrenzungen in Periode t
DPA_{t-i}	Saldo vergangener diskretionärer Periodenabgrenzungen in der aktuellen Periode t
DPA_t^G	gleichgerichtete diskretionäre Periodenabgrenzungen in Periode t aus Vorperioden resultierend
$Ford_{i,t}^{LuL}$	Forderungen aus Lieferungen und Leistungen von Unternehmen i in Periode t
$U_{i,t}$	Umsatzerlöse von Unternehmen i in Periode t
$Abschr_{i,t}^{index}$	Abschreibungsindex von Unternehmen i in Periode t
$Abschr_{i,t}$	Abschreibung von Unternehmen i in Periode t
$SAV_{i,t}$	Bruttosachanlagevermögen von Unternehmen i in Periode t
$Vorräte_{i,t}^{index}$	Vorratsindex von Unternehmen i in Periode t
$Vorräte_{i,t}$	Vorratsbestand von Unternehmen i in Periode t
$MA_{i,t}$	Materialaufwand von Unternehmen i in Periode t
$Abschr_{i,t}^{DC}$	diskretionäre Abschreibungen von Unternehmen i in Periode t
$BS_{i,t}$	Bilanzsumme von Unternehmen i in Periode t
$JE_{i,t}$	Jahresergebnis von Unternehmen i in Periode t
$CF_{i,t}$	Cash Flow von Unternehmen i in Periode t
$OCF_{i,t}$	Operativer Cash Flow von Unternehmen i in Periode t
$WC_{i,t}$	Working Capital von Unternehmen i in Periode t
$LM_{i,t}$	liquide Mittel von Unternehmen i in Periode t
$Ford_{i,t}^{kurzfr}$	kurzfristige Forderungen von Unternehmen i in Periode t
$Verb_{i,t}^{kurzfr}$	kurzfristige Verbindlichkeiten von Unternehmen i in Periode t
$KPA_{i,t}$	kurzfristige Periodenabgrenzungen von Unternehmen i in Periode t
$VG_{i,t}^{sonst}$	sonstige Vermögensgegenstände von Unternehmen i in Periode t
$RaP_{i,t}$	Rechnungsabgrenzungsposten von Unternehmen i in Periode t
$Verb_{i,t}^{LuL}$	Verbindlichkeiten aus Lieferungen und Leistungen von Unternehmen i in Periode t

$Verb_{i,t}^{sonst}$	sonstige kurzfristige Verbindlichkeiten von Unternehmen i in Periode t
$RS_{i,t}$	Rückstellungen von Unternehmen i in Periode t
Median $(\cdot)$	Median von Variable $\cdot$
t^{s}	Schätzperiode
t^{E}	Ereignisperiode
$\widetilde{NPA}_{i,t^E}$	geschätzte normale Periodenabgrenzungen von Unternehmen i in der Ereignisperiode
β_i	unternehmensspezifischer Regressionskoeffizient
$X_{n,i,t}$	Regressor von Unternehmen i in Periode t
$\varepsilon_{i,t}$	Fehlerterm von Unternehmen i in Periode t
k	Schätzparameter für die Verbindung von Umsatzerlösen und Forderungen aus Lieferungen und Leistungen
$W\_U_{i,t+1}$	Umsatzwachstumsvariable
$DPA_t^{angepasst}$	performanceadjustierte diskretionäre Periodenabgrenzungen
$ROA_{i,t}$	Return on Asset von Unternehmen i in Periode t
$DPA_{i,t}^{beobachtbar}$	beobachtbare diskretionäre Periodenabgrenzungen von Unternehmen i in Periode t
$PART_t$	Dummyvariable, welche den Wert 1 bei dem Einsatz von Bilanzpolitik annimmt, andernfalls 0
$V_{i,t}$	Schätzfehler von Unternehmen i in Periode t
$\mu_{i,t}$	zusammengefasster Schätzfehler von Unternehmen i in Periode t
$NOCF_{i,t}$	normaler operativer Cash Flow von Unternehmen i in Periode t
$DOCF_{i,t}$	diskretionärer operativer Cash Flow von Unternehmen i in Periode t
$NUK_{i,t}$	normale Umsatzkosten von Unternehmen i in Periode t
$\Delta Vorräte_{i,t}^{normal}$	normale Bestandsveränderung des Vorratsvermögens von Unternehmen i in Periode t
$NPRODK_{i,t}$	normale Produktionskosten von Unternehmen i in Periode t
$DAUFW_{i,t}$	diskretionäre Aufwendungen von Unternehmen i in Periode t
$D_{i,t}$	standardisierte Differenz der Stichprobe in Abhängigeit der festgelegten Invervalle i in Periode t
$BW_{i,t}$	Beobachtungswert von Intervall i in Periode t
$Z'_{i,t}$	angepasster Z-Score von Unternehmen i in Periode t
$GR_{i,t}$	Gewinnrücklagen von Unternehmen i in Periode t
$EBIT_{i,t}$	Gewinn vor Steuern und Zinsen von Unternehmen i in Periode t
$EK_{i,t}$	Buchwert des Eigenkapitals von Unternehmen i in Periode t
$FK_{i,t}$	Buchwert des Fremdkapitals von Unternehmen i in Periode t
R	Bestimmtheitsmaß
R^2	angepasstes Bestimmtheitsmaß
$Führung_{i,t}$	Dummy-Variable für die Beteiligungsverhältnisse der Geschäftsführung
$Vermerk_{i,t}^{WP}$	Dummy-Variable für den Bestätigungsvermerk

$WP_{i,t}$	Dummy-Variable für den Wirtschaftsprüfer
$WP_{i,t}^{Wechsel}$	Dummy-Variable für einen Wirtschaftsprüferwechsel
$MW_{i,t}$	Dummy-Variable für einen Managementwechsel
$GF_{i,t}$	Dummy-Variable für die Geschäftsführung
$G_{i,t}$	Dummy-Variable für die Geschlechterzusammensetzung innerhalb der Geschäftsführung
$Größe_{i,t}$	Dummy-Variable für die Unternehmensgröße
$LEV_{i,t}$	Dummy-Variable für den Leverage
ZScore	Dummy-Variable für den Z-Score

1 Einleitung

1.1 Problemstellung und Zielsetzung

Globale Wirtschaftskrisen, fehlerhaftes Management, Finanzierungslücken und viele weitere Faktoren können bei Unternehmen unterschiedlichster Größenordnungen und Branchen zu wirtschaftlichen Krisensituationen führen. Gelingt es den Unternehmen nicht die Krise zu überwinden, bleibt oftmals die Insolvenz als einzige Option. In vergangener Zeit hat insb. die Finanzmarktkrise wie auch die europäische Schuldenkrise die Diskussion um Unternehmensinsolvenzen und deren Ursachen und Vermeidungsstrategien erneut entflammt. Dessen ungeachtet sind Unternehmenskrisen jedoch kein neues Phänomen. Die Krise wird allgemein als Notsituation verstanden, in welcher die Existenz des Unternehmens gefährdet ist.[1] Sofern diese nicht überwunden werden kann und einer der Insolvenztatbestände Zahlungsunfähigkeit oder Überschuldung erfüllt ist, folgt unweigerlich die Insolvenz. Im Jahr 2015 mussten in der Bundesrepublik Deutschland 23.123 Unternehmen die Insolvenz beantragen,[2] woraus für die Insolvenzgläubiger ein geschätzter Schaden in Höhe von 19,6 Milliarden Euro entstanden ist.[3]

Meist dienen die aus der Rechnungslegung durch den Jahresabschluss bereitgestellten Informationen Gläubigern als entscheidender Anhaltspunkt zur Beurteilung der wirtschaftlichen Lage eines Unternehmens. Wird den Gläubigern aufgrund negativer Zahlen eine Krise des Unternehmens angedeutet, kann dies dazu führen, dass Lieferanten das Unternehmen nicht mehr ausreichend mit Waren beliefern und Probleme bei der Kapitalbeschaffung auftreten. Nicht-kapitalmarktorientierte, meist dem Mittelstand zuzurechnende Unternehmen, sind in Deutschland sehr stark von Bankkrediten abhängig.[4] Seit der Einführung von Basel II wird bei der Kreditvergabe und Festlegung der Kreditkonditionen dem durch die Banken angewandten Unternehmensrating, die Rolle des zentralen Entscheidungskriteriums zugesprochen.[5] Zudem sind viele Kreditverträge mittlerweile mit finanziellen Auflagen verbunden.[6] Werden diese Auflagen in Form von einzuhaltenden Finanzkennzahlen während einer wirtschaftlichen Krise nicht beachtet, kann dies eine Kreditkündigung oder eine nachteilige Anpassung der Kreditkonditionen zur Folge haben.[7] Die Konsequenz ist ein verringerter Handlungsspielraum für das Unternehmen, welcher eine erfolgreiche Sanierung im Krisenfall deutlich erschwert. Demzufolge sind Unternehmen bestrebt, in Krisensituationen

1 Vgl. Crone (2012a), S. 4.
2 Vgl. Statistisches Bundesamt (2016).
3 Vgl. Creditreform e.V. (2015), S. 1–4.
4 Vgl. Müller u.a. (2012), S. 2.
5 Vgl. Müller u.a. (2012), S. 15–17.
6 Vgl. Lachnit (2010), S. 132–133; Zülch u.a. (2014), S. 2118.
7 Vgl. Haghani u.a. (2009), S. 12.

trotz sinkender Leistungsfähigkeit den Unternehmensbeteiligten möglichst positive Zahlen zu signalisieren.

In diesem Zusammenhang ermöglichen Gestaltungsspielräume innerhalb der Rechnungslegung den Bilanzierenden, die Informationsvermittlung durch den Jahresabschluss in einem begrenzten Maße zu steuern. Durch die Ausübung von gesetzlichen Wahlrechten sowie die zielgerichtete Auslegung von unvermeidbaren Ermessensspielräumen kann das vermittelte Zahlenwerk im Sinne des Unternehmens beeinflusst werden. Aber auch durch eine bilanzpolitische Auslegung realer Geschäftsprozesse ist eine vorteilhaftere Darstellung der finanziellen Lage möglich. Die zielkonforme Beeinflussung des Jahresabschlusses in formaler wie auch inhaltlicher Hinsicht innerhalb der gesetzlich zulässigen Möglichkeiten wird unter dem Begriff der Bilanzpolitik zusammengefasst.[8] Ermöglicht wird eine effektive Beeinflussung der Jahresabschlussinformationen durch eine ungleiche Informationsverteilung zwischen dem Bilanzaufsteller und den Bilanzadressaten. Das Maß der Wirksamkeit der Bilanzpolitik im Hinblick auf eine zuvor definierte Zielsetzung hängt jedoch maßgeblich von dem Grad der Erkennung der bilanzpolitischen Einflussnahme durch die Bilanzadressaten ab. So hat der Gesetzgeber der durch die Bilanzpolitik entstehenden asymmetrischen Informationsverteilung zwischen Bilanzersteller und Bilanzadressaten durch verschiedene Erläuterungspflichten im Jahresabschluss Rechnung getragen.[9] Erkennen Banken im Rahmen der Kreditvergabeentscheidung die Einflussnahme auf den Jahresabschluss, werden sie versuchen diese zu neutralisieren und der gewünschte Effekt tritt nicht ein.[10] Ferner sind den Unternehmen zahlreiche weitere Grenzen im Hinblick auf die Gestaltung des Jahresabschlusses gesetzt. Sinkt die Unternehmensleistung in einer Krise, verringert sich auch der betriebswirtschaftliche und damit einhergehend der bilanzpolitische Handlungsspielraum. Werden bilanzpolitische Maßnahmen mit ergebniserhöhender Wirkung bereits vor der Krise eingesetzt, stehen diese Maßnahmen während der Krise nicht mehr zur Verfügung. Des Weiteren kehren sich viele Maßnahmen hinsichtlich ihrer Wirkung in Folgeperioden um. Da wirtschaftliche Krisen jedoch meist über mehrere Jahre andauern,[11] stellt sich die Frage nach der Flexibilität einer effektiven bilanzpolitischen Einflussnahme über eine mehrperiodige Krisenphase.

Welche bilanzpolitischen Maßnahmen im Einzelnen zum Einsatz kommen, wird maßgeblich von den zugrunde liegenden Rechnungslegungsnormen bestimmt. Die deutsche Rechnungslegung nach dem Handelsgesetzbuch (HGB) wurde durch das Bilanzrechtsmodernisierungsgesetz (BilMoG) tiefgreifend geändert.[12] Ziel des BilMoGs war es, die deutsche Rechnungslegung an die internationalen Rechnungslegungsstandards (IFRS) anzugleichen, damit einhergehend bestehende Bilanzierungswahlrechte abzuschaffen und infolgedessen die Transparenz des Jahresabschlusses zu

8 Vgl. Petersen u.a. (2010), S. 2.
9 Vgl. Küting (2008), S. 752–753.
10 Vgl. Massenberg/Borchardt (2007), S. 352.
11 Vgl. Lintemeier (2013), S. 54.
12 Vgl. Petersen u.a. (2010), S. 1.

erhöhen.[13] Die Modifizierung des HGB führte realiter zu einer Abschaffung zahlreicher gesetzlicher Bilanzierungswahlrechte, jedoch auch zur Schaffung neuer Wahlrechte und insb. weiterer Ermessensspielräume bei der Auslegung von Bilanzierungssachverhalten.[14] Daher wird die Frage aufgeworfen, welches bilanzpolitische Gestaltungspotenzial in einer mehrperiodigen Krisensituation für Unternehmen nach der Einführung des BilMoGs besteht. Das BilMoG ist am 29.05.2009 in Kraft getreten und für Berichtsperioden seit dem Jahr 2010 verpflichtend anzuwenden.[15] Infolgedessen sammeln sich gegenwärtig Studien über die Bilanzierungspraxis nach dem BilMoG erst an, so wie eine mehrperiodige Betrachtung erst jetzt möglich wird.[16]

Die vorliegende Arbeit geht zum einen der Frage nach, welches bilanzpolitische Wirkungspotenzial in der deutschen Rechnungslegung nach dem BilMoG während einer mehrperiodigen wirtschaftlichen Krisenphase besteht. Des Weiteren wird untersucht, inwiefern eine bilanzpolitische Einflussnahme in den krisenbehafteten Jahren vor einer Insolvenz in der Bilanzierungspraxis des deutschen Mittelstandes ausgeübt wird. Die Auswertung des Schrifttums gibt bislang keinen klaren Aufschluss über mögliche bilanzpolitische Einflussnahmen in den Jahren vor einer Insolvenz. Auch können die Erkenntnisse aus internationalen Studien aufgrund der unterschiedlichen Rahmenbedingungen und Rechnungslegungsnormen nur eingeschränkt auf den deutschen Mittelstand übertragen werden.

Den Ausgangspunkt für die vorliegende Untersuchung bildet zunächst der theoretische Rahmen einer bilanzpolitischen Einflussnahme während wirtschaftlicher Krisenzeiten. Das mehrperiodige Wirkungspotenzial der Bilanzpolitik wird mit Hilfe einer modelltheoretischen Betrachtung eines insolventen Unternehmens der nachfolgend abgeleiteten Untersuchungsstichprobe analysiert. Auf Basis dessen werden bereits Erkenntnisse über mögliche Ansatzpunkte der bilanzpolitischen Einflussnahme unter besonderer Berücksichtigung von praxisrelevanten Restriktionen gewonnen. Zu diesen zählen u.a. die Normbilanzierung oder etwaige Erkennungsmöglichkeiten durch die in einer Krisensituation besonders bedeutsamen Bilanzadressaten. Darauf aufbauend werden die Hypothesen aus theoretischem Bezugsrahmen und modelltheoretischer Betrachtung durch eine empirische Untersuchung in Form einer quantitativen sowie einer ergänzenden qualitativen Messung für die Bilanzierungspraxis überprüft.

Die Resultate dieser Arbeit sollen dem Gesetzgeber aufzeigen, zu welchen bilanzpolitischen Möglichkeiten das BilMoG unter einem Mehrperiodenkontext in theoretischer und praktischer Hinsicht geführt hat. Darauf aufbauend kann die Weiterentwicklung der Rechnungslegungsnormen vorangetrieben werden.

Gläubiger werden durch Unternehmensinsolvenzen massiv geschädigt. Durch die Analyse der Indizien für das Betreiben von Bilanzpolitik und die vereinzelte

13 Vgl. Zwirner/Künkele (2010), S. 1f.; BGBl I 2009, S. 1102–1137.

14 Vgl. Fink (2012), S. 73.

15 BGBl 2009 Teil I Nr. 27, S. 1102–1137. Gemäß Art. 66 EGHGB haben Unternehmen die Möglichkeit, das BilMoG bereits im Berichtszeitraum 2009 wahlweise anzuwenden.

16 Vgl. Göllert (2009), S. 1776; Lopatta u.a. (2013), S. 234–242.

Bestimmung der eingesetzten bilanzpolitischen Maßnahmen, sollen wirtschaftliche Krisen von Unternehmen schneller aus externer Betrachtungsperspektive entdeckt werden können. Die zusätzlichen Erkenntnisse dienen dem Abbau der Informationsasymmetrie zwischen Bilanzersteller und Bilanzadressat in wirtschaftlichen Krisenzeiten. Zudem mindert eine zu späte Insolvenzantragstellung die Chance auf eine erfolgreiche Sanierung.[17] Die Entschlüsselung bilanzpolitischer Einflussnahmen kann dazu beitragen, dass Gläubiger die notwendige Informationsgrundlage erhalten, eine wirtschaftliche Krise des Schuldners frühzeitig zu identifizieren. Infolgedessen können die Gläubiger Druck auf die Geschäftsführung ausüben und diese zu einer rechtzeitigen Insolvenzantragstellung bewegen und somit u.a. eine größere Kapitalschädigung vermindern.

Insolvenzprognoseverfahren, welche auch von Banken zur Bonitätsbeurteilung eingesetzt werden,[18] fußen oftmals auf bilanziellen Kennzahlen. Diese aus der Rechnungslegung abgeleiteten Kennzahlen können allerdings durch eine bilanzpolitische Einflussnahme verfälscht werden.[19] Somit dienen zusätzliche Erkenntnisse über den Einsatz bilanzpolitischer Maßnahmen in Krisensituationen der Weiterentwicklung von Insolvenzprognose- und Krisenfrüherkennungsverfahren.

Die Fraudforschung[20] bedient sich ebenfalls bilanzieller Kennzahlen zur Analyse von möglichen Bilanzfälschungen.[21] Mit Hilfe einer quantitativen Messung kann jedoch eine genaue Trennung zwischen legaler Bilanzpolitik und illegaler Bilanzfälschung nicht erfolgen.[22] Die in dieser Arbeit durchgeführte modelltheoretische Betrachtung sowie die Kombination aus quantitativer und ergänzender qualitativer empirischer Messung, stellen daher auch für Fraudentdeckungsverfahren weitere Informationen zur Lösung der Abgrenzungsproblematik zur Verfügung.

Zudem erzeugt die Arbeit aus dem Blickwinkel der Unternehmen zusätzliche Erkenntnisse über Probleme und Kosten der bilanzpolitischen Einflussnahme in mehrperiodigen Krisensituationen. Wird das bilanzpolitische Potenzial zu früh ausgenutzt, kann dieses in wirtschaftlichen Notsituationen nicht mehr eingesetzt werden. Die Folge ist eine erschwerte Kapitalaufnahme, verringerte Wettbewerbsfähigkeit und eine weitere Verschlechterung der wirtschaftlichen Lage bis hin zur Unternehmenskrise als *self-fulfilling prophecy*[23]. Besonders in globalen Wirtschaftskrisen wie der Finanzmarktkrise kann die Bilanzpolitik daher „einen verantwortungsvollen Beitrag zur Unternehmenserhaltung und zur Sicherung der Zukunft von Unternehmen“[24] darstellen. Trägt der bilanzpolitische Einfluss zur Insolvenzvermeidung und einer

17 Vgl. Bitter/Falk (2006), S. 10; Bitter/Röder (2009), S. 1284.

18 Vgl. Küting/Weber (2012), S. 356–357.

19 Vgl. Küting/Weber (2012), S. 50 und 376.

20 Im Folgenden wird Fraud unter den Allgemeinbegriff der Bilanzfälschung subsumiert. Vgl. zu Klassifikationen von Wirtschaftsdelikten Hofmann (2009), S. 57–81.

21 Vgl. für eine Aufstellung von möglichen ratios als Indiz für Fraud Rosner (2003), S. 374–376.

22 Vgl. zur Relation von Bilanzfälschung und Bilanzpolitik im Rahmen einer quantitativen Messung Perols/Lougee (2011), S. 39–53.

23 Vgl. Baetge u.a. (2012), S. 81–83.

24 Lachnit (2010), S. 133.

erfolgreichen Sanierung des Unternehmens bei, kann betriebswirtschaftlicher wie auch volkswirtschaftlicher Schaden reduziert bzw. vermieden werden.

1.2 Gang der Untersuchung

Im Anschluss an die Einführung in die Krisenstadien eines Unternehmens und die Darstellung der möglichen insolvenzrechtlichen Folgen bei Nichtüberwindung der vorgelagerten Krisenstadien in Kapitel 2, folgt eine ausführlichere Darstellung von den Charakteristika der Bilanzpolitik in Kapitel 3. Infolge der Diskussion grundlegender Ziele und Adressaten der Bilanzpolitik wird auf das bilanzpolitische Instrumentarium eingegangen. Anschließend findet eine umfangreiche Analyse der Auswahlkriterien bilanzpolitischer Maßnahmen statt. Diese manifestieren sich einerseits durch Grenzen der bilanzpolitischen Einflussnahme, welche u.a. durch das Stetigkeitsgebot oder die Grenze zur Illegalität ausgedrückt werden. Andererseits stellen Auswahlkriterien, wie Flexibilität, Wirkungsweise, Kosten und die Erkennbarkeit der Maßnahmen, Beurteilungsmaßstäbe zur Wahl des bilanzpolitischen Instrumentariums dar. Die Untersuchung der Forschungsfragen wird daraufhin in vier wesentlichen Schritten durchgeführt:

Abbildung 1: Darstellung des Untersuchungsablaufs

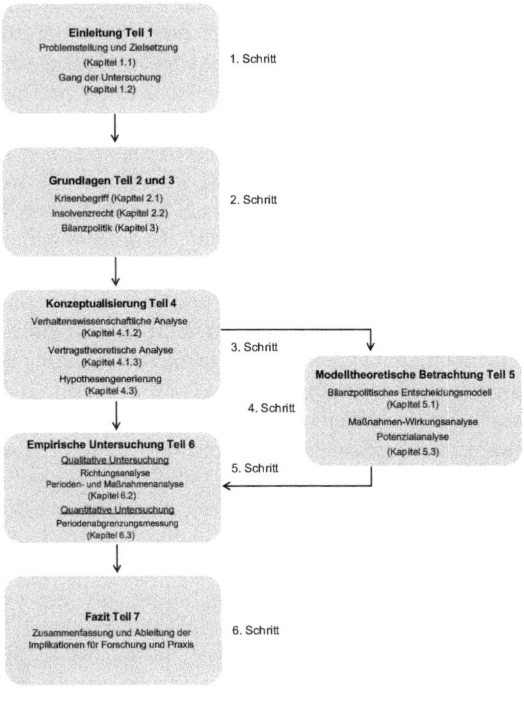

In Kapitel 4 wird zunächst der aktuelle Stand der Forschung im Hinblick auf eine bilanzpolitische Einflussnahme während wirtschaftlicher Krisenzeiten herausgearbeitet. Dieser zeigt für die krisenbehafteten Jahre vor einer Insolvenz, dass in der Literatur eine Diskrepanz im Hinblick auf die Richtung der Erfolgsbeeinflussung durch die Bilanzpolitik besteht. Die gleichen divergierenden Ergebnisse resultieren für Studien, die Unternehmen in ihren Fokus legen, welche die wirtschaftliche Krise überwinden konnten und eine drohende Insolvenz dadurch vermieden haben. Daher gilt es zunächst eine Analyse durchzuführen, welche die verschiedenen Anreizstrukturen in wirtschaftlichen Krisenzeiten aufzeigt. Im Anschluss erfolgt die Betrachtung der verschiedenen Einflussparameter der Bilanzpolitik. Darauf aufbauend wird abschließend in der ersten Stufe des Untersuchungsablaufs ein verhaltenstheoretisches Modell über eine mögliche bilanzpolitische Einflussnahme in einer mehrperiodigen Krisensituation abgeleitet.

Empirische Studien über das bilanzpolitische Verhalten während wirtschaftlicher Krisenzeiten stammen überwiegend aus dem anglo-amerikanischen Raum. Eine genaue Betrachtung der Rechnungslegung im Rahmen einer modelltheoretischen Wirkungsanalyse wird in diesen Arbeiten i.d.R. nicht vorgenommen. Daher folgt auf der zweiten Stufe der Untersuchung in Kapitel 5, nach einer Darstellung der verschiedenen Verfahren zur Entdeckung der Bilanzpolitik, eine detaillierte Betrachtung der bilanzpolitischen Möglichkeiten innerhalb der deutschen Rechnungslegung nach dem BilMoG. Die Untersuchung des Potenzials der Rechnungslegungsbeeinflussung in Krisenjahren wird unter Zuhilfenahme eines insolventen Unternehmens modelltheoretisch veranschaulicht. Als Ausgangspunkt der Analyse dient das in Stufe eins der Untersuchung abgeleitete verhaltenstheoretische Konzept. Die bilanzpolitische Einflussnahme wird demzufolge verstärkt durch den Einfluss der Performanceminderung sowie der Ausgangsbilanzierung, gemessen anhand einer Normbilanz, eingeschränkt. Im Rahmen dieser annahmegemäß getroffenen Restriktionen werden die möglichen bilanzpolitischen Maßnahmen nach dem HGB vorgestellt und anhand von zuvor definierten Auswahlkriterien beurteilt. Ist die unternehmenspolitisch festgelegte Zielgröße ein sinkendes Ergebnis über mehrere Perioden im Außennachweis annähernd konstant zu halten, sind die bilanzpolitischen Maßnahmen speziell auf ihre Umkehrwirkungen und Flexibilität hin zu überprüfen. Findet nach der Normbilanzierung bereits in einigen Fällen eine progressive Auslegung der Rechnungslegung statt, besteht nur noch eine eingeschränkte Möglichkeit, in diesen Bereichen während wirtschaftlicher Krisenzeiten einen zusätzlichen bilanzpolitischen Einfluss auszuüben. In Krisenzeiten repräsentieren Bilanzadressaten wie Banken bedeutende Stakeholder. Dahingehend kann eine deutliche Einschränkung des bilanzpolitischen Potenzials durch die Erkennungsmöglichkeiten der Banken erfolgen, wie bspw. durch eine Anhangsanalyse. Den Entdeckungsmöglichkeiten bilanzpolitischer Maßnahmen mit dem damit verbundenen Neutralisierungseffekt soll durch die modelltheoretische Betrachtungsweise besonders Rechnung getragen werden. Nach der Maßnahmen-Wirkungsanalyse wird auf Basis einer Potenzialanalyse eine Einschätzung über den möglichen relativen Wertebereich der Beeinflussung abgeleitet und Überlegungen zu den primär betroffenen Bereichen des Jahresabschlusses diskutiert.

Die aus dem verhaltenstheoretischen Konzept und der modelltheoretischen Betrachtung abgeleiteten Hypothesen werden anschließend in Kapitel 6 anhand einer empirischen Analyse überprüft. Die empirische Untersuchung bedient sich einer quantitativen sowie einer unterstützenden und vergleichenden qualitativen Methodik. Die quantitative Untersuchung soll mit Hilfe einer Periodenabgrenzungsmessung Aufschluss geben, ob in den einzelnen Perioden Bilanzpolitik betrieben wurde und welche bilanzpolitische Richtung sich infolge der Ergebnisbeeinflussung erkennen lässt. Die ergänzende qualitative Analyse erfolgt durch eine Nutzwertanalyse der Anhangsangaben in Form einer qualitativen Bilanzanalyse. Die qualitative Analyse dient zunächst mit einer Richtungsanalyse als Vergleichsmaßstab zur quantitativen Untersuchung, indem sie die Ergebnisbeeinflussung in den einzelnen Perioden fokussiert. In Ergänzung der zusätzlichen Verifizierungsfunktion ermöglicht die qualitative Analyse darüber hinaus, einzelne bilanzpolitische Maßnahmen zu identifizieren. Infolge der univariaten Untersuchung mit Blick auf die Frage nach einer periodenspezifischen bilanzpolitischen Beeinflussung, findet anschließend im Rahmen einer multivariaten Analyse die Untersuchung möglicher Einflussparameter der Bilanzpolitik statt. In einem letzten Schritt werden die Ergebnisse der Untersuchung in einem Fazit abschließend gewürdigt und Implikationen für die Forschung und Praxis herausgestellt.

2 Grundzüge der Unternehmenskrise

2.1 Unternehmenskrise

2.1.1 Krise und deren Entwicklungsprozess

Die vergangenen Jahre haben gezeigt, dass selbst große und lang beständige Unternehmen wie Arcandor oder Schlecker in eine Krise geraten können und letztlich gezwungen sind, die Insolvenz anzumelden.[25] Jedoch verursachen neben diesen medienwirksamen Großinsolvenzen insb. die wirtschaftlichen Krisen der mittelständischen Unternehmen in Deutschland tausende Arbeitsplatzverluste.[26] Der zugrunde liegende Begriff Krise stammt von dem griechischen Wort *krisis* ab, welches den Bruch einer bisher kontinuierlichen Entwicklung beschreibt.[27] In der Literatur ist eine Vielzahl von Krisendefinitionen vorzufinden, wobei der Krise jedoch einheitlich verschiedene Eigenschaften zugesprochen werden können. Die Unternehmenskrise kann allgemein als Notsituation verstanden werden, in welcher die Existenz des Unternehmens bedroht ist.[28] Die Gefahr des Existenzverlustes tritt ein, sobald die Erreichung dominanter, für das Überleben der Unternehmung notwendiger Ziele gefährdet ist.[29] Die Rechtsprechung sieht zudem durch den BGH in Anlehnung an das Eigenkapitalersatzrecht gem. § 32a GmbHG a.F. die Kredit- und Überlassungswürdigkeit als Krisenkriterium an.[30] Eine durch die Literaturmeinungen geteilte Eigenschaft der Krise ist zudem, dass ihre Bewältigung ebenso möglich ist wie die Existenzvernichtung des Unternehmens.[31] Sie tritt nicht als Zeitpunkterscheinung auf, sondern ist als ein sich entwickelnder Prozess zu verstehen, welcher sich oftmals in einem Zeitraum von drei bis fünf Jahren schleichend vollzieht.[32] Die einzelnen Phasen der Krise weisen dabei für jedes Unternehmen eine individuelle Dauer auf.[33] Mit zunehmender Krisenintensität schränkt sich der Handlungsspielraum für das Management ein.[34]

Die Krise kann gemeinhin aus zwei Perspektiven betrachtet werden, der Wahrnehmungsperspektive und der finanz- und erfolgswirtschaftlichen Perspektive. Die Wahrnehmungsperspektive bezieht sich auf die bewusste Perzeption einer Krisensituation von internen und externen Unternehmensbeteiligten. Die Wahrnehmung der

25 Vgl. o.V. (2014).
26 Vgl. o.V. (2014).
27 Vgl. Krystek (1981), S. 3; Krystek (1987), S. 3; Krystek (2002), S. 88.
28 Vgl. Crone (2012a), S. 4. Vgl. zur Krisendefinition u.a. auch Krystek (1987), S. 6; Pearson/Clair (1998), S. 60; David (2001), S. 21–24; Schulenburg (2008), S. 13.
29 Vgl. Müller (1986), S. 34.
30 Vgl. Küting/Weber (2012), S. 352.
31 Vgl. Keller (1999), S. 3.
32 Vgl. Lintemeier (2013), S. 54.
33 Vgl. Grape (2006), S. 9.
34 Vgl. Fink (2002), S. 15–16; Lintemeier (2013), S. 54.

Unternehmensleitung wird oftmals durch psychologische Defekte gestört, während die Wahrnehmung durch externe Bilanzadressaten aufgrund der Gestaltungsmöglichkeiten von Informationen beeinträchtigt werden kann.[35] Die finanz- und erfolgswirtschaftliche Perspektive zielt hingegen auf die Sichtweise des Krisenmanagements ab.[36]

Abbildung 2: Phasengliederung der Unternehmenskrise[37]

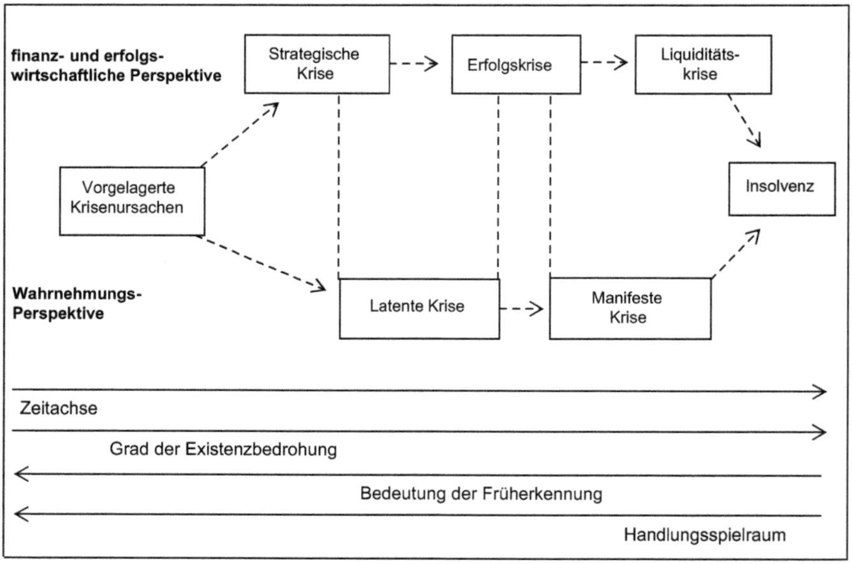

Zu Beginn jeder Krise treten vorgelagerte Krisenursachen auf. Diese werden meist nicht wahrgenommen und sind auch im Jahresabschluss nur bedingt zu erkennen. Sie können sich als geringfügig eingestuftes Missmanagement, vereinzelte Defizite oder untergeordnete Fehlleistungen darstellen, welche jedoch i.d.R. nicht als Ursachen für einen zukünftigen krisenbehafteten Geschäftsverlauf interpretiert werden.[38] Mit fortschreitender Zeit folgt auf Ebene der subjektiven Wahrnehmung die latente Krise. Diese ist der Unternehmensumwelt verborgen und wird oftmals auch intern nicht bewusst wahrgenommen.[39] In der darauf folgenden manifesten

35 Vgl. Hauschildt (2006), S. 23.
36 Vgl. Grape (2006), S. 10.
37 Quelle: Eigene Darstellung in Anlehnung an Müller (1986), S. 53–56; Hauschildt (1988b), S. 2; Kraus/Haghani (2004), S. 16; Hauschildt u.a. (2006), S. 7–10; Grape (2006), S. 10–11. Vgl. für eine Diskussion der verschiedenen Krisenverlaufsmodelle Starke (2007), S. 120–123.
38 Vgl. Hauschildt (2006), S. 23–24.
39 Vgl. Hauschildt (1988b), S. 3.

Krise erweitert sich der Kenntnisstand der Krise auf den Kreis der externen Stakeholder, wie z.B. Banken oder Lieferanten. In dieser Situation kann die Erkennung der Krise durch diese meist sehr wichtigen Geschäftspartner gravierende Folgen haben. Banken können Kredite kündigen und Lieferanten verstärkt Vorkasse verlangen, sodass der Übergang zur Insolvenz gefördert wird.[40] Diese verkörpert sodann auch die letzte Phase der Krise und wird zwangsweise durch die Tatbestände Zahlungsunfähigkeit und bilanzielle Überschuldung ausgelöst.[41] Die Insolvenz bildet einen Sonderfall der Krise, da das Primärziel der Unternehmenserhaltung nicht erreicht werden konnte.[42] Jedoch kann auch in der Phase der Insolvenz das Unternehmen als Ganzes oder zumindest substanzielle Teile des Unternehmens erhalten werden.[43]

Auf der finanz- und erfolgswirtschaftlichen Ebene, der objektiven Sichtweise der Krise, folgt aus den vorgelagerten Krisenursachen die sog. strategische Krise. Diese ist vor allem durch die Gefährdung von langfristigen Erfolgspotenzialen gekennzeichnet.[44] Werden die strategische Krise nicht erkannt, die bestehenden Erfolgspotenziale aufgebraucht und keine ausreichenden Strategien für die Zukunft entwickelt, folgt der Übergang in die nachgelagerte Erfolgskrise. In diesem Krisenstadium bedingen ein Nachfragerückgang und Preisverfall mögliche Kostensteigerungen oder Verluste, welche das Eigenkapital aufzehren.[45] Wird dieser Entwicklung nicht entgegengesteuert, kann sie bis zur Überschuldung führen.[46] Die verschiedenen Krisenphasen müssen dabei nicht zwingend aufeinanderfolgen.[47] Die gestrichelten Linien zwischen den Phasen der finanz- und erfolgswirtschaftlichen Perspektive und der Wahrnehmungsperspektive in Abb. 2 verdeutlichen, dass sich insb. die strategische Ebene, aber auch die Erfolgskrise zu einem gewissen Teil für die Außenwelt geheim halten lassen.[48] Kommt es zur Liquiditätskrise, weist das Unternehmen Probleme auf, seinen fälligen Zahlungsverpflichtungen nachzukommen. Ist dieses Krisenstadium bereits weit fortgeschritten, besteht die akute Gefahr der Zahlungsunfähigkeit.[49] Es müssen nicht generell alle Krisenphasen zwingend durchlaufen werden. Das Unternehmen kann sich z.B. infolge eines externen Schocks auch direkt in der Liquiditätskrise wiederfinden. Auch kann auf Ebene der finanz- und erfolgswirtschaftlichen Perspektive ein Krisenstadium wie z.B. die Erfolgskrise zwar objektiv durch eindeutige negative Informationen, wie bestimmte Kennzahlenwerte, den Unternehmensbeteiligten signalisiert werden. Jedoch kann das persönliche Empfinden der Krise auf

40 Vgl. Hauschildt (1988b), S. 3.
41 Vgl. zu den Insolvenztatbeständen Kapitel 2.2.2.
42 Vgl. Küting (2005), S. 224.
43 Vgl. Schulenburg (2008), S. 20. Vgl. zur Unternehmenssanierung im Insolvenzverfahren Seefelder (2007), S. 215–278.
44 Vgl. Keller (1999), S. 9.
45 Vgl. Crone (2012a), S. 7.
46 Vgl. Harz u.a. (2006), S. 7.
47 Vgl. Schulenburg (2008), S. 52.
48 Vgl. Hauschildt (2006), S. 23.
49 Vgl. Hess/Fechner (1991), S. 20.

Ebene der Wahrnehmungsperspektive erst mit der Liquiditätskrise beginnen.[50] Die Wahrnehmung des Krisenbeginns wird somit oftmals von der subjektiven Sicht der Entscheidungsträger des jeweiligen Unternehmens bestimmt.[51] Eine frühzeitige Krisenerkennung und insb. die Abschätzung möglicher Auswirkungen von Stakeholderreaktionen bei Erkennung der Krise durch diese, sind für die Krisenbewältigung von immenser Bedeutung.[52] Daher nimmt die Bedeutung der Krisenfrüherkennung in gegenläufiger Richtung zu. Umso früher die Krise entdeckt wird, desto effektiver kann dieser durch entsprechende Maßnahmen entgegengesteuert werden. Zudem wird durch die rückläufige wirtschaftliche Verfassung des Unternehmens während der Krise der Handlungsspielraum im Hinblick auf die Reaktionszeit für Entscheidungen eingeschränkt.[53] Durch die verminderte zeitliche Flexibilität des unternehmerischen Handelns wird die Krisenüberwindung zunehmend erschwert.

Der Einsatz bilanzpolitischer Maßnahmen ist unter Berücksichtigung verschiedenster Ziele langfristig möglich. Sofern die Erfolgskrise bereits eingetreten ist und die Krise sich in den für die Stakeholder relevanten Kennzahlen niederzuschlagen beginnt, offeriert die Bilanzpolitik ein Instrument zur Verschleierung der Krise.[54] Ist die manifeste Krise bereits eingetreten, kann das Unternehmen dennoch bestrebt sein, trotz der Kenntnis der Geschäftspartner über die schlechte wirtschaftliche Lage, die Informationsdarstellung durch die Rechnungslegung so positiv wie möglich auszulegen. Umso näher die Insolvenz rückt, desto stärker könnte ein Anreiz für den Einsatz von Bilanzpolitik als Insolvenzvermeidungsmittel entstehen.

2.1.2 Krisenursachen

Die Entstehung von Unternehmenskrisen und deren Ursachenfindung ist ein sehr komplexer, mehrdimensionaler Prozess.[55] Die Ursachen von Unternehmenskrisen spiegeln sich nachfolgend oftmals in den betroffenen Bereichen des Jahresabschlusses wider. Um die Positionen bilanzpolitischer Beeinflussung in wirtschaftlichen Krisenzeiten zu analysieren, gilt es daher zunächst Krisenursachen zu identifizieren, welche auch das bilanzpolitische Potenzial in einer mehrperiodigen Krisensituation mitbestimmen.

Die Krisenursachenforschung gliedert sich in einen quantitativen und einen qualitativen Teil.[56] Die quantitative Ursachenforschung versucht durch Auswertung statistisch leicht erfassbarer Daten, unter Annahme eines Ursache-Wirkungs-Zusammenhangs, Hinweise auf die Ursachen von Unternehmenskrisen zu erlangen. Die qualitative Krisenursachenforschung ist hingegen bestrebt, durch Befragungen und Auswertung von Berichten über individuelle Krisenverläufe, Schlussfolgerungen

50 Vgl. Keller (1999), S. 9.
51 Vgl. Schulenburg (2008), S. 13.
52 Vgl. Klein (2008), S. 18–19.
53 Vgl. Witte (1981), S. 9.
54 Vgl. Küting (2005), S. 225.
55 Vgl. Krystek (2006), S. 64.
56 Vgl. Scheipers (1993), S. 418.

auf die jeweiligen Krisenursachen abzuleiten.[57] Dabei werden der qualitativen Krisenursachenforschung tendenziell bessere Chancen für die Herausfilterung der Krisenursachen zugesprochen.[58]

Unternehmenskrisen sind durch ihre Multikausalität, Mehrstufigkeit, Multilokalität sowie Multitemporalität gekennzeichnet.[59] Die exakte Abgrenzung eines Ursache-Wirkungs-Zusammenhanges wird nur in Ausnahmefällen möglich sein, da Krisen durch das Zusammenwirken unterschiedlichster krisenverursachender Faktoren entstehen.[60] Die verschiedenen Ursachen stehen dabei in Korrelation zueinander und bedingen sich gegenseitig.[61] Als Entstehungsort von Krisen lassen sich exogene und endogene Faktoren unterteilen.[62] Oftmals sind Krisen nicht nur von einem Entstehungsort geprägt, vielmehr können innerbetriebliche, zwischenbetriebliche und gesamtwirtschaftliche Faktoren auf die Krisenentstehung einwirken.[63]

Abbildung 3: Krisenursachen[64]

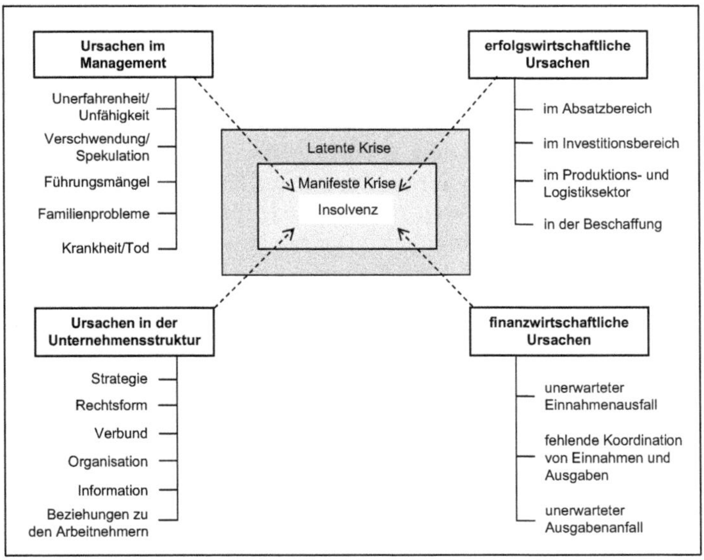

57 Vgl. Krystek/Moldenhauer (2007), S. 41.
58 Vgl. Krystek/Moldenhauer (2007), S. 42.
59 Vgl. Krystek/Moldenhauer (2007), S. 50–51; Klein (2008), S. 23.
60 Vgl. Klein (2008), S. 23.
61 Vgl. Baetge u.a. (2012), S. 30.
62 Vgl. Crone (2012a), S. 11.
63 Vgl. Heuer u.a. (2005), S. 15.
64 Quelle: In Anlehnung an Hauschildt (1988b), S. 5; Hauschildt (2000b), S. 6. Vgl. ebenfalls zu den Krisenursachen Pinkwart u.a. (2005), S. 49–54; Kihm (2006), S. 33–68; Krystek/Moldenhauer (2007), S. 40–49; Baetge u.a. (2012), S. 31–35.

Im Rahmen der Krisenursachenforschung wird zwischen Krisenursachen und Krisenauslösern unterschieden. Krisenursachen können als primärer Grund für eine Krise angesehen werden, während Krisenauslöser zu einer bedrohlichen betrieblichen Situation führen.[65] Treten außerbetriebliche Wirtschaftskrisen auf, sind letztlich auch betriebsinterne Fehlreaktionen des Managements für die Existenzgefährdung des Unternehmens mitverantwortlich.[66] Gesamtwirtschaftliche Einflussfaktoren, wie in der Vergangenheit die Finanzkrise im Jahr 2007, werden daher oftmals als Beschleuniger von Unternehmenskrisen, jedoch nicht als Krisenursache angesehen.[67] Multitemporalität als Eigenschaft der Krise bezeichnet die unterschiedliche Geschwindigkeit der einzelnen Phasenverläufe.[68] Die Krisenursachenforschung stellt oftmals insolvente Unternehmen in den Analysefokus.[69] Die Ergebnisse der empirischen Studien in diesem Bereich sind daher nur beschränkt auf Krisenunternehmen übertragbar, welche die Fähigkeit der Krisenüberwindung letztlich noch aufweisen. Zudem ist zu beachten, dass die einzelnen Krisenursachen bei jedem Unternehmen unterschiedlich wirken.[70]

Vielfach weisen Studien in der Krisenursachen- und Insolvenzforschung als primäre Ursache Managementfehler aus,[71] welche sich insb. in einem fehlenden Controlling oder in Finanzierungslücken niederschlagen.[72] Aber auch falsche Markteinschätzungen im Absatzbereich und mangelndes Unternehmenswachstum werden als Einflussfaktoren für Krisen gesehen.[73] Ursachen, welche im Management zu finden sind, beziehen sich auf die Person des Entscheidungsträgers und beinhalten die fehlende fachliche Qualifikation oder private Probleme, welche sich auf die berufliche Tätigkeit auswirken.[74] Der erfolgswirtschaftliche Bereich nimmt durch ausbleibende Erträge, zu hohe Aufwendungen in der Produktion oder durch Fehlinvestitionen Einfluss auf die Ertragslage des Unternehmens. Treten Probleme im finanzwirtschaftlichen Bereich auf, sind diese durch Forderungsausfälle und Kündigungen von Kreditlinien gekennzeichnet. Krisenursachen ausgehend von der Unternehmensstruktur sind u.a. durch Mängel im Planungs- und Kontrollsystem, Fehler im Personalmanagement, Über- oder Unterorganisation des Unternehmens oder schwacher Partner im Unternehmensverbund geprägt.[75] Letztlich ist jedoch das Zusammenspiel verschiedenster Faktoren aus den unterschiedlichen Bereichen

65 Vgl. Baetge u.a. (2012), S. 28.
66 Vgl. Krystek (2006), S. 64.
67 Vgl. Gude (2011), S. 125.
68 Vgl. Krystek/Moldenhauer (2007), S. 50f.
69 Vgl. Krystek/Moldenhauer (2007), S. 40.
70 Vgl. Baetge u.a. (2012), S. 29.
71 Vgl. Dr. Wieselhuber & Partner GmbH (2003), S. 16; Bitter/Falk (2006), S. 7.
72 Vgl. Hillmer (2006), S. 234.
73 Vgl. KfW (2002), S. 42 und 46. Vgl. speziell zu den Insolvenzursachen in Zeiten der Finanzkrise Euler Hermes/ZIS (2009), S. 1–32.
74 Vgl. Baetge u.a. (2012), S. 32.
75 Vgl. Baetge u.a. (2012), S. 32.

maßgebend, welche in Abhängigkeit der unternehmensindividuellen Struktur und Qualität des Managements ihre Wirkung entfalten. Schließlich werden sich die unterschiedlichen Krisenursachen früher oder später in den an die Stakeholder kommunizierten finanziellen Zahlen niederschlagen. Das Ausmaß der betriebswirtschaftlichen Schädigung durch die Reaktion der Stakeholder hängt maßgeblich von deren Möglichkeiten ab, die wirtschaftliche Krise des Unternehmens frühzeitig zu erkennen.

2.1.3 Früherkennung der Unternehmenskrise

Externe Stakeholder des Unternehmens, wie bspw. Kreditinstitute, versuchen eine Krise und insb. deren Verschleierung frühzeitig aufzudecken, um objektive Entscheidungen über eine Kreditvergabe und deren Konditionen treffen zu können.[76] Unter Stakeholder im Allgemeinen sollen im Folgenden strategische Anspruchsgruppen des Unternehmens verstanden werden, welche gegenüber dem Unternehmen eine effektive Machtposition besitzen und gewillt sind diese einzusetzen.[77] Durch faktische Machtverhältnisse kann bei Nichterfüllung der Ansprüche der Stakeholder somit eine Existenzbedrohung für das Unternehmen herbeigeführt werden.[78] Zu den wichtigsten Interessengruppen während einer Krise werden neben den bereits benannten Fremdkapitalgebern u.a. Lieferanten, Eigenkapitalgeber, Kunden, Mitarbeiter und die Allgemeinheit gezählt.[79] In dieser Arbeit soll der Terminus Stakeholder dem der externen Stakeholder gleichgestellt werden. Externe Stakeholder sind insb. dadurch charakterisiert, dass ihnen der Zugang zu unternehmensinternen Informationen i.d.R. verschlossen bleibt. Aufgrund der Konsequenzen nachteiliger Stakeholderreaktionen wird das Management bestrebt sein, die Krisensituation nach außen hin zu verbergen. Mit Fortschreiten der Krise nimmt jedoch die Intensität der Krisensignale zu.[80] Eine effektive Früherkennung einer Unternehmenskrise durch die strategischen Anspruchsgruppen hängt maßgeblich von der Beziehung dieser zu dem Unternehmen und dem daraus resultierenden Informationsstand ab. Eigenkapitalgeber weisen den besten Zugang zu den Unternehmensdaten auf. Aber auch Eigenkapitalgeber, wie bspw. Minderheitsaktionäre, können einen erschwerten Zugang zu verschiedenen internen Informationen des Unternehmens haben. Arbeitnehmer erlangen oftmals aufgrund ihrer Kontakte im Unternehmen einen Zugang zu unternehmensinternen Daten.[81] Basierend auf ihrer Machtposition beschaffen sich Kreditinstitute mit Hilfe der Implementierung von *information covenants* häufig zusätzliche Informationen

76 Vgl. IDW (2007), F 25.
77 Vgl. Janisch (1993), S. 125–130.
78 Vgl. Klein (2008), S. 34.
79 Vgl. Lüthy (1988), S. 64.
80 Vgl. Pinkwart u.a. (2005), S. 36.
81 Vgl. Janssen (2009), S. 96–97.

von den Unternehmen.[82] Zudem verfügen sie im Vergleich zu anderen externen Stakeholdern über ein größeres Analyse-Know-How, welches ihnen die Fähigkeit verschafft, die Jahresabschlusszahlen besser deuten zu können. Aber auch Banken werden bei ihrer Analyse über die Existenz einer möglichen Unternehmenskrise vorrangig die veröffentlichten Jahresabschlüsse zu Grunde legen.[83]

Im Rahmen der Identifizierung von Unternehmenskrisen wird zwischen interner Früherkennung durch das Management und externer Früherkennung durch andere Stakeholder unterschieden. Bei unterstelltem rationalen Verhalten versucht das Management innerhalb des Unternehmens die Krise möglichst frühzeitig wahrzunehmen, damit Sanierungsmaßnahmen rechtzeitig eingeleitet werden können. Unternehmensexterne Stakeholder sind bestrebt, anhand der ihnen vorliegenden Informationen eine mögliche Krise zu entschlüsseln, um ihre eigenen Ziele durch selbstausgeübte Reaktionen oder Beeinflussung des Verhaltens von dem fokussierten Unternehmen zu realisieren. Wie auch bei der externen Analyse, bei welcher der handelsrechtliche Jahresabschluss zur Entdeckung von Krisensymptomen als elementare Informationsgrundlage dient, kann dieser auch bei der internen Früherkennung, neben weiteren Informationsgrundlagen, eingesetzt werden. Eine bewusste bilanzpolitische Einflussnahme in wirtschaftlichen Krisenzeiten impliziert bereits die Kenntnis der Unternehmensleitung über die desolate wirtschaftliche Situation des Unternehmens. Bilanzpolitik kann nur zielgerichtet und effizient betrieben werden, sofern die zu beeinflussenden Stakeholder als externe Bilanzadressaten keine Kenntnis über diese besitzen. Schlussfolgernd werden im weiteren Verlauf der Untersuchung die Erkennungsverfahren von Unternehmenskrisen aus externer Stakeholdersicht in den Fokus der Betrachtung gestellt.

Als Mittel zur Erkennung von Unternehmenskrisen bedient sich die Bilanzanalyse verschiedener Verfahren zur Aufdeckung. Traditionelle Verfahren versuchen auf Basis vergangener Jahresabschlüsse von insolventen Unternehmen mit Hilfe mathematisch-statistischer Verfahren Kennzahlenmuster für die Früherkennung abzuleiten.[84] Die Kennzahlenanalyse wurde vorwiegend für unternehmensexterne Stakeholder entwickelt, dient jedoch auch der Unternehmensleitung als wichtiges Instrument zur Beurteilung der wirtschaftlichen Lage des Unternehmens.[85] Mittels einer Aufbereitung des Jahresabschlusses und Verwendung von Kennzahlensystemen sollen aussagefähigere Informationen über die wirtschaftliche Lage und deren zukünftige Entwicklung gegeben werden, als es die originären Zahlen des Jahresabschlusses erlauben.[86] Durch das angepasste und verdichtete Kennzahlensystem soll ein schneller und umfassender Überblick über die wirtschaftliche Lage des

82 Vgl. Haghani u.a. (2009), S. 9.
83 Vgl. Baetge (2002), S. 2281.
84 Vgl. Baetge u.a. (2012), S. 55.
85 Vgl. Baetge u.a. (2012), S. 54.
86 Vgl. Gräfer/Schneider (2010), S. 4.

Unternehmens ermöglicht werden.[87] Das Ergebnis signalisiert eine Gesamturteilsbildung über die wirtschaftliche Lage des Unternehmens.[88] Die traditionelle Kennzahlenanalyse ist jedoch durch zahlreiche Probleme geprägt. Diese bestehen insb. in der Auswahl geeigneter Kennzahlen und der Festlegung der optimalen Anzahl eingesetzter Kennzahlen.[89] Infolgedessen kann die traditionelle Kennzahlenanalyse hinsichtlich der Beurteilung über das Vorliegen einer Unternehmenskrise nicht gewährleisten, dass die maßgebenden Kennzahlen herangezogen werden.[90]

Den Kritikpunkten der traditionellen Bilanzanalyse durch Kennzahlen wird versucht, durch eine verstärkte Nutzung statistischer Verfahren Rechnung zu tragen. Die darauf basierenden Analyseverfahren leiten als Ergebnis eine Ausfallwahrscheinlichkeit über die Zahlungsverpflichtung ab. Verbreitete Methoden bei dieser Anwendung stellen die Diskriminanzanalyse und die Nutzung neuronaler Netze dar.[91] Die Systematik statistisch geprägter Methoden zur Früherkennung wird bereits seit vielen Jahren in der externen Bilanzanalyse, z.B. im Rahmen der Kreditwürdigkeitsprüfung von Banken, eingesetzt.[92] Die oftmals individuell entwickelten und verwendeten Verfahren der Diskriminanzanalyse werden jedoch durch die jeweiligen Banken nicht veröffentlicht,[93] sodass die genaue Zusammensetzung der verwendeten Methode, insb. für das Unternehmen, oftmals unbekannt bleibt.[94] Zum einen repräsentieren die kostenintensive Erlangung des Datenmaterials sowie die Bewahrung von Know-how der Banken Gründe für die Geheimhaltung. Zum anderen soll verhindert werden, dass die Abschlussersteller wissen, wie sie sich gezielt durch Bilanzmanipulationen in eine bessere, durch die Banken eingestufte Gruppe von Unternehmen bringen können.[95] In der Praxis der Kreditwürdigkeitsprüfungen hat sich das Verfahren der linearen Diskriminanzanalyse weitgehend durchgesetzt.[96] Entsprechend der traditionellen Kennzahlenanalyse stellt sich jedoch auch bei diesen Verfahren das Problem der nicht erkennbaren bilanzpolitischen Einflussnahme.[97] Durch Erweiterung relevanter Kennzahlen sowie Bildung kreativer und damit bilanzpolitik-neutralisierender Kennzahlen versucht die Diskriminanzanalyse die bilanzpolitische Einwirkung zu minimieren.[98] Dennoch kann die verzerrende Wirkung der Bilanzpolitik aufgrund ihrer stets einzelfallabhängigen Anwendung nicht vollständig neutralisiert werden.

---

87 Vgl. Reichmann (2006), S. 18–19.
88 Vgl. Baetge u.a. (2004), S. 48 und 50.
89 Vgl. Baetge u.a. (1987), S. 64f.
90 Vgl. Baetge (2002), S. 2281.
91 Vgl. Küting/Weber (2012), S. 351 und 378.
92 Vgl. Küting/Weber (2012), S. 354.
93 Vgl. Baetge u.a. (1986), S. 606.
94 Vgl. Küting/Weber (2012), S. 357.
95 Vgl. Küting/Weber (2012), S. 357.
96 Vgl. Küting/Weber (2012), S. 363–364.
97 Vgl. Küting/Weber (2012), S. 376.
98 Vgl. Baetge (2002), S. 2282.

Neuronale Netzwerke versuchen die Ergebnisse aus der Diskriminanzanalyse zu übertreffen, indem sie eine nicht-lineare Trennung vornehmen und somit eine Fehlerminimierung zu erzielen versuchen.[99] Sie werden ebenfalls vorrangig bei der Kreditwürdigkeitsprüfung eingesetzt und sind der multivariaten Diskriminanzanalyse tendenziell überlegen.[100] Neuronale Netze sind zwar speziell dazu geeignet, eine Analyse bei unvollständiger und verzerrter Informationsgrundlage vorzunehmen.[101] Dennoch liegen ihnen als Datengrundlage die Jahresabschlüsse von Unternehmen zu Grunde, welche durch Bilanzpolitik unmerklich beeinflussbar sind. Auch wenn Verfahren wie künstliche neuronale Netze eine immer stärker werdende Robustheit gegenüber verfälschten Daten aufweisen,[102] ist es fast allen kennzahlenbasierten Früherkennungssystemen gemein, dass diese durch bilanzpolitische Maßnahmen beeinflusst und das Ergebnis somit verfälscht werden kann.[103] In Anbetracht dessen soll durch die Ergänzung von qualitativen Bestandteilen versucht werden, die Ergebnisse der Diskriminanzanalyse oder neuronaler Netze zu verbessern.[104] Auch die traditionelle Kennzahlenanalyse erfährt durch eine ergänzende qualitative Analyse, wie z.B. durch das Saarbrücker Modell, eine Aufwertung.[105]

Zudem verdeutlichen die Studien zur Insolvenzursachenforschung und Kreditwürdigkeitsprüfung von Unternehmen, dass eine rein quantitativ ausgerichtete Bilanzanalyse allenfalls eine Indikatorwirkung aufweisen kann.[106] Durch die Ergänzung einer qualitativen Bilanzanalyse in Form von Analysen des Anhangs, Lageberichts, des Geschäftsberichts und anderer heranziehbarer Quellen, wird die Informationsgüte für die Krisendiagnose verbessert.

Die Bilanzpolitik setzt im Rahmen der externen Bilanzanalyse bereits zu Beginn des Krisendiagnoseprozesses an, indem sie das Bilanzbild verfälscht. Im Verlauf der quantitativen und qualitativen Analyse wird durch Aufbereitung des Jahresabschlusses[107] versucht, das verzerrte Bilanzbild wieder zu dechiffrieren. Dadurch soll eine sich der tatsächlichen wirtschaftlichen Lage annähernde Bilanz abgeleitet werden. Letztlich lassen sich jedoch auch mit einer detaillierten Analyse der Informationen aus dem Jahresabschluss bilanzpolitische Maßnahmen nur unvollständig aufdecken.[108]

---

99 Vgl. Baetge u.a. (2004), S. 552.
100 Vgl. Küting/Weber (2012), S. 392.
101 Vgl. Kinnebrock (1992), S. 103.
102 Vgl. Adam (2007), S. 90; Baetge (2002), S. 2282.
103 Vgl. Küting/Weber (2012), S. 376; Coenenberg u.a. (2012), S. 1054; Crone (2012b), S. 50.
104 Vgl. Blochwitz/Eigermann (2000), S. 58–73.
105 Vgl. zur Ergänzung der Kennzahlenanalyse durch eine qualitative Bilanzanalyse im Rahmen des Saarbrücker Modells Küting/Weber (2008), S. 733–739.
106 Vgl. Jäckel/Poppe (2000), S. 95.
107 Vgl. zur Aufbereitung des Jahresabschlusses Brösel (2012), S. 115–130.
108 Vgl. Freidank/Velte (2007), S. 12.

Abbildung 4: Prozess der Krisendiagnose[109]

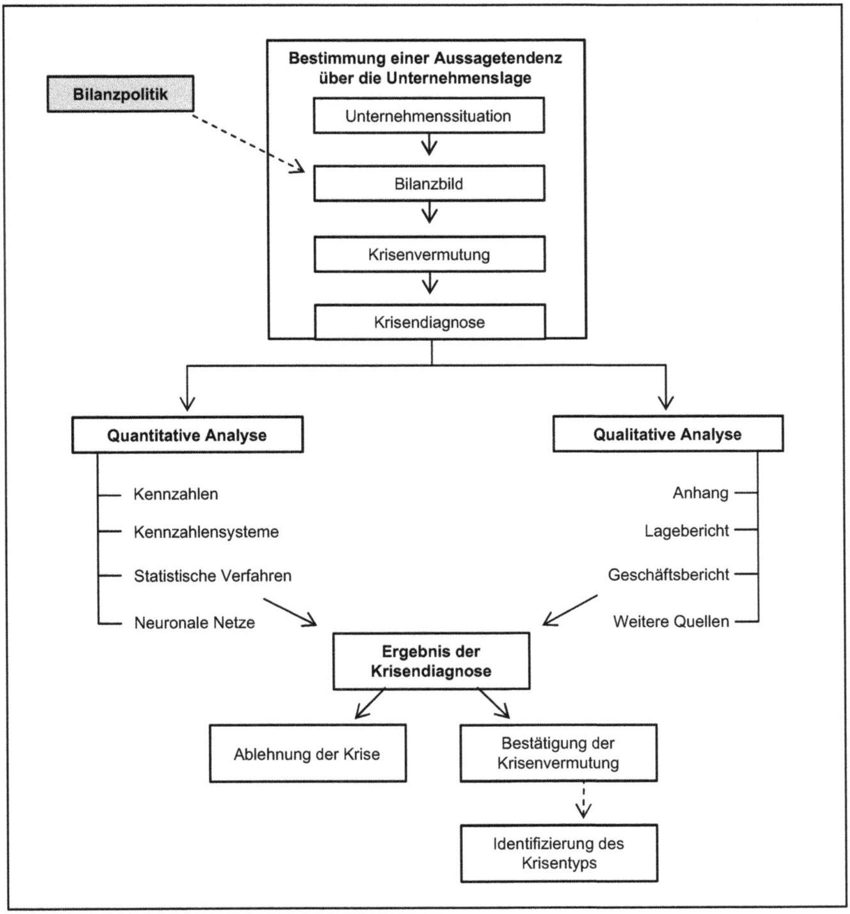

2.2 Insolvenz als Sonderfall der Krise

2.2.1 Insolvenzordnung

Die Insolvenz stellt die letzte Phase der Unternehmenskrise dar.[110] Nach der bis 1999 geltenden Konkursordnung wurden drei Viertel aller Konkursanträge mangels Masse abgewiesen, sodass eine weitgehende Funktionsunfähigkeit der damaligen

109 Quelle: Eigene Darstellung in Anlehnung an Jäckel/Poppe (2000), S. 96.
110 Vgl. Küting (2005), S. 224.

Ordnung bestand.[111] Die Konkursordnung wurde am 1.1.1999 durch die Insolvenzordnung (InsO) abgelöst.[112] Neben Maßnahmen gegen die Massearmut wurde der Insolvenzplan, als eine der wichtigsten Neuerungen, in die neu geschaffene Insolvenzordnung aufgenommen.[113] Mit diesem soll die Möglichkeit geschaffen werden, insolvente Unternehmen überwiegend erhalten zu können und zu konsolidieren.[114] Es hat sich in vergangener Zeit zudem in Deutschland immer mehr die Auffassung in der Insolvenzpraxis durchgesetzt, dass das Insolvenzrecht den Unternehmen die Möglichkeit zur Sanierung, Restrukturierung und übertragenden Sanierung geben soll, anstatt lediglich die optimale Verwertung aus Sicht der Gläubiger zu gewährleisten.[115] Gem. § 1 InsO dient das Insolvenzverfahren dazu, die Gläubiger durch Verwertung des Vermögens des Schuldners zu befriedigen, aber auch durch einen Insolvenzplan eine abweichende Regelung zum Erhalt des Unternehmens herbeizuführen. Das Insolvenzrecht hat dahingehend weitere Ergänzungen erfahren, wie z.B. das Gesetz zur Erleichterung der Sanierung von Unternehmen (ESUG), welches am 1.3.2012 in Kraft getreten ist und die Erfolgs-aussichten für Unternehmenssanierungen verbessern soll.[116] Das ESUG zielt auf die Sicherung der Gläubigerautonomie im Insolvenzeröffnungsverfahren ab, da diese bis dato für die Sanierung im insolvenzrechtlichen Verfahrensablauf als noch nicht ausreichend angesehen werden konnte.[117] Die Unternehmenskrise wird zwar meist negativ interpretiert,[118] sie kann jedoch auch als möglicher Wendepunkt für eine positive Unternehmensentwicklung dienen.[119] Die Insolvenz kann daher letztlich auch als Krisenstadium angesehen werden, welches durch Umstrukturierungen innerhalb des Unternehmens die Chance auf eine Unternehmensfortführung ermöglichen kann.

Auf Ebene der finanz- und erfolgswirtschaftlichen Perspektive knüpft das Krisenstadium der Insolvenz an die Insolvenztatbestände Überschuldung und Zahlungsunfähigkeit an. Die Überschuldung ist als Verzehr des Eigenkapitals das Resultat des erfolgswirtschaftlichen Prozesses, während die Zahlungsunfähigkeit aus der finanzwirtschaftlichen Ebene herrührt.[120] § 15a InsO verpflichtet die verantwortlichen Organe einer beschränkt haftenden juristischen Person zur Insolvenzantragstellung bei Vorliegen eines Insolvenzauslösers. Eine nur drohende Zahlungsunfähigkeit

---

111 Vgl. BT-Drs. 12/2443 zum Gesetzentwurf der Bundesregierung 19.4.1994, S. 1.

112 Die Insolvenzordnung wurde bereits am 21.4.1994 verabschiedet und erfuhr bis zu ihrem Inkrafttreten am 1.1.1999 zahlreiche Änderungen, vgl. Beck (2003), S. 4.

113 Vgl. Beck (2003), S. 5.

114 Vgl. Portisch (2010), S. 295.

115 Vgl. Haarmeyer (2006), S. 160.

116 Vgl. Gesetz zur weiteren Erleichterung der Sanierung von Unternehmen, S. 2582–2591; Sprick (2013), S. 8.

117 Vgl. Hirte u.a. (2012), S. 9.

118 Vgl. Keown-McMullan (1997), S. 4.

119 Vgl. Fink (2002), S. 15.

120 Vgl. Hauschildt (2006), S. 22.

befähigt zur Antragstellung, begründet hingegen aber keine strafbewährte Antragspflicht.[121]

Aus juristischer Betrachtungsperspektive hat der Schuldner den Insolvenzantrag *ohne schuldhaftes Zögern* zu stellen. Der unbestimmte Rechtsbegriff wird bei vorliegender Antragspflicht mit einer Frist von höchstens drei Wochen nach Kenntnis des organschaftlichen Vertreters determiniert.[122] Antragsbefugt ist bei juristischen Personen oder Gesellschaften ohne Rechtspersönlichkeit jedes Mitglied des Vertretungsorgans, wie der Vorstand (§ 78 AktG) einer Aktiengesellschaft oder der Geschäftsführer einer GmbH (§ 35 GmbHG).[123] Im Durchschnitt stellen GmbH-Geschäftsführer in der Praxis den Insolvenzantrag jedoch neun Monate zu spät.[124] Insgesamt werden etwa zwei Drittel aller Insolvenzanträge verspätet gestellt,[125] wodurch sich die Wahrscheinlichkeit einer erfolgreichen Sanierung deutlich verringert.[126] Begründet wird die verspätete Antragstellung oftmals durch eine irrationale Verhaltensweise des Managements.[127] Das Management kann Angst vor einer Bloßstellung im Bekanntenkreis und in der Branche haben. Zudem kann weiterhin die Hoffnung bestehen, dass sich trotz objektiv aussichtsloser Lage, die wirtschaftliche Situation des Unternehmens wieder erholen wird. Auch eine Fehlinterpretation der Insolvenz lediglich als wirtschaftliche Krisensituation kann zu einem verspäteten Antrag führen.[128] Neben den antragsbefugten Vertretungsorganen besitzen auch die Insolvenzgläubiger im Rahmen eines Fremdantrags die Möglichkeit zur Insolvenzanmeldung (§ 13 Abs. 1 InsO). Das Antragsrecht gilt jedoch nur für die verpflichtend anzuzeigenden Insolvenzauslöser Überschuldung und Zahlungsunfähigkeit, die drohende Zahlungsunfähigkeit kann nur durch den Schuldner selbst beantragt werden. Voraussetzung einer Insolvenzanmeldung durch die Gläubiger ist das Vorhandensein eines rechtlichen Interesses (§ 14 Abs. 1 InsO). Dieses liegt vor, wenn die Einziehung der Schuld durch den Gläubiger nicht durch eine einfachere, schnellere oder zweckmäßigere Weise erreicht werden kann.[129] Es wird verneint,

---

121 Vgl. Mönning (2010b), Rn. 15.

122 Vgl. Uhlenbruck (2010), Rn. 3; Mönning (2010b), Rn. 16. In dem im April 2015 in den IDW-Fachnachrichten veröffentlichten IDW S 11 zur Beurteilung des Vorliegens von Insolvenzeröffnungsgründen geht der Standard jedoch davon aus, dass die Dreiwochenfrist für die Stellung des Insolvenzantrages bereits bei Vorliegen des Insolvenzeröffnungsgrundes beginnt, vgl. IDW S 11 Rn. 6; Becker u.a. (2015b), S. 165. Vgl. zu einer Diskussion der Auslegung der Dreiwochenfrist des IDW S. 11 Becker u.a. (2014), S. 197–201.

123 Vgl. Foerste (2010), S. 44.

124 Vgl. Kramer/Peter (2012), S. 25.

125 Vgl. Kramer/Peter (2012), S. 25.

126 Vgl. Bitter/Falk (2006), S. 10; Bußhardt (2012), Rn. 5.

127 Vgl. Bitter/Falk (2006), S. 13.

128 Vgl. Bitter/Falk (2006), S. 13.

129 Vgl. Kramer/Peter (2012), S. 31.

sofern insolvenzfremde Zwecke verfolgt werden, wie bspw. die Ausschaltung von Konkurrenten oder das Lösen von lästigen Vertragsverhältnissen.[130]

2.2.2 Nationale Insolvenztatbestände

Der allgemeine Eröffnungsgrund der Zahlungsunfähigkeit ist erfüllt, sofern der Schuldner nicht mehr in der Lage ist, seinen fälligen Zahlungsverpflichtungen nachzukommen (§ 17 Abs. 2 InsO). Sie kann bei natürlichen und juristischen Personen auftreten. Festgestellt wird die Zahlungsunfähigkeit durch einen Finanzplan, welcher den zu leistenden Verbindlichkeiten die vorhandenen Zahlungsmittel gegenüberstellt.[131] Geringfügige Liquiditätsengpässe begründen jedoch nicht den Tatbestand der Zahlungsunfähigkeit. Unwesentliche Liquiditätsengpässe werden nach der Leitentscheidung des BGH zur Zahlungsunfähigkeit vom 24.5.2005 als übliche Zahlungsstockungen aufgefasst, sofern innerhalb von drei Wochen mindestens 90% der Verbindlichkeiten bezahlt werden können.[132] Die Zahlungsunfähigkeit stellt in der Bundesrepublik den bedeutendsten Antragsanlass dar.[133]

Gemäß § 18 InsO droht der Schuldner zahlungsunfähig zu werden, sofern er voraussichtlich nicht in der Lage sein wird, die bestehenden Zahlungspflichten im Zeitpunkt der Fälligkeit zu erfüllen. Zur Prüfung werden in einem sechs monatigen Zeitraum alle aktuellen, aber auch alle zukünftig zu erwartenden Verbindlichkeiten berücksichtigt. Der Prognosezeitraum muss sich dabei auch auf das Folgejahr beziehen, sodass dieser im Vergleich zur Zahlungsunfähigkeit von drei Wochen, auf i.d.R. 12–24 Monate erweitert wird.[134]

Bei einer juristischen Person stellt zudem die Überschuldung einen Insolvenzeröffnungsgrund dar (§ 19 Abs. 1 InsO). Eine Überschuldung liegt vor, sofern das Vermögen des Schuldners die bestehenden Verbindlichkeiten nicht mehr decken kann (§ 19 Abs. 2 InsO). Die Grundlage für die Beurteilung einer Überschuldung bildet der Jahres- oder Zwischenabschluss.[135] Zur Prüfung des Überschuldungsstatus wird stichtagsbezogen das Vermögen den Schulden ins Verhältnis gesetzt,[136] wobei die Aktiv- und Passivposten mit Liquidationswerten anzusetzen sind.[137] Im Rahmen des Finanzmarktstabilisierungsgesetzes (FMStG) wurde infolge der Finanzkrise eine Fortbestehensprognose eingeführt.[138] Sofern die Fortführung des Unternehmens

---

130 Vgl. Mönning (2010a), Rn. 18–28.
131 Vgl. Kramer/Peter (2012), S. 27.
132 Vgl. BGH IX ZR 123/04 v. 24.5.2005, S. 14; Bußhardt (2012), Rn. 4.
133 Vgl. Sikora (2012), S. 308; Eilenberger (2013), Rn. 1.
134 Vgl. Kramer/Peter (2012), S. 30–32.
135 Vgl. Seefelder (2007), S. 50.
136 Vgl. Bork (2009), S. 50.
137 Vgl. Sikora (2010), S. 2560.
138 Vgl. BGBl I Nr. 46 2008, S. 1982–1989. Die Übergangsregelung des insolvenzrechtlichen Überschuldungsbegriffs wurde durch Beschluss des Deutschen Bundestages vom 9.11.2012 entfristet, vgl. Becker u.a. (2014), S. 201.

nach den Umständen überwiegend wahrscheinlich ist, liegt demnach keine Überschuldung mehr vor (§ 19 Abs. 2 S. 1, 2. HS InsO). Die Fortführungsprognose ist durch einen Überschuldungsstatus zu prüfen, bei welchem die Aktiva mit Fortführungswerten angesetzt werden.[139] Demnach wird die Überschuldungsprüfung in einem zweistufigen Verfahren durchgeführt. Erst wenn die Fortbestehensprognose negativ ausfällt, erfolgt der Vergleich der Liquidationswerte.[140]

2.2.3 Internationales Insolvenzrecht

Aufgrund zunehmender international verflochtener Wirtschaftsbeziehungen nimmt der Stellenwert von Kenntnissen über internationale Insolvenzrechtsordnungen weiter zu.[141] Werden Studien zur ausgeübten Bilanzpolitik bei insolventen Unternehmen analysiert, sollte das zugrunde liegende Insolvenzrecht stets bei der Interpretation beachtet werden. Studien zur Bilanzpolitikforschung von krisenbehafteten Unternehmen werden überwiegend von den USA dominiert.[142] Gleichwohl der Komplexität der Insolvenzrechtsordnungen geschuldet eine vollständige Darstellung nur einer einzigen Insolvenzrechtsordnung eines anderen Landes nicht möglich ist, sollen im Folgenden dennoch die Grundzüge des US-amerikanischen Insolvenzrechts aufgezeigt werden.

Aufgrund hoher Flexibilität und eines beschleunigten rechtlichen Verfahrens wird dem amerikanischen Insolvenzrecht mehrheitlich eine Vorbildfunktion zuerkannt.[143] Während in Deutschland im Insolvenzfall fortan das Stigma des Versagens und oftmals der wirtschaftliche Tod des Schuldners besteht, ist dies amerikanischen Gesellschaften weitgehend fremd.[144] Im Gegensatz zur gläubigerschutz- und haftungsorientierten deutschen Insolvenzordnung, steht im amerikanischen Insolvenzrecht der selbstverwaltende Erhalt des Unternehmens im Vordergrund.[145] Das US-amerikanische Insolvenzrecht (Bankruptcy Code) ist im United States Code 11 erfasst und in neun Abschnitte (Chapter) gegliedert. Mit dem deutschen Regelinsolvenzverfahren sind vorwiegend die Chapter 7 und 11 vergleichbar.[146] Chapter 7 regelt dabei die Liquidation des Unternehmens, während Chapter 11 im Rahmen eines Reorganisationsverfahrens die Entschuldung und somit den Erhalt des Unternehmens als Ziel definiert.[147] Entgegen der im deutschen Recht verankerten Insolvenzantragspflicht, besteht nach amerikanischem Recht lediglich ein allgemeiner

139 Vgl. Kramer/Peter (2012), S. 30.
140 Vgl. Becker u.a. (2014), S. 200.
141 Vgl. Meyer-Löwy u.a. (2005), S. 735. Dies bekräftigt insb. die Fortentwicklung der europäischen Insolvenzrechtsordnung, vgl. Hillmer (2014), S. 234–237.
142 Vgl. Kapitel 4.2.
143 Vgl. Priebe (2011), S. 1676.
144 Vgl. Priebe (2011), S. 1677.
145 Vgl. Priebe (2011), S. 1678.
146 Vgl. Podewils (2010), S. 210.
147 Vgl. Priebe (2011), S. 1684.

gesellschaftsrechtlicher Grundsatz der Treuepflicht gegenüber den Gläubigern, welcher bei Verstößen durch die Geschäftsführung durch Schadensersatzansprüche geahndet werden kann.[148] Eine Antragstellung kann durch Eigen- oder Fremdantrag erfolgen. Während ein Fremdantrag mit Auflagen verbunden ist,[149] kann ein Eigenantrag ohne Angabe bzw. Glaubhaftmachung von Insolvenzgründen gestellt werden.[150] Der vorherrschende Insolvenzantragsgrund ist die Nichtzahlung von Verbindlichkeiten (*failure to pay*), welcher jedoch nur partiell deckungsgleich zu dem deutschen Rechtsinstitut der Zahlungsunfähigkeit ist.[151] Im Gegensatz zur bislang vergleichsweise geringen Ausübung des Insolvenzplanverfahrens in Deutschland, ist der Reorganisationsplan im Rahmen des Verfahrens nach Chapter 11 in den USA häufig vorzufinden.[152] Die Eröffnung eines Insolvenzverfahrens nach Chapter 11 ist in Deutschland durch die Anerkennung des BGH am 13.10.2009 sowie durch § 343 InsO gewährleistet.[153]

Zusammenfassend betrachtet steht im amerikanischen Insolvenzrecht der Schuldnerschutz an oberster Stelle. Das deutsche Insolvenzrecht hat sich diesem durch die Möglichkeit des Insolvenzplanverfahrens angenähert, unterliegt dem Grunde nach jedoch weiterhin dem Konzept des Gläubigerschutzes. Wird nach amerikanischem Recht der Insolvenzantrag vonseiten des Schuldners gestellt, erfolgt keine Prüfung einer möglichen Überschuldung oder Zahlungsunfähigkeit.[154] Demnach kann sich die wirtschaftliche Situation von insolventen Unternehmen nach amerikanischem Recht, während oder aber auch bereits vor dem Insolvenzverfahren, deutlich zu der Lage der Unternehmen, welche dem deutschen Insolvenzrecht unterliegen, unterscheiden.

2.3 Rolle des Wirtschaftsprüfers in der Krise

Der Jahresabschluss und Lagebericht von mittelgroßen und großen Kapitalgesellschaften unterliegt einer jährlichen, verpflichtend vorzunehmenden Prüfung durch den Wirtschaftsprüfer[155] (§ 316 Abs. 1 HGB).[156] Das Ergebnis der Prüfung ist abschließend durch einen Bestätigungsvermerk zusammenzufassen (§ 322 Abs. 1 S. 1 HGB).

---

148 Vgl. Priebe (2011), S. 1682.

149 Die Stellung eines Fremdantrags ist demnach nur von mindestens drei Gläubigern mit einer Gesamtforderung i.H.v. über 10.000$ möglich. Bestehen weniger als zwölf Gläubiger, ist auch ein einzelner Gläubiger zur Antragstellung berechtigt, vgl. Priebe (2011), S. 1683.

150 Vgl. Seagon (2015), S. 75.

151 Vgl. Priebe (2011), S. 1683.

152 Vgl. Podewils (2010), S. 212.

153 Vgl. Priebe (2011), S. 1685 sowie BGH X ZR 79/06 v. 13.10.2009.

154 Vgl. Gräwe (2012), S. 159.

155 Die Begriffe Wirtschaftsprüfer, Prüfer und Abschlussprüfer sollen im Folgenden als Synonyme verstanden werden.

156 Vgl. zu den Größenkriterien § 267 HGB sowie Kapitel 6.1.

Der Bestätigungsvermerk fasst die Beurteilung des Wirtschaftsprüfers darüber zusammen, ob die wirtschaftliche Situation des Unternehmens sowie alle Chancen und Risiken nach den für das Unternehmen geltenden Vorschriften zutreffend abgebildet wurden.[157] Hinsichtlich eines Bestätigungsvermerks sind gem. § 322 Abs. 2 S. 1 Nr. 1–4 HGB die vier folgenden Fallvarianten zu überprüfen:

1. Uneingeschränkter Bestätigungsvermerk,
2. Eingeschränkter Bestätigungsvermerk,
3. Versagung des Bestätigungsvermerks aufgrund von Einwendungen sowie
4. Versagung des Bestätigungsvermerkes, da der Abschlussprüfer nicht in der Lage ist, ein Prüfungsurteil abzugeben.

Sofern der Wirtschaftsprüfer keine wesentlichen Beanstandungen gegen die Buchführung, den Jahresabschluss und den Lagebericht vorzuweisen hat, ist ein uneingeschränkter Bestätigungsvermerk zu erteilen.[158] Ein eingeschränkter Bestätigungsvermerk wird hingegen erteilt, wenn der Wirtschaftsprüfer wesentliche Beanstandungen gegen abgrenzbare Teile des Jahresabschlusses, Lageberichtes oder der Buchführung anführt oder abgrenzbare Teile der Rechnungslegung nicht mit hinreichender Sicherheit beurteilen kann.[159] Voraussetzung für die eingeschränkte positive Gesamtaussage durch den Bestätigungsvermerk ist ein Jahresabschluss, welcher dennoch im Wesentlichen ein den tatsächlichen Verhältnissen entsprechendes Bild der Vermögens-, Finanz- und Ertragslage vermittelt (§ 322 Abs. 4 S. 4 HGB). Sofern nur eine Einschränkung des Bestätigungsvermerks aufgrund von wesentlichen Beanstandungen gegen den Jahresabschluss im Ganzen durch den Wirtschaftsprüfer nicht mehr vertreten werden kann, ist dieser zu versagen.[160]

Sollte der Fortbestand des Unternehmens in wirtschaftlichen Krisenzeiten als gefährdet angesehen werden, so hat der Wirtschaftsprüfer hierauf bei der Beurteilung des Prüfungsergebnisses gesondert einzugehen (§ 322 Abs. 2 S. 3 HGB). Für den Prüfungsbericht und Bestätigungsvermerk sind bei einer bestehenden Unsicherheit die folgenden vier Fälle zu unterscheiden:

1. Die Annahme über die Fortführung der Unternehmenstätigkeit ist angemessen, es besteht hierüber aber eine erhebliche Unsicherheit,
2. die Annahme über die Fortführung der Unternehmenstätigkeit ist nicht angemessen,
3. die gesetzlichen Vertreter weigern sich, eine Einschätzung vorzunehmen oder diese auf den erforderlichen Prognosezeitraum zu erstrecken und
4. die Aufstellung des Jahresabschlusses verzögert sich wesentlich.[161]

157 Vgl. IDW PS 400 (2012), Rn. 8.
158 Vgl. IDW PS 400 (2012), Rn. 42.
159 Vgl. IDW PS 400 (2012), Rn. 50.
160 Vgl. IDW PS 400 (2012), Rn. 65.
161 Vgl. IDW PS 270 (2010), Rn. 33.

Sofern die Annahme der Unternehmensfortführung angemessen beurteilt wurde, kann unter der Ergänzung bestehender Risiken ein uneingeschränkter Bestätigungsvermerk erteilt werden.[162] Sollte der Lagebericht hingegen keine angemessene Berichterstattung über die Unsicherheit hinsichtlich der Fortführung des Unternehmens enthalten, ist der Bestätigungsvermerk einzuschränken.[163] Wurde der Jahresabschluss unter Annahme der Unternehmensfortführung aufgestellt, der Wirtschaftsprüfer gelangt jedoch zu einer entgegengesetzten Einschätzung, hat er den Bestätigungsvermerk mit einer entsprechenden Erläuterung im Prüfungsbericht zu versagen.[164]

In wirtschaftlichen Krisenzeiten vor einer Insolvenz haben die gesetzlichen Vertreter des Unternehmens zusätzliche Handlungspflichten zu befolgen,[165] welche für die Geschäftsführer wie auch die Gesellschafter besondere Haftungsrisiken implizieren.[166] Die Erteilung eines uneingeschränkten Bestätigungsvermerks durch den Wirtschaftsprüfer kann sich positiv auf die Entscheidungen über Kreditvergaben bei Banken auswirken. Im Fall einer Insolvenz werden Banken daher auch die vergangenen Prüfungen durch den Wirtschaftsprüfer hinsichtlich möglicher Fehler für einen Regressanspruch in Augenschein nehmen. Können dem Wirtschaftsprüfer Fehler in seiner Prüfung bescheinigt werden, so kann dies erhebliche Haftungsfolgen für ihn mit sich bringen.[167] Daher liegt insb. in wirtschaftlichen Krisenzeiten die Vermutung nahe, dass aufgrund von Haftungsrisiken, Wirtschaftsprüfer die jeweiligen Unternehmen einer genaueren Prüfung unterziehen und das Management eine zurückhaltendere Bilanzpolitik betreibt.[168]

---

162 Vgl. IDW PS 270 (2010), Rn. 36.

163 Vgl. IDW PS 270 (2010), Rn. 37.

164 Vgl. IDW PS 270 (2010), Rn. 41 i.V.m. IDW PS 400 (2012), Rn. 65.

165 Vgl. IDW PS 270 (2010), Rn. 5.

166 Vgl. speziell zu den Haftungsrisiken der Geschäftsführer Holzborn/Vietinghoff (2013), S. 13–126; vgl. zu den Haftungsrisiken der Gesellschafter Holzborn/Vietinghoff (2013), S. 127–150.

167 Vgl. für die Voraussetzungen der Haftung des Wirtschaftsprüfers Wellhöfer u.a. (2008), Rn. 62–96.

168 Vgl. Etemadi u.a. (2012), S. 46. Eine zurückhaltendere Bilanzpolitik bezieht sich insb. auf das Verlassen der Grauzone zwischen einer legalen und einer illegalen Rechnungslegungsbeeinflussung.

3 Bilanzpolitik zur Beeinflussung des Jahresabschlusses

3.1 Grundlagen der Bilanzpolitik

3.1.1 Begriffsabgrenzung

Gleichbedeutend mit dem Begriff der Bilanzpolitik werden auch Synonyme wie Jahresabschlusspolitik, Rechnungslegungspolitik, Creative Accounting, Window-Dressing oder Earnings Management verwendet.[169] In der Literatur sind sowohl neutrale wie auch positive Interpretationen der Bilanzpolitik vorzufinden.[170] Häufig erfolgt jedoch auch eine negative Begriffsauslegung. So wird die Bilanzpolitik im Rahmen einer negativen Deutung als Verfälschung der tatsächlichen Informationslage verstanden, um bestimmte Vertragsgestaltungen zu erzielen oder die wirtschaftliche Lage eines Unternehmens zu verschleiern.[171] Die positive Betrachtungsperspektive hingegen hebt die ökonomisch sinnvolle Auslegung der Rechnungslegung hervor. Als eine weitere positive Eigenschaft wird der mögliche Informationstransfer über zukünftig zu erzielende Cash Flows von der Unternehmensleitung an die Stakeholder angeführt.[172]

Im Folgenden soll unter dem verwendeten Terminus Bilanzpolitik die zielkonforme Beeinflussung des Jahresabschlusses und Lageberichts in formaler wie auch materialer Hinsicht innerhalb der gesetzlich zulässigen Möglichkeiten verstanden werden.[173] Im Hinblick auf den Untersuchungsgegenstand dieser Arbeit kann durch Bilanzpolitik in negativer Weise versucht werden eine Krise zu verbergen, und zu nachteiligen wirtschaftlichen Folgen für das Unternehmen und deren Stakeholder führen. Sie kann jedoch auch durch Aufrechterhaltung des operativen Betriebsgeschehens zur Überwindung der Krise dienlich sein und somit in Übereinstimmung einer positiven Interpretation zum Unternehmenserhalt beitragen. Folglich wird in dieser Arbeit eine neutrale Auffassung der Bilanzpolitik vertreten, welche im ökonomischen Sinne negative aber auch positive Folgen für die Stakeholder mit sich

---

169 Vgl. Wagenhofer/Ewert (2015), S. 265.

170 Vgl. zu diesen Auffassungen z.B. Beneish (2001), S. 3; Sankar/Subramanyam (2001), S. 365; Scott (2003), S. 369; Arya u.a. (2003), S. 111.

171 Vgl. zu einer negativen Auslegung Schipper (1989), S. 92; Healy/Wahlen (1999), S. 368; Tzur/Yaari (1999), S. 367–391; Miller/Bahnson (2002), S. 184.

172 Ronen/Yaari (2008), S. 25.

173 Vgl. Petersen u.a. (2010), S. 2, welche jedoch den Lagebericht nicht explizit mit einbeziehen. Vergleiche zu einer Diskussion über die verschiedenen Definitionen von Bilanzpolitik Ronen/Yaari (2008), S. 25–31.

bringen kann. Entgegen mancher Literaturauffassungen[174] bezieht sich die Bilanzpolitik ausschließlich auf legale, sich innerhalb der Rechnungslegungsgrundsätze befindende Maßnahmen.

Werden bei der Rechnungslegung durch die Aufsteller falsche Angaben gemacht, führt diese Tathandlung zur Einordnung der Maßnahme in die Kategorie der Wirtschaftsdelikte.[175] Beabsichtigte Verstöße im engeren Sinne werden gem. IDW PS 210[176] unter den Begriff der Bilanzmanipulation subsumiert.[177] Mit Hilfe erfolgsneutraler Bilanzmanipulationen werden Bilanzverschleierungen betrieben, durch welche die Bilanz in formaler Hinsicht zwar nicht fehlerhaft aufgestellt wird, diese jedoch z.B. infolge irreführender Bezeichnungen informative Verzerrungen erfährt.[178] Bilanzmanipulationen mit Erfolgswirkung kennzeichnen sich durch eine fehlerhafte Bilanzierung. Für die Beurteilung solcher Delikte wird jedoch die Gewichtigkeit einer Über- oder Unterbewertung in das Bewertungskalkül miteinbezogen.[179] Die Grenze zwischen legaler und illegaler Einflussnahme ist nicht einfach zu ziehen und hängt zudem maßgeblich von der jeweiligen Auffassung des Wirtschaftsprüfers ab.[180] Der fließende Übergang von einer legalen bilanzpolitischen Einflussnahme zu einer illegalen bilanzmanipulativen Beeinflussung wird in der Literatur daher auch oftmals als Grauzone[181] oder *Gateway to Fraud*[182] bezeichnet.

3.1.2 Objekte, Träger und Adressaten der Bilanzpolitik

Primäre Zielobjekte bilanzpolitischer Einflussnahme sind die rechtsformabhängigen Bestandteile des Abschlusses. Ferner zählen zu den Primärobjekten der Bilanzpolitik die Steuerbilanz als Steuerbemessungsgrundlage für den Fiskus sowie ein gegebenenfalls aufzustellender Lagebericht.[183] Des Weiteren können Sekundärobjekte, wie

174 Einige Autoren subsumieren unter die Synonyme der Bilanzpolitik entgegen der hier vertretenen Auffassung auch teils illegale Maßnahmen im Rahmen einer verfälschten Jahresabschlussdarstellung. Vgl. zu einer Diskussion der Definitionsabgrenzung in dieser Thematik Dechow/Skinner (2000), S. 238–240. Vgl. für eine Definition, welche Fraud mit einbezieht Giroux (2006), S. 6.

175 Vgl. Hofmann (2009), S. 79.

176 Vgl. IDW PS 210.

177 Vgl. Hofmann (2009), S. 96.

178 Vgl. Hofmann (2009), S. 85 und 97.

179 Vgl. Wolf/Nagel (2007), S. 88.

180 Vgl. Wagenhofer/Ewert (2015), S. 266. Zum Nachweis des Einflusses des Wirtschaftsprüfers auf die betriebene Bilanzpolitik vgl. Becker u.a. (1998), S. 1–24.

181 Vgl. Tanski (2004), S. 1843; Peemöller/Hofmann (2005), S. 23.

182 Vgl. Wolf/Nagel (2007), S. 86.

183 Vgl. Küting (2008), S. 750.

nicht normierte Informationsgrößen, in Form von Sozial- und Umweltberichten, Aktionärsbriefen oder Pressemitteilungen, als Zielobjekte der bilanzpolitischen Beeinflussung dienen.[184]

Träger der Bilanzpolitik ist lt. Gesetzesdefinition (§§ 242, 264 HGB) die Unternehmensleitung. Anteilseigner können aufgrund ihrer Gewinnverwendungskompetenzen die betriebene Bilanzpolitik mitbestimmen. Aber auch der Unternehmensleitung zuarbeitende Personen wie unternehmensinterne oder -externe Experten können bilanzpolitischen Einfluss ausüben.[185]

Letztlich zielt die Bilanzpolitik auf die Beeinflussung einer bestimmten Verhaltensweise der Bilanzadressaten ab, sodass eine Ausrichtung an deren Interessen notwendig wird.[186] Dem Unternehmen lassen sich drei Gruppen von Koalitionspartnern zuordnen: die finanzwirtschaftliche Gruppe, die leistungswirtschaftliche Gruppe und die Meinungsbildner:[187]

Abbildung 5: Gruppierung bilanzpolitischer Adressaten

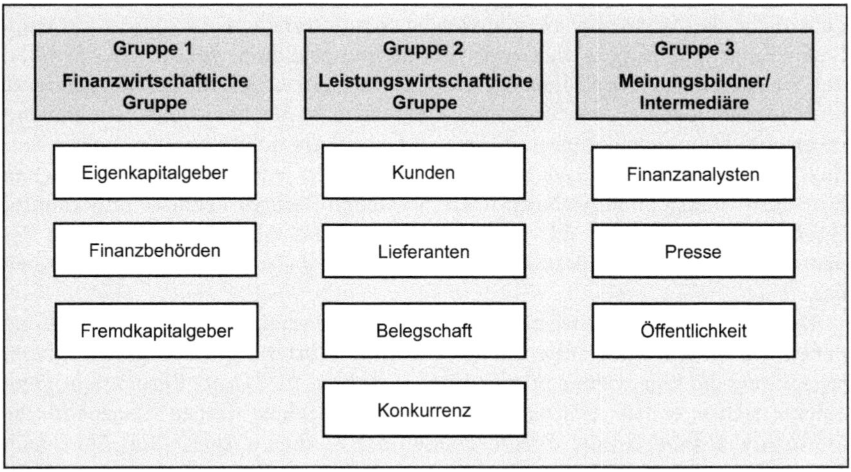

184 Vgl. Freidank/Velte (2007), S. 11; Küting (2008), S. 750.
185 Vgl. Kerth/Wolf (1992), S. 297.
186 Vgl. Hauschildt (1988a), S. 660.
187 Vgl. Küting (2008), S. 753. Vgl. zur Systematisierung von Adressaten auch Hauschildt (1988a), S. 660; Peemöller (2001), S. 9; Wagenhofer/Ewert (2015), S. 5–9; Obermann (2011), S. 20–23.

Jede dieser Bezugsgruppen wird in Abhängigkeit ihrer spezifischen Interessenlage bestimmte Erwartungshaltungen hinsichtlich des durch den Jahresabschluss abgebildeten Zahlenwerks stellen.[188] Die heterogenen Gruppen der Bilanzadressaten unterscheiden sich insb. im Hinblick auf ihre divergierenden Ansprüche, Rechte und Sanktionsmöglichkeiten gegenüber dem Unternehmen.[189]

Für Eigenkapitalgeber stehen i.d.R. eine angemessene Verzinsung und die Mehrung des eingesetzten Kapitals im Vordergrund. In wirtschaftlichen Krisenzeiten wird die Priorität jedoch auf die Kapitalerhaltung durch die Sicherung des Fortbestandes des Unternehmens gelegt werden.[190] Finanzbehörden benötigen die Rechnungslegung als Grundlage zur Ermittlung der Steuerlast. Fremdkapitalgeber wie Kreditinstitute haben den Wunsch nach planmäßiger Erfüllung der mit dem Unternehmen geschlossenen Verträge.[191] Dieser Anspruch wird auch den Mitgliedern der leistungswirtschaftlichen Adressaten zugesprochen, sodass bei den Fremdkapitalgebern auch eine Eingruppierung in die zweite Kategorie der Bilanzadressaten erfolgen kann. Im Gegensatz zu den leistungswirtschaftlichen Adressaten der Kunden, Lieferanten und Arbeitnehmern, verfügen Wettbewerber i.d.R. nicht über vertragliche Bindungen zu dem Unternehmen. Entgegen der möglichen Eingruppierung in die Gruppe der Meinungsbildner, zielen die Aktivitäten der Wettbewerber jedoch indirekt auf die leistungswirtschaftliche Komponente des Unternehmens ab, wodurch eine Einstufung in die zweite Adressatengruppe erfolgt. Meinungsbildner und Finanzintermediäre nehmen nur mittelbar Einfluss auf die Unternehmensentwicklung. Sie können jedoch den wirtschaftlichen Fortschritt maßgeblich mitbestimmen. So stellen Ratingergebnisse anerkannter Agenturen für eine Vielzahl von Investoren einen entscheidungsrelevanten Beurteilungsmaßstab für zukünftige Investitionen in das betrachtete Unternehmen dar.[192]

Bei nicht-kapitalmarktorientierten Unternehmen erfolgt die Kapitalbeschaffung neben der Innenfinanzierung durch Gewinnthesaurierung und Eigenkapitalbereitstellung der Eigentümer, primär durch Bankkredite.[193] Unter Berücksichtigung einer fortschreitenden wirtschaftlichen Krisenentwicklung werden bilanzpolitische Maßnahmen daher an den Erfordernissen der Banken ausgerichtet. Aber auch die Anforderungen der Lieferanten müssen erfüllt werden, um eine ausreichende Warenlieferung für den Erhalt des operativen Geschäftes zu gewährleisten. Kunden dürfen nicht das Vertrauen in das Unternehmen verlieren und Zweifel

188 Vgl. Küting (2008), S. 753.
189 Vgl. Küting (2008), S. 753.
190 Vgl. Zirener/Hautkappe (2015), S. 9.
191 Vgl. Döring/Obermann (2008), S. 419.
192 Vgl. Obermann (2011), S. 23.
193 Vgl. Zülch u.a. (2014), S. 2118; Becker u.a. (2015b), S. 16.

über dessen Fortbestand hegen. Sie könnten sonst den Verlust von zukünftigen Garantieansprüchen befürchten und ihr Kaufverhalten in Richtung Konkurrenz ändern. Arbeitnehmer können sich bei solchen Zweifeln bereits nach neuen Arbeitgebern umsehen und das Arbeitsverhältnis kündigen, während neue qualifizierte Arbeitnehmer das Unternehmen als Arbeitgeber meiden. Schlussendlich sind die bilanzpolitischen Zielsetzungen anhand der divergierenden Vorstellungen oder rechtlichen Ansprüche der verschiedenen Koalitionspartner des Unternehmens auszurichten.[194]

3.1.3 Bilanzpolitisches Zielsystem

Die Bilanzpolitik wird als eine in der Unternehmenspolitik interdependent integrierte Teilpolitik verstanden, welche neben weiteren Partialpolitiken, wie der Beschaffungs-, Produktions-, Absatz-, Investitions- und Steuerpolitik, für die Realisierung bestimmter Unternehmensziele verwendet wird.[195] Neben monetären Intentionen wie der Umsatzmaximierung, verfolgen Unternehmen auch nichtmonetäre Anliegen wie Prestige und Unabhängigkeit, wobei die Gewinnmaximierung als unternehmerische Zielsetzung jedoch nach wie vor dominierend ist.[196] Eine kurz- und mittelfristige Unternehmensplanung wird in Abhängigkeit von der aktuellen und zukünftig zu erwartenden wirtschaftlichen Lage aufgestellt. Die Bilanzpolitik ordnet sich der Unternehmenszielsetzung unter und dient der Erreichung übergeordneter Bestrebungen.[197] Da der Jahresabschluss verstärkt Auswirkungen auf die Finanz- und Publizitätslage entfaltet, lassen sich die bilanzpolitischen Ziele primär aus diesen beiden Teilpolitiken ableiten.[198] Folgernd werden durch Bilanzpolitik monetäre wie auch nicht monetäre Ziele verfolgt. Auf monetärer Ebene steht die Beeinflussung des finanziellen Bereichs im Vordergrund,[199] welcher durch unmittelbare Einwirkung auf die Zahlungsbemessungsfunktion des Jahresabschlusses, in Form von Dividendenausschüttungen oder Tantiemen, geprägt werden kann. Mittelbar kann der finanzielle Bereich durch Einwirkung auf das Verhalten bestimmter kapitalbereitstellender Bilanzadressaten wie der Kapitalgeber beeinflusst werden. Nicht monetäre Ziele hingegen können auf die Beeinflussung der Meinungsbildung in ökonomischer, aber auch in außerökonomischer Hinsicht abzielen.[200]

194 Vgl. Küting (2008), S. 753–754.
195 Vgl. Freidank/Velte (2007), S. 11.
196 Vgl. Bieg/Kußmaul (2009), S. 233.
197 Vgl. Veit (2002), S. 8.
198 Vgl. Bieg/Kußmaul (2009), S. 234–340.
199 Vgl. Küting (2008), S. 754.
200 Vgl. Wöhe (2000), S. 120.

Abbildung 6: Ableitung des bilanzpolitischen Zielsystems als Teil der kurz- und mittelfristigen Unternehmenspolitik[201]

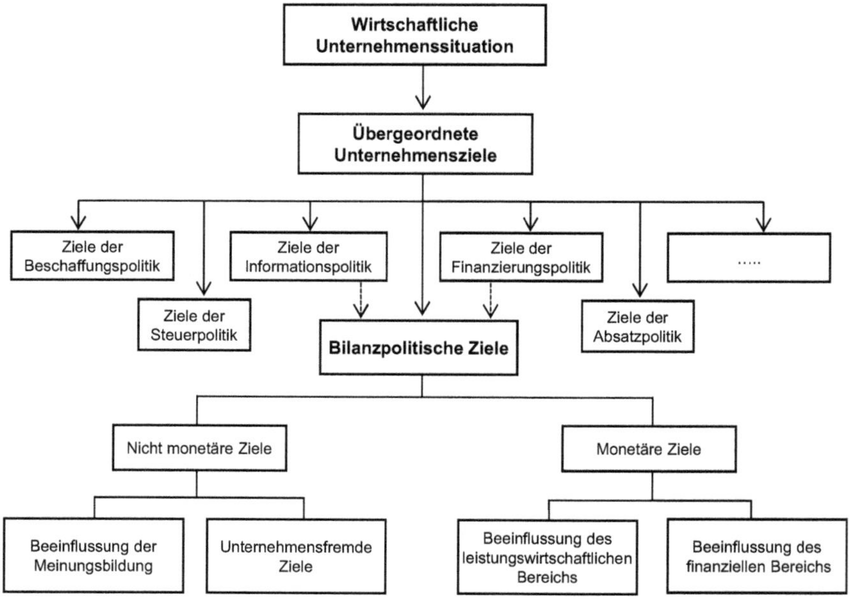

Der veröffentlichte Jahresabschluss findet auf Publizitätsebene im Rahmen der Öffentlichkeitsarbeit Verwendung,[202] um u.a. Beziehungen zu verschiedenen potenziellen Partnern des Unternehmens aufzubauen und zu erhalten.[203] Zudem besteht die Möglichkeit, dass durch Angestellte unternehmensfremde Zwecke verfolgt werden. Untergeordnete Arbeitnehmer sind bestrebt, ihre berufliche Laufbahn positiv zu beeinflussen oder Manager versuchen eigene Fehlleistungen zu kaschieren.[204]

Zur Realisierung der verschiedenen bilanzpolitischen Zielvorstellungen[205] kann eine nicht erfolgswirksame Beeinflussung bilanzpolitischer Objekte, wie z.B. des Anhangs oder publizitätswirksamer Unternehmensberichte, vollzogen werden. Im Fokus wird jedoch die Einflussnahme auf den Erfolgsausweis im Jahresabschluss

201 Vgl. zu weiteren Übersichten über das Zielsystem Küting (2008), S. 754; Döring/Obermann (2008), S. 421.
202 Vgl. Freidank (1982), S. 339; Heinhold (1984), S. 391.
203 Vgl. Sandig (1970), Sp. 233.
204 Vgl. Baetge/Ballwieser (1978), S. 522; Kropff (1983), S. 181.
205 Vgl. zur Diskussion der verschiedenen bilanzpolitischen Zielsetzungen Peemöller (2001), S. 173–180; Wagenhofer/Ewert (2015), S. 272–276. Vgl. für eine Übersicht empirischer Studien zu den einzelnen Zielsetzungen Kapitel 4.2.1 sowie Wagenhofer/Ewert (2015), S. 287–293; Siddharth (2011), S. 21–24.

stehen. In der Literatur werden oftmals vier Grundtypen der Steuerung des Erfolgsausweises angeführt:

- Maximierung des ausgewiesenen Erfolgs,
- Minimierung des ausgewiesenen Erfolgs,
- Glättung des ausgewiesenen Erfolgs über die Zeit und
- Erreichen von Zielgrößen.[206]

Sich durch eine maximierende Bilanzpolitik[207] möglichst gut darzustellen wird angestrebt, um am Kapitalmarkt finanzielle Mittel aufzunehmen oder diese bei Kreditinstituten zu möglichst günstigen Konditionen zu erhalten. Manche Manager erwarten, dass ihre bisherigen Leistungen Auswirkungen auf zukünftige Karrierechancen haben oder sie möchten sich ein Denkmal setzen.[208] Aber auch Anreize eines Managers, seine erfolgsabhängige Vergütung zu erhöhen, können zu einer gewinnmaximierenden Bilanzpolitik führen.

Z.B. wird unter Berücksichtigung des Maßgeblichkeitsprinzips eine Minimierung des Erfolges i.d.R. im Hinblick auf eine geringere Steuerlast angestrebt. Zudem bildet der handelsrechtliche Jahresabschluss die Ausschüttungsbemessungsgrundlage, bei dessen Reduzierung eine Verringerung der Dividendenzahlungen erreicht werden kann. Die Vergabe von Subventionen erfolgt oftmals in Abhängigkeit negativer Zahlen aus dem Jahresabschluss. Bei Gehaltsverhandlungen mit Gewerkschaften kann mit Hilfe schlechter wirtschaftlicher Zahlen den Gehaltsforderungen der Arbeitnehmer entgegnet werden. Kommt eine zukünftige Übernahme des Unternehmens durch das Management in Betracht, wird dieses ebenfalls nach einer Minderung des Gewinns bestrebt sein, um nachfolgend einen niedrigeren Preis für das Unternehmen zu zahlen.

Durch eine Gewinnglättung weisen die Ergebnisse eine geringere Volatilität im Zeitablauf auf. Eine verringerte Volatilität symbolisiert gegenüber Investoren wie auch Kreditinstituten ein niedrigeres Risiko und fördert somit die Bedingungen für eine Kapitalaufnahme. Auch bestimmte Zielgrößen können im Fokus der Bilanzpolitik stehen. Empirische Studien belegen, dass das Nichterfüllen von Analystenprognosen zu Kurseinbrüchen führen kann.[209] Auch wird oftmals eine Umgehung von kleinen Verlusten angestrebt[210] und unter Zuhilfenahme bilanzpolitischer Maßnahmen versucht, den Jahresfehlbetrag in einen Gewinnausweis umzuwandeln. Die langfristige Vermeidung von Verlusten repräsentiert nicht nur den Zieltyp der Realisierung von Zielgrößen. Sie kann auch im Zeitablauf zu einem gewinnglättenden Erfolgsausweis führen, welcher in seiner Ausführung durch eine

206 Vgl. Wagenhofer/Ewert (2015), S. 272–276.
207 Im Folgenden sollen die Begriffe einer maximierenden, ergebnisverbessernden bzw. progressiven Bilanzpolitik als Synonyme verstanden werden. Entsprechendes gilt für die Begriffe minimierend, ergebnisvermindernd und konservativ.
208 Vgl. Wagenhofer/Ewert (2015), S. 272f.
209 Vgl. Dechow/Skinner (2000), S. 243–245.
210 Vgl. Burgstahler/Dichev (1997), S. 99–126.

gewinnmaximierende Bilanzpolitik erreicht wird. Letztlich werden zur operativen Umsetzung einer gewinnglättenden Strategie oder für das Erreichen bestimmter Zielgrößen, gewinnmaximierende oder -minimierende bilanzpolitische Maßnahmen eingesetzt werden.

Es ist offenkundig, dass eine gewinnmindernde bilanzpolitische Einflussnahme nicht im Einklang mit einer maximierenden Strategie stehen kann. Im normalen Betriebsgeschehen existieren daher zahlreiche bilanzpolitische Zielkonflikte. Dabei können die unterschiedlichen Zielvorstellungen durchaus gleichgerichtete Effekte aufweisen. Auf der einen Seite soll durch eine Minimierung des Ergebnisses die Steuerbelastung gesenkt und die Dividendenausschüttung reduziert werden. Auf der anderen Seite soll der Jahresabschluss eine möglichst positive Darstellung der wirtschaftlichen Lage vermitteln, um Investoren zur Kapitalbereitstellung zu bewegen oder eine günstige Finanzierung durch Kreditinstitute herbeizuführen. Beide sich ausschließende bilanzpolitische Strategien führen mehr oder weniger zu einer verbesserten Liquidität, sei es durch Einsparung von Steuerzahlungen oder durch Zuführung neuen Kapitals. Eine Lösung der unausweichlich bestehenden Zielkonflikte kann mit verschiedenen Strategien erreicht werden. Die pragmatischste Lösung repräsentiert die Prioritätenbildung, indem sich die Unternehmensleitung nach Aufstellung einer Rangfolge auf ein Ziel bzw. eine Beeinflussungsrichtung festlegt. Die Präferenzbildung wird insb. im Rahmen von bestimmten Vorhaben, wie bspw. der Erlangung eines größeren Kreditvolumens angewandt.[211] Eine alternative Strategie stellt die Durchschnittsbildung dar, durch welche mehreren Zielen entsprochen werden soll.[212] Es kann versucht werden, einer quantitativen Richtungsbeeinflussung durch verbale Erläuterungen im Anhang oder Unternehmensberichten entgegenzuwirken. Auch kann eine zeitliche Verlagerung von bilanzpolitischen Maßnahmen in nachfolgende Perioden stattfinden. Werden im Berichtsjahr stille Reserven gelegt, verringert sich in der aktuellen Periode die Steuerbelastung. Sofern in einem der nachfolgenden Jahre ein größerer Kredit benötigt wird, können diese im Zeitablauf bis zur Kreditverhandlung kontinuierlich aufgelöst werden und die Kreditaussichten verbessern.[213]

In wirtschaftlichen Krisenzeiten wird im Rahmen der Prioritätenlösung dem Ziel der Überwindung der Krise und Sicherung des Fortbestandes des Unternehmens der Vorrang gewährt.[214] Die oben aufgeführten Zielkonflikte stellen in Krisenzeiten keine Probleme bilanzpolitischer Planung dar. Die untergeordneten Teilpolitiken werden ihre eigenen Zielsysteme anhand des übergeordneten Unternehmensziels der Krisenüberwindung ausrichten. Ein Bekanntwerden der Krise in der Öffentlichkeit

211 Vgl. Peemöller (2001), S. 179.

212 Vgl. Küting (2008), S. 757.

213 Bilanzpolitik ist stets unter einem mehrperiodigen Kontext zu planen. Bei Kreditverhandlungen werden i.d.R. die Jahresabschlüsse der letzten drei Jahre verlangt, vgl. Langer u.a. (2013), S. 53, woraus sich ein mehrperiodiger Planungszeitraum für die sich stufenweise erhöhende Auflösung der stillen Reserven ergibt.

214 Vgl. Peemöller (2001), S. 176.

mit dessen Folgen soll verhindert werden, sodass es gilt, die Krise zu verschleiern oder zumindest zu verharmlosen.[215] Die Bilanzpolitik steht in Wechselwirkungen zu den anderen Partialpolitiken des Unternehmens und kann diese mit ihrer Wirkungsweise unterstützen. Die Beschaffungspolitik wird in der Krise darauf abzielen, dass Lieferanten weiterhin ausreichend Waren und Rohstoffe auf Ziel liefern, um einen kontinuierlichen Verkauf zu gewährleisten und die Produktion sicherzustellen. Dahingehend muss die Bilanzpolitik den Lieferanten das Bild eines zahlungsfähigen Unternehmens vermitteln. Aufgabe der Absatzpolitik wird die Aufrechterhaltung des Umsatzes sein. Bilanzpolitisch muss den Kunden ein Unternehmensbild vermittelt werden, welches keinerlei Zweifel über den Fortbestand des Unternehmens aufkommen lässt und die sichere zukünftige Erfüllung etwaiger vertraglicher Verpflichtungen des Unternehmens gegenüber den Abnehmern symbolisiert. Die Finanzpolitik muss Zahlungsmittel generieren, um die Zahlungsfähigkeit aufrechtzuerhalten. Besonders in diesem Bereich wird die Bilanzpolitik mit einer positiven wirtschaftlichen Außendarstellung unterstützend eingesetzt werden. Letztendlich kann die Bilanzpolitik in Krisenzeiten als Sanierungsinstrument fungieren und zur Sicherung der Existenz des Unternehmens beitragen.[216] So wurde bereits für die Finanzmarktkrise von Lachnit (2010) angeführt, dass vor diesem Hintergrund der „Bilanzpolitik gegenwärtig für manche Unternehmen fast schon existenzielle Bedeutung“[217] zugesprochen werden kann.

3.2 Grenzen bilanzpolitischer Einflussnahme

3.2.1 Allgemeine Grenzen der Bilanzpolitik

Die Gestaltung des Jahresabschlusses durch Bilanzpolitik wird durch zahlreiche Determinanten eingeschränkt. Eine der bedeutendsten Grenzen symbolisiert das Stetigkeitsgebot (§ 246 Abs. 3 HGB). Dieser in § 252 Abs. 1 Nr. 6 HGB kodifizierte Grundsatz besagt, dass die auf den vorhergehenden Jahresabschluss angewandten Bewertungsmethoden beizubehalten sind. Das Stetigkeitsgebot als Grundsatz, welcher aus dem Vergleichbarkeitspostulat und dem Willkürverbot abgeleitet wird, trägt maßgeblich zur Objektivierung der Bilanz bei.[218] Jedoch erfährt auch das Stetigkeitsgebot Einschränkungen. Nach dem Gesetzeswortlaut bezieht sich dieses ausschließlich auf Bewertungsmethoden. Gem. § 252 Abs. 2 HGB kann in begründeten Ausnahmefällen von dem Grundsatz der Bewertungsorientierung anhand vorhergehender Jahresabschlüsse abgewichen werden. Werden bspw. bei einem mittelständischen Unternehmen Anschaffungs- und Herstellungskosten von einem Gebäude bestimmt, wird der Anschaffungs- oder Herstellungsvorgang als nicht gewöhnlicher Geschäftsvorfall klassifiziert, welcher i.d.R. nicht dem Stetigkeitsgebot

215 Vgl. Küting (2005), S. 225.
216 Vgl. Lachnit (2010), S. 133.
217 Lachnit (2010), S. 133.
218 Vgl. Küting (2008), S. 765.

unterliegt. Dies gilt insb. dann nicht, wenn im Vorjahr kein vergleichbarer Geschäftsvorfall stattgefunden hat.[219]

Nach der zu Grunde gelegten Definition der Bilanzpolitik bezieht sich diese ausschließlich auf legale Maßnahmen zur Beeinflussung des Jahresabschlusses. Werden die GoB nicht eingehalten oder Bilanzfälschungen betrieben, werden diese Maßnahmen nicht unter den Begriff der Bilanzpolitik subsumiert. Dies hat zur Folge, dass oftmals der Wirtschaftsprüfer in seiner Funktion als Prüfer des Jahresabschlusses und Lageberichts letztlich die Grenze der bilanzpolitischen Einflussnahme bestimmt.[220] Auch die in § 264 Abs. 2 HGB kodifizierte Generalnorm über die Darstellung der den tatsächlichen Verhältnissen entsprechenden Vermögens-, Finanz-, und Ertragslage oder die Bewertung nach vernünftiger kaufmännischer Beurteilung (§ 253 Abs. 1 S. 2 HGB), können in einem unbestimmten Maße die Bilanzpolitik dezimieren.[221]

Bestehen die besagten Zielkonflikte zwischen den einzelnen Zielsetzungen der Bilanzpolitik, schränken diese je nach angewandter Lösungsstrategie die betriebene Bilanzpolitik ebenfalls ein. Wird eine Präferenzlösung für eine kapitalbeschaffende ergebnismaximierende Strategie getroffen, erfährt eine minimierende Strategie hinsichtlich einer Dividendenreduktion eine klare Einschränkung. Aber auch bei Kompromisslösungen wird den unterschiedlichen bilanzpolitischen Strategien nicht vollständig nachgegangen, sodass diese nur eine begrenzte Wirksamkeit entfalten können.

Des Weiteren gibt es zahlreiche faktische Grenzen, welche den bilanzpolitischen Handlungsspielraum limitieren, wie z.B. die geltenden Rechnungslegungsnormen, die Branche oder die Größe des Unternehmens. Auch wird durch die Rechnungslegungskompetenz und die innere Bereitschaft des Bilanzierenden, die bilanzpolitischen Möglichkeiten einzusetzen, die Handlung begrenzt.[222]

Zudem gelten spezifische Auswahlkriterien der einzelnen bilanzpolitischen Maßnahmen als weitere Determinanten. Eigenschaften, wie eine begrenzte Wirkungsdauer oder von bilanzpolitischen Maßnahmen hervorgerufene Kosten, sind explizit in die Planung mit einzubeziehen. Faktische bilanzpolitische Grenzen ergeben sich aus einer betriebswirtschaftlichen Abwägung von Kosten-/Nutzen-Kalkülen. Des Weiteren sind ethische Grundsätze zu beachten, welche sich bspw. durch einen Ansehensverlust ausdrücken können.[223] Maximiert die Befolgung ethischer Grundsätze den persönlichen Nutzen der Unternehmensleitung, wird diese zu einer wirklichkeitsnahen Abbildung der wirtschaftlichen Lage durch die Bilanz tendieren.[224]

219 Vgl. Küting (2008), S. 766.
220 Vgl. Detert/Sellhorn (2007), S. 251.
221 Vgl. Coenenberg u.a. (2012), S. 1008.
222 Vgl. Obermann (2011), S. 68.
223 Vgl. Detert/Sellhorn (2007), S. 251.
224 Vgl. Clemm (1998), S. 1233f.

3.2.2 Spannungsfeld zwischen Abschlussanalyse und Bilanzpolitik

Das primäre Streben der Bilanzpolitik besteht darin, die Adressaten der Rechnungslegungsinformationen zu einem Verhalten zu bewegen, dass den Zielen des Bilanzerstellers entspricht.[225] Zunächst soll daher die Einstellung des Adressaten, welcher die Bilanz seiner Analyse unterwirft, richtig eingeschätzt werden.[226] Die Bilanzanalyse hat das Ziel der Aufbereitung und Auswertung erkenntniszielorientierter Unternehmensinformationen, um somit ein Bild über die tatsächliche Vermögens-, Finanz- und Ertragslage des Unternehmens zu erhalten.[227] Ob und wie stark von den Stakeholdern Bilanzanalyse betrieben wird, hängt maßgeblich von der jeweiligen Zielgruppe ab. So werden Arbeitnehmer, Öffentlichkeit und Kunden vermutlich kaum einer intensiven Bilanzanalyse nachgehen, wohingegen bereits Lieferanten, insb. jedoch Investoren und Banken, den Jahresabschluss einer intensiven Bilanzanalyse unterwerfen werden. Banken als zentraler Kapitalgeber von nicht-kapitalmarkt-orientierten Unternehmen werden bestrebt sein, durch Entschlüsselung der bilanzpolitischen Maßnahmen die Solvenz des Unternehmens herauszudeuten.[228] Werden bilanzpolitische Maßnahmen infolge einer Bilanzanalyse erkannt, erfolgt eine Neutralisierung der Wirkung der jeweiligen Maßnahmen.[229] Durch die dann unwirksame bilanzpolitische Maßnahme kann eine gewünschte Verhaltensbeeinflussung des Bilanzadressaten nicht mehr erreicht werden. Infolgedessen repräsentiert die Bilanzanalyse mit ihren Folgewirkungen eine wichtige Determinante bilanzpolitischer Einflussnahme.

Die zwei elementaren Ziele der Bilanzanalyse sind die Bewertung der gegenwärtigen und zukünftigen Ertragslage sowie die Beurteilung der finanziellen Stabilität des Unternehmens zur Einschätzung der Fähigkeit, gegenwärtigen und zukünftigen Zahlungsverpflichtungen nachzukommen.[230] Dieselben Ziele werden auch bei den bereits vorgestellten Verfahren zur Früherkennung von Unternehmenskrisen verfolgt. Vor diesem Hintergrund kommen die bereits dargestellten Verfahren der Kennzahlenanalyse sowie die Diskriminanzanalyse und neuronale Netze zum Einsatz.

Banken treffen infolge Basel II ihre Kreditvergabeentscheidungen verstärkt auf Basis eines bankeninternen Ratings, welches zu einem großen Teil auf dem Jahresabschluss basiert. Die Bilanzanalyse als ein Teilbereich des Ratings wird jedoch durch die verzerrende Wirkung bilanzpolitischer Maßnahmen erschwert. Es wird daher versucht, durch Aufbereitung des Jahresabschlusses und der Ableitung einer

---

225 Vgl. Baetge/Ballwieser (1977), S. 203.
226 Vgl. Küting (2008), S. 766.
227 Vgl. Küting/Weber (2008), S. 662.
228 Vgl. Küting (2005), S. 223.
229 Vgl. Küting (2008), S. 766.
230 Vgl. Gräfer (1990), Rn. 193.

sog. Strukturbilanz[231] bilanzpolitische Maßnahmen zu bereinigen. Im ersten Schritt der Aufbereitung des Jahresabschlusses erfolgen die Analyse der Bilanzpolitik und deren anschließende Neutralisation.[232]

Eine wesentliche Hilfe zur Beurteilung des eingesetzten bilanzpolitischen Instrumentariums bietet der Anhang.[233] Dieser wird im Rahmen einer qualitativen Bilanzanalyse eingehend auf Hinweise für bilanzpolitische Maßnahmen untersucht.[234] Die qualitative Bilanzanalyse geht bei der Analyse des bilanzpolitischen Instrumentariums in drei Schritten vor.[235] Zunächst werden die Anhangsangaben dahingehend untersucht, ob ergebnisverbessernde oder -verschlechternde Maßnahmen identifiziert werden können. Anschließend werden in Schritt zwei Änderungen der Bewertungsmethoden analysiert. Im dritten und letzten Untersuchungsschritt wird nach Gründen für den Einsatz von erkannten Maßnahmen gesucht oder Veränderungen des bilanzpolitischen Verhaltens im Zeitablauf analysiert.[236] Zusätzlich zur Analyse des bilanzpolitischen Instrumentariums sollen durch eine semiotische Bilanzanalyse ergänzende Informationen über die tatsächliche Lage des Unternehmens gewonnen werden.[237] Diese kann in drei Ebenen durchgeführt werden. Im Rahmen einer syntaktischen Ebene wird der Grad der Bestimmtheit von Aussagen hinsichtlich weiterer abzuleitender Rückschlüsse untersucht. Auf der pragmatischen Ebene wird geprüft, ob die Intensität der freiwilligen Berichterstattung zusätzliche Erkenntnisse hervorbringt. Auf einer semantischen Ebene findet eine Analyse der präferierten Wortwahl hinsichtlich neuer Informationen statt.[238] Besonders die semiotische Bilanzanalyse wirft jedoch viele Probleme auf, da die verbalen Ausdrücke nicht wie numerische Größen formal vorgegeben werden und somit schwer vergleichbar sind.[239]

Der Bilanzersteller ist infolge der verschiedenen Analysemöglichkeiten durch die Bilanzanalyse angehalten, die Methoden zur Entdeckung bilanzpolitischer Maßnahmen zu kennen und diese mit in sein Kalkül einzubeziehen.[240] Jedoch kann auch eine eingehende Analyse des Jahresabschlusses die bilanzpolitischen Maßnahmen

---

231 Neben der Aufbereitung bilanzpolitischer Maßnahmen dient die Strukturbilanz insb. dazu, eine Vergleichbarkeit durch Umgruppierung, Neubildung, Aufspaltung, Saldierung und Erweiterung von Posten zu erzielen. Vgl. für Vorschläge zum Vorgehen für die Aufstellung einer Strukturbilanz nach dem HGB Küting/Weber (2008), S. 671–675; Küting/Weber (2012), S. 86–104; Brösel (2012), S. 115–130.

232 Vgl. Coenenberg u.a. (2012), S. 1023.

233 Ein zusätzlicher Analysegegenstand stellt zudem der Lagebericht dar, vgl. Kapitel 5.3.2.2.

234 Vgl. Küting/Weber (2008), S. 729.

235 Vgl. Küting/Weber (2008), S. 731.

236 Vgl. Küting/Weber (2008), S. 731.

237 Vgl. Jäckel/Poppe (2000), S. 89–91.

238 Vgl. Küting/Weber (2008), S. 729.

239 Vgl. Werner (1990), S. 370.

240 Vgl. Küting (2005), S. 227.

nur unvollständig aufdecken,[241] sodass Unternehmen unter Berücksichtigung spezifischer Auswahlkriterien weiterhin eine geplante mehrperiodige bilanzpolitische Einflussnahme ausüben können.

3.3 Bilanzpolitisches Instrumentarium

3.3.1 Überblick über das bilanzpolitische Instrumentarium

Mittels bilanzpolitischer Maßnahmen sollen zuvor definierte Zielsetzungen zur Unterstützung der Unternehmenspolitik erreicht werden. Die Grenzen der Bilanzpolitik verdeutlichen bereits, dass eine effiziente und gut durchdachte Auswahl des bilanzpolitischen Instrumentariums eine grundlegende Voraussetzung dafür ist. Aus zeitlicher Perspektive werden Maßnahmen vor dem Bilanzstichtag (reale Bilanzpolitik) und Maßnahmen nach dem Bilanzstichtag (buchmäßige Bilanzpolitik) unterschieden.[242]

Reale bilanzpolitische Maßnahmen (Sachverhaltsgestaltungen) dienen häufig der Beeinflussung des der Bilanzierung und Bewertung zugrunde liegenden Mengengerüsts. Dieses bildet sodann die Basis für eine weitere bilanzpolitische Beeinflussung während der nachfolgenden Jahresabschlusserstellung.[243] Reale Bilanzpolitik ist meist aus dem Jahresabschluss nicht eindeutig ableitbar und bleibt dem Bilanzleser daher oftmals verborgen.[244] So kann durch eine Vor- oder Nachverlagerung von bereits feststehenden Geschäftsvorfällen in eine andere Periode der Erfolgsausweis verändert werden. Geplante Marketingmaßnahmen oder Reparaturen von Anlagegütern, sofern keine Rückstellungen für Instandhaltungen (gem. § 249 Abs. 1 S. 2 Nr. 1 HGB) zu bilden sind, können in das nachfolgende Geschäftsjahr verlagert werden. Zudem werden Geschäftsvorfälle, welche rein bilanzpolitisch motiviert sind, zu der Gruppe der Maßnahmen vor dem Bilanzstichtag gezählt. Im Rahmen von Sale-and-Lease-Back-Trans-aktionen werden Vermögensgegenstände unter Auflösung stiller Reserven veräußert und anschließend wieder zurückgeleast. Bedingt durch die Auflösung der stillen Reserven lässt sich so der Gewinnausweis kurzfristig verbessern. Zudem wird die Liquidität durch den Veräußerungserlös gestärkt, wobei diese jedoch rückkoppelnd durch Leasingzahlungen in nachfolgenden Perioden zunehmend wieder belastet wird. Auch bilanzpolitisch motivierte Maßnahmen, welche nach dem Abschlussstichtag wieder rückgängig gemacht werden können, werden in die Kategorie der realen Bilanzpolitik eingeordnet.[245] Eine Rückzahlung von einem Bankkredit vor

241 Vgl. Freidank/Velte (2007), S. 12.
242 Vgl. Küting (2008), S. 758.
243 Vgl. Küting (2008), S. 758.
244 Vgl. Küting (2008), S. 759.
245 Vgl. Bieg/Kußmaul (2009), S. 260.

dem Bilanzstichtag kann relevante Kennzahlen der Finanz- und Liquiditätslage verbessern. Durch Wiederaufnahme des Kredits im neuen Berichtsjahr ist eine nachfolgende Aufhebung der bilanzpolitisch motivierten Maßnahme möglich.[246] Reale bilanzpolitische Maßnahmen können jedoch nur unter den Begriff der Bilanzpolitik subsumiert werden, wenn sie bewusst zur zielgerichteten Gestaltung des Jahresabschlusses, unter Verfolgung konkreter bilanzpolitischer Zielsetzungen eingesetzt werden.[247] Die Abgrenzung zwischen rein bilanzpolitisch motivierten Maßnahmen und betriebsüblich begründeten Geschäftsvorfällen stellt daher eine große Herausforderung für die Bilanzanalyse dar.

Die buchmäßige Bilanzpolitik (Sachverhaltsabbildungen) gliedert sich in materiale und formale bilanzpolitische Maßnahmen. Die formale Bilanzpolitik beinhaltet Instrumente zum bilanziellen Ausweis, der Struktur und Erläuterungen im Jahresabschluss.[248] Die Ausweispolitik betrifft die Untergliederung einzelner Posten in der Bilanz oder GuV, ohne eine Änderung der Bilanzstruktur oder -summe hervorzurufen.[249] Durch ausweispolitische Maßnahmen können Informationen aus der Bilanz und GuV in den Anhang verlagert werden. Die Zuordnung von Vermögensgegenständen zum Anlage- oder Umlaufvermögen gem. § 247 Abs. 2 HGB oder die Ausübung von größenabhängigen Erleichterungen (§§ 266, 274a, 276, 288 i.V.m. § 267 HGB) stellen in diesem Sinne Ausweiswahlrechte dar. Die gliederungsbezogene Bilanzpolitik zielt dagegen darauf ab, die Struktur der Bilanz und GuV zu beeinflussen. Entsprechend der Ausweis- und Erläuterungspolitik wird im Rahmen der Strukturpolitik keine Ergebnisbeeinflussung betrieben. Gleichwohl können durch strukturbezogene Maßnahmen, wie durch das Ausüben von Saldierungswahlrechten, Kennzahlen wie die Eigenkapitalquote verändert werden.[250] Saldierungswahlreche werden bspw. durch die mögliche Verrechnung passiver und aktiver latenter Steuern (§ 274 HGB) oder die getrennte Darstellung eines Disagios (§ 268 Abs. 6 HGB) repräsentiert. Die erläuterungsbezogenen Instrumente nehmen ihr bilanzpolitisches Gestaltungspotenzial aus dem Detaillierungsgrad und der Darstellungsweise der Informationen.[251] Verschiedene Erläuterungen, wie die Angabe zu den Restlaufzeiten von Forderungen (§ 268 Abs. 4 und 5 HGB), müssen nicht pflichtgemäß angeführt werden und können somit unterstützend zur Verhaltenssteuerung der Bilanzadressaten verwendet werden.

---

246 Vgl. Heinold (1984), S. 450.
247 Vgl. Heinold (1984), S. 450.
248 Vgl. Fink/Reuther (2010), S. 8.
249 Vgl. Fink/Reuther (2010), S. 8.
250 Vgl. Fink/Reuther (2010), S. 8.
251 Vgl. Scheffler (2002), Sp. 192.

Abbildung 7: Systematisierung des bilanzpolitischen Instrumentariums[252]

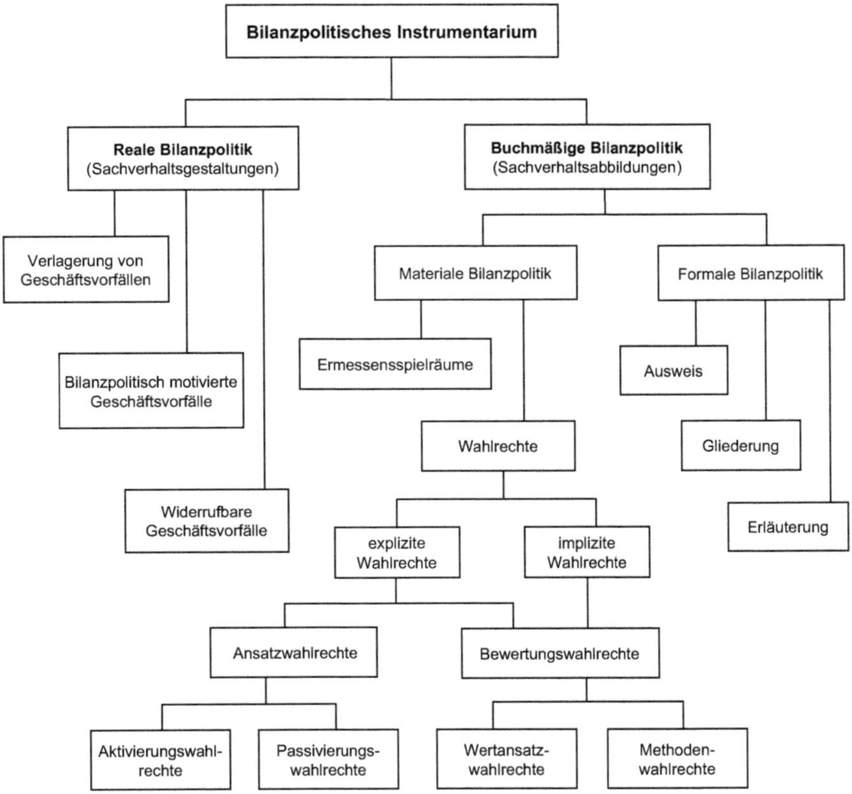

Im Gegensatz zur Ausweispolitik zielt die materiale Bilanzpolitik in erster Linie auf die Beeinflussung der Vermögens-, Finanz- und Ertragslage ab. Ermessensspielräume werden durch wählbare Wertansätze ausgedrückt, welche plausibel legitimiert werden können und daher auch von Dritten, wie z.B. Wirtschaftsprüfern, akzeptiert werden müssen.[253] Dabei besteht eine erhebliche Bandbreite von vertretbaren und

252 Vgl. zur Systematisierung auch Wagenhofer/Ewert (2015), S. 267; Küting (2008), S. 759. Vgl. für eine Übersicht über die verschiedenen bilanzpolitischen Maßnahmen nach dem HGB im Einzelabschluss auf Basis dieses Gliederungsschemas Anhang Nr. 1.

253 Vgl. Küting (2008), S. 762.

begründbaren Wertansätzen.[254] Diese ergeben sich automatisch aufgrund der Unmöglichkeit einer umfassenden Objektivierbarkeit aller ökonomischen Vorgänge sowie auf Basis unvollständiger Informationen und ungewissen Zukunftserwartungen.[255] Ermessensspielräume repräsentieren den subjektiven Einfluss des Bilanzerstellers bei Ausübung der Rechnungslegung[256] und können in einem erheblichen Maße das Ergebnis verändern.[257] Zu den Ermessensspielräumen werden z.B. die Schätzung der Nutzungsdauer von Vermögensgegenständen (§ 253 Abs. 3 S. 2 HGB) gezählt sowie die nach den Grundsätzen allgemeiner Buchführung durchgeführte Abgrenzung von Anschaffungs- und Herstellungskosten.

Die Wahlrechte der materialen Bilanzpolitik lassen sich in sog. explizite Wahlrechte und implizite Wahlrechte unterteilen. Gesetzliche Wahlrechte bestehen, sofern an einen gegebenen Tatbestand zwei sich ausschließende Rechtsfolgen anknüpfen und die Entscheidungsgewalt über die Anwendung einer der Alternativen bei dem Bilanzersteller liegt.[258] Gesetzlich definierte Bilanzansatzwahlrechte betreffen die Bilanzierung dem Grunde nach und bedingen, ob ein Vermögensgegenstand oder eine Schuld in die Bilanz aufgenommen werden. Gesetzliche Ansatzwahlrechte sind bspw. das Aktivierungswahlrecht für selbstgeschaffene immaterielle Vermögensgegenstände des Anlagevermögens (§ 248 Abs. 2 HGB) oder das Passivierungswahlrecht zur Bildung einer Pensionsrückstellung, bei welcher der Pensionsberechtigte seinen Rechtsanspruch vor dem 1. Januar 1987 erworben hat (Art. 28 Abs. 1 EGHGB). Im Anschluss an die Ansatzentscheidung erfolgt die Bewertung der Vermögensgegenstände und Schulden. Gesetzlich definierte Bewertungswahlrechte stellen z.B. im Rahmen der Methodenwahlrechte die Bewertungsvereinfachungsverfahren im Vorratsvermögen dar. Demnach kann der Bilanzierende bei gleichartigen Vermögensgegenständen des Vorratsvermögens bei der Bewertung zwischen dem Fifo-, Lifo- oder dem Durchschnittswertverfahren wählen (§ 240 Abs. 4 und § 256 HGB). Ein gesetzliches Wertansatzwahlrecht stellt die Möglichkeit einer außerplanmäßigen Abschreibung auf Vermögensgegenstände des Finanzanlagevermögens bei nur vorübergehender Wertminderung dar (§ 253 Abs. 3 S. 4 HGB).

Faktische Wahlrechte ergeben sich aus der Interpretation und Auslegung einzelner unbestimmter Rechtsbegriffe, welche aus der Bilanzierungspraxis und Rechtsprechung entstammen.[259] Bei diesen kommen ebenfalls Wertansatz- oder Methodenwahlrechte in Betracht. Ein faktisches Wertansatzwahlrecht stellt die Möglichkeit der Aktivierung von unentgeltlich erworbenen materiellen Vermögensgegenständen

254 Vgl. Clemm (1989), S. 361.
255 Vgl. Schedlbauer (1989), S. 144.
256 Vgl. Marattek (1976), S. 519.
257 Vgl. Packmohr (1984), S. 101.
258 Vgl. Bauer (1981), S. 66.
259 Vgl. Selchert/Karsten (1989), S. 838.

dar. Als faktisches Bewertungswahlrecht wird die Gemeinkostenschlüsselung bei der Herstellungskostenermittlung angesehen.[260]

In Abhängigkeit der Zielsetzung und der spezifischen Struktur des jeweiligen Unternehmens eignen sich unterschiedliche bilanzpolitische Instrumente. Diese werden anhand verschiedener Auswahlkriterien selektiert. Durch die Bilanzpolitik kann nur eine Verhaltensbeeinflussung bewirkt werden, sofern die Einflussnahme von dem Bilanzadressaten nicht entdeckt wird. Zudem wirken Maßnahmen zum Teil nur über eine Periode oder verursachen zusätzliche Kosten. Auch Umkehrwirkungen der bilanzpolitischen Maßnahmen in nachfolgenden Perioden sind in das Kalkül miteinzubeziehen. Besonders im Fall einer mehrperiodigen Krisensituation sind die verschiedenen, teils eingeschränkt nutzbaren bilanzpolitischen Instrumente gegeneinander abzuwägen. Die Aufstellung von Planbilanzen wird gefordert sein, bei welchen es gilt, die bilanzpolitische Manövriermasse über einen geschätzten Krisenzeitraum optimal zu verteilen.

3.3.2 Auswahlkriterien bilanzpolitischer Instrumente

3.3.2.1 Deduktion des verwendbaren bilanzpolitischen Instrumentariums

Zur Entscheidungsfindung im Rahmen der Auswahl bilanzpolitischer Maßnahmen sind, wie bereits angeführt, verschiedene Analysekriterien heranzuziehen.[261] Bevor jedoch die spezifischen Auswahlkriterien zur Selektion der einzelnen Maßnahmen zur Anwendung gelangen, findet im Vorfeld eine Einschränkung des bilanzpolitischen Instrumentariums statt. Zunächst bestimmt die Unternehmenspolitik die bilanzpolitische Zielsetzung. Werden in Zeiten schlechter wirtschaftlicher Verhältnisse im Unternehmen Verluste erwirtschaftet, liegt es nahe, dass die Bilanzpolitik eine ergebnismaximierende Strategie verfolgt. Dementsprechend fallen ergebnismindernde bilanzpolitische Maßnahmen aus dem Entscheidungskalkül heraus.

Zudem determinieren verschiedenste externe Einflussfaktoren das einsetzbare Instrumentarium. So legen als Umwelteinflüsse die vom Gesetzgeber vorgegebenen Rechnungslegungsgesetze fest, welche bilanzpolitischen Mittel überhaupt zum Einsatz kommen können. Unternehmenscharakteristika wie Branche, die Größe des Unternehmens oder ob es sich um eine Konzernstruktur handelt, beschränken ebenfalls die anwendbaren Methoden. Aber auch das übliche Rechnungslegungsverhalten, welches den Grad der Ausschöpfung der bilanzpolitischen Manövriermasse bedingt, engt den bilanzpolitischen Handlungsspielraum ein. Das verbleibende bilanzpolitische Instrumentarium wird daraufhin mittels verschiedener Analysekriterien beurteilt.

260 Vgl. Küting (2008), S. 763.

261 Vgl. zu den Auswahlkriterien Pfleger (1991); Rn. 53–150; Kirsch (2006), S. 1266–1270; Wohlgemuth (2007), S. 72–82; Obermann (2011), S. 46–66.

Abbildung 8: Deduktion des bilanzpolitischen Instrumentariums und dessen Auswahlkriterien

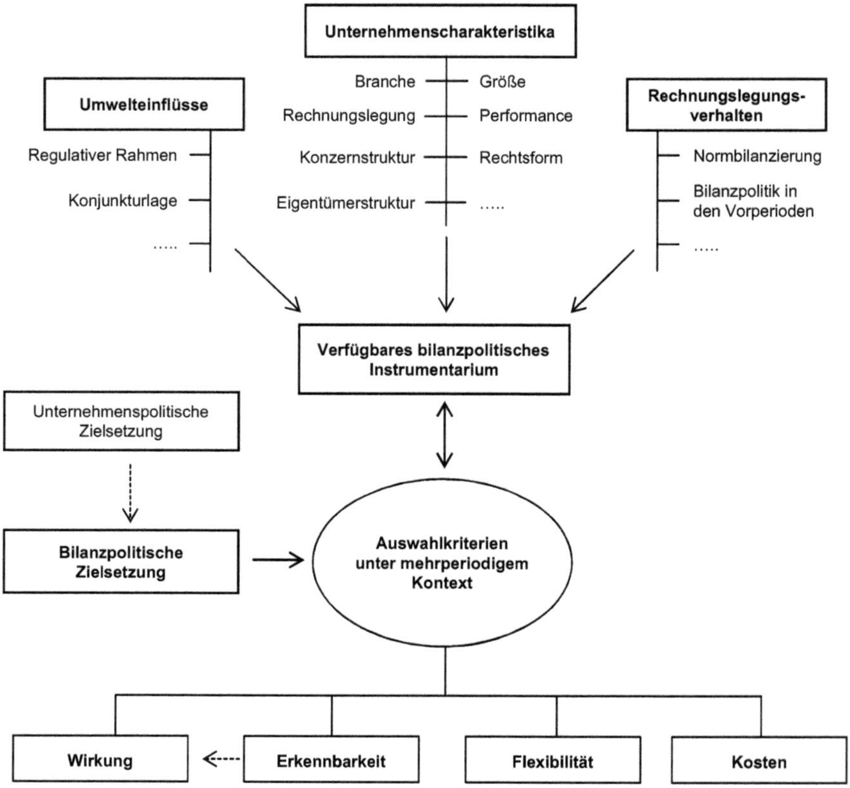

Die bilanzpolitische Zielsetzung nimmt zudem Einfluss auf die Analysekriterien. Wird bspw. die Steuerminimierung im Rahmen einer Prioritätenlösung als Primärziel festgelegt, braucht dem Analysekriterium der Erkennbarkeit, bis auf wenige Ausnahmefälle,[262] keine Beachtung mehr geschenkt werden.

Durch einen Mehrperiodenkontext wird die Auswahl der bilanzpolitischen Maßnahmen zunehmend erschwert und stellt sich als umso schwieriger heraus, je länger sich der Planungshorizont erstreckt. Dies ist durch die zunehmende Unsicherheit hinsichtlich der wirtschaftlichen Lage in nachfolgenden Perioden bedingt. Auch entfaltet sich in einem mehrperiodigen Planungszeitraum die Notwendigkeit der

262 In bestimmten Fällen kann unter dem Vorwurf des Gestaltungsmissbrauchs die Anerkennung der bilanzpolitischen Maßnahme von dem Finanzamt versagt werden, vgl. Pfleger (1991), Rn. 95.

Berücksichtigung von Primär- und Sekundärwirkungen.[263] Resultieren ergebniserhöhende Primärwirkungen in einer Periode, erfolgt in aller Regel eine Umkehrwirkung in Folgeperioden, welche sich durch den Grundsatz der Bilanzidentität und des Bilanzzusammenhanges ergeben.[264] Neben dem Kriterium der Wirkungsweise werden die Auswahlkriterien der Erkennbarkeit, Flexibilität und Kosten herangezogen.[265] Wird eine Maßnahme im Hinblick auf eine Verhaltensbeeinflussung erkannt, führt dies zu einer Einschränkung deren Wirksamkeit, sodass das Analysekriterium der Erkennbarkeit den bilanzpolitischen Effekt bedingt.[266]

3.3.2.2 Wirkung

Die Wirkungsweise von bilanzpolitischen Maßnahmen wird in folgende fünf Bereiche unterteilt:

- Wirkungsrichtung,
- Wirkungsumfang,
- Wirkungsart,
- Wirkungsbreite und
- Wirkungsdauer.

Die Wirkungsrichtung leitet sich von der bilanzpolitischen Zielsetzung ab und beschreibt, ob die Endparameter der Rechnungslegung eine positive oder negative Beeinflussung erfahren oder gar unverändert bleiben.[267] Der Wirkungsumfang bemisst hingegen die Höhe der bilanzpolitischen Einflussnahme. Die Abschätzung des Wirkungsumfanges stellt sich dahingehend als sehr schwierig heraus, da ein unbeeinflusster Jahresabschluss als Referenzgröße konstruiert werden muss.[268] Die Wirkungsart bezieht sich darauf, ob eine Maßnahme eine unmittelbare oder mittelbare Wirkung auf den Jahresabschluss entfaltet. Unmittelbare Maßnahmen dienen meist als Grundlage für weitergehende direkt wirkende bilanzpolitische Gestaltungsmaßnahmen.

Die Wirkungsbreite gibt an, welche Veröffentlichungen auf Basis der Rechnungslegung durch die Maßnahme betroffen sind und bestimmt damit auch den Bilanzadressaten.[269] Impliziert eine Maßnahme eine hohe Wirkungsbreite, indem sie z.B. die Handels- und Steuerbilanz gleichermaßen anspricht, steht sie in einem engen

263 Vgl. Harder (1962), S. 140f.

264 Nur wenige bilanzpolitische Maßnahmen wie der Aufstellungs- oder Feststellungszeitpunkt generieren keine Sekundärwirkungen in nachfolgenden Berichtszeiträumen, vgl. Döring/Obermann (2008), S. 422–425.

265 Vgl. zur Systematisierung auch Wohlgemuth (2007), S. 72–82; Obermann (2011), S. 46–49.

266 Vgl. Stein (1993), S. 985.

267 Vgl. Bauer (1981), S. 202.

268 Vgl. Hinz (1994), S. 139.

269 Vgl. Obermann (2011), S. 51.

Zusammenhang zu den Zielkonflikten der bilanzpolitischen Zielsetzung. Sollen unterschiedliche Zielvorstellungen zwischen Handels- und Steuerbilanz erreicht werden, sind Maßnahmen mit geringer Wirkungsbreite zu bevorzugen.[270] Zudem können nach Einführung des BilMoGs, aufgrund des Wegfalls der umgekehrten Maßgeblichkeit, verstärkt entgegensteuernde steuerbilanzpolitische Maßnahmen Anwendung finden.[271] Auch können zwischen anderen Veröffentlichungen wie zwischen Einzel- und Konzernabschluss zweigleisige bilanzpolitische Ziele verfolgt werden.[272]

Unter einem Mehrperiodenkontext werden Maßnahmen hinsichtlich ihrer Primär- und Sekundärwirkung unterschieden.[273] Primärwirkungen beziehen sich auf die aktuelle Berichtsperiode, in welcher die Maßnahme erstmalig angewendet wird. Dabei weisen jedwede Maßnahmen Primärwirkungen auf, da auch das bewusste Unterlassen eines Geschäftsvorfalles zur Bilanzpolitik gezählt wird.[274] Sekundärwirkungen als Folgewirkungen führen in nachfolgenden Perioden im Regelfall zu entgegen gerichteten Wirkungen.[275] Die Umkehrwirkung resultiert aus dem Bilanzzusammenhang und wird auch als Zweischneidigkeit der Bilanz bezeichnet.[276] Die Wirkungsdauer bilanzpolitischer Maßnahmen drückt sich demnach durch die Verbindung von Primär- und Sekundärwirkungen aus. Bilanzpolitische Maßnahmen können sich in einer kurzfristigen (ein Jahr), mittelfristigen (zwei bis einschließlich fünf Jahre) oder langfristigen Dauer (mehr als fünf Jahre) manifestieren.[277] Als kurzfristig wirkende Maßnahme ist bspw. der Einsatz von Einzelwertberichtigungen auf Forderungen möglich. Mittelfristig besteht die Möglichkeit der Anwendung von Sale-and-Lease-Back-Transaktionen, während in langfristiger Perspektive eine veränderte Schätzung der Nutzungsdauer von Gebäuden zu einem veränderten Erfolgsausweis führt. Der Wirkungsumfang und die Wirkungsart werden meist bei den Primärwirkungen im Zeitpunkt der Durchführung der Maßnahme festgelegt, sodass sich die Analyse der Sekundärwirkungen in erster Linie auf die Wirkungsrichtung und den Wirkungsumfang konzentriert.[278]

Letztlich können durch die Wirkungsanalyse die Effekte auf die fokussierten Zielgrößen bestimmt oder zumindest näherungsweise geschätzt werden. Es eröffnen sich jedoch keine gesicherten Rückschlüsse darüber, ob die Gestaltung im

---

270 Vgl. Pfleger (1991), Rn. 54.

271 Vgl. zur Diskussion eigenständiger steuerbilanzpolitischer Maßnahmen in Folge der Abschaffung der umgekehrten Maßgeblichkeit Künkele/Zwirner (2010), S. 2263–2270; Ernsting (2010), S. 1067–1074; Zwirner/Künkele (2012), S. 1–16.

272 Vgl. Rammert (2011), S. 2261.

273 Vgl. zu einer ausführlichen Diskussion Döring/Obermann (2008), S. 413–438.

274 Vgl. Obermann (2011), S. 49.

275 Vgl. Bieg/Kußmaul (2009), S. 253.

276 Vgl. Kußmaul/Lutz (1993b), S. 402.

277 Vgl. Pfleger (1991), Rn. 61.

278 Vgl. Obermann (2011), S. 53.

Ergebnis das gewünschte Verhalten bei dem fokussierten Bilanzadressaten herbeiführen wird.[279]

3.3.2.3 *Erkennbarkeit*

Soll die Bilanzpolitik zur Verhaltensbeeinflussung ausgewählter Bilanzadressaten führen, ist die Erkennbarkeit ein entscheidendes Kriterium, welches die Wirkung der jeweiligen Maßnahme determiniert.[280] Im Hinblick auf eine Erkennung betriebener Bilanzpolitik kann zwischen quantitativen und qualitativen Entdeckungsverfahren unterschieden werden. Quantitative Verfahren versuchen mittels Periodenabgrenzungsmessungen die aktuelle Berichtsperiode auf eine statistische Signifikanz hin zu überprüfen.[281] Dabei sollen die vergangenen Jahre als Referenzgröße für eine normale bilanzpolitikfreie Bilanzierung dienen. Als Resultat einer gemessenen statistisch relevanten Abweichung kann demnach eine progressive oder konservative Bilanzpolitik vermutet werden. Die in der Literatur vorhandenen Modelle weisen jedoch zahlreiche Schwächen und Probleme auf.[282] Zudem sind Bilanzadressaten wie Banken in erster Linie an einer Aussage über die tatsächliche Vermögens-, Finanz- und Ertragslage interessiert, anstatt lediglich einen Nachweis für das Vorhandensein einer bilanzpolitischen Einflussnahme zu erbringen. Das Ziel besteht darin, eine Verzerrung der Bilanzpolitik zu entschlüsseln und diese neutralisieren zu können. Auf quantitativer Ebene werden dahingehend die bereits beschriebenen Analysemethoden der Diskriminanzanalyse und neuronaler Netze verwendet. Die quantitativen Verfahren sind jedoch oftmals durch eine hohe Aggregationsebene gekennzeichnet und daher i.d.R. nicht dazu geeignet, einzelne bilanzpolitische Maßnahmen zu entschlüsseln. Zur Ergänzung dieses Missstandes wird eine qualitative Bilanzanalyse eingesetzt.

Die Erkennbarkeit bilanzpolitischer Maßnahmen richtet sich danach, inwiefern die Adressaten der Rechnungslegung in der Lage sind, die Maßnahme zu entdecken und zu neutralisieren.[283] Durch die qualitative Bilanzanalyse können im Hinblick auf Art und Ausmaß der Erkennbarkeit drei Kategorien unterschieden werden:

- Keine Erkennbarkeit,
- Erkennbarkeit der Richtung der Einflussnahme und
- Erkennung des Betrages der bilanzpolitischen Einflussnahme.[284]

Eine nicht erkennbare Bilanzpolitik wird verstärkt durch reale bilanzpolitische Maßnahmen repräsentiert, welche im Rahmen der Analyse meist nicht erkennbar

279 Vgl. Döring/Obermann (2008), S. 423.
280 Vgl. Nobach (2006), S. 224; Krog (1998), S. 107.
281 Vgl. zur ausführlichen Darstellung der quantitativen Messung von Bilanzpolitik Kapitel 5.2.4.
282 Vgl. zur Kritik Kapitel 5.2.7.
283 Vgl. Glaschke (2006), S. 43f.
284 Vgl. Pfleger (1991), Rn. 90–94; Klein (1989), S. 178.

sind und auch nicht dem Stetigkeitsgebot unterliegen.[285] Das liegt insb. daran, dass i.d.R. nicht über sie berichtet werden muss und teilweise auch gar nicht berichtet werden kann.[286] Über faktische Wahlrechte sind i.d.R. im Jahresabschluss ebenfalls keine Informationen vorzufinden, sodass der Adressat Schwierigkeiten hat, sie in sein Bewertungskalkül miteinzubeziehen.[287] Auch Ermessensspielräume werden gewöhnlich nicht offengelegt,[288] sodass auch diese meist in der ersten nicht erkennbaren Kategorie von Maßnahmen wiederzufinden sind. Kann hingegen zumindest die Richtung einer Beeinflussung entschlüsselt werden, ist eine Aussage darüber möglich, ob eine erfolgsverbessernde oder -vermindernde Einflussnahme durchgeführt wurde. Da sich der genaue Betrag nicht entschlüsseln lässt, wird eine Neutralisation meist über pauschale Auf- oder Abschläge vorgenommen.[289] Kann der genaue Betrag der bilanzpolitischen Maßnahme jedoch erkannt werden, erfolgt eine entsprechende wertmäßige Bereinigung der Maßnahme durch den Bilanzanalysten.[290]

3.3.2.4 Flexibilität

Durch die Flexibilität wird die Anpassungsfähigkeit von bilanzpolitischen Maßnahmen ausgedrückt. Das Analysekriterium der Flexibilität wird in vier Kategorien unterteilt:

- Reversibilität,
- Zeitliche Flexibilität,
- Quantitative Flexibilität und
- Sachliche Flexibilität.[291]

Die Reversibilität bezieht sich auf die Option, bilanzpolitische Maßnahmen wieder aufzuheben und deren Wirkung damit rückgängig zu machen.[292] Die Reversibilität ist abhängig von der Bindungswirkung einer Maßnahme, welche sich an dem Grundsatz der Bewertungs- und Ausweisstetigkeit ausrichtet.[293] Die Ausweisstetigkeit engt die formale Bilanzpolitik insb. im Hinblick auf die Darstellungsgestaltung aufeinanderfolgender Jahresabschlüsse ein. Die Bewertungsstetigkeit beschränkt den Handlungsspielraum der Akteure hinsichtlich der Ausübung unterschiedlicher Bewertungsgrundsätze in nachfolgenden Berichtsperioden. Reale bilanzpolitische Instrumente sowie Ermessensspielräume können in verschiedenen Perioden unterschiedlich eingesetzt werden und gelten dahingehend als flexible bilanzpolitische

285 Vgl. Fischer/Haller (1993), S. 36.
286 Vgl. Pfleger (1991), Rn. 26.
287 Vgl. Küting (2008), S. 763.
288 Vgl. Küting/Weber (2012), S. 50.
289 Vgl. Obermann (2011), S. 61.
290 Vgl. Bieg/Kußmaul (2009), S. 253.
291 Vgl. Freidank (1998), S. 116f.; Meyer (2005), S. 271–273.
292 Vgl. Obermann (2011), S. 63.
293 Vgl. Pfleger (1991), Rn. 64.

Maßnahmen.[294] Jedoch lassen sich diese nur schwer rückgängig machen. Die zeitliche Flexibilität wird durch die Aufschiebbarkeit der bilanzpolitischen Maßnahme ausgedrückt.[295] Weist eine Maßnahme diese Eigenschaft auf, kann ihre Anwendung in nachfolgende Perioden verlagert werden. Unter dem Gesichtspunkt einer mehrperiodigen Planung verringert eine vorhandene Aufschiebbarkeit, aufgrund des flexiblen Einsatzes der Maßnahme, die Unsicherheitskomponente.[296] Die quantitative Flexibilität beschreibt die Teilbarkeit von Maßnahmen hinsichtlich ihres Wirkungsumfangs. Eine Maßnahme ist teilbar, wenn eine Vielzahl von Bilanzwerten möglich ist. Sofern nur zwei Werte möglich sind, nämlich jeweils der Wert bei Inanspruchnahme oder Nichtinanspruchnahme, liegt keine Teilbarkeit vor. Dies kann bspw. bei Bilanzierungswahlrechten der Fall sein. Die sachliche Flexibilität ist gegeben, sofern durch die Ausübung der Maßnahme die Nutzung anderer bilanzpolitischer Maßnahmen nicht beeinträchtigt wird.[297] Gleiche Sachverhalte dürfen nicht willkürlich in unterschiedlicher Weise bilanziert werden, sodass eine Prüfung auf die Folgewirkung einer Maßnahme hinsichtlich analoger Sachverhalte notwendig wird.[298]

3.3.2.5 Kosten

Die Abwägung von Kosten-/Nutzen-Aspekten der einzelnen bilanzpolitischen Maßnahmen ist unabdingbar. Reale bilanzpolitische Instrumente sind oftmals flexibel einsetzbar und schwer zu erkennen. Werden diese jedoch für die Veränderung des Mengengerüsts verwendet, welches von dem betriebswirtschaftlichen Optimum abweicht, resultieren durch ihren Einsatz Mehrkosten.[299] Aber auch buchmäßige bilanzpolitische Maßnahmen können mit Zusatzkosten verbunden sein.[300] Diese können z.B. durch zusätzliche Dokumentationspflichten entstehen oder durch gegenläufige Effekte, wie eine höhere Steuerbelastung bei einer ergebnismaximierenden Bilanzpolitik.[301] Es gilt daher abzuwägen, ob der Nutzen durch die bilanzpolitische Maßnahme höher ist als die zusätzlichen Kosten und somit der Wirtschaftlichkeitsaspekt der Bilanzpolitik gewahrt wird.

294 Vgl. Pfleger (1991), Rn. 64.
295 Vgl. Schäfer (1999), S. 80.
296 Vgl. Eigenstetter (1998), S. 462f.
297 Vgl. Stein (1993), S. 985.
298 Vgl. Obermann (2011), S. 64.
299 Vgl. Pfleger (1991), Rn. 38.
300 Vgl. Ziesemer (2002), S. 43.
301 Vgl. Obermann (2011), S. 64f.

4 Erklärungsansätze und Forschungsstand

4.1 Theoretische Fundierung bilanzpolitischer Einflussnahmen in Krisenzeiten

4.1.1 Ableitung der Erklärungsansätze

Um eine mögliche bilanzpolitische Einflussnahme in wirtschaftlichen Krisenjahren theoretisch zu begründen, sind zunächst die Umstände dieser speziellen Situation zu identifizieren. Zu Beginn ist die Person oder Personengruppe der Entscheidungsträger der Rechnungslegung in den Fokus zu stellen. Auch wenn in der betriebswirtschaftlichen Theoriebildung die Fiktion des homo oeconomicus[302] vorherrscht,[303] kann nicht darüber hinweggesehen werden, dass individual- und sozialpsychologische Merkmale der Rechnungslegungsentscheider die Krisenwahrnehmung sowie den periodenspezifischen Einsatz von Bilanzpolitik mitbestimmen werden. Eine wirtschaftliche Krise innerhalb eines Unternehmens kann von jedem Entscheidungsträger unterschiedlich wahrgenommen werden.[304] Entsprechend kann auch die bilanzpolitische Reaktion von Persönlichkeitsmerkmalen abhängig sein. Aus verhaltenswissenschaftlicher Perspektive ist eine individualpsychologische Betrachtung um eine sozialpsychologische Ebene der Gruppendynamik zu erweitern, welche ebenfalls zu teils irrationalen Entscheidungen führen kann. Folglich sollten psychologische Eigenschaften der Entscheidungsträger als eine Mediatorvariable[305] der betriebenen Bilanzpolitik auch in einer betriebswirtschaftlichen Diskussion nicht gänzlich ausgeklammert werden.

Im Hinblick auf eine bilanzpolitische Einflussnahme ist den meisten Prozessen des Wirtschaftens gemein, dass diese auf impliziten oder expliziten Verträgen beruhen,[306] welche Regelungen zur Anreizgestaltung beinhalten. Sei es der

302 Friedrich August von Hayek, vgl. Hayek (1971), S. 77, verweist für die Begründung des Begriffs des homo oeconomicus in der Nationalökonomie auf John Stuart Mill: Essays on some unsettled Questions of Political Economy, London 1844, Essay V. (vgl. Nachdruck Mill (1948)). Demnach wird der homo oeconomicus als rationaler Agent definiert, welcher in der Forschung zunehmend als Nutzenmaximierer diskutiert wurde. Vgl. für eine Auseinandersetzung mit den grundlegenden Prinzipien des homo oeconomicus Erlei u.a. (2007), S. 2–7 sowie zum strategischen Verhalten von Akteuren als Agenten Jost (2001), S. 15–20.

303 Vgl. Schönbrunn (1988), S. 38.

304 Vgl. Hauschildt (2008), S. 5–11.

305 Vgl. zur Eigenschaft der Mediatorvariable in der Sozialpsychologie Baron/Kenny (1986), S. 1173–1182.

306 Vgl. zu den Besonderheiten von impliziten Verträgen Milgrom/Roberts (1992), S. 132; vgl. zur Differenzierung unterschiedlicher Vertragstypen Wolff (1994), S. 36–44; Richter/Furubotn (2003), S. 165–171.

Entlohnungsvertrag zwischen einem angestellten Manager und dem Unternehmenseigentümer, welcher die Möglichkeit einer Einkommensmaximierung des Managers durch den Einsatz von Bilanzpolitik implizieren kann. Oder die Vertragsbeziehung zwischen einer externen Bank und dem Eigentümer des Unternehmens, in dessen Rahmen sich in Krisenzeiten Kreditbedingungen mit Hilfe einer progressiven Bilanzpolitik des Eigentümers aufrechterhalten lassen können. Aber auch sich erst entwickelnde oder bereits vorhandene implizite Vertragsstrukturen können zu einer Situation bilanzpolitischen Anreizes führen. So kann der Rechnungslegungsentscheider im Hinblick auf die Minimierung seiner Steuerlast gegenüber dem Finanzamt bilanzpolitische Maßnahmen einsetzen, welche (über das Maßgeblichkeitsprinzip) seinen steuerlichen Gewinn mindern. Aber auch gegenüber der Öffentlichkeit als Repräsentant potenzieller Kunden muss in Krisenjahren durch Bilanzpolitik ein Unternehmen verkörpert werden, welches jederzeit in der Lage ist, allen Garantieverpflichtungen langfristig nachkommen zu können. Es lässt sich zusammenfassend die Konstellation der Anreizstrukturen für eine theoretische Fundierung identifizieren, welche sich vorwiegend nach dem Nutzen maximierenden homo oeconomicus ausrichtet.

Die Zielfunktion bilanzpolitischer Einflussnahme verlangt gemeinhin, dass der Bilanzadressat die Bilanzpolitik nicht bemerkt. Erkennen die zu beeinflussenden Personen oder Institutionen eine Verfälschung durch bilanzpolitische Maßnahmen, werden sie diese bei ihrer Entscheidung berücksichtigen. Folgernd wird die angestrebte Verhaltensbeeinflussung nicht erreicht. Analysten und Kreditinstitute weisen i.d.R. das beste Instrumentarium und Know-how zur Erkennung einer betriebenen Bilanzpolitik auf. Auch größere Lieferanten und Konkurrenzunternehmen werden die veröffentlichten Daten wirtschaftlich deuten können. Schlussfolgernd kann festgehalten werden, dass eine Informationsasymmetrie zwischen dem Rechnungslegungsaufsteller und dem Bilanzadressaten eine elementare Voraussetzung für einen effizienten, zielkonformen Einsatz von Bilanzpolitik in Krisenjahren darstellt.

Sollen theoretische Erklärungsansätze für die genannten Kriterien herangezogen werden, ist zu beachten, dass die Merkmale, welche der speziellen Situation der wirtschaftlichen Krise in Bezug auf einen bilanzpolitischen Einfluss anhaften, verschiedene Ausprägungen und Interdependenzen untereinander aufweisen können. So wird auf der Ebene einer psychologischen Betrachtung, wie auch bei der Diskussion der Anreizstrukturen, die Risikoeinstellung der jeweiligen Akteure einen entscheidenden Einflussfaktor darstellen. Die Psychologie der Entscheidungsträger kann nur mit verhaltenswissenschaftlichen Erklärungsansätzen begründet und diskutiert werden. Die Erforschung der verhaltensorientierten Komponenten innerhalb des Rechnungswesens wird unter dem Begriff des *Behavioral Accounting* zusammengefasst. Dieses hat seinen Ursprung in den frühen fünfziger Jahren in den USA.[307]

307 Vgl. Schönbrunn (1988), S. 65; vgl. für erste Diskussionen in diesem Themenfeld u.a. Argyris (1952); Simon u.a. (1954).

Da sich die vorliegende Arbeit jedoch durch einen betriebswirtschaftlichen Fokus auszeichnet, wird der verhaltenswissenschaftliche Aspekt im folgenden Kapitel nur in seinen Grundzügen thematisiert.

Aus betriebswirtschaftlicher Sicht soll durch die Schaffung von Institutionen die Abstimmung, Bestimmung und Koordination arbeitsteiliger Aufgaben im Rahmen des Organisationsproblems erleichtert werden.[308] Institutionen können zur Komplexitätsreduktion führen, Transaktionskosten senken, jedoch auch Anreize gestalten.[309] Ihre Untersuchung und Analyse ist primärer Gegenstand der neuen Institutionenökonomik.[310] Als bedeutendste Ansätze entstammen der neuen Institutionenökonomik die Property-Rights-Theorie, die Transaktionskostentheorie und die Prinzipal-Agenten-Theorie,[311] welche die Merkmale der bilanzpolitischen Einflussnahme in Krisenzeiten in ihr theoretisches Kalkül einbetten können.

Die Property-Rights-Theorie fußt auf den Grundbausteinen der Verhaltensannahme individueller Nutzenmaximierung, den Property Rights, unter der Berücksichtigung von Transaktionskosten und externen Einwirkungen.[312] Dabei bestimmen nicht die individuellen Handlungen der Individuen die Nutzenfunktion, sondern in erster Linie die determinierenden Property Rights.[313] Im Gegensatz zur Property-Rights-Theorie, welche in der theoretischen Analyse die Transaktion als Übertragung von Verfügungsrechten interpretiert, konzentriert sich die Transaktionskostentheorie[314] auf die bei einer Transaktion entstehenden Kosten.[315] Die Transaktionspartner handeln beschränkt rational und können daher die unsicheren, komplexen Transaktionen nicht vollständig erfassen,[316] wodurch Spielräume für opportunistisches Verhalten entstehen.[317] Die durch den Markt geschaffenen Koordinationsformen reichen nicht aus,[318] sodass die Transaktionskostentheorie bei vorhandenen Rahmenbedingungen diejenige Koordinationsform zu finden versucht, welche die

308 Vgl. Picot (1991), S. 144. Vgl. zu unterschiedlichen Definitionen und Auslegungen des Institutionenbegriffs North (1990), S. 3; Horsch u.a. (2005), S. 3; Erlei u.a. (2007), S. 22–26.

309 Vgl. Horsch u.a. (2005), S. 4.

310 Vgl. Alparslan (2006), S. 2.

311 Vgl. Picot (1991), S. 144.

312 Vgl. Furubotn/Pejovich (1974), S. 2; Picot (1991), S. 145. Zu den Begründern der theoretischen Konzeption der Property-Rights-Theorie vgl. Coase (1960), S. 1–44; Alchian (1965), S. 816–829; Demsetz (1967), S. 347–359.

313 Vgl. Picot (1991), S. 145.

314 Vgl. zur Transaktionskostentheorie Coase (1937), S. 386–405; Williamson (1975); Williamson (1985); Williamson (1998), S. 23–58.

315 Vgl. Commons (1934), S. 4–9. Vgl. zum Transaktionskostenbegriff Picot (1982), S. 270; Albach (1989), S. 38.

316 Vgl. Simon (1976), S. 28.

317 Vgl. Williamson (1991), S. 16.

318 Vgl. Picot (1991), S. 147.

geringsten Transaktionskosten hervorruft.[319] Die Prinzipal-Agenten-Theorie[320] hingegen fokussiert in ihrer Diskussion Vertragsbeziehungen, welche sich durch die Delegation von Entscheidungsbefugnissen zwischen einem Auftraggeber als Prinzipal und einem Auftragnehmer als Agent ausdrücken.[321] Die Vertragsbeziehungen sind durch eine Abhängigkeit des Nutzenniveaus des Prinzipals von den Entscheidungen und Handlungen des Agenten gekennzeichnet.[322] Dementsprechend entstehen für den Prinzipal sog. Agenturkosten, welche sich aus Kontrollkosten des Prinzipals, Garantiekosten des Agenten und dem verbleibenden Wohlfahrtsverlust zusammensetzen.[323] Die Prinzipal-Agenten-Theorie versucht mit dem Wissen über die Handlungsweisen der Akteure und deren Konsequenzen neue Erkenntnisse für Handlungsoptionen im Hinblick auf eine optimale Vertragsgestaltung abzuleiten.[324]

Erfolgt ein Vergleich der drei theoretischen Ansätze,[325] so untersucht die Property-Rights-Theorie als übergreifendster Ansatz die Effizienz eines Wirtschaftssystems im Hinblick auf die vorhandenen Institutionen, während die Transaktionskostentheorie und die Prinzipal-Agenten-Theorie die für die Koordination einer Leistungsbeziehung am besten geeigneten Institutionen auswählen.[326] Die Property-Rights-Theorie betrachtet die Handlungs- und Verfügungsrechtsstruktur als entscheidende Erklärungsvariable.[327] Die Transaktionskostentheorie und die Prinzipal-Agenten-Theorie treffen hingegen weitere Verhaltensannahmen wie Opportunismus und beschränkte Rationalität und können somit das Verhalten der Vertragspartner differenzierter integrieren.[328] Jedoch stellt die Transaktionskostentheorie den Leistungsaustausch und nicht die daran beteiligten Wirtschaftssubjekte in den Mittelpunkt der Analyse.[329] Die Prinzipal-Agenten-Theorie fokussiert die Beziehungen zwischen den handelnden Akteuren[330] und kann dadurch die Risikoneigung der Akteure in einem größeren verhaltenswissenschaftlichen Bezug berücksichtigen. Sie konzentriert sich zudem auf Situationen mit asymmetrischer Informationsverteilung und misst die Agenturkosten als Abweichungen zu einem Zustand vollständiger Information. Unter diesem Blickwinkel erscheint die Prinzipal-Agenten-Theorie als das geeignetste theoretische

319 Vgl. Williamson (1991), S. 41; Picot (1991), S. 149.

320 Die Prinzipal-Agenten-Theorie (vgl. Jost (2001), S. 11) wird u.a. auch als Prinzipal-Agent-Theorie (vgl. Picot u.a. (2005), S. 72), Agency-Theorie (vgl. Elschen (1991), S. 1002) oder auch Agentur-Theorie (vgl. Ebers/Gotsch (2006), S. 258) bezeichnet.

321 Vgl. Meinhövel (2005), S. 65.

322 Vgl. Wenger/Terberger (1988), S. 506.

323 Vgl. Jensen/Meckling (1976), S. 308.

324 Vgl. Alparslan (2006), S. 2.

325 Vgl. für eine Gegenüberstellung der drei Vertragstheorien Picot (1991), S. 153–156; Picot u.a. (2005), S. 141f.; Ebers/Gotsch (2006), S. 306–308.

326 Vgl. Picot (1991), S. 154.

327 Vgl. Picot (1991), S. 154.

328 Vgl. Ebers/Gotsch (2006), S. 306.

329 Vgl. Williamson (1988), S. 571.

330 Vgl. Jensen (1983), S. 327.

Instrument, um die Probleme einer bilanzpolitischen Verfälschung der realen wirtschaftlichen Lage während Krisensituationen zu diskutieren.

4.1.2 Verhaltenswissenschaftliche Betrachtung

Die Verhaltenswissenschaft umfasst alle Disziplinen, welche sich primär oder sekundär mit dem menschlichen Verhalten beschäftigen.[331] Somit beinhaltet die Verhaltenswissenschaft alle anthropologischen Wissenschaften über den Antrieb wirtschaftlich relevanten menschlichen Handelns und folglich auch die Psychologie des Bewussten und Unterbewussten.[332] Der Ursprung der verhaltensorientierten Forschung im Rechnungswesen wurde in den USA begründet.[333] Eine der ersten Definitionen für die rechnungslegungsbasierte Verhaltenswissenschaft wurde von den frühen Vertretern Bruns und Coster (1969) gegeben: „Behavioral Accounting considers the impact of process of measuring and reporting on people and organizations"[334]. Die deutschen Vertreter Holzer und Lück (1978) beschreiben als Ziel des Behavioral Accounting, „die psychologischen Komponenten des Interaktionsprozesses zwischen Informationen und Verhalten der Adressaten zu analysieren und zu erklären."[335] Die verhaltensorientierte Forschung des Rechnungswesens abstrahiert somit von dem Modell des homo oeconomicus und fokussiert ihre Analyse auf die psychologischen Eigenschaften der handelnden Akteure.[336]

Während einer wirtschaftlichen Krisensituation ist zwischen dem Verhalten des Managements als Rechnungslegungsentscheider und dem der sonstigen Stakeholder als Bilanzadressaten zu differenzieren. Die Rechnungslegungsentscheider repräsentieren den unternehmensinternen Akteur, welcher einen uneingeschränkten Zugang zu allen wirtschaftlichen Daten des Unternehmens besitzt. Die Gruppe der Stakeholder zeichnet sich hingegen durch einen eingeschränkten Informationszugang aus. Dieser kann sich innerhalb der Stakeholdergruppen deutlich unterscheiden. So werden Gesellschafter und Banken[337] einen größeren Informationszugang zu den Daten aus dem Rechnungswesen im Vergleich zu den Lieferanten und Kunden des Unternehmens erhalten. Die Geschäftsleitung muss auf Basis unternehmensinterner Informationen über den Istzustand einer Krise und anschließend über einen möglichen Einsatz bilanzpolitischer Maßnahmen entscheiden. In dieser Situation kann zunächst die Wahrnehmung der Krise durch verhaltenspsychologische Komponenten verzerrt werden. Die Intensität der Wahrnehmung der Krisensituation bedingt die bilanzpolitische Reaktion. Zudem wird die Reaktion durch individual- und sozialpsychologische Faktoren bestimmt.

---

331 Vgl. Schönbrunn (1988), S. 21.
332 Vgl. Schmölders (1953), S. 205.
333 Vgl. Schönbrunn (1988), S. 65.
334 Bruns/De Coster (1969), S. 3.
335 Holzer/Lück (1978), S. 511.
336 Vgl. Holzer/Lück (1978), S. 511.
337 Vgl. Janssen (2009), S. 60.

Parallel müssen die Stakeholder über das Vorliegen einer wirtschaftlichen Krise des Unternehmens entscheiden, jedoch auf Basis ihrer eingeschränkten Informationsgrundlage. Auch in diesem Fall ist nachfolgend die Reaktion bei Bestätigung der Krisensituation zu bestimmen. Die Reaktion der Stakeholder wird durch die Wahrnehmung der Krise sowie durch individual- und sozialpsychologische Faktoren bedingt. Im Falle einer Realisierung oder Vermutung der Krise durch die Stakeholder besteht die Gefahr der Einleitung wirtschaftlicher Sanktionsmaßnahmen gegen das Unternehmen. Diese können sich in einem verringerten Lieferkontingent der Lieferanten oder durch strengere Kreditauflagen der Banken ausdrücken.

Abbildung 9: Unternehmensinterne/-externe Wahrnehmung und Reaktion in der Krise

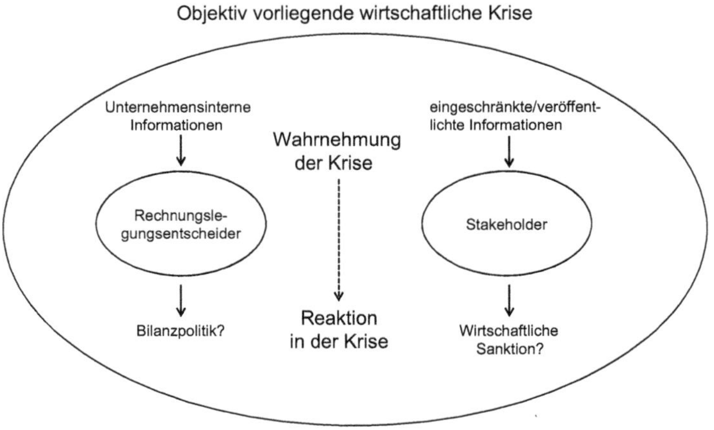

Entsprechend der Phasengliederung der Unternehmenskrise[338] sind der regelmäßig nicht bemerkten vorgelagerten Krisenursachen auf Ebene der Wahrnehmungsperspektive, die latente und manifeste Krise nachgelagert. Die latente Krise ist dem Unternehmensumfeld verborgen und wird regelmäßig auch von der Geschäftsleitung nicht erkannt. Eine latente Krise wird von dem Eingeständnis von persönlichen Niederlagen sowie von Verdrängung und Wahrnehmung der Krise geprägt.[339] Der Rechnungslegungsentscheider realisiert aufgrund seines direkten Informationszugangs als Erster die Krise. Nachfolgend kann er durch eine bilanzpolitische Einflussnahme die Krisenwahrnehmung der Stakeholder beeinflussen, da diese von den zur Verfügung gestellten Informationen abhängt. Bekommen die verantwortlichen Stakeholder einen detaillierten Informationszugang, können sie die Krisensituation

338 Siehe Abbildung 2.
339 Vgl. Hauschildt (2006), S. 23.

besser einschätzen.[340] Jedoch ist insb. der Aggregationsgrad der zur Verfügung gestellten Informationen durch formale Bilanzpolitik gestaltbar.

Hinsichtlich einer verzerrten Krisenwahrnehmung liegt ein Fehler erster Art (α-Fehler) vor, wenn die Krise nicht wahrgenommen wird, objektiv jedoch gegeben ist. Ein Fehler zweiter Art (β-Fehler) besteht hingegen, wenn die Krise angenommen wird, objektiv aber nicht vorliegt.[341] Die Referenzsituation zu einer verzerrten Krisenwahrnehmung stellt eine objektiv vorliegende Krise dar, welche gleichermaßen von unternehmensinterner wie auch unternehmensexterner Perspektive erkannt wird. Insgesamt lassen sich sechs Fallkonstellationen der Krisenwahrnehmung unterscheiden, woraus verschiedene bilanzpolitische Reaktionen entstehen können.

Abbildung 10: Fallkonstellationen verzerrter Krisenwahrnehmung

Fall	Krise	Wahrnehmung unternehmensextern	Wahrnehmung unternehmensintern	Vermutung Bilanzpolitik
I	Objektiv gegeben	NEIN	JA	Kriseninduzierte Bilanzpolitik
II	Objektiv gegeben	NEIN	NEIN	Keine kriseninduzierte Bilanzpolitik
III	Objektiv gegeben	JA	NEIN	Keine Bilanzpolitik; Aufgrund von externem Druck Bilanzpolitik möglich
IV	Objektiv nicht gegeben	JA	NEIN	Keine Bilanzpolitik; Aufgrund von externem Druck Bilanzpolitik möglich
V	Objektiv nicht gegeben	NEIN	JA	Vorzeitige Ausschöpfung der bilanzpolitischen Manövriermasse
VI	Objektiv nicht gegeben	JA	JA	Vorzeitige Ausschöpfung der bilanzpolitischen Manövriermasse

In der ersten Fallkonstellation könnte von dem Management eine kriseninduzierte Bilanzpolitik zur Verschleierung der Krise eingesetzt werden. Sofern beide Seiten im zweiten Fall die Krise fehlerhaft nicht wahrnehmen, bestehen keine Anreize für

340 Studien haben ergeben, dass verantwortliche Mitarbeiter bei Kreditinstituten mit abnehmendem Aggregationsgrad der Informationen, die Wahrscheinlichkeit einer Zahlungsunfähigkeit von Unternehmen zutreffender einschätzen können. Vgl. Abdel-Khalik (1973), S. 104–138.

341 Vgl. zu Fehlern erster und zweiter Art Kapitel 5.2.4.3.4 sowie Fahrmeir u.a. (1997), S. 404–406; Bemmann (2005), S. 9–11.

eine bilanzpolitische Einflussnahme. In den Fällen drei und vier besteht zunächst kein Anreiz für die Geschäftsleitung Bilanzpolitik einzusetzen. Sollten jedoch die unternehmensexternen Stakeholder mit Sanktionen drohen, ist in diesen Fallkonstellationen durch den externen Druck eine bilanzpolitische Einflussnahme denkbar. In Fall fünf und sechs wird der Bilanzersteller unabhängig von der Wahrnehmung der unternehmensexternen Stakeholder die bilanzpolitische Manövriermasse vorzeitig ausschöpfen. Die Folge wäre, dass in nachgelagerten Perioden, in welchen sich ein zunehmender wirtschaftlicher Rückgang entwickeln kann, keine Möglichkeiten für einen weiteren effektiven Einsatz von Bilanzpolitik bestehen würden.

Hinsichtlich der Untersuchung der Ursachen verzerrter Krisenwahrnehmungen unterscheidet Hauschildt (2008)[342] die individualpsychologische und sozialpsychologische Ebene. Eine individualpsychologische Betrachtung benennt individuelle Erfahrungen der Entscheidungsträger als eine mögliche Ursache, welche zu einer verzerrten Krisenfeststellung führen und nachfolgend deren Reaktionen beeinflussen kann. Ein Entscheidungsträger, welcher bereits mehrmals in der Vergangenheit Krisen im Unternehmen erfahren hat, wird seine Entscheidungen auf Basis vergangener Erkenntnisse treffen. Diese können erheblich von der Reaktion eines noch unerfahrenen Managers abweichen. Dieses Verhalten ordnet Hauschild der Theorie der gelernten Sorglosigkeit[343] zu. Sie besagt, dass Unternehmer, welche mehrmals eine Krise mit den gleichen Anweisungen erfolgreich überstanden haben, weniger lernbereit sind und sich stur auf diese Maßnahmen beschränken, obgleich im Zeitablauf andere Mittel vonnöten sein können. Bei einem Verhalten auf Basis vergangener Ereignisse, besteht somit die Gefahr kanalisierter Entscheidungen.[344] Aus einem derart eingefahrenen Prozess können Pfadabhängigkeiten entstehen, mit der Folge organisationaler Pfade und der Beschränkung alternativer Blickwinkel.[345] Unter dem Terminus der kognitiven Dissonanz[346] wird das Verhalten verstanden, seine Entscheidungen in jeglicher Hinsicht zu verteidigen. Der Akteur selbst handelt nicht rational, versucht jedoch währenddessen stets seine Entscheidungen zu rationalisieren. Die individualpsychologische Sichtweise erstreckt sich sowohl auf unternehmensinterne wie auch unternehmensexterne Beteiligte. Die sozialpsychologische Perspektive trägt dem Umstand Rechnung, dass die Entscheidungen nicht in jedem Fall nur von einer einzelnen Person, sondern auch durch Gruppen getroffen werden. In dieser Gruppenbetrachtung kristallisiert sich ein sog. Groupthink[347] heraus. Minderheiten passen sich oftmals den Mehrheiten in einer Gruppe an und

342 Die folgenden Ausführungen orientieren sich an Hauschildt (2008), S. 5–11.
343 Vgl. zur Theorie der gelernten Sorglosigkeit Frey/Schulz-Hardt (1997), S. 604–611.
344 Vgl. Teece u.a. (1997), S. 522f.
345 Vgl. Sydow u.a. (2009), S. 692; Schreyögg/Sydow (2011), S. 323. Vgl. zu dem Begriff der Pfadabhängigkeit David (1985), S. 332–337; Arthur (1989), S. 116–131; Schreyögg/Sydow (2011), S. 321–335.
346 Vgl. zu dem Begriff der kognitiven Dissonanz in seinen ersten Begründungen Festinger (1957) sowie Aronson (1981), S. 309–328.
347 Vgl. zu abweichenden Gruppenmeinungen Heckhausen (1989), S. 126–129.

sorgen somit für eine Festigung überkommener Ansichten und Einstellungen. Durch die sog. Gruppenkohäsion wird ausgedrückt, dass die Gruppenmitglieder die Gruppenzugehörigkeit in hohem Maße schätzen und fortsetzen wollen. Gruppen zeichnen sich in Unternehmen regelmäßig durch eine gewisse Abschottung zu anderen Personen oder Gruppen aus. Zudem sind sie oft durch Homogenität der Gruppenmitglieder und eine unparteiische Führung der Gruppenleitung geprägt. Diese Eigenschaften sind überwiegend in Führungsgremien innerhalb des Unternehmens vorzufinden. Als Resultat ist oftmals die Selbstüberschätzung der Gruppe und nur eine geringfügige Einsicht für Krisenrealisation und -reaktion zu beobachten.

Simon (1957)[348] hat den Begriff der *Bounded Rationality* eingeführt, welcher der Tatsache Rechnung trägt, dass die jeweiligen Akteure die Realität nur beschränkt aufnehmen und verarbeiten können. Dementsprechend können Entscheidungen und Handlungen der Individuen nicht rational ausfallen. Zudem sind sie von der individuellen Risikoeinstellung der Akteure und von verschiedenen Zufallseinflüssen abhängig.[349] Die Ausführungen zeigen, dass verschiedene Merkmale des oder der Entscheidungsträger/s einen starken Einfluss auf die Bilanzpolitik in einer Krisensituation besitzen können, infolgedessen Persönlichkeitsmerkmale in das Betrachtungskalkül miteinbezogen werden sollten.

4.1.3 Prinzipal-Agenten-Theorie als zentraler Erklärungsansatz für Bilanzpolitik in Krisenzeiten

4.1.3.1 Einführung in die Prinzipal-Agenten-Theorie

In jeglicher Situation, wenn ein Individuum von der Aktion eines anderen betroffen ist, entsteht eine Prinzipal-Agenten-Beziehung.[350] Zu den Begründern[351] der betriebswirtschaftlichen Prinzipal-Agenten-Theorie gehören Jensen und Mekling (1976)[352], welche eine Prinzipal-Agenten-Beziehung als „a contract under which one or more persons (the principals(s)) engage another person (the agent) to perform some service on their behalf which involves delegating some decision making authority to the agent“[353] definiert haben. Die Beziehung zwischen Prinzipal als Auftraggeber und Agent als Auftragnehmer basiert demzufolge auf der Institution des Vertrages. Dieser ist durch Gegebenheiten wie Interessenskonflikte, Umweltunsicherheit und

348 Vgl. Simon (1957).
349 Vgl. für eine Diskussion der verschiedenen ökonomischen Verhaltensmodelle Pelzmann (2010), S. 1–37.
350 Vgl. Pratt/Zeckhauser (1985), S. 2.
351 Vgl. zu frühen Beiträgen der Prinzipal-Agenten-Theorie Ross (1973), S. 134–139; Fama/Jensen (1983), S. 301–325; Pratt/Zeckhauser (1985), S. 1–36; Laux (1990); Grossman/Hart (1983), S. 7–45.
352 Vgl. Jensen/Meckling (1976), S. 305–360.
353 Jensen/Meckling (1976), S. 308.

Informationsasymmetrie gekennzeichnet.[354] Die Prinzipal-Agenten-Theorie trägt dahingehend dem methodologischen Individualismus[355] Rechnung, indem ein Unternehmen als ein Netzwerk von impliziten und expliziten Vertragsbeziehungen verstanden wird.[356]

Abbildung 11: Netzwerk von Vertragsbeziehungen innerhalb der Prinzipal-Agenten-Theorie[357]

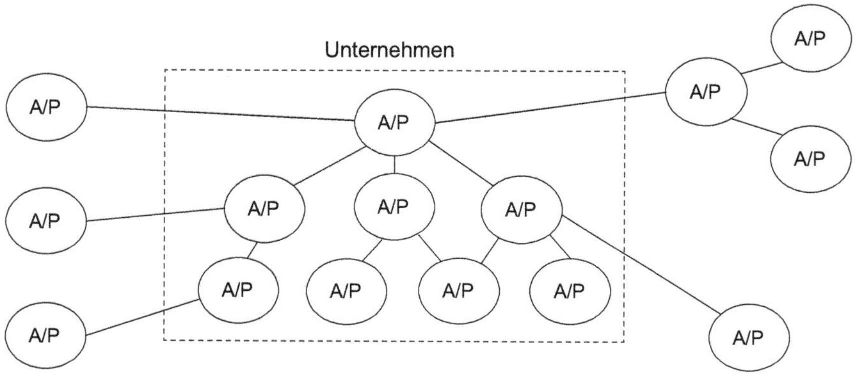

In jedem Unternehmen kommen Vertragsbeziehungen unweigerlich zu Stande, da der Eigentümer aufgrund beschränkter zeitlicher Einsatzfähigkeit und fachlicher Expertise nicht imstande ist, alle Tätigkeiten selbst vorzunehmen. Dies führt im Sinne einer arbeitsteiligen Prozessgestaltung zwangsläufig zu einer Entscheidungsdelegation an einen oder mehrere Agenten.[358] Der Agent bekommt in der Vertragsbeziehung einen Entscheidungsspielraum zugesprochen.[359] In jeder Funktion kann der Akteur zum einen als Auftraggeber den Prinzipal (P) symbolisieren, wie auch in einer anderen Beziehung als Auftragnehmer den Agenten (A). Verträge werden i.d.R. als unvollständige Verträge gestaltet sein, da es den beteiligten Akteuren nicht möglich sein wird, alle Eventualitäten und Einflussfaktoren des Vertrages zu erfassen.[360]

354 Vgl. Alparslan (2006), S. 2.
355 Der methodologische Individualismus versucht kollektive Phänomene durch einen Rückschluss auf das individuelle Handeln von Akteuren zurückzuführen. Vgl. Alparslan (2006), S. 12. Vgl. zum methodologischen Individualismus Arrow (1994), S. 1–9.
356 Vgl. Alparslan (2006), S. 12; Jensen/Meckling (1976), S. 310.
357 Quelle: In Anlehnung an Petersen (1989), S. 29; Alparslan (2006), S. 12.
358 Vgl. Hart/Holmström (1987), S. 75.
359 Vgl. Richter/Furubotn (2003), S. 173f.
360 Vgl. bezüglich der Vertragskonstellationen Klinkert (1999), S. 126–134.

Der allgemeine Entscheidungsprozess in einem Unternehmen im Hinblick auf eine Vertragsdurchführung wird von Fama und Jensen (1983) in vier Stufen eingeteilt:[361]

1. Anbahnung,
2. Unterzeichnung,
3. Durchführung und
4. Überprüfung.

In der Anbahnungsphase werden Vertragsentwürfe für die Ressourcennutzung konzipiert, welche anschließend in Phase zwei ausgewählt und unterzeichnet werden. Anschließend erfolgt die Durchführung der vereinbarten Entscheidungen. Letztendlich wird die Leistung des Agenten überprüft und dieser mit der entsprechenden Entlohnung vergütet. Für eine nachfolgende Integration von Zufallsvariablen soll der zeitliche Ablauf in fünf Stufen eingeteilt werden:

Abbildung 12: Zeitlicher Ablauf einer Prinzipal-Agenten-Beziehung[362]

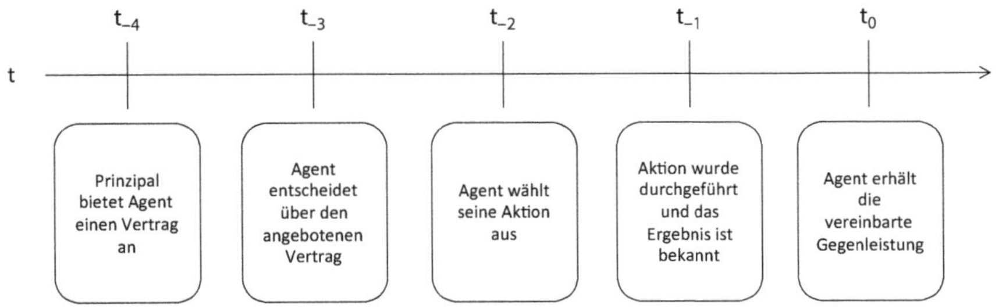

Der zeitliche Ablauf einer Prinzipal-Agenten-Beziehung beginnt demnach stets mit einem Vertragsangebot des Prinzipals an den Agenten (t-4). Anschließend entscheidet der Agent über die Annahme des Vertrages und über Änderungen oder Ergänzungen (t-3). Nach der Vertragsannahme wählt der Agent seine Aktion bzw. deren Intensität (t-2). Diese wird durch den Prinzipal delegiert, wobei der Agent jedoch Entscheidungsspielräume ausüben kann. Im Anschluss wird das Ergebnis bekannt gegeben (t-1) und der Agent erhält seine vereinbarte Entlohnung (t=0).

Dem Agenten wird ein opportunistisches Verhalten unterstellt, welches die Wahl seiner Aktion im Hinblick auf seine individuelle Nutzenmaximierung determiniert. Die Aktion des Agenten ruft bei ihm Arbeitskosten hervor. Er wird daher die Entlohnung aus der Aktion gegen die Arbeitskosten rechnen und dementsprechend den Arbeitseinsatz an seiner individuellen Nutzenfunktion ausrichten. Der

361 Vgl. Fama/Jensen (1983), S. 303.
362 Quelle: Eigene Darstellung in Anlehnung an Alparslan (2006), S. 14; Jost (2001), S. 24.

Prinzipal strebt einen hohen Arbeitseinsatz des Agenten an, bei gleichzeitig möglichst geringer Gegenleistung durch ihn. Prinzipal-Agenten-Beziehungen sind daher grundsätzlich durch Interessenskonflikte gekennzeichnet.[363] Den gewünschten Output der Vertragsbeziehung werden jedoch stets weitere Einflussfaktoren wie Konjunktur oder die Aktion anderer Agenten mitbestimmen.[364] Dies führt dazu, dass der Prinzipal das Ergebnis nicht direkt auf den Arbeitseinsatz des Agenten zurückführen kann. Die Umweltunsicherheit wird in Form einer Zufallsvariable als exogene Störgröße mit in das Kalkül integriert. Ein Versuch der Systematisierung oder Identifizierung der Störgröße wird i.d.R. nicht vorgenommen.[365] Aufgrund der arbeitsteiligen Vertragsstruktur der Prinzipal-Agenten-Beziehung entstehen zwangsläufig Informationsasymmetrien zwischen Prinzipal und Agent. Die Informationsasymmetrien werden in die drei Kategorien *hidden characteristics*, ***hidden** action* und ***hidden** information* unterteilt.[366]

Die Informationsasymmetrie der hidden characteristics liegt vor Vertragsabschluss vor. Der Prinzipal besitzt hinsichtlich der Eigenschaften des Agenten ein Informationsdefizit. Dieses kann sich in den Präferenzen des Agenten, dessen Leistungsvermögen, des Erwartungswertes über die exogene Störgröße oder seinem Reservationsnutzen ausdrücken.[367] Hinsichtlich des zeitlichen Ablaufs (vgl. Abbildung 12) wird dem Agenten in einem ersten Schritt (t-4) ebenfalls der Vertrag angeboten. Jedoch kann der Prinzipal zu diesem Zeitpunkt die Eigenschaften des Agenten nicht vollständig beurteilen. Die exogene Störgröße würde in diesem Fall zwischen der Aktionsauswahl (t-2) durch den Agenten und der nachfolgenden Aktionsdurchführung (t-1) realisiert werden.[368]

Im Rahmen der hidden characteristics kann das Problem der adversen Selektion auftreten.[369] Diese entsteht jedoch nur, wenn der Interessenskonflikt zwischen Prinzipal und Agent vorliegt. Durch die adverse Selektion kann eine negativ Auslese erfolgen. Offeriert bspw. der Prinzipal einen Vertrag für einen Agenten mit durchschnittlichen Eigenschaften, so kann es vorkommen, dass ein Agent mit unterdurchschnittlichen Eigenschaften diese verheimlicht und einen durchschnittlichen Agenten nachahmt. Ein Agent mit überdurchschnittlichen Eigenschaften hingegen wird aufgrund eines zu geringen Anreizes den Vertrag nicht eingehen. Dadurch entsteht die Gefahr, dass der Prinzipal eine Vertragsbeziehung mit einem Agenten eingeht, welcher realiter nur unterdurchschnittliche Eigenschaften aufweist.[370] Zur

---

363 Vgl. Alparslan (2006), S. 17f.
364 Vgl. Arrow (1985), S. 37.
365 Vgl. Alparslan (2006), S. 18.
366 Vgl. Jost (2001), S. 23–31. Vgl. für eine erweiterte Einteilung der Informationsasymmetrien Scholtis (1998), S. 14–19.
367 Vgl. Alparslan (2006), S. 21f.
368 Vgl. zur Darstellung im zeitlichen Ablauf Jost (2001), S. 26.
369 Vgl. für einen ersten Beitrag über die Adverse Selektion am Beispiel des Gebrauchtwagenmarktes Akerlof (1970), S. 488–500.
370 Vgl. Alparslan (2006), S. 26.

Lösung des Problems der adversen Selektion können Verfahren zur Verringerung des Informationsdefizits zum Einsatz kommen. Im Rahmen des Screenings versucht der Prinzipal vor Vertragsabschluss zusätzliche Informationen zu erlangen. Im Fall des Signalings stellt der Agent kostentragend dem Prinzipal vor Vertragsabschluss zusätzliche Informationen bereit.[371]

Die Informationsasymmetrien nach Vertragsabschluss können sich einerseits durch die Tätigkeit des Agenten ausdrücken, welche der Pinzipal nicht beobachten kann. Andererseits kann der Agent Informationen erlangen, welche dem Prinzipal nicht vorliegen. Ersteres wird verstecktes Handeln (hidden action) genannt, letzteres versteckte Information (hidden information).[372] Im Fall der hidden action ist dem Prinzipal die Transformationsbeziehung zwischen dem Input, ausgedrückt durch den Arbeitseinsatz des Agenten, und der Zufallsvariable sowie dem Ergebnis als Output bekannt.[373] Da der Prinzipal jedoch den Einfluss des Arbeitseinsatzes und der exogenen Zufallsvariable auf das Ergebnis nicht separieren kann, ist er nicht in der Lage, einen direkten Rückschluss von dem Ergebnis auf den geleisteten Arbeitseinsatz des Agenten zu ziehen. Wird der zeitliche Ablauf (vgl. Abbildung 12) betrachtet, so äußert sich die hidden action Informationsasymmetrie in der Weise, dass die Aktionswahl des Agenten (t-2) für den Prinzipal nicht beobachtbar ist. Die Störgröße, welche zwischen der Aktionswahl (t-2) und dem Bekanntwerden des Outputs (t-1) liegt, kann der Prinzipal ebenfalls nicht beobachten.[374]

In einer hidden information Situation erlangt der Agent Informationen über die exogene Zufallsvariable, welche dem Prinzipal verborgen bleiben. Wird der zeitliche Ablauf der Prinzipal-Agenten-Beziehung betrachtet, so treten die Realisierung der exogenen Störgröße und deren Erkenntnis zwischen die Vertragsunterzeichnung (t-3) und Aktionsauswahl (t-2).[375] Folglich kann der Agent die äußeren Einflüsse bei der Entscheidung über seine Aktion im Vorfeld mitberücksichtigen.

Durch die hidden action oder hidden information kann bei einem vorliegenden Interessenkonflikt zwischen Prinzipal und Agent das Problem des Moral Hazard (moralisches Risiko) auftreten.[376] Das moralische Risiko äußert sich darin, dass der Agent seinen Arbeitseinsatz anhand seiner individuellen Nutzenfunktion ausrichtet. Im Fall der hidden action resultiert dieses Problem durch die fehlende Rückschlussmöglichkeit des Prinzipals von dem Ergebnis auf den Arbeitseinsatz des Agenten. Im Fall der hidden information besteht ein Zurechnungsproblem,[377] da der Prinzipal nicht erkennen kann, inwiefern das Ergebnis von dem Arbeitseinsatz des Agenten bestimmt wurde. Als Lösungskonzepte für das Moral Hazard Problem kommen

371 Vgl. zu den Verfahren des Screenings und Signalings Scholtis (1998), S. 48–111.
372 Vgl. Arrow (1985), S. 38; Richter/Furubotn (2003), S. 174.
373 Vgl. Alparslan (2006), S. 22f.
374 Vgl. zur Darstellung im zeitlichen Ablauf Jost (2001), S. 27.
375 Vgl. zur Darstellung im zeitlichen Ablauf Jost (2001), S. 30.
376 Vgl. zu den Ursprüngen des Moral Hazard Problems in der Versicherungsbranche Arnott/Stiglitz (1988), S. 383–413.
377 Vgl. Alparslan (2006), S. 27.

Anreiz-, Kontroll- und Informationssysteme in Betracht.[378] Kontrollsysteme implizieren oftmals einen Kontrolleur, welcher das Verhalten des Agenten überprüft. Hierdurch kann eine Informationsasymmetrie der Handlungen des Akteurs wie auch der exogenen Störgröße vermindert werden. Die Kontrollsysteme können jedoch mit hohen Kosten verbunden sein.[379] Des Weiteren können Informationssysteme helfen den Informationsstand des Prinzipals zu erhöhen.[380] Da der Agent jedoch nicht an symmetrischen Informationen interessiert sein wird, erscheinen ergänzende Systeme zur Verminderung der Informationsasymmetrie sinnvoll. Anreizsysteme versuchen durch bestimmte Gestaltungen, welche oftmals in Form von Ergebnisbeteiligungen modelliert sind, den Agenten zu einem gewünschten Verhalten zu bewegen.[381]

Die Prinzipal-Agenten-Theorie unterteilt sich in einen normativen und einen positiven Theoriezweig.[382] Normative Ansätze versuchen in formal-analytischer Sprache optimale Entlohnungsverträge unter Berücksichtigung parametrisierter Risikoneigungen und der vorliegenden Informationsstruktur zu modellieren.[383] Positive Ansätze messen anhand sog. Vertretungskosten die Abweichung von dem Optimalzustand. Die Vertretungskosten ergeben sich aus den Überwachungskosten des Prinzipals über den Agenten, um die nicht erwünschten Handlungen einzuschränken. Zudem entstehen Kautionsausgaben, welche als Garantien des Agenten gegenüber dem Prinzipal verstanden werden können. Diese müssen von dem Agenten eingelöst werden, wenn sein Handeln dem Prinzipal schadet. Des Weiteren besteht ein Residualverlust, welcher sich durch die Differenz zwischen der Optimallösung und dem Ergebnis, das durch das Handeln des Agenten hervorgerufen wird, ausdrückt.[384]

4.1.3.2 Prinzipal-Agenten-Beziehung unter Bilanzpolitik

Wird die Situation bilanzpolitischer Einflussnahme in Krisenzeiten betrachtet, so repräsentiert der verantwortliche Rechnungslegungsentscheider stets den Agenten.[385] Auch wird der Verantwortungsträger gegenüber einem Lieferanten in einer

378 Vgl. Alparslan (2006), S. 29.

379 Vgl. für eine Diskussion der Kontrollkosten am Beispiel des Abschlussprüfers Antle (1982), S. 503–527.

380 Vgl. zur Diskussion von zusätzlichen Informationen im Moral Hazard Problem Holmström (1979), S. 81–88.

381 Vgl. für eine formal-analytische Diskussion der Anreizkonstellationen Grossman/Hart (1983), S. 7–45 sowie unter dem Fokus einer zwei-periodigen Betrachtung Lambert (1983), S. 441–452.

382 Vgl. Meinhövel (2005), S. 69.

383 Vgl. Meinhövel (2005), S. 69.

384 Vgl. Richter/Furubotn (2003), S. 176f.

385 In diesem Sinne verköpert das Management auch eines eigentümergeführten Unternehmens gegenüber den unternehmensexternen Stakeholdern stets den Agenten.

Krise als Agent fungieren. Der Lieferant stellt zunächst den mit der Zufuhr Beauftragten dar. Jedoch erfordert die spezielle Situation der Krise die Prioritätsfestlegung auf eine weitere kontinuierliche Belieferung. Der Manager kann auf Basis der schlechten Zahlen aus dem Rechnungswesen keinen anderen Lieferanten suchen. Dementsprechend versucht er mit Hilfe der Spielräume in der Rechnungslegung möglichst gute wirtschaftliche Signale an den Lieferanten zu senden. Da die Geschäftsbeziehung, ob expliziter oder impliziter Art, bereits im Vorfeld bestand, agiert der Rechnungslegungsentscheider während der Vertragsbeziehung gegenüber dem Lieferanten in der Funktion des Agenten. Der Prinzipal kann hingegen sowohl von einem unternehmensinternen Eigentümer, wie auch von unternehmensexternen Stakeholdern verkörpert werden. Im Fall der Bilanzpolitik können ebenfalls die Prinzipal-Agenten-Probleme der Adversen Selektion und des Moral Hazard auftreten.

Abbildung 13: Prinzipal-Agenten-Konstellation unter Bilanzpolitik

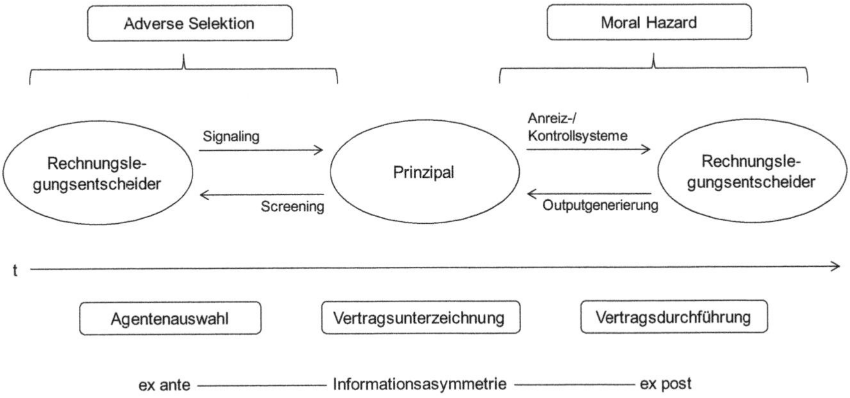

Die adverse Selektion ist durch eine ex ante Informationsasymmetrie und den Auswahlprozess für einen Agenten vor Vertragsunterzeichnung charakterisiert. Der Prinzipal wird im Rahmen einer bilanzpolitischen Einflussnahme i.d.R. durch unternehmensexterne Akteure ausgedrückt werden. Die negativ Auslese kann z.B. im Rahmen eines Kreditvergabeprozesses auftreten. Die Bank fungiert in diesem Fall als Prinzipal. Dieser führt einen Auswahlprozess für Unternehmen anhand der Beurteilung ihrer Kreditwürdigkeit durch. Die Unternehmen können sich mit Hilfe des Signaling durch bilanzpolitische Instrumente besser stellen. Die Bank versucht demgegenüber mit Hilfe eines Screeningprozesses, welcher sich durch bankinterne Ratingverfahren charakterisiert, das wahre wirtschaftliche Bild des Unternehmens herauszufiltern. Stellt sich ein Unternehmen in einer wirtschaftlichen Situation besser, so besteht die Gefahr, dass die Bank die reale desolate Situation nicht erkennt und dem Unternehmen unbeabsichtigt einen Kredit vergibt. Anschließend könnten verzögerte Zahlungen und Kreditausfälle die Bank als Prinzipal treffen.

Das Moral Hazard Problem ist durch eine ex post Informationsasymmetrie nach Vertragsunterzeichnung gekennzeichnet. Im Fall einer bilanzpolitischen Einflussnahme sind i.d.R. beide Informationsasymmetrien, die hidden information und hidden action, erfüllt. Der Rechnungslegungsentscheider als Agent wird Informationen über die exogene Störgröße erhalten, welche dem Prinzipal während des Jahres in dieser Form nicht zugänglich sein werden. Entscheidet sich der Agent für den Einsatz nicht erkennbarer Bilanzpolitik, so ist seine Aktion für den Prinzipal nicht ersichtlich.

Der Fall des Moral Hazard liegt während der Vertragslaufzeit vor und kann sowohl unternehmensinterne als auch unternehmensexterne Beziehungen betreffen. Ein angestellter Manager kann aufgrund einer ergebnisabhängigen Vergütung einen Anreiz für progressive Bilanzpolitik in Krisenzeiten entwickeln. Sofern die Gesellschafter des Unternehmens als Prinzipale nicht aktiv in der Rechnungslegungsaufstellung integriert sind, besitzt der Manager unweigerlich einen Informationsvorsprung. Er wird Informationen über fehlende Aufträge, einen Rückgang der Branchenkonjunktur und weitere exogene Einflüsse gegenüber den Eigentümern früher und detaillierter erlangen können. Dementsprechend kann er bereits während des Jahres kontinuierlich seine bilanzpolitischen Aktivitäten abstimmen, welche die Eigentümer nur bedingt beobachten können. Der Jahresüberschuss als Ergebnisgröße und maßgebendes Ergebnis des Jahresabschlusses, repräsentiert den Output des Managers gegenüber den Eigentümern. Diesen wird der Agent zweifellos nicht gänzlich alleine verantwortet haben. Er wird jedoch durch seinen Arbeitseinsatz und die ausgewählten bilanzpolitischen Maßnahmen Einfluss darauf ausgeübt haben. Die Eigentümer können lediglich versuchen der Informationsasymmetrie und dem bilanzpolitischen Anreiz mit Hilfe von Anreiz- und Kontrollmechanismen entgegenzuwirken. Diese können sich durch langfristig ausgerichtete Entlohnungsverträge[386] sowie Kontrollmaßnahmen mittels interner Compliance Systeme[387] oder externer Wirtschaftsprüfer darstellen.

Für eine unternehmensexterne Konstellation kann im Fall des Moral Hazard ebenfalls die Vertragsbeziehung zur Bank angeführt werden. Banken werden sich bei größeren Kreditvolumina regelmäßig die Jahresabschlüsse des Unternehmens vorlegen lassen. Oftmals sind sog. Covenants eingebaut,[388] welche bestimmte einzuhaltende Kennzahlen vorsehen. Werden diese unterschritten, kann eine Kreditkündigung oder die Anpassung von Kreditkonditionen die Folge sein. Der Rechnungslegungsentscheider kann in dieser Situation versuchen, durch Bilanzpolitik Sanktionsmaßnahmen der Bank zu vermeiden. Der Jahresabschluss symbolisiert die Outputgröße

386 Vgl. für einen Überblick der Anreize für Bilanzpolitik in Abhängigkeit der Ausgestaltung des Entlohnungsvertrages Sun (2012), S. 111–127.

387 In diesem Kontext können Compliance-Systeme in Unternehmen als Strukturen zur Sicherstellung eines normenkonformen Verhaltens verstanden werden. Vgl. für eine Übersicht verschiedener Corporate-Compliance-Organisationen und Maßnahmen Köhler/Junc (2010), S. 305f.

388 Vgl. Haghani u.a. (2009), S. 1–30.

gegenüber dem Kreditinstitut. Dieses wird mit Hilfe von information covenants[389] versuchen die Informationsasymmetrie weiter zu reduzieren. Die beschriebene Konstellation gilt entsprechend für Vertragsbeziehungen zu anderen unternehmensexternen Stakeholdern.

4.1.3.3 Moral Hazard im Rahmen bilanzpolitischer Einflussnahme

Da auch die normative Herangehensweise ein Erkenntnisziel verfolgt[390] und geeignet ist eine Erklärung für die Reaktion des Agenten abzuleiten[391], soll diese in der folgenden Diskussion als Grundlage dienen und als formalsprachlicher Ansatz mit Erklärungsgehalt angesehen werden. Gleichwohl wird mit diesem Ansatz nicht das Ziel verfolgt, eine optimale Vertragskonstellation abzuleiten. Vielmehr soll ein Modell betrachtet werden, welches die bilanzpolitischen Anreize eines Agenten der jeweils geltenden Zielgröße beschreibt. Eine formal-analytische Darstellung hilft zudem einer späteren formalen bilanzpolitischen Zielfunktionsmodellierung grundlegende theoretische Überlegungen voranzustellen.[392] Der Fall des Moral Hazard spielt im Rahmen der bilanzpolitischen Einflussnahme während Krisenzeiten eine entscheidende Rolle, da bestehende Vertragsstrukturen aufrechterhalten werden sollen.

Im Folgenden soll der Fall einer linearen Vertragskonstellation[393] zwischen Bilanzaufsteller als Agent und Bilanzadressat als Prinzipal unterstellt werden.[394] Der Agent bekommt in Abhängigkeit des handelsrechtlichen Jahresabschlusses einen Nutzen zugesprochen. Dieser kann sich z.B. als Entlohnung im Rahmen eines ergebnisabhängigen Entlohnungsvertrages, einer konstanten Weiterbelieferung durch den Lieferanten oder anhand einer Kapitalbereitstellung durch die Fremdkapitalgeber ausdrücken. Der Agent hat während des Jahres einen Aufwand bezüglich der Vertragskonstellation, welcher bei ihm persönliche Kosten darstellt. Diese können sich bspw. durch entgangene Freizeit, zusätzlichen Stress oder aber auch durch fachliche Vorbereitungen,

389 Vgl. Haghani u.a. (2009), S. 7–9.
390 Vgl. Alparslan (2006), S. 40.
391 Vgl. Terberger (1994), S. 41.
392 Vgl. für die Strukturierung eines bilanzpolitischen Entscheidungsmodells Kapitel 5.1.
393 Während z.B. im Rahmen eines Entlohnungsvertrages eine variable, sich proportional zu dem Jahresüberschuss entwickelnde Vergütung des Agenten angenommen werden kann, ist dies bei Beziehungen zu externen Stakeholdern nur eingeschränkt möglich. Bspw. werden oftmals Kredite vollständig gekündigt oder Lieferbedingungen angepasst. Die formal-analytische Darstellung in Fällen einer nicht-linearen Vertragsbeziehung kann nicht oder nur unter zahlreichen einschränkenden Annahmen illustriert werden.
394 Möglich ist das Auftreten mehrerer Eigentümer und Agenten, ebenfalls mit mehreren Entscheidungssituationen. Zur Vereinfachung soll im Folgenden auf diese Konstellationen verzichtet werden. Vgl. für eine Diskussion verschiedener Akteure, Entscheidungsvariablen und einer mehrperiodigen Betrachtung Dye (1988), S. 195–235.

Vertragspflege und Gesprächstermine zur Verfügungstellung weiterer Rechnungslegungsinformationen manifestieren. Mit zunehmendem Aufwand kann der Manager die Entscheidungsgrundlage für den Prinzipal positiv beeinflussen und damit einhergehend auch seinen eigenen Nutzen erhöhen. Der Prinzipal ist nicht in der Lage den Aufwand des Agenten zu beobachten, sondern erhält als Ergebnisgröße seine Entscheidungsgrundlage. Diese drückt sich im Rahmen eines ergebnisabhängigen Entlohnungsvertrages durch das Jahresergebnis oder von externen Beziehungen zu Banken und Kreditoren durch die von dem Agenten zur Verfügung gestellten Informationen aus. Die Vertragskonstellation ist somit durch eine asymmetrische Informationsverteilung geprägt. Der Manager erhält während des Jahres Informationen über die im Unternehmen und durch ihn einsetzbaren möglichen bilanzpolitischen Maßnahmen. Die Bilanzpolitik wirkt sich durch materiale, reale wie auch formale Bilanzpolitik auf die Entscheidungsgrundlage des Prinzipals aus. Auch erlangt er im Laufe des Jahres Kenntnisse über die wirtschaftliche Lage des Unternehmens, ausgedrückt durch das vorläufige Jahresergebnis, welches wiederum die Entscheidungsgrundlage des Prinzipals bestimmt. Nachfolgend erstellt der Manager den Jahresabschluss und kann über den Einsatz bilanzpolitischer Maßnahmen entscheiden. Der Einsatz von bilanzpolitischen Maßnahmen ruft bei dem Manager ebenfalls Kosten hervor. Diese drücken sich in einem moralischen Dilemma durch eine verzerrte Berichterstattung gegenüber dem Prinzipal oder durch einen zusätzlichen Zeitaufwand hinsichtlich der Erlangung von Fachkenntnissen über bilanzpolitische Möglichkeiten und deren undurchsichtige Implementierung aus. Der Prinzipal kann die nicht ersichtliche Bilanzpolitik wie auch den Aufwand nicht erkennen und muss dem Agenten den Nutzen anhand des ihm veröffentlichten Jahresabschlusses zusprechen. Der Prinzipal ist hingegen an einer wahrheitsgetreuen Berichterstattung für seine Entscheidungsfindung interessiert. In der folgenden Darstellung soll die Zeitspanne, beginnend von der Vertragsunterzeichnung bis hin zur Veröffentlichung des Jahresabschlusses gegenüber dem Prinzipal und dem daran ausgerichteten Nutzen, als ein Einperiodenfall verstanden werden:

Abbildung 14: Zeitlicher Ablauf des Agentenverhaltens im Fall des Moral Hazard unter Berücksichtigung der Möglichkeit bilanzpolitischer Einflussnahme[395]

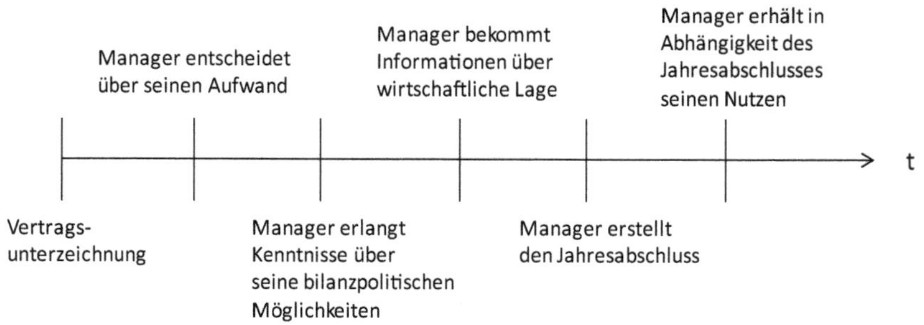

395 Quelle: Eigene Darstellung in Anlehnung an Sun (2009), S. 6; Dye (1988), S. 198.

Der Nutzen des Agenten ergibt sich somit in Abhängigkeit seines Aufwandes A_A und der bilanzpolitischen Strategie S_{BP}:[396]

$$N_A\,(A_A\,(I), S_{BP}\,(JA)\,) \qquad (1)$$

Der Nutzen aus dem zugrunde liegenden Aufwand ergibt sich in Abhängigkeit zu dessen Intensität I. Zudem sind die Kosten des Agenten für seinen Aufwand abzuziehen. Die bilanzpolitische Strategie bestimmt sich in Abhängigkeit des Jahresabschlusses JA. Auch bei der bilanzpolitischen Strategie sind dem Nutzen aus dieser die Kosten entgegenzurechnen.

Der Prinzipal möchte grundsätzlich, dass der Agent einen möglichst hohen Aufwand I^H zur optimalen Vertragserfüllung leistet. Zudem können dem Prinzipal Kosten durch eine verfälschende Darstellung des Jahresabschlusses mit Hilfe von Bilanzpolitik durch den Agenten entstehen. Da der Einsatz von Bilanzpolitik durch den Agenten wiederum abhängig von seinem geleisteten Aufwand ist, sind somit die Kosten des Prinzipals ebenfalls direkt (z.B. bei einem Entlohnungsvertrag) oder indirekt (z.B. bei einer Kapitalbereitstellung) von der Nutzenfunktion des Agenten abhängig. Die Zielgröße des Prinzipals stellt somit die Kostenminimierung bei einem gleichzeitig hohen Aufwand des Agenten dar:

$$\min_{n_{A,I},\,S_{BP}(I)} E\,[K_P\,(n_{A,i})|I^H] \qquad (2)$$

Es wird deutlich, dass der Agent seinen Aufwand sowie den etwaigen Einsatz von Bilanzpolitik selbst bestimmt und der Prinzipal keinen direkten Einfluss auf diesen nehmen kann. Das Rückschlussproblem wird offenbar, indem der Prinzipal nicht erkennen kann, ob der Agent Bilanzpolitik betrieben hat und somit nicht in der Lage ist, die reale wirtschaftliche Situation zu entschlüsseln. Werden die Kosten für die Bilanzpolitik sehr hoch sein und die Kosten für den Aufwand sehr gering, wird der Agent einen höheren Aufwand wählen und dadurch bedingt tendenziell wahrheitsgemäß berichten. Dementgegen wird er bei einem hohen Aufwand und geringen Kosten für die Bilanzpolitik, letztere verstärkt einsetzen. Entsprechend groß wird die Verzerrung der berichteten wirtschaftlichen Lage gegenüber dem Prinzipal sein. Derartige formal-analytische Diskussionen müssen zwangsweise mit zahlreichen Modellannahmen die Realität vereinfachen, sodass stets ein Teil der Problematik ausgeblendet wird.[397] Die Prinzipal-Agenten-Theorie ist zwar vielfach durch die Literatur als Theorie zur Erklärung der verschiedenen Aktionsmuster zwischen den Vertragsparteien bestätigt worden.[398] Jedoch sollten die Schwächen der Prinzipal-Agenten-Theorie, welche insb. durch die einschränkenden Annahmen

396 Eine ausführliche formal-analytische Herleitung unter der Beachtung von Nebenbedingungen findet sich im Anhang 2 wieder.

397 Vgl. Hax (1991), S. 60.

398 Vgl. Eisenhardt (1989), S. 72.

hervorgerufen werden,[399] stets Berücksichtigung finden und die Prinzipal-Agenten-Perspektive mit weiteren theoretischen Erklärungsansätzen komplettiert werden.[400]

4.2 Aktueller Stand der Forschung

4.2.1 Überblick über die Bilanzpolitikforschung

Studien über die Anreize und Determinanten bilanzpolitischer Einflussnahme in der Rechnungslegung sammeln sich in der Literatur verstärkt seit den 60iger Jahren an.[401] Die Untersuchungen werden bis heute von US-basierten Analysen dominiert.[402] Dementsprechend zeichnen sich Forschungsfragen und Untersuchungsmethoden oftmals an den Charakteristika angelsächsischer Länder aus. Die Forschung im Gebiet der Bilanzpolitik weist einen sehr großen Umfang an international veröffentlichten Studien auf,[403] welcher insb. in den letzten zwei Dekaden weiterhin stark angewachsen ist.[404] Der starke Zuwachs erklärt sich durch bessere Datenverfügbarkeiten und effizientere elektronische Verarbeitungsmöglichkeiten. Dieser Trend sollte sich im Hinblick auf eine zunehmende Datenverfügbarkeit in nicht angelsächsischen Ländern in Zukunft weiter fortsetzen. In der Bilanzpolitikforschung haben sich im Laufe der Zeit verschiedene Forschungsstränge herausgebildet.[405] Auf aggregierter Ebene lassen sich theoretisch motivierte Arbeiten von empirischen Studien abgrenzen.[406]

Theoretisch motivierte Arbeiten integrieren wissenschaftliche Erklärungsansätze in die vorhandenen Rechnungslegungsmodelle.[407] Lambert (1984)[408] legt einer ergebnisglättenden Bilanzpolitik die Prinzipal-Agenten-Beziehung zwischen Managern und Eigentümern als Erklärungsmodell zu Grunde. Manager sind demnach bestrebt, eine Glättung des Ergebnisses im Hinblick auf im Vorfeld durch die Eigentümer gesetzte Zielgrößen zu erreichen. In diesem Rahmen wird der Entlohnungsvertrag

399 Vgl. zur Kritik Richter/Furubotn (2003), S. 237–239.
400 Vgl. Eisenhardt (1989), S. 57.
401 Vgl. Fields u.a. (2001), S. 256.
402 Vgl. Verbruggen u.a. (2008), S. 5; Vladu/Cuzdriorean (2014), S. 699.
403 Vgl. Myers u.a. (2007), S. 249; Verbruggen u.a. (2008), S. 2.
404 Vgl. DeFond (2010), S. 402.
405 Vgl. für Einteilungen in Forschungsfelder und Literaturüberblicke über die verschiedenen Gebiete der Bilanzpolitikforschung Schipper (1989), S. 91–102; Healy/Wahlen (1999), S. 365–383; McNichols (2000), S. 313–345; Dechow/Skinner (2000), S. 235–250; Fields u.a. (2001), S. 255–307; Verbruggen u.a. (2008), S. 1–27; Dechow u.a. (2010), S. 344–401; Siddharth (2011), S. 21–55; Suhardianto/Shauki (2013), S. 1–31.
406 Vgl. Ronen/Yaari (2008), S. XVI–XVIII für eine Darstellung der wichtigsten Vertreter und Meilensteine zu diesen Gebieten. Sie ergänzen zudem eine dritte Ebene, welche die regulativen Meilensteine in den USA mit aufnimmt.
407 Vgl. Ronen/Yaari (2008), S. XVI.
408 Vgl. Lambert (1984), S. 604–618.

zwischen Prinzipal und Manager für die theoretische Herleitung des glättenden bilanzpolitischen Gleichgewichtsverhaltens verwendet. Dye's (1985)[409] theoretische Abhandlung basiert auf dem sog. *Revelation Principle*[410] der bilanzpolitischen Einflussnahme. Dieses fokussiert bei einer Prinzipal-Agenten-Beziehung die Informationsgewinnung des Prinzipals von dem Agenten mit Hilfe optimaler Vertragsgestaltungen. Die Optimierungsfunktion für den Erhalt von Informationen kann jedoch stets von verschiedenen Einflussfaktoren eingeschränkt werden. In einer nachfolgenden Arbeit modelliert Dye (1988)[411] das bilanzpolitische Verhalten hinsichtlich einer mehrperiodigen Betrachtung von Kapitalmarktreaktionen. Die theoretischen Zusammenhänge werden unter einer Differenzierung der Vertragsstrukturen vorgenommen, indem interne Beziehungen zwischen Managern und Eigentümern von externen Vertragsstrukturen abgegrenzt werden. Sankar (1999)[412] differenziert in seiner Abhandlung kurzfristige und langfristige bilanzpolitische Planungszeiträume hinsichtlich ihrer zugehörigen Auszahlungsstrukturen.

Die Bilanzpolitikforschung stellt sich unter einem gegebenen Kontext die Fragen:

- Ob Bilanzpolitik betrieben wird,
- wie diese betrieben wird und
- welche Anreize und Einflussfaktoren in dem jeweiligen Analysedesign für den Einsatz von Bilanzpolitik bestehen.[413]

Die in dieser Arbeit durchgeführte Studie ist durch den Kontext der Krisensituation von Unternehmen in den Jahren vor einer Insolvenz geprägt und geht im Rahmen einer positiven Analyse den zuvor genannten Fragestellungen nach. Dementsprechend wird sich im Folgenden auf den empirischen Forschungsstrang konzentriert. Die Herleitung der Hypothesen über eine bilanzpolitische Einflussnahme deutscher Unternehmen in wirtschaftlichen Krisenzeiten erfolgt in vier Schritten. Zunächst werden anhand der allgemeinen Bilanzpolitikforschung bereits mögliche Anreize und Einflussfaktoren in dem umfangreichen Forschungsfeld herausgearbeitet. Anschließend erfolgt eine Analyse von Studien zu Krisenunternehmen. Die Studien zeichnen sich durch verschiedene Proxy-Variablen hinsichtlich der Klassifizierung einer Krisensituation aus. Krisensituationen werden demnach anhand der Reduzierung von Dividendenzahlungen, Ergebniseinbrüchen, Verletzungen bestehender Kreditverträge oder durch hohe Insolvenzwahrscheinlichkeiten der Unternehmen repräsentiert.[414] Darauf folgend werden Studien betrachtet, welche sich speziell der bilanzpolitischen Einflussnahme von Unternehmen in Perioden

409 Vgl. Dye (1985), S. 123–145.
410 Vgl. zum *Revelation Principle* unter dem Kontext der Bilanzpolitik Arya u.a. (1998), S. 7–34.
411 Vgl. Dye (1988), S. 195–235.
412 Vgl. Sankar (1999), S. 1–27.
413 Vgl. McNichols (2000), S. 337.
414 Vgl. DeAngelo u.a. (1994), S. 113–143; Peltier-Rivest (1999), S. 28–44; DeFond/Jiambalvo (1994), S. 145–176; Houston/Howe (2014), S. 1–57.

vor ihrer Insolvenzanmeldung widmen. Insolvente Unternehmen charakterisieren sich insb. durch einen endlichen mehrperiodigen bilanzpolitischen Planungszeitraum, in welchem die verschiedenen charakteristischen Merkmale von Krisenunternehmen erfüllt sind. Entgegen mancher Krisen-Proxy-Variablen, wie einer Dividendenkürzung oder einer erhöhten Insolvenzwahrscheinlichkeit, welche auch durch realwirtschaftliche Umstrukturierungsmaßnahmen induziert sein können, stellen insolvente Unternehmen letztlich mit Sicherheit Krisenunternehmen dar. Durch den endlichen Planungshorizont können wichtige bilanzpolitische Zusammenhänge wie materiale Umkehreffekte aufgrund einer beschränkten bilanzpolitischen Manövriermasse analysiert werden. Die theoretische Analyse hat gezeigt, dass verschiedenste Vertragskonstellationen Anreize für Bilanzpolitik hervorrufen können. Neben unterschiedlichen Anreizen sind zudem Einflussfaktoren zu berücksichtigen, welche in Abhängigkeit der Eigenschaften der Akteure den bilanzpolitischen Einsatz maßgeblich mitbestimmen können. Es gilt demnach in einer Krisensituation die maßgeblichen Bestimmungsgrößen für eine Zielhierarchisierung der bilanzpolitischen Einflussnahme herauszuarbeiten. In einem letzten Schritt wird das Analysedesign anhand bisheriger Ergebnisse in der Forschung und unter Berücksichtigung der spezifischen Untersuchungsstichprobe aufgestellt. Die Hypothesengenerierung erfolgt anschließend auf Basis der Einschränkungen durch die Stichprobe sowie der Erkenntnisse aus der allgemeinen Bilanzpolitikforschung und den Ergebnissen aus den Krisen und Insolvenzstudien. Zunächst erfolgt ein kurzer Ausschnitt über die in der allgemeinen Bilanzpolitikforschung identifizierten bilanzpolitischen Einflussfaktoren.

Bereits zwischen **verschiedenen Ländern** können durch Studien unterschiedliche bilanzpolitische Verhaltensweisen nachgewiesen werden.[415] Leuz u.a. (2003)[416] analysieren unter diesem Gesichtspunkt 31 Länder, indem sie Kategorien bilden, welche sich an gleichartigen institutionellen Gegebenheiten der Unternehmen ausrichten. Sie kommen zu dem Ergebnis, dass Unternehmen in Ländern mit einer größeren Diversifizierung in der Eigentümerstruktur, einem hohen Anlegerschutz und ausgeprägten Kapitalmärkten, ein niedrigeres Level von Bilanzpolitik wie ihre Vergleichsgruppe an Unternehmen aufweisen. Des Weiteren wurden Ländervergleiche im Hinblick auf verschiedene kulturelle Unterschiede durchgeführt, wie bspw. die Höhe des prozentualen Anteils von Frauen an den Entscheidungsträgern oder die Kluft zwischen den Einkommen oder dem Sicherheitsstreben innerhalb einer Gesellschaft.[417]

Zudem wird untersucht, inwiefern **Rechnungslegungsnormen**, welche die bilanzpolitischen Möglichkeiten maßgeblich bestimmen, eine unterschiedliche bilanzpolitische Einflussnahme hervorrufen. Van Tendeloo und Vanstraelen (2005)[418]

415 Vgl. für einen umfassenden Ländervergleich Kinnunen/Koskela (2003), S. 39–68.
416 Vgl. Leuz u.a. (2003), S. 505–527.
417 Vgl. Guan/Pourjalali (2010), S. 99–127.
418 Vgl. Van Tendeloo/Vanstraelen (2005), S. 155–180.

untersuchen in den Jahren 1999 bis 2001 kapitalmarktorientierte Unternehmen in Deutschland, die freiwillig ihre Rechnungslegung von dem deutschen HGB zu den IFRS umgestellt haben. Die Autoren können jedoch einen signifikanten Einfluss der unterschiedlichen Rechnungslegungsnormen auf die Bilanzpolitik nicht bestätigen. Hinsichtlich eines differierenden bilanzpolitischen Verhaltens deutscher Unternehmen durch eine Rechnungslegung nach HGB oder IFRS erzielen Goncharov und Zimmermann (2006)[419] ebenfalls keine Ergebnisse. In einem nachfolgenden Vergleich zu der Rechnungslegung nach US-GAAP können sie jedoch eine signifikant niedrigere Bilanzpolitik unter der amerikanischen Rechnungslegung im Vergleich zu dem HGB und den IFRS messen. Letztlich hält Szczesny (2007)[420] jedoch in ihrem Literaturüberblick über den Zusammenhang von Bilanzpolitik und Rechnungslegungsnormen fest, dass Rechnungslegungsnormen kein dominierender Einflussfaktor zu sein scheinen.[421]

Innerhalb eines Landes können zahlreiche Faktoren auf die Bilanzpolitik einwirken. **Politische Regulierungen** können zu Bilanzpolitik führen, wenn diese an rechnungslegungsbasierte Größen gekoppelte staatliche Subventionen vorsehen. Jones (1991)[422] weist bei amerikanischen Unternehmen eine ergebnisvermindernde Bilanzpolitik nach, welche die Festsetzung von Einfuhrzöllen und Beschränkungen für ausländische Produkte in den USA begünstigten. Gleichermaßen wurde in anderen Fällen ein politischer Einfluss auf die Bilanzpolitik nachgewiesen. So zögerten amerikanische Ölfirmen unter Befürchtung negativer politischer Reaktionen ihre Gewinne während der persischen Ölkrise hinaus.[423] China führte für Unternehmen, welche Aktien emeritieren wollten, einen Mindestwert von über 10% für den rechnungslegungsbasierten Return on Equity ein. Nach der Gesetzesanwendung konnte bei Unternehmen, welche einen Return on Equity in der Nähe der vorgeschriebenen Grenze aufwiesen, ein deutlicher Zuwachs von Bilanzpolitik festgestellt werden.[424] Überdies wurden in politischen Regulierungsbereichen wie bspw. gesetzlich eingeführten Produktpreiskontrollen[425] oder bei umweltbezogenen Entschädigungszahlungen[426] bilanzpolitische Einflussnahmen nachgewiesen.

Entgegen politischer Einflüsse, welche sowohl eine ergebniserhöhende wie auch eine ergebnisvermindernde Bilanzpolitik begründen können, führen verschiedene Faktoren dem Grunde nach stets zu einem konservativen bilanzpolitischen Anreiz. Als klassisches Beispiel kann das Ziel der **Steuerminimierung** in diesem Kontext

419 Vgl. Goncharov/Zimmermann (2006), S. 1–28.
420 Vgl. Szczesny (2007), S. 101–122.
421 Vgl. Szczesny (2007), S. 119.
422 Vgl. Jones (1991), S. 193–228.
423 Vgl. Han/Wang (1998), S. 103–117.
424 Vgl. Haw u.a. (2005), S. 95–140.
425 Vgl. Lim/Matolcsy (1999), S. 131–150.
426 Vgl. Johnston/Rock (2005), S. 617–642.

herangeführt werden,[427] welches insb. in Ländern mit einer starken Verknüpfung von Handelsbilanz und steuerlicher Gewinnermittlung vorzufinden ist. Gehaltsverhandlungen mit **Gewerkschaften** begründen ebenfalls den Anreiz, vor den Verhandlungen die wirtschaftliche Lage des Unternehmens bilanzpolitisch schlechter darzustellen.[428] **Management Buy Outs** führen zu einer ergebnisvermindernden Bilanzpolitik des Managements, um das Unternehmen nachfolgend günstiger erwerben zu können.[429]

Aufgrund der Dominanz angelsächsisch geprägter Studien und einer besseren Datenverfügbarkeit bei Großunternehmen, verzeichnet die Literatur eine große Ansammlung von Untersuchungen zu **Kapitalmarkteffekten**.[430] Manager versuchen oftmals zuvor festgelegte Zielgrößen zu erreichen, um bestimmte Kapitalmarktreaktionen hervorzurufen oder ihre eigene daran angeknüpfte Vergütung zu erhöhen.[431] Burgstahler und Dichev (1997)[432] weisen durch die Messung von Gewinnverteilungen nach, dass Unternehmen bestrebt sind, unbeträchtliche Verluste in geringe Gewinne umzuwandeln, um negativen Kapitalmarktreaktionen vorzubeugen. Bartov u.a. (2002)[433] fokussieren die Bilanzpolitik zur Erfüllung der Erwartungshaltung von Analysten. Sie kommen zu der Schlussfolgerung, dass Unternehmen, welche die Analystenprognosen erfüllen können, wirtschaftlich erfolgreicher sind. Cheng und Warfield (2005)[434] diskutieren den Anreiz von Managern, Aktienkurse durch Bilanzpolitik zu ihren Gunsten zu beeinflussen, um durch Aktienbeteiligungen ihre eigene Entlohnung zu erhöhen.

Dem **Wirtschaftsprüfer** als Hüter der Legalitätsgrenze der Rechnungslegungsbeeinflussung wird ebenfalls ein großer Stellenwert als Determinante der betriebenen Bilanzpolitik beigemessen.[435] So wird größeren Wirtschaftsprüfungsgesellschaften nachgesagt, dass sie im Gegensatz zu kleineren Wirtschaftsprüfungsgesellschaften aufgrund ihres umfangreicheren Mandantenstammes mehr zu verlieren hätten und daher die Qualität der Prüfung und somit auch die Qualität der Rechnungslegung

427 Vgl. für eine Untersuchung in diesem Themenfeld Beatty u.a. (1995), S. 231–261; Guenther u.a. (1997), S. 225–248; Monem (2003), S. 747–774.

428 Vgl. Liberty/Zimmerman (1986), S. 692–712; DeAngelo/DeAngelo (1991), S. 3–43; D'Souza u.a. (2001), S. 187–208.

429 Vgl. Perry/Williams (1994), S. 157–179.

430 Vgl. für einen Überblick Dechow/Skinner (2000), S. 242–248.

431 Vgl. bspw. zu dem Effekt von Bilanzpolitik und Quartalsberichten Matsunaga/Park (2001), S. 313–332; zur Verbindung von Bilanzpolitik und Aktienrückkäufen Vafeas u.a. (2003), S. 262–272; zur Bilanzpolitik und Aktienoptionen Baker u.a. (2003), S. 557–582 sowie zu Aktienemissionen und Bilanzpolitik DuCharme u.a. (2001), S. 369–396.

432 Vgl. Burgstahler/Dichev (1997), S. 99–126.

433 Vgl. Bartov u.a. (2002), S. 173–204.

434 Vgl. Cheng/Warfield (2005), S. 441–476.

435 Vgl. Jordan u.a. (2010), S. 19–30.

steigen.[436] Zudem haben größere Wirtschaftsprüfungsgesellschaften eine bessere Infrastruktur, welche eine höhere Prüfungsqualität vermuten lässt. Auch wird argumentiert, dass größere Wirtschaftsprüfungsgesellschaften eine erhöhte Angst vor Haftungsschäden aufweisen, demnach restriktiver prüfen und die Bilanzpolitik infolgedessen verstärkt einschränken.[437] In der Bilanzpolitikforschung wird daher oftmals die Größe der Wirtschaftsprüfungsgesellschaft in das Betrachtungskalkül miteinbezogen.[438]

Ein weiterer Forschungsstrang widmet sich den verschiedenen Einflüssen von Elementen des **Corporate Governance** auf die Bilanzpolitik.[439] Der Bereich des Corporate Governance berücksichtigt neben Unternehmensstrukturen auch Charakteristika der Entscheidungsträger. Fragestellungen in diesem Forschungsgebiet prüfen u.a. die Verbindung von Bilanzpolitik und der Eigentümerstruktur des Unternehmens,[440] den Einfluss eines Managementwechsels,[441] bis hin zur Zusammensetzung und den Beteiligungsverhältnissen der Geschäftsführung.[442] Aber auch direkte persönliche Merkmale der Entscheidungsträger, wie das Geschlecht und dessen Einfluss auf die betriebene Bilanzpolitik, werden in dem Bereich des Corporate Governance analysiert.[443]

Viele der angesprochenen Bereiche werden unter dem Fokus deutscher nichtkapitalmarktorientierter Unternehmen für die Hypothesengenerierung nicht relevant sein. Neben Kapitalmarkteffekten können Ländervergleiche wie auch Einflüsse unterschiedlicher Rechnungslegungsnormen ausgeklammert werden. Sofern Unternehmen während wirtschaftlicher Krisen weiterhin einen Gewinn aufweisen, sollte dem Steuersparziel unter Berücksichtigung einer mehrperiodigen bilanzpolitischen Zielbildung von einem rationalen Entscheidungsträger kein Vorrang eingeräumt werden. Zumal durch den Wegfall der Maßgeblichkeit in Deutschland eine zunehmend eigenständige Steuerbilanzpolitik eingesetzt werden kann.[444]

Werden Studien im Bereich der Bilanzpolitikforschung betrachtet, wird sehr schnell das Messproblem in diesem Forschungsfeld deutlich. Die **Messung** von Bilanzpolitik kann sowohl der modelltheoretischen Ebene als auch der empirischen Ebene zugeordnet werden.[445] Die Problematik der Erkennung bilanzpolitischer Einflussnahme stellt die Forschung weiterhin vor eine schwierige Aufgabe, welche in

---

436 Vgl. DeAngelo (1981), S. 183.
437 Vgl. Jordan u.a. (2010), S. 22.
438 Vgl. Krishnan (2003), S. 39–68; Lawson/Boldin (2014), S. 31–44.
439 Vgl. für einen Überblick über den Einfluss von Corporate Governance auf die Bilanzpolitik García-Meca/Sánchez-Ballesta (2009), S. 594–610; Man u.a. (2013), S. 391–418.
440 Vgl. Sánchez-Ballesta/García-Meca (2007), S. 677–691.
441 Vgl. Moore (1973), S. 100–107.
442 Vgl. Peasnell u.a. (2005), S. 1311–1346; Davidson u.a. (2005), S. 241–267.
443 Vgl. Srinidhi u.a. (2011), S. 1610–1644.
444 Vgl. Zwirner/Künkele (2012), S. 1–16.
445 Vgl. zur ausführlichen Darstellung der Messmethoden der Bilanzpolitik Kapitel 5.2.

der Literatur zahlreich diskutiert wird.[446] Bilanzpolitik kann mit qualitativen oder quantitativen Verfahren nachgewiesen werden. Das Periodenabgrenzungsmodell von Jones und dessen Weiterentwicklungen sind als quantitative Verfahren die am weitesten verbreiteten Modelle zur Messung der Bilanzpolitik.[447] Die gesamten Periodenabgrenzungen ergeben sich durch die Differenz zwischen dem Jahresergebnis einer Periode und dem Cash Flow der jeweiligen Periode.[448] Periodenabgrenzungsmodelle auf Basis von Jones schätzen den Normalzustand der Periodenabgrenzungen unter der Annahme, dass keine Bilanzpolitik in Vorperioden betrieben wurde.[449] Für eine Verifizierung bilanzpolitischer Einflussnahme wird der geschätzte Referenzwert dem Wert aus der jeweiligen Berichtsperiode gegenübergestellt. Bereits an dieser Stelle werden Schwachstellen des Modells, wie die Annahme keiner vorhandenen Bilanzpolitik in Vorperioden, deutlich. Die Messverfahren wurden allmählich um verschiedene Faktoren wie die Messung realer Bilanzpolitik erweitert.[450] Neuere Methoden versuchen zunehmend bilanzpolitische Umkehreffekte mit in das Betrachtungskalkül einzubeziehen.[451] Alternativ werden neue Proxy-Variablen wie der Asset Turnover oder die Profit Margin verwendet.[452]

Wird die Bilanzpolitikforschung bereits vorab zusammenfassend betrachtet, so kommen Fields u.a. (2001)[453] in ihrem Literaturüberblick schnell zu einem sehr nüchternen Ergebnis. Sie kritisieren und betonen zugleich, dass die überwiegende Zahl der Studien in der Bilanzpolitikforschung Umweltbedingungen und Einflussfaktoren auf die betriebene Bilanzpolitik nur unzureichend beschreiben.[454] Sie weisen zudem auf zu eng aufgestellte Analysedesigns hin und verlangen nach einem umfassenderen Konzept, welches die verschiedenen Einflussfaktoren des Entscheidungskalküls der Bilanzpolitik miteinbezieht. Gleichwohl geben sie den Hinweis, dass die Komplexität schwierig zu erfassen ist und auch nicht vollumfänglich erfasst werden kann.[455] Jedoch führen die unvollkommenen Analysedesigns in der Literatur oftmals zu kontroversen Interpretationen der jeweiligen Forschungsergebnisse.[456] Auch im Hinblick auf die Probleme in der Messung der Bilanzpolitik kommen führende Vertreter in ihren Schlussfolgerungen zu einem ernüchternden Ergebnis. So fassen

---

446 Vgl. Dechow u.a. (1995), S. 193–225; Roychowdhury (2006), S. 335–370; Dechow u.a. (2012), S. 275–334.

447 Vgl. McNichols (2000), S. 314.

448 In der internationalen Literatur wird der englische Begriff *accruals* synonym für den deutschen Terminus Periodenabgrenzungen verwandt, vgl. Wagenhofer/Ewert (2015), S. 280.

449 Vgl. Kapitel 5.2.4.

450 Vgl. Roychowdhury (2006), S. 335–370.

451 Vgl. Dechow u.a. (2012), S. 275–334.

452 Vgl. Jansen u.a. (2012), S. 221–251.

453 Vgl. Fields u.a. (2001), S. 255–307.

454 Vgl. Fields u.a. (2001), S. 297.

455 Vgl. Fields u.a. (2001), S. 299f.

456 Vgl. McNichols (2000), S. 313f.

Dichev u.a. (2012)[457] den aktuellen Stand der Messung von Bilanzpolitik wie folgt zusammen: "Thirty years of research has left us with more questions than answers about how an external observer can detect the footprints of managed earnings."[458]

Im Vergleich zu vielen anderen Forschungsfeldern, welche der immensen Bedeutung der Analyse von krisenbehafteten und insolventen Unternehmen Rechnung tragen, hat die Bilanzpolitikforschung in diesem Themengebiet bisweilen vergleichsweise wenig Aufmerksamkeit erlangt.[459] Im Folgenden sollen zunächst die Erkenntnisse aus der Literatur hinsichtlich des bilanzpolitischen Verhaltens von Krisenunternehmen analysiert sowie im Anschluss die Ergebnisse von Insolvenzstudien in das Blickfeld genommen werden.

4.2.2 Studien zur Bilanzpolitik in Krisenzeiten

Studien zur Bilanzpolitik von Unternehmen in Krisenzeiten haben sich verstärkt in den letzten 25 Jahren angesammelt.[460] Zu Beginn der Untersuchung wird die Frage aufgeworfen, wann sich ein Unternehmen überhaupt in einer wirtschaftlichen Krise befindet. In den vergangenen Jahren wurden zunehmend Studien zur Bilanzpolitik von Unternehmen während nationaler und internationaler Wirtschaftskrisen durchgeführt.[461] Bei gesamtwirtschaftlichen Krisen stellt die Krise jedoch eine exogene Größe dar, welche oftmals die gesamten Wirtschaftszweige, in welchen sich die betrachteten Unternehmen befinden, betreffen. In dieser Situation werden Unternehmen ihre desolate wirtschaftliche Situation leichter offenbaren können als Krisenunternehmen, die sich in einem gesunden wirtschaftlichen Branchenumfeld befinden. Aufgrund des unterschiedlich zu erwartenden bilanzpolitischen Verhaltens von Unternehmen während starker Wirtschaftskrisen, sollten Studien mit einem entsprechenden Fokus mit Vorsicht interpretiert und nur bedingt in die theoretischen Überlegungen integriert werden.

Für die Einstufung der Unternehmen als Krisenunternehmen werden in der Literatur verschiedene Proxy-Variablen verwendet.[462] DeAngelo und DeAngelo (1990)[463]

457 Vgl. Dichev u.a. (2013a), S. 1–70.

458 Dichev u.a. (2013a), S. 41.

459 Vgl. Saleh/Ahmed (2005), S. 69; Habib u.a. (2013), S. 155.

460 Vgl. für einen kompakten Literaturüberblick über die Bilanzpolitik von Unternehmen in Krisenzeiten Vladu (2013), S. 115–119.

461 Vgl. Chia u.a. (2007), S. 177–196; Filip/Raffournier (2012), S. 1–37; Habib u.a. (2013), S. 155–180; Persakis/Latridis (2015), S. 1–35.

462 Vgl. zu Dividendenkürzungen DeAngelo u.a. (1994), S. 113–143, zu operativen Verlusten Peltier-Rivest (1999), S. 28–44, für eine Kombination verschiedener Kriseneingruppierungen unter Verwendung der Kriterien von McKeown u.a. (1991), S. 1–13, Habib u.a. (2013), S. 155–180 sowie zu Kreditvertragsverletzungen DeFond/Jiambalvo (1994), S. 145–176 und Insolvenzwahrscheinlichkeiten Houston/Howe (2014), S. 1–57.

463 Vgl. DeAngelo/DeAngelo (1990), S. 1415–1431.

stufen Unternehmen als Krisenunternehmen ein, wenn diese drei Jahre während ihres sechsjährigen Untersuchungszeitraums (1980–1985) ein um außerordentliche Geschäftsvorfälle bereinigtes negatives Jahresergebnis aufweisen oder während dieses Zeitraumes ein negatives operatives Vorsteuerergebnis erklären.[464] Sie beobachten, dass eine deutliche Reduktion der Dividendenausschüttungen während der betrachteten Krisenjahre stattfindet.

DeAngelo u.a. (1994)[465] ergänzen daher in ihrer nachfolgenden Studie die Krisendefinition um die zuvor als weiteres Krisenkriterium identifizierten Dividendenkürzungen. Sie betrachten in demselben Untersuchungszeitraum das Jahr der Dividendenkürzung als Berichtsjahr und messen eine konservative Bilanzpolitik in diesem Jahr sowie auch in den drei nachfolgenden Jahren.[466] Begründet wird dieses Ergebnis nach Auffassung der Autoren durch eine Signalisierung der Unternehmen, dass sie die Krise erkannt haben und bereit sind mit dieser umzugehen. Diese Begründung basiert auf dem Gedanken, dass Kapitalgeber bei nur geringen erkennbaren Krisenindikatoren das Unternehmen ohnehin stärker auf die reale wirtschaftliche Situation hin überprüfen würden. Zudem führen die Autoren verschiedene Gründe an, welche ebenfalls zu einer konservativen Bilanzpolitik führen können. In diesem Sinne betonen sie, dass sich 86% der betrachteten Unternehmen in Vertragsverhandlungen mit Kreditgebern oder Gewerkschaften befinden, einen Managementwechsel aufweisen oder um staatliche Unterstützung bitten. Es wird argumentiert, dass die Signalisierung schlechter wirtschaftlicher Zahlen hilft, bei Gewerkschaftsverhandlungen über Lohnanpassungen die Verhandlung leichter zugunsten der Eigentümer entscheiden zu können. Auch können staatliche Unterstützungen an schlechte wirtschaftliche Zahlen aus der Rechnungslegung gekoppelt sein, sodass auch ein möglicher Erhalt der Förderung zu einer konservativen Bilanzpolitik führen kann. Im Rahmen eines Managementwechsels wird argumentiert, dass neue Manager ebenfalls signalisieren wollen, dass sie die Krise erkannt haben und mit dieser umgehen können. Wirtschaftsprüfer, die durch Dividendenkürzungen oder operative Verluste Krisenanzeichen signalisiert bekommen, befürchten größere Haftungsrisiken und reagieren demzufolge bei ihrer Prüfung restriktiver. Auch wird es Managern bei geringeren Erfolgszahlen leichter fallen, gegenüber den Aktionären Dividendenkürzungen zu begründen. Letztlich stellen DeAngelo u.a. jedoch nur eine deskriptive Übersicht über die einzelnen stattgefundenen Ereignisse an. Sie diskutieren die zuvor ausgeführten Vermutungen für

---

464 Vgl. für eine genaue Definition unter amerikanischer Rechtslage und Zuordnung der Compustat Datenbankpositionen für die Berechnung DeAngelo/DeAngelo (1990), S. 1416.

465 Vgl. DeAngelo u.a. (1994), S. 113–143.

466 In den folgenden Ausführungen wird aufgrund der Komplexität der verschiedenen Messverfahren der Bilanzpolitik auf eine eingehendere Diskussion der Methoden verzichtet. Vgl. für eine detaillierte Darstellung und Analyse der Messverfahren unter dem Fokus einer performanceorientierten Bilanzpolitikmessung Kapitel 5.2.4.3.2.

die verschiedenen Einflussfaktoren, überprüfen diese jedoch nicht bezüglich ihres individuellen Einflusses auf die betriebene Bilanzpolitik.[467]

Peltier-Rivest (1999)[468] greift diese Problematik auf und untersucht Krisenunternehmen hinsichtlich ihres bilanzpolitischen Verhaltens unter besonderer Berücksichtigung verschiedener zuvor genannter Einflussfaktoren. Er verwendet die gleichen Krisenkriterien wie DeAngelo u.a. (1994), betrachtet jedoch entgegen der Untersuchung von DeAngelo u.a. ausschließlich Krisenunternehmen und keine zusätzliche Vergleichsgruppe gesunder Unternehmen. Er untersucht die Einflussfaktoren Managementwechsel, staatliche Unterstützung, Gewerkschaftsverhandlung und Kreditvertragsrestriktion.[469] Als Ergebnis misst er im Jahr eines Managementwechsels eine konservative Bilanzpolitik. Die anderen drei Einflussfaktoren stuft er hinsichtlich ihres Einflusses als zu gering ein, um eine effektive ergebnisvermindernde Bilanzpolitik zu begründen.

Ein weiterer weit verbreiteter Krisenindikator sind *Debt Covenant violations*,[470] welche einen Bruch der meist von Kreditinstituten vorgegebenen Kreditauflagen (Debt Covenants) darstellen. Die Bilanzpolitik zielt in diesem Sinne folglich auf die Vermeidung von einer Verletzung der finanziellen Auflagen ab. Die ursprünglich von Watts und Zimmermann (1986) aufgestellte *Debt Hypothesis* besagt: „Ceteris paribus, the larger a firm's debt/equity ratio, the more likely the firm's manager is to select accounting procedure that shift reported earnings from future to the current period."[471] Die Debt Covenant Hypothese besagt dementsprechend, dass Unternehmen, welche einen Covenant-Bruch befürchten, eine ergebnisverbessernde Bilanzpolitik einsetzen, um den Covenant-Bruch zu vermeiden oder hinauszuzögern.[472] Debt covenants werden anhand von Geschäftsberichten[473] oder mittels Proxy-Variablen durch verschiedene Kennzahlen,[474] wie bspw. Verschuldungsquoten oder Zinsdeckungsgrade ausgedrückt. Eine pauschale Kategorisierung der Studien ist in diesem wie auch vielen anderen Bereichen der Bilanzpolitikforschung sehr schwierig. Begründet wird dies durch verschiedene die Ergebnisse beeinflussende Faktoren wie den Grad der wirtschaftlichen Krise,[475] die Eigenschaften der analysierten Untersuchungsstichprobe oder die verwendeten Messverfahren. Zudem können, wie in der Studie von DeAngelo u.a. (1994) und Peltier-Rivest (1999)

467 Zu dieser Kritik gelangt auch Peltier-Rivest (1999), S. 29.
468 Vgl. Peltier-Rivest (1999), S. 28–44.
469 Vgl. für eine ausführliche Definition der einzelnen Einflussparameter Peltier-Rivest (1999), S. 38.
470 Vgl. für einen Überblick zu diesem Forschungsstrang Begley (1990), S. 125–139; Ronen/Yaari (2008), S. 161–171.
471 Watts/Zimmerman (1986), S. 216.
472 Vgl. Ronen/Yaari (2008), S. 167. Vgl. für eine Diskussion der Hypothese Watts/Zimmerman (1986), S. 215–217.
473 Vgl. DeFond/Jiambalvo (1994), S. 152.
474 Vgl. Daley/Vigeland (1983), S. 196f.
475 Vgl. Ronen/Yaari (2008), S. 167.

bereits verdeutlicht wurde, verschiedene Kontextfaktoren die Ergebnisse verzerren. Die Autoren DeAngelo u.a. (1994) und Peltier-Rivest (1999) schlussfolgern in ihren Studien, dass ein möglicher Kreditvertragsbruch nicht unbedingt einen treibenden Faktor für die betriebene Bilanzpolitik verkörpert.[476]

Healy und Palepu (1990)[477] fokussieren in ihrer Studie rechnungslegungsbasierte Dividendenkürzungen, welche durch Kreditvereinbarungen festgelegt werden. Sie konnten keine signifikanten bilanzpolitischen Änderungen innerhalb der Rechnungslegung vor einer vertragsbasierenden Restriktion in den Dividendenausschüttungen messen. Die Autoren verzeichnen zwar eine progressive bilanzpolitische Einflussnahme im Rahmen der Pensionsbilanzierung, ordnen diese jedoch verstärkt dem generellen Liquiditätsmanagement zu. Schlussfolgernd stufen sie eine Dividendenkürzung auf Basis einer Kreditvereinbarung als zu geringfügig für eine signifikante bilanzpolitische Reaktion ein.

DeFond und Jiambalvo (1994)[478] untersuchen Unternehmen mit vermerkten Covenant-Brüchen in ihren jährlichen Geschäftsberichten. Sie analysieren die Bilanzpolitik der Unternehmen ein Jahr vor und während des Covenant-Bruches. Die Bilanzpolitik wird anhand der gesamten Periodenabgrenzungen sowie des Working Capitals bestimmt. In dem Jahr vor dem Covenant-Bruch können sie durch beide Messverfahren eine progressive Bilanzpolitik messen. In dem Jahr des Covenant-Bruches messen sie eine konservative Bilanzpolitik. Die Autoren beziehen in ihrer Studie zudem zwei weitere Einflussfaktoren auf die Bilanzpolitik mit ein, die Fortführungsprognose des Wirtschaftsprüfers sowie einen möglichen Managementwechsel. In ihrer Untersuchungsstichprobe bekamen 24 der 94 betrachteten Unternehmen von ihren Wirtschaftsprüfern einen Vermerk über bestehende Zweifel an der Unternehmensfortführung. Wirtschaftsprüfer agieren bei bestandsgefährdeten Unternehmen hinsichtlich der Rechnungslegungsausübung sehr restriktiv, da die Wahrscheinlichkeit von Haftungsinanspruchnahmen und Klagen in Insolvenzfällen für sie deutlich höher ist.[479] Dementsprechend können Wirtschaftsprüfer eine mögliche progressive Bilanzpolitik in dieser Situation einschränken. Im Falle eines Managementwechsels wird in der Literatur postuliert, dass das neue Management im ersten Jahr eine konservative Bilanzpolitik betreibt.[480] I.d.R. wird das aktuelle Jahr noch dem alten Management zugeschrieben. Entsprechend kann dieses mit Hilfe der konservativen Bilanzpolitik durch das neue Management noch schlechter dargestellt werden. Von den 94 Unternehmen verzeichneten 27 einen Managementwechsel. Werden die insgesamt 43 Unternehmen, welche eine negative Fortführungsprognose erhalten haben und/oder einen Managementwechsel aufweisen, von dem

---

476 Vgl. Peltier-Rivest (1999), S. 28f.
477 Vgl. Healy/Palepu (1990), S. 97–123.
478 Vgl. DeFond/Jiambalvo (1994), S. 145–176.
479 Vgl. Stice (1991), S. 516–533.
480 Vgl. für eine frühe Studie zur Bestätigung dieser Vermutung Moore (1973), S. 100–107.

Untersuchungssample separiert, so messen die Autoren im Rahmen der gesamten Periodenabgrenzungen zwar keine signifikante, aber dennoch eine progressive Bilanzpolitik im Jahr des Covenant-Bruches. In Bezug auf das Working Capital wird eine signifikante ergebniserhöhende Bilanzpolitik nach dieser Bereinigung nachgewiesen. Mit diesem Resultat widersprechen sie den Ergebnissen von DeAngelo u.a. (1994) und Peltier-Rivest (1999).

Eine positive bilanzpolitische Einflussnahme konnte auch Sweeny (1994)[481] in ihrer Untersuchung bestätigen. Sie weist eine ergebniserhöhende Rechnungslegungsänderung vor Kreditvertragsbrüchen nach. Zudem überprüft sie im Rahmen von Fallstudien einen möglichen gegenläufigen Liquiditätseffekt, der durch erhöhte Steuerzahlungen entstehen kann. Diesbezüglich gelangt sie zu dem Fazit, dass Manager grundsätzlich rational agieren und eine progressive Bilanzpolitik vor potenziellen Kreditvertragsverletzungen, einer möglichen höheren Steuerzahlung und somit Liquiditätseinbuße als Kostenfaktor abwägen.[482] Beneish u.a. (2002)[483] bestätigen die Befürchtung von Unternehmen hinsichtlich der Folgekosten eines Kreditvertragsbruches und können zeigen, dass die Unternehmen erfolgreich bei dem Hinauszögern einer Verletzung der Auflagen sind. Dichev und Skinner (2002)[484] bestätigen in einer nachfolgenden Studie, in welcher sie mit Hilfe einer speziellen Datenbank[485] Kreditvertragsbrüche direkt ableiten, den Einsatz von Bilanzpolitik zur Vermeidung der Sanktionen. Sie weisen jedoch darauf hin, dass ca. 30% der Unternehmen Kreditvertragsbrüche verzeichnen und ein solcher für viele der betrachteten Unternehmen nicht unbedingt mit einer wirtschaftlichen Krise des Unternehmens verbunden sein muss.[486] Beneish u.a. (2012)[487] fokussieren bei ihrer Untersuchung die Bilanzpolitik bei Krisenunternehmen im Kontext eines Insiderhandels. Sie können eine progressive Bilanzpolitik sowie auch einen Zusammenhang zu Aktienverkäufen von Managern vor einer Kreditvertragsverletzung feststellen.

Saleh und Ahmed (2005)[488] betrachten hingegen Unternehmen, die bereits einen Kreditvertragsbruch verzeichnen und fokussieren die Periode der Neuverhandlung mit dem Kreditgeber. Sie betrachten die drei Perioden vor der Neuverhandlung bis zu einer Periode nach der Neuverhandlung in den Jahren 1998 und 1999. Die Untersuchung findet in Malaysia während einer Wirtschaftskrise, beginnend 1997, statt. Die Autoren messen eine progressive Bilanzpolitik in den Perioden drei und zwei

---

481 Vgl. Sweeney (1994), S. 281–308.

482 Vgl. für eine Diskussion der Kreditvertragskonstellationen und den möglichen Kosten der agierenden Vertragsparteien Smith/Warner (1979), S. 117–161; Holhausen/Leftwich (1983), S. 77–117.

483 Vgl. Beneish u.a. (2001), S. 1–39.

484 Vgl. Dichev/Skinner (2002), S. 1091–1123.

485 Die Autoren nutzen die Datenbank *Dealscan.* Vgl. zu genauen Ausführungen Dichev/Skinner (2002), S. 1098–1100.

486 Vgl. Dichev/Skinner (2002), S. 1122.

487 Vgl. Beneish u.a. (2012b), S. 191–220.

488 Vgl. Saleh/Ahmed (2005), S. 69–86.

vor der Neuverhandlung. In der Periode vor, während, sowie nach der Neuverhandlung messen sie eine konservative Bilanzpolitik. Während des Verhandlungsjahres wird der Argumentation von DeAngelo u.a. (1994) gefolgt. Den Kreditgebern soll in diesem Jahr signalisiert werden, dass das Unternehmen die Situation erkannt hat und bereit ist, damit umzugehen. Die gemessene ergebnisvermindernde Bilanzpolitik in der Periode direkt vor der Neuverhandlung begründen die Autoren einerseits mit der schlechten Performance der Unternehmen selbst, andererseits mit bilanzpolitischen Umkehreffekten. Mit der auf Periodenabgrenzungen und dem Working Capital fußenden Messmethodik können sie diese Vermutungen jedoch nicht belegen. Anschließend testen die Autoren im Rahmen einer multivariaten Analyse mögliche Einflussgrößen auf die Bilanzpolitik. Sie überprüfen eine größere Anzahl möglicher Einflussfaktoren, welche sich insb. durch einen Managementwechsel, die Größe der Wirtschaftsprüfungsgesellschaft sowie einer eingeschränkten Fortbestehensprognose durch den Wirtschaftsprüfer ausdrückt. Zudem werden zusätzliche Unternehmenscharakteristika wie die Current Ratio als Liquiditätsindikator, der Verschuldungsgrad sowie die Größe der Unternehmen mit einbezogen. Entgegen den Ergebnissen von Peltier-Rivest (1999), welcher insb. den Managementwechsel als maßgebenden Einfluss einer konservativen Bilanzpolitik im Rahmen seiner multivariaten Analyse identifiziert, messen Saleh und Ahmed keinen signifikanten Einfluss eines Managementwechsels, obwohl dieser in ihrer Untersuchungsstichprobe mit einem Anteil von 45% der Unternehmen maßgeblich vorzufinden ist. Hinsichtlich ihrer Forschungsfrage nach der Bilanzpolitik im Rahmen von Neuverhandlungen der Kreditkonditionen, können sie im Hinblick auf die weiteren Einflussfaktoren ihrer multivariaten Analyse keine Veränderung feststellen. In ihrer Argumentation für eine konservative Bilanzpolitik stellen sie den Umgang mit der Krise als Signal für die Kapitalgeber in den Vordergrund. Die Studie wurde während einer allgemeinen Wirtschaftskrise in Asien durchgeführt. Auch an dieser Stelle kann argumentiert werden, dass die desolate wirtschaftliche Situation der Unternehmen nicht verschleiert werden musste, da diese von den Entscheidungsträgern auf die allgemeine wirtschaftliche Krise geschoben werden kann und nicht direkt auf das unternehmensindividuelle Versagen des Managements zurückzuführen ist. Diese Sichtweise haben auch Filip und Raffournier (2012)[489] bestätigt, welche für die vergangene Finanzmarktkrise in den Jahren 2008 und 2009 eine Verbesserung der Qualität der Rechnungslegungszahlen in europäischen Unternehmen gemessen haben.[490]

489 Vgl. Filip/Raffournier (2012), S. 1–37.
490 Vgl. Filip/Raffournier (2012), S. 1.

Eine weitere Proxy-Variable für die Einteilung von Unternehmen in Krisenunternehmen stellt die Insolvenzwahrscheinlichkeit dar.[491] Houston und Howe (2014)[492] messen unter Eingruppierung der Unternehmen anhand ihrer Insolvenzwahrscheinlichkeiten ein höheres Level von Periodenabgrenzungen bei Krisenunternehmen und dementsprechend eine geringere Rechnungslegungsqualität. Sie weisen eine ergebniserhöhende Bilanzpolitik nach. Diese zeigt sich insb. in Perioden nach einer verfehlten Analystenprognose in einem verstärkten Maß. Auch sind Studien vorzufinden, welche sich mit dem bilanzpolitischen Verhalten von Unternehmen in einem indirekten Kontext zur schlechten Performance beschäftigen, sich jedoch nicht direkt auf die Kausalität der Krise zur Bilanzpolitik beziehen. So weisen Burgstahler und Dichev (1997)[493] nach, dass Manager versuchen mit Bilanzpolitik kleine Verluste in Gewinne umzuwandeln. Leuz u.a. (2003)[494] können veranschaulichen, dass Manager Bilanzpolitik einsetzen, um eine schlechte Performance zu verschleiern, um ihre Machtpositionen aufrechtzuerhalten.

Neben den angeführten Studien existieren Untersuchungen über Unternehmen und Fragestellungen, die lediglich krisenähnlichen Charakter aufweisen. Diese Studien können jedoch bereits wichtige Hinweise über Verhaltensweisen und Einflussfaktoren für eine bilanzpolitische Einflussnahme in wirtschaftlichen Krisenzeiten geben. DeAngelo (1988)[495] fokussiert die Bilanzpolitik in Zusammenhang mit dem Kampf um Positionen der Manager in Unternehmen. Moyer (1990)[496] diskutiert eine bilanzpolitische Einflussnahme von Banken im Kontext zu Regulierungskosten. Pourciau (1993)[497] behandelt den Einfluss eines außerordentlichen Managementwechsels auf die betriebene Bilanzpolitik, während Jones (1991)[498] die bilanzpolitische Einflussnahme im Hinblick auf Zollbeschränkungen fokussiert und Petroni (1992)[499] Versicherungsunternehmen hinsichtlich ihres Krisenverhaltens untersucht. All diese Themen können in den Kontext zu schlechten wirtschaftlichen Zeiten

491 Angewandte oder angepasste Insolvenzprognoseverfahren sind u.a. der Ohlson's O-score (vgl. Ohlson (1980), S. 109–131) oder Altman's Z-Score (vgl. Altman (1968), S. 589–609). Zur Überprüfung werden i.d.R. Prognoseverfahren herangezogen, welche verstärkt auf marktbasierten anstatt rechnungslegungsbasierten Berechnungsgrundlagen fußen, vgl. für ein neueres Modell Campbell u.a. (2008), S. 2899–2939. Vgl. für Studien zur Bilanzpolitik unter Berücksichtigung von Insolvenzwahrscheinlichkeiten Smith u.a. (2001), S. 335–352; Lara u.a. (2009), S. 119–138; Li u.a. (2011), S. 366–391; Charitou u.a. (2011), S. 158–181; Houston/Howe (2014), S. 1–57.

492 Vgl. Houston/Howe (2014), S. 1–57.

493 Vgl. Burgstahler/Dichev (1997), S. 99–126.

494 Vgl. Leuz u.a. (2003), S. 505–527.

495 Vgl. DeAngelo (1988), S. 3–36.

496 Vgl. Moyer (1990), S. 123–154.

497 Vgl. Pourciau (1993), S. 317–336.

498 Vgl. Jones (1991), S. 193–228.

499 Vgl. Petroni (1992), S. 485–508.

gebracht werden. Sei es ein Machtkampf um den eigenen Job, den Erhalt staatlicher Zuschüsse oder ein oftmals Performance induzierter Managementwechsel.

Werden die Studien zu Krisenunternehmen betrachtet, so resultiert die Notwendigkeit eines umfassenderen Analysedesigns. Die Ergebnisse der einzelnen Studien sind teilweise kontrovers.[500] Die Begründungen für die jeweiligen unterschiedlichen Ergebnisse werden oftmals nur mit Hilfe von Vermutungen und Annahmen untermauert. Die Studie von DeFond und Jiambalvo (1994) hat gezeigt, dass die Separierung eines Einflussfaktors wie des Managementwechsels die Ergebnisse der Untersuchung vollständig umkehren kann. Saleh und Ahmed (2005) überprüfen hinsichtlich ihrer Stichprobe bereits zusätzliche Einflussfaktoren, wie den Managementwechsel, die Größe der Wirtschaftsprüfungsgesellschaft sowie die Aussage des Wirtschaftsprüfers über eine Bestandsgefährdung. Sie kontrollieren die verschiedenen Einflussfaktoren jedoch lediglich in der Periode der Neuverhandlung.[501] Zudem stellen sie selbst heraus, dass die Faktoren noch nicht ausreichend sind und weitere wichtige Faktoren wie Corporate Governance-Eigenschaften mit überprüft werden müssen.[502] Der Forschungsbedarf verlangt dementsprechend nach einem umfassenden Analysedesign. Dieses sollte Unternehmenscharakteristika wie individuelle Eigenschaften der Entscheidungsträger nicht vernachlässigen,[503] muss jedoch hinsichtlich einer Komplexitätsreduktion auf die spezifische Untersuchungsstichprobe eingegrenzt werden.

4.2.3 Studien zum Nachweis von Bilanzpolitik vor einer Insolvenz

4.2.3.1 Einführung in die Insolvenzstudien

Der Bereich der Bilanzpolitikforschung von insolventen Unternehmen ist etwas jünger als die Erforschung von überlebenden Krisenunternehmen und hat sich überwiegend in den letzten 15 Jahren entwickelt. Im Rahmen der Krisenstudien wurden verschiedene Proxy-Variablen als Krisenindikatoren verwendet, wobei die Krisenintensität der betrachteten Unternehmen maßgeblich von diesen Einstufungen abhängt. Bei insolventen Unternehmen hingegen ist eine einheitliche Krisendefinition gegeben, welche jedoch hinsichtlich ihrer realen Ausprägung in den verschiedenen Präinsolvenzphasen deutlich variieren kann. Das Krisenstadium bei insolventen Unternehmen wird im Vergleich zu den meisten überlebenden Krisenunternehmen schärfer ausfallen. Insolvenzstudien haben den Vorteil, dass ein Endzeitpunkt im

500 Zu diesem Schluss kommen auch Sweeney (1994), S. 282; DeAngelo u.a. (1994), S. 114; DeFond/Jiambalvo (1994), S. 147; Saleh/Ahmed (2005), S. 80; Vladu (2013), S. 115; Houston/Howe (2014), S. 6.

501 Vgl. Saleh/Ahmed (2005), S. 80–84.

502 Vgl. Saleh/Ahmed (2005), S. 84.

503 Vgl. Dichev/Skinner (2002), S. 1121.

Rahmen der Analyse vorliegt,[504] welcher eine verbesserte mehrperiodige Betrachtung erlaubt. Krisenunternehmen verfügen über einen Anreiz, ihr bilanzpolitisches Potenzial nur partiell, hinsichtlich der zu erreichenden Zielgrößen, einzusetzen. Demgegenüber werden insolvente Unternehmen unter verschiedenen Restriktionen und Einflussfaktoren bestrebt sein, ihre bilanzpolitische Manövriermasse letztlich hinsichtlich einer Insolvenzverzögerung und -vermeidung vollständig auszuschöpfen. Aufgrund des stärkeren Krisenstadiums kann bei insolventen Unternehmen das Analysedesign besser eingegrenzt werden, da Anreize zur ergebnisvermindernden Bilanzpolitik mit zunehmender Krisenintensität vielfach ausgeschlossen werden können. Dies liegt insb. an einer periodenabhängigen, auf einer Insolvenzvermeidungsstrategie basierenden dominierenden Zielbildung.

Aufgrund der Grauzone zwischen Bilanzpolitik und Bilanzfälschung beziehen manche Autoren illegale Manipulationen in den Terminus der Bilanzpolitik mit ein.[505] Franceschetti und Koschtial (2013)[506] folgen dieser Definition und messen Bilanzpolitik und Bilanzfälschung von insolventen Unternehmen gleichermaßen. Gewöhnlich werden in anglo-amerikanischen Untersuchungen Unternehmen als bilanzfälschende Unternehmen eingestuft, sofern diese von der amerikanischen Börsenaufsicht *Securities and Exchange Commission* (SEC) sanktioniert wurden.[507] Dementgegen untersuchen die Autoren die letzten drei Jahre vor einer Insolvenzanmeldung von insgesamt 30 mittelständischen insolventen sowie 30 mittelständischen solventen Unternehmen in Italien. Eine separate objektive Einstufung als bilanzfälschende Unternehmen erfolgt nicht. Zur Messung der Bilanzpolitik bzw. der Bilanzfälschung verwenden sie den Beneish's M-Score, welcher auf Basis verschiedener rechnungslegungsbasierter Größen eine Wahrscheinlichkeit für eine Bilanzmanipulation angibt.[508] Die Autoren untersuchen eine von der Wirtschaftsprüfungsgesellschaft Deloitte aufgestellte These[509], dass insolvente Unternehmen eine dreimal höhere Wahrscheinlichkeit für das Begehen von Bilanzfälschung besitzen, und wollen dieser mit einem unabhängigen Sample nachgehen. Die Autoren können jedoch lediglich in dem letzten Jahr vor der Insolvenz eine signifikante konservative Bilanzpolitik messen. Die zuvor aufgestellte Untersuchungsthese können sie nicht bestätigen.[510]

In dieser Arbeit wird Bilanzpolitik als ausschließlich legale, sich stets innerhalb der Rechnungslegungsgrundsätze befindende Einflussnahme verstanden, sodass

504 Unter Vernachlässigung der verschiedenen Insolvenzrechtsordnungen, welche zum Teil im Rahmen von Insolvenzplanverfahren die Weiterführung des Unternehmens vorsehen.

505 Vgl. bspw. Giroux (2006), S. 6.

506 Vgl. Franceschetti/Koschtial (2013), S. 4–25.

507 Vgl. Rosner (2003), S. 361–408.

508 Vgl. Beneish (1997), S. 271–309; Beneish (1999), S. 24–36; Beneish u.a. (2012a), S. 1–52.

509 Vgl. Deloitte & Touche GmbH Wirtschaftsprüfungsgesellschaft (2008), S. 1–16.

510 Vgl. Franceschetti/Koschtial (2013), S. 11f.

eine Bilanzfälschung von der Untersuchung ausgeschlossen wird. Dennoch sollte diese in den theoretischen Überlegungen nicht vollends ausgeklammert werden, da sich oftmals ein schleichender Übergang von legaler Bilanzpolitik und illegaler Bilanzfälschung vollzieht und eine Bilanzfälschung bei insolventen Unternehmen als wahrscheinlich gilt.[511] Quantitative Messverfahren können i.d.R. nicht zwischen Bilanzpolitik und Bilanzfälschung unterscheiden. Verschiedene Studien widmen sich diesem Zusammenhang und zeigen, dass verschiedene quantitative Messverfahren der Bilanzpolitik ebenfalls dazu geeignet sind, eine Bilanzfälschung zu signalisieren, indem sie einen positiven Zusammenhang zwischen diskretionären Periodenabgrenzungen und einer Manipulation der Rechnungslegung nachweisen.[512]

Verschiedene Studien fokussieren sich auf den übergeordneten Begriff der Ergebnisqualität.[513] Diese bezieht sich als umfassendes Beurteilungskriterium auf die Güte der Rechnungslegungsinformationen und wird daher oftmals in Kombination verschiedener Maßgrößen gemessen.[514] Für die Ergebnisqualität werden in der Literatur Maßgrößen wie bspw. die Beständigkeit, Prognosefähigkeit, die Volatilität der Ergebnisse sowie die Qualität der Periodenabgrenzungen, aber auch die betriebene Bilanzpolitik herangezogen.[515] Li u.a. (2011)[516] untersuchen insolvente chinesische Firmen auf ihre Ergebnisqualität und unterteilen diese anhand der vier Stressgrade von McKeown u.a. (1991).[517] McKeown u.a. stufen Unternehmen als Krisenunternehmen ein, wenn eines der folgenden Kriterien erfüllt ist:

- Negatives Working Capital in der laufenden Periode,
- in einem von drei Jahren vor der Insolvenz wurde ein Verlust aus operativem Geschäft erzielt,
- eine verlustbedingte Verringerung der Gewinnrücklagen im dritten Jahr vor der Insolvenz oder
- ein Jahresfehlbetrag in einer der drei letzten Perioden vor der Insolvenz ist eingetreten.[518]

Die Unternehmen werden somit in nicht krisenbehaftete solvente und insolvente sowie krisenbehaftete solvente und insolvente Unternehmen eingeteilt. Neben der

511 Vgl. Perols/Lougee (2011), S. 39.

512 Vgl. für Studien, welche sich hinsichtlich des Zusammenhangs von Bilanzpolitik und Bilanzfälschung widmen Dechow u.a. (1996), S. 1–36; Jones u.a. (2008), S. 499–531; Perols/Lougee (2011), S. 39–53.

513 Vgl. für einen Literaturüberblick über die Ergebnisqualität, bzw. den im internationalen Sprachgebrauch verwendeten Terminus *Accounting Quality* oder *Earnings Quality* Schipper/Vincent (2003), S. 97–110.

514 Vgl. Wagenhofer/Dücker (2007), S. 280.

515 Vgl. für eine genaue Definition der verschiedenen Maßgrößen Wagenhofer/Dücker (2007), S. 263–297.

516 Vgl. Li u.a. (2011), S. 366–391.

517 Vgl. McKeown u.a. (1991), S. 1–13.

518 Vgl. McKeown u.a. (1991), S. 10f.

Beständigkeit, der Vorhersagbarkeit und der Volatilität messen Li u.a. auch die Qualität der Periodenabgrenzungen.[519] Sie gelangen zu dem Ergebnis, dass die zuvor als krisenbehaftet eingestuften insolventen Unternehmen eine höhere Wahrscheinlichkeit für eine opportunistische Bilanzpolitik aufweisen. Zudem können sie bei einer sich im Zeitablauf verringernden Ergebnisqualität eine Erhöhung der Anzahl krisenbehafteter insolventer Unternehmen und eine Verminderung gesunder nicht insolventer Unternehmen feststellen.

Frühe Krisen- wie auch Insolvenzstudien sind oftmals durch eine Messung der Bilanzpolitik anhand der Änderungen in den veröffentlichten Rechnungslegungswahlrechten, wie bspw. die Vorratsbewertung durch das Lifo- oder Fifo-Verfahren oder das Wahlrecht einer Abschreibungsmethode, geprägt.[520] Anschließend werden die Veränderungen der Wahlrechte im Rahmen von Signifikanztests auf ihre Verallgemeinerbarkeit hin überprüft.[521] Neuere Studien sind hingegen größtenteils durch die Messung der Bilanzpolitik mittels Periodenabgrenzungsmodellen charakterisiert.[522] Zudem existieren Studien, welche die Bilanzpolitik anhand der Überprüfung von Gewinnverteilungen nachweisen und sich oftmals an verschiedenen Zielgrößen wie der Erreichung kleiner Gewinne orientieren.[523] Charitou u.a. (2011)[524] untersuchen insolvente Unternehmen im Vergleich zu solventen Unternehmen hinsichtlich der Erreichung der Zielgröße eines kleinen Gewinns. Zudem stufen sie die Unternehmen unabhängig von ihrem Solvenzstatus mittels Insolvenzprognoseverfahren ein. Sie können zeigen, dass der Zusammenhang zwischen der Performance der Unternehmen und der Rechnungslegungsbeeinflussung nicht monoton ist. Sie weisen eine größere bilanzpolitische Einflussnahme bei Krisenunternehmen nach. Begründet wird diese durch das Streben nach der zuvor definierten Zielgröße eines geringfügigen Gewinns.[525]

Die Ergebnisse der Studien variieren hinsichtlich ihrer Detaillierungsmöglichkeiten deutlich in Anbetracht der jeweiligen Messmethodik. Qualitative Studien

---

519 Die Messung der Qualität der Periodenabgrenzungen wird oftmals mit einem Cash Flow Modell mittels der Standardabweichungen der Residuen gemessen; vgl. für ein weitverbreitetes Modell Dechow/Dichev (2002), S. 35–59. Im Vergleich zu einer fokussierten Messung der Bilanzpolitik, wird die Bilanzpolitik in diesem Verfahren jedoch als intendierter Fehler nicht direkt erfasst, vgl. Wagenhofer/Dücker (2007), S. 275.

520 Vgl. z.B. Sweeney (1994), S. 281–308 für eine Krisenstudie sowie Smith u.a. (2001), S. 335–352 für eine Insolvenzstudie.

521 Z.B. Sweeney (1994), S. 281–308.

522 Vgl. Saleh/Ahmed (2005), S. 69–86 für eine Krisenstudie und Lara u.a. (2009), S. 119–138 für eine Insolvenzstudie.

523 Vgl. Burgstahler/Dichev (1997), S. 99–126; Degeorge u.a. (1999), S. 1–33; Lang u.a. (2006), S. 255–283; Barth u.a. (2008), S. 467–498.

524 Vgl. Charitou u.a. (2011), S. 158–181.

525 Vgl. Charitou u.a. (2011), S. 158.

können einzelne Maßnahmen identifizieren, hingegen zeichnen sich Periodenabgrenzungsmodelle für allgemein gültige Nachweise der Bilanzpolitik, unter Berücksichtigung der Richtung der Ergebnisbeeinflussung, aus. Gewinnverteilungsmodelle erfordern zwar einen niedrigeren Detaillierungsgrad der Berechnungsgrundlagen, beschränken sich jedoch überwiegend auf das Messen von Gewinnglättungen oder bestimmten Benchmarks. Zudem ist die Aussagekraft solcher Studien, aufgrund der Beeinträchtigung ausreichend auf Unternehmenscharakteristika einzugehen, eingeschränkt.[526] Auch beinhalten die Verteilungen in Abhängigkeit ihrer Maßgröße (bspw. Gewinn) die bilanzpolitischen Maßnahmen selbst und filtern diese nicht direkt heraus. Zudem wird bei diesen Verfahren die Unterscheidung verschiedener Anreizfaktoren hinsichtlich der bilanzpolitischen Einflussnahme weitgehend vernachlässigt.[527] Die in der Bilanzpolitikforschung dominierende Messmethodik stellt die Messung anhand diskretionärer Periodenabgrenzungen dar.[528] Dementsprechend wird bei der folgenden Literaturanalyse diesen dominierenden Forschungsstudien besondere Aufmerksamkeit geschenkt. Zunächst sollen qualitative Studien zur Bilanzpolitik von insolventen Unternehmen diskutiert werden, welche die einzelnen eingesetzten Maßnahmen identifizieren können. In den nachfolgenden Periodenabgrenzungsmodellen wird sodann versucht, die Maßnahmen in aggregierter Form quantitativ nachzuweisen.

4.2.3.2 Qualitative Studien

In der Kategorie der qualitativen Studien können individuelle Fallstudien von Untersuchungen unterschieden werden, welche sich primär auf die veränderte Ausübung von Rechnungslegungswahlrechten beziehen. Die Studien zur Analyse der Ausübung von Rechnungslegungsspielräumen dominieren in der Literatur und sind bereits verstärkt in den 60er und 70er Jahren vorzufinden.[529] Der Vorteil dieser Untersuchungsmethodik liegt darin, dass obwohl die Erfassung der Änderungen in den Rechnungslegungsspielräumen qualitativer Natur ist, dennoch ein relativ großes Untersuchungssample untersucht werden kann und dadurch eine statistische Signifikanzprüfung ermöglicht wird. Hingegen fokussieren Fallstudien oftmals nur ein einziges Unternehmen. Sie haben den Vorteil, dass das jeweilige Unternehmen noch intensiver analysiert werden kann und dadurch Einflussfaktoren der Bilanzpolitik differenzierter herausgearbeitet werden können. Gleichwohl kann diesen Studien aufgrund der begrenzten Übertragbarkeit auf andere Unternehmen nur eine eingeschränkte wissenschaftliche Verwertbarkeit vorgehalten werden.

---

526 Vgl. für dieses Fazit auch Szczesny (2007), S. 118.

527 Vgl. McNichols (2000), S. 337.

528 Vgl. McNichols (2000), S. 314; Dechow u.a. (2012), S. 276; Vladu/Cuzdriorean (2014), S. 700.

529 Vgl. Cushing (1969), S. 196–203; Frishkoff (1970), S. 141–144; White (1970), S. 260–273.

Eine frühe Studie aus Finnland von **Kallunki und Martikainen (1999)**[530] untersucht das Rechnungslegungsverhalten von 47 insolventen Unternehmen in den letzten sechs Jahren (1983 bis 1989) vor ihrer Insolvenz. Eine Besonderheit der Studie ist in der Analyse von Jahresabschlüssen nach den finnischen Rechnungslegungsnormen begründet, welche es den Autoren ermöglichen, einen großen Teil der bilanzpolitischen Maßnahmen direkt von der GuV abzulesen.[531] Im Hinblick auf die Performanceentwicklung können die Autoren bei den betrachteten Unternehmen in den Jahren sechs bis drei vor der Insolvenz einen Anstieg der Umsatzerlöse beobachten. In den letzten zwei Jahren vor der Insolvenz vermindern sich diese jedoch deutlich. Zudem verzeichnen die Unternehmen ebenfalls in diesen zwei Perioden einen starken Rückgang des Jahresergebnisses. Die Bilanzpolitik leiten die Autoren direkt von der GuV ab und können eine ergebniserhöhende Bilanzpolitik in den letzten drei Perioden vor der Insolvenz feststellen. Diese kann mit einer Insolvenzvermeidungsstrategie begründet werden. Die nach Größe und Branche angepasste Kontrollgruppe von gesunden Unternehmen verzeichnet hingegen eine ergebnisvermindernde Bilanzpolitik. Aufgrund der direkten Verknüpfung der Handels- und Steuerbilanz nach dem finnischen Recht wird diese mit dem Ziel Steuern zu sparen begründet.[532]

Smith u.a. (2001)[533] untersuchen während einer gesamtwirtschaftlichen Rezession in Australien die Veränderung von Rechnungslegungswahlrechten während des Übergangs des Jahres 1987 auf das Jahr 1988.[534] Es werden insgesamt 383 Unternehmen betrachtet, wovon 27 Unternehmen den Insolvenzstatus aufweisen. Anhand eines speziell für den australischen Markt entwickelten Insolvenzprognoseverfahrens, separieren die Autoren Krisenunternehmen von den gesunden Unternehmen.[535] Im Hinblick auf verschiedene wirtschaftliche Maßgrößen wie die Umsatzerlöse, der operative Erfolg, Dividendenausschüttungen und der Verschuldungsgrad, messen sie einen signifikanten Unterschied zwischen gesunden Unternehmen, im Vergleich zu insolventen und Krisenunternehmen. Zwischen Krisenunternehmen und insolventen Unternehmen besteht im Hinblick auf diese Kennziffern hingegen

530 Vgl. Kallunki/Martikainen (1999), S. 15–26.

531 In der finnischen GuV können von dem Nettoergebnis diskretionäre Größen wie Abschreibungen, Wertberichtigungen und Änderungen der Pensionsbilanzierung, separiert werden. Vgl. für eine detaillierte Erklärung nach dem finnischen Recht Kallunki/Martikainen (1999), S. 16–18.

532 Vgl. Kallunki/Martikainen (1999), S. 21.

533 Vgl. Smith u.a. (2001), S. 335–352.

534 Die Autoren überprüfen insgesamt 142 mögliche Änderungen in den Rechnungslegungsmethoden. Diese teilen sie in die zwei Kategorien ergebniserhöhende und ergebnisvermindernde Änderungen ein und unterscheiden zudem zwischen gewöhnlichen und außergewöhnlich begründeten Änderungen, vgl. Smith u.a. (2001), S. 6.

535 Vgl. zur Erläuterung des Verfahrens Smith u.a. (2001), S. 4f.; Houghton/Smith (1991), S. 61–74.

keine signifikante Diskrepanz. Aufgrund einer fehlenden Divergenz dieser wirtschaftlichen Kennzahlen, folgern die Autoren, dass kein Indiz für eine anderweitige bilanzpolitische Einflussnahme vor der Insolvenz besteht. In dem betrachteten Übergang des Jahres 1987 auf das Jahr 1988 weisen 63 der 383 Unternehmen einen ergebniserhöhenden Wechsel in den Rechnungslegungsmethoden auf.[536] Von den 27 insolventen Unternehmen konnte lediglich bei drei (11%) der Unternehmen ein Wechsel beobachtet werden. Im Rahmen der Krisenunternehmen wurde bei 32 (23%) von 141 Unternehmen ein Wechsel festgestellt, wohingegen sich bei 28 (13%) der verbleibenden 215 gesunden Unternehmen eine ergebniserhöhende Änderung der Rechnungslegungsausübung verzeichnete. Die Autoren folgern bei Krisenunternehmen demzufolge eine progressive Bilanzpolitik. Bei insolventen Unternehmen können sie diese mit den beobachteten Rechnungslegungsänderungen nicht bestätigen. Sie begründen dieses Ergebnis auf Basis von Haftungsängsten der Wirtschaftsprüfer sowie der Geschäftsführung, welche zu einer restriktiveren Rechnungslegung führen. Zudem überprüfen die Autoren ergebnisvermindernde Rechnungslegungsänderungen und können auch in diesem Feld Wechsel bei den Krisenunternehmen feststellen. Im Fazit wird eine Tendenz zur ergebniserhöhenden Bilanzpolitik bei krisenbehafteten Unternehmen geschlussfolgert. Anschließend testen die Autoren den Zusammenhang zwischen dem Krisengrad und dem Wechsel der Rechnungslegungsmethode anhand der Insolvenzwahrscheinlichkeit, an dieser Stelle jedoch mittels des Altman's Z-Score.[537] Entsprechend der wirtschaftlichen Kennzahlen können sie auch an dieser Stelle keinen signifikanten Unterschied des Z-Scores für insolvente und Krisenunternehmen feststellen. Sie schlussfolgern daraus, dass bei Unternehmen mit schlechter wirtschaftlicher Lage nicht das Krisenlevel, sondern die Zeit ein maßgebender Faktor der bilanzpolitischen Einflussnahme darstellt. Der Studie ist jedoch in dieser Hinsicht anzulasten, dass lediglich der Wechsel von Rechnungslegungsmethoden von einem Jahr betrachtet wird und somit keine Analyse hinsichtlich eines zeitlichen Ablaufes vorgenommen werden kann. Ein weiterer Kritikpunkt ist, dass diese qualitative Studie wie auch allen anderen Studien mit dieser Erkennungsmethode lediglich die im Jahresabschluss veröffentlichten und jedem offenbarten Änderungen erfassen. Jedoch zielt eine bilanzpolitische Einflussnahme insb. darauf ab, dass die Adressaten diese nicht erkennen, sodass andere bilanzpolitische Maßnahmen bei den betroffenen Unternehmen vermutet werden können.

Fallstudien gehen in ihrem Detaillierungsgrad noch einen Schritt weiter und untersuchen im Rahmen einer individuellen Analyse nur ein einziges Unternehmen.[538] Sie analysieren oftmals insolvente Unternehmen, welche zusätzlich zur Bilanzpolitik

---

536 48 Unternehmen weisen dabei einen Wechsel in einer Rechnungslegungsmethode, 14 weisen zwei und ein Unternehmen weist drei Wechsel in den Rechnungslegungsmethoden auf.

537 Vgl. Altman (1968), S. 589–609.

538 Vgl. Lys/Vincent (1995), S. 353–378; Jong u.a. (2007), S. 328–375.

über die Linie der Legalität hinausgehen und illegale Maßnahmen einsetzen.[539] Ihr Vorteil liegt darin, dass sie bilanzpolitische Maßnahmen identifizieren können, welche dem Bilanzadressaten nicht auf den ersten Blick ersichtlich sind. Zudem sind sie in der Lage spezifische Faktoren herauszufiltern, welche eine bilanzpolitische Einflussnahme bestimmen. Jorissen und Otley (2010)[540] gehen hinsichtlich des von der Literatur geforderten Analysedesigns einen Schritt weiter und beziehen verstärkt Theorien aus der Managementliteratur mit ein.[541] Diese unterstreichen in der theoretischen Diskussion den Entscheidungsträger sowie die individuellen Unternehmensstrukturen und -prozesse. Unter diesem Blickwinkel inhjdkommen sie zu dem Ergebnis, dass verschiedene auf verhandelbaren Verträgen beruhende Variablen, entgegen der Annahme als exogene Faktoren, partiell auch endogenen Charakter aufweisen können.

Weber und Raab (2012)[542] analysieren im Rahmen einer Fallstudie die Fragestellung, ob offenlegungspflichtige bilanzpolitische Maßnahmen eine Unternehmenskrise andeuten können. Hierzu betrachten sie die Arcandor AG, welche am 9.6.2009 die Insolvenz beantragt hat.[543] Die Arcandor AG war ein Handels- und Touristikkonzern mit den drei Kerngeschäftsfeldern Einzelhandel, Versandhandel und Tourismus. Dem Konzern gehörten u.a. die Geschäftsbereiche Thomas Cook, Primondo und Karstadt an. Der letzte verfügbare, unter den IFRS veröffentlichte Konzernabschluss wurde zum 30.9.2008 aufgestellt. Die Informationsgrundlage für die Individualanalyse bildet der Geschäftsbericht für das Wirtschaftsjahr 2007, welcher mit den Berichten des Vorjahres und dem nachfolgenden Jahr verglichen wird. Durch signalwirkende Kennzahlen, wie das stark negative Konzernergebnis, die Halbierung des Konzerneigenkapitals und dem negativen Cash Flow aus operativem Geschäftsbetrieb, wurde bereits eine krisenbehaftete Situation durch die veröffentlichten Daten signalisiert. Das Vorgehen der Analyse kennzeichnet sich durch eine sukzessive Prüfung der einzelnen Positionen des Geschäftsberichts auf bilanzpolitische Möglichkeiten. Es wird der Verkauf betriebsnotwendigen Vermögens in Form des Warenhaus-Immobilienportfolios in den Jahren 2006 und 2008 als außergewöhnlicher Geschäftsvorfall identifiziert. Durch den Verkauf erzielte der Konzern Veräußerungsgewinne. Jedoch wurden die Immobilien für den Geschäftsbetrieb wieder zurück gemietet, sodass eine bilanzpolitisch motivierte Sale-and-Lease-Back Maßnahme vermutet werden kann.

---

539 Vgl. Benston/Hartgraves (2002), S. 105–127; Peemöller/Hofmann (2005).

540 Vgl. Jorissen/Otley (2010), S. 3–38.

541 Bspw. die sog. *upper echelons theory*, die *power circulation theory* oder die *strategic choice theory*; vgl. zu den Theorien Jorissen/Otley (2010), S. 9f.

542 Vgl. Weber/Raab (2012), S. 467–489.

543 Neben der Arcandor AG führen die Autoren noch eine Individualanalyse bei der Porsche Holding SE durch. Diese hatte sich bei einem Übernahmeversuch der VW AG verspekuliert und wurde im Umkehrschluss selbst von dem VW Konzern übernommen. Da jedoch keine maßgeblichen bilanzpolitischen Maßnahmen in diesem Fall identifiziert werden konnten, wird die Analyse bei den Ausführungen nicht weiter verfolgt. Vgl. zu diesem Fall Weber/Raab (2012), S. 478–486.

Des Weiteren stellen die Autoren die Aufdeckung stiller Reserven bei Unternehmenserwerben sowie den Verkauf von Forderungen im Rahmen des Factorings heraus. Es wird betont, dass Pensionsrückstellungen zu etwa einem Drittel fondsfinanziert sind und somit eine Saldierung mit dem Planvermögen durchgeführt werden kann. Außergewöhnlich in diesem Punkt ist jedoch, dass sich das Planvermögen überwiegend aus betriebsnotwendigen Vermögen des Konzerns zusammensetzt. Eine weitere identifizierte bilanzpolitische Maßnahme spiegeln die aktivierten selbsterstellten immateriellen Vermögenswerte wider, welche sich von dem Berichtsjahr 2006 zu 2007 mehr als verdoppelt haben. Anders als in der Rechnungslegung nach dem HGB (vgl. § 248 Abs. 2 HGB), besteht bei den IFRS kein Bilanzierungswahlrecht, sondern eine Bilanzierungspflicht für selbst geschaffene immaterielle Vermögenswerte (vgl. IAS 38). Jedoch obliegt es unternehmensindividuellen Prozessen und Einschätzungen, ob die Ansatzkriterien als erfüllt angesehen werden. Im Ergebnis kommen die Autoren bei dem Fall Arcandor zu dem Schluss, dass die Jahresabschlüsse nicht frei von bilanzpolitischen Gestaltungen sind. Sie weisen darauf hin, dass die identifizierten Sachverhalte Anlass zu der Vermutung geben, dass in zukünftigen Perioden erhebliche Belastungen eintreten werden. Die Autoren stellen die einschränkende zeitliche Analyse der Studie heraus, da nur der Geschäftsbericht aus einem Jahr (2007) analysiert wurde und lediglich ein Vergleich mit dem Vorjahr oder der nachfolgenden Periode erfolgte. Letztlich kommen die Autoren zu dem Ergebnis, dass die Entdeckung bilanzpolitischer Maßnahmen bereits eine Krise andeuten kann. Sie stellen jedoch heraus, dass die identifizierte Krise realiter nur eine vorübergehende Schwächephase darstellen könnte und dass im Rahmen der Bilanzanalyse stets das Gesamtbild betrachtet werden muss.[544]

4.2.3.3 Studien zur Messung von Periodenabgrenzungen

Die zuvor angeführten Studien versuchen durch Anhangsanalysen oder detaillierte Untersuchungen des Geschäftsberichts mögliche bilanzpolitische Maßnahmen herauszuarbeiten. Sie besitzen die Fähigkeit einzelne Maßnahmen zu identifizieren, können dementgegen aber die Höhe der Einflussnahme nicht feststellen und sind oftmals aufgrund der geringen Stichproben nur eingeschränkt für allgemeine Aussagen geeignet. Die folgenden Studien messen eine mögliche bilanzpolitische Einflussnahme auf aggregierter Ebene. Sie sind nicht in der Lage auf direktem Wege einzelne Maßnahmen herauszukristallisieren, können jedoch die Bereiche der bilanzpolitischen Einflussnahme identifizieren und ihre Höhe messen. Ihr Vorteil liegt in der Möglichkeit, eine größere Stichprobe der Analyse zu Grunde zu legen und somit ihre aufgestellten Hypothesen leichter mit statistischen Signifikanzen zu verifizieren.

---

544 Vgl. Weber/Raab (2012), S. 487.

Rosner (2003)[545] untersucht die Rechnungslegungsbeeinflussung amerikanischer Unternehmern in den letzten fünf Jahren vor einer Insolvenz. Sie stellt neben der Untersuchung einer bilanzpolitischen Einflussnahme die Bilanzfälschung in den Fokus ihrer Analyse. Für die Messung der Einflussnahme auf die Rechnungslegung verwendet sie verschiedene aus der Literatur entstammende Proxy-Variablen. Neben unterschiedlichen aus der Fraud-Forschung abgeleiteten Kennzahlen,[546] kommen zusätzlich verschiedene Periodenabgrenzungsmodelle zum Einsatz.[547] Rosner untersucht insgesamt 293 insolvente Unternehmen in den Jahren 1985 bis 1997. Sie unterteilt die Unternehmen in drei Kategorien. Zum einen bildet sie eine Gruppe von bilanzfälschenden Unternehmen, indem sie 51 Unternehmen separiert, welche von der SEC aufgrund fehlerhafter bilanzieller Darstellung sanktioniert wurden. Bei diesen Unternehmen prognostiziert sie mit der Begründung einer Verschleierung der wirtschaftlichen Lage die größte ergebniserhöhende Einflussnahme auf die Rechnungslegung. Die verbleibenden Unternehmen werden mit Hilfe der Kriterien von McKeown u.a. (1991)[548] in Krisen- und Nicht-Krisenunternehmen eingestuft. Den insolventen Unternehmen wird eine Vergleichsgruppe von 293 solventen Unternehmen gegenübergestellt. Für die insolventen Nicht-Krisenunternehmen wird eine größere Einflussnahme auf die Rechnungslegung im Vergleich zu den Krisenunternehmen prognostiziert. Begründet wird dies mit einer verstärkten progressiven Bilanzpolitik von Nicht-Krisenunternehmen, durch welche eine Krisenklassifizierung anhand der Identifikationskriterien von McKeown u.a. vermieden wird. Zudem geht sie der Frage nach, inwiefern bei Unternehmen, welche eine negative Fortbestehensprognose erhalten, eine durch den Vermerk des Wirtschaftsprüfers induzierte Umkehrwirkung der Bilanzpolitik festzustellen ist. Auch bei dieser Fragestellung sollen die von der SEC abgestraften Unternehmen die größten Umkehrwirkungen aufweisen, gefolgt von den Nicht-Krisenunternehmen und darauf folgend den Krisenunternehmen.

Rosner kann im Rahmen der Überprüfung ihrer gewählten Proxy-Variablen die aufgestellten Hypothesen größtenteils bestätigen. Sie findet heraus, dass insolvente Unternehmen, welche als Nicht-Krisenunternehmen eingestuft wurden, im Vergleich zu nicht insolventen Unternehmen signifikante Erhöhungen bei den Proxy-Variablen aufweisen. Die Proxy-Variablen beziehen sich auf die Bereiche der Forderungen, Vorräte, Sachanlagevermögen, Umsatzerlöse, dem Working Capital sowie den diskretionären Periodenabgrenzungen. Auch kann sie eine größere Differenz zwischen Jahresüberschuss und operativem Cashflow beobachten. Letztlich betrachtet Rosner jedoch bei ihrer Untersuchung alle fünf Jahre vor einer Insolvenz einheitlich und

545 Vgl. Rosner (2003), S. 361–408.
546 Vgl. zur Primärliteratur der verwendeten Kennzahlen Schilit (1993); Lee u.a. (1999), S. 749–786.
547 Vgl. für eine Erläuterung der verschiedenen quantitativen Messmethodiken Kapitel 5.2.4.
548 Vgl. McKeown u.a. (1991), S. 1–13.

geht nicht auf die unterschiedlichen Ergebnisse der Proxy-Variablen in den einzelnen Perioden ein.[549]

Leach und Newsom (2007)[550] analysieren ebenfalls insolvente amerikanische Unternehmen auf ihr Rechnungslegungsverhalten in den Jahren vor einer Insolvenz. Anders als Rosner stellen sie jedoch nicht auf verschiedene unterschiedliche Proxy-Variablen zur Messung der Rechnungslegungsbeeinflussung ab, sondern betrachten ausschließlich kurzfristige diskretionäre Periodenabgrenzungen als Maßstab für die Bilanzpolitik. Die kurzfristigen Periodenabgrenzungen werden durch die Veränderung der nicht monetären kurzfristigen Vermögenswerte abzüglich kurzfristiger Verbindlichkeiten gemessen. Begründet wird die Fokussierung auf kurzfristige Periodenabgrenzungen als Maßstab der Bilanzpolitik damit, dass Veränderungen von Periodenabgrenzungen überwiegend auf der Variation von kurzfristigen Abgrenzungen basieren. Zudem soll im Rahmen der Steuerung von kurzfristigen Periodenabgrenzungen die Rechnungslegung am meisten durch die Entscheidungsträger beeinflusst werden können. Im Gegensatz zu Rosner differenzieren Leach und Newsom zwischen den einzelnen Perioden vor einer Insolvenz, wobei sie die letzten fünf der Insolvenzanmeldung vorgelagerten Perioden betrachten. Die Autoren untersuchen Unternehmen, welche in den Jahren 1980 bis 2000 nach amerikanischem Recht Insolvenz angemeldet haben. Insgesamt werden 114 insolvente Unternehmen betrachtet, welchen eine Kontrollgruppe in gleicher Anzahl gegenübergestellt wird.[551]

Als Ergebnis messen die Autoren in den Perioden fünf und vier vor der Insolvenz eine signifikante progressive Bilanzpolitik. In Periode drei wird bereits eine Ergebnisverminderung festgestellt, welche jedoch nicht signifikant ist. In den Perioden zwei und eins vor der Insolvenz wird eine signifikante konservative Bilanzpolitik gemessen. Diese wird einerseits durch Umkehrwirkungen begründet. Andererseits weisen die Autoren auf eine ergebnisvermindernde Wirkung von außerplanmäßigen Abschreibungen auf uneinbringliche Forderungen hin, welche durch die schlechte wirtschaftliche Lage induziert sind und demnach keine bilanzpolitische Einflussnahmen widerspiegeln. Werden die kurzfristigen diskretionären Periodenabgrenzungen kumulativ betrachtet, nimmt die Proxy-Variable der Bilanzpolitik, entgegen der Feststellung von Rosner, einen negativen Wert für die betrachteten Perioden vor der Insolvenz ein.

Charitou u.a. (2007a)[552] untersuchen 455 amerikanische Unternehmen, welche in den Jahren 1986–2001 die Insolvenz angemeldet haben. Sie messen eine

---

549 Ein weiterer Kritikpunkt ist, dass die Autorin nicht zwischen bilanzpolitischen Maßnahmen und bilanzfälschenden Maßnahmen unterscheiden kann und diese lediglich an der Höhe der gemessenen Einflussnahme einteilt.

550 Vgl. Leach/Newsom (2007), S. 125–137.

551 Zudem beziehen die Autoren acht bilanzfälschende Unternehmen in ihre Untersuchung mit ein, für welche jedoch keine signifikanten Ergebnisse erzielt werden konnten.

552 Vgl. Charitou u.a. (2007b), S. 271–296.

signifikante konservative Bilanzpolitik in der letzten Periode vor der Insolvenz. Zudem überprüfen sie wie Rosner, ob ein negativer Vermerk des Wirtschaftsprüfers bezüglich der Fortführung des Unternehmens besteht und setzen diesen in Zusammenhang mit der betriebenen Bilanzpolitik. Bei Unternehmen, welche keinen negativen Vermerk des Wirtschaftsprüfers in den Perioden fünf und vier vor der Insolvenz aufweisen, messen sie in den Perioden drei und zwei eine progressive Bilanzpolitik. Im Gegensatz dazu können sie bei Unternehmen mit einem negativen Bestätigungsvermerk keine ergebniserhöhende Bilanzpolitik feststellen. Dieses Ergebnis begründen sie mit dem einschränkenden Einfluss des Wirtschaftsprüfers.[553] Im Rahmen der Messung der Bilanzpolitik unterteilen die Autoren die diskretionären Periodenabgrenzungen in kurz- und langfristige Periodenabgrenzungen. Zudem überprüfen sie Unternehmen auf ihre Überlebenswahrscheinlichkeit, indem sie das bilanzpolitische Verhalten der insolventen Unternehmen mit überlebenden Unternehmen vergleichen. Sie bestätigen ihre Hypothese, dass Unternehmen, welche langfristige diskretionäre Periodenabgrenzungen einsetzen, im Vergleich zu Unternehmen mit kurzfristigen diskretionären Periodenabgrenzungen, eine höhere Überlebenswahrscheinlichkeit aufweisen. Die Autoren begründen dies mit der Annahme, dass die ergebnisvermindernde Bilanzpolitik in der letzten Periode vor der Insolvenz aus Umkehrwirkungen resultiert und Unternehmen mit langfristigen diskretionären Periodenabgrenzungen dementsprechend langfristiger und somit vorausschauender denken.

Charitou u.a. (2007b)[554] untersuchen in dem Zeitraum von 1986 bis 2004 insgesamt 859 insolvente amerikanische Unternehmen auf ihre bilanzpolitische Einflussnahme und vergleichen diese mit einer angepassten Kontrollgruppe[555] von gesunden Unternehmen. Die Autoren fokussieren in ihrer Analyse den regulativen Einfluss der Eigentümerstruktur auf die Bilanzpolitik. Sie stellen die These auf, dass ein höherer Prozentsatz an institutionellen Eigentümern einen größeren Überwachungseffekt auf das Management ausübt. Dementsprechend soll sich bei Unternehmen, welche durch institutionelle Anleger geprägt sind, eine niedrigere Einflussnahme auf die Rechnungslegung einstellen. In der Untersuchung werden die letzten drei Jahre vor der Insolvenz und das Jahr der Insolvenzanmeldung betrachtet. Im Rahmen der Messung spalten die Autoren die diskretionären Periodenabgrenzungen in langfristige und kurzfristige diskretionäre Periodenabgrenzungen auf und ermitteln diese getrennt voneinander. Im Ergebnis wird eine konservative Bilanzpolitik in dem letzten Jahr vor der Insolvenz festgestellt. Zu

553 Dieses Ergebnis können auch Ajona u.a. (2008), Arnedo u.a. (2008) und Etemadi u.a. (2013) für insolvente Unternehmen in Spanien und im Iran bestätigen, vgl. Ajona u.a. (2008), S. 641–666; Arnedo u.a. (2008), S. 25–44; Etemadi u.a. (2013), S. 1956–1965.

554 Vgl. Charitou u.a. (2007a), S. 323–346.

555 Die Kontrollgruppe in dieser Studie wurde nach Anzahl, Branche sowie anhand einer gleichen Return on Assets Performance in den drei Jahren vor der Insolvenz ausgerichtet.

demselben Ergebnis gelangen die Autoren bei der Berücksichtigung eines Managementwechsels innerhalb der betrachteten Unternehmen. In der letzten Periode vor der Insolvenz weisen insolvente Unternehmen, welche einen Managementwechsel verzeichnen, mit einem Anteil in Höhe von 18% der Unternehmen, einen doppelt so hohen Wert im Vergleich zu den Kontrollunternehmen (9%) auf. Schlussfolgernd wird die Signalwirkung das alte Management durch eine ergebnisvermindernde Bilanzpolitik schlecht aussehen zu lassen, zur Begründung der negativen Bilanzpolitik in der letzten Periode vor der Insolvenz angeführt. Ob das neue Management ein Jahr vor einer Insolvenzanmeldung den Anreiz und insb. die wirtschaftlichen Möglichkeiten einer ergebnisreduzierenden Bilanzpolitik hat, scheint jedoch zweifelhaft. Ihrer Argumentation, dass Wirtschaftsprüfer bei Krisenunternehmen aufgrund von Haftungsängsten eine verstärkte restriktive Prüfung vornehmen und den bilanzpolitischen Handlungsspielraum somit einschränkten, kann gefolgt werden. Ob diese Einschränkung jedoch eine signifikante konservative Bilanzpolitik induzieren kann, erscheint ebenfalls fragwürdig.

Lara, Osma und Neophytou (2009)[556] untersuchen das Rechnungslegungsverhalten von insolventen Unternehmen vor ihrer Insolvenz im Vereinigten Königreich Großbritannien und Nordirland. Sie fokussieren entsprechend Leach und Newsom (2007) die mehrperiodige Betrachtung der bilanzpolitischen Einflussnahme vor einer Insolvenz. Auf Basis der Anreizwirkung der Verschleierung der desolaten wirtschaftlichen Lage sowie einer daraus folgenden Insolvenzvermeidungsstrategie wird die Hypothese einer progressiven Bilanzpolitik in den Jahren vor einer Insolvenz aufgestellt. Sie untersuchen die letzten vier Jahre vor der Insolvenz und das Jahr während der Insolvenzanmeldung. Die Autoren stellen heraus, dass reale Bilanzpolitik höhere Kosten hervorruft als materiale Bilanzpolitik, da sie oftmals an realwirtschaftlichen Geschäftsvorfällen anknüpft. Dementsprechend vermuten sie zunächst einen Einsatz materialer Bilanzpolitik und nach deren Ausschöpfung den Einsatz realer Bilanzpolitik.[557] Sofern die materiale Bilanzpolitik in Vorperioden verstärkt eingesetzt wurde, werden sich kurz- oder langfristig Umkehreffekte verzeichnen. Dementsprechend vermuten die Autoren negative diskretionäre Periodenabgrenzungen in dem letzten Jahr vor der Insolvenz. Es werden insgesamt 268 Unternehmen untersucht, welche in den Jahren 1998 bis 2004 anhand des britischen Insolvenzrechts als insolvent eingestuft wurden. Diesen werden insgesamt 2.801 solvente Unternehmen gegenübergestellt. Die Berechnung der Bilanzpolitik basiert auf aggregierten Periodenabgrenzungsmodellen und einem Cash Flow Modell.[558] Lara u.a. teilen zudem die Unternehmen, ähnlich wie Rosner, in Unternehmen mit

556 Vgl. Lara u.a. (2009), S. 119–138.

557 Zur Messung der realen Bilanzpolitik wird das Modell von Roychowdhury (2006) verwendet. Die Autoren beschränken ihre Messung jedoch auf die Umsatzbeeinflussung in diesem Modell. Vgl. zur ausführlichen Erläuterung des Modells Kapitel 5.2.5.

558 Vgl. zur Erläuterung Kapitel 5.2.4.

einer niedrigen und einer hohen Insolvenzwahrscheinlichkeit auf. Anders als Rosner betonen die Autoren jedoch, dass die Kontrollgruppe auch Krisenunternehmen beinhalten kann. Sie verzichten auf von Rosner gemachte performanceabhängige Einschränkungen hinsichtlich der Auswahl der Kontrollgruppe und beziehen bewusst alle Kategorien von nicht insolventen Unternehmen in ihre Kontrollgruppe mit ein.

Die Autoren können belegen, dass der Beginn einer ergebniserhöhenden Bilanzpolitik mindestens vier Jahre vor einer Insolvenz liegt. Es kann sowohl die materiale wie auch reale Bilanzpolitik nachgewiesen werden. Ein Jahr vor der Insolvenz kehrt sich der Effekt der materialen Bilanzpolitik um und es ergeben sich ergebnisvermindernde diskretionäre Periodenabgrenzungen. Zudem wird aufgezeigt, dass Unternehmen mit einer hohen Insolvenzwahrscheinlichkeit verstärkt auf reale Bilanzpolitik zurückgreifen, während Unternehmen mit einer ex ante niedrigen Insolvenzwahrscheinlichkeit eine starke buchmäßige Bilanzpolitik verwenden und ihre schlechte wirtschaftliche Lage demnach erfolgreich verschleiern können.

Etemadi u.a. (2012)[559] untersuchen als erste Analyse in einem Schwellenland das Rechnungslegungsverhalten von iranischen Unternehmen vor einer Insolvenz. In ihrer Studie werden die letzten fünf Jahre vor der Insolvenz sowie das Jahr der Insolvenzanmeldung betrachtet. Die Stichprobe bilden 68 insolvente iranische Unternehmen, welchen in dem Untersuchungszeitraum von 2004 bis 2007, 68 angepasste nicht insolvente Unternehmen als Kontrollgruppe gegenüber gestellt werden.

Im Rahmen der deskriptiven Darstellung kann ein konstanter negativer Verlauf des Jahresüberschusses bei den insolventen Unternehmen beobachtet werden. Hinsichtlich des Cash Flows aus operativer Geschäftstätigkeit ist ein starker Abfall in Periode vier vor der Insolvenz zu beobachten. Woher dieser starke Abfall stammt, können Etemadi u.a. jedoch nicht erklären. Im Hinblick auf einen bilanzpolitischen Einfluss verzeichnen die diskretionären Periodenabgrenzungen bei den insolventen Unternehmen ab Periode vier vor der Insolvenz einen negativen Trend, welcher in der letzten Periode vor der Insolvenz am stärksten ist. Dieser bildet sich im Jahr der Insolvenzanmeldung wieder deutlich zurück, bleibt jedoch negativ. Den rückläufigen Trend im Jahr der Insolvenz erklären die Autoren mit einer Insolvenzvermeidungsstrategie. Weshalb der Wert jedoch nicht eine tatsächlich ergebniserhöhende Bilanzpolitik aufweist, sondern nur eine Trendumkehrung signalisiert und im letzten Jahr vor der Insolvenz die negativen diskretionären Periodenabgrenzungen am höchsten sind, kann von den Autoren nicht begründet werden. Auch erscheint eine Insolvenzvermeidungsstrategie hinsichtlich der gemessenen ergebnisvermindernden Bilanzpolitik ab Periode vier vor der Insolvenz als keine schlüssige Erklärung für die Messergebnisse.

Campa und Camacho-Miñano (2014)[560] untersuchen 362 nicht-kapitalmarktorientierte Unternehmen in Spanien, welche sich zwischen den Monaten Mai und Juni 2010 in einem Insolvenzverfahren befanden. Sie betrachten die letzten drei

559 Vgl. Etemadi u.a. (2012), S. 44–53.
560 Vgl. Campa/Camacho-Miñano (2014), S. 3–20.

Jahre vor der Insolvenz und stellen der Untersuchungsstichprobe eine Kontrollgruppe entgegen. Sie messen entsprechend Lara u.a. (2009) die materiale und reale Bilanzpolitik und beschränken sich ebenfalls bei der Messung der realen Bilanzpolitik auf die Umsatzerlöse. Sie können für alle drei Perioden vor der Insolvenz eine progressive materiale Bilanzpolitik messen. Auch für die reale Bilanzpolitik verzeichnen sie in Periode drei und zwei vor der Insolvenz eine ergebniserhöhende Bilanzpolitik, welche jedoch in der letzten Periode vor der Insolvenz nicht mehr nachgewiesen werden kann. Des Weiteren messen die Autoren die Bilanzpolitik in Unterscheidung von Branchen. Es werden die vier Branchen[561] Baugewerbe, Produktion, Dienstleistung und Handelsunternehmen betrachtet.[562] Im Ergebnis können sie zwischen den verschiedenen Sektoren Differenzen in der bilanzpolitischen Einflussnahme feststellen. Das Baugewerbe weist verstärkt materiale Bilanzpolitik auf. Eine reale Bilanzpolitik wird in dieser Branche hingegen nicht beobachtet. Eine mögliche Begründung hierfür liegt in der sinkenden Nachfrage während des Untersuchungszeitraums in Spanien sowie der Schwierigkeit in dieser Branche Bilanzpolitik mittels Umsatzerlöse zu betreiben. Das Produktionsgewerbe weist beide Arten der Bilanzpolitik auf. Der Dienstleistungssektor verzeichnet eine stärkere materiale Bilanzpolitik, welche vorrangig mit bilanzpolitischen Möglichkeiten bei immateriellen Vermögensgegenständen begründet wird. Die Branche der Handelsunternehmen signalisiert im Hinblick auf die bilanzpolitische Einflussnahme ein ähnliches Bild wie der Dienstleistungssektor. Die Autoren kommen zu dem Schluss, dass die Branche eine unterschiedliche bilanzpolitische Einflussnahme implizieren kann. Die Ergebnisse hinsichtlich eines Stopps der realen Bilanzpolitik in dem letzten Jahr vor der Insolvenz sind konträr zu der Begründung von Lara u.a. (2009), welche eine reale bilanzpolitische Einflussnahme nach Ausschöpfen der materialen bilanzpolitischen Möglichkeiten postulieren. Campa und Camacho-Miñano (2014) begründen den Stopp der realen Bilanzpolitik eine Periode vor der Insolvenz mit einem Schwund der Kunden oder einer größeren Überprüfung der Rechnungslegung bei den fokussierten Unternehmen.

Werden die Insolvenzstudien zusammenfassend betrachtet, kann eine verstärkt quantitative Ausrichtung der Studien beobachtet werden.[563] Die in den Studien gemessenen Ergebnisse für eine bilanzpolitische Einflussnahme in den verschiedenen Perioden vor einer Insolvenz sind nicht einheitlich. In der letzten Periode vor der Insolvenzanmeldung kommt ein überwiegender Teil der Studien zu dem Ergebnis einer konservativen Bilanzpolitik. Jedoch gibt es auch an dieser Stelle keine Einigung für eine Interpretation dieses Resultats. Zum einen werden materiale

561 Vgl. für allgemeine Studien, welche die Bilanzpolitik in Beziehung zur Branche untersucht haben Kinnunen u.a. (1995), S. 497–520; Gaio (2010), S. 693–738.

562 Vgl. für die genaue Branchenklassifizierung von der europäischen Union eurostat (2008). Es wurden die Gruppierungen *Construction, Industrial, Services* und *Wholesalers* gewählt.

563 Vgl. für eine Zusammenfassung der Insolvenzstudien auf Basis von Periodenabgrenzungsmessungen Anhang 3.

Umkehreffekte angeführt,[564] zum anderen wird mit Anreizen wie einem Managementwechsel argumentiert,[565] oder die schlechte wirtschaftliche Lage soll zu einer Messung ergebnisvermindernder Bilanzpolitik, bspw. aufgrund von außerplanmäßigen Abschreibungen, führen.[566] Die divergierenden Ergebnisse und die teils mehrdeutigen Interpretationen verdeutlichen neben dem bereits benannten fehlenden umfassenderen Analysedesign die Probleme bei der Messung der Bilanzpolitik. Keine der zuvor genannten Studien hat sich auf detaillierte Fallstudien berufen. Für eine Hypothesenableitung sollte zunächst geklärt werden, inwiefern überhaupt Möglichkeiten innerhalb der spezifischen Rechnungslegung für eine mehrperiodige bilanzpolitische Einflussnahme bestehen. Zudem wurde nicht analysiert, inwiefern Umkehreffekte in der Periode vor der Insolvenz überhaupt zu einer signifikanten ergebnisvermindernden Bilanzpolitik, hingegen eines ergebniserhöhenden bilanzpolitischen Anreizes führen können. In dieser Hinsicht wird eine Tendenz zu fehlenden ergänzenden qualitativen Studien erkennbar.

4.2.4 Zusammenfassung der aktuellen empirischen Evidenz

Die Bilanzpolitikforschung hat sich aufgrund der verbesserten Datenverfügbarkeit in den letzten zwei Dekaden deutlich an Umfang erweitert. Neben alternativen Fragestellungen und Untersuchungen mit neuen Stichproben ist zunehmend eine Diskussion und Weiterentwicklung der quantitativen Messmethodik entstanden.[567] Dennoch ist weiterhin im Hinblick auf eine praktikable Anwendung der Forschungsergebnisse durch die Bilanzadressaten ein großer Forschungsbedarf vorhanden.[568] Aus dem Literaturüberblick über die allgemeine Bilanzpolitikforschung sowie der Bilanzpolitikforschung von krisenbehafteten und insolventen Unternehmen können drei primäre Forschungslücken identifiziert werden:

1. Fehlende krisenbehaftete Bilanzpolitikforschung im deutschen Raum,
2. fehlendes stichprobenorientiertes Analysedesign, unter Berücksichtigung von Einflussfaktoren mit einem Schwerpunkt auf den Corporate Governance-Bereich und
3. umfangreiche ergänzende und vergleichende qualitative Untersuchungen.

Die Studien in dem Literaturüberblick lassen eine deutliche Dominanz der USA in dem Forschungsfeld der Bilanzpolitik erkennen. In **Deutschland** haben sich Studien der empirischen Bilanzpolitikforschung aufgrund einer bisher eingeschränkten

564 Vgl. Lara u.a. (2009), S. 119–138.
565 Vgl. Charitou u.a. (2007b), S. 271–296.
566 Vgl. Leach/Newsom (2007), S. 130.
567 Vgl. Vladu/Cuzdriorean (2014), S. 700.
568 Vgl. Hall u.a. (2013), S. 105.

Datenverfügbarkeit erst in der letzten Dekade verstärkt angesammelt.[569] Neben Studien zu dem Einfluss des Abschlussprüfers[570] auf die betriebene Bilanzpolitik oder speziellen Rechnungslegungsnormen,[571] untersuchen Arbeiten Fragestellungen in Zusammenhang mit der Unternehmensstruktur.[572] Andere Analysen fokussieren sich auf eine spezielle Situation wie bspw. eine Kreditvergabeentscheidung[573] oder versuchen theoretisch eine Zielfunktion für eine mehrperiodige bilanzpolitische Einflussnahme zu modellieren.[574] Im Bereich der Erforschung einer bilanzpolitischen Einflussnahme in wirtschaftlichen Krisenjahren, speziell vor einer Insolvenz, konnten jedoch keine einschlägigen Forschungsergebnisse aus Deutschland identifiziert werden. Da die Studien überwiegend in anglo-amerikanischen Ländern vorzufinden sind, werden oftmals kapitalmarktorientierte Unternehmen analysiert. Der Literaturüberblick hat anhand ausgewählter Studien bereits gezeigt, dass Kapitalmarkteffekte neben vielen weiteren Einflüssen, wie kulturelle Unterschiede, andere Rechnungslegungsvorschriften sowie Unternehmensstrukturen, zu einer unterschiedlichen bilanzpolitischen Einflussnahme führen können. Die Ergebnisse der benannten Studien sind daher nicht uneingeschränkt auf Deutschland übertragbar, sodass eine Untersuchung auch im deutschen Raum notwendig ist.[575]

Im Hinblick auf das **Analysedesign** verzeichnen auch die Krisen- und Insolvenzstudien die gleichen Mängel, welche bereits in den Literaturanalysen von verschiedenen Autoren im Rahmen der allgemeinen Bilanzpolitikforschung festgestellt wurden.[576] Dies wird insb. durch die unterschiedlichen Ergebnisse der Studien und deren unterschiedliche Interpretationen deutlich. Die Studie von DeAngelo und Jiambalvo (1994) hat gezeigt, dass sich eine signifikant gemessene ergebnisvermindernde Bilanzpolitik in einer wirtschaftlichen Krisensituation durch

569 Vgl. Wagenhofer/Dücker (2007), S. 264. Die eingeschränkte Datenverfügbarkeit wurde durch das Gesetz über elektronische Handelsregister und Genossenschaftsregister sowie das Unternehmensregister (EHUG) aufgehoben. Dieses sieht insb. für haftungsbeschränkte Gesellschaften ab dem Jahr 2006 eine Veröffentlichungspflicht für den Jahresabschluss spätestens zwölf Monate nach dem Ende des Geschäftsjahres vor.

570 Vgl. für Studien in diesem Bereich Zimmermann (2008); Tebben (2011); Sattler (2011); Wiemann (2011); Jany (2011).

571 Vgl. bspw. für eine Untersuchung der Pensionsverpflichtungen nach IAS 19 und der Bilanzpolitik am deutschen Kapitalmarkt Ljubicic (2013); vgl. für den Einfluss des BilMoGs auf die Bilanzpolitik bei deutschen Unternehmen Lopatta u.a. (2013), S. 234–242.

572 Vgl. für eine Untersuchung für einen Vergleich der Bilanzpolitik von Familien und Nicht-Familien Unternehmen Achleitner u.a. (2014), S. 431–461.

573 Vgl. Obermann (2011).

574 Vgl. Reibis (2005).

575 Zu der Notwendigkeit einer länderspezifischen Untersuchung aufgrund von unterschiedlichen Rechnungslegungssystemen vgl. auch Kallunki/Martikainen (1999), S. 25.

576 Vgl. Fields u.a. (2001), S. 255–307; McNichols (2000), S. 313–345.

eine Separierung von Einflussfaktoren wie einem Managementwechsel, zu einer signifikanten ergebniserhöhenden Bilanzpolitik umwandeln kann. In den Krisenstudien wurden bereits anhand von multivariaten Untersuchungen verschiedene Arbeiten mit einer Überprüfung zusätzlicher Einflussfaktoren durchgeführt,[577] welche jedoch im Rahmen der Insolvenzstudien stets vernachlässigt wurden. Autoren wie Saleh u.a. (2005) und Charitou u.a. (2007) fordern bereits zukünftig verstärkt die bisher vernachlässigten Corporate-Governance-Elemente in die Untersuchungen mit einzubeziehen.[578] Die theoretische Fundierung hat ebenfalls verdeutlicht, dass neben dem klassischen theoretischen Konstrukt auf Basis der Prinzipal-Agenten-Theorie, weitere, insb. verhaltenswissenschaftliche Überlegungen in das theoretische Konzept integriert werden sollten. Neben dem Forschungsbereich des behavioral accounting können auch andere Forschungsfelder wie Theorien aus der Managementliteratur Unterstützung geben.[579]

Die fehlenden Einflussfaktoren spiegeln sich auch in den Messproblemen wider. Die **Messung** der Bilanzpolitik repräsentiert eine sehr große Einschränkung in diesem Forschungsfeld, da die Messungen wenig Signifikanz aufweisen und oftmals Verzerrungen beinhalten.[580] Die Studien sind durch einen niedrigen Erklärungsgehalt der Variablen gekennzeichnet,[581] welcher jedoch mit einer zusätzlichen Berücksichtigung weiterer Einflussfaktoren wie Governance-Elementen erhöht werden könnte.[582] Die aggregierte Messung der Bilanzpolitik lässt einzelne Maßnahmen nicht erkennen. Dies erschwert die Interpretationen, welche sich bei den Insolvenzstudien auch bei einheitlichen Ergebnissen deutlich voneinander unterscheiden. In einigen Studien wurde eine signifikante konservative bilanzpolitische Einflussnahme in der Periode direkt vor der Insolvenz gemessen. Die negative Bilanzpolitik wurde oftmals mit Umkehreffekten der materialen Bilanzpolitik begründet. Jedoch stellt sich die Frage, ob entgegen eines etwaigen Anreizes für eine progressive Bilanzpolitik, materiale Umkehreffekte überhaupt einen so starken Einfluss nehmen können, dass diese zu einer signifikanten ergebnisvermindernden Bilanzpolitik führen. Zusammenfassend besteht der Bedarf einer detaillierteren Messung der Bilanzpolitik.[583]

---

577 Vgl. Peltier-Rivest (1999), S. 28–44; Saleh/Ahmed (2005), S. 69–86.

578 Vgl. Saleh/Ahmed (2005), S. 84; Charitou u.a. (2007a), S. 344.

579 Vgl. für eine kognitiv-orientierte Theorie in diesem Kontext Hambrick/Mason (1984), S. 193–206.

580 Vgl. Dechow u.a. (2012), S. 276.

581 Die Studien sind in dieser Hinsicht stets durch ein niedriges bereinigtes Bestimmtheitsmaß charakterisiert, vgl. Saleh u.a. (2005), S. 94.

582 Vgl. Saleh/Ahmed (2005), S. 84.

583 Zu diesem Schluss kommen auch Charitou u.a. (2007a), S. 344. Zudem stellt dies auch Bradbury (2007) in seiner kritischen Analyse der Studie von Charitou u.a. (2007b) heraus, indem er auf die generelle Messproblematik der Bilanzpolitik bei extremer Performance hinweist und zugleich alternative qualitative Messmethoden anspricht, vgl. Bradbury (2007), S. 299.

4.3 Kontextspezifische Anreizbildung zur Bilanzpolitik in Krisenzeiten

4.3.1 Analysedesign und Methodik

Die analytische und empirische Untersuchung dieser Arbeit widmet sich dem bilanzpolitischen Verhalten von Unternehmen in wirtschaftlichen Krisenzeiten. In Anlehnung an die allgemeine Bilanzpolitikforschung wird den folgenden Hauptfragen nachgegangen:

- Welchen bilanzpolitischen Einfluss nimmt das Management in den Jahren vor einer Insolvenz,
- was sind die entscheidenden Determinanten der Bilanzpolitik und
- welche Unternehmens- und Entscheidungsträgercharakteristika bestimmen den Einsatz von Bilanzpolitik.

Für die Ableitung eines Analysedesigns unter Berücksichtigung dieser Fragestellungen sind als die primären Bestimmungsgrößen die spezifische Situation und der ausgewählte Untersuchungsbereich zu hinterfragen. Die Situation wird durch die Perioden vor einer Insolvenz repräsentiert. Entsprechend dem vorpostulierten wirtschaftlichen Ausgang, befindet sich das Unternehmen zu einem früheren oder späteren Zeitpunkt in einer wirtschaftlichen Krisensituation. Schlussfolgernd ist die Situation durch eine Mehrperiodigkeit und einen wirtschaftlichen Krisenstatus des Unternehmens geprägt.

Die zu analysierende Stichprobe bestimmt maßgeblich den Untersuchungsbereich. Es wird der im Literaturüberblick identifizierten Forschungslücke einer fehlenden Studie in Deutschland Rechnung getragen und die empirische Untersuchung im deutschen Raum durchgeführt. Studien stellen heraus, dass nicht-kapitalmarktorientierten Unternehmen im Vergleich zu kapitalmarktorientierten Unternehmen vermehrt wirtschaftliche Krisen anhaften.[584] Auch sind nicht-kapitalmarktorientierte Unternehmen, welche sich oftmals durch eine geringere Unternehmensgröße kennzeichnen, stärker von Insolvenzen betroffen.[585] Deutsche Insolvenzstatistiken können ebenfalls eine Dominanz von kleineren und mittleren Unternehmen im Vergleich zu Großunternehmen bestätigen.[586] Die überwiegend von der Insolvenz betroffenen kleinen und mittelgroßen Unternehmen sind in Deutschland zumeist nicht kapitalmarktorientiert[587] und finanzieren sich im Rahmen der Außenfinanzierung primär über Bankkredite.[588] Werden diese nicht-kapitalmarkt-orientierten, stark bankfinanzierten Unternehmen mit ihrer eingeschränkten Unternehmensgröße betrachtet, so wird schnell ein Mittelstandsfokus in dem betrachteten

584 Vgl. Campa/Camacho-Miñano (2014), S. 4.
585 Vgl. Shane (1996), S. 216–234; Reynolds (1987), S. 231–246.
586 Vgl. Angele (2007), S. 358; Creditreform Wirtschaftsforschung (2014), S. 9–11.
587 Vgl. von Keitz/Sibi (2004), S. 424.
588 Vgl. Ulrich, S. 295.

Untersuchungsdesign deutlich. Hinsichtlich des bilanzpolitischen Verhaltens von Unternehmen ist aus der Literatur eine unterschiedliche Einflussnahme in Abhängigkeit der Unternehmensgröße bekannt.[589] Im Rahmen der empirischen Analyse dieser Arbeit wird mit Hilfe einer qualitativen Anhangsanalyse die quantitative Messung der Bilanzpolitik ergänzt. Das Handelsgesetzbuch definiert gem. § 267 HGB die Unternehmen in drei primäre Größenklassen.[590] Durch das Gesetz als kleine Kapitalgesellschaften eingestufte Unternehmen werden gem. § 288 Abs. 1 HGB zahlreiche Erleichterungen für ihre zu erfüllenden Anhangsangaben eröffnet. Mittelgroße Kapitalgesellschaften erhalten hingegen nur geringfügige Erleichterungen bei der Offenlegung. Die Größenkriterien der Untersuchungsstichprobe richten sich daher nach der Mindestgröße einer durch das HGB definierten mittelgroßen Kapitalgesellschaft.[591]

Die Abgrenzung von den meist in den internationalen Studien analysierten kapitalmarkt-orientierten Großunternehmen zu kreditfinanzierten mittelständischen Unternehmen in Deutschland ist substanziell für die Ableitung und Eingrenzung des Analysedesigns. Dichev u.a. (2012)[592] haben in einer Umfrage von CEOs als Entscheidungsträger in US-amerikanischen Unternehmen auf die Frage, mit welchem Ziel sie in einer schlechten wirtschaftlichen Lage Bilanzpolitik betreiben, als meistgenannte Antwort den Einfluss des Aktienkurses erhalten.[593] Mittelständischen Unternehmen werden demgegenüber im Schrifttum die Einheit von Eigentum und Leitung sowie der überwiegend vorzufindende Familienbesitz zugesprochen.[594] Demzufolge werden bei der betrachteten mittelständisch geprägten Stichprobe andere Anreizfaktoren die bilanzpolitische Zielbildung bestimmen.

Die divergierenden Ergebnisse aus den Studien zur Erforschung der Bilanzpolitik bei krisenbehafteten und insolventen Unternehmen haben gezeigt, dass nicht ausschließlich eine schlechte Performance des Unternehmens der Treiber einer bilanzpolitischen Einflussnahme sein muss. Aus den Studien wie auch aus der allgemeinen empirischen Bilanzpolitikforschung treten viele verschiedene Einflussfaktoren hervor. So können drohende Kreditvertragsverletzungen den Anreiz für eine progressive Bilanzpolitik in Krisenzeiten verstärken. Ebenso kann eine erfolgsabhängige Vergütung ergebniserhöhende Maßnahmen begünstigen. Jedoch können Wirtschaftsprüfer die Bilanzpolitik einschränken, wie auch bilanzpolitische Umkehreffekte eine weitere progressive Bilanzpolitik behindern können. Neben dem

589 Vgl. Young (1998), S. 131–143; Saleh/Ahmed (2005), S. 77–84.

590 Zudem wurde durch das Inkrafttreten des Kleinstkapitalgesellschaften-Bilanzrechtsänderungsgesetzes (MicroBilG) am 28. Dezember 2012 durch § 267a HGB n.F. eine vierte Kategorie der Kleinstkapitalgesellschaften eingeführt, welche über die geringen Offenlegungspflichten bei kleinen Kapitalgesellschaften hinaus weitere Erleichterungen erhalten, vgl. BGBl 2012 Teil I Nr. 61, S. 2751–2755.

591 Vgl. zur Definition der Größenkategorien nach dem HGB Kapitel 6.1.

592 Vgl. Dichev u.a. (2013b), S. 1–33.

593 Vgl. Dichev u.a. (2013b), S. 26.

594 Vgl. Pfohl (2006), S. 18–20.

Zeitpunkt oder Zeitraum der Einflussfaktoren ist auch die Höhe des Einflusses nicht eindeutig bestimmbar. Letztlich ist, wie in der folgenden Grafik veranschaulicht, auf Basis der aktuellen empirischen Evidenz der genaue bilanzpolitische Einfluss und dessen Bestimmungsfaktoren in Krisenzeiten sowie insb. in den Jahren vor einer Insolvenz nicht ableitbar.

Abbildung 15: Zeitraum- und kontextbezogene Bilanzpolitik in Krisenjahren

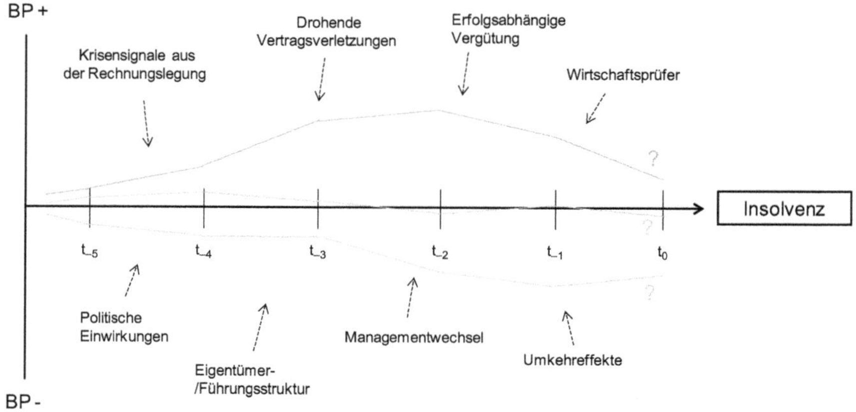

Insolvenzstudien beginnen mit der Messung der Bilanzpolitik i.d.R. drei bis fünf Perioden vor der Insolvenz und können eine bilanzpolitische Einflussnahme in den meisten Fällen bestätigen.[595] Die in Abb. 15 mit Fragezeichen versehenen Graphen symbolisieren die Abweichungen zwischen den Studien hinsichlich der periodenspezifischen bilanzpolitischen Richtung. Die verschiedenen aufgeführten Einflussfaktoren verkörpern mögliche Begründungen der betriebenen Bilanzpolitik, wobei deren genauer Zeitpunkt und Wirkungsweise ebenfalls nicht eindeutig ist. Im Rahmen der Insolvenzstudien werden derartige Einflussfaktoren nur unzureichend bis gar nicht untersucht. Eine Berücksichtigung der verschiedenen Einflussfaktoren und deren Relevanz für die bilanzpolitische Zielbildung ist jedoch hinsichtlich einer Hypothesengenerierung unerlässlich. Neben verschiedenen Vertragsstrukturen und äußeren Einflüssen, wie einer einschränkenden Wirkung des Wirtschaftsprüfers, wird bei den Charakteristika des Entscheidungsträgers eine hohe Bedeutsamkeit vermutet. Das folgende Analysedesign ist durch Einflussfaktoren gekennzeichnet, welche anhand des Literaturüberblicks identifiziert und an die spezielle Krisensituation sowie die Untersuchungsstichprobe angepasst wurden.

Die Einflussgrößen der Bilanzpolitik werden in vier Kategorien zusammengefasst, welche in den nachfolgenden Abschnitten ihre Konkretisierung erhalten:

---

595 Vgl. Kapitel 4.2.3.

1. Performance,
2. Sonstige Einflussfaktoren,
3. Entscheidungsträger und
4. Bilanzpolitik der Vorperiode.

4.3.2 Einflussfaktoren der Bilanzpolitik in Krisenzeiten

4.3.2.1 Performance

Performance wird im Folgenden als die wirtschaftliche Situation des Unternehmens verstanden, welche sich insb. in dem Zahlenwerk der Rechnungslegung, wie bspw. den Umsatzerlösen oder dem Jahresergebnis, widerspiegelt. Im Rahmen einer quantitativen Messung der Bilanzpolitik wird einer statistisch geschätzten normalen Höhe von Periodenabgrenzungen das Ausmaß an Periodenabgrenzungen in der Berichtsperiode gegenübergestellt.[596] Bei dieser Messmethodik muss stets die Frage gestellt werden, ob die betrachteten Unternehmen in der Krisensituation Bilanzpolitik überhaupt verstärkt einsetzen. Erst nachfolgend tritt die Frage der Richtung der Bilanzpolitik in den Vordergrund. Durch eine qualitative Betrachtung kann jedoch partiell von der Notwendigkeit einer statistisch signifikant gemessenen Bilanzpolitik abstrahiert werden. Diesem liegt der Gedanke zu Grunde, dass bei vielen bilanzpolitischen Maßnahmen, insb. materialen gesetzlichen Wahlrechten, stets eine Bilanzpolitik unterstellt werden kann. Wird hinsichtlich einer Abschreibungsmethode entschieden, ob der Vermögensgegenstand linear, in einem progressiven Sinne oder degressiv im Hinblick einer konservativen Bilanzpolitik abgeschrieben wird, so ist in diesem Fall die Rechnungslegung entweder einer ergebniserhöhenden Bilanzpolitik oder einer ergebnisvermindernden Bilanzpolitik zuzuordnen. Dementsprechend kann jeglicher Situation ein Mindestlevel an Bilanzpolitik unterstellt werden.[597]

Unternehmen, welche eine schlechte Performance aufweisen, haben eine höhere Wahrscheinlichkeit in die Insolvenz abzurutschen.[598] Für die Unternehmen gilt es daher, die Bilanzpolitik derart einzusetzen, dass alle Geschäftsbeziehungen langfristig gesichert sind. Lieferanten und Kunden muss stets ein solides Unternehmen signalisiert werden, damit Kunden weiter bei dem Unternehmen kaufen und Lieferanten das Unternehmen auch künftig beliefern.[599] Demgemäß ist eine positive Beeinflussung der Darstellung der wirtschaftlichen Lage das resultierende

596 Vgl. für Ausführungen einer quantitativen Querschnittsuntersuchung Kapitel 5.2.4.
597 Gleichwohl abstrahieren viele quantitative Messmodelle bewusst hiervon im Rahmen der Schätzung von normalen Periodenabgrenzungen, vgl. Kapitel 5.2.4.
598 Vgl. Houston/Howe (2014), S. 2.
599 So haben Raman/Shahrur (2008) eine Beziehung zwischen der betriebenen Bilanzpolitik von Unternehmen und den Investitionen von Lieferanten und Kunden in der nachfolgenden Periode sowie die Dauer der Geschäftsbeziehungen nachgewiesen, vgl. Raman/Shahrur (2008), S. 1041–1081.

Primärziel. Manager ohne Kapitalbeteiligungen an dem Unternehmen haben in schlechten wirtschaftlichen Zeiten eine höhere Wahrscheinlichkeit ihren Job zu verlieren.[600] Aus Angst um ihre Arbeitsstelle oder auch im Hinblick auf zukünftige Jobangebote, werden sie versuchen, die tatsächliche desolate wirtschaftliche Situation den Gesellschaftern nicht preiszugeben.[601] Zudem können wirtschaftliche Krisen variable Einkünfte des Managements deutlich reduzieren.[602] Besonders bei bestehenden Entlohnungsverträgen werden Manager bestrebt sein, ihr Einkommen mit Hilfe einer ergebniserhöhenden Bilanzpolitik zu maximieren.[603]

Dementsprechend wird die Ausgangshypothese abgeleitet:

H1: *Unternehmen betreiben in wirtschaftlichen Krisenzeiten bewusst verstärkt progressive Bilanzpolitik.*

4.3.2.2 Sonstige Einflussfaktoren

Die sonstigen Einflussfaktoren wirken hinsichtlich einer progressiven Bilanzpolitik in Krisenzeiten oftmals verstärkend oder vermindernd. Die Variablen wurden anhand der Charakteristika der Stichprobe im deutschen Mittelstand eingegrenzt. Unternehmen, welche dem Mittelstand zugeordnet werden, sind im Vergleich zu den meisten Großunternehmen durch eine geringere Zahl von Arbeitnehmern gekennzeichnet. Gewerkschaftsverhandlungen werden dementsprechend nicht für das fokussierte Unternehmen alleine vorgenommen, sodass diese als möglicher Einflussfaktor ausgeklammert werden können. In dem betrachteten Untersuchungszeitraum von 2010 bis 2014[604] existieren in Deutschland zudem keine staatlichen Subventionsmaßnahmen, welche eine progressive Bilanzpolitik maßgebend einschränken könnten. Letztlich werden aus der Literatur die zwei Haupteinflussfaktoren Wirtschaftsprüfer und für die Vertragsstrukturen die Kreditverträge abgeleitet. Der Wirtschaftsprüfer stellt aufgrund seiner Beurteilung über die Fortführung des Unternehmens sowie der Möglichkeit einer Einschränkung des Bestätigungsvermerks eine entscheidende Determinante der bilanzpolitischen Einflussnahme dar. Verträge mit Lieferanten und Abnehmern oder Entlohnungskontrakte mit Managern wirken sich hingegen positiv auf eine progressive Bilanzpolitik aus. Im Bereich der Vertragsstrukturen wird sich in dieser Untersuchung aufgrund von spezifischen Operationalisierungskriterien auf den Bereich der Kreditverträge beschränkt.

---

600 Vgl. Huson u.a. (2004), S. 237.

601 Vgl. Fudenberg/Tirole (1995), S. 75; DeFond/Park (1997), S. 115–139.

602 Vgl. Gilson/Vetsuypens (1993), S. 425–458.

603 Vgl. Healy (1985), S. 85–107; Bergstresser/Philippon (2006), S. 511–529; Shuto (2007), S. 1–26.

604 Vgl. Kapitel 6.1.

Kreditverträge

Peltier-Rivest (1999) hat in seiner Studie den Kreditverträgen im Vergleich zu einem Managementwechsel einen zu geringen Einfluss auf die Bilanzpolitik zugesprochen.[605] In einer weiteren Studie von Peltier-Rivest und Swirsky (2000),[606] in welcher wirtschaftlich gesunde Unternehmen[607] betrachtet werden, stellen die Autoren jedoch eine ergebniserhöhende Bilanzpolitik vor einem Kreditvertragsbruch fest. Im Falle eines Managementwechsels oder politischer Anreize wird kein signifikanter Einfluss gemessen, entgegen eines relevanten Einflusses von Gewerkschaftsverhandlungen. Zahlreiche Studien haben den Einfluss von Debt Covenants auf die Bilanzpolitik untersucht und eine progressive Bilanzpolitik vor einem Kreditvertragsbruch in ihrer Untersuchung bestätigt.[608] Dem deutschen Mittelstand wird zugesprochen, dass dieser gemeinhin als nicht kapitalmarktorientiert gilt[609] und überwiegend kreditfinanziert ist.[610] Es kann daher ein hoher Stellenwert von Kreditverträgen für deutsche mittelständische Unternehmen angenommen werden. Kreditverträge nehmen auf die unterschiedlichsten Unternehmensprozesse Einfluss. Sie können Dividendenausschüttungen direkt beschränken oder indirekt auf Investitionsentscheidungen einwirken.[611] Nach der Debt Hypothese ist die Wahrscheinlichkeit für eine ergebniserhöhende Bilanzpolitik umso höher, je größer die Verschuldungsquote ist.[612] Dies spiegeln auch die Studien in der Literatur wider, welche die Verschuldungsquote (*Leverage*) bislang als die meist verwendete Proxy-Variable für Kreditrestriktionen verwenden.[613] Das Management von Unternehmen mit einem hohen Leverage agiert demnach wahrscheinlicher mit

605 Vgl. Peltier-Rivest (1999), S. 28–44.

606 Vgl. Peltier-Rivest/Swirsky (2000), S. 21–37.

607 Diese sind definiert als Unternehmen, welche fünf Jahre lang keinen Verlust generieren, vgl. Peltier-Rivest/Swirsky (2000), S. 21.

608 Vgl. für einen Überblick sowie die entsprechende zusammenfassende Stellungnahme Ronen/Yaari (2008), S. 168–170 und 167.

609 Vgl. von Keitz/Sibi (2004), S. 424.

610 Vgl. Ulrich, S. 295.

611 Vgl. für eine Diskussion und einen Überblick über die Restriktionen und deren Wirkungsweisen Smith/Warner (1979), S. 117–161; Leftwich (1983), S. 23–42.

612 Vgl. Watts/Zimmerman (1986), S. 216; Sweeney (1994), S. 282f.

613 Vgl. Duke/Hunt (1990), S. 48. Entgegen der von Duke/Hunt (1990) und von Press/Weintrop (1990) festgestellten Verbindung von der Proxy-Variable des Verschuldungsgrades mit Kreditvertragsrestriktionen vgl. Duke/Hunt (1990), S. 61; Press/Weintrop (1990), S. 65, sprechen diesem Dichev/Skinner (2002) eine schlechte Aussagekraft für die Nähe eines Covenant Bruches zu, vgl. Dichev/Skinner (2002), S. 1091. Dies haben die Autoren mit Hilfe einer speziellen Datenbank durch einen Zugang zu direkten Kreditinformationen prüfen können. Gleichwohl stellt die Proxy-Variable des Verschuldungsgrades einen Indikator für eine restriktive finanzielle Situation dar, sodass dieser im Rahmen einer mehrperiodigen Untersuchung eine geeignete Maßgröße repräsentiert.

einer ergebniserhöhenden Bilanzpolitik.[614] Die Literatur bestätigt diese Annahme,[615] sodass auch für die betrachtete Stichprobe folgende Hypothese aufgestellt wird:

> H2: *Ein höherer Verschuldungsgrad verstärkt eine progressive Bilanzpolitik in den Jahren vor einer Insolvenz.*

Wirtschaftsprüfer

Der Einfluss des Wirtschaftsprüfers auf die betriebene Bilanzpolitik wurde in der Literatur bereits durch zahlreiche Studien mit den verschiedensten Fragestellungen untersucht.[616] Für den deutschen Raum sind Untersuchungen hinsichtlich des Einflusses der Unabhängigkeit[617] oder von Vergütungsstrukturen des Wirtschaftsprüfers[618] auf die Bilanzpolitik der Unternehmen durchgeführt worden. Auch existieren Arbeiten, welche dem Geschlecht einen Einfluss zusprechen, indem sie weiblichen Wirtschaftsprüfern ein stärkeres moralisches Handeln[619] unterstellen und diese als weniger tolerant hinsichtlich von Unstimmigkeiten in der Rechnungslegung ansehen.[620] Aufgrund der hohen Fallzahl an verschiedenen Fragestellungen wird sich für den bilanzpolitischen Einfluss in schlechten wirtschaftlichen Zeiten an den Krisen- und Insolvenzstudien orientiert. Der Wirtschaftsprüfer wird durch diese Studien als eine der entscheidenden Determinanten der Bilanzpolitik angesehen. Dies gilt insb. im Hinblick auf seine einschränkende Wirkung einer progressiven Bilanzpolitik in der letzten Periode vor der Insolvenzanmeldung.

Die Studien haben die folgenden drei Eigenschaften des Wirtschaftsprüfers im Zusammenhang mit der Bilanzpolitik gemessen:

- Größe der Wirtschaftsprüfungsgesellschaft,
- Fortführungsprognose des Wirtschaftsprüfers sowie
- Bestätigungsvermerk des Wirtschaftsprüfers.[621]

Danos und Eichenseher (1982)[622] sehen die Qualität der Prüfung bei größeren Wirtschaftsprüfungsgesellschaften höher an, da bei ihnen mehr Ressourcen zur Verfügung stehen und Skalenerträge die Ausführung einer intensiveren Prüfung

614 Vgl. Christie (1990), S. 15–36.
615 Vgl. Dhaliwal (1980), S. 78–84; Selahudin u.a. (2014), S. 2658.
616 Vgl. für einen Literaturüberblick Zimmermann (2008), S. 90–115; Wiemann (2011), S. 133–171; Sattler (2011), S. 443f.
617 Vgl. Zimmermann (2008); Wiemann (2011).
618 Vgl. Sattler (2011); Tebben (2011).
619 Vgl. Bernardi/Arnold (1997), S. 653–668.
620 Vgl. Thorne u.a. (2003), S. 305–321.
621 Vgl. für Insolvenzstudien zu diesem Einflussfaktor Rosner (2003), S. 361–408; Charitou u.a. (2007a), S. 333–337; Charitou u.a. (2007b), S. 284–287; Arnedo u.a. (2008), S. 25–44; Ajona u.a. (2008), S. 641–666; Etemadi u.a. (2013), S. 1956–1965.
622 Vgl. Danos/Eichenseher (1982), S. 604–616.

unterstützen. DeAngelo (1981)[623] führt verstärkte Reputationsängste bei größeren Gesellschaften an, welche die Prüfungsqualität verbessern können. Eine von der Literatur vorangestellte höhere Prüfungsqualität größerer Wirtschaftsprüfungsgesellschaften[624] schränkt die Bilanzpolitik von Unternehmen zunehmend ein. Diese These können Studien durch die Bestätigung einer Verbesserung der Rechnungslegungsqualität bei einer Prüfung durch große Gesellschaften unterstützen.[625] Auch die Insolvenzstudie von Ajona u.a. (2008)[626] konnte einen einschränkenden Einfluss der Größe der Wirtschaftsprüfungsgesellschaft auf die Bilanzpolitik von insolventen Unternehmen in Spanien bestätigen. Entsprechend wird für die deutsche Untersuchungsstichprobe folgende Hypothese aufgestellt:

> H3.a: *Die Größe der Wirtschaftsprüfungsgesellschaft wirkt sich negativ auf eine progressive Bilanzpolitik in den Jahren vor einer Insolvenz aus.*

Die Geschäftsführung hat bei mittelgroßen und großen Kapitalgesellschaften in dem Lagebericht die zukünftige wirtschaftliche Lage zu beurteilen (§§ 264 Abs. 1 S. 1 i.V.m. 289 Abs. 1 S. 4 HGB). Sollte diesem der Wirtschaftsprüfer nicht zustimmen, so hat er einen Versagungsvermerk zu erteilen.[627] Rosner (2003) hat in ihrer Insolvenzstudie bei Unternehmen mit einer negativen Fortbestehensprognose eine ergebniserhöhende Bilanzpolitik gemessen. Diese wird jedoch nicht mit bilanzpolitischen Anreizen, sondern mit Umkehreffekten aus Vorjahren begründet.[628] Entgegen zu DeAngelo u.a. (1994), welche lediglich bei zwei Unternehmen einen eingeschränkten Bestätigungsvermerk feststellen, können Charitou u.a. (2007b) diesen bei 80 Prozent der insolventen Unternehmen im letzten Jahr vor der Insolvenz beobachten. Sie können die Beschränkung der Bilanzpolitik aufgrund eines eingeschränkten Bestätigungsvermerks nachweisen.[629] Jedoch wird in Deutschland, wie auch in verschiedenen anderen Ländern,[630] dem eingeschränkten Bestätigungsvermerk nur eine geringe Fallzahl und in diesem Kontext somit nur ein geringer Stellenwert unterstellt.[631] Der aus den internationalen Studien bekannten Relevanz dieser Stellungnahmen durch den Wirtschaftsprüfer sollte dennoch Rechnung getragen werden und die Stichprobe hinsichtlich dessen überprüft werden. Demzufolge wird die Hypothese aufgestellt:

---

623 Vgl. DeAngelo (1981), S. 183–199.
624 Vgl. Lawson/Boldin (2014), S. 31–44; Jordan u.a. (2010), S. 19–30.
625 Vgl. Francis/Yu (2009), S. 1521–1552; Choi u.a. (2010), S. 73–97.
626 Vgl. Ajona u.a. (2008), S. 641–666.
627 Vgl. Marten u.a. (2007), S. 441; IDW PS 400, S. 20f.
628 Vgl. Rosner (2003), S. 394.
629 Vgl. Charitou u.a. (2007b), S. 284–287.
630 Vgl. Lennox (1999), S. 243.
631 Vgl. Sattler (2011), S. 208.

H3.b: *Einschränkungen oder zusätzliche Vermerke in dem Bestätigungsvermerk sowie Hinweise über Unsicherheiten in der Unternehmensfortführung wirken sich negativ auf eine progressive Bilanzpolitik in den Jahren vor einer Insolvenz aus.*

4.3.2.3 Entscheidungsträger

Die internationalen Krisen- wie auch Insolvenzstudien fordern bereits einen stärkeren Fokus auf Corporate Governance-Faktoren. Diese beziehen sich insb. auf die Entscheidungsträger und spezielle Unternehmensstrukturen. Im Folgenden sollen Unternehmensstrukturen wie Beteiligungsverhältnisse, welche die Zusammensetzung des Managements oder dessen Verhaltensweisen direkt bestimmen, unter die Rubrik des Einflussfaktors Entscheidungsträger subsumiert werden. Hierzu zählt auch der Tatbestand eines Managementwechsels.

Hambrick und Mason (1984)[632] führen in ihrer theoretischen Diskussion aus, dass ein Unternehmen als Organisation das Top-Management reflektiert und die wirtschaftliche Situation maßgebend von individuellen Eigenschaften des Managements abhängig ist. Die Situation ist durch eine beschränkte Rationalität des Entscheidungsträgers geprägt. Zudem haften dieser verschiedene konkurrierende Zielgrößen sowie eine Entscheidung über die Intensität der bilanzpolitischen Einflussnahme an. Der bilanzpolitische Entscheidungsprozess kann somit in die Rubrik der strategischen und operativen Managemententscheidungen eingruppiert werden. Strategisch ist dieser im Hinblick auf eine mehrperiodige bilanzpolitische Planung im Einklang der Unternehmensziele. Im Rahmen eines operativen Entscheidungsprozesses werden Maßnahmen innerperiodig auf Basis berechenbarer Wirkungsweisen eingesetzt. Demzufolge können Strategiefindungsprozesse aus Theoriekonzeptionen der Managementliteratur auch für die bilanzpolitische Strategiefindung hilfreich sein.

Dem Modell von Hambrick und Mason liegt der Gedanke zu Grunde, dass alle Entscheidungsträger einen gewissen Teil von persönlichen Gegebenheiten[633] mitbringen. Diese umfassen das Wissen oder Annahmen über zukünftige Entwicklungen, Alternativen und deren Konsequenzen. Die Gegebenheiten entwickeln sich stets weiter und werden durch unternehmensexterne wie interne Stimuli getrieben. Entgegen dem individuellen psychologischen Verarbeitungsprozess sind verschiedene Eigenschaften als Treiber von Entscheidungen beobachtbar. Mit diesem Ansatz wird versucht, von der rein psychologischen Betrachtung abzuweichen und die Operationalisierbarkeit unter einem betriebswirtschaftlichen Fokus zu gewährleisten. Dies erfolgt durch Aufnahme der beobachtbaren Gegebenheiten als bilanzpolitische Treiber.

632 Vgl. Hambrick/Mason (1984), S. 193–206.
633 Vgl. zu diesen Gedanken auch March/Simon (1958).

Abbildung 16: Kognitiver Managemententscheidungsprozess[634]

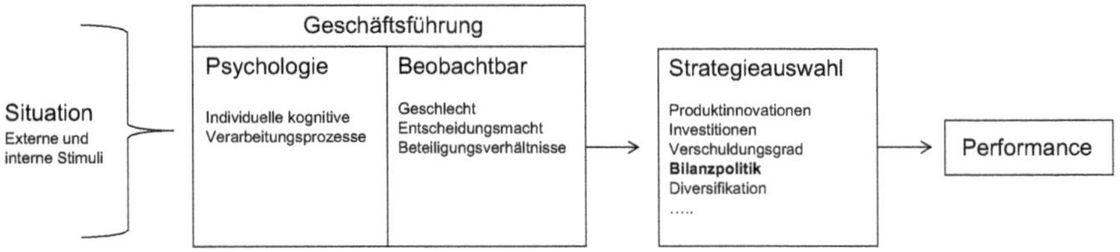

Neben den in der Literatur postulierten Unterschieden des bilanzpolitischen Verhaltens zwischen Männern und Frauen ist die Entscheidungsmacht eine weitere beobachtbare Variable. Die Entscheidungsmacht ist in diesem Sinne am größten, wenn ein Geschäftsführer alleine das Unternehmen führt, und vermindert sich mit einer zunehmenden Gruppengröße von Geschäftsführern. Die Beteiligungsverhältnisse zielen im Kontext des Entscheidungsträgers weniger auf einen vertragsbasierten Anreiz einer erfolgsabhängigen Vergütung ab. Die Variable bezieht sich vielmehr auf die speziellen Eigenschaften eines Familienunternehmens, welche bei den meisten der betrachteten mittelständischen Unternehmen vermutet werden.[635] Familienunternehmen wird eine unterschiedliche bilanzpolitische Verhaltensweise im Vergleich zu Nicht-Familienunternehmen zugesprochen.[636] Familienunternehmen werden von dem IfM Bonn als Unternehmen definiert,[637] bei denen

- bis zu zwei natürliche Personen oder ihre Familienangehörigen mindestens 50% der Anteile des Unternehmens halten und
- diese natürlichen Personen der Geschäftsführung angehören.

Familienunternehmen werden oftmals von der vorherigen Generation weitergereicht, das Unternehmen trägt nicht selten den Namen der Familie. Dahingehend werden die Entscheidungsträger als Familienunternehmer bestrebt sein, ihre Reputation nicht zu verlieren, das Familienerbe aufrechtzuerhalten und ihre vorherige Generation nicht zu enttäuschen. Die betrachtete Strategiewahl in dem Managemententscheidungsprozess soll sich im Folgenden sowohl auf operative als auch strategische bilanzpolitische Einflussnahmen beziehen. Dementsprechend hat die Strategiewahl der verschiedenen betriebswirtschaftlichen Alternativen, wie auch der Bilanzpolitik, einen Einfluss auf die Performance des Unternehmens.

634 Quelle: Eigene Darstellung in Anlehnung an die Grundkonzeption von Hambrick/Mason (1984), S. 193–206.
635 Vgl. hierzu Kapitel 6.2.2.
636 Vgl. Wang (2006), S. 619–656; Ali u.a. (2007), S. 238–286.
637 Vgl. Institut für Mittelstandsforschung (2015b).

Eigentümerstruktur

95% der mittelständischen Unternehmen in Deutschland gelten als Familienunternehmen.[638] Diese verfolgen i.d.R. langfristige Ziele und besitzen daher die Bereitschaft, Schwächephasen geduldig zu durchlaufen.[639] Entgegen kurzfristigen, von Analystenprognosen und Dividendenausschüttungsvorgaben getriebenen Erfolgszielen, räumen Familienunternehmen dem Erhalt des Unternehmens zur Weiterreichung an die nächste Generation Priorität ein.[640] Aufgrund des geringeren externen Druckes wurde bei Familienunternehmen durch die Studien ein geringerer Anreiz für Bilanzpolitik gefolgert.[641] Achleitner u.a. (2014)[642] haben 402 kapitalmarktorientierte deutsche Familienunternehmen hinsichtlich ihres bilanzpolitischen Verhaltens untersucht. Sie konnten die theoretischen Hypothesen bestätigen, dass Familienunternehmen aufgrund ihrer langfristigeren, unternehmenserhaltenden strategischen Ausrichtung teure reale Bilanzpolitik vermeiden und stattdessen vermehrt eine situationsunabhängige ergebnisvermindernde materiale Bilanzpolitik betreiben. Zusammenfassend wird in der Literatur eine erhöhte Rechnungslegungsqualität bei Familienunternehmen beschrieben.[643] Der Argumentation aus der Literatur wird zunächst gefolgt, indem die These aufgestellt wird, dass Familienunternehmen in früheren Perioden vor der Insolvenz im Vergleich zu Nicht-Familienunternehmen weniger Bilanzpolitik betreiben. In der letzten Periode vor der Insolvenz sind Familienunternehmen aufgrund der oftmals langen Tradition des Unternehmens jedoch bestrebt, das Unternehmen mit allen Mitteln aufrechtzuerhalten. Daher ist anzunehmen, dass diese entgegen vieler internationaler Studien, Haftungsrisiken in Kauf nehmen und eine starke progressive Bilanzpolitik betreiben. Wird der Definition des IfM Bonn gefolgt, so ist eine weitere Bedingung der Familienunternehmen neben den Eigentumsverhältnissen, dass die Familienmitglieder zudem in der Geschäftsführung tätig sind. Geschäftsführer, welche nicht an dem Unternehmen beteiligt sind, können aufgrund der Angst ihren Job zu verlieren[644] oder aufgrund von Entlohnungsverträgen[645] bestrebt sein, bereits in früheren Perioden eine ergebniserhöhende Bilanzpolitik einzusetzen. Studien können zudem zeigen, dass nicht beteiligte Manager deutlich mehr Bilanzpolitik betreiben.[646] Familienunternehmen werden somit

---

638 Vgl. IHK München (2015).

639 Vgl. IHK München (2015); Wulf u.a. (2011), S. III.

640 Vgl. Reker (2013), S. 6.

641 Vgl. Jariporn/DaDalt (2009), S. 113–119.

642 Vgl. Achleitner u.a. (2014), S. 431–461.

643 Vgl. Wang (2006), S. 619–656; Ali u.a. (2007), S. 238–286; Tong (2008), S. 231–261. Es muss jedoch darauf hingewiesen werden, dass die Studien teils unterschiedliche Definitionen für die Eigenschaft des Familienunternehmens zu Grunde legen.

644 Vgl. Fudenberg/Tirole (1995), S. 75–93.

645 Vgl. Shuto (2007), S. 1–26.

646 Vgl. Warfield u.a. (1995), S. 61–91; Dhaliwal u.a. (1982), S. 41–53.

als eigentümergeführte Unternehmen bezeichnet.[647] Hieraus ergibt sich folgende Hypothese:

> H4: *Eigentümergeführte Unternehmen betreiben im Vergleich zu nicht-eigentümergeführten Unternehmen eine weniger progressiv ausgerichtete Bilanzpolitik in den Jahren vor einer Insolvenz. In der letzten Periode vor der Insolvenz ist die Bilanzpolitik im Vergleich jedoch progressiver ausgelegt.*

Führungsstruktur

Im Rahmen der Abwicklungen eines Unternehmens im Insolvenzverfahren können Haftungskonsequenzen für die aktuelle wie auch ehemalige Geschäftsführung entstehen. Die Angst vor späteren Rechtsprozessen kann sich durch eine Einschränkung der progressiven Bilanzpolitik nahe der Insolvenz ausdrücken. In der Rechnungslegung wird dies durch die Grauzone von legalen bilanzpolitischen Maßnahmen und illegalen bilanzfälschenden Maßnahmen begründet, welche oftmals einen fließenden Übergang beinhaltet. DuCharme u.a. (2004)[648] konnten nachweisen, dass bei einer öffentlichen Ausgabe von Aktien bei Unternehmen, welche Bilanzpolitik betreiben, verstärkt Rechtsstreitigkeiten zu beobachten sind. Studien belegen, dass insolvente Unternehmen tendenziell weniger Entscheidungsträger in ihren Führungsgremien haben.[649] Entscheiden mehrere Geschäftsführer, so kann den Haftungsängsten gemeinschaftlich begegnet werden. In der Literatur wird argumentiert, dass insb. bei dem Anreiz Verluste zu vermeiden, eine größere Zahl von Entscheidungsträgern in der Unternehmensführung eine einschränkende Wirkung auf die Bilanzpolitik besitzt.[650] Es wird daher vermutet, dass eine Gruppe von Entscheidungsträgern in frühen Perioden Bilanzpolitik zurückhaltender betreibt.

---

647 Die Fallvariante, dass ein Unternehmen kein Familienunternehmen darstellt und eigentümergeführt ist, wird aufgrund der dargestellten Charakteristika deutscher mittelständischer Unternehmen nicht weiter betrachtet.

648 Vgl. DuCharme u.a. (2004), S. 27–49.

649 Vgl. Chaganti u.a. (1985), S. 400–417.

650 Vgl. Saleh u.a. (2005), S. 85. Omoye/Eriki (2014), S. 533–564 können für nigerianische kapitalmarktorientierte Unternehmen keinen signifikanten Zusammenhang feststellen. Diese Ergebnisse sind jedoch nicht übertragbar, da bei den betrachteten Unternehmen eine andere Führungsstruktur besteht. Zudem weist das betrachtete Unternehmensgremium in dieser Studie eine durchschnittliche Größe von zehn Personen auf. Dementgegen werden in dieser Arbeit mittelständische Unternehmen betrachtet, bei welchen zwischen einem einzelnen Entscheidungsträger und einer Gruppe von Geschäftsführern differenziert wird.

Jedoch wird eine Gruppe von Entscheidungsträgern in der letzten Periode vor einer Insolvenz dem Haftungsdruck gemeinsam trotzen und weiterhin alle Möglichkeiten einer ergebniserhöhenden Bilanzpolitik einsetzen:[651]

> H5: *Unternehmen mit einer höheren Anzahl von Geschäftsführern betreiben eine weniger progressiv ausgerichtete Bilanzpolitik in den Jahren vor einer Insolvenz. In der letzten Periode vor der Insolvenz ist die Bilanzpolitik im Vergleich jedoch progressiver ausgelegt.*

Persönlichkeitsmerkmal Geschlecht

Als Persönlichkeitsmerkmal wird in dieser Untersuchung das Geschlecht der Manager betrachtet. Mittlerweile wird fast jedes dritte mittelständische Unternehmen in Deutschland von einer Frau geführt.[652] Weibliche Entscheidungsträger gelten im Hinblick auf eine opportunistische Verhaltensweise in der Rechnungslegung als weniger motiviert, da sie moralische Grundsätze stärker verfolgen.[653] Entsprechend wird weiblichen Führungskräften zugesprochen, dass sie einen glaubwürdigeren Führungsstil im Unternehmen implementieren und im Vergleich zu männlichen Entscheidungsträgern diesen weniger aggressiv ausüben.[654] Ein glaubwürdiger Führungsstil impliziert eine größere Informationsbereitstellung und folglich eine geringere Informationsasymmetrie. Srinidhi u.a. (2011)[655] stellen heraus, dass weibliche Manager größere Befürchtungen über Haftungsfolgen und einen Reputationsverlust hegen. Sie sind demnach von einem risikoaverseren Verhalten im Vergleich zu männlichen Führungspersönlichkeiten gekennzeichnet.[656] Aufgrund von Ängsten vor Reputationsverlusten und einem moralischeren Agieren sollen weibliche Entscheidungsträger bei dem Einsatz von Bilanzpolitik zurückhaltend auftreten.[657] Gleichwohl verschiedene internationale Studien einen positiven Einfluss von Frauen in der Unternehmensleitung auf die Rechnungslegungsqualität postulieren,[658] können diese Ergebnisse aufgrund der unterschiedlichen Führungsstrukturen und Kulturen in den untersuchten Ländern sowie der speziellen Krisensituation in der

---

651 In der internationalen Literatur wird der Effekt der Entscheidungsmacht unter dem Terminus der *Board duality* gemessen. Im Rahmen dieser Governance Struktur hat der Rechnungslegungsentscheider als CEO zusätzlich die Position des Unternehmensvorsitzenden (Chairman) inne. Es wird geschlussfolgert, dass mit zunehmender Entscheidungsmacht das Ausmaß an Bilanzpolitik zunimmt. Vgl. für eine Studie, welche diese These bestätigt Davidson u.a. (2004), S. 267–275.

652 Vgl. Hintereder (2015).

653 Vgl. Krishnan/Parsons (2008), S. 65–76; vgl. für eine Studie, welche dies für Wirtschaftsprüfer bestätigt Thorne u.a. (2003), S. 305–321.

654 Vgl. Klenke (2003), S. 1024–1034; Trinidad/Normore (2005), S. 574–590.

655 Vgl. Srinidhi u.a. (2011), S. 1610–1644.

656 Vgl. Sundén/Surette (1998), S. 207–211; Powell/Ansic (1997), S. 605–628.

657 Vgl. Srinidhi u.a. (2011), S. 1614.

658 Vgl. Peni/Vähämaa (2010), S. 629–645; Krishnan/Parsons (2008), S. 74; Srinidhi u.a. (2011), S. 1639.

hiesigen Studie, nicht übertragen werden. Für mittelständische Unternehmen in Deutschland wird aufgrund des bekräftigten zurückhaltenden Führungsstils von Frauen im Vergleich zu Männern, die entsprechende These aufgestellt:

H6: *Weibliche Geschäftsführer wirken einschränkend auf eine progressive Bilanzpolitik ein.*

Managementwechsel

Ein Managementwechsel[659] findet insb. in Krisenzeiten überproportional häufig statt.[660] DeFond und Jiambalvo (1994) konnten eine Umkehrung ihrer Ergebnisse unter Berücksichtigung von Managementwechsel feststellen. Bei dem Austausch in der Führungsebene des Unternehmens handelt es sich bei Krisensituationen i.d.R. um einen nicht gewöhnlichen Wechsel der Rechnungslegungsentscheider. Sollen die Anreize hinsichtlich der bilanzpolitischen Einflussnahme analysiert werden, resultiert die Notwendigkeit einer detaillierten Untersuchung der speziellen Situation des Managementwechsels mit den zugehörigen Umständen. Denn der bilanzpolitische Anreiz kann sich von einem normalen Nachfolgeübergang im Vergleich zu einem Managementwechsel aufgrund schlechter Zahlen deutlich unterscheiden.[661]

In der Literatur hat sich die *Management Change Hypothesis* etabliert.[662] Diese besagt, dass neue Manager bei einem nicht gewöhnlichen Wechsel im Rahmen einer Krisensituation im Jahr des Wechsels konservative Bilanzpolitik und im anschließenden Jahr eine progressive Bilanzpolitik betreiben.[663] Die bilanzpolitischen Maßnahmen

659 In der folgenden beschriebenen internationalen Literatur werden zu den Managern der CEO, President oder Chairman gezählt, vgl. Peltier-Rivest (1999), S. 33; Charitou u.a. (2007b), S. 284. Im Rahmen der nach HGB bilanzierenden deutschen Kapitalgesellschaften, welche in der empirischen Untersuchung überwiegend durch GmbHs repräsentiert werden, wird der Geschäftsführer als repräsentativer Entscheidungsträger zu Grunde gelegt.

660 Vgl. Gilson (1989), S. 241–262; Coughlan/Schmidt (1985), S. 43–66. In den betrachteten Krisen- und Insolvenzstudien verzeichneten bspw. in der Studie von DeAngelo u.a. (1994) 46,10% der Krisenunternehmen einen Managementwechsel, vgl. DeAngelo u.a. (1994), S. 136; In der Studie von DeFond/Jiambalvo (1994) 28,72%, vgl. DeFond/Jiambalvo (1994), S. 174 und in der Studie von Charitou u.a. (2007b) 33% in den letzten zwei Perioden vor der Insolvenz, vgl. Charitou u.a. (2007b), S. 284.

661 Pourciau (1993) definiert einen gewöhnlichen Managementwechsel als geplanten Wechsel der Führungsebene. Dieser ruft gegenüber einem nicht geplanten und kurzfristig durchgeführten Wechsel einen geringeren Anreiz für bilanzpolitische Maßnahmen hervor, vgl. Pourciau (1993), S. 318. Murphy und Zimmerman (1993) weisen in diesem Kontext auf die fehlende ausreichende Evidenz im Hinblick eines gewöhnlichen Managementwechsels hinsichtlich der bilanzpolitischen Maßnahmen hin, vgl. Murphy/Zimmerman (1993), S. 273 und 275.

662 Vgl. DeAngelo u.a. (1994), S. 136; Peltier-Rivest (1999), S. 33; Charitou u.a. (2007b), S. 273f.

663 Vgl. Pourciau (1993), S. 317.

des neuen Managements im Jahr seines Eintritts werden in der Fachliteratur auch *Taking a Bath*[664] genannt. Die Begründung wird darin gesehen, dass das neue Management das alte Management schlecht aussehen lassen will und sich selbst in darauf folgenden Jahren im Rahmen eines größeren Spielraumes für progressive Bilanzpolitik besser darstellen möchte.[665] Wird der scheidende Manager in der Periode vor dem Managementwechsel betrachtet, so sollte er einen Anreiz für eine progressive Bilanzpolitik haben. Diese begründet sich durch den Versuch seinen Job zu sichern, sich ein Denkmal zu setzen oder seine Vergütung aufrechtzuerhalten.[666]

Abbildung 17: Bilanzpolitik im Rahmen eines Managementwechsels

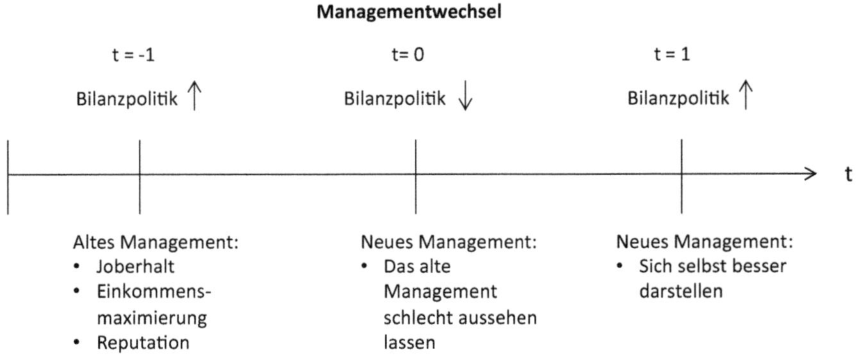

Die Management Change Hypothese wird durch verschiedene Studien gestützt. Eine frühe Studie von Moore (1973)[667] hat Unternehmen in den USA, welche einen Managementwechsel verzeichnen, unabhängig ihrer wirtschaftlichen Lage hinsichtlich bilanzpolitischer Maßnahmen untersucht. Als Ergebnis kann er die Hypothese bestätigen, dass Unternehmen im Jahr des Managementwechsels ergebnisverringernde Bilanzpolitik betreiben.[668] Für Deutschland kann die These durch die Studie

664 Moore (1973), S. 100.
665 Vgl. Moore (1973), S. 101.
666 Das Verhalten wird auch als das *horizon problem* bezeichnet. Vgl. hierzu im Rahmen einer Mehrjahresbetrachtung Brickley u.a. (1999), S. 341–377.
667 Vgl. Moore (1973), S. 100–107.
668 Diese Hypothese bestätigen u.a. auch Strong/Meyer (1987) sowie Elliott/Shaw (1988), welche die Bilanzpolitik primär durch die Filterung bilanzpolitisch motivierter Abschreibungen messen, vgl. Strong/Meyer (1987), S. 643–661; Elliott/Shaw (1988), S. 91–119. DeAngelo (1988) bekundet die These ebenfalls, indem sie Kämpfe von Führungspersönlichkeiten um Positionen im Unternehmen untersucht und in diesem Kontext ein Taking Bath des neuen Managements beobachten kann, vgl. DeAngelo (1988), S. 3–36.

von Bornemann u.a. (2015)[669] im Bankensektor anhand erhöhter Aufwendungen im Jahr des Managementwechsels ebenfalls attestiert werden.

Pourciau (1993)[670] untersucht das bilanzpolitische Verhalten von nicht gewöhnlichen Managementwechsel. Sie kann geringfügige Evidenz für eine konservative Bilanzpolitik von neuen Managern im Jahr des Managementwechsels sowie für eine progressive Bilanzpolitik im nachfolgenden Jahr erbringen. Entgegen ihrer Erwartung und aufgestellten Hypothese hat sie jedoch im letzten Jahr der scheidenden Manager eine ergebnisvermindernde Bilanzpolitik gemessen. Sie begründet dies durch bilanzpolitische Umkehreffekte auf Basis einer progressiven Bilanzpolitik in den Vorperioden. Zudem weist sie darauf hin, dass ihre Messmethode die wirtschaftliche Situation des Unternehmens in einem nicht ausreichenden Maße berücksichtigt hat. Eine ergebniserhöhende Bilanzpolitik des scheidenden Managers durch die Reduzierung von Forschungs- und Entwicklungsaufwendungen wurde jedoch zuvor von Dechow und Sloan (1991)[671] bereits bestätigt.[672]

Auch verschiedene der beschriebenen Krisen- und Insolvenzstudien haben den Managementwechsel in ihrer Diskussion berücksichtigt. DeFond und Jiambalvo (1994) messen eine konservative Bilanzpolitik im Jahr des Kreditbruchs. Nachdem sie jedoch Unternehmen mit einem eingeschränkten Bestätigungsvermerk und einem Managementwechsel extrahieren, ergibt sich eine positive Bilanzpolitik, welche im Bereich des kurzfristigen Working Capital signifikant ist.[673] Folgernd schließen sie auf einen ergebnisvermindernden Einfluss des Managementwechsels. Auch DeAngelo u.a. (1994) stellen in ihrer Studie die Vermutung auf, dass die gemessene ergebnisvermindernde Bilanzpolitik u.a. auf einen Managementwechsel zurückzuführen sein könnte.[674] Charitou u.a. (2007b) begründen ebenfalls ihre gemessene ergebnisvermindernde kurzfristige Bilanzpolitik in Periode t-1 und die gemessene langfristige Bilanzpolitik in den Perioden t-1 und t=0 mit einem Managementwechsel.[675] Jedoch stellt sich bei ihnen die Frage der Begründung in Relation zur Krisenintensität. Dass ein neuer Manager eine Periode vor einer Insolvenzanmeldung oder gar im Hinblick auf eine langfristige Bilanzpolitik in der Periode der Insolvenzanmeldung den alten Manager mit einer ergebnisverringernden Bilanzpolitik schlecht aussehen lassen will, scheint fragwürdig. Der neue Manager sollte zu dieser Zeit über die reale wirtschaftliche Situation des Unternehmens informiert sein und dem Grunde nach den Anreiz einer progressiven Bilanzpolitik aufweisen.

Im Hinblick auf die These einer progressiven Bilanzpolitik eines ausscheidenden Managers kann die wirtschaftliche Krise jedoch selbst zu einer ergebniserhöhen-

669 Vgl. Bornemann u.a. (2015), S. 188–201.
670 Vgl. Pourciau (1993), S. 317–336.
671 Vgl. Dechow/Sloan (1991), S. 51–89.
672 Vgl. zur Bestätigung der Hypothese von Bilanzpolitik vor einem Austritt auch Reitenga/Tearny (2003), S. 255–280.
673 Vgl. DeFond/Jiambalvo (1994), S. 174.
674 Vgl. DeAngelo u.a. (1994), S. 136f.
675 Vgl. Charitou u.a. (2007b), S. 283f.

den Bilanzpolitik führen. Murphy und Zimmerman (1993)[676] sind in ihrer Studie der Problematik nachgegangen, inwiefern die gemessene Bilanzpolitik auf einen Managementwechsel oder auf die schlechte Performance zurückzuführen ist. Sie untersuchen acht finanzwirtschaftliche Variablen hinsichtlich deren Beeinflussung. Im Rahmen eines speziellen Messverfahrens durch simultane Gleichungsmodelle, berücksichtigen sie die Endogenität des Managementwechsels. Sie kommen zu dem Ergebnis eines geringfügigen Nachweises, dass ausscheidende Manager hinsichtlich rechnungslegungs- und finanzwirtschaftlicher Variablen ihre Entscheidungsspielräume ausüben, um ihre Entlohnung in dem Jahr vor ihrem Ausscheiden und in dem Jahr des Ausscheidens zu erhöhen. Hinsichtlich der Variable Wachstumsraten von Forschungs- und Entwicklungsaufwendungen, Werbeaufwendungen und Investitionsaufwendungen sind die Veränderungen jedoch besser durch die wirtschaftliche Lage als durch persönliche Entscheidungsspielräume zu erklären. Auch konnten sie die ergebnisvermindernde Bilanzpolitik von neuen Managern bestätigen, wenn der Managementwechsel während einer schlechten wirtschaftlichen Lage des Unternehmens stattfindet. Die Autoren betonen zudem, dass für gesunde Firmen im Rahmen eines gewöhnlichen Überganges des Managements keine Bilanzpolitik gemessen werden kann.

Dies kann durch verschiedene theoretische Begründungen gestützt werden. Der scheidende Manager könnte nur in vereinzelten Fällen, wie bspw. eines Management Buyouts[677] bei kapitalmarktorientierten Unternehmen, Anreize für eine ergebnisvermindernde Bilanzpolitik aufweisen. Er wird das Ergebnis positiv beeinflussen, um ggf. seine eigene Vergütung zu steigern, seine Jobaussichten bei anderen Unternehmen zu erhöhen oder seine Reputation nicht zu verlieren.

Entsprechend der vorangestellten Überlegungen werden die Hypothesen abgeleitet. Hinsichtlich der Big Bath-Hypothese besteht weitgehende Einigkeit in der Literatur, sodass die Hypothese ebenfalls für deutsche mittelständische Krisenunternehmen aufgestellt wird:

H7.a: *Ein Managementwechsel führt in dem Jahr des Wechsels zu einer konservativen Bilanzpolitik.*[678]

---

676 Vgl. Murphy/Zimmerman (1993), S. 273–315.

677 Vgl. Perry/Williams (1994), S. 157–179.

678 Jedoch kann in Fällen von Managementwechseln bei Gesellschafter-Geschäftsführern eine Interessenkongruenz dieser Hypothese entgegenwirken. Die finanzielle Beteiligung des Rechnungslegungsentscheiders sowie seine Herkunft werden in der internationalen Literatur unter den Termini des *CEO Shareholding* und der *Board Independence* diskutiert. Vgl. für Studien mit diesem Fokus Dechow/Sloan (1991), S. 65–67; Klein (2002), S. 375–400; Fan/Wong (2002), S. 401–425; Peasnell u.a. (2005), S. 1311–1346; Sánchez-Ballesta/García-Meca (2007), S. 677–691.
Vgl. zudem für eine aktuelle Studie, welche den Managementwechsel hinsichtlich der Unterscheidung eines gewöhnlichen und ungewöhnlichen Wechsels untersucht sowie der Unterscheidung, ob das neue Management aus dem Unternehmen stammt oder extern eingeholt wird, nachgeht Choi u.a. (2014), S. 25–55.

Die Hypothese ist jedoch stets unter dem maßgebenden Hinweis der Krisenintensität zu untersuchen. Umso stärker die Krise ist, umso näher die Insolvenz rückt, desto weniger wird dieser Anreiz bestehen bleiben können. Wenn die wirtschaftliche Lage sehr ernst ist, werden dem neuen Manager Restriktionen gegeben sein. Würden bei einer konservativen Bilanzpolitik bereits realwirtschaftliche Folgen wie die Kündigung von Kreditverträgen oder Einschränkungen von Lieferkontingenten folgen, ist keine ergebnisvermindernde Bilanzpolitik, sondern eine Bilanzpolitik bis zur Grenze des Eintritts möglicher realwirtschaftlicher Folgen zu erwarten.

Um sich nach dem Wechsel besserzustellen, sollte im Hinblick auf die Grundhypothese einer progressiven Bilanzpolitik während wirtschaftlicher Krisenzeiten kein Zielkonflikt bestehen:

H7.b: *Ein Managementwechsel führt in dem Jahr nach dem Wechsel zu einer progressiven Bilanzpolitik.*

Hinsichtlich des Anreizes des Managers sein Einkommen zu sichern, die Reputation nicht zu verlieren sowie die eigene Vergütung zu erhöhen, besteht in der Literatur weitgehende Übereinstimmung:

H7.c: *In dem Jahr vor einem Managementwechsel wird verstärkt progressive Bilanzpolitik betrieben.*

4.3.2.4 Bilanzpolitik der Vorperioden

Wird eine progressive Bilanzpolitik in den Jahren vor einer Insolvenz unterstellt, nehmen bilanzpolitische Umkehreffekte eine entscheidende Schlüsselrolle ein. Umkehreffekte sind in der empirischen Bilanzpolitikforschung bislang nur unzureichend bis gar nicht berücksichtigt worden.[679] Denn insb. materialer Bilanzpolitik ist inhärent, dass sich die Wirkung der Maßnahmen in nachfolgenden Perioden zwangsweise umkehrt.[680] Werden die Ergebnisse aus den Insolvenzstudien betrachtet, deuten die unterschiedlichen Ergebnisse hinsichtlich der Richtung der Bilanzpolitik in den einzelnen Perioden bereits die Problematik der Umkehreffekte an. Ronen und Yaari (2008) veranschaulichen bei der Darstellung eines möglichen Lebenszyklus von einem Covenant-Bruch, dass dieser bereits vor der Insolvenz eintritt.[681] Zahlreiche Krisenstudien können bereits eine ergebniserhöhende Bilanzpolitik vor einem Covenant-Bruch nachweisen.[682] Bleibt die wirtschaftliche Situation des Unternehmens jedoch weiterhin schlecht oder verschlechtert sich diese zunehmend, ist ein weiterer Einsatz progressiver Bilanzpolitik naheliegend. Jedoch können die Umkehreffekte der progressiven Bilanzpolitik aus den Vorperioden den Einsatz stark einschränken. Verschiedene Insolvenzstudien messen in der

679 Vgl. Dechow u.a. (2012), S. 276.
680 Vgl. Dechow u.a. (2012), S. 275.
681 Vgl. Ronen/Yaari (2008), S. 162.
682 Vgl. Kapitel 4.2.

letzten Periode vor der Insolvenz eine ergebnisvermindernde Bilanzpolitik. Sinkt die Performance eines Unternehmens weiter, werden die Möglichkeiten zusätzlich progressive Bilanzpolitik zu betreiben zunehmend eingeschränkt, sodass entgegen einer Anreizwirkung progressiver Bilanzpolitik, in der empirischen Messung eine negative Bilanzpolitik entstehen kann.

Zunächst bestimmt die Wahl der bilanzpolitischen Maßnahme potenzielle nachfolgende Umkehreffekte. Zudem werden diese von der Höhe der gewählten Maßnahme sowie von der Geschwindigkeit der Umkehrwirkung konstatiert.[683] Im Folgenden sollen die gesamten Periodenabgrenzungen in den jeweiligen Jahren durch GPA_t repräsentiert werden. NPA_t sollen die normalen Periodenabgrenzungen in dem üblichen Geschäftsablauf darstellen. Die eingesetzte Bilanzpolitik wird durch die Proxy-Variable der diskretionären Periodenabgrenzungen DPA_t verkörpert. Die gesamten Periodenabgrenzungen einer Periode t ergeben sich somit aus der Summe der normalen Periodenabgrenzungen und den diskretionären Periodenabgrenzungen in der Periode t:

$$GPA_t = NPA_t + DPA_t \qquad (3)$$

Auch die reale Bilanzpolitik kann Periodenabgrenzungen und Umkehreffekte auslösen. Als Beispiel kann eine Sale-and-Lease-Back-Maßnahme angeführt werden, welche zukünftige Abschreibungen als Periodenabgrenzungen eines Vermögensgegenstandes verhindert. Neben der Veränderung der Abschreibung führt diese Maßnahme im Jahr des Verkaufs des Vermögensgegenstandes zu einem Liquiditätszufluss, in nachfolgenden Jahren durch die Leasingraten dementgegen zu einem Abfluss von Liquidität. In der folgenden Diskussion der Umkehreffekte soll sich ausschließlich auf eine periodenabgrenzungsbeeinflussende Bilanzpolitik fokussiert werden. Durch Umstellung von Gleichung (3) ergeben sich die diskretionären Periodenabgrenzungen durch Subtraktion der normalen Periodenabgrenzungen von den gesamten Periodenabgrenzungen:

$$DPA_t = GPA_t - NPA_t \qquad (4)$$

Die diskretionären Periodenabgrenzungen repräsentieren die Bilanzpolitik BP_t in der betrachteten Periode. Sie setzen sich aus der aktuellen Bilanzpolitik, repräsentiert durch die aktuellen diskretionären Periodenabgrenzungen DPA_t^A und dem Saldo aus den bilanzpolitischen Effekten der Vorperioden DPA_{t-i} zusammen. Der Saldo aus den Vorperioden bestimmt sich durch gleichgerichtete bilanzpolitische Effekte DPA_t^G und entgegengesetzten Umkehreffekten der Bilanzpolitik DPA_t^U:

$$DPA_{t-i} = DPA_{t-i}^G - DPA_{t-i}^U \qquad (5)$$

Dementsprechend lassen sich die diskretionären Periodenabgrenzungen der aktuellen Periode aufgliedern:

683 Vgl. Baber u.a. (2011), S. 1189.

$$DPA_t = BP_t = DPA_t^A + DPA_{t-i} = DPA_t^A + DPA_{t-i}^G - DPA_{t-i}^U \quad (6)$$

Anschließend kann das durch Bilanzpolitik beeinflusste Jahresergebnis $JE_{t,BP}$ abgeleitet werden. Dieses ergibt sich aus dem Jahresergebnis ohne Beeinflussung durch Bilanzpolitik $JE_{t,oBP}$ sowie der bilanzpolitischen Einflussnahme auf dieses:

$$JE_{t,BP} = JE_{t,oBP} + BP_t \quad (7)$$

$$JE_{t,BP} = JE_{t,oBP} + (DPA_t^A + DPA_{t-i}^G - DPA_{t-i}^U) \quad (8)$$

Ein Beispiel soll die Wirkungsweise verdeutlichen:

Es wird ein fünfjähriger Zeitraum vor der Insolvenz betrachtet. Die Periode t=0 repräsentiert stets die Periode der Insolvenzanmeldung. Das Unternehmen schafft in Periode t-5 einen abnutzbaren Vermögensgegenstand des Anlagevermögens an, welcher eine Nutzungsdauer von fünf Jahren aufweist. Das Unternehmen kann zwischen der degressiven und der linearen Abschreibungsmethode wählen (§ 253 Abs. 2 S. 3 HGB). Eine Wahl der Abschreibungsmethode ist nach geltendem Handelsrecht zulässig, sofern die Abschreibungsmethode den Grundsätzen ordnungsmäßiger Buchführung entspricht und dem Nutzungsverlauf des Vermögensgegenstandes nicht offensichtlich widersprochen wird.[684] Während die lineare Abschreibungsmethode die Anschaffungskosten gleichmäßig über die Nutzungsdauer verteilt, erfolgt die Abschreibung im Rahmen der degressiven Abschreibung in fallenden Jahresbeträgen. Im Folgenden wird die digitale Abschreibungsmethode als Sonderform der degressiv-arithmetischen Abschreibung angewandt. Bei dieser vermindern sich die Abschreibungsbeträge mit einem gleichbleibenden Betrag. Die Anschaffungskosten sollen 100.000,00 Geldeinheiten (GE) betragen. Die jährlichen Abschreibungsbeträge der linearen Abschreibung errechnen sich durch Teilung der Anschaffungskosten durch die Nutzungsdauer: 100.000,00 GE / 5 = 20.000,00 GE.

Tabelle 1: Lineare Abschreibung

Abschreibung (alle Angaben in GE)	t = –5	t = –4	t = –3	t = –2	t = –1
Linear	20.000,00	20.000,00	20.000,00	20.000,00	20.000,00
Buchwert	80.000,00	60.000,00	40.000,00	20.000,00	0,00

Wird die digitale Abschreibung angewandt, erfolgt die Abschreibung in fallenden Jahresbeträgen: 100.000,00 GE / (1+2+3+4+5) = 6.666,66 GE. In Periode t-5 wird dieser Betrag zur Abschreibungsberechnung mit 5 multipliziert, in nachfolgenden Jahren mit der jeweiligen Restnutzungsdauer. Der Minderungsbetrag beträgt somit

684 Vgl. Coenenberg u.a. (2012), S. 155.

pro Jahr 6.666,66 GE. Die Abschreibung in Periode t-5 stellen 33.333,33 GE (6.666,66 GE X 5) dar.

Tabelle 2: Digitale Abschreibung

Abschreibung (alle Angaben in GE)	t = –5	t = –4	t = –3	t = –2	t = –1
Digital	33.333,33	26.666,67	20.000,00	13.333,33	6.666,67
Buchwert	66.666,67	40.000,00	20.000,00	6.666,67	0,00

Die Abschreibung bei der Wahl der digitalen Abschreibung ist im Vergleich zur linearen Abschreibung demnach in den ersten zwei Jahren höher, im dritten Jahr gleich und in den letzten zwei Jahren niedriger.

Tabelle 3: Abschreibungsdifferenz linear zu digital-degressiv

	t = –5	t = –4	t = –3	t = –2	t = –1
Abschreibungs-Differenz (alle Angaben in GE)	-13.333,33	-6.666,67	0,00	13.333,33	6.666,67

Aufgrund der desolaten wirtschaftlichen Lage des Unternehmens entscheidet sich dieses für die zunächst progressiv wirkende lineare Abschreibungsmethode. Entsprechend der weiteren Verschlechterung der wirtschaftlichen Situation hat das Unternehmen annahmegemäß über den fünfjährigen Zeitraum einen Anreiz für eine ergebniserhöhende Bilanzpolitik. Aus Tabelle 3 wird deutlich, dass sich der progressive bilanzpolitische Effekt der linearen Abschreibungsmethode jedoch nur auf zwei Perioden erstreckt. Ab Periode t-2 wirkt diese, entgegen dem Anreiz für eine progressive Bilanzpolitik, ergebnisvermindernd.

Es wird der Fall hinzugenommen, dass bei einem bestehenden Anlagegut aufgrund der schlechten wirtschaftlichen Lage und der geringen Kapazitätsauslastung, die Nutzungsdauer im Rahmen eines Ermessensspielraumes verlängert werden kann. Durch die Ausdehnung der Nutzungsdauer soll die jährliche Abschreibung um 20.000,00 GE vermindert werden können. Zudem soll angenommen werden, dass dies in Periode t-2 erfolgt.

$$DPA_{t\text{-}2} = DPA^{A}_{t\text{-}2} - DPA^{U}_{t\text{-}2} = 20.000{,}00 - 6.666{,}67 = 13.333{,}32$$

In diesem Fall resultiert insgesamt ein progressiver bilanzpolitischer Einfluss. Wird die Situation hingegen betrachtet, dass die Verlängerung der Nutzungsdauer lediglich einen Effekt i.H.v. 5.000,00 GE hervorruft, würde sich aufgrund der Umkehrwirkung im Ergebnis eine negative Bilanzpolitik ergeben.

$$DPA_{t-2} = DPA^{A}_{t-2} - DPA^{U}_{t-2} = 5.000{,}00 - 6.666{,}67 = -1.666{,}67$$

Zudem soll eine weitere bilanzpolitische Maßnahme aus Periode t-5 in die Betrachtung miteinbezogen werden. Die Maßnahme beinhaltet ebenfalls eine Abschreibungsstreckung durch eine Änderung der Nutzungsdauerschätzung. Die Maßnahme hat einen langfristigen Effekt, welcher sich auch über die Periode t-2 erstreckt und eine Abschreibungsreduzierung i.H.v. 3.000,00 GE aufweist. Nach Berücksichtigung von diesem Effekt erhält der Saldo der gesamten diskretionären Periodenabgrenzungen wiederum einen positiven Wert.

$$DPA_{t-2} = DPA^{G}_{t-2} + DPA^{A}_{t-2} - DPA^{U}_{t-2} = 3.000{,}00 + 5.000{,}00 - 6.666{,}67 = 1.333{,}33$$

Die Komplexität derartiger Prozesse wird schnell deutlich. Zudem zeigt sich bereits die Schwierigkeit, diese anhand veröffentlichter Jahresabschlüsse herauszufiltern.[685] Da sich kurzfristige bilanzpolitische Maßnahmen, welche im Working Capital vorzufinden sind, oftmals innerhalb einer Periode umkehren,[686] kann vermutet werden, dass sich die bilanzpolitische Einflussnahme während des Untersuchungszeitraumes abmildert.

H8: *Die Bilanzpolitik der Vorperiode/n wirkt sich negativ auf die Bilanzpolitik der aktuellen Periode aus.*[687]

4.4 Fazit der theoretischen Fundierung

Eine effektive bilanzpolitische Einflussnahme ist durch eine vertragsbasierende Informationsasymmetrie zwischen Bilanzersteller und Bilanzadressaten gekennzeichnet. Für die theoretische Auseinandersetzung bezüglich der divergierenden Anreizfunktionen der beteiligten Akteure kann die Prinzipal-Agenten-Theorie herangezogen werden.[688] Die Diskussion theoretischer Erklärungsansätze unterstreicht jedoch, dass Entscheidungsträger nach verschiedenen individual- und sozialpsychologischen Eigenschaften agieren. Für den Einbezug dieser psychologischen

685 Anzumerken ist bei einer derartigen Modellierung, dass dem Grunde nach stets Bilanzpolitik betrieben wird. Diese resultiert dadurch, dass sich das Unternehmen für eine Abschreibungsmethode entscheiden muss, welche letztlich als progressive oder konservative Bilanzpolitik interpretiert wird. Auch werden das Unterlassen oder die Ausübung zulässiger Ermessensspielräume bei einer theoretischen Modellierung stets einer Richtung der bilanzpolitischen Einflussnahme zugeordnet.

686 Vgl. Dechow u.a. (2012), S. 287.

687 Dieser Hypothese soll primär mit Hilfe einer modelltheoretischen Betrachtung sowie einer diese Hypothese überprüfenden und ergänzenden qualitativen Untersuchung nachgegangen werden.

688 Vgl. für einen Überblick von weiteren theoretischen Erklärungsansätzen Lemma u.a. (2013), S. 4–6.

Prozesse können im Rahmen der betriebswirtschaftlichen Analyse, neben der Behavioral Accounting Forschung, weitere theoretische Begründungen aus der Managementliteratur verwendet werden.

Der Forschungsstand zur Bilanzpolitik in den wirtschaftlich desolaten Jahren vor einer Insolvenz spiegelt die allgemeinen Schwächen und Probleme der Bilanzpolitikforschung wider. Durch die angewandten Messverfahren kann keine eindeutige Kausalität der Wirkung einer unabhängigen Variable auf eine abhängige Variable nachgewiesen werden. Die bilanzpolitische Strategie eines Unternehmens wird mit Hilfe einer Zielhierarchisierung abgeleitet, da die verschiedenen Ziele zu einem unterschiedlichen bilanzpolitischen Anreiz führen können. Daher besteht die Notwendigkeit einer multivariaten Analyse, um die Wirkung der verschiedenen, die Zielbildung bedingenden Einflussfaktoren zu überprüfen.

Das situations- und stichprobenspezifische Analysedesign weist vier primäre Bestimmungsgrößen der Bilanzpolitik auf. Eine schlechte Performance wirkt hinsichtlich einer progressiven bilanzpolitischen Einflussnahme begründend. Kreditverträge wirken auf diese Beziehung verstärkend ein, wohingegen Wirtschaftsprüfer die Bilanzpolitik einschränken können. Entgegen der internationalen Literatur, welche Einflussfaktoren wie Gewerkschaftsverhandlungen und staatliche Subventionen oftmals in ihre Untersuchungen integriert haben, wird diesen Einflussgrößen aufgrund der mangelnden Größe der Stichprobenunternehmen sowie fehlender politischer Regulierungen in dem Untersuchungszeitraum, allenfalls eine geringe Einflussnahme zugesprochen. Zudem wurde die Kategorie des Entscheidungsträgers mit den Variablen Eigentümerstruktur, Führungsstruktur, Geschlecht und Managementwechsel als maßgebende Bestimmungsgröße der Bilanzpolitik identifiziert. Im Gegensatz zu verschiedenen Studien in der Bilanzpolitikforschung, welche den Einfluss der verschiedenen Corporate Governance-Faktoren auf die Bilanzpolitik untersuchen, bleibt dieser Bereich in den Krisen- und Insolvenzstudien bislang größtenteils ausgeklammert. Dem psychologisch getriebenen Verhaltensmuster des Entscheidungsträgers wurde mit Hilfe der sog. *Upper Echelons* Theorie von Hambricks und Mason (1984)[689] begegnet, welche durch die Annahme der jedem Entscheidungsträger anhaftenden Gegebenheiten eine Operationalisierung beobachtbarer psychologischer Faktoren ermöglicht. In Ergänzung zu vergangenen internationalen Insolvenzstudien wurde der Mehrperiodenfokus unterstrichen, indem eine periodenabhängige Hypothesenbildung vorgenommen wurde und somit der dynamischen situationsspezifischen Verhaltensänderung der Entscheidungsträger Rechnung getragen wird.

---

689 Vgl. Hambrick/Mason (1984), S. 193–206; vgl. für einen Nachtrag zu dem ursprünglichen theoretischen Beitrag Hambrick (2007), S. 334–343.

Auf dieser Basis lässt sich das Analysedesign aufstellen:

Abbildung 18: Analysedesign[690]

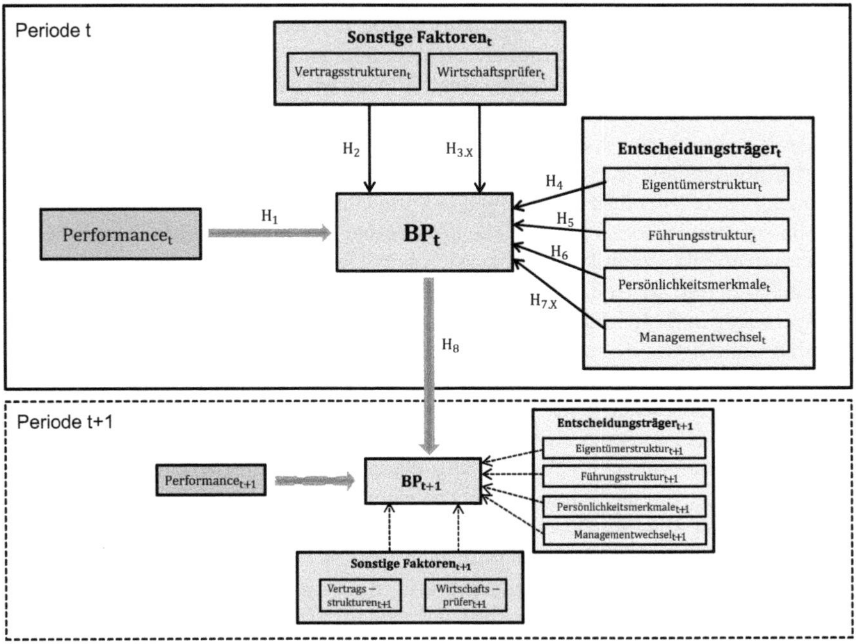

690 Andere Einflussfaktoren können unter die vier Kategorien subsumiert oder direkt der Bilanzpolitik als abhängige Variable zugeordnet werden. Die Unternehmensgröße wird demnach unter die Rubrik des Entscheidungsträgers eingruppiert, während die Branche, in welcher sich das Unternehmen befindet, die einsetzbare Bilanzpolitik direkt definiert. Auch eine schlechte Performance schränkt die Möglichkeiten der Bilanzpolitik ein, welche ebenfalls in dem Feld der einsetzbaren Bilanzpolitik beinhaltet ist.
Zudem kann eine schlechte Performance Einfluss auf die Variablen des Entscheidungsträgers nehmen, bspw. aufgrund eines Managementwechsels. Da der Effekt für die Analyse der bilanzpolitischen Einflussnahme jedoch nur indirekt maßgebend ist, werden die Variablen der Kategorie Entscheidungsträger mit dessen Veränderungen stets als exogene Größen angesehen und die Verbindung in der Darstellung ausgeklammert.
Auch kann die Bilanzpolitik die Performance selbst beeinflussen. Vgl. für eine Studie, welche diesen Zusammenhang mit aufgenommen hat Charitou u.a. (2007a), S. 323–346.

Zudem ist unklar, inwiefern das HGB einem wirtschaftlich angeschlagenen Unternehmen Möglichkeiten für einen effektiven mehrperiodigen Einsatz von Bilanzpolitik überhaupt ermöglicht. Zweifelsohne ist dies von sehr individuellen Unternehmenscharakteristika getrieben, beginnend mit der jeweiligen Branche in der sich das Unternehmen befindet. Jedoch wird dies auch durch die Normbilanzierung des Unternehmens bestimmt, welche bereits eine progressive Auslegung der Rechnungslegung in dem normalen Geschäftsbetrieb beinhalten kann. Dies könnte in der Stichprobe von deutschen mittelständischen Unternehmen zunehmend der Fall sein, da durch die Abschaffung der umgekehrten Maßgeblichkeit die Erstellung einer Einheitsbilanz nur noch in Einzelfällen möglich ist.[691] Dadurch könnte sich bilanzpolitisch, von einem jahrelang den Mittelstand geprägten Steuersparziel einer ergebnisvermindernden Bilanzpolitik, hin zu einer rein handelsrechtlich motivierten progressiven Bilanzpolitik bewegt worden sein. Dies würde zu sehr eingeschränkten Möglichkeiten in wirtschaftlichen Krisenzeiten führen, da die bilanzpolitische Manövriermasse in diesem Fall bereits zu einem großen Teil aufgebraucht wäre. Zudem werden Umkehreffekte aufgrund vergangener progressiver Rechnungslegungsausübung einer weiteren ergebniserhöhenden Bilanzpolitik entgegenwirken. In dem folgenden Kapitel sollen daher zunächst die bilanzpolitischen Maßnahmen in einem Einzelabschluss nach dem HGB vorgestellt werden. Anschließend soll im Rahmen einer modelltheoretischen Betrachtung eines Beispielunternehmens das bilanzpolitische Potenzial nach dem BilMoG in einer Krisensituation diskutiert werden. Letztlich findet eine empirische Überprüfung der aufgestellten Hypothesen statt. Das BilMoG hat zu einer deutlichen Ausweitung und Differenzierung der Unternehmenspublizität außerhalb des Kapitalmarktes in Deutschland geführt.[692] Dies schlägt sich in einer zunehmenden Bedeutung des Anhangs für die Bilanzanalyse nieder.[693] Dementsprechend resultiert das Erfordernis eines zunehmenden Gebrauchs qualitativer Messungen der Bilanzpolitik.[694] Folgernd wird dem Defizit einer ergänzenden und vergleichenden qualitativen Analyse in den internationalen Studien Rechnung getragen und eine Anhangsanalyse zur Komplettierung herangezogen.

---

691 Vgl. Petersen u.a. (2010), S. 2.
692 Vgl. Petersen u.a. (2010), S. 2.
693 Vgl. Petersen u.a. (2010), S. 17.
694 Vgl. Petersen u.a. (2010), S. 394.

5 Modelltheoretische Betrachtung einer mehrperiodigen bilanzpolitischen Einflussnahme in Krisenzeiten

5.1 Entscheidungsmodell einer mehrperiodigen Bilanzpolitik

5.1.1 Grundmodell bilanzpolitischer Planung

Voraussetzung für eine optimale Planung und systematische Ausnutzung der bilanzpolitischen Manövriermasse über mehrere Perioden ist ein zugrunde liegendes Planungsmodell. Für eine operationalisierbare Entscheidungsfindung ist eine vereinfachende Abbildung der Realität unabdingbar. Modelle zeichnen sich per Definition durch genau diese Eigenschaft der Komplexitätsreduktion aus.[695] Werden die Prämissen des jeweiligen Modells weitgehend deckungsgleich mit der betrieblichen Realität gewählt, können Planungsmodelle in der Lage sein, dem Entscheidungsträger die Konsequenzen der von ihm zu fassenden Entschlüsse zu signalisieren.[696] Das Entscheidungsmodell versucht dahingehend die zieloptimale Lösung von Problemstellungen auf Basis von Vereinfachungen herbeizuführen.[697] Für die Eingrenzung der Entscheidungsfindung sind Präferenzrelationen zu bestimmen, welche in die vier Kategorien Höhen-, Arten-, Zeit- und Risikopräferenz eingeteilt werden.[698] Die Höhenpräferenz legt die Ausprägungsrichtung der Zielgröße fest, während die Artenpräferenz das hierarchische Verhältnis bei Zielkonflikten bestimmt. Die Vorteilhaftigkeit einer Maßnahme in Abhängigkeit der zeitlichen Realisierung wird durch die Zeitpräferenz ausgedrückt. Darauf aufbauend berücksichtigt die Risikopräferenz die Entscheidung unter Beachtung der Ungewissheit zukünftiger Umweltentwicklungen.[699] Anschließend sind im Entscheidungsfeld die Menge der Handlungsalternativen zu bestimmen, künftige Umweltzustände abzuwiegen und auf Basis dieser die Ergebnisfunktion abzuleiten.[700] Entscheidungsmodelle können in Simultan- und Sequentialmodelle unterteilt werden. Während simultane Modellansätze alle Bestandteile des Entscheidungsmodells gleichzeitig bestimmen, werden bei Anwendung von Sequentialmodellen die Aktionsparameter sukzessive

695 Vgl. Kosiol (1964), S. 754.
696 Vgl. Freidank (1990), S. 73.
697 Vgl. Hanssmann (1993), Sp. 898.
698 Vgl. Kloock (1989), S. 145f.
699 Vgl. Reibis (2005), S. 58.
700 Vgl. Eigenstetter (1997), S. 206.

eingesetzt,[701] um durch Probieren eine zufriedenstellende Lösung für das jeweilige Teilmodell zu generieren.[702]

Modelle zur Planung bilanzpolitischen Einflusses wurden ursprünglich mit einem Fokus auf die Steuerbilanzpolitik entwickelt.[703] Aufgrund der Abschaffung der umgekehrten Maßgeblichkeit durch das BilMoG oder bei einer Fokussierung auf internationale Abschlüsse wird die Zielsetzung der Steuerminimierung in einem handelsrechtlich ausgerichteten Entscheidungsmodell jedoch oftmals nachrangig werden. In einer unterstellten wirtschaftlichen Krisensituation bestimmt sich die Zielfunktion annahmegemäß durch die Maximierung des Jahresergebnisses. Die Artenpräferenz dürfte hinsichtlich einer Ergebnisminimierung demnach regelmäßig ausscheiden, da keine Gewinne erwirtschaftet werden und somit die Steuerminimierung nicht zum Tragen kommt. Die Höhen-, Zeit- und Risikopräferenz sind in dieser Situation eng miteinander verbunden. Hinsichtlich der Zeitpräferenz muss der zugrunde liegende Betrachtungszeitraum definiert werden. Die Anzahl der festgelegten Perioden determiniert daraufhin die Höhe der Maximierung des jeweiligen Jahresergebnisses und erhöht ebenfalls mit zunehmendem Planungshorizont die Risikokomponente. Die Menge der Handlungsalternativen wird wiederum durch das bilanzpolitische Instrumentarium bestimmt.

Ausgangspunkt einer mehrperiodigen Entscheidungsfindung für eine bilanzpolitische Einflussnahme bildet der vorläufige Jahresabschluss, welcher zunächst nur reale, während des Geschäftsjahres bereits ausgeübte bilanzpolitische Maßnahmen enthält.[704] Dieser wird um Plan-Jahresabschlüsse für den Betrachtungszeitraum ergänzt. Anschließend sind die Abschlüsse hinsichtlich der festgelegten Zielgrößen zu überprüfen. Zielgrößen können sich bspw. durch verschiedene finanzwirtschaftliche Kennzahlen ausdrücken, welche einen Covenant-Bruch bei Über- oder Unterschreiten auslösen. Werden die Zielgrößen in dem vorläufigen Jahresabschluss und den vorläufig aufgestellten Plan-Jahresabschlüssen nicht erreicht, ist ein Optimierungsprogramm zu implementieren. In diesem sind sämtliche den Zielplan tangierende Aktionsparameter aufzunehmen. Führt das Optimierungsprogramm zu einer optimalen Lösung, wird der Jahresabschluss entsprechend angepasst. Reicht die mehrperiodige bilanzpolitische Manövriermasse zum Erreichen der optimalen Lösung nicht aus, ist erneut zu prüfen, inwiefern realwirtschaftliche Planungsprozesse die Jahresabschlüsse zu dem festgelegten Zielplan adjustieren können. Sollten auch diese Maßnahmen nicht ausreichen, muss abgewogen werden, in welchem Umfang

701 Vgl. Reibis (2005), S. 61.
702 Vgl. Freidank (1990), S. 75f.
703 Vgl. für einen ersten Ansatz in diesem Bereich Haberstock (1971) sowie für eine Übersicht Heinhold (1979), S. 77–87.
704 Vgl. zu den folgenden Ausführungen des Entscheidungsmodells Reibis (2005), S. 102–108.

der Zielplan neu zu formulieren ist. Für eine vierperiodige Entscheidungssituation fasst Reibis (2005) das Entscheidungsmodell in folgendem Schaubild zusammen:[705]

Abbildung 19: Ablaufstruktur eines mehrperiodigen bilanzpolitischen Entscheidungsmodells[706]

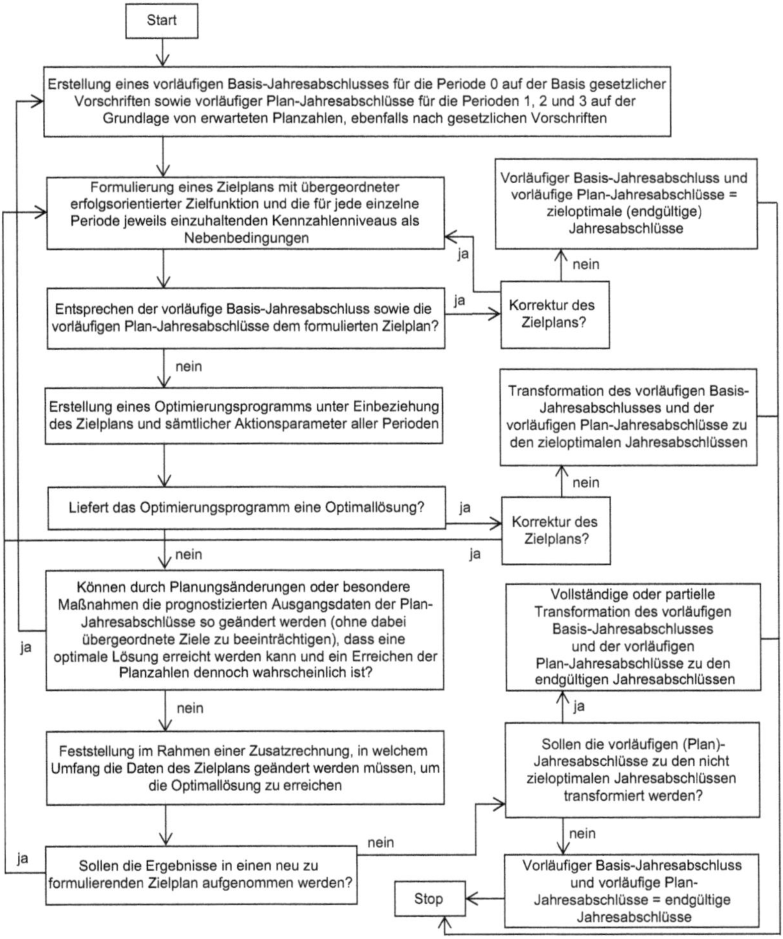

705 Vgl. Reibis (2005), S. 104. Reibis entwickelte das Modell auf Basis des einperiodigen Modells von Freidank, vgl. Freidank (1990), S. 115. Das ursprüngliche Modell von Freidank ist in Anhang 4 dargestellt. Vgl. für eine inhaltliche Anpassung des Modells an das BilMoG Freidank/Buchholz (2009), S. 109–133.

706 Vgl. Reibis (2005), S. 104.

Ein Nachteil bislang entwickelter mehrperiodiger bilanzpolitischer Entscheidungsmodelle ist die mangelnde Anpassungsfähigkeit und Übertragbarkeit auf unternehmensspezifische Sachverhalte.[707] Während sich buchmäßige Bilanzpolitik noch in ein allgemeines Modell einer mehrperiodigen Planung integrieren lässt, wird dies für reale bilanzpolitische Maßnahmen umso schwieriger. Unternehmen, welche infolge wirtschaftlicher Krisen die Insolvenz anmelden müssen, sind i.d.R. durch Zahlungsschwierigkeiten geprägt.[708] Gerade in diesen wirtschaftlich schwierigen Situationen könnten daher mit hoher Wahrscheinlichkeit reale zahlungsmittelgenerierende bilanzpolitische Maßnahmen wie Sale-and-Lease-Back oder Verkäufe von Vermögensgegenständen eingesetzt werden. Letztlich können Entscheidungsmodelle zwar einen strukturierten Ablauf festlegen und bei verschiedenen zielgerichteten Berechnungen helfen, jedoch wird die bilanzpolitische Einflussnahme stets individuell und aufgrund von Unsicherheit immer periodenspezifisch erfolgen müssen.

5.1.2 Ansatzpunkte und Wirkungsweisen der Bilanzpolitik im Entscheidungsmodell

Soll im Rahmen des Entscheidungsmodells eine effektive Planung der bilanzpolitischen Einflussnahme erfolgen, müssen die Verknüpfungen zwischen den verschiedenen offenzulegenden Informationsmedien beachtet werden. Eine bilanzpolitische Steuerung kann nur zu einer effektiven Suggestion der Bilanzadressaten führen, wenn diese die Rechnungslegungsbeeinflussung nicht erkennen können.[709] Stakeholder werden insb. durch eine Analyse der Wechselwirkungen der beeinflussten Rechnungslegungsbestandteile die Entschlüsselung der bilanzpolitischen Einflussnahme vornehmen. Der handelsrechtliche Jahresabschluss stellt das primäre Objekt der Bilanzpolitik dar. Aus welchen Bestandteilen sich der Jahresabschluss zusammensetzt, ob er geprüft wird und in welcher Form er den Stakeholdern offenzulegen ist, wird durch eine Vielzahl von Faktoren bestimmt.[710] Der Jahresabschluss selbst bildet kein originäres Rechenwerk, sondern wird vielmehr aus der Buchführung (§§ 238 und 239 HGB) und dem Inventar (§§ 240 und 241 HGB) abgeleitet.[711] Kapitalgesellschaften haben die daraus hervorgehende Bilanz und GuV um einen Anhang zu ergänzen (§ 242 Abs. 3 i.V.m. § 264 Abs. 1 HGB).[712] Mittelgroße und große Kapitalgesellschaften müssen zudem einen Lagebericht aufstellen (§ 264 Abs. 1 S. 1 und 4 HGB). Die Aufstellungs- und Offenlegungspflichten hängen primär von der Rechtsform und der Unternehmensgröße ab, können jedoch auch durch

707 Vgl. für einen Überblick über die in der Literatur entwickelten bilanzpolitischen Entscheidungsmodelle Reibis (2005), S. 64–66.
708 Vgl. Sikora (2012), S. 308.
709 Vgl. Küting (2008), S. 766.
710 Vgl. Krag/Mölls (2001), S. 38.
711 Vgl. Moxter (1984), S. 81; Moxter (1986), S. 5–14; Krag/Mölls (2001), S. 38.
712 Vgl. für eine Ausführung der Aufstellungs- und Offenlegungsbestandteile des bilanzpolitischen Instrumentariums Kapitel 5.3.

andere Merkmale wie die Branchenzugehörigkeit des Unternehmens bestimmt werden.[713] Das Gerüst aus der Rechnungslegung kann zudem durch weitere Informationsmedien wie Geschäftsberichte und Internetbekanntmachungen eine Ergänzung erfahren.

Soll ein Konzept der bilanzpolitischen Auswahlstrategie aufgestellt werden, sind zunächst die möglichen bilanzpolitischen Maßnahmen zur Beeinflussung des Jahresabschlusses zu prüfen. Die Bilanz ist mit der GuV quantitativ verbunden, indem bspw. die Höhe der Abschreibung als Aufwand in der GuV die Höhe des Anlagevermögens in der Bilanz bestimmt. Der Anhang soll das Zahlenwerk der Bilanz und GuV erläutern und somit zu einem weiteren Verständnis der wirtschaftlichen Lage beitragen.[714] Er kann genaue Erläuterungen enthalten, wie bspw. die monetäre Angabe von Verbindlichkeiten mit einer Laufzeit von mehr als fünf Jahren (§ 285 Nr. 1a HGB). Er ist jedoch auch oftmals durch vage auslegungsbehaftete Erläuterungspflichten charakterisiert, wie bspw. für die in der Bilanz angewandten Bilanzierungs- und Bewertungsmethoden gem. § 284 Abs. 2 Nr. 1 HGB. Der Lagebericht soll ergänzend den Geschäftsverlauf einschließlich des Geschäftsergebnisses so darstellen, dass ein den tatsächlichen Verhältnissen entsprechendes Bild vermittelt wird (§ 289 Abs. 1 S. 1 HGB). Durch fehlende Konkretisierungen der genauen Bestandteile und des Inhaltes des Lageberichts, bestehen insb. hinsichtlich der Darstellung des Risikos künftiger wirtschaftlicher Entwicklungen des Unternehmens enorme Ermessensspielräume.[715] Zudem werden Unternehmen i.d.R. überwiegend nur die positiven Entwicklungen hervorheben.[716]

Stakeholder versuchen, eine bilanzpolitische Einflussnahme aufzudecken, um die tatsächliche wirtschaftliche Lage des Unternehmens zu entschlüsseln. Die Kompetenzen der Stakeholder hinsichtlich der Aufdeckung von Bilanzpolitik werden je nach Zielgruppe jedoch unterschiedlich ausfallen.[717] Der Einsatz der unterschiedlichen Informationsmedien findet demnach in Abhängigkeit des Know-hows der einzelnen Stakeholder statt. Für Kreditinstitute als bedeutende Stakeholder repräsentieren bei der Bonitätsbeurteilung die aus dem Jahresabschluss abgeleiteten quantitativen Faktoren weiterhin den gewichtigsten Teil.[718] Sie werden die Anhangsangaben intensiv auf mögliche bilanzpolitische Verfälschungen studieren.[719] Dahingehend ist es notwendig, im Rahmen der Detailplanung des Entscheidungsmodells, die Entdeckungsmöglichkeiten der Stakeholder bei der Planung miteinzubeziehen. Die Wechselbeziehung zwischen der Stakeholderbeeinflussung durch

---

713 Vgl. Krag/Mölls (2001), S. 38–47.
714 Vgl. Philipps (2014), S. 1.
715 Vgl. Keim (2006), S. 29.
716 Vgl. Riebell (2009), S. 105.
717 Vgl. Wagenhofer/Ewert (2015), S. 278.
718 Vgl. Sander (2015), S. 46.
719 Vgl. Sander (2015), S. 71.

die veröffentlichten Informationsgrundlagen und deren Entdeckungsansätze stellt sich vereinfachend wie folgt dar:

Abbildung 20: Wechselbeziehung zwischen veröffentlichter Rechnungslegungsinformation und Stakeholder

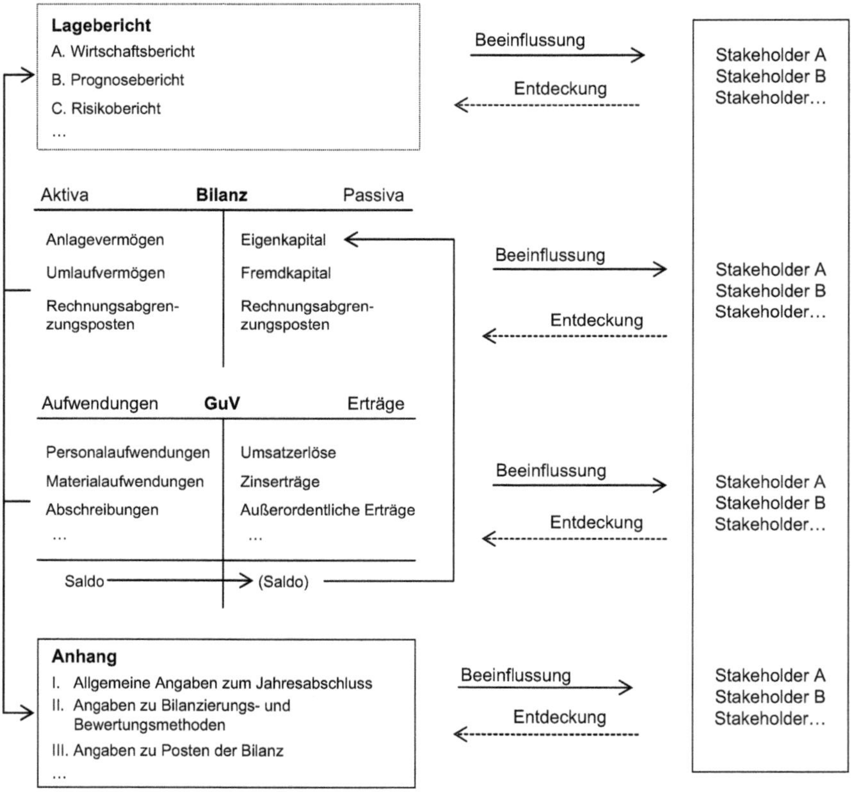

Aufgrund der Unmöglichkeit des Gesetzgebers, die Vielzahl aller individueller Geschäftsvorfälle zu regeln, wird die Rechnungslegung stets durch die Existenz bilanzpolitischer Möglichkeiten gekennzeichnet sein.[720] Um die möglichen Entdeckungsverfahren der Bilanzpolitik verstehen zu können, ist es unabdingbar, sich einen Überblick über die bilanzpolitischen Maßnahmen in der jeweils geltenden Rechnungslegung zu verschaffen. Eine Analyse bilanzpolitischer Maßnahmen kann nicht automatisiert erfolgen und wird stets eine Individualanalyse bleiben. So kann oftmals nicht genau klassifiziert werden, ob Verkäufe von Vermögensgegenständen

720 Vgl. Küting (2008), S. 750.

mit einer verbundenen Aufdeckung stiller Reserven dem normalen Geschäftsbetrieb zuzuordnen sind oder ihre Motivation rein bilanzpolitischer Natur ist. Auch sind Begrenzungen der Bilanzpolitik durch weitere Faktoren möglich. Bspw. kann handelsrechtlich die Wahl des Abschlussstichtages ebenfalls als bilanzpolitische Maßnahme angesehen werden. Diese freie Entscheidung ist jedoch bei einer Umstellung auf ein Wirtschaftsjahr, welches von dem Kalenderjahr abweicht, unter steuerrechtlichen Gesichtspunkten nur möglich, wenn das Finanzamt dem Wechsel zustimmt (§ 4a Abs. 1 S. 2 Nr. 2 S. 2 EStG). Um bilanzpolitische Maßnahmen wirkungsvoll einzusetzen sowie diese auch aufdecken zu können, sind neben deren Wirkungsweisen daher auch deren Offenlegungspflichten zu kennen, welche die Informationsvermittlung und somit das Entdeckungspotenzial an die Stakeholder festlegen.[721]

5.2 Methoden zur Entdeckung von Bilanzpolitik

5.2.1 Einführung in die Verfahren zur Messung der Bilanzpolitik

Allgemein betrachtet stellt die Bilanzpolitik eine Maßgröße für die Rechnungslegungsqualität dar.[722] Aussagen über die Art und den Umfang der von den Unternehmen betriebenen Bilanzpolitik bereiten Forschung und Praxis nach wie vor große Schwierigkeiten.[723] Unabhängig von dem angewandten Entdeckungsverfahren müssen bilanzpolitisch intendierte Maßnahmen von den gewöhnlichen Geschäftsvorfällen abgegrenzt werden. Übergeordnet können analytische und mathematisch-statistische Verfahren unterschieden werden.[724] Analytische Verfahren fokussieren nur wenige oder ein einziges Unternehmen. Sie versuchen möglichst viele Informationsmedien in die Analyse mit einzubeziehen, wobei dem Anhang ein besonders hoher Stellenwert zugesprochen wird.[725] Viele ausgeübte Wahlrechte sind pflichtgemäß im Anhang darzustellen. Zudem werden Methodenbeschreibungen verlangt, welche partiell quantitative Wirkungsangaben beinhalten. Auch kann der Anhang vereinzelt Angaben über Ermessensspielräume enthalten, z.B. durch Erläuterungen

---

721 Aus Vereinfachungsgründen wird von faktischen Machtverhältnissen interner und externer Stakeholder, welche zu einem erweiterten Informationszugang führen, abstrahiert.

722 Vgl. für Ausführungen und Studien zur Messung der Rechnungslegungsqualität, bzw. der im internationalen Sprachgebrauch verwendete Terminus *Earnings Quality*, durch die verschiedenen Maßgrößen Wagenhofer/Dücker (2007), S. 263–297; Charitou u.a. (2011), S. 158–181. Vgl. für einen umfassenden Literaturüberblick über die verschiedenen Proxy-Variablen für die Rechnungslegungsqualität Dechow u.a. (2010), S. 344–401.

723 Vgl. Wagenhofer/Ewert (2015), S. 276.

724 Vgl. Goncharov (2005), S. 37. Goncharov bezieht zudem eine dritte Kategorie der neuronalen Netzwerke mit ein, welche sich jedoch auf die Separierung gefälschter Jahresabschlüsse bezieht.

725 Vgl. Lachnit (2004), S. 93f.

zu ungewöhnlichen und außerordentlichen Posten.[726] Durch eine individuelle Betrachtung können die qualitativen Informationen aus dem Anhang wirkungsvoll zu einer Ableitung bilanzpolitischer Einflussnahme beitragen.[727] Nachteile ergeben sich durch den hohen Zeitaufwand der Analyse, die fachlichen Anforderungen an den Analytiker sowie die begrenzte allgemeine Aussagefähigkeit aufgrund der geringen Stichprobe. Zudem können nur die Richtung und die Ansatzpunkte der bilanzpolitischen Gestaltung erkannt werden, die quantitative Auswirkung auf das Jahresergebnis ist i.d.R. nur vage einschätzbar.[728]

Indizien für eine betriebene Bilanzpolitik können neben den Erläuterungen im Anhang auch sog. Red Flags geben. Diese stellen sich durch verschiedene Sachverhalte dar, welche ein Signal für eine bilanzpolitische Einflussnahme verkörpern, wie bspw. ein Managementwechsel oder ungewöhnliche Einmaleffekte in der Rechnungslegung.[729] Dichev u.a. (2013)[730] haben in ihrer Studie 169 Geschäftsführer befragt, welche Red Flags sie für eine Verschleierung der wirtschaftlichen Situation als besonders entscheidend ansehen. Das am häufigsten genannte und nach Ansicht der Geschäftsführer bedeutendste Indiz ist demnach ein Auseinanderfallen der aus Periodenabgrenzungen resultierenden Erfolgsgröße des Jahresergebnisses und der zahlungsstrombasierten Größe des operativen Cash Flows.[731] Auf den Erkenntnissen der Red Flags können für die vorangeführte analytische Methode zur Entschlüsselung der Bilanzpolitik Kennzahlen als Indikatoren abgeleitet werden. Die Indizienkennzahlen komplettieren die analytische Betrachtung des Anhangs durch die Analyse der Proportions- und Strukturveränderungen innerhalb der Rechenwerke. Überdies werden Kennzahlen aufgrund ihres numerischen Charakters primär der quantitativ ausgerichteten Analyse dienlich sein.

In dem Bereich der mathematisch-statistischen Verfahren können aggregierte Verfahren und spezifische Verfahren unterschieden werden.[732] Spezifische Verfahren sind kennzahlenbasiert und konzentrieren sich auf eine spezifische Position im Jahresabschluss. Fokussiert werden bspw. Abschreibungen,[733] welche sich oftmals in ermessensbehafteten Wertberichtigungen von Forderungen ausdrücken.[734] Die Kennzahlen symbolisieren verknüpfte Relationen von Bestandteilen der Rechenwerke, z.B. die Veränderung der Forderungen oder der Vorräte in Relation zu den Veränderungen der Umsatzerlöse.[735] Nachfolgend werden die Relationen statistisch

726 Vgl. Wagenhofer/Ewert (2015), S. 278.
727 Vgl. Lachnit (2004), S. 106.
728 Vgl. Lachnit (2004), S. 106.
729 Vgl. Melumad/Nissim (2008), S. 104.
730 Vgl. Dichev u.a. (2013a), S. 1–33.
731 Vgl. Dichev u.a. (2013a), S. 28.
732 Vgl. McNichols (2000), S. 317.
733 Vgl. Bartov u.a. (1998), S. 327–346; Strong/Meyer (1987), S. 643–661.
734 Vgl. McNichols/Wilson (1988), S. 1–31.
735 Vgl. Cohen u.a. (2004), S. 1–44.

mit der zugehörigen Kontrollgruppe auf signifikante Unterschiede überprüft.[736] Der Vorteil von spezifischen Verfahren ist, dass die spezielle Position eingehender analysiert werden kann und einfachere Interpretationen möglich sind. Das Vorhandensein einer bilanzpolitischen Einflussnahme bei einem einzigen Posten kann hingegen die Wahrscheinlichkeit für eine Manipulation auch weiterer Posten nicht begründen. Wird keine bilanzpolitische Einflussnahme gemessen, kann wiederum nicht geschlussfolgert werden, dass keine Bilanzpolitik betrieben wurde.[737]

Für derartige allgemeine Schlussfolgerungen sind oftmals aggregierte Verfahren geeignet, welche in bestimmten Situationen bei einer großen Stichprobe Bilanzpolitik nachzuweisen versuchen. Auf einer aggregierten Ebene können Periodenabgrenzungsmodelle und Verteilungsmodelle unterschieden werden.[738] Periodenabgrenzungsmodelle versuchen mit Hilfe von Schätzverfahren normale Periodenabgrenzungen abzuleiten, welche der Rechnungslegung inhärent sind und im normalen Geschäftsablauf bestehen. Durch einen Vergleich der gesamten Periodenabgrenzungen des Unternehmens in der jeweiligen Periode, werden anschließend die rein durch bilanzpolitischen Einfluss entstandenen Periodenabgrenzungen separiert. Verteilungsmodelle versuchen dagegen oftmals um einen bestimmten Schwellenwert herum Diskontinuitäten ausgewiesener Ergebnisgrößen für die Identifizierung zu entschlüsseln.[739] Entspricht die Verteilung der Ergebnisgröße nicht den üblichen Erwartungen, kann dies auf Bilanzpolitik hindeuten.[740] Verteilungsmodelle benötigen im Vergleich zu Periodenabgrenzungsmodellen eine geringere Detailliertheit der Datengrundlage, sind jedoch aufgrund fehlender Berücksichtigung von Unternehmenscharakteristika in ihrer Aussagekraft eingeschränkt.[741]

5.2.2 Analytische Verfahren zur Einschätzung von Bilanzpolitik

5.2.2.1 Individualanalyse

Analytische Verfahren betrachten im Rahmen einer Individualanalyse nur ein oder wenige Unternehmen hinsichtlich der betriebenen Bilanzpolitik.[742] Die zielgerichtete Untersuchung nur eines einzigen Unternehmens wurde in den vergangenen Jahren zunehmend in der Fraud-Forschung eingesetzt. Die Intention derartiger Untersuchungen ist es, im Nachhinein Ursachen und mögliche Symptome großer

736 Vgl. Beaver/Engel (1996), S. 177–206.
737 Vgl. Ronen/Yaari (2008), S. 451.
738 Vgl. McNichols (2000), S. 317.
739 Vgl. Degeorge u.a. (1999), S. 1–33.
740 Vgl. Wagenhofer/Ewert (2015), S. 285.
741 Vgl. Szczesny (2007), S. 117f.
742 Vgl. für analytische Studien Weber/Raab (2012), S. 467–489; Jorissen/Otley (2010), S. 3–38.

Bilanzskandale zu entschlüsseln.[743] Die Bilanzpolitikforschung fokussierte bereits in ihren Anfängen Veränderungen innerhalb der Ansatz- und Bewertungsmethoden, welche in ihrer Konzeption eine größere Anzahl von Unternehmen für die Analyse ermöglichen.[744] In Deutschland wurde die Individualanalyse durch Kreditinstitute bereits frühzeitig in einer standardisierten Form zur Beurteilung der Bonität von Unternehmen eingesetzt.[745] Die Individualanalyse wird zudem als unerlässlicher Bestandteil der qualitativen Bilanzanalyse angesehen.[746] Primärobjekte der Individualanalyse sind der Jahresabschluss, zzgl. eines Lageberichtes und ggf. eines Erläuterungsberichtes des Wirtschaftsprüfers.[747] Zudem können weitere Hintergrundinformationen wie Geschäftsberichte, Unternehmensveröffentlichungen und Internetrecherchen hinzugezogen werden.[748] Da die zusätzlichen Informationsmedien einen erheblichen zeitlichen Recherche- und Analyseaufwand hervorrufen und nur bedingt Aussagen über bilanzpolitische Einflussnahmen enthalten, werden i.d.R. nur die veröffentlichungspflichtigen Informationen aus der Rechnungslegung des Unternehmens herangezogen.[749]

Die Aufgabe des Anhangs und Lageberichts ist es, die Lücke zwischen den mathematisch abstrakten Angaben in der Bilanz und GuV für einen Einblick in die tatsächliche Vermögens-, Finanz- und Ertragslage zu schließen.[750] Dem Anhang und Lagebericht wird in der Bilanzanalyse zur Beurteilung der wirtschaftlichen Lage eine Schlüsselfunktion zugesprochen,[751] da oftmals erst durch die verbale Erklärung der Bilanz- und GuV-Positionen der rechtmäßige Sinn in Erscheinung tritt.[752] Beide der qualitativen Informationsmedien beinhalten ein enormes Analysepotenzial,[753] wobei dem Anhang im Hinblick auf die Bilanzpolitik zweifelsohne eine größere Rolle zugesprochen wird.[754] Es wird jedoch notwendig, die Komplexität der verbalen

743 Vgl. Benston/Hartgraves (2002), S. 105–127; Baker/Hayes (2004), S. 767–785; Peemöller/Hofmann (2005); Henselmann/Hofmann (2010); Li (2010), S. 37–41; Bhasin (2013), S. 26–38.

744 In verschiedenen Studien wurden die Veränderungen in den Ansatz- und Bewertungsmethoden zudem statistisch auf Signifikanz überprüft. Vgl. zu Studien in diesem Bereich Cushing (1969), S. 196–203; Moore (1973), S. 100–107; Moses (1987), S. 358–377; Beatty/Weber (2003), S. 119–142; Atik (2009), S. 591–613; Enomoto (2015), S. 1–41.

745 Vgl. Riebell (1974), S. 15 und 325–328.

746 Vgl. Küting (2006), S. 2754.

747 Vgl. Born (2008), S. 29.

748 Vgl. Weber/Raab (2012), S. 470; Lachnit (2004), S. 95.

749 Vgl. Lachnit (2004), S. 93f.; Born (2008), S. 29; Weber/Raab (2012), S. 470.

750 Vgl. Küting/Weber (2012), S. 403.

751 Vgl. Russ (1986), S. 19 und 65.

752 Vgl. Walb (1938), S. 13.

753 Vgl. Werner (1990), S. 370.

754 Vgl. Lachnit (2004), S. 94.

Berichtsbestandteile auf die zielgerichtete Analyse bilanzpolitscher Einflussnahme zu reduzieren. Zunächst wird der Anhang hinsichtlich bilanzpolitisch relevanter Methoden- und Positionserläuterungen zu den Rechenwerken des Jahresabschlusses untersucht.[755] Hierzu werden in einem ersten Schritt die eindeutig erläuterten Ansatz- und Bewertungswahlrechte identifiziert. In einem nächsten Schritt sind Hinweise auf die Nutzung von Ermessensspielräumen zu sammeln.[756] Derartige Anhaltspunkte entstammen aus Erläuterungen zu bestimmten Posten der Rechenwerke, wie bspw. den sonstigen betrieblichen Erträgen/Aufwen-dungen, den Abschreibungen oder den Rückstellungen.[757] Um die Bilanzpolitik auf Basis der gesammelten Anhangangaben letztlich zusammenfassend beurteilen zu können, bietet es sich an, ein Profil der Bilanzpolitik aufzustellen.[758] Das Profil teilt tabellarisch die Ausübung der Rechnungslegung in eine bilanzpolitisch progressive, bilanzpolitisch konservative oder in eine normale Auslegung auf.[759] Die verschiedenen Klassifizierungen können zudem bei der Beurteilung subjektiv auf die Stärke ihrer Auswirkungen eingestuft werden.[760] In vielen Fällen, wie bspw. der Wahl zwischen einer Aktivierung oder alternativen Aufwandsverbuchung, wird es jedoch nur zwei Ausprägungen der Erfassung in der Rechnungslegung geben. Diese sind entweder einer progressiven oder konservativen Rechnungslegungsausübung zuzuordnen. In einem solchen Fall kann zwar die bilanzielle Wirkung der Maßnahme festgestellt werden. Eine Schlussfolgerung, ob eine ergebniserhöhende oder -vermindernde Bilanzpolitik mit dem Ziel der Verhaltensbeeinflussung betrieben wurde oder die Bilanzierung nur dem normalen Bilanzierungsverhalten des Unternehmens entspricht, ist ohne weitere Vergleiche jedoch nicht möglich. Für diese Einstufung bietet es sich an, empirisch mit Hilfe von Vergleichsunternehmen eine sog. Normbilanzierung abzuleiten, welche das gewöhnliche Bilanzierungsverhalten dieser Kategorie von Unternehmen widerspiegelt.[761] Ein weiterer Schritt, eine mögliche bilanzpolitische Intention des Bilanzierungsverhaltens abzuleiten, ist eine Zeitreihenanalyse. Zu diesem Zweck ist im Rahmen einer mehrperiodigen Betrachtung eine Ausgangsbilanzierung als Vergleichsmaßstab zu Grunde zu legen. Werden in der Zeitreihe Änderungen hinsichtlich der ausgeübten Ansatz- und Bewertungsverfahren identifiziert, können diese ein starkes Indiz der bilanzpolitischen Einflussnahme symbolisieren.[762]

755 Vgl. Lachnit (2004), S. 94.
756 Vgl. Lachnit (2004), S. 94.
757 Vgl. Lachnit (2004), S. 94.
758 Vgl. Born (2008), S. 29.
759 Vgl. Born (2008), S. 31; Lachnit (2004), S. 104f.
760 Vgl. Küting/Weber (2012), S. 412.
761 Vgl. Lachnit (2004), S. 102; Küting/Weber (2012), S. 412.
762 Vgl. Lachnit (2004), S. 97.

Zusätzlich zu der Erläuterung von bilanzpolitisch material ausgerichteten Ansatz- und Bewertungswahlrechten, kann durch die Anhangsanalyse auch die reale und formale Bilanzpolitik analysiert werden. Neben wesentlichen außerordentlichen Geschäftsvorfällen, welche im Anhang erläutert werden müssen, finden sich im Lagebericht auch Informationen über reale bilanzpolitische Prozesse, bspw. in Form von Unternehmensumstrukturierungen, wieder. Der formalen Bilanzpolitik wird allgemein ein geringerer Stellenwert zugemessen.[763] In wirtschaftlichen Krisenzeiten ist jedoch ebenfalls der Einsatz formaler Bilanzpolitik zur Verschleierung der ungünstigen Unternehmenslage durch Ausübung von Gliederungswahlrechten oder einer restriktiveren Informationspolitik in Form von undifferenzierten und ungenauen Erläuterungen möglich.[764] Der Analyse der formalen Bilanzpolitik kann zwar kein eigenständiger Aussagewert zugesprochen werden, gleichwohl sollte sie zur Validierung der Ergebnisse für die anderen bilanzpolitischen Einflussnahmen Anwendung finden.[765]

Neben dem Anhang kann auch der Lagebericht zur Beurteilung bilanzpolitischer Einflussnahme herangezogen werden. Der Lagebericht eignet sich für den Bilanzersteller insb. aufgrund seiner zukunfts- und wertorientierten Informationspflichten für detaillierungs- und gestaltungsbezogene Bilanzpolitik.[766] Zur bilanzpolitischen Beurteilung des Lageberichtes sind die unternehmensseitigen Einschätzungen der Branchenentwicklung auf Plausibilität hin zu untersuchen und mit externen Quellen abzugleichen.[767]

In Anhang und Lagebericht können aus verschiedensten verbalen Elementen und Ausdrucksweisen Indizien für eine betriebene Bilanzpolitik gefolgert werden. Für eine Untersuchung der verbalen Berichterstattung kann die Semiotik dienlich sein.[768] Sie analysiert im Rahmen einer Inhaltsanalyse folgende drei Teilbereiche:

- Zusätzliche Informationen aus dem Präzisionsgrad der Aussagen (syntaktische Ebene),
- Rückschlüsse aus dem Grad der freiwilligen Berichterstattung (pragmatische Ebene) und
- Erkenntnisse aus der präferierten Wortwahl (semantische Ebene).[769]

---

763 Vgl. Fink/Reuther (2010), S. 9.
764 Vgl. Küting/Weber (2012), S. 407.
765 Vgl. Küting/Weber (2012), S. 407.
766 Vgl. Fink/Reuther (2010), S. 9.
767 Vgl. Riebell (2009), S. 105.
768 Vgl. Küting/Weber (2008), S. 732.
769 Vgl. Jäckel/Poppe (2000), S. 90; Küting/Weber (2012), S. 415. Vgl. zur qualitativen Inhaltsanalyse Kuckartz (2014); Mayring (2015).

Die syntaktische Ebene unterscheidet hinsichtlich des Präzisierungsgrades von Aussagen fünf Kategorien.[770] Punktaussagen enthalten Angaben über exakte Zahlen oder Veränderungsmaßstäbe. Intervallaussagen nehmen hingegen nur eine zahlenmäßige Bereichsangabe vor. Komparative Aussagen beschreiben eine metrische Skalierung wie bspw. größer oder kleiner, während qualitative Aussagen eine Wertung vornehmen. Zudem gibt es nicht eindeutig zu klassifizierende Aussagen.[771] Bei der Beurteilung der Bilanzpolitik auf syntaktischer Ebene gilt der Grundsatz, dass je präziser die Berichterstattung gewählt ist, desto eher entspricht das vermittelte Bild der tatsächlichen wirtschaftlichen Lage des Unternehmens.[772]

Der Gesetzgeber schreibt nur einen Mindestrahmen für die Berichterstattung im Anhang und Lagebericht vor. Die Pflichtangaben können durch freiwillige Angaben ergänzt werden, welche wie die Mindestangaben der Prüfung des Wirtschaftsprüfers unterliegen.[773] Den Grad der freiwilligen Berichterstattung definiert die pragmatische Ebene. Die Grenze der zusätzlichen Angaben wird gezogen, wenn das Prinzip der Klarheit und Übersichtlichkeit (§ 243 Abs. 2 HGB) verletzt wird.[774] Entsprechend der syntaktischen Ebene gilt auch auf dieser Ebene die Zurückhaltung von Informationen als Indiz für eine Verschleierung der tatsächlichen wirtschaftlichen Lage. Begründet wird dies durch die eingeschränkten Informationen über die Unternehmenslage und gleichsam auch über die angewandte Bilanzpolitik.[775]

Die semantische Analyse versucht Erkenntnisse aus der ausgewählten Wortwahl zu ziehen. Auch die semantische Analyse kann mit Hilfe einer Inhaltsanalyse vorgenommen werden.[776] So können Wörter in Kategorien eingeteilt werden, um positive von negativen Äußerungen zu separieren.[777] In einem Vergleich der Wortwahl mit einer Kontrollgruppe oder unter einer unternehmensinternen Zeitreihenbetrachtung, können bei starken Diskrepanzen Indizien für eine bilanzpolitische Einflussnahme abgeleitet werden.

Im Rahmen der semiotischen Analyse des Anhangs und Lageberichts ist jedoch zu beachten, dass die Formulierungen nicht immer mit einer bilanzpolitischen Intention vorgenommen worden sein müssen.[778] Insb. im Anhang, aber auch in dem Lagebericht ist zu vermuten, dass sich die Bilanzersteller bestimmten Musterformulierungen bedienen und diese nur partiell anpassen.[779] Ebenfalls ist ein Einfluss

---

770 Vgl. Sorg (1988), S. 384.
771 Vgl. Küting/Weber (2008), S. 733.
772 Vgl. Küting/Weber (2012), S. 416.
773 Vgl. Küting/Weber (2012), S. 417.
774 Vgl. Oser/Holzwarth (2011), Rn. 4.
775 Vgl. Küting/Weber (2012), S. 418.
776 Vgl. Zentes/Swoboda (2001), S. 226.
777 Vgl. Schmidt (1981), S. 372.
778 Vgl. Werner (1990), S. 374.
779 Vgl. zu Musterformulierungen von Anhang und Lageberichten Farr (2012a); Farr (2012b); Farr (2013).

des Wirtschaftsprüfers auf verschiedene Formulierungen denkbar.[780] Demnach ist festzustellen, ob durch die semiotische Analyse ein eindeutiger Kausalbezug zur bilanzpolitischen Einflussnahme identifiziert werden kann oder ob nur Indizien im Rahmen einer Signalfunktion abgeleitet werden können.

Bei der analytischen Untersuchung der Bilanz und GuV als quantitatives Informationsmedium, werden die Proportioniertheit von Postenveränderungen im Zeitablauf und die relative Üblichkeit der Maßnahmen und Strukturveränderungen im überbetrieblichen Vergleich fokussiert.[781] Eine Kennzahl, welche die Proportioniertheit von Posten im Zeitablauf misst, stellt bspw. die Debitorenlaufzeit dar. Die Debitorenlaufzeit gibt das in Tagen ausgedrückte Zahlungsziel an, welches durchschnittlich in Anspruch genommen wurde:[782]

$$\text{Debitorenlaufzeit}_{i,t} = \frac{\text{Ford}_{i,t}^{\text{LuL}} \cdot 360}{U_{i,t}} \tag{9}$$

Mit:

$\text{Ford}_{i,t}^{\text{LuL}}$ = Forderungen aus Lieferungen und Leistungen von Unternehmen i in Periode t

$U_{i,t}$ = Umsatzerlöse von Unternehmen i in Periode t

Eine hohe bzw. deutlich steigende Debitorenlaufzeit kann darauf hindeuten, dass Unternehmen die Wertberichtigungen zweifelhafter Forderungen im Rahmen ihres Ermessensspielraumes unterlassen oder zu gering durchführen. Ferner kann dies auch ein Indiz für Reklamationen und Unzufriedenheit von Kunden darstellen, wofür eine ausreichende Abschreibung oder Rückstellungsbildung unterblieben ist.[783]

Auch Informationen aus Jahresabschluss und Lagebericht, welche nicht direkt bilanzpolitische Maßnahmen identifizieren, können der Analyse dienlich sein. Direkte und oftmals eindeutige Hinweise können Einschränkungen oder zusätzliche Vermerke in Bestätigungsvermerken der Wirtschaftsprüfer liefern. Zudem sollten die Erkenntnisse aus der internationalen Forschung bezüglich möglicher Einflussfaktoren auf die Bilanzpolitik berücksichtigt werden.[784] Situationsbedingte Einflussfaktoren wie ein Managementwechsel können auch im Rahmen eines analytischen Verfahrens durch eine multivariate Analyse auf ihren Effekt hinsichtlich der bilanzpolitischen Einflussnahme hin überprüft werden.[785]

Letztlich ist durch eine zusammenfassende Beurteilung der gesammelten Informationen eine Aussage über die Bilanzpolitik zu treffen. Es bietet sich an, die Gesamtwürdigung der bilanzpolitischen Einflussnahme in verschiedene Kategorien

780 Vgl. Jäckel/Poppe (2000), S. 91.
781 Vgl. Lachnit (2004), S. 94.
782 Vgl. Riebell (2009), S. 55.
783 Vgl. Riebell (2009), S. 108.
784 Vgl. Kapitel 4.3.
785 Vgl. Moore (1973), S. 100–107.

einzuteilen. Eine mögliche Kategorisierung kann dahingehend erfolgen, ob eine bilanzpolitische Richtung ausschließlich, eindeutig überwiegend oder nur überwiegend durchgeführt wurde und ob die bilanzpolitische Strategie überhaupt klassifiziert werden kann.[786]

5.2.2.2 Entwicklung eines standardisierten analytischen Messmodells

Ein kategorisiertes Profil der Bilanzpolitik bildet die notwendige Basis, um die qualitativ zu bewertenden bilanzpolitischen Maßnahmen zu einer Gesamtaussage über die betriebene Bilanzpolitik zusammenzuführen. Im Folgenden wird ein Profil für eine standardisierte mehrperiodige Analyse für die Untersuchung einer größeren Anzahl von Unternehmen konzipiert. Die zu untersuchende Datengrundlage bilden somit die offenzulegenden Einzelabschlüsse und Lageberichte von mittelgroßen und großen Kapitalgesellschaften zzgl. haftungsbeschränkter Personengesellschaften (gem. § 264a Abs. 1 HGB). Das hergeleitete analytische Messmodell kann jedoch problemlos auf andere Rechtsformen, Größenkategorien oder auch Weiterentwicklungen in der Rechnungslegung angepasst werden.

Die Informationsgrundlage des analytischen Messmodells ist aufgrund ihres mehrperiodigen Fokus durch Paneldaten gekennzeichnet. Paneldaten charakterisieren sich dadurch, dass für mehrere Untersuchungseinheiten jeweils mindestens zwei Messungen vorliegen und die Zeitintervalle zwischen den Messpunkten bei allen Versuchseinheiten identisch sind.[787] Unter einem querschnittsbezogenen Blickwinkel werden somit die Betrachtungsunternehmen mit den zu untersuchenden Merkmalsausprägungen, einer Kontrollgruppe gegenübergestellt. Die verschiedenen Maßnahmen sind stets mit einer auf die Größe und Branche normierten Kontrollgruppe zu vergleichen, da die Maßnahmen nicht gleichermaßen allen Unternehmen zur Verfügung stehen.[788] Die Normierung der Kontrollgruppe wird im Ausgangsjahr branchenspezifisch anhand einer engen Auslegung der gesetzlichen Größenkriterien Umsatz, Mitarbeiter und Bilanzsumme durchgeführt.[789] Im Rahmen der Zeitreihenbetrachtung kommt dem Profil der Rechnungslegung ein hoher Stellenwert zu,[790] da eine Änderung der Bilanzierungspraxis in nachfolgenden Perioden ein direktes Indiz für eine bilanzpolitische Einflussnahme darstellt. Zusätzlich zur Überprüfung der mehrperiodigen Rechnungslegungsausübung des Betrachtungsunternehmens, findet ein periodenbezogener Vergleich zur Kontrollgruppe statt. Des Weiteren wird in dem Messmodell jedem Betrachtungsunternehmen ein einzelnes normiertes Kontrollunternehmen gegenübergestellt. Dies ist insb. für die semiotische Analyse der formalen Bilanzpolitik unabdingbar, da sich die verbalen Erläuterungen nur in einem direkten Vergleich zweckmäßig beurteilen lassen.

---

786 Vgl. Küting/Weber (2012), S. 412.
787 Vgl. Giesselmann/Windzio (2012), S. 9.
788 Vgl. Lachnit (2004), S. 94.
789 Vgl. zur Normierung Kapitel 6.1.
790 Vgl. Lachnit (2004), S. 106.

Die Bearbeitungsvorlage wird in sieben Kategorien eingeteilt:

I. Unternehmensinformationen,
II. Materiale Bilanzpolitik,
III. Reale Bilanzpolitik,
IV. Formale Bilanzpolitik,
V. Kennzahlenanalyse,
VI. Zusatzinformationen und
VII. Zusammenfassende Beurteilung.

In der Kategorie der Unternehmensinformationen werden die für die Untersuchung relevanten Unternehmenscharakteristika erfasst. Charakteristika können bspw. die nach dem Handelsgesetzbuch definierte Unternehmensgröße sein, welche insb. die pflichtgemäß aufzustellenden und offenzulegenden Anhangsangaben des Unternehmens festlegen. Überdies bestimmt die Branche des Unternehmens verschiedene Bilanzrelationen wie z.B. die Höhe des Anlagevermögens in Relation zur Bilanzsumme.

Die nachfolgenden Kategorien II. bis V. versuchen die Ausübung der Rechnungslegung durch die Profilerstellung in eine beurteilbare bilanzpolitische Einschätzung zu kategorisieren. Eine Vielzahl der Ausprägungen kann einen eindeutigen Charakter haben. Ändert sich die Ausübung eines Aktivierungswahlrechts im Zeitablauf, ergibt sich ein eindeutig progressiv wirkender bilanzpolitischer Aussagewert. Hingegen sind andere Maßnahmen, insb. im Bereich der Semiotik, erst in einen beurteilbaren Charakter umzuwandeln. So bietet es sich auf dieser Ebene an, die Beurteilungen in die Ausprägungen *gering, mittel* und *hoch* zu kategorisieren. Die aus den Ausprägungen schlussfolgernde Bewertung der Bilanzpolitik soll anhand der drei Kategorien +, - und 0 erfolgen. Kann die Bilanzpolitik eindeutig eingeschätzt werden, wird diese bei progressiver Einflussnahme mit + und bei konservativer mit - beschrieben. Eine neutrale Bilanzierung bzw. nicht beurteilbare Bilanzierung wird mit 0 gekennzeichnet. Zudem werden progressive oder konservative Maßnahmen in Klammern gesetzt, wenn auf die Intention der Maßnahme nicht geschlossen werden kann. Dieser Fall tritt ein, wenn bereits bei der Ausgangsbilanzierung die Ausübung der Rechnungslegung in eine Richtung erfolgt, jedoch in einem Querschnitts- oder Längsschnittvergleich keine Veränderung zur Kontrollgruppe oder über die Zeitreihe festgestellt werden kann. Die Maßnahmen wirken sich zwar bilanziell aus, es kann jedoch keine zielgerichtete Verhaltensbeeinflussung daraus geschlussfolgert werden. Das Bewertungsschema stellt sich wie folgt dar:

Abbildung 21: Bewertungsschema für die standardisierte analytische Bilanzpolitikbewertung

I. Unternehmensinformationen
Name: Muster-GmbH (M-GmbH)
Kontrollunternehmen: K-GmbH
Branche: Herstellung von Metallerzeugnissen
Größenordnung: Mittelgroße Kapitalgesellschaft (§ 267 Abs. 2 HGB)
...

Muster-GmbH		+ = Progressiv; - = Konservativ; nv = keine Angabe; / = keine Veränderung; o = nicht beurteilbar; ( ) = Wirkung progressiv oder konservativ, Intention jedoch unklar							
Nr.	Jahresabschluss/Lagebericht	Normbilanzierung Vergleichsgruppe		Ausgangsbilanzierung M-GmbH in Periode t-1		Periode t		Periode t+n	
II. Materiale Bilanzpolitik									
1	Abschreibungsmethode abnutzbare VG (§ 284 Abs. 2 Nr.1 HGB)	degressiv	(-)	degressiv	(-)	linear	+	/	(+)
	K-GmbH								
2	Abschreibungsdauer entgeltlich erworbener FW (§ 285 Nr. 13 HGB)	5 Jahre	o	8 Jahre	+	/	(+)	/	(+)
	K-GmbH								
3	Aktivierung von GWGs bis 410€ im Sammelposten (§ 284 Abs. 2 Nr.1 HGB)	Sammelposten	(+)	Sammelposten	(+)	/	(+)	/	(+)
	K-GmbH								
...	...								
III. Reale Bilanzpolitik									
1	Sale-and-Lease-Back	Nein	o	Nein	o	Ja	+	Nein	o
	K-GmbH								
...	...								
IV. Formale Bilanzpolitik									
1	Saldierung aktiver und passiver latenter Steuern	Ja	(+)	Ja	(+)	Ja	(+)	Ja	(+)
	K-GmbH								
2	Zutreffende Darstellung wirtschaftlicher Aussichten im Prognosebericht?	Ja	o	Ja	o	Ja	o	Nein	+
	K-GmbH								
3	Syntaktische Beurteilung	mittel	o	mittel	o	mittel	o	gering	+
	K-GmbH								
...	...								
V. Kennzahlenanalyse									
1	$Abschr_{i,t}^{index} = \frac{(Abschr_{i,t-1}/(Abschr_{i,t-1}+SAV_{i,t-1}))}{(Abschr_{i,t}/(Abschr_{i,t}+SAV_{i,t}))}$	nv	o	nv	o	1,0	o	1,2	+
	K-GmbH								
...	...								
VI. Weitere relevante Informationen aus Jahresabschluss und Lagebericht									
1	Bestätigungsvermerk	Uneingeschränkt		Uneingeschränkt		/		Eingeschränkt: EWB evtl. zu niedrig	
	K-GmbH								
2	Managementwechsel	nv		Ja		/		/	
	K-GmbH								
...	...								
VII: Zusammenfassende Beurteilung:									
Periode t:									
Periode t+n:									

Entgegen der in der Literatur oftmals vorgenommenen Zweiteilung der Maßnahmen in eindeutig beurteilbare Maßnahmen und Maßnahmen, welche der Normbilanzierung zuzuordnen sind,[791] soll in diesem Konzept eine dreistufige Einteilung verwendet werden:

a) Wirkungsentfaltende beurteilbare bilanzpolitische Maßnahmen,
b) wirkungsentfaltende nicht-beurteilbare bilanzpolitische Maßnahmen und
c) nicht beurteilbare Bilanzpolitik.

Viele Maßnahmen können sich zwar bilanziell progressiv oder konservativ auswirken, werden aber bei einer zur Normbilanzierung konformen Auslegung der gewöhnlichen Rechnungslegung zugeordnet. Die Ableitung der Normbilanzierung erfolgt im Rahmen einer Mehrheitsfindung, sodass diese bspw. bei einem Anteil von mindestens 75% angenommen wird.[792] Aufgrund potenzieller Auswirkungen auf quantitative Messungen sollten diese Maßnahmen bei der zusammenfassenden Beurteilung der Bilanzpolitik eines Unternehmens Berücksichtigung finden.

In der Gruppe a) kann die bilanzpolitische Maßnahme identifiziert und eindeutig geschlussfolgert werden, dass diese mit hoher Wahrscheinlichkeit bilanzpolitisch intendiert ist. Dies ist der Fall, wenn in einer nachfolgenden Periode ein Wechsel der Bewertungsmethode stattfindet. So ändert sich in Kategorie II Nr. 1 die Abschreibung abnutzbarer Vermögensgegenstände des Anlagevermögens von einer degressiven Abschreibung in Periode t-1 in eine lineare Abschreibung in Periode t. In diesem Fall kann eine Intention für eine progressive bilanzpolitische Einflussnahme in Periode t vermutet und mit + gewertet werden. In Periode t-1 ist die degressive Abschreibung des Betrachtungsunternehmens in Klammern in die Kategorie b) eingestuft, da die Wirkung der degressiven Abschreibung konservativ ist, die Intention jedoch aufgrund des fehlenden Vergleichs der Vorperiode und der gleichgerichteten Bilanzierung der Vergleichsgruppe nicht ableitbar ist.[793] Bezüglich der linearen Abschreibung in den nachfolgenden Perioden t+n kann zwar in einem Zeitreihenvergleich des Betrachtungsunternehmens im Vergleich zur Periode t keine Veränderung festgestellt werden, jedoch könnte der Querschnittsvergleich zu dem Kontrollunternehmen für eine eindeutige Beurteilung herangezogen werden. Eine wirkungsentfaltende eindeutig beurteilbare bilanzpolitische Einflussnahme liegt somit vor, wenn entweder im Zeitreihen- oder Querschnittsvergleich eine unterschiedliche Bilanzierung durch das Unternehmen gewählt wurde.

Eine wirkungsentfaltende jedoch nicht-beurteilbare bilanzpolitische Maßnahme liegt demgegenüber vor, wenn die Bilanzierung sich zwar auf die Darstellung

791 Vgl. Lachnit (2004), S. 104; Born (2008), S. 31; Küting hingegen bezieht bereits eine Unterscheidung zwischen einer generellen Auswirkung und einer Auswirkung in der laufenden Periode mit ein, vgl. Küting/Weber (2012), S. 413.

792 Vgl. Lachnit (2004), S. 102.

793 Sowie unter der Annahme, dass das Kontrollunternehmen ebenfalls gleichgerichtet bilanziert.

der Vermögens-, Finanz- und Ertragslage auswirkt, jedoch kein Unterschied im Zeitreihen- oder Querschnittsvergleich erkennbar ist. In Fall Nr. 3 der Kategorie II werden bspw. geringwertige Wirtschaftsgüter bis 410EUR im Jahr der Anschaffung nicht voll abgeschrieben, sondern in einem Sammelposten aktiviert und über fünf Jahre abgeschrieben.[794] Sofern die Erfassung durch den Sammelposten ebenfalls von der Vergleichsgruppe und dem Kontrollunternehmen vorgenommen wird und die Bilanzierung über die Zeitreihe gleich bleibt, kann eine Intention der Bilanzpolitik nicht eindeutig beurteilt werden.

Die Beurteilung von realen und formalen bilanzpolitischen Maßnahmen in den Kategorien II und III ist in einem standardisierten Verfahren deutlich schwieriger im Vergleich zu buchmäßiger Bilanzpolitik. Reale bilanzpolitische Maßnahmen wirken sich oftmals auf verschiedene Stellen der Berichtsbestandteile aus. Daraus folgt der Einbezug weiterer verbundener Berichtsteile, welcher die Erkennung und Einordnung der verschiedenen Maßnahmen deutlich verkomplizieren kann. Werden in dem Betrachtungsunternehmen Sale-and-Lease-Back-Geschäfte getätigt, diese jedoch in der Vergleichsgruppe und dem Kontrollunternehmen unterlassen (Fall Nr. 1 in Kategorie III), kann dies als progressive bilanzpolitische Maßnahme beurteilt werden.[795] Bedeutend schwieriger stellen sich Indikatoren wie eine Erhöhung der sonstigen betrieblichen Erträge dar. Diese verkörpern zunächst ebenfalls Indizien für eine progressive Bilanzpolitik.[796] Jedoch sollte versucht werden, diese mit den zusätzlichen Anhangsangaben oder Erläuterungen im Lagebericht eingehender zu analysieren. Sie können im Rahmen von Veräußerungen stille Reserven repräsentieren, jedoch auch Versicherungsentschädigungen in außergewöhnlichen Situationen widerspiegeln. Letztlich kann ab dieser Detaillierungsstufe der Untersuchung die Abkehr von der Standardisierung und die Durchführung von rein unternehmensspezifischen Individualanalysen notwendig werden.

Dies wird umso deutlicher, wenn die formale Bilanzpolitik in Kategorie IV betrachtet wird. Hinsichtlich verschiedener gesetzlich definierter Wahlrechte ist eine standardisierte Beurteilung ohne Weiteres möglich. Der formalen Bilanzpolitik wird bezüglich ihrer verschiedenen Ausweiswahlrechte im Vergleich zur materialen Bilanzpolitik jedoch nur ein geringer Stellenwert zugesprochen.[797] Werden hingegen die bilanzpolitischen Möglichkeiten des Lageberichts bei der Analyse der formalen Bilanzpolitik miteinbezogen, kann sich deren Gewichtung bei der Messung deutlich erhöhen. Gleichwohl sich die Erstellung einer standardisierten Form der Analyse des Lageberichts schwierig gestaltet, darf die Analyse nicht entfallen, da dem Lagebericht von bestimmten Bilanzadressaten ein sehr hoher Stellenwert

794 Vgl. zu Ausführungen bezüglich der bilanzpolitischen Maßnahmen im HGB Kapitel 5.3.3.2.
795 Vgl. Lachnit (2004), S. 105.
796 Vgl. Lachnit (2004), S. 105.
797 Vgl. Fink/Reuther (2010), S. 9.

eingeräumt wird.[798] So ergibt eine Studie von Fink u.a. (2008)[799], dass Gesellschafter deutscher Familienunternehmen dem Lagebericht selektiv einen höheren Stellenwert im Vergleich zu den klassischen Informationsmedien aus dem Jahresabschluss beimessen.[800] Der Lagebericht kann nur in einem direkten Vergleich zu dem Kontrollunternehmen zielgerichtet analysiert werden. Zur Ableitung einer Aussage über die bilanzpolitische Einflussnahme können in diesem Fall Analyseinstrumente der Semiotik beitragen.

Im Rahmen der Kennzahlenanalyse in Kategorie V sollen die Proportionen verschiedener Posten im Zeitvergleich überprüft und die relative Normalität der Maßnahmen und Strukturveränderungen in einer überbetrieblichen Gegenüberstellung vorgenommen werden.[801] Die Beurteilung von Ermessensspielräumen stellt bei der Analyse hohe Anforderungen an den Analysten.[802] Auch wenn diese Maßnahmen aufgrund ihrer Eigenschaften in den Berichtsteilen oftmals nicht direkt beobachtet werden können, ist eine Analyse angesichts ihres bilanzpolitischen Ausmaßes unentbehrlich.[803] Die Kennzahlenanalyse soll im Rahmen eines analytischen Messmodells keinen statistischen Nachweis liefern.[804] Es können jedoch verschiedene Kennzahlen abgeleitet werden, um Indizien für bilanzpolitische Einflussnahmen zu erhalten. Sie signalisieren irreguläre Veränderungen verschiedener Positionen innerhalb der Rechenwerke, welche anschließend durch die Analyse der verbalen Berichterstattung überprüft werden sollten.

Zur Beurteilung einer möglichen progressiven oder konservativen bilanzpolitischen Einflussnahme durch den Ermessensspielraum der Nutzungsdauerschätzung von abnutzbaren Anlagegütern kann z.B. die von Beneish verwendete Kennzahl des Abschreibungsindex herangezogen werden.[805] Die Kennzahl betrachtet das Verhältnis des Bruttosachanlagevermögens und seinen zugehörigen Abschreibungen im Zeitablauf:

$$\text{Abschr}_{i,t}^{\text{index}} = \frac{(\text{Abschr}_{i,t-1} / (\text{Abschr}_{i,t-1} + \text{SAV}_{i,t-1}))}{(\text{Abschr}_{i,t} / (\text{Abschr}_{i,t} + \text{SAV}_{i,t}))} \tag{10}$$

Mit:

$\text{Abschr}_{i,t}$ = Abschreibungen von Unternehmen i in Periode t

$\text{SAV}_{i,t}$ = Bruttosachanlagevermögen von Unternehmen i in Periode t

---

798 Vgl. Fink/Reuther (2010), S. 9.

799 Vgl. Fink u.a. (2008), S. 601–608.

800 Vgl. Fink u.a. (2008), S. 605.

801 Vgl. Lachnit (2004), S. 94.

802 Vgl. Lachnit (2004), S. 101.

803 Vgl. Lachnit (2004), S. 101.

804 Siehe zur Kennzahlenanalyse das nachfolgende Kapitel 5.2.3.

805 Die folgende angeführte Beispielkennzahl stammt von Beneish (1999), welcher mit einem Scoringmodell aus ursprünglich acht Kennzahlen die Wahrscheinlichkeit von Unternehmen zur Bilanzmanipulation beurteilt hat, vgl. zur Studie Beneish (1999), S. 24–36; vgl. zur Kennzahl Beneish (1999), S. 27f.; Beneish u.a. (2012a), S. 31f.

Im deutschen Recht erfolgt der Ausweis des Anlagevermögens in der Bilanz grundsäzlich zu Buchwerten. Jedoch müssen mittelgroße und große Kapitalgesellschaften einen Anlagenspiegel im Anhang aufführen, welcher die historischen Anschaffungs- und Herstellungskosten zzgl. der kumulierten Abschreibungen beinhaltet.[806] Sofern der Index einen Wert von über 1 hat, liegt ein Indiz für eine Verlängerung der Abschreibungsdauer und somit für eine progressive Bilanzpolitik vor. Bei einem Wert von unter 1 resultiert entsprechend ein Indiz für eine konservative Bilanzpolitik.

Ein Beispiel soll die Wirkungsweise der Kennzahl verdeutlichen:

Angenommen das betrachtete Unternehmen, die Muster-GmbH, hat in Periode t-1 einen Wert des Bruttosachanlagevermögens in Höhe von 100. Es werden keine weiteren Zugänge des Anlagevermögens in den Perioden t-1 und t verzeichnet. Es soll sich nur um ein Anlagegut handeln, welches linear über zehn Jahre abgeschrieben wird. Somit beträgt die Abschreibung im Jahr t-1 10 (100/10) und der Buchwert zum Ende des Jahres 90 (100–10). Würde das Anlagegut in dieser Höhe weiter abgeschrieben, würde sich der Buchwert in Periode t auf 80 (90–10) und die Abschreibung weiterhin auf zehn beziffern. Der Bruttowert des Sachanlagevermögens liegt in Periode t weiterhin bei 100. Es resultiert somit ein Abschreibungsindex in Höhe von eins:

$$Abschr_{i,t}^{index} = \frac{(Abschr_{i,t-1}/(Abschr_{i,t-1} + SAV_{i,t-1}))}{(Abschr_{i,t}/(Abschr_{i,t} + SAV_{i,t}))} = \frac{(10/(10+100))}{(10/(10+100))} = \frac{0{,}09091}{0{,}09091} = 1$$

Annahmegemäß könnte das Unternehmen alternativ begründen, dass dem Anlagegut aufgrund geringerer Auslastung ab Periode t eine Nutzungsdauer von 12 Jahren statt insgesamt zehn Jahren zugeschrieben wird. Die Abschreibung ergibt sich aus dem Buchwert verteilt über die Restnutzungsdauer von elf Jahren und beträgt in Periode t in diesem Fall 8,182 (90/11). Der Abschreibungsindex ergibt sich demnach wie folgt:

$$Abschr_{i,t}^{index} = \frac{(Abschr_{i,t-1}/(Abschr_{i,t-1} + SAV_{i,t-1}))}{(Abschr_{i,t}/(Abschr_{i,t} + SAV_{i,t}))} = \frac{(10/(10+100))}{(8{,}182/(8{,}182+100))} = \frac{0{,}09091}{0{,}07652} = 1{,}188$$

Der Abschreibungsindex liegt somit über eins und symbolisiert eine mögliche progressive bilanzpolitische Einflussnahme des Unternehmens in Periode t. Jedoch repräsentieren die Kennzahlen vorerst nur Indizien. Sollte der Abschreibungsindex einen Wert größer eins signalisieren, sind die verbalen Berichtsbestandteile daraufhin zu überprüfen. Bspw. können Maßnahmen wie Sale-and-Lease-Back oder Verkäufe von Vermögensgegenständen aus dem Anlagevermögen zu einer veränderten Relation im Zeitablauf führen, ohne das eine Nutzungsdaueränderung vorgenommen wurde.

806 Das bisherige Wahlrecht gem. § 268 Abs. 2 HGB den Anlagenspiegel entweder in der Bilanz oder im Anhang auszuweisen, ist durch das BilRUG entfallen, vgl. Hendricks (2015), S. 71.

In Kategorie VI werden weitere für die Beurteilung der Bilanzpolitik relevante Informationen aus dem Jahresabschluss und Lagebericht erfasst. Der Bestätigungsvermerk kann durch Einschränkungen oder Hinweise direkte Aufschlüsse geben. Werden verschiedene Posten, wie bspw. die oftmals sehr ermessensbehafteten Einzelwertberichtigungen oder Pauschalwertberichtigungen, als zu niedrig erachtet, deutet dies direkt auf eine progressive bilanzpolitische Einflussnahme hin. Sollte der Wirtschaftsprüfer davon ausgehen, dass dieser Punkt wesentlich ist und somit die Vermögens-, Finanz- und Ertragslage falsch dargestellt wird oder die zu geringe Wertberichtigung rechtswidrig ist, müsste er den Bestätigungsvermerk hingegen versagen.[807] Bei einer Einschränkung liegt oftmals die Vermutung bilanzpolitischer Maßnahmen nahe, welche jedoch in der Grauzone im fließenden Übergang zur Bilanzfälschung liegen können.[808] Des Weiteren ist in dieser Kategorie die Aufnahme weiterer Einflussfaktoren der Bilanzpolitik, wie bspw. ein Managementwechsel im Zeitablauf, hinsichtlich einer multivariaten Betrachtung sinnvoll.

In einem letzten sehr komplexen Schritt ist die abschließende Beurteilung durchzuführen. Bei einer qualitativen Bilanzpolitikanalyse bildet nicht die Höhe der betriebenen Bilanzpolitik das Analyseziel, sondern vielmehr die Identifizierung von Indizien und Separierung einzelner bilanzpolitischer Maßnahmen. Der Schwäche der oftmals fehlenden Quantifizierbarkeit, stehen die Vorteile durch zusätzliche Analysegrundlagen des Anhangs und Lageberichts entgegen. In verschiedenen Fällen wie der eindeutigen Ausübung von Bewertungswahlrechten oder zweifelsfreie Hinweise im Bestätigungsvermerk, kann eine Beurteilung der Bilanzpolitik eindeutig erfolgen. Hinsichtlich realer und formaler bilanzpolitischer Maßnahmen fällt die Beurteilung jedoch deutlich schwieriger aus. Da die Individualanalyse stets eine Interpretation bestimmter Abweichungen verlangt, hängt somit letztlich die Qualität der Analyse maßgebend von der Qualifikation des Analysten ab.[809]

Im Folgenden soll die abschließende, zusammenfassende Beurteilung der betriebenen Bilanzpolitik anhand folgender Klassifikationen stattfinden:

1. Eindeutig,
2. Sehr wahrscheinlich,
3. Vermutlich und
4. Nicht hinreichend beurteilbar.

Die Bewertung erfolgt für jede Periode einzeln. Zudem wird die Ergebnisfindung in einem absteigenden Beurteilungsgrad durchgeführt. Zunächst werden die Beurteilungen auf der eindeutig zuordenbaren Kategorie ausgewertet. Anschließend erfolgt der Einbezug von nicht eindeutig einstufbaren Maßnahmen, ggf. geringfügiger

807 Vgl. hierzu die Ausführungen in Kapitel 2.3.
808 Vgl. zum Begriff der Grauzone Tanski (2004), S. 1843; Peemöller/Hofmann (2005), S. 23 sowie die Ausführungen in Kapitel 3.1.1.
809 Vgl. Obermann (2011), S. 270.

Kennzahlenänderungen und der weiteren relevanten Informationen. Abschließend kann eine Aussage über den gesamten Betrachtungszeitraum gefolgert werden.

5.2.3 Kennzahlen zur Messung von Bilanzpolitik

5.2.3.1 Einführung in die Kennzahlenmessung

Kennzahlen stellen in einem weiteren Sinne quantitative Informationen dar, welche für spezifische Bedürfnisse der Unternehmensanalyse und -steuerung aufbereitet werden.[810] Einerseits dienen sie somit dem Management zur internen Unternehmenssteuerung,[811] andererseits sollen sie externen Stakeholdern im Rahmen der Bilanzanalyse Aufschluss über die Vermögens-, Finanz- und Ertragslage eines Unternehmens geben.[812] In wirtschaftlich schlechten Zeiten können ausgewählte Kennzahlen Stakeholdern die verschiedenen Krisenphasen signalisieren.[813] Insolvenzprognoseverfahren werden demzufolge in traditioneller Weise auf Kennzahlen aufgebaut.[814] Entsprechend verwenden Kreditinstitute in ihrem Ratingprozess zur Bonitätsbeurteilung eine bestimmte Auswahl von Kennzahlen,[815] welche anhand von empirisch gewonnenen Erkenntnissen gewichtet werden. Studien sprechen dabei den Kennzahlen der Eigenkapitalquote und des Verschuldungsgrades eine besonders große Bedeutung zu.[816] Somit werden bei einer externen Unternehmensbeurteilung vergangenheitsbasierte und statistisch verifizierte Gesetzmäßigkeiten mit aktuellen Abschlüssen in einen unmittelbaren Vergleich gesetzt.[817] Jedoch haben Entwicklungen in der Standardsetzung wie die des BilMoGs zu Änderungen in den Kennzahlenwerten beigetragen,[818] sodass die Verwendung vergangenheitsbasierter Gewichtungsfaktoren zu Verzerrungen in der Bewertung führen kann.[819] Zudem ist eine direkte Verfälschung von Kennzahlen durch Bilanzpolitik möglich, womit ein Verlust ihrer Aussagekraft verbunden ist.[820] Bestimmte Kennzahlen können selbst

---

810 Vgl. Gladen (2014), S. 9; Küpper (2008), S. 44 und 389.

811 Vgl. zur internen Steuerung insb. bei mittelständischen Unternehmen Günther (2002), S. 89–97.

812 Vgl. Laier (2011), S. 11f.

813 Vgl. Baetge (2002), S. 2281–2287; vgl. für eine Darstellung der Indikatoren in Abhängigkeit der Krisenphase Exler/Situm (2013), S. 161–166.

814 Vgl. Altman (1968), S. 589–609; Baetge u.a. (1992), S. 749–761; Baetge u.a. (2004) 535–547.

815 Vgl. für eine Übersicht von Kennzahlen im Bankensektor Botsis u.a. (2015).

816 Vgl. Baetge (1989), S. 804; Hauschildt (2000a), S. 133.

817 Vgl. Becker u.a. (2011), S. 252.

818 Vgl. für eine Darstellung der Auswirkungen des BilMoGs auf ausgewählte Finanzkennzahlen Wöhrmann (2010), S. 80–88.

819 Vgl. Becker u.a. (2011), S. 256. Zukünftig kann zudem das BilRUG bei einem Vergleich von vergangenheitsbasierten Kennzahlen zu Verzerrungen führen.

820 Vgl. Probst (2006), S. 64.

Indizien für einen bilanzpolitischen Einsatz liefern und somit für die Analyse der Bilanzpolitik herangezogen werden.[821]

Kennzahlen besitzen für sich allein betrachtet nur einen sehr begrenzten Aussagewert, wodurch der Kennzahlenbildung zwangsläufig ein Kennzahlenvergleich folgt.[822] Verwendete Vergleichsmaßstäbe stellen Verhältnisse von Bilanz- und GuV-Positionen untereinander oder zwischen einander dar.[823] Kennzahlen werden in Einzelkennzahlen und Kennzahlensysteme gegliedert.[824] Kennzahlensysteme erlauben eine mehrschichtige Aussage über einen zugrunde liegenden Sachverhalt, sodass eine breite Fundierung entsprechender Anpassungsentscheidungen und eine ganzheitliche Sichtweise möglich werden.[825] Einzelkennzahlen können unter statistischen Gesichtspunkten in absolute und relative Kennzahlen untergliedert werden.[826] Absolute Kennzahlen zeigen bei metrischer Skalierung die verschiedenen Merkmalsausprägungen an.[827] Sie werden durch zeitpunktbezogene Größen (Bestandsgrößen) oder zeitraumbezogene Größen (Stromgrößen) verkörpert, welche sich durch die Ausprägungen von Einzelzahlen, Differenzen, Summen und Mittelwerten charakterisieren.[828] Für sich selbst genommen besitzen sie nur eine geringe Aussagekraft und müssen daher in einem Zeit-, Branchen- oder Soll-Ist-Vergleich betrachtet werden.[829] Relative Kennzahlen entstehen, wenn bestimmte Sachverhalte durch die Bildung eines Quotienten hinsichtlich einer bestimmten Beziehung sachlogisch miteinander verknüpft werden.[830] In Abhängigkeit der zugrunde liegenden Beziehung werden relative Kennzahlen in die drei Kategorien Gliederungszahlen, Beziehungszahlen und Indexzahlen gruppiert.[831] Gliederungszahlen (z.B. Eigenkapitalquote) setzen eine Teilgröße zu der zugehörigen Gesamtgröße in Relation.[832] Beziehungszahlen (z.B. Eigenkapitalrendite) stellen das Verhältnis sachlich verschiedener, aber sinnvoll in Zusammenhang stehender Größen her.[833] Indexzahlen (z.B. Umsatz im Verhältnis zum Umsatz des Vorjahres) geben die zeitliche Veränderung

821 Vgl. Riebell (2009), S. 108f.
822 Vgl. Küting/Weber (2012), S. 13.
823 Vgl. Kappler (1976), Sp. 901.
824 Vgl. Preißler (2008), S. 12.
825 Vgl. Zingel (2007), S. 108.
826 Verschiedene Autoren ordnen lediglich Verhältniszahlen den Kennzahlen zu, vgl. Buchner (1985), S. 2; vgl. für einen Überblick über betriebswirtschaftliche Kennzahlen in Abhängigkeit des Systematisierungsmerkmals Meyer (1976), S. 9–19.
827 Vgl. Buchner (1985), S. 67.
828 Vgl. Gladen (2014), S. 15.
829 Vgl. Zingel (2007), S. 107f.
830 Vgl. Gladen (2014), S. 15. Relative Kennzahlen werden synonym als Verhältniskennzahlen bezeichnet, vgl. Stephan (2006), S. 8. In der englischsprachigen Literatur werden diese auch als *ratios* benannt, vgl. Tucker (1961), S. 15–26.
831 Vgl. Horváth (1979), S. 464.
832 Vgl. Stephan (2006), S. 9.
833 Vgl. Bomsdorf (2010), S. 84.

einer Größe wieder, indem eine Bestands- oder Stromgröße zu ihrer Basisgröße in einem früheren Zeitpunkt in Bezug gesetzt wird.[834]

Im Hinblick auf die Erkennung von Bilanzpolitik können Kennzahlen sowohl in einer analytischen Untersuchung wie auch in einer rein quantitativ ausgerichteten Analyse Verwendung finden. I.d.R. werden sie in Form von relativen Kennzahlen ausgestaltet sein,[835] welche mit Hilfe eines Querschnitts- oder Zeitvergleichs Hinweise über verschiedene nicht übliche Proportionen in den Berichtsbestandteilen liefern sollen. Für eine analytische Betrachtung können die Kennzahlen bezogen auf einen einheitlichen Referenzmaßstab abgeleitet werden, welcher bei Unter- oder Überschreiten eine Signalwirkung für eine mögliche bilanzpolitische Einflussnahme entfaltet.[836] Derartige Kennzahlen werden im Folgenden unter dem Kapitel der Indizienkennzahlen dargestellt. Zudem können Kennzahlen durch statistische Überprüfungen eine betriebene Bilanzpolitik verifizieren. Oftmals dienen sie zudem als Grundlage für die quantitativ aggregierte Messung der Bilanzpolitik.[837] Kennzahlen mit diesem Zweck werden unter dem Kapitel der statistischen Kennzahlen diskutiert. Die Kennzahlenmessung fokussiert dabei grundsätzlich spezifische Posten aus Bilanz und GuV und versucht durch Bildung von Relationen den bilanzpolitischen Bestandteil zu separieren.[838] Da die Zusammenhänge stets gleichermaßen gelten, müssen sich die im Folgenden beschriebenen Indizienkennzahlen und statistischen Kennzahlen von der Grundkonzeption nicht zwangsläufig unterscheiden.

5.2.3.2 Indizienkennzahlen

Indizienkennzahlen sollen im Rahmen der analytischen Beurteilung der Bilanzpolitik als Indikator fungieren. Durch Indikatoren werden stellvertretend nicht direkt messbare Sachverhalte abgebildet. Sie stellen somit Ersatzgrößen dar, deren Ausprägung oder Veränderung den Rückschluss auf die Ausprägung oder Veränderung der Zielgröße zulassen.[839] Im Rahmen einer analytischen Untersuchung sollten daher im Vorfeld Positionen im Jahresabschluss festgelegt werden, welche durch eine Inhaltsanalyse nicht standardisiert betrachtet werden können. Anschließend sind Indikatorkennzahlen aufzustellen, welche das weitere Vorgehen und die Interpretation der Inhaltsanalyse spezifizieren und unterstützen. Indizienkennzahlen werden in der internationalen Literatur überwiegend in der Fraudforschung für

---

834 Vgl. Stephan (2006), S. 9.

835 Vgl. Bayley/Taylor (2007), S. 8.

836 Vgl. Beneish (1999), S. 26–28; Bayley/Taylor (2007), S. 8.

837 Vgl. Kapitel 5.2.4.

838 Die Kennzahlen werden oftmals in der Fraud-Forschung abgeleitet oder entstammen der praxisorientierten Bilanzanalyseliteratur. Vgl. zu Studien in der Fraud-Forschung Beneish (1999), S. 24–36; Bayley/Taylor (2007), S. 1–37; Dechow u.a. (2011), S. 17–82 sowie für die praxisfokussierte Literatur Mulford/Comiskey (2002); Riebell (2009).

839 Vgl. Gladen (2014), S. 9f.

die Herleitung von Scoringmodellen eingesetzt,[840] finden ihre Anwendung aber auch in der nationalen Praxis bei den Ratingverfahren von Kreditinstituten.[841] Der bereits vorgestellte Abschreibungsindex verdeutlicht die Schwäche quantitativer Maßgrößen, nämlich die unzureichende Separierbarkeit von legaler und illegaler Beeinflussung. Ob Nutzungsdauern von Anlagegütern begründet verlängert oder verkürzt worden sind oder dies ungerechtfertigt geschehen ist, kann die Kennzahl nicht direkt entschlüsseln. Jedoch kann das Ausmaß der Kennzahl bereits auf eine zu starke Veränderung im Sinne einer etwaigen illegalen Einflussnahme hindeuten.[842]

Für eine standardisierte analytische Vorgehensweise bietet es sich an, die Indizienkennzahlen entsprechend dem Abschreibungsindex zu normieren. Im Umlaufvermögen kann eine Indizienkennzahl durch den Vorratsindex repräsentiert werden. Bayley u.a. (2007)[843] betrachten im Bereich der Vorräte die Relation des Vorratsvermögens zu den Verkaufskosten im Zeitablauf:[844]

$$\text{Vorräte}_{i,t}^{\text{index}} = \frac{(\text{Vorräte}_{i,t}/\text{MA}_{i,t})}{(\text{Vorräte}_{i,t-1}/\text{MA}_{i,t-1})} \tag{11}$$

Mit:
$\text{Vorräte}_{i,t}$ = Vorratsvermögen von Unternehmen i in Periode t.
$\text{MA}_{i,t}$ = Materialaufwand von Unternehmen i in Periode t.

Im Vorratsvermögen ist neben der Auswahl der verschiedenen Bewertungsvereinfachungsverfahren und des Wahlrechts bezüglich des Herstellungskostenumfangs auch der Einsatz verschiedener bilanzpolitischer Ermessensspielräume möglich. So können notwendige Wertberichtigungen verzögert werden oder es findet eine bilanzpolitisch motivierte Lagerproduktion statt.[845] Nimmt der Vorratsindex in Periode t einen Wert von über 1 an, deutet dies auf eine sich im Zeitablauf entwickelnde Überbewertung des Vorratsvermögens in Relation zu dem Wareneinkauf hin und spiegelt somit eine progressive Bilanzpolitik wider. Bei einem Wert unter eins wird hingegen eine konservative Bilanzpolitik signalisiert. Auch die Debitorenlaufzeit kann durch den Forderungsindex als Indikatorkennzahl

---

840 Vgl. Beneish (1999), S. 26–28; Bayley/Taylor (2007), S. 1–37.
841 Vgl. Riebell (2009), S. 108f.
842 Vgl. Rosner (2003), S. 374.
843 Vgl. Bayley/Taylor (2007), S. 1–37. Ist die Gewinn- und Verlustrechnung bei einem nach dem HGB aufgestellten Abschluss nach dem Gesamtkostenverfahren strukturiert (§ 275 Abs. 2 HGB), sind die Verkaufskosten nicht direkt ableitbar. Dennoch spiegelt der Materialaufwand den wesentlichen Teil der Verkaufskosten wider, sodass dieser für die Zwecke der Indikatorfunktion verwendet werden kann.
844 Vgl. Bayley/Taylor (2007), S. 8.
845 Vgl. Bayley/Taylor (2007), S. 8; Riebell (2009), S. 108.

fungieren.[846] Die Debitorenlaufzeit wird hierzu als relative Kennzahl zu sich selbst in der Vorperiode in Beziehung gebracht.[847] Eine steigende Debitorenlaufzeit kann bilanzpolitisch darauf hindeuten, dass Einzel- oder Pauschalwertberichtigungen zweifelhafter Forderungen unzureichend vorgenommen oder gar unterlassen wurden. Zudem kann die Kennzahl ein Indiz für Reklamationen und Unzufriedenheit bei Kunden sein, welche noch nicht zu den entsprechenden Abschreibungen oder Rückstellungen geführt haben.[848]

Beruhend auf dieser Systematik können weitere Indizienkennzahlen gebildet werden. Für die Ausgangsbasis sind oftmals Bilanzpositionen dienlich, welche über den Zeitablauf annähernd gleichbleibende Bestandteile aufweisen. Zu diesen gehören z.B. aktive Rechnungsabgrenzungsposten, welche konstante Aufwendungen wie Mietzahlungen, Versicherungsaufwendungen oder Zinsen abgrenzen.[849] Sollten sich die Relationen im Zeitablauf stark verändern, stellt dies ein Signal für die Notwendigkeit weiterer, detaillierterer Betrachtungen in diesem Bereich dar.

Zudem begründen direkte Verknüpfungen von Bilanzpositionen die Grundlage für die Kennzahlenbildung. Die sonstigen Rückstellungen setzen sich u.a. aus gleichbleibenden Rückstellungen, wie den Rückstellungen für die Jahresabschlussprüfung und Aufbewahrung der Geschäftsunterlagen, zusammen. Zudem existieren verschiedene sonstige Rückstellungen, bei welchen sich die Entwicklung in Abhängigkeit der getätigten Umsätze bestimmt, wie bspw. Garantie- oder Gewährleistungsrückstellungen.[850] Es spricht viel für eine progressive bilanzpolitische Einflussnahme, wenn das Jahresergebnis sinkt und die sonstigen Rückstellungen sich gleichermaßen verringern.[851] Sofern die Berichterstattung es ermöglicht, werden für weitergehende Analysen in der Position der sonstigen Rückstellungen die nicht mit der Gesamtleistung zusammenhängenden Rückstellungen eliminiert. Anschließend kann die prozentuale Veränderung der Gesamtleistung zu den leistungsabhängigen sonstigen Rückstellungen verglichen werden.[852]

Indizienkennzahlen können auch als Signal für reale bilanzpolitische Maßnahmen eingesetzt werden. Durch Gestaltungen von Leasingverträgen besteht für Unternehmen die Möglichkeit, zwischen einer bilanziellen Einordnung des

846 Vgl. Riebell (2009), S. 55. Allgemeine Kritikpunkte dieser Kennzahl ist die eingeschränkte Aussagefähigkeit durch den Einbezug der Forderungen aus Lieferungen und Leistungen als Stichtagsgröße sowie die Vermischung einer Bruttogröße im Zähler und einer Nettogröße im Nenner, vgl. zur Kritik auch Riebell (2009), S. 55.

847 In der internationalen Literatur werden oftmals Kennzahlen verwendet, welche den Aufwand der Wertberichtigung oder das Wertberichtigungskonto beinhalten, vgl. Bayley/Taylor (2007), S. 8f., welche jedoch aufgrund des fehlenden Ausweises nach dem HGB im deutschen Recht nicht einbezogen werden können.

848 Vgl. Riebell (2009), S. 108.

849 Vgl. Coenenberg u.a. (2012), S. 468.

850 Vgl. Hommel (2011), Rn. 171–173.

851 Vgl. Lachnit (2004), S. 94.

852 Vgl. Lachnit (2004), S. 101.

Leasingkontraktes als operatives Leasing oder Finanzierungsleasing zu wählen.[853] Ein operatives Leasing sowie auch mögliche Sale-and-Lease-Back-Maßnahmen führen zu einem geringen Anlagevermögen und einer verkürzten Bilanzsumme, wodurch bonitätsrelevante Kennzahlen verbessert werden.[854] Für diese Maßnahmen kann das Verhältnis von Leasingaufwendungen zur Bilanzsumme im Zeitverlauf ein Indiz liefern.

Auch ist die Bildung von Indexkennzahlen möglich, welche die Rechnungslegungsqualität bzw. die Bilanzpolitik an Relationen von den gesamten oder kurzfristigen Periodenabgrenzungen zu dem operativen Cash Flow in Beziehung setzen.[855] Ebenfalls können verschiedene Relationen von direkt ablesbaren GuV-Größen, wie dem Umsatz und dem zahlungsstrombasierten operativen Cash Flow, als Indikatoren für eine mögliche Bilanzpolitik dienen.[856]

5.2.3.3 Statistische Kennzahlen

Über die Signalwirkung der Indizienkennzahlen hinaus, dienen statistische Kennzahlen für einen quantitativen Nachweis der Bilanzpolitik. Bei Aufstellung der Kennzahlen wird versucht, durch die Subtraktion des prognostizierten bilanzpolitikfreien Werts von dem tatsächlichen Wert einer Position, den diskretionären Teil zu bestimmen. Marquardt und Wiedmann (2004)[857] sehen die Abschreibungen als eine lineare Funktion des Bruttosachanlagevermögens an. Sollte das Sachanlagevermögen im Vergleich zur Vorperiode zunehmen, so müssten dies auch in einem entsprechenden Verhältnis die Abschreibungen tun. Die Ableitung der Kennzahl erfolgt daher durch die Bildung der Differenz zwischen den tatsächlichen Abschreibungen in der Periode t und die im Zeitablauf durch die Entwicklung des Sachanlagevermögens erwarteten Abschreibungen.[858] Die Differenz repräsentiert die diskretionären Abschreibungen $Abschr_{i,t}^{DC}$ des Unternehmens, welche die bilanzpolitisch motivierten Abschreibungen widerspiegeln sollen.

$$Abschr_{i,t}^{DC} = \frac{Abschr_{i,t} - (Abschr_{i,t-1} \cdot SAV_{i,t} / SAV_{i,t-1})}{BS_{i,t-1}} \qquad (12)$$

Um heteroskedastische Verzerrungen durch Größeneffekte der Unternehmen im statistischen Vergleich zu vermeiden, werden die Variablen durch die Bilanzsumme BS_{it-1} zu Beginn der Periode skaliert.[859] Bei isolierter Betrachtungsweise werden die Schwachstellen dieser Kennzahlen schnell deutlich. Werden Anlagegüter

853 Vgl. Grundmann (2013), S. 1–15.
854 Vgl. Riebell (2009), S. 109.
855 Vgl. für die gesamten Periodenabgrenzungen Wagenhofer/Dücker (2007), S. 275–277; vgl. für die kurzfristigen Periodenabgrenzungen Miller (2009), S. 139–144.
856 Vgl. Dichev u.a. (2013a), S. 28.
857 Vgl. Marquardt/Wiedman (2004), S. 461–491.
858 Vgl. Marquardt/Wiedman (2004), S. 474.
859 Vgl. Wagenhofer/Ewert (2007), S. 257.

verkauft, außerplanmäßige Abschreibungen vorgenommen oder Anlagegüter mit unterschiedlichen Nutzungsdauern angeschafft, führt dies stets zu diskretionären Abschreibungen, welche jedoch realiter dem gewöhnlichen Geschäftsverlauf zuzuordnen sind. Zudem kann den verschiedenen Beziehungen oftmals kein eindeutiger linearer Zusammenhang nachgewiesen werden.[860]

Dieselbe Systematik findet bei weiteren Bilanzpositionen Verwendung, bei welchen stets eine Verknüpfung im zeitlichen Verlauf mit den ihnen verbundenen Bilanz- oder GuV-Positionen stattfindet. So werden die Forderungen aus Lieferungen und Leistungen als Funktion der Umsatzerlöse angesehen.[861] Es wird davon ausgegangen, dass das Umsatzwachstum das Wachstum der Forderungen bestimmt. In einer aggregierten Sichtweise können auch die Periodenabgrenzungen des kurzfristigen Vermögens als Funktion der Umsatzerlöse betrachtet werden.[862] Oftmals beruhen die Relationen auf den gleichen Beziehungen der Jahresabschlusspositionen wie bei den Indizienkennzahlen, jedoch findet eine Anpassung im Hinblick auf die quantitativ ausgerichtete Untersuchung statt. Mögliche Kennzahlenrelationen sind demzufolge auch die Beziehungen zwischen Vorräten und Verbindlichkeiten zu den Material- bzw. Herstellungskosten,[863] oder dem Jahresergebnis zu dem operativen Cash Flow.[864] Zudem ist der Einbezug von Größen aus den qualitativen Berichtsbestandteilen möglich, wie bspw. die Relation des Wachstums der Umsatzerlöse zu dem Wachstum der Mitarbeiter.[865]

5.2.4 Verfahren auf Basis von Periodenabgrenzungen

5.2.4.1 Periodenabgrenzungen als Grundlage der Erfolgsermittlung

Eugen Schmalenbach forderte als Begründer der dynamischen Bilanztheorie periodische Gewinnrechnungen, welche es erlauben, durch die Aufteilung einer Abschnittsrechnung den Betriebsverlauf des Unternehmens sinnvoll ökonomisch zu steuern.[866] Kodifiziert ist das abgeleitete Gebot der periodengerechten Erfolgsermittlung heutzutage in § 252 Abs. 1 Nr. 5 HGB. Es verlangt, dass Erträge und Aufwendungen in dem Geschäftsjahr erfasst werden, welchem sie wirtschaftlich zuzuordnen sind, unabhängig von den jeweils resultierenden Zahlungsströmen.[867] Die Periodenabgrenzungen können sich ergebniserhöhend (z.B. Forderungen) oder -vermindernd (z.B. Abschreibungen) auswirken[868] und werden in kurzfristige und

860 Vgl. Marquardt/Wiedman (2004), S. 487.
861 Vgl. Marquardt/Wiedman (2004), S. 474.
862 Vgl. Maijoor/Vanstraelen (2006), S. 39.
863 Vgl. Marquardt/Wiedman (2004), S. 473–476.
864 Vgl. Trejo-Pech u.a. (2015), S. 15.
865 Vgl. Brazel u.a. (2009), S. 1150.
866 Vgl. Schmalenbach (1926), S. 96.
867 Vgl. Moxter (1984), S. 104 und 128–134; Quick/Wolz (2009), S. 44.
868 Vgl. Lafeldt/Nikolay (2004), S. 26–29.

langfristige Abgrenzungen unterteilt.[869] Nach dem Kongruenzprinzip muss über die Totalperiode eines Unternehmens stets gelten, dass die Summe aller Cash Flows die Summe aller Jahresergebnisse ergibt:[870]

$$\Sigma_i^n JE_{i,t} = \Sigma_i^n CF_{i,t} \tag{13}$$

Mit:
$JE_{i,t}$ = Jahresergebnis von Unternehmen i in Periode t
$CF_{i,t}$ = Cash Flow von Unternehmen i in Periode t

Dementsprechend müssen sich die Periodenabgrenzungen über die Totalperiode auf null aufsummieren.[871] Die periodengerechten Abgrenzungen sollen helfen, ein zutreffendes Bild der Vermögens-, Finanz- und Ertragslage für die jeweiligen Betrachtungszeiträume abzubilden.[872] Ihre primäre Aufgabe ist es, die einzelnen Geschäftsvorfälle auf ihre wirtschaftlich zugehörige Periode zuzuordnen.[873] Das Jahresergebnis nur einer betrachteten Periode setzt sich aus dem Cash Flow zzgl. der gesamten Periodenabgrenzungen dieser Periode zusammen. In der Literatur wird den Messmodellen der operative Cash Flow zu Grunde gelegt,[874] welcher das liquiditätswirksame Jahresergebnis repräsentiert.[875] Somit gilt:

$$JE_{i,t} = OCF_{i,t} + GPA_{i,t} \tag{14}$$

Mit:
$OCF_{i,t}$ = Operativer Cash Flow von Unternehmen i in Periode t

Der operative Cash Flow besitzt in der externen Bilanzanalyse traditionell eine große Bedeutung[876] und kann zur Beurteilung der Ertrags- als auch der Finanzkraft herangezogen werden.[877] Bei einem hohen Jahresergebnis sollten tendenziell ein

869 Vgl. Guenther (1994), S. 230; Teoh u.a. (1998), S. 66f.; Charitou u.a. (2007a), S. 324f.
870 Vgl. Preinreich (1937), S. 220. Das Kongruenzprinzip wird international auch als *Clean Surplus Accounting* bezeichnet, vgl. Feltham/Ohlson (1995), S. 689.
871 Vgl. Herold (2006), S. 33.
872 Vgl. Moxter (2003), S. 33–61.
873 Vgl. Moxter (2003), S. 33–61.
874 Vgl. DeFond/Jiambalvo (1994), S. 155; Dechow u.a. (1995), S. 206; Subramanyam (1996), S. 253; Teoh u.a. (1998), S. 65; Healy/Wahlen (1999), S. 370; Ball/Shivakumar (2006), S. 215.
875 Vgl. für eine Darstellung der verschiedenen Definitionen in der Literatur Siener (1991), S. 33–38.
876 Vgl. Kussmaul (1984), S. 147; Küting/Weber (2012), S. 157.
877 Vgl. Guhr (1972), S. 26; Küting/Weber (2012), S. 156. Die Kapitalflussrechnung setzt sich aus dem operativen Cash Flow, welcher auch Cash Flow aus der laufenden Geschäftstätigkeit genannt wird, aus dem Cash Flow aus der Investitionstätigkeit und dem Cash Flow aus der Finanzierungstätigkeit zusammen, vgl. Coenenberg u.a. (2012), S. 821. Der Cash Flow aus Investitionstätigkeit entspricht dem Saldo aus Ein- und Auszahlungen im Zusammenhang mit den Unternehmensressourcen,

hoher operativer Cash Flow und hohe Periodenabgrenzungen zu erwarten sein.[878] Sind zwischen Jahresergebnis und operativem Cash Flow ungewöhnliche entgegengesetzte Entwicklungen zu beobachten, stellt dies ein Indiz für eine Einflussnahme auf die Rechnungslegung dar.[879]

Periodenabgrenzungen und operativer Cash Flow sind direkt miteinander verknüpft. Werden bspw. nur die letzten drei Jahre vor einer Insolvenz (t-3, t-2, t-1) als Totalperiode[880] eines Unternehmens unterstellt, ergibt sich unter der Annahme des Kongruenzprinzips, auf Basis des operativen Cash Flows, folgende Ermittlung für die Periodenabgrenzungen in Periode t-2:[881]

$$GPA_{t-2} = OCF_{t-3}^{t-2} + OCF_{t-1}^{t-2} - OCF_{t-2}^{t-3} - OCF_{t-2}^{t-1} \quad (15)$$

In der Gleichung repräsentiert der tiefgestellte Index die Periode der Zahlung und der hochgestellte Index die Periode der Ergebniswirksamkeit. Bei Annahme des Kongruenzprinzips entspricht die Summe aller Jahresergebnisse der Summe aller Cash Flows, sodass sich alle Periodenabgrenzungen über die Totalperiode auf null aufsummieren. Bei Annahme einer Totalperiode von drei Jahren können die Periodenabgrenzungen in Gleichung 14 eingesetzt werden, sodass sich das Jahresergebnis durch den operativen Cash Flow ausdrücken lässt:

$$JE_{t-2} = OCF_{t-2}^{t-2} + OCF_{t-3}^{t-2} + OCF_{t-1}^{t-2} - OCF_{t-2}^{t-3} - OCF_{t-2}^{t-1} \quad (16)$$

Der operative Cash Flow kann durch eine direkte und eine indirekte Methode berechnet werden,[882] wobei in der deutschen Bilanzierungspraxis die indirekte Methode der direkten Methode eindeutig vorgezogen wird.[883] Dies resultiert aus der unkomplizierten Ermittlung nach dem indirekten Verfahren sowie einer fehlenden Aufstellungs- und Veröffentlichungspflicht für die operative Cash Flow-Rechnung

---

welche langfristig zur Ertragserzielung zur Verfügung stehen. Der Cash Flow aus Finanzierungstätigkeit stellt die Zahlungsvorgänge dar, welche die Transaktionen mit Eigen- und Fremdkapitalgebern erfassen. Vgl. für eine ausführliche Darstellung Amen (2013), Rn. 1–234, insb. Rn. 70–80.

878 Vgl. Dechow u.a. (1995), S. 206.

879 Vgl. für eine Studie zu diesem Verhältnis Lee u.a. (1999), S. 749–786. Vgl. für eine Diskussion der Korrelationen von Jahresergebnissen, Periodenabgrenzungen und Cash Flows auch Dechow u.a. (1998), S. 133–168; Thomas/Zhang (2000), S. 347–376.

880 Streng genommen spiegelt die Totalperiode einen Ausschnitt aus dem Zeithorizont des Unternehmens wider, da anderenfalls der Cash Flow aus Investitionstätigkeit und der Cash Flow aus Finanzierungstätigkeit mit in die Betrachtung einfließen müsste. Alternativ können jedoch auch kurzfristige Periodenabgrenzungen in Zusammenhang mit dem operativen Cash Flow über den gesamten Zeithorizont des Unternehmens modelliert werden, vgl. McNichols (2002), S. 62f.

881 Vgl. zu dieser Diskussion auch Dechow/Dichev (2002), S. 37–41; McNichols (2002), S. 62f.; Sattler (2011), S. 217–219.

882 Vgl. Busse von Colbe (1976), S. 242f.

883 Vgl. Siener (1991), S. 62; Behringer (2010), S. 74.

in den Einzelabschlüssen nach dem HGB.[884] Die indirekte Methode geht von dem Jahresergebnis vor außerordentlichen Posten aus und subtrahiert von diesem alle zahlungsunwirksamen Erträge und addiert alle zahlungsunwirksamen Aufwendungen.[885] Das IDW empfiehlt in dem veröffentlichten Rechnungslegungsstandard DRS 2 (sowie DRS 21) die Ableitung des operativen Cash Flows aus dem Jahresergebnis nach folgendem Schema:[886]

Tabelle 4: Ermittlung des operativen Cash Flows durch die indirekte Methode nach Empfehlung des DRS 2[887]

1.	**Periodenergebnis (einschließlich Ergebnisanteilen von Minderheitsgesellschaftern) vor außerordentlichen Posten**
2. +/-	Abschreibungen/Zuschreibungen auf Gegenstände des Anlagevermögens
3. +/-	Zunahme/Abnahme der Rückstellungen
4. +/-	Sonstige zahlungsunwirksame Aufwendungen/Erträge (bspw. Abschreibung auf ein aktiviertes Disagio)
5. -/+	Gewinn/Verlust aus dem Abgang von Gegenständen des Anlagevermögens
6. -/+	Zunahme/Abnahme der Vorräte, der Forderungen aus Lieferungen und Leistungen sowie anderer Aktiva, die nicht der Investitions- oder Finanzierungstätigkeit zuzuordnen sind
7. +/-	Zunahme/Abnahme der Verbindlichkeiten aus Lieferungen und Leistungen sowie anderer Passiva, die nicht der Investitions- oder Finanzierungstätigkeit zuzuordnen sind
8. +/-	Ein- und Auszahlungen aus außerordentlichen Posten
9. =	**Cash-Flow aus der laufenden Geschäftstätigkeit**

Die Positionen zwei bis acht in Tabelle 4 spiegeln die Periodenabgrenzungen wider. Wird die Gleichung 14 nach den Periodenabgrenzungen umgestellt, so ergeben sich diese durch Subtraktion des operativen Cash Flows von dem Jahresergebnis:[888]

$$GPA_{i,t} = JE_{i,t} - OCF_{i,t}$$

Da die Auszahlungen für Investitionen in das Sachanlagevermögen in dem Cash Flow aus Investitionstätigkeit erfasst werden, während die zugehörigen Abschreibungen jedoch bei der Ermittlung des operativen Cash Flows hinzugerechnet werden, weist der operative Cash Flow i.d.R. einen höheren Wert als das Jahresergebnis

884 Vgl. Siener (1991), S. 62. Gem. § 297 Abs. 1 HGB und § 264 Abs. 1 S. 2 HGB müssen nur Konzernabschlüsse und kapitalmarktorientierte Einzelabschlüsse den Jahresabschluss um eine Kapitalflussrechnung erweitern, welche gem. § 325 Abs. 1 Nr. 1 HGB im Bundesanzeiger offenzulegen ist.

885 Der DRS 2 ist derart konzipiert, dass auch von einer anderen Erfolgsgröße wie bspw. dem Rohertrag ausgegangen werden kann. Es ist lediglich eine Überleitung zu dem Periodenergebnis notwendig, vgl. Behringer (2010), S. 96.

886 Vgl. DRS 2 und DRS 21.

887 Vgl. DRS 2, Rn. 27.

888 Vgl. Thomas/Zhang (2000), S. 352.

auf. Infolgedessen resultieren negative Werte für die gesamten Periodenabgrenzungen.[889]

Eine alternative Berechnung der gesamten Periodenabgrenzungen basiert auf einer Zerlegung in ihre lang- und kurzfristigen Komponenten. Die kurzfristigen Periodenabgrenzungen werden durch die Veränderung des Working Capitals repräsentiert, während sich die langfristigen Periodenabgrenzungen überwiegend durch die Abschreibungen ausdrücken.[890] Das Working Capital stellt das Netto-Umlaufvermögen dar und bezeichnet den Überschuss aus der Differenz zwischen Umlaufvermögen und kurzfristigen Verbindlichkeiten.[891] Es ermittelt sich somit aus der Summe der liquiden Mittel, der kurzfristigen Forderungen und Vorräte, abzüglich der kurzfristigen Verbindlichkeiten, ausgedrückt durch die Verbindlichkeiten aus Lieferungen und Leistungen und sonstiger kurzfristiger Verbindlichkeiten:[892]

$$WC_{i,t} = LM_{i,t} + Ford_{i,t}^{kurzfr} + Vorräte_{i,t} - Verb_{i,t}^{kurzfr} \quad (17)$$

Mit:
$WC_{i,t}$ = Working Capital von Unternehmen i in Periode t
$LM_{i,t}$ = liquide Mittel von Unternehmen i in Periode t
$Ford_{i,t}^{kurzfr}$ = kurzfristige Forderungen von Unternehmen i in Periode t
$Verb_{i,t}^{kurzfr}$ = kurzfristige Verbindlichkeiten von Unternehmen i in Periode t

Bei einer Ableitung der kurzfristigen Periodenabgrenzungen durch die Veränderung des Working Capitals,[893] sind bei einem Abschluss nach dem HGB die Rechnungsabgrenzungsposten miteinzubeziehen:[894]

$$KPA_{i,t} = \Delta Ford_{i,t}^{LuL} + \Delta Vorräte_{i,t} + \Delta VG_{i,t}^{sonst} + \Delta Rap_{i,t} - \Delta Verb_{i,t}^{LuL} - \Delta Verb_{i,t}^{sonst} \quad (18)$$

Mit:
$KPA_{i,t}$ = kurzfristige Periodenabgrenzungen von Unternehmen i in Periode t
$VG_{i,t}^{sonst}$ = sonstige Vermögensgegenstände von Unternehmen i in Periode t
$RaP_{i,t}$ = Saldo aus aktiven und passiven Rechnungsabgrenzungsposten von Unternehmen i in Periode t
$Verb_{i,t}^{LuL}$ = Verbindlichkeiten aus Lieferungen und Leistungen von Unternehmen i in Periode t
$Verb_{i,t}^{sonst}$ = sonstige kurzfristige Verbindlichkeiten von Unternehmen i in Periode t

---

889 Vgl. Wagenhofer/Ewert (2007), S. 253. In der praktischen Kreditanalyse wird oftmals ein um 20 bis 50% höherer Wert des operativen Cash Flows erwartet, welcher von dem Anteil des abnutzbaren Anlagevermögens am Gesamtvermögen abhängig ist, vgl. Riebell (2009), S. 111.
890 Vgl. Thomas/Zhang (2000), S. 352.
891 Vgl. Sure (2014), S. 7.
892 Vgl. Klepzig (2010), S. 18.
893 Vgl. Jones (1991), S. 207; Dechow u.a. (1995), S. 203.
894 Die Veränderung Δ soll definiert werden als die Differenz des Wertes einer Variable in Periode t abzüglich des Wertes der Variable in der vorherigen Periode t-1.

Die sonstigen Vermögensgegenstände und sonstigen kurzfristigen Verbindlichkeiten sind als Auffangposten für kurzfristige Elemente der Aktiv- und Passivseite zu verstehen, welche bspw. in den Passiva der Bilanz kurzfristige Komponenten von langfristigen Verbindlichkeiten beinhalten können. Langfristige Periodenabgrenzungen werden auf der Aktivseite der Bilanz insb. durch die Abschreibungen und die Veränderung der aktiven latenten Steuern repräsentiert, wobei letztere durch bilanzpolitische Gestaltungen (insb. nach § 5 Abs. 1 S. 1 2HS EStG) in der Steuerbilanz entstehen können. Auf der Passivseite stellen primär die Rückstellungen und die passiven latenten Steuern langfristige Abgrenzungsposten dar. Die gesamten Periodenabgrenzungen sollen sich demnach ergänzend durch den Einbezug der Abschreibungen und der Veränderung der Rückstellungen ausdrücken:

$$GPA_{i,t} = \Delta Ford_{i,t}^{LuL} + \Delta Vorräte_{i,t} + \Delta VG_{i,t}^{sonst} + \Delta RaP_{i,t} - \Delta Verb_{i,t}^{LuL} - \Delta Verb_{i,t}^{Sonst} - Abschr_{i,t} - \Delta RS_{i,t} \quad (19)$$

Mit:
$RS_{i,t}$ = Rückstellungen von Unternehmen i in Periode t

Den kurzfristigen Periodenabgrenzungen wird ein größerer Gestaltungsspielraum zugesprochen,[895] sodass oftmals Entdeckungsverfahren herangezogen werden, die allein die kurzfristigen Periodenabgrenzungen fokussieren.[896]

Studien, welche sich nicht ausschließlich auf die kurzfristigen Periodenabgrenzungen des Working Capitals zur Messung beschränken,[897] beziehen als den maßgebenden Teil der langfristigen Periodenabgrenzungen i.d.R. die Abschreibungen mit ein:[898]

$$GPA_{i,t} = KPA_{i,t} - Abschr_{i,t} \quad (20)$$

Welche Periodenabgrenzungen in der Messung verwendet werden, hängt letztlich insb. von dem Umfang der offengelegten Informationen und dem verwendeten Schätzverfahren zur Identifizierung der unbeeinflussten Periodenabgrenzungen ab.

895 Vgl. DeFond/Jiambalvo (1994), S. 158; Peasnell u.a. (2000), S. 325; Charitou u.a. (2007a), S. 324f.; Szczesny (2007), S. 106.

896 Vgl. Peasnell u.a. (2000), S. 313–326; Alcarria Jaime/de Albornoz Noguer (2004), S. 73–104.

897 Vgl. Rangan (1998), S. 107f.; DeFond/Park (2001), S. 380; Ching u.a. (2006), S. 80; Myers u.a. (2003), S. 784f.

898 Vgl. Jones (1991), S. 207; Dechow u.a. (1995), S. 203; Chambers (1999), S. 10f.; Thomas/Zhang (2002), S. 183; Szczesny (2007), S. 106. Die langfristigen Periodenabgrenzungen repräsentieren zwar einen großen Anteil an den gesamten Periodenabgrenzungen. Dennoch konnte nachgewiesen werden, dass die bilanzpolitisch vermuteten Variationen der gesamten Periodenabgrenzungen überwiegend auf die Schwankungen der kurzfristigen Periodenabgrenzungen zurückzuführen sind. Vgl. Thomas/Zhang (2000), S. 357f.

5.2.4.2 *Einführung in die Schätzverfahren normaler Periodenabgrenzungen*

Welcher Anteil der Periodenabgrenzungen dem gewöhnlichen Geschäftsablauf zuzuordnen ist und welcher Anteil zielgerichtet durch das Management mit Hilfe von Bilanzpolitik induziert wurde, ist durch außenstehende Stakeholder nicht direkt zu erkennen.[899] Gem. Gleichung 3 ergeben sich die gesamten Periodenabgrenzungen eines Unternehmens in Periode t durch die Summe der normalen Periodenabgrenzungen und der diskretionären Periodenabgrenzungen, welche durch Bilanzpolitik herbeigeführt wurden:

$$GPA_{i,t} = NPA_{i,t} + DPA_{i,t} \tag{21}$$

Um Bilanzpolitik nachweisen zu können, muss der diskretionäre Teil der Periodenabgrenzungen entschlüsselt werden. Dieser ergibt sich (gem. Gleichung 4) durch Subtraktion der normalen Periodenabgrenzungen von den, aus dem Jahresabschluss berechenbaren, gesamten Periodenabgrenzungen:

$$DPA_{i,t} = GPA_{i,t} - NPA_{i,t} \tag{22}$$

Mathematisch-statistische Schätzverfahren setzen an dieser Gleichung an und versuchen die normalen unbeeinflussten Periodenabgrenzungen zu schätzen.[900] Hierzu wird stets die Annahme einer bilanzpolitikfreien Schätzperiode[901] zu Grunde gelegt. In der Schätzperiode t^S sind demnach die diskretionären Periodenabgrenzungen gleich null, sodass die gesamten Periodenabgrenzungen den normalen Periodenabgrenzungen entsprechen:

$$GPA_{i,t^S} = NPA_{i,t^S} \tag{23}$$

Die geschätzten normalen Periodenabgrenzungen werden daraufhin in der Ereignisperiode t^E von den gesamten tatsächlichen Periodenabgrenzungen abgezogen, sodass die diskretionären Periodenabgrenzungen als Proxy-Variable für die betriebene Bilanzpolitik resultieren:[902]

$$DPA_{i,tE} = GPA_{i,tE} - \widetilde{NPA}_{i,tE} \tag{24}$$

Eines der ersten Modelle zur Schätzung der normalen Periodenabgrenzungen stellt die von **Healy (1985)**[903] entwickelte **Durchschnittsbildung** dar. Er geht in seinem Modell davon aus, dass sich die normalen Periodenabgrenzungen aus dem

---

899 Vgl. McNichols/Wilson (1988), S. 4.

900 Vgl. Peasnell u.a. (2000), S. 315.

901 Im Falle von Querschnittsanalysen wird die bilanzpolitikfreie Schätzperiode durch eine bilanzpolitikfreie Stichprobe repräsentiert. Vgl. für einen direkten Vergleich für eine Längs- und Querschnittsuntersuchung Subramanyam (1996), S. 249–281.

902 Vgl. Jones (1991), S. 207.

903 Vgl. Healy (1985), S. 85–107.

Durchschnitt der Periodenabgrenzungen der Vorjahre und der Beobachtungsperiode ergeben:[904]

$$NPA_{i,t} = \frac{1}{T}\Sigma_{t-n}^{T}\,GPA_{i,t} \tag{25}$$

Das Modell basiert auf der Annahme, dass Bilanzpolitik in jeder Periode eingesetzt wird.[905] Der Teil der Periodenabgrenzungen, welcher nicht durch Bilanzpolitik beeinflusst wird, folgt demnach dem Durchschnittswert.[906] Dies resultiert aus dem zugrunde liegenden Prinzip, dass sich Primär- und Sekundäreffekte der Abgrenzungen über die Perioden ausgleichen.

Das **Random-Walk-Modell** von **DeAngelo (1986)**[907] nimmt an, dass sich die normalen Periodenabgrenzungen über die Zeit hinweg nicht ändern, sodass die Differenz der gesamten Periodenabgrenzungen zwei aufeinander folgender Perioden die Bilanzpolitik widerspiegelt:[908]

$$NPA_{i,t} = GPA_{i,t-1} \tag{26}$$

Folgernd gilt:

$$DPA_{i,t} = GPA_{i,t} - GPA_{i,t-1} \tag{27}$$

Dem Modell liegt der Gedanke einer Modellierung eines gewöhnlichen Random-Walk-Prozesses zu Grunde. Demnach beträgt der durch die diskretionären Periodenabgrenzungen symbolisierte Erwartungswert der Residuen null.[909]

Das **Branchen-Modell** von **Dechow und Sloan (1991)**[910] geht von einer Konformität der Strukturen innerhalb einer Branche aus und folgert demnach eine Ableitung der normalen Periodenabgrenzungen aus dem Median der gesamten Periodenabgrenzungen der jeweiligen Branche:

$$NPA_{i,t} = \beta_0 + \beta_1\, Median_t\,(GPA_t) \tag{28}$$

Mit:
β_0 und β_1 = zu schätzende unternehmensspezifische Parameter

Die zuvor dargestellten Modelle unterstellen jedoch, dass die normalen Periodenabgrenzungen im Zeitverlauf konstant bleiben und der Mittelwert der diskretionären Periodenabgrenzungen stets null beträgt.[911] Die Modelle weisen demnach statischen Charakter auf und ignorieren wirtschaftliche Entwicklungen wie die des

904 Vgl. Obermann (2011), S. 278.
905 Vgl. Dechow u.a. (1995), S. 197.
906 Vgl. Zimmermann (2008), S. 77.
907 Vgl. DeAngelo (1986), S. 400–420.
908 Vgl. Wagenhofer/Ewert (2007), S. 255.
909 Vgl. Bhattacharya (2011), S. 1178–1180.
910 Vgl. Dechow/Sloan (1991), S. 51–89.
911 Vgl. Sattler (2011), S. 226.

Unternehmenswachstums. Die Vernachlässigung einer dynamischen Komponente bildet die Realität nur unzureichend ab und kann zu Messfehlern führen.[912]

Um diesem Missstand Rechnung zu tragen, werden in aktuellen Forschungsarbeiten zumeist **regressionsbasierte Modelle** zur Ableitung der normalen Periodenabgrenzungen angewandt.[913] Das allgemeine Regressionsmodell während der Schätzperiode drückt sich wie folgt aus:[914]

$$NPA_{i,t^S} = \beta_0 + \Sigma_{n=1}^{n=X} \beta_n X_{n,i,t^S} \qquad (29)$$

Mit:
$X_{n,i,t}$ = Regressor von Unternehmen i in Periode t
β_n = Regressionskoeffizient

In dem Regressionsmodell werden die zuvor genannten Bedingungen der bilanzpolitikfreien Schätzperiode beibehalten, sodass gilt:

$GPA_{i,t^S} = NPA_{i,t^S}$ und $DPA_{i,t^S} = 0$

Die verschiedenen durch X_{n,i,t^S} ausgedrückten Regressoren dienen zur Erklärung der gesamten Periodenabgrenzungen. Auf Basis der verwendeten Regressoren werden die Regressionskoeffizienten β_0 und β_n geschätzt. Die Regressionskoeffizienten β_n quantifizieren den Zusammenhang zwischen den Regressoren und den normalen bzw. gesamten Periodenabgrenzungen. In der Ereignisperiode werden daraufhin die normalen Periodenabgrenzungen mit Hilfe der geschätzten Regressionskoeffizienten abgeleitet:

$$\widetilde{NPA}_{i,tE} = \tilde{\beta}_0 + \Sigma_{n=1}^{n=x} \tilde{\beta}_n X_{n,i,tE} \qquad (30)$$

In der Ereignisperiode wird ein bilanzpolitischer Einfluss vermutet, sodass gilt:

$GPA_{i,tE} \neq \widetilde{NPA}_{i,tE}$ und $DPA_{i,t^E} \neq 0$

Die diskretionären Periodenabgrenzungen, welche die betriebene Bilanzpolitik widerspiegeln, ergeben sich in der fokussierten Ereignisperiode gem. Gleichung 24 durch Subtraktion der geschätzten normalen Periodenabgrenzungen von den tatsächlichen gesamten Periodenabgrenzungen:

$$DPA_{i,tE} = GPA_{i,tE} - \widetilde{NPA}_{i,tE}$$

Nachfolgend werden die verbreitetsten Verfahren der Regressionsmodelle zur Schätzung normaler Periodenabgrenzungen vorgestellt.[915]

---

912 Vgl. Dechow u.a. (1995), S. 198. Vgl. für eine eingehende Diskussion, insb. des Healy-Modells Kaplan (1985), S. 109–113.

913 Vgl. Szczesny (2007), S. 106.

914 Vgl. hierzu auch Sattler (2011), S. 220f.

915 Vgl. für einen Überblick Dechow u.a. (2010), S. 358f.

5.2.4.3 Forschungsrelevante Verfahren zur Messung von Periodenabgrenzungen

5.2.4.3.1 Jones-Modell und seine unmittelbaren Weiterentwicklungen

Das erste für die empirische Forschung bis heute maßgebende dynamische Regressionsmodell wurde von **Jones (1991)**[916] entwickelt.[917] Das **Jones-Modell**[918] geht in Form einer dynamischen Betrachtungsweise von zwei unabhängigen Variablen aus, welche die Periodenabgrenzungen bestimmen. Die während der Schätzperiode zur Erklärung der normalen Periodenabgrenzungen herangezogenen Regressoren werden durch die Veränderung der Umsatzerlöse und das Bruttosachanlagevermögen verkörpert. Die Veränderung der Umsatzerlöse wird in die Regressionsgleichung miteinbezogen, da diese die Änderungen der kurzfristigen Periodenabgrenzungen des Working Capitals bestimmt.[919] Die Veränderung der Umsatzerlöse symbolisiert die Entwicklung der gewöhnlichen Geschäftstätigkeit und soll annahmegemäß nicht durch bilanzpolitische Maßnahmen beeinflussbar sein.[920] Das Bruttosachanlagevermögen soll stellvertretend für die langfristigen Periodenabgrenzungen die normalen Abschreibungen approximieren.[921] Die Abschreibungen werden als absolute Größe und nicht als Veränderung erfasst, da diese als direkte Periodenabgrenzungen die Verteilung der Investitionsauszahlung wiedergeben.[922] Das Regressionsmodell stellt sich wie folgt dar:[923]

$$GPA_{i,t}/BS_{i,t-1} = \beta_{0,i}(1/BS_{i,t-1}) + \beta_{1,i}(\Delta U_{i,t}/BS_{i,t-1}) + \beta_{2,i}(SAV_{i,t}/BS_{i,t-1}) + \varepsilon_{i,t} \qquad (31)$$

Mit:

$\varepsilon_{i,t}$ = Fehlerterm von Unternehmen i in Periode t

---

916 Vgl. Jones (1991), S. 193–228.

917 Vgl. Larcker/Richardson (2004), S. 633.

918 Im Folgenden werden die verschiedenen Modelle auf Basis der Namen und Abkürzungen aus der Literatur benannt, vgl. Alcarria Jaime/de Albornoz Noguer (2004), S. 76–79; Goncharov (2005), S. 54; Jones u.a. (2008), S. 502–504; Wiemann (2011), S. 265–272; Sattler (2011), S. 227–234; Peek u.a. (2013), S. 537; teils werden jedoch auch eigene Namen und Abkürzungen generiert, um eine leichtere Zuordnung der Modelle zu gewährleisten.

919 Vgl. DeFond/Subramanyam (1998), S. 47.

920 Vgl. Jones (1991), S. 210f.

921 Vgl. Jones (1991), S. 212.

922 Vgl. Jones (1991), S. 212. Vgl. hierzu auch die indirekte Ableitung des operativen Cash Flows in Tabelle 4 sowie Gleichung 19.

923 Vgl. Jones (1991), S. 211. Im Rahmen einer Querschnittsuntersuchung werden die Regressionskoeffizienten für jede Periode separat geschätzt. In diesem Fall müsste der Zeitindex den Regressionskoeffizienten in der allgemeinen Gleichung angefügt werden. Die unternehmensindividuelle Variable i würde sich auf eine branchenspezifische Gruppe von Schätz- und Ereignisunternehmen beziehen, vgl. Subramanyam (1996), S. 253.

Um Größeneffekte der Unternehmen auszuschließen, welche zu heteroskedastischen Fehlertermen in der Regression führen können, werden die Variablen konform zu den statistischen Kennzahlen durch die Bilanzsumme der Vorperiode[924] normiert.[925] Der Fehlerterm Epsilon stellt diejenigen Periodenabgrenzungen dar, welche sich nicht durch die Regressionskonstante und die Regressoren erklären lassen, und repräsentiert somit als Residualgröße die Bilanzpolitik. Im Fall des Bruttosachanlagevermögens wird der unternehmensspezifische Regressionskoeffizient $\beta_{2,i}$ mit einem negativen Vorzeichen vermutet, da durch das Sachanlagevermögen die ergebnisvermindernden Abschreibungen symbolisiert werden. Das Vorzeichen des Regressionskoeffizienten für die Veränderung der Umsatzerlöse ist nicht eindeutig ermittelbar, da die kurzfristigen Periodenabgrenzungen sowohl ergebniserhöhend wie auch ergebnisvermindernd wirken können.[926] An dem Modell wird die Annahme bilanzpolitikfreier Umsatzerlöse kritisiert.[927] Umsatzerlöse können insb. durch reale bilanzpolitische Maßnahmen wie Umsatzverschiebungen durch Preisnachlässe gesteuert werden.[928] Durch bilanzpolitisch motivierte Umsatzverlagerungen besteht die Gefahr, dass diskretionäre Periodenabgrenzungen fälschlicherweise als normale Periodenabgrenzungen klassifiziert werden[929] und die Bilanzpolitik folglich in einem zu geringen Ausmaß gemessen wird. Dennoch stellt das Jones-Modell für nachfolgende Forschungsarbeiten zweifelsohne das wichtigste Grundgerüst zur Messung der Bilanzpolitik dar und wurde in den nachfolgenden zwei Dekaden vielfach weiterentwickelt.[930]

Dechow u.a. (1995)[931] haben den Missstand der bilanzpolitischen Beeinflussbarkeit der Umsatzerlöse berücksichtigt und das Jones-Modell zum **Modified-Jones-Modell** angepasst. Die Autoren gehen davon aus, dass sich die bilanzpolitische Beeinflussung der Umsätze in einer Veränderung der Forderungen widergespiegelt.[932] Nach ihrer Argumentation findet eine bilanzpolitische Einflussnahme über Zielverkäufe statt, da diese im Vergleich zu Barverkäufen leichter zu manipulieren

924 Die Periode t-1 bezieht sich auf den Bilanzstichtag (§ 252 Abs. 1 Nr. 3 HGB, Quartalsabschlüsse ausgenommen), welcher aufgrund des Bilanzzusammenhanges (§ 252 Abs. 1 Nr. 1 HGB) dem ersten Tag des aktuellen Wirtschaftsjahres (Periode t) entspricht.

925 Vgl. Wagenhofer/Ewert (2007), S. 257. Die Eliminierung von Größeneffekten kann in entsprechender Weise auch bei den zuvor dargestellten statischen Modellen erfolgen. Eine weitere Möglichkeit der Kontrolle von Größeneffekten bietet eine Logarithmusbildung, vgl. Gunny (2010), S. 863.

926 Vgl. Jones (1991), S. 213.

927 Vgl. Young (1999), S. 838; Dechow u.a. (1995), S. 199.

928 Vgl. Roychowdhury (2006), S. 340. Jones weist jedoch bereits selbst auf die Möglichkeit einer bilanzpolitischen Einflussnahme hin, vgl. Jones (1991), S. 212.

929 Vgl. Alcarria Jaime/de Albornoz Noguer (2004), S. 76.

930 Vgl. Goncharov (2005), S. 53f.; Ronen/Yaari (2008), S. 433–449.

931 Vgl. Dechow u.a. (1995), S. 193–225.

932 Vgl. Dechow u.a. (1995), S. 199.

sind.[933] Der Umsatz wird daher in ihrem Modell in der Ereignisperiode um die Veränderung der Forderungen aus Lieferungen und Leistungen bereinigt:

$$GPA_{i,t} / BS_{i,t-1} = \beta_{0,i}(1 / BS_{i,t-1}) + \beta_{1,i}\left((\Delta U_{i,t} - \Delta Ford_{i,t}^{LuL})/BS_{i,t-1}\right) + \beta_{2,i}(SAV_{i,t}/BS_{i,t-1}) + \varepsilon_{i,t} \quad (32)$$

Dies führt jedoch zu der Annahme, dass die Veränderung der Forderungen aus Lieferungen und Leistungen ausschließlich durch Bilanzpolitik hervorgerufen wird.[934] In der bilanzpolitikfreien Schätzperiode erfolgt die Schätzung daher weiterhin ohne Berücksichtigung der Veränderung der Forderungen aus Lieferungen und Leistungen nach dem klassischen Jones-Modell.[935] Entgegengesetzt dem originären Jones-Modell kann im Modified-Jones-Modell durch die Annahme, dass die gesamte Veränderung der Forderungen aus Lieferungen und Leistungen auf Bilanzpolitik zurückzuführen ist, der Fehler resultieren, dass diskretionäre Periodenabgrenzungen identifiziert werden, welche jedoch dem normalen Geschäftsverlauf angehören.[936] In Fällen von Forderungsverkäufen im Rahmen eines Factorings könnte demgegenüber der umgekehrte Fall eintreten.[937]

Das **Forward-Look-Modell**, welches von **Dechow u.a. (2003)**[938] entwickelt wurde, versucht diesem Kritikpunkt Rechnung zu tragen, indem der erwartete normale Anteil der Veränderung der Forderungen aus Lieferungen und Leistungen, durch eine separate Regressionsgleichung geschätzt wird. Mit Hilfe eines zusätzlichen Faktors k soll das Verhältnis von der Veränderung der Umsatzerlöse zu der erwarteten Änderung der Forderungen erfasst werden:[939]

$$\Delta Ford_{i,t}^{Lul} = \beta_{0.i} + k\Delta U_{i,t} + \varepsilon_{i,t} \quad (33)$$

Erfolgt eine überproportionale Zunahme der Forderungen aus Lieferungen und Leistungen im Verhältnis zu den Umsatzerlösen, sodass $k_{t-1} < k_t$ gilt, wird dies als bilanzpolitische Einflussnahme gewertet.[940] Des Weiteren fügen die Autoren die gesamten Periodenabgrenzungen der Vorperiode hinzu. Sie betonen zwar, dass Periodenabgrenzungen über die Zeit Umkehrwirkungen entfalten und eine geringere

933 Vgl. Dechow u.a. (1995), S. 199.
934 Vgl. Jeter/Shivakumar (1999), S. 302.
935 Vgl. Bartov u.a. (2001), S. 426. Es ist jedoch darauf hinzuweisen, dass diese Anwendung des Modified-Jones-Modells auf Basis einer Zeitreihenanalyse erfolgt. Wird das Modell im Rahmen einer Querschnittsuntersuchung angewandt, wird die Veränderung der Forderungen aus Lieferungen und Leistungen bei der Schätzung der Regressionskoeffizienten aufgrund einer fehlenden Schätzperiode bereits berücksichtigt, vgl. Kothari u.a. (2005), S. 174.
936 Vgl. Sattler (2011), S. 229.
937 Vgl. McNichols (2000), S. 327.
938 Vgl. Dechow u.a. (2003), S. 355–384.
939 Vgl. Dechow u.a. (2003), S. 359.
940 Vgl. Sattler (2011), S. 230.

Beständigkeit zu den Cash Flows aufweisen, sich jedoch stets ein Teil der Periodenabgrenzungen von den Periodenabgrenzungen der Vorperiode ableiten lässt.[941] Die Zukunftsperspektive wird in diesem Modell zudem durch eine weitere Integration einer Variable ausgedrückt, welche das zukünftige Umsatzwachstum $W\_U_{i,t+1}$ widerspiegelt. Die Autoren begründen dies damit, dass Unternehmen, welche ein Umsatzwachstum in der folgenden Periode erwarten, andere Rechnungslegungsparameter wie bspw. den Vorratsbestand der aktuellen Periode bereits erhöhen.[942] Im klassischen Jones-Modell würde diese nicht proportional erscheinende Erhöhung als Bilanzpolitik klassifiziert werden.[943] Das Forward-Looking-Modell stellt sich demnach wie folgt dar:

$$GPA_{i,t}/BS_{i,t-1} = \beta_{0,i}(1/BS_{i,t-1}) + \beta_{1,i}\left(\left((1+k)\Delta U_{i,t} - \Delta Ford_{i,t}^{LuL}\right)/BS_{i,t-1}\right) + \beta_{2,i}(SAV_{i,t}/BS_{i,t-1}) + \beta_{3,i}(GPA_{i,t-1}/BS_{i,t-1}) + \beta_{4,i}(W\_U_{i,t+1}/BS_{i,t-1}) + \varepsilon_{i,t} \quad (34)$$

Mit:
$W\_U_{i,t+1} = (U_{i,t+1} - U_{i,t})\,/U_{i,t}$

Das Modell kann somit weitgehend die Kritik an dem Modified-Jones-Modell entkräften, sieht sich aber mit der Problematik konfrontiert, dass für den Einbezug der zukünftigen Umsatzerlöse der Jahresabschluss der Folgeperiode bereits veröffentlicht sein muss.[944]

5.2.4.3.2 Performanceorientierte Weiterentwicklungen des Jones-Modells

Studien konnten zeigen, dass die vorangestellten Verfahren bei Stichproben mit extremen wirtschaftlichen Verhältnissen, ausgedrückt durch den operativen Cash Flow oder das Jahresergebnis, zu Messfehlern führen.[945] Verschiedene Ansätze versuchen daher ausgewählte Größen der Ertrags- und Finanzkraft bei der Schätzung der normalen Periodenabgrenzungen in die Modelle zu inkludieren.[946] Die Periodenabgrenzungen und der operative Cash Flow als ein Performanceindikator sind, empirisch nachgewiesen, negativ miteinander korreliert.[947] Das Jones-Modell bildet diese Korrelation bei der Spaltung der Periodenabgrenzungen in seiner Grundkonzeption jedoch nicht ab.[948] Der operative Cash Flow kann im Vergleich zu den Periodenabgrenzungen bilanzpolitisch nicht so stark beeinflusst werden.[949] Daher

941 Vgl. Dechow u.a. (2003), S. 359.
942 Vgl. Dechow u.a. (2003), S. 359.
943 Vgl. Dechow u.a. (2003), S. 359.
944 Vgl. Sattler (2011), S. 230.
945 Vgl. Dechow u.a. (1995), S. 193; Pae (2005), S. 7.
946 Vgl. Wiemann (2011), S. 269.
947 Vgl. Dechow (1994), S. 20; Subramanyam (1996), S. 269.
948 Vgl. Subramanyam (1996), S. 266.
949 Vgl. Becker (2016), S. 17.

beziehen verschiedene Studien den operativen Cash Flow als weiteren Regressor in die Gleichung zur Schätzung der normalen Periodenabgrenzungen mit ein.[950]

Subramanyam (1996)[951] integriert in seinem **Cash-Flow-Modified-Jones-Modell** in dem Modified-Jones-Model, für die Berücksichtigung der Performance eines Unternehmens, den operativen Cash Flow der aktuellen Periode als weitere erklärende Größe. Unter der Annahme, dass der operative Cash Flow bilanzpolitisch nicht beeinflusst wird, ergibt sich das bilanzpolitisch unbeeinflusste Jahresergebnis $JE_{i,t}^{oBP}$ durch die Summe aus operativem Cash Flow und den normalen Periodenabgrenzungen:[952]

$$JE_{i,t}^{oBP} = OCF_{i,t} + NPA_{i,t} \tag{35}$$

Die Regressionsgleichung stellt sich demnach wie folgt dar:[953]

$$GPA_{i,t}/BS_{i,t-1} = \beta_{0,i}(1/BS_{i,t-1}) + \beta_{1,i}\left((\Delta U_{i,t} - \Delta Ford_{i,t}^{LuL})/BS_{i,t-1}\right) + \beta_{2,i}(SAV_{i,t}/BS_{i,t-1}) + \beta_{3,i}(OCF_{i,t}/BS_{i,t-1}) + \varepsilon_{i,t} \tag{36}$$

Pae (2005)[954] fokussiert in seinem **Reversal-Cash-Flow-Modified-Jones-Modell**[955] die Korrelation von operating Cash Flow und Periodenabgrenzungen über die Zeit. Hierzu wird die positive Korrelation zwischen den aktuellen Periodenabgrenzungen und dem operativen Cash Flow der Vorperiode fokussiert und der operative Cash Flow der Vorperiode als weiterer Regressor in die Gleichung inkludiert.[956] Umkehreffekte von Periodenabgrenzungen sollen durch die Integration von den gesamten Periodenabgrenzungen der Vorperiode als weiterer Regressor berücksichtigt werden.

$$GPA_{i,t}/BS_{i,t-1} = \beta_{0,i}(1/BS_{i,t-1}) + \beta_{1,i}\left((\Delta U_{i,t} - \Delta Ford_{i,t}^{LuL})/BS_{i,t-1}\right) + \beta_{2,i}(SAV_{i,t}/BS_{i,t-1}) + \beta_{3,i}(OCF_{i,t}/BS_{i,t-1}) + \beta_{4,i}(OCF_{i,t-1}/BS_{i,t-1}) + \beta_{5,i}(GPA_{i,t-1}/BS_{i,t-1}) + \varepsilon_{i,t} \tag{37}$$

Kasznik (1999)[957] integriert in seinem **Performance-Adjusted-Modified-Jones-Modell** das Modified-Jones-Modell durch die Veränderung des operativen Cash Flows, um die negative Korrelation des operativen Cash Flows und der gesamten Periodenabgrenzungen abzubilden:[958]

950 Vgl. Rees u.a. (1996), S. 162; Subramanyam (1996), S. 255; Jeter/Shivakumar (1999), S. 302; Larcker/Richardson (2004), S. 634; Pae (2005), S. 9.
951 Vgl. Subramanyam (1996), S. 249–281.
952 Vgl. Subramanyam (1996), S. 255.
953 Vgl. Subramanyam (1996), S. 266.
954 Vgl. Pae (2005), S. 5–22.
955 Die Originalbezeichnung des Autors lautet *Jones model with cash flow and lagged accruals*, vgl. Pae (2005), S. 10.
956 Vgl. Pae (2005), S. 10.
957 Vgl. Kasznik (1999), S. 57–81.
958 Vgl. Kasznik (1999), S. 64.

$$GPA_{i,t}/BS_{i,t-1} = \beta_{0,i}(1/BS_{i,t-1}) + \beta_{1,i}(\Delta U_{i,t} - \Delta Ford_{i,t}^{LuL})/BS_{i,t-1} + \beta_{2,i}(SAV_{i,t}/BS_{i,t-1}) + \beta_{3,i}(\Delta OCF_{i,t} / BS_{i,t-1}) + \varepsilon_{i,t} \quad (38)$$

Kasznik geht zudem von einer Performanceverzerrung aus, welche durch das Verhältnis von Periodenabgrenzungen und Jahresergebnis entstehen kann. Um diese zu berücksichtigen, bildet er für die betrachtete Stichprobe eine Kontrollgruppe, welche anhand skalierter Jahresergebnisse ausgewählt wird.[959] Daraufhin wird von den diskretionären Periodenabgrenzungen der Untersuchungsstichprobe der Median der diskretionären Periodenabgrenzungen der Kontrollgruppe abgezogen, um die performanceadjustierten diskretionären Periodenabgrenzungen der Stichprobe zu erhalten:

$$DPA_t^{angepasst} = DPA_t - Median(DPA_t)_{Kontroll} \quad (39)$$

Mit:

$Median(DPA_t)_{Kontroll}$ = Median der diskretionären Periodenabgrenzungen der Kontrollgruppe

$DPA_{i,t}^{angepasst}$ = performanceadjustierte diskretionäre Periodenabgrenzungen der Stichprobe

Bei dieser Vorgehensweise liegt der Gedanke zu Grunde, dass der performanceinduzierte Schätzfehler durch den Median der diskretionären Periodenabgrenzungen der Kontrollgruppe reflektiert wird und durch die Subtraktion bereinigt werden kann.[960]

Verfahren wie das Jones-Modell oder das Modified-Jones-Modell versuchen lediglich die aktuelle Performance in die Messung mit einzubeziehen.[961] Die normalen wie auch diskretionären Periodenabgrenzungen sind jedoch in Ergänzung zur aktuellen, auch mit der vergangenen wirtschaftlichen Lage eines Unternehmens korreliert.[962] Demnach kann bei performanceinduzierter Bilanzpolitik die Integration einer weiteren Performance Komponente in die Messmodelle notwendig werden.[963] **Kothari u.a. (2005)**[964] verwenden in ihrem **Performance-Matched-Modified-Jones-Modell** statt des operativen Cash Flows den Return on Assets, welcher dem deutschen Ausdruck der Gesamtkapitalrentabilität entspricht:[965]

959 Vgl. Kasznik (1999), S. 68.
960 Vgl. Kasznik (1999), S. 68.
961 Vgl. Kothari u.a. (2005), S. 167.
962 Vgl. Kothari u.a. (2005), S. 164 und 167f.
963 Vgl. Dechow u.a. (1995), S. 193.
964 Vgl. Kothari u.a. (2005), S. 163–197.
965 Vgl. Coenenberg u.a. (2012), S. 1157.

$$GPA_{i,t} / BS_{i,t-1} = \beta_{0,i}(1 / BS_{i,t-1}) + \beta_{1,i}\left((\Delta U_{i,t} - \Delta Ford_{i,t}^{LuL}) / BS_{i,t-1}\right) + \beta_{2,i}(SAV_{i,t} / BS_{i,t-1}) + \beta_{3,i} ROA_{i,t(oder\,t-1)} + \varepsilon_{i,t} \quad (40)$$

Mit:
$ROA_{i,t}$ = Return on Asset von Unternehmen i in Periode t
$ROA_{i,t} = JE_{i,t}/BS_{i,t}$

Nach den Autoren kann der Return on Asset der aktuellen oder der Vorperiode verwandt werden.[966] Er wird als Quotient aus Jahresergebnis und Bilanzsumme definiert.[967]

Die resultierenden performanceadjustierten diskretionären Periodenabgrenzungen werden als die Differenz zwischen den diskretionären Periodenabgrenzungen auf Basis des Modified-Jones-Modells und den durch die Regressionsgleichung angepassten diskretionären Periodenabgrenzungen interpretiert.[968] Die Autoren konnten darlegen, dass die Integration eines Performanceindikators die Messergebnisse verbessern kann.[969] Jedoch muss beachtet werden, dass Performancegrößen selbst durch Bilanzpolitik beeinflusst werden können.[970]

5.2.4.3.3 Dechow-Dichev-Modell

Dechow und Dichev (2002)[971] fokussieren in ihrem **Dechow-Dichev (DD)-Modell** den Zusammenhang zwischen dem operativen Cash Flow und den kurzfristigen Periodenabgrenzungen. Die Autoren fokussieren die kurzfristigen Periodenabgrenzungen des Working Capitals, da sich diese definitionsgemäß innerhalb von einer Periode zahlungswirksam ausdrücken sollen.[972] Die kurzfristigen Periodenabgrenzungen einer Periode t sollen sich daher durch den operativen Cash Flow der Vorperiode, der aktuellen Periode und der nachfolgenden Periode zusammensetzen. Das Regressionsmodell unterstellt somit einen unbeeinflussten operativen Cash Flow und stellt sich wie folgt dar:

$$KPA_{i,t}/BS_{i,t-1} = \beta_{0,i}\,(1/BS_{i,t-1}) + \beta_{1,i}\,(OCF_{i,t-1}/BS_{i,t-1}) + \beta_{2,i}\,(OCF_{i,t}/BS_{i,t-1}) + \beta_{3,i}\,(OCF_{i,t+1}/BS_{i,t-1}) + \varepsilon_{i,t} \quad (41)$$

Bei einer progressiven bilanzpolitischen Einflussnahme in Periode t, welche sich durch positive kurzfristige Periodenabgrenzungen ausdrückt, wird für die Regres-

966 Vgl. Kothari u.a. (2005), S. 174.
967 Vgl. Kothari u.a. (2005), S. 174.
968 Vgl. Kothari u.a. (2005), S. 174f.
969 Vgl. Kothari u.a. (2005), S. 195.
970 Vgl. Guay u.a. (1996), S. 104.
971 Vgl. Dechow/Dichev (2002), S. 35–59.
972 Vgl. Dechow/Dichev (2002), S. 37. Vgl. für eine ausführliche Diskussion des stochastischen Zusammenhanges von Periodenabgrenzungen und Cash Flows Bloomfield u.a. (2015), S. 1–32.

sionskoeffizienten $\beta_{1,i}$ und $\beta_{3,i}$ ein positives Vorzeichen und für $\beta_{2,i}$ ein negatives Vorzeichen erwartet.[973] Dies begründet sich dadurch, dass positive kurzfristige Periodenabgrenzungen insb. dann auftreten, wenn der operative Cash Flow der aktuellen Periode t niedrig ist, dagegen der operative Cash Flow der Vorperiode und der nachfolgenden Periode hohe Werte aufweisen. Das DD-Modell kann somit die verzerrten Wirkungen der langfristigen Periodenabgrenzungen umgehen. Jedoch resultiert das Problem, dass nur diejenigen operativen Cash Flows zur Schätzung der normalen kurzfristigen Periodenabgrenzungen herangezogen werden sollten, welche in direktem Zusammenhang zu diesen stehen, wobei diese jedoch nicht separiert werden können.[974]

McNichols (2002)[975] hat daher in ihrer Diskussion der Veröffentlichung des DD-Modells in dem **Dechow-Dichev-McNichols (DDM)-Modell** zusätzlich die ursprünglichen Bestandteile des Jones-Modells für eine höhere Erklärungskraft der Regression integriert:[976]

$$KPA_{i,t}/BS_{i,t-1} = \beta_{0,i}\,(1/BS_{i,t-1}) + \beta_{1,i}\,(OCF_{i,t-1}/BS_{i,t-1}) + \beta_{2,i}\,(OCF_{i,t})/BS_{i,t-1}) + \beta_{3,i}\,(OCF_{i,t+1}/BS_{i,t-1}) + \beta_{4,i}\,(\Delta U_{i,t}/BS_{i,t-1}) + \beta_{5,i}\,(SAV_{i,t}/BS_{i,t-1}) + \varepsilon_{i,t} \quad (42)$$

McNichols konnte zeigen, dass sich dadurch die Erklärungskraft des Modells deutlich verbessern lässt.[977]

5.2.4.3.4 Empirische Überprüfungen der Periodenabgrenzungsmodelle

Die Güte des jeweiligen Modells hängt davon ab, wie gut die Schätzung der normalen Periodenabgrenzungen ist, bzw. wie genau diese von den diskretionären Periodenabgrenzungen isoliert werden können. Unabhängig von der gewählten Methode sind bei der Messung Fehler erster oder zweiter Art möglich. Ein Fehler erster Art resultiert, wenn die vermutete Ausprägung angenommen wird, jedoch realiter nicht existiert. Wenn hingegen die Ausprägung unzutreffend nicht angenommen wird, liegt ein Fehler zweiter Art vor.[978] Für die Bewertung der Verfahren hinsichtlich möglicher Fehler erster und zweiter Art,[979] bedient sich die Literatur ebenfalls der Systematik der Regressionsanalyse.[980] Wird zunächst angenommen,

---

973 Vgl. Dechow/Dichev (2002), S. 41.
974 Vgl. Dechow/Dichev (2002), S. 40f.
975 Vgl. McNichols (2002), S. 61–69.
976 Vgl. McNichols (2002), S. 65.
977 So steigt in der Untersuchung das angepasste Bestimmtheitsmaß von 20,11% auf 30,09%, vgl. McNichols (2002), S. 66.
978 Vgl. zu Fehlern erster und zweiter Art Fahrmeir u.a. (1997), S. 404–406.
979 Vgl. Pae (2005), S. 7.
980 Vgl. zu den folgenden Ausführungen McNichols/Wilson (1988), S. 5–7; Dechow u.a. (1995), S. 195–197; Lindemann (2004), S. 207–209; Kiefer (2008), S. 158–161; Obermann (2011), S. 290–293.

dass die Bilanzpolitik direkt beobachtet werden kann, ergibt sich folgende Regressionsgleichung für die diskretionären Periodenabgrenzungen:

$$DPA_{i,t}^{beobachtbar} = \beta_{0,i} + \beta_{1,i}PART_t + \sum_{n=1}^{n=x} \beta_n X_{i,n,t} + \varepsilon_{i,t} \quad (43)$$

Mit:

$DPA_{i,t}^{beobachtbar}$ = beobachtbare diskretionäre Periodenabgrenzungen von Unternehmen i in Periode t

$PART_t$ = Dummy variable, welche den Wert 1 bei dem Einsatz von Bilanzpolitik annimmt, andern falls 0

Die diskretionären Periodenabgrenzungen werden in den Messmodellen grundsätzlich indirekt geschätzt, indem die geschätzten normalen Periodenabgrenzungen von den gesamten Periodenabgrenzungen in der Ereignisperiode abgezogen werden. Somit ergeben sich die diskretionären Periodenabgrenzungen durch die direkt beobachtbaren diskretionären Periodenabgrenzungen und einen Schätzfehler:

$$DPA_{i,t} = DPA_{i,t}^{beobachtbar} + V_{i,t} \quad (44)$$

Mit:

$v_{i,t}$ = Schätzfehler bei Unternehmen i in Periode t

Durch Einsetzen von Gleichung 43 in Gleichung 44 ergibt sich die Regressionsgleichung für die Schätzung der gesamten diskretionären Periodenabgrenzungen:

$$DPA_{i,t} = \beta_{0,i} + \beta_{1,i}PART_t + \sum_{n=1}^{n=x} X_{i,n,t} + V_{i,t} + \varepsilon_{i,t} \quad (45)$$

Aufgrund der annahmegemäß bilanzpolitikfreien Schätzperiode ist die Dummyvariable während der Schätzperiode mit null anzunehmen, hingegen in der Ereignisperiode bedingt durch die vermutete Bilanzpolitik mit 1. Die weiteren Einflussvariablen $X_{i,n,t}$ können nicht ohne Weiteres identifiziert werden, sodass diese von der Betrachtung ausgenommen werden.[981] Die Schätzung der gesamten diskretionären Periodenabgrenzungen ergibt sich zusammengefasst durch folgende Regressionsgleichung:

$$DPA_{i,t} = \beta_{0,i} + \beta_{1,i}\, PART_t + \mu_{i,t} + \varepsilon_{i,t} \quad (46)$$

Mit:

$\mu_{i,t}$ = zusammengefasster Schätzfehler bei Unternehmen i in Periode t

Der Schätzfehler $\mu_{i,t}$ erfasst somit die ausgeschlossenen nicht identifizierbaren Einflussgrößen $X_{i,n,t}$ als auch den Schätzfehler $v_{i,t}$.[982]

981 Vgl. Dechow u.a. (1995), S. 195.
982 Vgl. Dechow u.a. (1995), S. 196.

Dechow u.a. (1995) klassifizieren insgesamt drei Problemfelder bei der Messung:[983]

1. Sofern $PART_t$ mit $\mu_{i,t}$ korreliert ist, kann ein Fehler erster Art entstehen. In diesem Fall müsste $PART_t$ aufgrund fehlender Bilanzpolitik den Wert null annehmen, die Korrelation ruft jedoch eine verzerrte Schätzung von $\beta_{1,i}$ hervor, sodass die Wahrscheinlichkeit für eine fehlerhaft angenommene Bilanzpolitik steigt.
2. Besteht die Korrelation zwischen $PART_t$ und $\mu_{i,t}$ in einem entgegengesetzten Vorzeichen zu $\beta_{1,i}$, kann dies zu einem gegen null laufenden Wert für den Regressionskoeffizienten führen. Dies erhöht die Wahrscheinlichkeit für einen Fehler zweiter Art, bei welchem Bilanzpolitik vorliegt, die Nullhypothese keiner betriebenen Bilanzpolitik jedoch nicht abgelehnt wird.
3. Sollte keine Korrelation zwischen $PART_t$ und $\mu_{i,t}$ vorliegen, erfolgt grundsätzlich keine verzerrte Schätzung des Regressionskoeffizienten. Aufgrund des Ausschlusses möglicher Einflussfaktoren, repräsentiert durch $X_{i,n,t}$, nimmt jedoch der Standardfehler von $\beta_{1,i}$ zu, sodass die Wahrscheinlichkeit eines Fehlers zweiter Art steigt.

Dechow u.a. (1995) untersuchen in ihrer Studie die Durchschnittsbildung von Healy, das DeAngelo-Modell, das Jones-Modell sowie das Modified-Jones-Modell. Die Autoren sprechen dem Modified-Jones-Modell die beste Güte für die Identifizierung von Bilanzpolitik zu. Sie finden jedoch ebenfalls heraus, dass alle von ihnen getesteten Verfahren zu verzerrten Ergebnissen gelangen, sofern eine Untersuchungsstichprobe gewählt wird, welche sich durch extreme wirtschaftliche Umstände kennzeichnet.[984] Die Überlegenheit des Modified-Jones-Modells gegenüber dem originären Jones-Modell können auch Alcarria Jaime und De Albornoz Noguer (2004) bestätigen, welche in ihrer Untersuchung die kurzfristigen Periodenabgrenzungen fokussieren.[985] Pae (2005) führt aus, dass durch die Integration des operativen Cash Flows als weiteren Regressor die Erklärungsgüte und folgernd die statistische Schätzung weiter verbessert wird.[986] In den vergangenen zwei Dekaden wurden die vorangestellten Messmodelle von zahlreichen Studien auf ihre Güte hin überprüft.[987]

Jones u.a. (2008)[988] testen insgesamt zehn verschiedene Verfahren zur Aufdeckung von Bilanzpolitik. Hierzu betrachten sie Unternehmen, welche wegen Bilanzfälschung verurteilt wurden oder bei welchen Korrekturen wegen fehlerhafter

983 Vgl. Dechow u.a. (1995), S. 196f.
984 Vgl. Dechow u.a. (1995), S. 223.
985 Vgl. Alcarria Jaime/de Albornoz Noguer (2004), S. 73.
986 Vgl. Pae (2005), S. 5.
987 Vgl. Dechow u.a. (1995), S. 193–225; Kang/Sivaramakrishnan (1995), S. 353–367; Kang (1999), S. 1–40; Young (1999), S. 833–862; Hansen (1999), S. 1–38; Peasnell u.a. (2000), S. 313–326; Thomas/Zhang (2000), S. 347–376; Hribar/Collins (2002), S. 105–134; Alcarria Jaime/de Albornoz Noguer (2004), S. 73–104; Jones u.a. (2008), S. 499–531; Peek u.a. (2013), S. 533–572; Lee/Vetter (2015), S. 62–71.
988 Vgl. Jones u.a. (2008), S. 499–531.

Bilanzierung vorgenommen wurden. Die Autoren werten daher die Verfahren zur Schätzung der Periodenabgrenzungen in direktem Zusammenhang zum Tatbestand der illegalen Bilanzfälschung aus. Sie beziehen u.a. das Jones-Modell, das Modified-Jones-Modell, das Performance-Matched-Modified-Jones-Modell, das DD-Modell sowie das MDD-Modell in ihre Analyse mit ein. Als Resultat erhalten sie für das DD-Modell und das MDD-Modell die beste statistische Güte für die Beurteilung der Rechnungslegungsbeeinflussung.[989]

Peek u.a. (2013)[990] untersuchen das Modified-Jones-Modell und das DD-Modell auf ihre Fähigkeit zur landesspezifischen Schätzung von normalen Periodenabgrenzungen in neun verschiedenen Ländern. Diesem liegt der Gedanke zu Grunde, dass die statistische Güte der Modelle abhängig von den jeweils geltenden regulatorischen Gegebenheiten ist. Diese zeichnen sich insb. durch unterschiedliche Rechnungslegungsnormen aus, können aber auch durch andere Einflussgrößen wie Governance-Strukturen repräsentiert werden.[991] Bei Anwendung des Modified-Jones-Modells werden nur die kurzfristigen Periodenabgrenzungen überprüft. Die Autoren messen letztlich für das DD-Modell eine bessere Güte hinsichtlich der Vorhersagbarkeit von Periodenabgrenzungen in den verschiedenen Ländern und empfehlen die Anwendung des Modells für zukünftige Forschungsarbeiten.[992]

Auch bestehen Untersuchungen, welche die ökonometrische Vorgehensweise in ihren Fokus nehmen. Um dem Umstand Rechnung zu tragen, dass die Regressoren selbst bilanzpolitisch beeinflusst werden können, verwenden Kang und Sivaramakrishnan (1995)[993] zur Schätzung der Regressionskoeffizienten anstatt der Ordinary-Least-Square Methode (OLS) die Generalized Method of Moments (GMM).[994] Die Autoren können mit Hilfe des alternativen Verfahrens in ihrer Untersuchung eine leichte Verbesserung der Schätzung nachweisen,[995] dennoch hat sich die Schätzmethode GMM in der Bilanzpolitikforschung nicht etabliert. Das ursprüngliche Jones-Modell wurde als Zeitreihenanalyse konzipiert. DeFond und Jiambalvo (1994)[996] haben anschließend die Regression hinsichtlich einer Querschnittsuntersuchung angepasst. Einer Zeitreihenanalyse ist der Nachteil inhärent, dass sich die Regressionskoeffizienten während der Zeitreihe verändern können. Die Abweichung wird in der Schätzung jedoch nur unzureichend abgebildet. Hingegen entwickeln sich die Regressionskoeffizienten bei einer Querschnittsuntersuchung konkludent zur

989 Vgl. Jones u.a. (2008), S. 529.
990 Vgl. Peek u.a. (2013), S. 533–572.
991 Vgl. Peek u.a. (2013), S. 534.
992 Vgl. Peek u.a. (2013), S. 567.
993 Vgl. Kang/Sivaramakrishnan (1995), S. 353–367.
994 Vgl. zur OLS-Methode Intriligator (1978); vgl. zur GMM Hansen (1982), S. 1029–1054.
995 Vgl. Kang/Sivaramakrishnan (1995), S. 365.
996 Vgl. DeFond/Jiambalvo (1994), S. 145–176.

wirtschaftlichen Entwicklung.[997] Zudem sind Querschnittsanalysen aufgrund einer branchenspezifischen Schätzung der Regressionskoeffizienten in der Lage, Besonderheiten der jeweiligen Branche besser abzubilden.[998] Der Nachteil aus dieser Vorgehensweise ist jedoch die Annahme gleichgerichteter Bilanzstrukturen in dem jeweiligen isolierten Branchencluster.[999] Zudem konnten Studien zeigen, dass die Verfahren, insb. für das Jones- und das Modified-Jones-Modell, in der Ausgestaltung von Querschnittsanalysen bessere Ergebnisse im Vergleich zu den Längsschnittanalysen liefern.[1000] Ein weiterer Nachteil der Zeitreihenanalysen ist die Notwendigkeit einer hohen Zahl an Schätzjahren.[1001] In Querschnittsuntersuchungen kann somit eine größere Stichprobe verwendet werden,[1002] infolgedessen sich in der Forschung zunehmend Querschnittsanalysen etabliert haben.[1003]

5.2.5 Verfahren zur Messung realer Bilanzpolitik

Verfahren zur Messung von Periodenabgrenzungen zielen traditionell darauf ab, das Ausmaß buchmäßiger Bilanzpolitik zu messen.[1004] Demzufolge konzentriert sich die Diskussion oftmals überwiegend auf eine Bilanzpolitik, welche nach dem Abschlussstichtag durchgeführt wird,[1005] während die reale Bilanzpolitik mindestens eine ebenso große Rolle spielt.[1006] Nach einer Befragung von Geschäftsführern in einer Studie von Graham u.a. (2005)[1007] geben diese an, dass sie lieber reale Prozesse hinsichtlich bestimmter Zielgrößen steuern, welche langfristige negative Wirkungen beinhalten können, anstatt bilanzpolitischen Einfluss durch klassische buchmäßige Instrumente auszuüben.[1008] Reale bilanzpolitische Maßnahmen entziehen sich oftmals der bilanziellen Rechenschaftslegung durch eine eigene Berichterstattung[1009] und sind durch

997 Dies resultiert aus einer jährlichen Schätzung der Regressionskoeffizienten im Rahmen von Querschnittsuntersuchungen. Vgl. Kasznik (1999), S. 65; Abbott u.a. (2006), S. 89.
998 Vgl. Jeter/Shivakumar (1999), S. 318.
999 Vgl. Kasznik (1999), S. 65.
1000 Vgl. Subramanyam (1996), S. 254; Jones u.a. (2008), S. 502.
1001 Jones selbst schließt Unternehmen mit einer Verfügbarkeit von weniger als 14 Jahren von der Untersuchung aus, vgl. Jones (1991), S. 206. Andere Autoren legen der Zeitreihenanalyse mindestens zehn Jahre, vgl. Dechow u.a. (1995), S. 200 oder sechs Jahre zu Grunde, vgl. DeFond/Jiambalvo (1994), S. 159.
1002 Vgl. Subramanyam (1996), S. 254.
1003 Vgl. Peasnell u.a. (2000), S. 325; Alcarria Jaime/de Albornoz Noguer (2004), S. 76; Kothari u.a. (2005), S. 173.
1004 Vgl. Szczesny (2007), S. 105; Zang (2012), S. 678.
1005 Vgl. Küting (2006), S. 2755.
1006 Vgl. Kropff (1983), S. 188.
1007 Vgl. Graham u.a. (2005), S. 3–73.
1008 Vgl. Graham u.a. (2005), S. 4.
1009 Vgl. Küting (2006), S. 2755.

eine Einflussnahme während des Geschäftsjahres gekennzeichnet.[1010] Vergangene Studien haben sich darauf fokussiert, Ermessensspielräume über bestimmte Bilanzpositionen zu untersuchen.[1011] Diese betrafen u.a. Gestaltungsmöglichkeiten in dem Bereich der Forschungs- und Entwicklungsaufwendungen,[1012] die Beeinflussung weiterer Kosten wie Werbekosten,[1013] Preisreduktionen[1014] oder die Verkäufe von Vermögensgegenständen.[1015]

Die Forschung verwendet zur Messung realer Bilanzpolitik aktuell insb. das Modell von **Roychowdhury (2006)**.[1016] Die Systematik des Modells folgt den Verfahren zur Messung buchmäßiger Bilanzpolitik auf Basis des Jones-Modells. Auch in diesem Fall werden die normalen realen Einflussgrößen mittels Regressionsgleichungen geschätzt. Hierzu werden drei Regressionsgleichungen mit drei Ausprägungen realer Bilanzpolitik aufgestellt. Entgegen der Annahme bilanzpolitikfreier Umsatzerlöse im Jones-Modell, sind diese insb. durch reale bilanzpolitische Maßnahmen beeinflussbar. Umsatzerlöse können bspw. durch spezielle Marketingmaßnahmen, welche sich durch Rabatte und Sonderkonditionen ausdrücken, in eine frühere Periode vorgezogen werden. Die Folge ist ein geringerer Rohertrag in der aktuellen Periode sowie deutlich geringere Umsätze in der nachfolgenden Periode. Reale bilanzpolitische Maßnahmen wirken sich i.d.R. direkt auf den operativen Cash Flow aus.[1017] In der Regressionsgleichung soll sich daher der normale operative Cash Flow $NOCF_{i,t}$ primär aus dem Umsatz der aktuellen Periode und der Veränderung der Umsatzerlöse aus aktueller und der Vorperiode ergeben:

$$NOCF_{i,t}/BS_{i,t-1} = \beta_{0,i}\,(1/BS_{i,t-1}) + \beta_{1,i}\,(U_{i,t}/BS_{i,t-1}) + \beta_{2,i}\,(\Delta U_{i,t}/BS_{i,t-1}) + \varepsilon_{i,t} \qquad (47)$$

Der diskretionäre operative Cash Flow $DOCF_{i,t}$ der Periode t ergibt sich entsprechend durch Subtraktion des geschätzten normalen operativen Cash Flows:

$$DOCF_{i,t} = OCF_{i,t} - NOCF_{i,t} \qquad (48)$$

Die zweite zu Grunde gelegte Ausprägung basiert auf den Produktionskosten. Infolge einer Überproduktion sinken aufgrund der resultierenden Fixkostendegression

1010 Vgl. Gunny (2010), S. 856.
1011 Vgl. für einen kompakten Literaturüberblick über die Forschung im Bereich der realen Bilanzpolitik Sellami (2015), S. 206–213.
1012 Vgl. Baber u.a. (1991), S. 818–829; Dechow/Sloan (1991), S. 51–89; Bushee (1998), S. 305–333; Cheng (2004), S. 305–328.
1013 Vgl. Cohen u.a. (2010), S. 808–832.
1014 Vgl. Jackson/Wilcox (2000), S. 3–20.
1015 Vgl. Bartov (1993), S. 840–855; Herrmann u.a. (2003), S. 89–108.
1016 Vgl. Wagenhofer/Ewert (2015), S. 284. Vgl. zur Studie Roychowdhury (2006), S. 335–370.
1017 Vgl. Cohen/Zarowin (2010), S. 4.

bei einer Bewertung des Vorratsvermögens zu Vollkosten die Herstellungskosten. Dies führt zu einer Verringerung der Umsatzkosten,[1018] wodurch ein höherer Rohertrag entsteht. Die normalen Umsatzkosten $NUK_{i,t}$ werden durch die Regressionsgleichung anhand der Umsätze der laufenden Periode geschätzt:

$$NUK_{i,t}/BS_{i,t-1} = \beta_{0,i}\,(1/BS_{i,t-1}) + \beta_{1,i}\,(U_{i,t}/BS_{i,t-1}) + \varepsilon_{i,t} \tag{49}$$

Zudem drücken sich die Produktionskosten durch normale Bestandsveränderungen des Vorratsvermögens $\Delta Vorräte_{i,t}^{normal}$ aus. Die Veränderung des Vorratsvermögens wird wiederum durch die Veränderung der Umsatzerlöse der aktuellen Periode und der Veränderung der Umsatzerlöse in der Vorperiode bestimmt, welche den Bestand der aktuellen Periode festlegen:

$$\Delta Vorräte_{i,t}^{normal} / BS_{i,t-1} = \beta_{0,i}(1 / BS_{i,t-1}) + \beta_{1,i}(\Delta U_{i,t} / BS_{i,t-1}) + \beta_{2,i}(\Delta U_{i,t-1} / BS_{i,t-1}) + \varepsilon_{i,t} \tag{50}$$

Die Regressionsgleichung zur Bestimmung der normalen Produktionskosten $NPRODK_{i,t}$ lautet demnach:

$$NPRODK_{i,t} = NUK_{i,t} + \Delta Vorräte_{i,t}^{normal} \tag{51}$$

$$NPRODK_{i,t}/BS_{i,t-1} = \beta_{0,i}\,(1/BS_{i,t-1}) + \beta_{1,i}\,(U_{i,t}/BS_{i,t-1}) + \beta_{2,i}\,(\Delta U_{i,t}/BS_{i,t-1}) + \beta_{3,i}\,(\Delta U_{i,t-1}/BS_{i,t-1}) + \varepsilon_{i,t} \tag{52}$$

Als dritte Größe werden ermessensbehaftete und somit diskretionäre Aufwendungen $DAUFW_{i,t}$ angeführt. Diese können sich u.a. durch Forschungs- und Entwicklungskosten, Werbekosten oder Instandhaltungsaufwendungen ausdrücken.[1019] Derartige Kosten sollen annahmegemäß ebenfalls eine lineare Funktion zu den Umsätzen der Vorperiode bilden, sodass sich die Regressionsgleichung für die normalen ermessensbehafteten Aufwendungen $NAUFW_{i,t}$ wie folgt ausdrückt:

$$NAUFW_{i,t}/BS_{i,t-1} = \beta_{0,i}\,(1/BS_{i,t-1}) + \beta_{1,i}\,(U_{i,t-1}/BS_{i,t-1}) + \varepsilon_{i,t} \tag{53}$$

In diesem Fall werden die Umsatzerlöse der Vorperiode herangezogen, da die Umsätze der aktuellen Periode bei gleichbleibenden ermessensbehafteten Aufwendungen bilanzpolitisch beeinflusst werden könnten.

Ein ähnliches regressionsbasiertes Modell zur Messung realer Bilanzpolitik stammt von Gunny (2010).[1020] Die Autorin regressiert die GuV Positionen des Forschungs- und Entwicklungsaufwands, der Vertriebsgemeinkosten, der Produktionskosten sowie den normalen Ertrag aus Verkäufen von Vermögensgegenständen.[1021]

1018 Vgl. Wagenhofer/Ewert (2015), S. 284.
1019 Vgl. Roychowdhury (2006), S. 340.
1020 Vgl. Gunny (2010), S. 855–888.
1021 Vgl. Gunny (2010), S. 863f.

5.2.6 Verteilungsmodelle

Einen alternativen Ansatz zum Nachweis von Bilanzpolitik bilden Verteilungsmodelle.[1022] Derartige Modelle fokussieren die Verteilung einer ausgewählten Ergebnisgröße. Weicht die Verteilung dieser Ergebnisgröße von den Erwartungen in einer Situation ohne eine bewusste Beeinflussung der Rechnungslegung ab, wird dies als Bilanzpolitik interpretiert.[1023] In der Literatur werden bestimmte Schwellenwerte als Referenzgrößen zu Grunde gelegt, wie das Erreichen eines positiven Jahresergebnisses oder die Erfüllung von Analystenprognosen.[1024] Die Methodik wurde von **Burgstahler und Dichev (1997)**[1025] entwickelt. Die Autoren verwenden standardisierte Differenzen, um die Abweichung einer Verteilung um den festgelegten Schwellenwert auf Signifikanz hin zu überprüfen.[1026] Hierzu werden die Variablen in Intervalle eingeteilt.[1027] Der Wert für eine bilanzpolitikfreie Spanne einer fokussierten Zielgröße wird durch den Durchschnitt der Werte der beiden angrenzenden Intervalle definiert. Die Autoren unterstellen eine glatte Verteilung des Querschnitts von Unternehmensgewinnen, sodass sich die Zahl der Unternehmensbeobachtungen in dem jeweiligen Intervall aus dem Mittelwert der angrenzenden Intervalle ergibt.[1028] Die Differenz von den tatsächlichen zu den beobachteten Werten wird durch die geschätzte Standardabweichung der Differenz dividiert:[1029]

$$D_{i,t} = (BW_{i,t} - (BW_{i,t+1} + BW_{i,t-1}/2)/\sigma(BW_{i,t} - (BW_{i,t+1} + BW_{i,t-1})/2) \quad (54)$$

Mit:

$BW_{i,t}$ = Beobachtungswert von Intervall i in Periode t

$\sigma(BW_{i,t} - (BW_{i,t+1} + BW_{i,t-1})/2)$ = geschätzte Standardabweichung der Differenz von tatsächlicher und erwarter Fallzahl im Intervall i.[1030]

1022 Vgl. für Studien in diesem Bereich Burgstahler/Dichev (1997), S. 99–126; Degeorge u.a. (1999), S. 1–33; Beatty u.a. (2002), S. 547–570; Burgstahler/Eames (2003), S. 253–294; Burgstahler/Eames (2006), S. 633–652; Myers u.a. (2007), S. 249–284; Gore u.a. (2007), S. 123–150.

1023 Vgl. Nelson u.a. (2002), S. 177.

1024 Vgl. Burgstahler/Dichev (1997), S. 99–126; Glaum u.a. (2004), S. 45–77; Daske u.a. (2006), S. 137–167; Burgstahler/Eames (2006), S. 633–652.

1025 Vgl. Burgstahler/Dichev (1997), S. 99–126.

1026 Vgl. zu den folgenden Ausführungen Lindemann (2004), S. 223–225.

1027 Vgl. Lindemann (2004), S. 222f.

1028 Vgl. Szczesny (2007), S. 103.

1029 Vgl. Lindemann (2004), S. 224.

1030 Die Zahl der Beobachtungen in einem Intervall stellt eine Zufallsvariable dar, welche approximativ unabhängig von der Zahl der Beobachtungen in den angrenzenden Intervallen ist. Infolgedessen entspricht die Varianz der Differenz zwischen der beobachteten Zahl und der erwarteten Zahl von Beobachtungen in einem Intervall, der Summe der Varianzen von den Komponenten der Differenz, vgl. Burgstahler/Eames (2006), S. 103.

Unter der Annahme einer bilanzpolitikfreien Beobachtung ist die Verteilung der standardisierten Differenzen näherungsweise normalverteilt, mit einem Mittelwert von null und einer Standardabweichung von eins. Versucht das Unternehmen mit Hilfe von Bilanzpolitik einen positiven Ergebnisausweis und somit einen Ausweis oberhalb des Schwellenwertes zu erreichen, ergibt sich für das davor liegende Intervall ein negativer Wert und den dahinter liegenden Intervall ein positiver Wert. Je stärker eine progressive Bilanzpolitik betrieben wird, desto größer wird der Wert der standardisierten Differenz.

Eine derartige Vorgehensweise stellt geringere Ansprüche an die Detailliertheit und kann buchmäßige wie auch reale Bilanzpolitik nachweisen. Mit dieser Methode kann jedoch keine Aussage über das Ausmaß der Bilanzpolitik getroffen werden, sondern lediglich über die Anzahl von Unternehmen, welche vermutlich nur mit Hilfe bilanzpolitischen Einflusses ein bestimmtes Ziel erreicht haben. Demzufolge ist die Aussagekraft von Untersuchungen auf Basis dieser Methodik eingeschränkt.[1031]

5.2.7 Aktuelle Entwicklungen und kritische Würdigung der Messmethoden von Bilanzpolitik

Anfänglich wurde in der Bilanzpolitikforschung das Gewinnglättungsverhalten von Unternehmen betrachtet, welches oftmals mittels spezieller Variabilitätsmodelle gemessen wurde.[1032] Derartige Verfahren fokussieren Korrelationen zwischen Rechnungslegungsgrößen wie bspw. dem Umsatz und dem Jahresergebnis.[1033] Sofern der Umsatz als frei von bilanzpolitischer Einflussnahme unterstellt wird, deutet eine nicht proportionale Entwicklung der beiden Größen auf Bilanzpolitik hin. Die zuvor dargestellten Verteilungsmodelle fokussieren dagegen einen bestimmten Schwellenwert und fundieren den Hinweis auf Bilanzpolitik durch die Standardabweichung der beobachteten Werte des Intervalls. Aufgrund der unzureichenden Spezifikation der bilanzpolitischen Einflussnahme hinsichtlich der Höhe oder der Maßnahme, ist diese Messmethodik für die folgende empirische Untersuchung ungeeignet und wird daher nicht weiter betrachtet.

Analytische Verfahren können sich durch verschiedene Ausprägungen kennzeichnen[1034] und werden gemeinhin als Verfahren bezeichnet, welche quantitative wie auch qualitative Berichtsbestandteile auswerten.[1035] In der gewählten Klassifikation wird den analytischen Verfahren eine eingehende qualitative Analyse zugeordnet, welche durch eine Kennzahlenanalyse ergänzt werden kann. Im Rahmen

1031 Vgl. Szczesny (2007), S. 117f.
1032 Vgl. Copeland (1968), S. 101–116; Kirchheimer (1968), S. 117–119; Ronen/Sadan (1975), S. 133–149.
1033 Vgl. Eckel (1981), S. 28–40.
1034 Vgl. Goncharov (2005), S. 37.
1035 Vgl. Goncharov (2005), S. 37. Vgl. für eine Studie, welche quantitative und qualitative Methoden zur Entschlüsselung von Bilanzpolitik vergleicht Naidu/Patel (2013), S. 79–98.

einer weiten Auslegung kann demnach der analytischen Vorgehensweise auch eine quantitativ ausgerichtete Messung von Unregelmäßigkeiten bestimmter Bilanz- und GuV-Positionen zugesprochen werden.[1036] Verschiedene Studien betrachten konkrete bilanzpolitisch beeinflussbare Bilanzpositionen wie bspw. Forderungen, welche sich durch Periodenabgrenzungen ausdrücken.[1037] Derartige Studien fokussieren jedoch oftmals nur eine bestimmte Position, sodass eine allgemeine Aussage über den bilanzpolitischen Einfluss nur sehr bedingt getroffen werden kann.[1038] Dementsprechend stellen derartige Verfahren nach Ansicht des Verfassers dieser Arbeit nur einen Teilbereich der analytischen Messung dar.[1039]

Analytische Studien versuchen möglichst viele bilanzpolitische Maßnahmen zu entdecken. Ihre Anwendung erfolgt primär in der Praxis der Wirtschaftsprüfung, welche jedoch oftmals den illegalen Bereich der Beeinflussung fokussiert.[1040] Alternativ dient die analytische Vorgehensweise zur Analyse vergangener Bilanzskandale.[1041] In der Bilanzpolitikforschung findet sich eine umfangreiche qualitative Analyse nur unzureichend wieder und betrachtet bei einer Anwendung nur eine geringe Anzahl von Unternehmen.[1042] In einer standardisierten Form sind lediglich Teilelemente in der Praxis von Bonitätsprüfungen bei Kreditinstituten zu beobachten.[1043] Ein Vorteil der analytischen Verfahren liegt in der Identifizierung einzelner bilanzpolitischer Maßnahmen. Ein Nachteil dieser Untersuchungen stellt bislang der enorme Analyseaufwand dar, sodass sie für große Stichproben oftmals ungeeignet sind. Zudem benötigen analytische Verfahren fundierte fachliche Fähigkeiten und Erfahrungen des Analysten.[1044]

In den vergangenen zwei Dekaden hat sich die Forschung zu den aggregierten Periodenabgrenzungsmodellen hin entwickelt. Im Bereich der Periodenabgrenzungsmodelle bildet das Jones-Modell den Grundstein und wurde darauf folgend zahlreich angepasst. Den auf Jones basierenden Verfahren wird jedoch angelastet, dass die Periodenabgrenzungen bereits dann als diskretionär eingestuft werden, wenn diese sich nicht durch das Bruttosachanlagevermögen und die Veränderung der Umsatzerlöse erklären lassen.[1045] Verschiedene Studien messen

---

1036 Vgl. Goncharov (2005), S. 37.

1037 In der internationalen Literatur wird diese Methodik daher auch *Specific Accruals* genannt, vgl. McNichols (2000), S. 317.

1038 Vgl. Ronen/Yaari (2008), S. 451.

1039 Kaminski haben 21 Kennzahlen zur Identifizierung von Fraud herangezogen und kommen zu dem Ergebnis, dass Kennzahlen alleine nur bedingt geeignet sind, Bilanzfälschung zu identifizieren bzw. zu signalisieren, vgl. Kaminski u.a. (2004), S. 15.

1040 Vgl. Calderon/Green (1994), S. 27–38.

1041 Vgl. Peemöller/Hofmann (2005).

1042 Vgl. Jorissen/Otley (2010), S. 3–30; Weber/Raab (2012), S. 467–489.

1043 Vgl. Riebell u.a. (2015), S. 884–889.

1044 Vgl. Goncharov (2005), S. 37.

1045 Vgl. Francis u.a. (2005), S. 302.

daher dem Dechow-Dichev-Modell eine höhere Bedeutung bei.[1046] Unter extremen wirtschaftlichen Umständen wird das Performance-Matched-Modified-Modell von Kothari hingegen präferiert.[1047] Neben den vorgestellten Verfahren existieren verschiedene weitere Ansätze, welche in der vorstehenen Erläuterung ausgelassen wurden, da sie in der Literatur nur geringfügige Verwendung finden sowie der deutschen Rechnungslegung nicht adäquat angepasst werden können oder eine Kapitalmarktorientierung voraussetzen.[1048] In der aktuellen Forschung werden zudem verstärkt reale bilanzpolitische Maßnahmen allein oder zusätzlich zur buchmäßigen Bilanzpolitik gemessen, wobei das Modell von Roychowdhury zweifelsohne das dominierende ist.[1049] Weiterentwicklungen erfahren die Modelle zur Messung realer und buchmäßiger Bilanzpolitik zurzeit insb. hinsichtlich einer möglichen Integration von bilanzpolitischen Umkehrwirkungen, welche jedoch aktuell primär modelltheoretisch behandelt werden.[1050] Zudem diskutieren Studien eine bessere Auswahl der Stichproben, um die Güte der Schätzung der normalen Periodenabgrenzungen zu erhöhen.[1051]

Ein grundlegendes Problem der empirischen Schätzmethoden ist jedoch, dass durch die Aggregation keine detaillierten Daten verfügbar sind. So können Residuen einer bilanzpolitischen Einflussnahme zugeordnet werden, obwohl diese dem gewöhnlichen Erfassungsvorgang des Unternehmens unterliegen und somit Fehlinterpretationen als Folge resultieren.[1052] Daher verwundert es auch nicht, dass die Modelle aufgrund fehlender Spezifikation in der Messung den diskretionären Anteil der Periodenabgrenzungen überbewerten.[1053] Zudem ist die Effektivität der Messmethoden zur Periodenabgrenzung fragwürdig, da die Beziehung zwischen den einzelnen Variablen nicht richtig ermittelt werden kann.[1054] Dieser Missstand kann zumindest partiell mit Hilfe multivariater Untersuchungen verringert werden. Letztlich sind aggregierte Verfahren nicht geeignet, um eine praxisorientierte Einschätzung einer möglichen Bilanzpolitik zu geben, da sie in erster Linie versuchen allgemeine Aussagen für eine große Stichprobe von Unternehmen abzuleiten.[1055] Autoren wie Lee und Vetter (2015)[1056] betonen aktuell den anhaltenden Missstand in

1046 Vgl. Francis u.a. (2005), S. 302.
1047 Vgl. Lee/Vetter (2015), S. 69.
1048 Vgl. für alternative Modelle u.a. das *Margin Model* von Peasnell u.a. (2000), S. 315f. sowie das *Accounting Process Model* von Garza-Gómez u.a. (2000), S. 103–135.
1049 Vgl. Badertscher (2011), S. 1491–1518; Zang (2012), S. 675–703; Zhu/Lu (2013), S. 1–16; Achleitner u.a. (2014), S. 431–461; Talbi u.a. (2015), S. 661–674; Braam u.a. (2015), S. 111–141.
1050 Vgl. Dechow u.a. (2012), S. 275–334; Gerakos (2012), S. 335–347.
1051 Vgl. McMullin/Schonberger (2015), S. 1–59.
1052 Vgl. Wagenhofer/Ewert (2015), S. 285.
1053 Vgl. Goncharov (2005), S. 37.
1054 Vgl. Man u.a. (2013), S. 406.
1055 Vgl. Miller (2009), S. 139.
1056 Vgl. Lee/Vetter (2015), S. 62–71.

den Entdeckungsverfahren der Bilanzpolitik in den letzten zwei Dekaden und fordern daher einen triangulatorischen Ansatz auf einer aggregierten quantitativen Ebene.[1057]

Die Entschlüsselung ermessensbehafteter bilanzpolitischer Maßnahmen stellt auch analytische Verfahren vor ein großes Problem. Dennoch sollte in der betriebswirtschaftlichen Forschung weiterhin versucht werden, durch geeignete methodische Ansätze dessen Erschließungsmöglichkeiten fortzuentwickeln.[1058] Ein Vorteil der analytischen Vorgehensweise kann zudem darin gesehen werden, dass einzelne konkrete bilanzpolitische Maßnahmen (z.B. die Abschreibungsmethode) direkt erkannt werden können. In diesem Sinne kann die als legal definierte Bilanzpolitik entdeckt werden, während quantitative Verfahren nur sehr bedingt zwischen legaler und illegaler Beeinflussung differenzieren können.

Viele Bereiche in der Bilanzpolitikforschung kommen zu unterschiedlichen Ergebnissen. Dies resultiert aus einem fehlerhaften zugrunde liegenden theoretischen Modell oder der unzureichenden Spezifikation der Messmethodiken. In wirtschaftlichen Krisenzeiten kann infolge der theoretischen Diskussion der Anreizsystematik, eine Messproblematik vermutet werden. Letztlich zeigen Studien, dass unterschiedliche Modelle für unterschiedliche Umstände, Situationen und Gegebenheiten erforderlich sind.[1059] Die Ausführungen der Stärken und Schwächen der jeweiligen Verfahren implizieren eine dringende Notwendigkeit der Triangulation einer empirischen Untersuchung, da sich in dem Bereich der Messung der Bilanzpolitik an zahlreichen Stellen herausstellt, dass die Stärken und Schwächen der analytischen Vorgehensweisen die Schwächen und Stärken der quantitativen aggregierten Vorgehensweise ausgleichen und vice versa. In Zeiten zunehmender Datenverfügbarkeit sollte das primäre Problem der Standardisierung der analytischen Untersuchung zukünftig mit Hilfe computergestützter Inhaltsanalysen[1060] weiter vorangetrieben werden können. Eine kombinierte, in den Grundzügen standardisierte, analytische Verfahrensweise kann helfen, die Fehlinterpretationen der aggregierten Modelle zu verhindern und richtige Interpretationen weiter zu verifizieren sowie die einzelnen Maßnahmen der bilanzpolitischen Einflussnahme zu identifizieren.

5.3 Analyse bilanzpolitischer Aktionsparameter nach dem HGB

5.3.1 Entwicklung des Bilanzrechts in Deutschland

Nachdem 1861 der Grundstein für das heutige HGB durch das Allgemeine Deutsche Handelsgesetzbuch gelegt wurde, hat das Bilanzrecht bis zum heutigen Tage zahl-

1057 Vgl. Lee/Vetter (2015), S. 69.
1058 Vgl. Lachnit (2004), S. 101.
1059 Vgl. Peasnell u.a. (2000), S. 313; Lee/Vetter (2015), S. 69.
1060 Vgl. Brosius u.a. (2009), S. 172–180.

reiche Rechtsänderungen erfahren.[1061] In jüngster Zeit stellt das BilMoG, welches am 29.5.2009 in Kraft getreten ist,[1062] die tiefgreifendste Reform des Bilanzrechts seit dem Bilanzrichtlinien-Gesetz von 1985 dar.[1063] Die Grundkonzeption des BilMoGs entstammt aus dem Ziel einer zeitgemäßeren Bilanzierungsgrundlage für Unternehmen, welche sich durch ein angepasstes deutsches Bilanzrecht hin zu einer dauerhaften und vollwertigen Alternative zu den IFRS entwickeln soll.[1064] Das BilMoG kann von Unternehmen wahlweise ab dem Jahr 2009 und muss zwingend ab dem Berichtsjahr 2010 angewandt werden.[1065] Das Gesetz sieht zahlreiche Änderungen in den verschiedenen Berichtsbestandteilen vor.[1066] Zum einen wurden Bilanzierungwahlrechte abgeschafft, andererseits jedoch auch neue begründet.[1067] Im Hinblick auf die qualitative Berichterstattung erfährt der Anhang eine deutliche Ausweitung,[1068] wodurch dem Trend hin zu einer informationsorientierten Rechnungslegung nach internationalem Vorbild Rechnung getragen werden soll.[1069] Die Wirkung der Änderungen durch das BilMoG hängt von den spezifischen Gegebenheiten und Rahmenbedingungen des jeweiligen Unternehmens ab. Ohne eine Konzentration auf bestimmte einheitliche Unternehmensgruppen ist es daher schwierig zu beurteilen, ob das bilanzpolitische Instrumentarium durch das BilMoG eine Ausweitung oder eine Einschränkung erfahren hat.[1070]

Im Anschluss an das BilMoG ist eine größere Bilanzrechtsmodernisierung durch das Bilanzrichtlinie-Umsetzungsgesetz (BilRUG) erfolgt, wobei die Auswirkungen auf den Einzelabschluss jedoch keine gleichwertig umfassenden Änderungen bewirken.[1071] Durch das BilRUG wird die EU-Bilanzrichtlinie 2013/34/EU[1072] in nationales Recht umgesetzt. Das Ziel der Richtlinie ist eine Verbesserung der Vergleichbarkeit der Rechnungslegung zwischen den Mitgliedstaaten der Europäischen Union und

1061 Vgl. Lorson (2009), S. 4–6.
1062 Vgl. BGBl I 2009, S. 1102–1137.
1063 Vgl. Lorson (2009), S. 6; Petersen u.a. (2010), S. 1; BGBl I 1985, S. 2355–2433.
1064 Vgl. Bieg (2009), S. 1.
1065 Vgl. für die genauen Bestimmungen zur erstmaligen Anwendung Art. 66 und 67 EGHGB.
Bei erstmaliger Anwendung des BilMoGs können langfristige Übergangseffekte entstehen, welche ebenfalls in dem EGHGB geregelt sind. Da die Wahlrechtsausübung i.d.R. in dem Jahresabschluss für das Jahr 2010 für die aktuelle wie auch zukünftige Berichtsperioden getroffen werden muss, werden die Übergangseffekte in dieser Arbeit nicht weiter ausgeführt. Vgl. für eine Diskussion der Übergangseffekte Petersen u.a. (2010), S. 267–303.
1066 Vgl. für eine umfassende Diskussion der Änderungen Bieg (2009); Küting u.a. (2009); Petersen u.a. (2010).
1067 Vgl. Küting u.a. (2009), S. V.
1068 Vgl. Küting u.a. (2009), S. 28.
1069 Vgl. Bieg (2009), S. 2.
1070 Vgl. Fink (2012), S. 74.
1071 Vgl. Hendricks (2015), S. 2.
1072 Vgl. Amtsblatt der Europäischen Union L 182 (2013), S. 19–76.

eine weitere Angleichung an die IFRS.[1073] Das Gesetz ist am 23.7.2015 in Kraft getreten[1074] und muss verpflichtend für Wirtschaftsjahre, welche nach dem 31.12.2015 beginnen, angewandt werden (Art. 75 Abs. 1 EGHGB).[1075] Eine Ausnahme stellen die durch das BilRUG geänderten Größenklassen gem. §§ 267 und 267a HGB n.F. dar. Die veränderte Einstufung kann bereits wahlweise auf Geschäftsjahre angewandt werden, welche nach dem 31.12.2013 beginnen (Art. 75 Abs. 2 EGHGB). Voraussetzung ist jedoch, dass die Neudefinition der Umsatzerlöse (§ 277 HGB n.F.), welche die Größenklasseneinstufung mit beeinflusst, ebenfalls zu Grunde gelegt wird.[1076]

Die Neudefinition der Umsatzerlöse stellt eine der wesentlichsten Änderungen durch das BilRUG dar. Sie schafft den gesonderten Ausweis von außerordentlichen Erträgen in der GuV ab und sieht stattdessen eine Subsumierung dieser in den Umsatzerlösen vor. Auch verschiedene sonstige betriebliche Erlöse werden nach dem BilRUG zu den Umsatzerlösen klassifiziert.[1077] Ein Ausweis erfolgt im Anhang für Erträge von außergewöhnlicher Größenordnung oder Bedeutung (§ 276 i.V.m. §§ 275, 277 Abs. 4 HGB n.F. i.V.m. § 285 Nr. 31 HGB n.F.). Des Weiteren besteht eine gesonderte Erläuterungspflicht nur bei mittelgroßen und großen Kapitalgesellschaften und auch nur für aperiodische Effekte (§ 288 Abs. 1 HGB n.F. i.V.m. § 285 Nr. 32 HGB n.F.). Die Größenklassifizierungen führen zu einer späteren Einordnung der Unternehmen als mittelgroße oder große Gesellschaften, wobei die Erweiterung der Umsatzerlöse diesem entgegenwirkt und sogar in verschiedenen Fällen überkompensieren kann.[1078] Ferner sieht das BilRUG u.a. Änderungen in der Abschreibung von immateriellen Vermögensgegenständen sowie veränderte Angaben in Anhang und partiell auch im Lagebericht vor.[1079]

5.3.2 Berichtsinstrumente auf Basis des Handelsgesetzbuchs

5.3.2.1 Offenlegung zur Unternehmenskommunikation

Die Offenlegung ist gesetzlich insb. in § 325 HGB kodizifert und besteht aus der Einreichung und der Bekanntmachung der Berichtsbestandteile im elektronischen

---

1073 Vgl. Hendricks (2015), S. 1.

1074 Vgl. BGBl I 2015, S. 1245–1267.

1075 In diesem Werk wird aufgrund des fokussierten Untersuchungszeitraums der empirischen Untersuchung auf die Jahre 2010 bis 2014 (vgl. Kapitel 6.1) das Handelsgesetzbuch in der Fassung nach dem BilMoG als HGB und in der Fassung unter Anwendung des BilRUG als HGB n.F. bezeichnet. Infolge des Untersuchungszeitraums liegt dem HGB daher die Rechtsgrundlage nach dem BilMoG, jedoch vor der Anwendung des BilRUGs zu Grunde. Elementare Änderungen in den bilanzpolitischen Maßnahmen durch das BilRUG werden in den Fußnoten angegeben.

1076 Vgl. Oser u.a. (2015), S. 1729.

1077 Vgl. Hendricks (2015), S. 50–64.

1078 Vgl. Hendricks (2015), S. 56.

1079 Vgl. für eine umfassendere Darstellung der Änderungen durch das BilRUG Hendricks (2015); Zwirner (2015), S. 1–29.

Bundesanzeiger.[1080] Die gesetzlichen Vertreter von Kapitalgesellschaften haben spätestens nach Ablauf von zwölf Monaten nach dem Abschlussstichtag den Jahresabschluss bei dem Betreiber des Bundesanzeigers elektronisch einzureichen (§ 325 Abs. 1 S. 1 HGB).[1081] Dieser ist ggf. um den Bestätigungsvermerk des Abschlussprüfers (§ 325 Abs. 1 S. 2 HGB) und den Lagebericht (§ 325 Abs. 1 S. 3 HGB) zu erweitern. Zudem findet infolge des Gläubigerschutzes eine Erweiterung der verpflichtenden Prozedur der Offenlegung für jegliche haftungsbeschränkte Gesellschaften statt (§ 264a HGB).[1082] Der Umfang der Offenlegung hängt nicht ausschließlich von den Aufstellungspflichten (§ 242 HGB) ab, sondern bestimmt sich durch die Rechtsform und Größe des abschlusserstellenden Unternehmens.[1083] Des Weiteren begründen eine Kapitalmarktorientierung der Unternehmen oder spezielle Branchenzugehörigkeit wie das Kredit- oder Versicherungswesen besondere Offenlegungspflichten.[1084] Im Hinblick auf die Unternehmenspublizität hat das BilMoG zweifelsohne zu einer deutlichen Ausweitung und Differenzierung für nichtkapitalmarktorientierte Gesellschaften geführt.[1085]

Die Vorgaben für die Aufstellung der quantitativen Berichtsbestandteile finden für die Bilanz in § 266 HGB und für die GuV in § 275 HGB ihre Kodifizierung. Bereits bei der Aufstellung der GuV dürfen mittelgroße Gesellschaften gem. § 276 S. 1 HGB die Erlöse abzüglich der zugehörigen Aufwendungen[1086] zu einem Posten unter der Bezeichnung Rohergebnis zusammenfassen. Darüber hinaus bestehen für die Offenlegungsbestandteile der GuV keine Erleichterungen.[1087] Hinsichtlich des offenzulegenden Umfanges ist die Bilanz von mittelgroßen Gesellschaften grundsätzlich nur in der für kleine Kapitalgesellschaften geltenden Form (§ 266 Abs. 1

1080 Vgl. Coenenberg u.a. (2012), S. 988. Die Rechtsgrundlage für die Einreichungspflichten ergeben sich durch das Gesetz über das elektronische Handelsregister sowie das Unternehmensregister (EHUG) vom 15.11.2006, vgl. BGBl I 2006, S. 2553–2586.

1081 Grundsätzlich sieht das Gesetz die Einreichung bereits unverzüglich nach Vorlage des Jahresabschlusses an die Gesellschafter vor, vgl. Hoffmann/Lüdenbach (2014), S. 2327. Bei kapitalmarktorientierten Gesellschaften gem. § 264d HGB, welche keine Kapitalgesellschaften gem. 327a HGB sind, beträgt die Frist hingegen vier Monate (§ 325 Abs. 4 HGB).

1082 Vgl. Hoffmann/Lüdenbach (2014), S. 2323.

1083 Vgl. Coenenberg u.a. (2012), S. 987. Im Folgenden wird sich für die Aufstellungs- und Offenlegungspflichten auf die Untersuchungsstichprobe von mittelgroßen und großen Kapitalgesellschaften beschränkt.

1084 Vgl. zur Offenlegung zzgl. der verschiedenen Sondervorschriften Hoffmann/Lüdenbach (2014), S. 2319–2360. Vgl. zu den gesetzlichen Grundlagen §§ 325–329 HGB, §§ 9 und 15 PublG sowie für die branchenspezifischen Besonderheiten von Kreditinstituten § 340l HGB und Versicherungsunternehmen § 341l HGB.

1085 Vgl. Petersen u.a. (2010), S. 2.

1086 Im Fall des Umsatzkostenverfahrens gem. § 275 Abs. 3 Nr. 1 bis 3 und Nr. 6 HGB, im Fall des Gesamtkostenverfahrens gem. § 275 Abs. 2 Nr. 1 bis 5 HGB.

1087 Vgl. Hoffmann/Lüdenbach (2014), S. 2344.

S. 3 HGB) einzureichen (§ 327 Nr. 1 HGB). Diese ist jedoch durch zahlreiche in § 327 Nr. 1 HGB aufgelistete Posten in Bilanz oder Anhang zu erweitern, sodass sie letztlich weitgehend der von großen Kapitalgesellschaften entspricht. Über die Inanspruchnahme der Erleichterungen können die Unternehmen frei entscheiden.[1088] Um die quantitativen Berichtsbestandteile hinsichtlich möglicher bilanzpolitischer Einflussnahmen hinreichend beurteilen zu können, ist die Analyse der zugehörigen qualitativen Berichtsbestandteile unabdingbar.

5.3.2.2 Informationsvermittlung durch qualitative Berichtsbestandteile

Die gesetzlichen Vertreter einer Kapitalgesellschaft haben den Jahresabschluss (§ 242 HGB) um einen **Anhang** zu erweitern, welcher mit der Bilanz und GuV eine Einheit bildet (§ 264 Abs. 1 S. 1 HGB).[1089] Er beinhaltet Informationen quantitativer und qualitativer Art, welche der Erläuterung der quantitativen Berichtsbestandteile des Jahresabschlusses dienen.[1090] Dem Anhang werden die folgenden vier Funktionen zugesprochen:

- Interpretationsfunktion,
- Ergänzungsfunktion,
- Entlastungsfunktion und
- Erläuterungsfunktion.[1091]

Durch die Interpretationsfunktion werden Inhalt, Entstehen und Charakter der Beträge und Posten der quantitativen Berichtsbestandteile beschrieben.[1092] Führen besondere Umstände dazu, dass der Jahresabschluss die wirtschaftliche Lage des Unternehmens nicht entsprechend den tatsächlichen Verhältnissen darstellen kann, so sind im Rahmen der Ergänzungsfunktion gem. § 264 Abs. 2 S. 2 HGB zusätzliche Angaben im Anhang anzuführen. Sofern Angaben wahlweise in den quantitativen Berichtsbestandteilen oder in dem Anhang abgebildet werden können, kann der Anhang im Sinne einer Entlastungsfunktion für eine übersichtlichere Darstellung des Zahlenwerkes beitragen.[1093] Die Erläuterungsfunktion ist gegeben, wenn zusätzliche Angaben gemacht werden, welche sich nicht auf das Zahlenmaterial beziehen, jedoch für die Beurteilung der Vermögens-, Finanz- und Ertragslage notwendig erscheinen.[1094]

1088 Vgl. Hoffmann/Lüdenbach (2014), S. 2344f.
1089 Entsprechendes gilt für offene Handelsgesellschaften und Kommanditgesellschaften gem. § 264a HGB.
1090 Vgl. Coenenberg u.a. (2012), S. 851.
1091 Vgl. Adler u.a. (1995c), Rn. 12f.
1092 Vgl. Coenenberg u.a. (2012), S. 853.
1093 Vgl. Baetge u.a. (2009b), S. 692.
1094 Vgl. Coenenberg u.a. (2012), S. 854.

Für den Anhang sieht die Literatur bislang eine Vielzahl an Gliederungsvorschlägen vor. In einer übergeordneten Strukturierung lassen sich folgende drei Kategorien ableiten:

- Allgemeine Informationen zu den angewandten Bilanzierungs- und Bewertungsmethoden und Grundlagen der Währungsumrechnung,
- Erläuterungen der Bilanz- und GuV-Posten, jeweils in postennumerischer Abfolge und
- sonstige Angaben, welche nicht bereits in den Erläuterungen der Posten erfolgt sind.[1095]

Der Umfang des Anhangs als Bestandteil des Jahresabschlusses richtet sich entsprechend der Generalnorm des § 264 Abs. 2 HGB an der Anforderung aus, die Vermögens-, Finanz- und Ertragslage des Unternehmens zutreffend darzustellen.[1096] Gesetzliche Grundlagen stellen insb. die §§ 284 und 288 HGB dar. Darüber hinaus existieren ergänzende Vorschriften des zweiten und dritten Abschnitts des HGB, welche den Inhalt des Anhangs im Zusammenhang mit den Ansatz-, Bewertungs-, Ausweis- und Offenlegungsvorschriften festlegen.[1097] Die handelsrechtlichen Vorschriften konkretisieren in wesentlichen Teilen die Pflichtangaben des Anhangs.[1098] Die durch das HGB vorgegebenen Anhangangaben beinhalten jedoch lediglich einen Mindestumfang der Informationspflichten.[1099] Unter der Prämisse einer Verbesserung der Darstellung der tatsächlichen Vermögens-, Finanz- und Ertragslage, ist die Ergänzung durch zusätzliche freiwillige Informationen möglich.[1100] Während das HGB für kleine Kapitalgesellschaften zahlreiche Erleichterungen für den Mindestumfang des Anhanges vorsieht, sind die Inhalte bei mittelgroßen und großen Kapitalgesellschaften weitgehend identisch.[1101] Durch das BilMoG wurden die Anhangangaben deutlich erweitert, sodass sich die Bedeutung des Anhangs verstärkt hat.[1102] Hinsichtlich der elektronischen Offenlegung besteht für mittelgroße Kapitalgesellschaften die Möglichkeit, im Anhang auf die Aufgliederung von Laufzeiten bei Verbindlichkeiten, die Erläuterung der sonstigen Rückstellungen und die Angabe des Materialaufwands bei Anwendung des Umsatzkostenverfahrens zu verzichten (§ 327 Nr. 2 i.V.m. § 285 Nr. 2, 8a und 12 HGB).

1095 Vgl. Adler u.a. (1995c), Rn. 28; Coenenberg u.a. (2012), S. 855. Vgl. für einen Musteranhang Philipps (2014), S. 339–348.
1096 Vgl. Coenenberg u.a. (2012), S. 851 und 853.
1097 Vgl. Baetge u.a. (2009b), S. 692. Des Weiteren finden sich Konkretisierungen in den verschiedenen rechtsformabhängigen Gesetzen wie dem GmbHG oder in den Deutschen Rechnungslegungsstandards.
1098 Vgl. Baetge u.a. (2009b), S. 692.
1099 Vgl. Coenenberg u.a. (2012), S. 856.
1100 Vgl. Coenenberg u.a. (2012), S. 856.
1101 Vgl. für eine Übersicht Coenenberg u.a. (2012), S. 872–876.
1102 Vgl. Coenenberg u.a. (2012), S. 852 und 856.

Neben dem Anhang repräsentiert der **Lagebericht** einen weiteren qualitativen Bestandteil der Unternehmenskommunikation. Die Lageberichterstattung hat in der Vergangenheit durch den Gesetzgeber eine zunehmende Bedeutung erfahren,[1103] was letztlich durch einen Informationsmangel der Kerninstrumente der Rechnungslegung begründet wird.[1104] Gem. § 264 Abs. 1 HGB sind mittelgroße und große Kapitalgesellschaften sowie haftungsbeschränkte Personengesellschaften (§ 264 Abs. 1 HGB i.V.m. § 264a HGB) verpflichtet, den Jahresabschluss um einen Lagebericht zu ergänzen. Der Lagebericht selbst stellt keinen Bestandteil des Jahresabschlusses dar (§ 264 Abs. 1 S. 1 HGB). Er repräsentiert vielmehr ein eigenständiges Informationsinstrument, welches den Jahresabschluss insb. hinsichtlich qualitativer und prognostischer Informationen ergänzen soll.[1105] Der Lagebericht kann bei externen Stakeholdern u.a. für die Diagnose einer Bestandsgefährdung an Bedeutung erlangen, da der mögliche Eintritt der Insolvenz maßgeblich von der zukünftigen Entwicklung des Unternehmens abhängt. Die Wahrnehmung der Bilanzadressaten wird dabei wesentlich von der Krisenkommunikation der Unternehmensleitung bestimmt.[1106] Im Gegensatz zu den Elementen des Jahresabschlusses, bei welchen aufgrund von Gesetz und GoB eine Mindestgliederung sowie die Bezeichnung und der Inhalt einzelner Positionen vorgegeben sind, gibt es derartige Vorgaben für den Lagebericht nicht.[1107] Diese fehlenden formalen und inhaltlichen Konkretisierungen eröffnen dem Management Gelegenheit zur subjektiven Würdigung betrieblicher, branchen- und gesamtwirtschaftlicher Sachverhalte.[1108] Die Grenze gestalterischer Einflussnahmen auf die Darstellung der aktuellen und künftigen wirtschaftlichen Lage des Unternehmens ist erreicht, wenn der Lagebericht den Adressaten ein zu günstiges Bild vermittelt und die realen Verhältnisse der Gesellschaft nicht mehr richtig wiedergegeben werden.[1109] Für den Einzelabschluss werden die Mindestanforderungen der Berichtsinhalte des Lageberichtes in § 289 HGB festgelegt, welche jedoch flexibel durch zusätzliche Angaben ergänzt werden können.[1110] Gem. § 289 Abs. 1 S. 1 HGB sind im Lagebericht der Geschäftsverlauf einschließlich des Geschäftsergebnisses und die Lage der Kapitalgesellschaft so darzustellen, dass ein den tatsächlichen Verhältnissen entsprechendes Bild vermittelt wird. Durch dieses Erfordernis wird die Pflicht zu einer gewissenhaften und getreuen Rechenschaftslegung begründet, welche den Grundsatz der Vollständigkeit, der Richtigkeit sowie der Klarheit und Übersichtlichkeit verlangt.[1111] Aus diesen Ansprüchen leiten sich die Grundsätze ordnungsmäßiger Lageberichterstattung

---

1103 Vgl. Müller/Stawinoga (2013), S. 3.
1104 Vgl. Bieker u.a. (2009), S. 37.
1105 Vgl. Fink u.a. (2013), S. 3.
1106 Vgl. Schwarz/Löffelholz (2014), S. 1306.
1107 Vgl. Werner (1990), S. 370.
1108 Vgl. Werner (1990), S. 370.
1109 Vgl. Rodewald (2001), S. 2161.
1110 Vgl. Fink u.a. (2013), S. 3.
1111 Vgl. Böcking u.a. (2012), Rn. 52.

ab,[1112] welche ursprünglich in der Literatur entwickelt wurden[1113] und sich aktuell in DRS 20 wiederfinden.[1114] Zusätzlich zur vergangenen wirtschaftlichen Lage ist die voraussichtliche Entwicklung mit ihren wesentlichen Chancen und Risiken zu beurteilen und zu erläutern (§ 289 Abs. 1 S. 4 HGB). Der Lagebericht hat daher im Rahmen der Darstellung der gesamten wirtschaftlichen Lage zusätzlich betriebswirtschaftliche, volkswirtschaftliche, rechtliche, technische und soziale Aspekte zu berücksichtigen.[1115] Durch eine derartige umfassende Beschreibung der aktuellen und auch voraussichtlichen Entwicklung soll dem Adressaten des Lageberichts ermöglicht werden, sich ein wirklichkeitsgetreues Bild über die künftige Entwicklung des Unternehmens zu machen.[1116]

Nach § 289 HGB leiten sich folgende primäre Berichtspflichten für die Unternehmen ab:

- Wirtschaftsbericht,
- Nachtragsbericht,
- Prognosebericht,
- Risikobericht und
- Forschungs- und Entwicklungsbericht.[1117]

Während im Wirtschaftsbericht auf die finanziellen Leistungsindikatoren Bezug zu nehmen ist, soll der Nachtragsbericht über Vorgänge von besonderer Bedeutung nach dem Geschäftsjahr berichten.[1118] Der Prognose- und Risikobericht gehen auf die zukünftige Entwicklung ein und stellen die wesentlichen Chancen und Risiken dar.[1119] Werden Forschungs- und Entwicklungsaktivitäten in dem Unternehmen getätigt, soll in einem gesonderten Bericht darüber informiert werden.[1120] Große Kapitalgesellschaften und ihnen gleichgestellte Personenhandelsgesellschaften müssen zudem bedeutsame nichtfinanzielle Leistungsindikatoren mit in die Berichterstattung aufnehmen soweit sie für das Verständnis des Geschäftsverlaufs oder der Lage von Bedeutung sind (§ 289 Abs. 3 HGB).

Zur Qualität des Lageberichts existiert mittlerweile eine Vielzahl an empirischen Studien in Deutschland.[1121] Zumeist konzentrieren sich derartige Studien jedoch auf

1112 Vgl. Baetge u.a. (2009b), S. 728–732.
1113 Vgl. Baetge u.a. (1989), S. 16–27.
1114 Vgl. Fink u.a. (2013), S. 19.
1115 Vgl. Grottel (2012), Rn. 4.
1116 Vgl. Kajüter (2011), Rn. 3.
1117 Der Nachtragsbericht ist künftig nach dem BiLRUG in den Anhang aufzunehmen (§ 285 Nr. 33 HGB n.F.).
1118 Vgl. Fink u.a. (2013), S. 19.
1119 Vgl. Fink u.a. (2013), S. 19f.
1120 Vgl. Fink u.a. (2013), S. 20.
1121 Vgl. für einen Überblick Barth (2009), S. 64–82; Weißenberger u.a. (2011), S. 256f.; Fink u.a. (2013), S. 15–18.

große kapitalmarktorientierte Unternehmen.[1122] Der Umfang der Lageberichterstattung von kapitalmarktorientierten und nicht-kapitalmarktorientierten Unternehmen weicht jedoch in großem Maße voneinander ab,[1123] sodass eine Übertragung der Ergebnisse empirischer Studien nur bedingt möglich ist. Die Qualität des Lageberichts wird mit Hilfe einer Kategorienbildung durch Punktvergabe beurteilt.[1124] Allgemein gilt hinsichtlich der Beurteilung einer möglichen Bilanzpolitik der Grundsatz, dass je präziser die Berichterstattung gewählt ist, desto eher entspricht das vermittelte Bild der tatsächlichen wirtschaftlichen Lage des Unternehmens.[1125] Bei dem Lagebericht ist zu vermuten, dass sich die Bilanzersteller bestimmten Musterformulierungen bedienen und diese nur partiell anpassen.[1126] Primäre Grundlagen der Erstellung von Lageberichten stellen bei nicht-kapitalmarktorientierten Unternehmen der eigene Lagebericht der Vorperiode und Checklisten des Wirtschaftsprüfers dar.[1127] Aufgrund dessen kann die bilanzpolitische Einflussnahme nur in einem konkreten Zeitreihen- und Querschnittsvergleich beurteilt werden. Verringern sich der Umfang des Lageberichtes sowie die Präzision der Formulierungen im Zeitablauf oder unterscheiden sich diese von der Kontrollgruppe, kann eine Verschleierung der tatsächlichen wirtschaftlichen Unternehmenslage vermutet werden. So konnten Ruhwedel u.a. (2009)[1128] in Zeiten der Finanzkrise eine deutliche Reduzierung der Prognoseberichterstattung von DAX-Unternehmen hinsichtlich des Umfanges und der Präzision feststellen.[1129] Zudem können Aussagen über die aktuelle Branchenkonjuktur wie auch Gesamtkonjunktur in einem Querschnittsvergleich bewertet werden.

1122 Vgl. für Studien bspw. Kajüter (2001), S. 105–111; Kajüter/Winkler (2003), S. 217–228; Dietsche/Fink (2008), S. 250–261.

1123 So ergeben Studien, dass nicht-kapitalmarktorientierte Unternehmen den Lagebericht (i.d.R. für den Einzelabschluss gem. § 289 HGB) primär für den Stakeholder Bank aufstellen, hingegen kapitalmarktorienterte Unternehmen ihren Lagebericht (i.d.R. den Konzernlagebericht gem. § 315 HGB) für Investoren erstellen, vgl. Kajüter u.a. (2010), S. 460. Zudem unterscheiden sich die Lageberichte stark in ihrem Umfang. So weist der Lagebericht kapitalmarktorientierter Unternehmen einen durchschnittlichen Umfang von 48 Seiten auf, hingegen nicht-kapitalmarktorientierte Unternehmen einen Lageberichtsumfang von acht Seiten im Durchschnitt veröffentlichen, vgl. Kajüter (2013), S. 9. Zudem hat Krumbholz (1994) in seiner Studie als Ergebnis festgehalten, dass die Qualität des Lageberichts mit zunehmender Unternehmensgröße steigt und auch die Qualität bei Aktiengesellschaften im Vergleich zu GmbHs deutlich höher liegt, vgl. Krumbholz (1994), S. 268.

1124 Vgl. Krumbholz (1994); Barth (2009), S. 117–194.

1125 Vgl. Küting/Weber (2012), S. 416.

1126 Vgl. für eine Studie bezüglich der Datengrundlage von Lageberichten Kajüter (2013), S. 10.

1127 Vgl. Kajüter (2013), S. 10.

1128 Vgl. Ruhwedel u.a. (2009), S. 1305–1313.

1129 Vgl. Ruhwedel u.a. (2009), S. 1305.

5.3.3 Anlayse der Bilanzpolitik am Beispiel der X-GmbH

5.3.3.1 Vorstellung der X-GmbH und deskriptive Analyse

Um die Ansatzpunkte der abstrakt formulierten quantitativen Messmethodiken zu verdeutlichen, soll im Folgenden eine mögliche bilanzpolitische Einflussnahme anhand eines Beispielunternehmens diskutiert werden. Im Anschluss zur Analyse des quantitativen Datenmaterials aus Bilanz und GuV werden die möglichen bilanzpolitischen Maßnahmen nach dem HGB dargestellt und auf ihr Potenzial für eine mehrperiodige bilanzpolitische Einflussnahme hin untersucht. Dies erfolgt stets unter Berücksichtigung der Entdeckungsmöglichkeiten durch die Stakeholder, welche sich primär durch die qualitativen Berichtsbestandteile ergeben. Die Analyse wird im Hinblick auf die nachfolgende empirische Untersuchung ausgerichtet. Dementsprechend bildet das Jahr 2010 aufgrund der verpflichtenden BilMoG-Anwendung das Ausgangsjahr. Die Diskussion einer möglichen mehrperiodigen bilanzpolitischen Einflussnahme erfolgt anhand der nachfolgenden drei Berichtsperioden. Um eine realitätsnahe Diskussion zu gewährleisten und den direkten Bezug zur empirischen Untersuchung in dieser Arbeit herzustellen, wird ein Unternehmen aus der späteren Stichprobe zur Analyse herangezogen. Das Unternehmen wurde nach dem Zufallsprinzip ausgesucht. Ausgewählt wurde die Oberndörfer GmbH. Der letzte vor der Insolvenz im Bundesanzeiger veröffentlichte Jahresabschluss betrifft das Jahr 2013, welches im Folgenden als Periode t=-1 klassifiziert werden soll. Die Analyse beschränkt sich zunächst auf den quantitativen Teil der Jahresabschlüsse. In Kapitel 6.2.1.1 wird das Unternehmen weitergehend unter Einbezug eines brancheninternen Kontrollunternehmens der analytischen Untersuchung unterworfen und mit Hilfe des bilanzpolitischen Beurteilungsbogens bewertet. In Kapitel 6.3 erfolgt anschließend die statistische Überprüfung einer möglichen bilanzpolitischen Einflussnahme unter Einbezug der gesamten insolventen Stichprobe und der solventen Kontrollstichprobe. Das Unternehmen gehört der Produktionsbranche an. In dem Betrachtungszeitraum wurden durchschnittlich 48 Millionen Euro Umsatz erzielt und 247 Mitarbeiter beschäftigt. Um die Diskussion anschaulicher darzustellen, wurden die veröffentlichten Zahlen der Jahresabschlüsse 2010–2013 auf volle Zehntausend gerundet und das Eigenkapital geringfügig zur Gleichstellung der Bilanzsummen adjustiert. Infolge der Anpassungen soll begrifflich von dem Betrachtungsunternehmen abstrahiert und die Bezeichnung *X-GmbH* im Folgenden gewählt werden.[1130]

1130 Die folgenden Ausführungen wie auch die Darstellungen in Kapitel 6 zu dem Unternehmen Oberndörfer GmbH sind ausschließlich analytische Beurteilungen des Verfassers dieser Arbeit auf Basis der im Bundesanzeiger und der Datenbank Amadeus veröffentlichten Daten und berücksichtigen keine internen Informationen oder tatsächliche Gegebenheiten auf Basis zusätzlicher Recherchen.

Tabelle 5: Bilanz der X-GmbH für die Perioden t-4 bis t-1[1131]

Bilanz	**t-4**	**t-3**	**t-2**	**t-1**
Aktiva				
A. Anlagevermögen	**10.980.000**	**11.160.000**	**9.460.000**	**9.260.000**
I. Immaterielle Vermögensgegenstände	**30.000**	**140.000**	**140.000**	**160.000**
2. Entgeltlich erworbene Konzessionen, gewerbliche Schutzrechte und ähnliche Rechte und Werte	30.000	140.000	140.000	140.000
II. Sachanlagen	**10.950.000**	**11.020.000**	**9.320.000**	**9.100.000**
1. Grundstücke, grundstücksgleiche Rechte und Bauten einschließlich Bauten auf fremden Grundstücken	2.270.000	2.210.000	2.110.000	2.070.000
2. technische Anlagen und Maschinen	7.310.000	6.580.000	4.950.000	4.230.000
3. andere Anlagen, Betriebs- und Geschäftsausstattung	1.070.000	1.420.000	1.480.000	1.610.000
4. geleistete Anzahlungen und Anlagen im Bau	300.000	810.000	780.000	1.190.000
III. Finanzanlagen	**0**	**0**	**0**	**0**
B. Umlaufvermögen	**10.300.000**	**10.140.000**	**9.820.000**	**8.420.000**
I. Vorräte	**4.200.000**	**5.840.000**	**5.500.000**	**5.240.000**
1. Roh-, Hilfs- und Betriebsstoffe	1.040.000	2.120.000	1.960.000	1.810.000
2. unfertige Erzeugnisse, unfertige Leistungen	2.310.000	2.520.000	2.190.000	2.190.000
3. fertige Erzeugnisse und Waren	850.000	1.200.000	1.350.000	1.240.000
II. Forderungen und sonstige Vermögensgegenstände	**5.170.000**	**3.960.000**	**3.970.000**	**3.050.000**
1. Forderungen aus Lieferungen und Leistungen	3.640.000	2.510.000	2.190.000	1.550.000
4. Sonstige Vermögensgegenstände	1.530.000	1.450.000	1.780.000	1.500.000
III. Wertpapiere	**380.000**	**340.000**	**350.000**	**30.000**
2. Sonstige Wertpapiere	380.000	340.000	350.000	30.000
IV. Kassenbestand, Bundesbankguthaben, Guthaben bei Kreditinstituten und Schecks	**550.000**	**0**	**0**	**100.000**
C. Rechnungsabgrenzungsposten	**50.000**	**90.000**	**50.000**	**60.000**
D. Aktive latente Steuern	**0**	**0**	**140.000**	**0**
Summe Aktiva	**21.330.000**	**21.390.000**	**19.470.000**	**17.740.000**
Passiva				
A. Eigenkapital	**3.770.000**	**3.800.000**	**3.840.000**	**2.750.000**
I. Gezeichnetes Kapital	3.000.000	3.000.000	3.000.000	3.000.000
II. Stille Beteiligung	550.000	530.000	550.000	530.000
III. Gewinnvortrag/Verlustvortrag	750.000	220.000	270.000	290.000
IV. Jahresüberschuss/Jahresfehlbetrag	-530.000	50.000	20.000	-1.070.000
B. Rückstellungen	**1.290.000**	**1.510.000**	**1.700.000**	**1.340.000**
2. Steuerrückstellungen	0	40.000	0	0
3. sonstige Rückstellungen	1.290.000	1.470.000	1.700.000	1.340.000
C. Verbindlichkeiten	**16.270.000**	**16.070.000**	**13.930.000**	**13.650.000**
2. Verbindlichkeiten gegenüber Kreditinstituten	12.690.000	12.400.000	11.020.000	9.970.000
4. Verbindlichkeiten aus Lieferungen und Leistungen	2.970.000	2.970.000	2.770.000	3.500.000
8. sonstige Verbindlichkeiten	610.000	700.000	140.000	180.000
E. Passive latente Steuern	**0**	**10.000**	**0**	**0**
Summe Passiva	**21.330.000**	**21.390.000**	**19.470.000**	**17.740.000**

1131 Die Aufstellung von Bilanz und GuV richtet sich nach den Gliederungen der §§ 266 und 275 HGB und weist die im Bundesanzeiger veröffentlichte Gliederungstiefe aus.

Tabelle 6: GuV der X-GmbH für die Perioden t-4 bis t-1

Gewinn- und Verlustrechnung		t-4	t-3	t-2	t-1
1.	Umsatzerlöse	47.980.000	53.560.000	48.250.000	44.470.000
2.	Erhöhung oder Verminderung des Bestands an fertigen und unfertigen Erzeugnissen	300.000	580.000	-200.000	-100.000
3.	andere aktivierte Eigenleistungen	0	160.000	100.000	90.000
4.	sonstige betriebliche Erträge	500.000	1.770.000	2.460.000	1.210.000
5.	Materialaufwand	19.740.000	22.490.000	18.470.000	17.090.000
	Rohertrag	**29.040.000**	**33.580.000**	**32.140.000**	**28.580.000**
6.	Personalaufwand	10.620.000	12.180.000	12.280.000	12.150.000
7.	Abschreibungen	2.850.000	3.530.000	3.430.000	2.660.000
8.	sonstige betriebliche Aufwendungen	14.240.000	16.900.000	15.630.000	14.170.000
9.	sonstige Zinsen und ähnliche Erträge	40.000	50.000	60.000	40.000
10.	Zinsen und ähnliche Aufwendungen	670.000	850.000	730.000	610.000
	Ergebnis der gewöhnlichen Geschäftstätigkeit	**700.000**	**170.000**	**130.000**	**-970.000**
11.	außerordentliche Erträge	0	0	0	310.000
12.	außerordentliche Aufwendungen	1.180.000	0	200.000	210.000
13.	Steuern vom Einkommen und Ertrag	0	50.000	-150.000	140.000
14.	sonstige Steuern	10.000	20.000	20.000	20.000
15.	Garantievertrag Stille Beteiligung	40.000	50.000	40.000	40.000
	Jahresüberschuss/Jahresfehlbetrag (-)	**-530.000**	**50.000**	**20.000**	**-1.070.000**

Für eine Orientierung zur wirtschaftlichen Einordnung soll zunächst die Insolvenzwahrscheinlichkeit betrachtet werden. Hierzu wird der auf nicht-kapitalmarktorientierte Unternehmen angepasste Altman's Z-Score herangezogen, welcher in Form einer Diskriminanzfunktion die Insolvenzwahrscheinlichkeit wie folgt ermittelt:[1132]

$$Z'_{i,t} = 0{,}717X_{1,i,t} + 0{,}847X_{2,i,t} + 3{,}107X_{3,i,t} + 0{,}420X_{4,i,t} + 0{,}998X_{5,i,t} \quad (55)$$

Mit:

$X_{1,i,t} = WC_{i,t}/BS_{i,t}$

$X_{2,i,t} = GR_{i,t}/BS_{i,t}$ ($GR_{i,t}$ = Gewinnrücklagen von Unternehmen i in Periode t)

$X_{3,i,t} = EBIT_{i,t}/BS_{i,t}$ ($EBIT_{i,t}$ = Gewinn vor Steuern und Zinsen von Unternehmen i in Periode t)

$X_{4,i,t} = EK_{i,t}/FK_{i,t}$ ($EK_{i,t}$ = Buchwert des Eigenkapitals von Unternehmen i in Periode t)

($FK_{i,t}$ = Buchwert des Fremdkapitals von Unternehmen i in Periode t)

$X_{5,i,t} = U_{i,t}/BS_{i,t}$

1132 Die Anpassung besteht in der Verwendung von Buchwerten des Eigenkapitals anstatt von Marktwerten des Eigenkapitals und einer anschließenden erneuten Ableitung der Gewichtung innerhalb der Diskriminanzfunktion, vgl. Altman (2000), S. 20f. Vgl. für das Ursprungsmodell Altman (1968), S. 589–609. Vgl. für die Methode der Diskriminanzanalyse Backhaus u.a. (2016), S. 215–282.

Bei einem Z-Score von größer 2,90 werden die Unternehmen in gesunde Unternehmen eingestuft, bei einem Wert von 1,23 bis 2,90 ist unklar, welchem Bereich die Unternehmen zuzuordnen sind und bei einem Wert von kleiner 1,23 sind die Unternehmen eindeutig insolvenzgefährdet.[1133] Unter Beachtung, dass der Z-Score primär die kurzfristige Beurteilung von ein oder zwei Perioden fokussiert,[1134] nimmt ein Zeitreihenvergleich an dieser Stelle an Bedeutung zu.[1135]

Tabelle 7: Z-Score der X-GmbH im Zeitablauf

X-GmbH	t-3	t-2	t-1
Z-Score	2,9448	2,9574	2,7130

Der Z-Score deutet die schlechte wirtschaftliche Entwicklung nicht an. In den Jahren t-1 und t-2 symbolisiert dieser sogar ein gesundes Unternehmen. Nur im Jahr t-1 ist die wirtschaftliche Entwicklung des Unternehmens durch den Z-Score als zweifelhaft zu beurteilen. Lediglich der Trendverlauf von Periode t-2 zur Periode t-1 deutet auf eine schlechte Entwicklung der wirtschaftlichen Lage hin.

In der Gewinn- und Verlustrechnung ist nach einer Umsatzsteigerung in Periode t-3 eine deutliche Umsatzreduzierung in den Perioden t-2 und t-1 zu erkennen. Die Bilanzsumme nimmt ebenfalls in diesen Perioden ab. Die Abnahme setzt sich dabei aus gleichen Teilen des Anlage- und Umlaufvermögens zusammen.

Abbildung 22: Umsatz, Bilanzsumme, Anlage- und Umlaufvermögen der X-GmbH im Zeitablauf

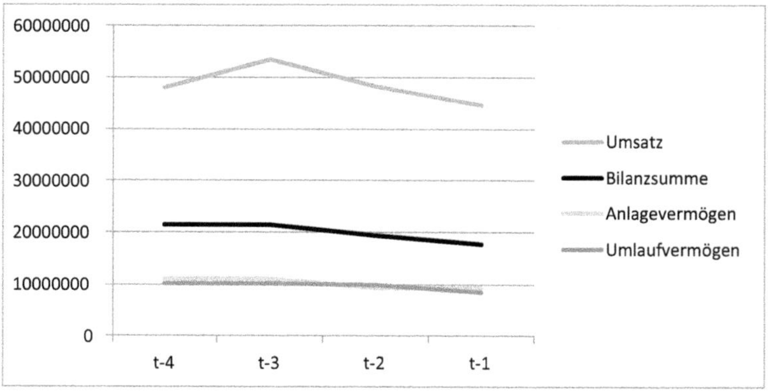

1133 Vgl. Altman (2000), S. 21.

1134 Vgl. Coenenberg u.a. (2012), S. 1052.

1135 Vgl. für eine alternative multivariate Diskriminanzanalyse im deutschen Raum Baetge u.a. (1992), S. 749–761.

Die GuV der X-GmbH weist im Jahr t-4 einen Jahresfehlbetrag i.H.v. 530.000 aus. Wird die GuV jedoch eingehender betrachtet, stellt sich heraus, dass der Fehlbetrag aufgrund außerordentlicher Aufwendungen i.H.v. 1.180.000 zustande kommt. Bereits an dieser Stelle wird deutlich, dass ohne einen Blick in den qualitativen Erläuterungsteil des Jahresabschlusses eine adäquate Beurteilung der wirtschaftlichen Lage des Unternehmens schwierig ist. Nach einer Eliminierung des außerordentlichen Aufwandes ergibt sich ein Jahreüberschuss in Periode t-4 i.H.v. 650.000. Nachwirkungen aufgrund der Finanzkrise sind daher auszuschließen. In den Perioden t-3 und t-2 wird nur ein geringfügig positiver Jahresüberschuss ausgewiesen. Internationale Studien konnten bereits nachweisen, dass Unternehmen oftmals versuchen, statt eines geringen Jahresfehlbetrages, mit Hilfe von Bilanzpolitik ein geringfügig positives Jahresergebnis zu erzielen.[1136] Das Jahr t-1 schließt mit einem hohen Jahresfehlbetrag i.H.v. 1.070.000 ab, welcher insb. auf Basis des gesunkenen Rohertrages und den dennoch konstant gebliebenen Personalaufwendungen zurückzuführen ist.

Die überwiegende Anzahl der Studien in der Forschung versucht mit Hilfe von Periodenabgrenzungen Bilanzpolitik nachzuweisen. Wird ein einzelnes Unternehmen betrachtet, so ist die Entwicklung der Periodenabgrenzung im Zeitablauf entscheidend. Die gesamten Periodenabgrenzungen bestimmen sich approximativ wie folgt:[1137]

$$GPA_{i,t} = \Delta Ford_{i,t}^{LuL} + \Delta Vorräte_{i,t} + \Delta RaP_{i,t} - \Delta Verb_{i,t}^{LuL} - Abschr_{i,t} - \Delta RS_{i,t}$$

Die kurzfristigen Periodenabgrenzungen ergeben sich durch die Korrektur der Abschreibungen und ggf. des langfristigen Teils der Rückstellungen, welcher primär durch Pensionsrückstellungen verkörpert wird. Der operative Cash Flow leitet sich durch die Differenz von Jahresergebnis und gesamten Periodenabgrenzungen ab oder kann direkt bei einer Veröffentlichung dem Jahresabschluss entnommen werden.[1138] Die Periode t-4 stellt als Jahr 2010 das Ausgangsjahr der Untersuchung dar. Die Betrachtungsperioden zur Analyse der bilanzpolitischen Einflussnahme werden durch die nachfolgenden Perioden t-3 bis t-1 repräsentiert. Für eine erste Beurteilung möglicher bilanzpolitischer Einflussnahmen ist das Verhältnis von Jahresergebnis, operativem Cash Flow und Periodenabgrenzungen heranzuziehen.

1136 Vgl. Burgstahler/Dichev (1997), S. 99–126.

1137 Vgl. Obermann (2011), S. 320.

1138 Vgl. zu verschiedenen Herangehensweisen und Ermittlungen des operativen Cash Flows auch Stahn (2000), S. 236f.; Homburg/Wrede (2007), S. 883f.; Sattler (2011), S. 22; Coenenberg u.a. (2012), S. 823–827.

Abbildung 23: Jahresergebnis, Operativer Cash Flow, GPA und KPA der X-GmbH im Zeitablauf

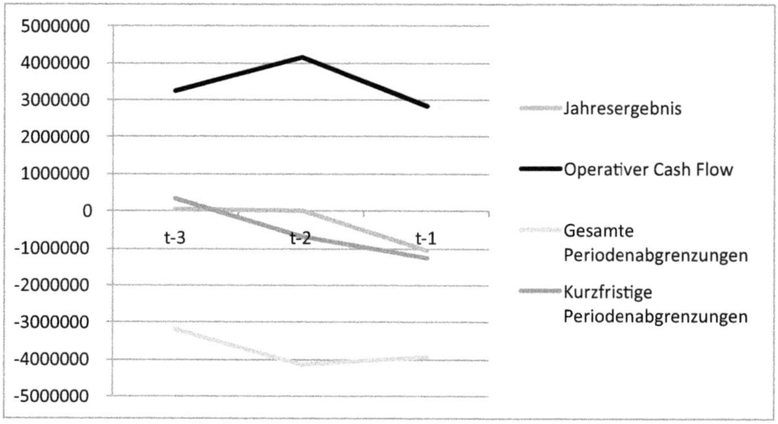

Herausstechend sind die sich stark negativ entwickelnden kurzfristigen Periodenabgrenzungen. Die gesamten Periodenabgrenzungen sind verstärkt durch die hohe Anlagenintensität im Produktionssektor in allen Perioden mit einem negativen Vorzeichen versehen. Durch den im Vorfeld ausgewiesenen negativen Wert ist es umso wichtiger, die Veränderungen der Periodenabgrenzungen im Zeitablauf zu betrachten.

Abbildung 24: Veränderungen von GPA und KPA der X-GmbH im Zeitablauf

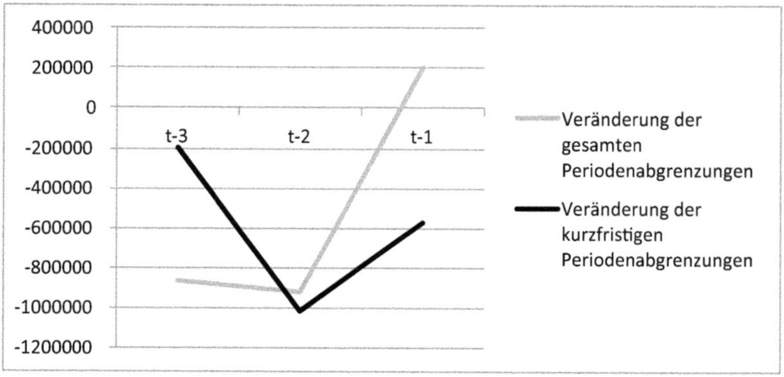

Die kurzfristigen Periodenabgrenzungen verringern sich jede Periode, obgleich die Abnahme in Periode t-2 sehr stark ist und sich in Periode t-1 etwas abmildert. Die kurzfristigen Periodenabgrenzungen werden in der vorangestellten Bilanz primär durch die Veränderung der Vorräte und der Forderungen aus Lieferungen und Leistungen bestimmt. Die Vorräte können durch Bewertungsvereinfachungsverfahren und der Inventuraufstellung bilanzpolitisch beeinflusst werden, während die Forderungen primär durch die Umsatzerlöse bestimmt werden und somit indirekt durch zahlreiche reale bilanzpolitische Maßnahmen induziert sein können.[1139] Der operative Cash Flow steht in einem direkten Zusammenhang zu den beiden Bestimmungsgrößen, indem er sich grundsätzlich bei Vorratszunahme durch einen vorherigen Wareneinkauf vermindert und bei Forderungsabnahme aufgrund von Debitorenzahlungen erhöht.

Abbildung 25: Forderungen aus Lieferungen und Leistungen, Vorräte und operativer Cash Flow der X-GmbH im Zeitablauf

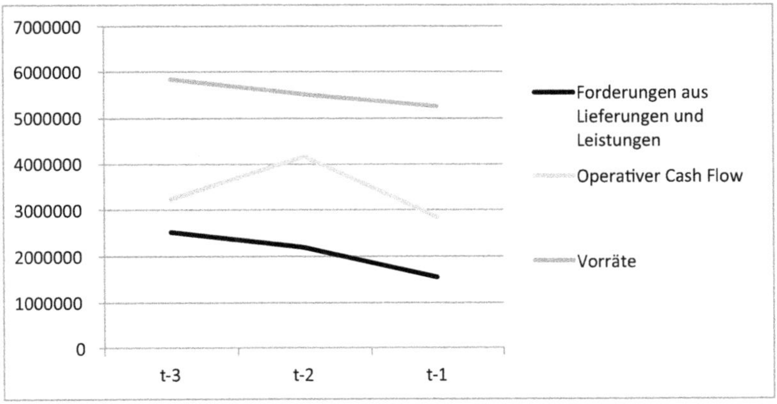

Werden die drei Größen im Zeitablauf betrachet, so wird im Übergang von Periode t-3 zu Periode t-2 ein gewöhnlicher und erwarteter Geschäftsablauf widergespiegelt. Bei Abnahme der Vorräte und Forderungen aus Lieferungen und Leistungen nimmt zeitgleich der operative Cash Flow zu. In Periode t-1 verringert sich jedoch der operative Cash Flow deutlich, obwohl die Entwicklung der Forderungen aus Lieferungen und Leistungen sowie der Vorräte Gegenteiliges induzieren würden. An dieser Stelle ist die Einwirkung der wirtschaftlichen Entwicklung deutlich zu erkennen, welche bei den ursprünglichen Periodenabgrenzungsmodellen wie bei dem Jones- oder Modified-Jones-Modell zu starken Verzerrungen und Fehlinterpretationen führen kann. Der stark abnehmende operative Cash Flow wird primär durch den eingebrochenen Umsatz bestimmt. Der Umsatz hingegen kann insb. durch reale bilanzpolitische

1139 Vgl. die Ausführungen in Kapitel 5.3.3.2.2.

Maßnahmen beeinflusst werden, welche sich oftmals einer Entdeckung entziehen. Werden Umsätze aus einer nachfolgenden Periode vorgezogen oder bestimmte Rabatt- und Marketingaktionen zur Umsatzsteigerung am Jahresende durchgeführt, beträgt der Zeithorizont der Wirkung lediglich eine Periode. Der Umkehreffekt der bilanzpolitischen Maßnahme tritt sofort in der nachfolgenden Periode ein. Soll der Umsatz im Hinblick zur vorherigen Periode konstant gehalten werden, müssen die gleichen Maßnahmen erneut ergriffen werden, welche jedoch keine zusätzliche progressive Wirkung entfalten können. Verringert sich der Umsatz in der aktuellen und der nachfolgenden Periode, folgt hieraus ein Umsatzeinbruch, welcher in Periode t-1 dargestellt sein könnte. Dies ist jedoch mit einer deskriptiven Betrachtung der quantitativen Zahlen nicht direkt ableitbar.

Die langfristigen Periodenabgrenzungen werden in der vorangestellten Bilanz primär durch die Abchreibungen bestimmt. Die Abschreibungen sind stets im Verhältnis zu dem abnutzbaren immateriellen Anlagevermögen und dem Sachanlagevermögen zu Beginn der Periode zu betrachten, da sie durch diese direkt bestimmt werden.

Abbildung 26: Immaterielles Anlagevermögen, Sachanlagevermögen und Abschreibungen der X-GmbH im Zeitablauf

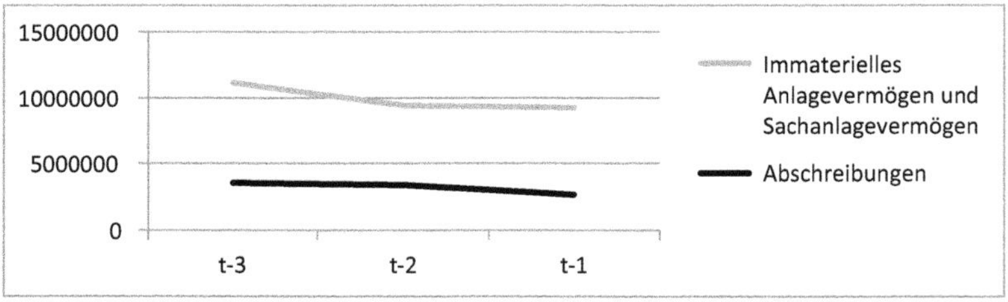

Abbildung 27: Durch immaterielles Anlagevermögen und Sachanlagevermögen skalierte Abschreibungen der X-GmbH im Zeitablauf

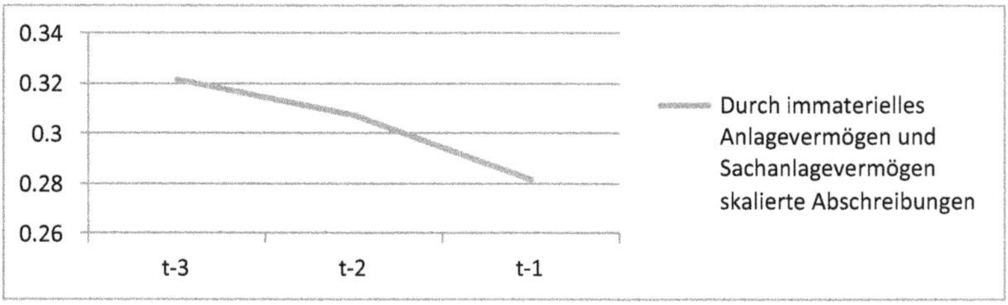

Abbildung 27 verdeutlicht, dass die Abschreibungen auch in Relation zu dem immateriellen Anlagevermögen und dem Sachanlagevermögen in den Perioden t-2 und t-1 deutlich abgenommen haben. Dies deutet auf eine progressive bilanzpolitische

Einflussnahme in den betrachteten Perioden hin. Wird die Indizienkennzahl für die Abschreibungen berechnet, ergibt sich das gleiche Bild:[1140]

Tabelle 8: Abschreibungsindex der X-GmbH im Zeitablauf

X-GmbH	t-3	t-2	t-1
Abschreibungsindex	0,8576	0,9031	1,1924

Der Abschreibungsindex nimmt im Zeitverlauf deutlich zu, woraus ebenfalls ein Indiz für eine progressive Bilanzpolitik abgeleitet werden kann. Eine Beeinflussung der Abschreibungshöhe ist durch die Wahl der Abschreibungsmethode und die Schätzung der Nutzungsdauer möglich. Eine Veränderung der Abschreibungsmethode kann grundsätzlich anhand einer qualitativen Anhangsanalyse untersucht werden. Eine veränderte Nutzungsdauerschätzung hingegen lässt sich nur durch quantitative Analysen nachweisen. Des Weiteren sind die qualitativen Berichtsteile auf Anlagenverkäufe zu prüfen.

Letztlich ist auf Basis des quantitativen Datenmaterials eine bilanzpolitische Einflussnahme nicht auszuschließen. Aufgrund der deutlichen Abnahme der Forderungen aus Lieferungen und Leistungen, des starken Umsatzeinbruchs und des hohen Jahresfehlbetrages kann jedoch das Wirkungspotenzial hinsichtlich eines Ausgleichs der schlechten wirtschaftlichen Situation in Periode t-1 als gering eingestuft werden. Zudem könnten bilanzpolitische Maßnahmen bereits verstärkt in den Perioden t-2 und t-3 eingesetzt worden sein, um einen geringen positiven Jahresüberschuss auszuweisen. Infolgedessen würden die daraus resultierenden Umkehreffekte die schlechte wirtschaftliche Darstellung weiter verstärken.

Im Folgenden werden die bilanzpolitischen Möglichkeiten in einem HGB Einzelabschluss aufgezeigt und auf ihr mögliches Einflusspotenzial beurteilt.[1141] Bedingt durch Liquiditätsengpässe während wirtschaftlicher Krisenzeiten, wird die Bedeutung der Bank als Stakeholder in dieser Situation zunehmen. Kreditinstitute überprüfen im Rahmen der Strukturbilanzaufstellung die eingereichten finanziellen Unterlagen auf quantifizierbare bilanzpolitische Maßnahmen und eliminieren

1140 Dem Abschreibungsindex wurden die Nettobuchwerte aus immateriellem und materiellem Anlagevermögen zu Grunde gelegt.

1141 Die nachfolgenden Ausführungen gebieten keinen Anspruch auf Vollständigkeit der gesamten bilanzpolitischen Möglichkeiten, umfassen jedoch insb. einen Großteil der möglichen buchmäßigen Bilanzpolitik.
Auf die Darstellung spezifischer steuerbilanzpolitischer Einflussmöglichkeiten, welche sich durch latente Steuern in der Handelsbilanz niederschlagen können, wird hinsichtlich einer Komplexitätsreduktion verzichtet. Vgl. für eine Ausführung zu den steuerbilanzpolitischen Möglichkeiten nach dem BilMoG Künkele/Zwirner (2010), S. 2263–2270.

diese bei einer Identifizierung.[1142] Ist die Bilanzpolitik direkt erkenn- und messbar, ist sie in diesem Fall zur Verhaltenssteuerung wirkungslos.[1143] Demzufolge müssen die verschiedenen Maßnahmen neben ihrem Wirkungspotenzial und ihrer zeitlichen Flexibilität, hinsichtlich ihres Entdeckungspotenzials beurteilt werden. Zudem wird infolge der Annäherung an die Insolvenz mit der entsprechend schlechten wirtschaftlichen Lage der Spielraum der Rechnungslegungsbeeinflussung weiter eingeschränkt.[1144]

5.3.3.2 Bilanzpolitische Maßnahmen im Jahresabschluss

5.3.3.2.1 Anlagevermögen

Das Anlagevermögen gliedert sich nach dem HGB in der ersten Gliederungsstufe in das Sachanlagevermögen und die immateriellen Vermögensgegenstände (§ 266 Abs. 2 A HGB). Im Bereich der immateriellen Vermögensgegenstände besteht gem. § 248 Abs. 2 S. 1 HGB ein **Wahlrecht selbsterstellte immaterielle Vermögensgegenstände des Anlagevermögens zu aktivieren**. Ausgenommen von dem Wahlrecht sind selbst geschaffene Marken, Drucktitel, Verlagsrechte, Kundenlisten oder vergleichbare immaterielle Vermögensgegenstände des Anlagevermögens (§ 248 Abs. 2 S. 2 HGB). Eine Aktivierung wirkt sich in der Periode des Ansatzes progressiv aus, kehrt sich jedoch infolge der regelmäßig vorzunehmenden Abschreibungen in den nachfolgenden Perioden wieder vollständig um. Das Aktivierungswahlrecht kann erst ab der Entwicklungsphase ausgeübt werden, wenn eine positive Prognose über das Vorliegen eines Vermögensgegenstandes am Ende der Entwicklungsarbeiten abgegeben werden kann.[1145] Während der Forschungsphase besteht für selbstgeschaffene immaterielle Vermögensgegenstände hingegen ein Aktivierungsverbot.[1146] Forschungskosten beziehen sich auf die Suche nach neuen wissenschaftlichen und technischen Erkenntnissen, während Entwicklungskosten durch die Anwendung der Forschungsergebnisse entstehen (§ 255 Abs. 2a S. 2 und 3 HGB). Können Forschungs- und Entwicklungskosten nicht eindeutig voneinander getrennt werden, ist eine Aktivierung nicht zulässig (§ 255 Abs. 2a S. 4 HGB). Ob jedoch konkrete Aktivitäten der **Forschungs- oder Entwicklungsphase** zuzuordnen sind, liegt oftmals im Ermessen des Managements.[1147] Auch der Übergang von der Forschungs- auf die Entwicklungsphase ist nicht eindeutig abgrenzbar und

1142 Vgl. Riebell (2009), S. 106f.; vgl. zur Aufstellung einer Strukturbilanz mit Hilfe der Anhangsanalyse Küting/Weber (2012), S. 81–104; Brösel (2012), S. 115–130.

1143 Vgl. Kiefer (2008), S. 13f. Zudem sehen Ratingverfahren von Kreditinstituten einen Abschlag auf die Ratingnote vor, wenn Bilanzpolitik nachgewiesen oder vermutet wird, vgl. Döring/Obermann (2008), S. 432.

1144 Vgl. Hauschildt (2000a), S. 125.

1145 Vgl. Kirsch (2011), Rn. 66.

1146 Vgl. Kirsch (2011), Rn. 51.

1147 Vgl. Hüttche (2009), S. 1350; Rogler (2010), S. 231.

bietet bilanzpolitisches Gestaltungspotenzial.[1148] Aktivierte selbstgeschaffene immaterielle Vermögensgegenstände des Anlagevermögens sind auch bei mittelgroßen Kapitalgesellschaften in der Bilanz auszuweisen (§ 266 Abs. 2 A I 1 HGB i.V.m. § 327 Nr. 1 S. 2 A I 1 HGB), sodass ein ausgeübtes Wahlrecht direkt ersichtlich wird. Die Ermessensspielräume sind jedoch nur durch die Beurteilung der Aktivierungsquote in einem Zeitreihen- oder Querschnittsvergleich analysierbar.[1149]

Für den entgeltlich erworbenen **Geschäfts- oder Firmenwert** sieht das Handelsgesetzbuch eine Ansatzpflicht vor (§ 246 Abs. 1 S. 4 HGB). Jedoch können bereits bei der **Kaufpreisallokation** bilanzpolitische Gestaltungsmöglichkeiten hinsichtlich der Ableitung des Geschäfts- oder Firmenwerts als Residualgröße genutzt werden.[1150] Dem Geschäfts- oder Firmenwert wird eine übliche **Nutzungsdauer** von fünf Jahren unterstellt.[1151] Bei der Schätzung der betriebsgewöhnlichen Abnutzung bestehen bilanzpolitisch nutzbare Ermessensspielräume.[1152] Sollte die Nutzungsdauer von dem fünf Jahreszeitraum abweichen, ist eine gesonderte Begründung im Anhang erforderlich (§ 285 Nr. 13 HGB). Die Erläuterung im Anhang muss die Gründe für die unterschiedliche Nutzungsdauer darlegen, eine bloße Angabe der abweichenden Nutzungsdauer genügt in diesem Fall nicht.[1153]

Handelsrechtlich können erworbene **Vermögensgegenstände** mit einem Nettowert von **unter 150 Euro** wahlweise aktiviert oder vollständig abgeschrieben werden.[1154] Eine Orientierung an der steuerrechtlichen Regelung zur Behandlung von **geringwertigen Wirtschaftsgütern** (GWG) lässt das Handelsrecht ebenfalls zu.[1155] Steuerrechtlich dürfen abnutzbare bewegliche Wirtschaftsgüter, welche selbständig nutzbar sind, bis zu einem Nettowert von 410 Euro wahlweise über ihre Nutzungsdauer oder im Jahr der Anschaffung vollständig abgeschrieben werden (§ 6 Abs. 2 S. 1 EStG). Alternativ kann die Regelung zur Bildung eines **Sammelpostens** in Anspruch genommen werden. Diese sieht für Wirtschaftsgüter mit einem Nettowert bis zu 150 Euro eine vollständige Abschreibung im Jahr der Anschaffung vor.[1156] Wirtschaftsgüter mit einem Wert von über 150 Euro, welche jedoch 1.000 Euro nicht übersteigen, werden in einen Sammelposten eingestellt und über fünf Jahre abgeschrieben (§ 6 Abs. 2a S. 2 EStG). Der Werteverzehr von

1148 Vgl. Krüger (2015), S. 136.
1149 Vgl. Göllert (2009), S. 1776.
1150 Vgl. Göllert (2009), S. 1774.
1151 Vgl. Göllert (2009), S. 1774.
1152 Vgl. Kirsch (2009), S. 257.
1153 Vgl. Hoffmann (2009), S. 264. Nach dem BilRUG sind zukünftig selbstgeschaffene immaterielle Vermögensgegenstände des Anlagevermögens, sofern die Nutzungsdauer nicht verlässlich geschätzt werden kann, über zehn Jahre abzuschreiben (§ 253 Abs. 3 S. 3 HGB n.F.). Dies gilt auch für den Geschäfts- oder Firmenwert (§ 253 Abs. 3 S. 4 HGB n.F.).
1154 Vgl. Schubert u.a. (2016), Rn. 275.
1155 Vgl. Schubert u.a. (2016), Rn. 434; Ortmann-Babel/Bolik (2010), S. 57.
1156 Vgl. Schubert u.a. (2016), Rn. 275.

Wirtschaftsgütern mit einem Wert von über 1.000 Euro ist hingegen auf Basis der individuellen Nutzungsdauer zu berechnen.[1157] Die Nutzung der GWG-Regelung führt i.d.R. zu einer konservativen Bilanzpolitik. Die Sammelpostenregelung wirkt sich im Vergleich zur GWG-Regelung nur in dem Fall bilanzpolitisch konservativ aus, wenn der Vermögensgenstand einen Nettowert von über 410 und unter 1.000 Euro besitzt und gleichzeitig eine individuelle Nutzungsdauer von über fünf Jahren aufweist. Bilanzpolitisch ist zudem bei größeren Anschaffungen eine Ausnahme von der Sofortabschreibung möglich, sodass die Sofortabschreibung nicht zwingend einheitlich auf alle Vermögensgegenstände angewandt werden muss.[1158] Im Anhang erfolgt die Angabe über die gewählte Regelung in dem Bereich der Ansatz- und Bewertungsmethoden (§ 284 Abs. 2 Nr. 1 HGB).

Auch die Ermittlung der **Anschaffungskosten** eröffnet dem Bilanzierenden bilanzpolitische Spielräume. Im Fall eines unentgeltlichen Erwerbs besteht in Abhängigkeit von dessen Zweckbestimmung die Möglichkeit zwischen einer erfolgswirksamen oder erfolgsneutralen Verbuchung zu wählen.[1159] Bei einem Erwerb gegen eine Rente wird der Barwert der Rente zum Zeitpunkt des Erwerbes als Ansatz zu Grunde gelegt.[1160] Ermessensspielräume resultieren bei der Ermittlung hinsichtlich der Verwendung des Abzinsungssatzes und –zeitraumes.[1161] In Zusammenhang mit dem Erwerb von Vermögensgegenständen erhaltene Subventionen oder Zuschüsse können entweder von den Anschaffungskosten abgesetzt werden, es wird ein separater Passivposten gebildet oder es findet eine erfolgswirksame Verbuchung statt.[1162] Darüber hinaus bestehen bei Tauschgeschäften Wahlrechte für die Bilanzierung. Bei Verwendung der Buchwertfortführung werden die Anschaffungskosten des eingetauschten Vermögensgegenstandes anhand des Buchwertes des hingegebenen Gegenstandes bemessen.[1163] Alternativ kann für eine Gewinnrealisierung durch Aufdeckung der stillen Reserven auch der Zeitwert des hingegebenen, jedoch höchstens der Zeitwert des eingetauschten Gegenstandes angesetzt werden.[1164] In diesem Fall bestehen zusätzliche Ermessensspielräume bei der Bestimmung des Zeitwertes.[1165] Die Zuordnung eines Gesamtkaufpreises bei einem Erwerb von mehreren Vermögensgegenständen erfolgt infolge des Einzelbewertungsgrundsatzes

1157 Vgl. Schubert u.a. (2016), Rn. 438.
1158 Vgl. Schubert u.a. (2016), Rn. 275.
1159 Vgl. Krüger (2015), S. 151; Schubert u.a. (2016), Rn. 100.
1160 Vgl. Wohlgemuth und Radde (2002), Rn. 37.
1161 Vgl. Krüger (2015), S. 154; Schubert u.a. (2016), Rn. 66.
1162 Vgl. IDW (2012), Abschnitt E, Rn. 326.
1163 Vgl. IDW (2012), Abschnitt E, Rn. 338.
1164 Vgl. IDW (2012), Abschnitt E, Rn. 338. Zudem kann im Rahmen einer ergebnisneutralen Behandlung ein Zwischenwert zur Deckung der Ertragsteuern angesetzt werden, vgl. Merkt (2014), Rn. 5; Adler u.a. (1995b), Rn. 91f.
1165 Vgl. Krüger (2015), S. 151.

(§ 252 Abs. 1 Nr. 3 HGB) anhand der Zeitwerte.[1166] Da objektive Werte nicht direkt ableitbar sind, eröffnet ein Schätzungsrahmen für den Zeitwertansatz zusätzliche Einflussmöglichkeiten.[1167] Grundsätzlich sind für die Anschaffungskosten Angaben im Anhang in den allgemeinen Bewertungsmethoden zu machen. Dies gilt insb. für Investitionszuschüsse und die Bewertung bei Tauschgeschäften, jedoch nur, wenn diese von wesentlicher Bedeutung sind.[1168]

Bei Vermögensgegenständen des Anlagevermögens, deren Nutzung zeitlich begrenzt ist, sind gem. § 253 Abs. 3 S. 1 und 2 HGB die Anschaffungs- oder Herstellungskosten auf Basis eines Abschreibungsplans über ihre voraussichtliche Nutzungsdauer zu verteilen. Die **Abschreibungsmethode** kann grundsätzlich frei gewählt werden, hat jedoch den Grundsätzen ordnungsgemäßer Buchführung zu entsprechen und muss die wirtschaftlichen Gegebenheiten widerspiegeln.[1169] Als zulässige Methoden werden die lineare, die degressive, die progressive und die Leistungsabschreibung angesehen.[1170] Zudem sind auch Kombinationen der Abschreibungsmethoden wie ein Übergang von der degressiven zur linearen Abschreibung möglich.[1171] Sollte ein Methodenwechsel vorgenommen werden, ist dieser für gleichartige Vermögensgegenstände, welche im Hinblick auf Art, Ausstattung, Inanspruchnahme oder Verwendung keine erkennbaren Unterschiede aufweisen, einheitlich vorzunehmen.[1172] Neben der Abschreibungsmethode kann der **Beginn der Abschreibung** im Zugangsjahr festgelegt werden. Bei einer Anschaffung oder Herstellung von beweglichen Vermögensgegenständen des Anlagevermögens innerhalb des ersten Halbjahres, ist statt der geforderten pro rata temporis Abschreibung der Ansatz einer vollen Jahresabschreibung möglich.[1173] Im Fall einer Anschaffung oder Herstellung in der zweiten Jahreshälfte, eröffnet die Vereinfachungsregelung das Wahlrecht für eine hälftige Jahresabschreibung.[1174] Hinsichtlich des Abschreibungsbeginns können weitere bilanzpolitische Spielräume entstehen. So ist bei Großanlagen eine größere Zeitspanne zwischen der Lieferung und Inbetriebnahme möglich.[1175] In diesem Fall ist eine Determinierung des Abschreibungsbeginns bei Inbetriebnahme oder aufgrund des Ruheverschleißes auf den Zeitpunkt der Lieferung möglich.[1176] Das **Abschreibungsende** kann zudem bereits bei einem Wert, welcher den Veräußerungswert abzüglich der Veräußerungskosten widerspiegelt, festgelegt

---

1166 Vgl. Gadek/Schubert (2016), Rn. 79.
1167 Vgl. Winnefeld (2006), Kapitel E, Rn. 498.
1168 Vgl. Grottel (2016), Rn. 125.
1169 Vgl. Kußmaul/Lutz (1993a), S. 484; Wohlgemuth (2005), Rn. 178; Küpper (2009), S. 690f.
1170 Vgl. BT-Drs. 16/10067, S. 56; Schubert u.a. (2016), Rn. 238–247.
1171 Vgl. Schubert u.a. (2016), Rn. 247.
1172 Vgl. Pfleger (1991), S. 118.
1173 Vgl. Adler u.a. (1995a), Rn. 441; Wohlgemuth (2005), Rn. 174.
1174 Vgl. Pfleger (1991), S. 109f.; Wohlgemuth (2005), Rn. 174.
1175 Vgl. Wohlgemuth (2005), Rn. 173; Bauer (1981), S. 327.
1176 Vgl. Pfleger (1991), S. 111.

werden.[1177] Die **Nutzungsdauer** planmäßiger Abschreibungen ist handelsrechtlich nach ihrem wirtschaftlichen Nutzenverbrauch auszurichten und nicht allein nach den steuerlichen Afa-Tabellen.[1178] Die Grundlage für die Nutzungsdauerschätzung bilden Erfahrungswerte.[1179] Eine Änderung der Nutzungsdauerschätzung muss auf Basis veränderter, der für die Schätzung maßgebender Verhältnisse beruhen und setzt objektiv nachprüfbare Gründe voraus.[1180] Aufgrund der Individualität der jeweiligen Vermögensgegenstände verbleiben jedoch stets große Ermessensspielräume bei der Schätzung.[1181]

Unter bestimmten Vorraussetzungen wird es als zulässig angesehen, die Anlagegüter des Sachanlagevermögens komponentenweise abzuschreiben.[1182] Bei Anwendung des **Komponentenansatzes** wird der abnutzbare Vermögensgegenstand zunächst gedanklich in seine Komponenten mit den zugehörigen unterschiedlichen Nutzungsdauern zerlegt. Anschließend wird die Summe der Abschreibungen für die verschiedenen Komponenten im Hinblick auf eine periodengerechte Abschreibung des Vermögensgegenstandes ermittelt.[1183] Eine komponentenweise Abschreibung steht dem Bilanzierenden als Wahlrecht zur Verfügung.[1184] Voraussetzung für die Anwendung des Komponentenansatzes ist die Wesentlichkeit der Komponenten in Relation zum gesamten Sachanlagevermögensgegenstand und die physische Separierbarkeit.[1185] Die Voraussetzungen stellen unbestimmte Rechtsbegriffe dar,[1186] wodurch bilanzpolitische Ermessensspielräume entstehen.[1187]

Bei einer dauernden Wertminderung schreibt § 253 Abs. 3 S. 3 HGB eine **außerplanmäßige Abschreibung** vor. Es bestehen jedoch bilanzpolitisch nutzbare Auslegungsspielräume für die Wertbestimmung des Vergleichsmaßstabes sowie für das Vorliegen einer dauernden Wertminderung.[1188] Da der niedrigere am Abschlussstichtag beizulegende Wert keinen eigenständigen Wertmaßstab darstellt, sind Hilfswerte zu dessen Bestimmung heranzuziehen.[1189] Diese sind einzelfallbezogen zu ermitteln und können durch den Ertragswert, den Wiederbeschaffungswert oder den Einzelveräußerungswert repräsentiert werden.[1190] Eine dauernde

1177 Vgl. Pfleger (1991), S. 111; Adler u.a. (1995a), Rn. 443.
1178 Vgl. Adler u.a. (1995a), Rn. 379; Gelhausen u.a. (2009), S. 215; von Keitz u.a. (2011a), S. 2449.
1179 Vgl. Wohlgemuth (2005), Rn. 171.
1180 Vgl. Wohlgemuth (2005), Rn. 248f.
1181 Vgl. Adler u.a. (1995a), Rn. 378; Wohlgemuth (2005), Rn. 169.
1182 Vgl. IDW RH HFA 1.016, Rn. 4f.
1183 Vgl. IDW RH HFA 1.016, Rn. 4.
1184 Vgl. Hommel/Rößler (2009), S. 2530; Herzig u.a. (2010), S. 561.
1185 Vgl. IDW RH HFA 1.016, Rn. 5.
1186 Vgl. Krüger (2015), S. 167.
1187 Vgl. Husemann/Hofer (2008), S. 2664.
1188 Vgl. Krüger (2015), S. 169.
1189 Vgl. Adler u.a. (1995a), Rn. 455; Nordmeyer/Göbel (1987), B 212, Rn. 169.
1190 Vgl. Nordmeyer/Göbel (1987), B 212, Rn. 169.

Wertminderung wird angenommen, wenn der Wert für mehr als die Hälfte der voraussichtlichen Restnutzungsdauer geringer ist als die fortgeführten Anschaffungs- oder Herstellungskosten oder diese für mindestens fünf der folgenden Geschäftsjahre unterschritten werden.[1191] Gleichwohl dieser Konkretisierung bestehen zahlreiche Ermessensspielräume,[1192] wie bspw. für nichtabnutzbare Vermögensgegenstände, bei welchen keine Restnutzungsdauer herangezogen werden kann und eine einzelfallbezogene Beurteilung stets notwendig wird.[1193] Bei einem Wegfall der Gründe für die außerplanmäßige Abschreibung gebietet die **Wertaufholung** eine Pflicht zur Zuschreibung (§ 253 Abs. 5 S. 1 HGB). Aufgrund der Komplexität der Umstände, welche zur Wertminderung geführt haben, können ebenfalls Ermessensspielräume hinsichtlich der Beurteilung entstehen, ob und in welcher Höhe die Wertaufholung vorzunehmen ist.[1194]

Ein explizites Bewertungswahlrecht wird für **Finanzanlagen** vorgesehen, bei welchen auch bei einer nicht dauernden Wertminderung eine außerplanmäßige Abschreibung vorgenommen werden kann (§ 253 Abs. 3 S. 4 HGB). Indizien für eine nur vorübergehende Wertminderung sind u.a. nur eine geringe Differenz zwischen Buchwert und Börsen- oder Marktpreis am Abschlussstichtag oder ein nur schwach abweichender Kursverlauf des betroffenen Wertpapiers von der allgemeinen Kursentwicklung.[1195] Die Indizien zur Beurteilung einer nur vorübergehenden Wertminderung stellen demnach nur Anhaltspunkte dar, welche zu keinen trennscharfen Ergebnissen führen und letztlich im individuellen Ermessen des Bilanzierenden liegen.[1196]

Sollte eine außerplanmäßige Abschreibung unterbleiben, ist der Buchwert und der beizulegende Zeitwert der einzelnen Vermögensgegenstände oder angemessener Gruppierungen wie auch die Gründe für das Unterlassen im Anhang anzugeben (§ 285 Nr. 18 HGB). Zudem sind in den Erläuterungen über die allgemeinen Ansatz- und Bewertungsmethoden Angaben über die Vornahme der planmäßigen Abschreibungen vorzunehmen, welche insb. Ausführungen zu den Abschreibungsmethoden und den zugrunde liegenden Nutzungsdauern enthalten sollen.[1197] Dementsprechend sind Abweichungen von dem Abschreibungsplan gem. § 284 Abs. 2 Nr. 3 HGB zu erläutern und zu begründen,[1198] wobei jedoch verbale Ausführungen ausreichen.[1199] Sofern komponentenweise planmäßig abgeschrieben wird, ist dies ebenfalls in dem Bereich der Erläuterungen zu den Nutzungsdauern anzugeben.[1200] Die Abweichung

1191 Vgl. Bitz u.a. (2011), S. 293.
1192 Vgl. Pfleger (1999), S. 44f.
1193 Vgl. Krüger (2015), S. 169.
1194 Vgl. Winkeljohann/Taetzner (2016), Rn. 637.
1195 Vgl. Schubert u.a. (2016), Rn. 352; IDW RS VFA 2 Rn. 14–24.
1196 Vgl. Krüger (2015), S. 170.
1197 Vgl. Eierle u.a. (2011), S. 250; Grottel (2016), Rn. 126.
1198 Vgl. Krüger (2015), S. 172.
1199 Vgl. Veit (2002), S. 259.
1200 Vgl. Grottel (2016), Rn. 126.

von dem Grundsatz der pro rata temporis Abschreibung im Zugangsjahr durch die Halbjahresregel ist ebenfalls mit anzugeben.[1201]

5.3.3.2.2 Umlaufvermögen

Sofern Vermögensgegenstände im Anlage- oder Umlaufvermögen von dem Unternehmen selbst hergestellt werden, kann das Unternehmen durch die Wahl des **Herstellungskostenumfangs** bilanzpolitisch Einfluss nehmen.[1202] Die Wertuntergrenze der Herstellungskosten wird durch § 255 Abs. 2 S. 2 HGB festgelegt. Neben Einzelkosten für Material und Fertigung sowie Sonderkosten der Fertigung, werden auch angemessene Teile der Materialgemeinkosten, der Fertigungsgemeinkosten und des Werteverzehrs des Anlagevermögens soweit diese durch die Fertigung veranlasst sind, miteinbezogen.[1203] Die Zurechnung der angemessenen Teile der Gemeinkosten wird auf Basis einer internen Kostenrechnung vorgenommen und stellt ein implizites Bewertungswahlrecht dar.[1204] Gemeinkosten können dabei den Herstellungskosten nur unter der Bedingung der Zurechenbarkeit zur Fertigung zugeordnet werden, sodass ein abnehmender Detaillierungsgrad der Kostenrechnung die Wertuntergrenze vermindert.[1205] Wahlweise dürfen bei den Herstellungskosten zudem angemessene Teile der Kosten der allgemeinen Verwaltung sowie angemessene Aufwendungen für soziale Einrichtungen des Betriebs, für freiwillige soziale Leistungen und für die betriebliche Altersversorgung einbezogen werden, soweit diese auf den Zeitraum der Herstellung entfallen (§ 255 Abs. 2 S. 3 HGB). Fremdkapitalzinsen dürfen ebenfalls wahlweise den Herstellungskosten zugerechnet werden, wenn diese den Zeitraum der Herstellung betreffen (§ 255 Abs. 3 S. 2 HGB). Hinsichtlich des Umfangs der Wahlbestandteile vertritt die Literatur die Auffassung, dass auch ein partieller Einbezug der möglichen zurechenbaren Kosten zulässig ist.[1206] Zudem beinhaltet die Voraussetzung der Angemessenheit der Kosten, welche nach betriebswirtschaftlichen Gesichtspunkten zu beurteilen ist,[1207] weitere Ermessensspielräume.[1208] Der vollständige Einbezug der genannten Kosten bildet die Wertobergrenze für den Herstellungskostenansatz.[1209] Sind die Herstellungskosten ermittelt, so können im Fall nachfolgend anfallender Aufwendungen im Rahmen der Abgrenzung von nachträglichen Herstellungskosten und Erhaltungsaufwendungen weitere Spielräume

1201 Vgl. Grottel (2016), Rn. 128.
1202 Vgl. Richter u.a. (2014), Rn. 128–273. Verschiedene Möglichkeiten innerhalb der Rubrik Umlaufvermögen können ebenfalls im Bereich des Anlagevermögens angewandt werden. Diese sollen jedoch in der Kategorie ihrer üblichen Zugehörigkeit diskutiert werden.
1203 Vgl. Richter u.a. (2014), Rn. 144.
1204 Vgl. Richter u.a. (2014), Rn. 135–143.
1205 Vgl. Krüger (2015), S. 15; Gadek/Schubert (2016), Rn. 354.
1206 Vgl. Coenenberg u.a. (2012), S. 101.
1207 Vgl. Keller/Weber (2009), S. 132; IDW (2012), Abschnitt E, Rn. 353.
1208 Vgl. Scheren (2009), S. 696; Zwirner/Künkele (2010), S. 319.
1209 Vgl. Richter u.a. (2014), Rn. 131.

entstehen.[1210] Die Zusammensetzung der Herstellungskosten ist im Anhang bei der Erläuterung der Ansatz- und Bewertungsmethoden anzugeben.[1211] Eine gesonderte Erläuterung ist zudem für die Wahlrechtsausübung des Einbezugs der Fremdkapitalzinsen in die Herstellungskosten vorgesehen (§ 284 Abs. 2 Nr. 5 HGB). Werden die Fremdkapitalzinsen nicht aktiviert, kann jedoch eine Berichterstattung unterbleiben.[1212]

Für den Wertansatz gleichartiger Vermögensgegenstände des Vorratsvermögens besteht ein explizites Wahlrecht, zwischen den **Bewertungsvereinfachungsmethoden** der Lifo-, Fifo- und Durchschnittsmethode zu wählen (§ 256 S. 1 HGB und §§ 256 S. 2 i.V.m. 240 Abs. 4 HGB). Bereits die grundlegenden Voraussetzungen für das Bewertungswahlrecht wie die Gleichartigkeit, die annähernde Gleichwertigkeit sowie die nachrangige Bedeutung und nur geringfügig zulässigen Veränderungen der Vermögensgegenstände bieten bilanzpolitisches Auslegungspotenzial.[1213] Zudem dürfen Vermögensgegenstände des Sachanlagevermögens sowie Roh-, Hilfs-, und Betriebsstoffe, wenn sie regelmäßig ersetzt werden und ihr Gesamtwert für das Unternehmen von nachrangiger Bedeutung ist, mit einem gleichbleibenden Wert angesetzt werden (§ 256 S. 2 i.V.m. § 240 Abs. 3 HGB). Für die Bildung dieses Festwerts ist eine körperliche Bestandsaufnahme i.d.R. nur alle drei Jahre vorgesehen, wobei eine Anpassung des Betrages erfolgt, wenn der bisherige Festwert um mehr als zehn Prozent überschritten wird.[1214] Bei Anwendung der Durchschnittsbewertung (Gruppenbewertung) kann der Bilanzierende für die Ermittlung des anzusetzenden Werts, abweichend von dem Geschäftsjahr, auch kürzere Perioden wie das Halbjahr oder Quartal zu Grunde legen.[1215] Durch die Wahl einer kürzeren Periode sind die Zukäufe bei der Bewertung mit dem gewogenen Durchschnitt anzusetzen.[1216] Alternativ ist eine Bewertung mit dem gleitenden gewogenen Durchschnitt möglich, wenn die Durchschnittsbewertung mit jedem neuen Zukauf bzw. Abgang aktualisiert wird.[1217] In Abhängigkeit der gewählten Methode und der Preisentwicklung kann somit durch die Bildung stiller Reserven der Einblick in die wirtschaftliche Lage verzerrt werden.[1218] Sofern die Bildung von stillen Reserven als Ziel festgelegt wird, sollte im Fall von steigenden Preisen das Lifo-Verfahren herangezogen werden,

1210 Vgl. Pfleger (1999), S. 21; Richter u.a. (2014), Rn. 191.
1211 Vgl. Roth/Prechtl (2014), Rn. 27f.; Küting/Dawo (1999a), S. 243; Grottel (2016), Rn. 116.
1212 Vgl. Roth/Prechtl (2014), Rn. 53.
1213 Vgl. Krüger (2015), S. 162; Küting/Dawo (1999b), S. 146.
1214 Vgl. Kirsch (2012), Rn. 142 und 162.
1215 Vgl. Heine/Zenger (2014), Rn. 52.
1216 Vgl. Heine/Zenger (2014), Rn. 52.
1217 Vgl. Heine/Zenger (2014), Rn. 52.
1218 Vgl. Heine/Zenger (2014), Rn. 52. Jedoch muss stets eine Abschreibung unter dem Hintergrund des Niederstwertprinzips geprüft werden (§ 253 Abs. 4 S. 1 und 2 HGB).

welche diese in einem größeren Umfang begünstigt.[1219] Das Fifo-Verfahren führt hingegen tendenziell zu einem höheren Ausweis von Ergebnisbeiträgen, da der Abgang mit einem niedrigeren Wert bewertet wird.[1220] Konkludent bedingt das Fifo-Verfahren bei sinkenden Preisen eine **außerplanmäßige Abschreibung**.[1221] Die außerplanmäßige Abschreibung auf den niedrigeren Börsen- oder Marktpreis erfolgt im Umlaufvermögen aufgrund des strengen Niederstwertprinzips[1222] pflichtgemäß (§ 253 Abs. 4 S. 1 HGB). Ist dieser nicht ermittelbar, wird der beizulegende Wert als Vergleichsmaßstab herangezogen (§ 253 Abs. 4 S. 2 HGB). Zur Bestimmung des beizulegenden Werts sind in Abhängigkeit der Bedeutung des Beschaffungs- oder Absatzmarktes entweder die Wiederbeschaffungskosten oder die Veräußerungspreise heranzuziehen,[1223] wobei hinsichtlich der Begründung und der Ermittlung der Vergleichswerte Ermessensspielräume bestehen.[1224] Zur Abwertung des Vorratsvermögens können in Ergänzung zu dem Einzelbewertungsgrundsatz (§ 252 Abs. 1 Nr. 3 HGB) sog. Pauschalabwertungsverfahren bzw. Gängigkeitsabschreibungen eingesetzt werden.[1225] Die Abwertung erfolgt in diesem Fall einheitlich prozentual auf den jeweiligen Vorratsbestand.[1226] Die Bewertung umfangreicher einzelner Vorratspositionen findet i.d.R. individuell statt, während größere Mengen einer Pauschalbewertung unterzogen werden.[1227] Ermessensspielräume resultieren bei der Festlegung des prozentualen Abwertungssatzes und der Aufteilung des Vorratsvermögens im Hinblick auf die vorzunehmende Abwertung.[1228] Zudem bestehen hinsichtlich der Schätzung des Veräußerungserlöses sowie der damit zusammenhängenden Veräußerungskosten Einschätzungsspielräume.[1229] Auch unter Berücksichtigung des strengen Niederstwertprinzips ist eine Verzögerung von notwendigen Wertberichtigungen durch Unternehmen möglich. Erhöhte Vorratsbestände können demzufolge durch eine bilanzpolitisch motivierte Lagerproduktion bedingt sein.[1230] Die verwendeten Verfahren sind in den allgmeinen Ansatz- und Bewertungsmethoden im Anhang anzugeben.[1231] Des Weiteren sind gem. § 284 Abs. 2 Nr. 4 HGB bei Anwendung der Bewertungsvereinfachungsmethoden der Lifo, Fifo und des Durchschnittsverfahrens die Unterschiedsbeträge für die jeweilige Gruppe auszuweisen,

---

1219 Vgl. Küting/Dawo (1999b), S. 146; Petersen u.a. (2010), S. 50f.
1220 Vgl. Petersen u.a. (2010), S. 50f.
1221 Vgl. Petersen u.a. (2010), S. 51.
1222 Vgl. zum Niederstwertprinzip als Ausprägung des Imparitätsprinzips Coenenberg u.a. (2012), S. 43f.
1223 Vgl. Adler u.a. (1995a), Rn. 482; Schubert u.a. (2016), Rn. 515.
1224 Vgl. Krüger (2015), S. 170.
1225 Vgl. Pfleger (2004), S. 31.
1226 Vgl. Schubert u.a. (2016), Rn. 529–531.
1227 Vgl. Pfleger (2004), S. 31.
1228 Vgl. Krüger (2015), S. 171.
1229 Vgl. Schubert u.a. (2016), Rn. 521–525.
1230 Vgl. Riebell (2009), S. 108.
1231 Vgl. Küting/Dawo (1999a), S. 243; Grottel (2016), Rn. 116.

wenn diese von einer Bewertung auf Basis des letzten vor dem Abschlussstichtages bekannten Börsenkurses oder Marktpreises erfolgt.

Der Zeitpunkt der Bildung einer **Forderung** hängt von der Sachverhaltsinterpretation ab. Diese urteilt über den Stand der Abwicklung eines Absatzgeschäftes und der damit einhergehenden Fakturierung, welche die Umsatzrealisierung induziert.[1232] Für eine progressive Bilanzpolitik können somit Forderungen für Erzeugnisse gebildet werden, welche dem Kunden noch nicht zugegangen sind, dieser jedoch bereits die Verfügungsmacht über die Produkte erlangt hat.[1233] Forderungen im Umlaufvermögen sind individuell auf ihre **Werthaltigkeit** zu prüfen und zweifelhafte oder uneinbringliche Forderungen abzuwerten.[1234] Aufgrund der Notwendigkeit der individuellen Schätzung ergeben sich zwangsläufig Ermessensspielräume.[1235] Für die übrigen Forderungen, welche nicht einer Einzelwertberichtigung unterliegen, sind allgemeine Pauschalwertberichtigungen vorzunehmen.[1236] Die Pauschalwertberichtigung fußt grundsätzlich auf Schätzungen aus der Vergangenheit.[1237] Jedoch kann der festzulegende Prozentsatz durch veränderte Verhältnisse der Gegenwart und Zukunft argumentativ beeinflusst werden.[1238] Auch ist eine Gruppenbeurteilung der schuldnerischen Unternehmen mit den möglichen Differenzierungen zulässig.[1239] Die Beurteilung ist daher ebenfalls mit Ermessensspielräumen behaftet.[1240] Angaben über die Bildung von Einzelwert- und Pauschalwertberichtigungen erfolgen im Anhang in den Ansatz- und Bewertungsmethoden (§ 284 Abs. 2 Nr. 1 HGB).

5.3.3.2.3 Weitere Positionen der Aktivseite

Das Grundprinzip der Periodenabgrenzung (§ 252 Abs. 1 Nr. 5 HGB) und das Vollständigkeitsgebot (§ 246 Abs. 1 S. 1 HGB) fordern den Ausweis von aktiven und passiven **Rechnungsabgrenzungsposten** (§ 250 Abs. 1 und 2 HGB) in der Bilanz. Rechnungsabgrenzungsposten brauchen nach herrschender Meinung aufgrund des **Wesentlichkeitsgrundsatzes** bis zu einem Wert von 150 Euro und in Erweiterung durch Anlehnung an die steuerrechtliche GWG-Regelung bis zu einem Wert von 410 Euro nicht gebildet zu werden.[1241] Ist bei der Aufnahme einer Verbindlichkeit der Erfüllungsbetrag der Verbindlichkeit höher als der Ausgabebetrag, besteht ein explizites Wahlrecht, den Unterschiedsbetrag in einem aktiven Rechnungsabgrenzungsposten mit aufzunehmen oder direkt als Aufwand zu erfassen (§ 250 Abs. 3 HGB). Im Fall der

1232 Vgl. Pfleger (1991), S. 272; Pfleger (2002), S. 287.
1233 Vgl. Pfleger (2002), S. 287.
1234 Vgl. Schubert u.a. (2016), Rn. 558 und 569.
1235 Vgl. Krüger (2015), S. 171.
1236 Vgl. Schubert u.a. (2016), Rn. 576f.
1237 Vgl. Wöltje (2013), S. 204; Pfleger (2002), S. 290; Baetge u.a. (2009b), S. 327.
1238 Vgl. Pfleger (2002), S. 291.
1239 Vgl. Pfleger (2002), S. 292.
1240 Vgl. Baetge u.a. (2009b), S. 326; Krüger (2015), S. 171.
1241 Vgl. Prinz (2012), S. 835.

Aktivierung ist das **Disagio** durch planmäßige Abschreibungen zu tilgen, welche auf die Laufzeit der Verbindlichkeit verteilt werden können (§ 250 Abs. 3 S. 2 HGB). Es ist jedoch nicht zu beanstanden, wenn die Abschreibungsdauer auf den Kündigungstermin oder die Zinsfestschreibungsdauer verkürzt wird.[1242] Der Unterschiedsbetrag ist entweder in der Bilanz auszuweisen oder im Anhang anzugeben (§ 268 Abs. 6 HGB).

Bestehen zwischen den handelsrechtlichen Wertansätzen von Vermögensgegenständen, Schulden und Rechnungsabrenzungsposten und ihren steuerlichen Wertansätzen Differenzen, die sich in späteren Geschäftsjahren voraussichtlich abbauen, so sind die daraus resultierenden Steuerbelastungen als passive latente Steuern gesondert in der Bilanz anzusetzen (§ 274 Abs. 1 S. 2 HGB). Für sich ergebende Steuerentlastungen als **aktive latente Steuern** sieht das Gesetz hingegen ein explizites Ansatzwahlrecht vor (§ 274 Abs. 1 S. 2 HGB). Latente Steuern dürfen grundsätztlich nur gebildet werden, wenn sich die Differenzen zwischen den handelsrechtlichen und steuerrechtlichen Wertansätzen in Zukunft auflösen.[1243] Die Beurteilung ist anhand von Wahrscheinlichkeiten vorzunehmen[1244] und kann betriebsspezifische Spielräume ermöglichen.[1245] Die Differenzen sind auf Basis der unternehmensindividuellen Steuersätze zu bewerten, welche zu den jeweiligen Zeitpunkten gelten, zu denen sich die Differenzen voraussichtlich abbauen.[1246] Steuerliche Verlustvorträge sind bei der Berechnung der latenten Steuern in Höhe der innerhalb der nächsten fünf Jahre zu erwartenden Verlustverrechnung zu berücksichtigen (§ 274 Abs. 1 S. 4 HGB), wobei ebenfalls Einschätzungsspielräume entstehen.[1247] Das Gesetz eröffnet gem. § 274 Abs. 1 S. 3 HGB ein Saldierungswahlrecht für sich ergebende Steuerbe- oder Steuerentlastungen. Erfolgt ein saldierter Ausweis latenter Steuern, kann dadurch eine Verkürzung der Bilanzsumme intendiert werden, was mit einer Verbesserung der bilanziellen Eigenkapitalquote einhergeht.[1248] Aufgrund des Wegfalls der umgekehrten Maßgeblichkeit und der damit einhergehenden Möglichkeit steuerliche Wahlrechte unabhängig von der Handelsbilanz wahrzunehmen (§ 5 Abs. 1 S. 1 2HS EStG), besteht zunehmend die Möglichkeit einer losgelösten steuerbilanziellen Einflussnahme.[1249] Latente Steuern indizieren die Richtung einer möglichen bilanzpolitischen Einflussnahme. Hohe aktive latente Steuern deuten auf hohe stille Reserven hin und sind eine Relativierung konservativer Bilanzpolitik. Denn eine konservative Bilanzpolitik ist insb. durch niedrigere Wertansätze für die Aktiva und höhere Wertansätze für die Passiva im Vergleich zur Steuerbilanz gekennzeichnet.[1250] Im Anhang ist zu erläutern, auf welchen Differenzen oder

1242 Vgl. Bitz u.a. (2011), S. 308.
1243 Vgl. Baetge u.a. (2009a), S. 516.
1244 Vgl. Baetge u.a. (2009a), S. 516.
1245 Vgl. Krüger (2015), S. 146.
1246 Vgl. Baetge u.a. (2009a), S. 517; Herzig/Vossel (2009), S. 1176.
1247 Vgl. Baetge u.a. (2009a), S. 516f.
1248 Vgl. Oser u.a. (2011), S. 33.
1249 Vgl. Herzig/Briesemeister (2009), S. 926–931.
1250 Vgl. Riebell (2009), S. 110.

steuerlichen Verlustvorträgen die latenten Steuern beruhen und mit welchen zukünftigen Steuersätzen die Bewertung erfolgt ist (§ 285 Nr. 29 HGB). Mittelgroße Kapitalgesellschaften sind von diesen Angaben befreit (§ 288 Abs. 2 S. 2 HGB), müssen jedoch gem. § 285 Nr. 28 HGB Angaben über den aufgrund der latenten Steuern ausschüttungsgesperrten Betrag gem. § 268 Abs. 8 HGB kommunizieren.

5.3.3.2.4 Passivseite der Bilanz

Innerhalb der Passiva ist eine bilanzpolitische Einflussnahme insb. im Bereich der **Rückstellungen** möglich. Rückstellungen definieren sich als Nettovermögensminderungen der jeweiligen Berichtsperiode, welche durch zukünftige Handlungen entstehen und hinsichtlich ihres Eintritts oder ihrer Höhe nicht vollständig, aber dennoch ausreichend sicher sind.[1251] Die Bilanzierungsvoraussetzung wird bereits ab einer Wahrscheinlichkeit des Eintritts von über 25% als ausreichend angesehen,[1252] wobei hinsichtlich der Einschätzung der Eintrittswahrscheinlichkeit zwangsläufig ein Ermessensspielraum entsteht.[1253] Bei der Beurteilung über die tatsächliche Inanspruchnahme der Verpflichtung müssen stets mehr Gründe dafür als dagegen sprechen,[1254] wodurch zwangsläufig durch die zum Teil subjektive Einschätzung der Wahrscheinlichkeit der Inanspruchnahme ein Begründungsspielraum entsteht.[1255]

Die Rückstellungen lassen sich grundsätzlich in drei Kategorien einteilen, bei welchen unterschiedlichste Ansatzpunkte für bilanzpolitische Einflussnahmen resultieren.[1256] Die erste Kategorie bilden die **Rückstellungen für ungewisse Verbindlichkeiten** (§ 249 Abs. 1 S. 1 HGB), welche u.a. Rückstellungen für Steuern, Jahresabschlusskosten und Prozesskosten umfassen.[1257] Eine zweite Kategorie stellen die **Rückstellungen für drohende Verluste aus schwebenden Geschäften** (§ 249 Abs. 1 S. 1 HGB) dar. Bei ihnen ergibt sich insb. auf Basis der Beurteilung, ob tatsächlich ein Verlust eintreten wird, bilanzpolitisches Potenzial.[1258] Die dritte Rückstellungsart wird durch die **Aufwandsrückstellung** ausgedrückt.[1259] Aufwandsrückstellungen werden für unterlassene Instandhaltungen gebildet, welche im folgenden Geschäftsjahr innerhalb von drei Monaten, oder für Abraumbeseitigung, die im folgenden Geschäftsjahr nachgeholt werden (§ 249 Abs. 1 S. 2 Nr. 1 HGB). In diesem Sinne birgt die Bilanzierungsvoraussetzung, dass die Maßnahme nicht rein

1251 Vgl. Coenenberg u.a. (2012), S. 421.
1252 Vgl. Moxter (2004), S. 1057f.
1253 Vgl. Fink/Kunath (2010), S. 2346.
1254 Vgl. Herzig/Liekenbrock (2013), S. 409; BFH vom 1.8.1984, S. 44.
1255 Vgl. Fink/Kunath (2010), S. 2346.
1256 Vgl. für die verschiedenen Rückstellungsarten Coenenberg u.a. (2012), S. 428–443; Petersen u.a. (2014), Rn. 11–15.
1257 Vgl. Kirsch (2015), Rn. 121–194.
1258 Vgl. Krüger (2015), S. 141; IDW RS HFA 4, Rn. 15; Bitz u.a. (2011), S. 177.
1259 Vgl. Petersen u.a. (2014), Rn. 14.

zur Aufwandsvorverlagerung dient, sondern die Durchführung als wahrscheinlich eingeschätzt wird,[1260] bilanzpolitisches Potenzial.[1261]

Zu den Verbindlichkeitsrückstellungen zählen auch Gewährleistungsrückstellungen, bei welchen bspw. die Schätzung bzw. Berechnung der voraussichtlichen Gewährleistungshöhe bilanzpolitisches Potenzial mit sich bringt.[1262] Zu den Rückstellungen für Gewährleistungen, die ohne rechtliche Verpflichtung erbracht werden (§ 249 Abs. 1 S. 2 Nr. 2 HGB), werden die Kulanzrückstellungen gezählt.[1263] Diese entstehen in Zusammenhang mit Rechtsgeschäften, welchen sich das Unternehmen aus sittlichen oder wirtschaftlichen Gründen verpflichtet, eine Gewährleistung außerhalb des gesetzlich oder vertraglich definierten Garantieumfangs zu erbringen.[1264] Bei der Bewertung von Rückstellungen sind zukünftige Kosten- und Preissteigerungen zu berücksichtigen, wodurch Einschätzungsspielräume entstehen.[1265] Rückstellungen mit einer Laufzeit von mehr als einem Jahr sind grundsätzlich mit dem ihrer Restlaufzeit entsprechenden durchschnittlichen Marktzinssatz der vergangenen sieben Geschäftsjahre abzuzinsen (§ 253 Abs. 2 S. 1 HGB). Aufgrund einer fehlenden gesetzlichen Negativabgrenzung, kann für Rückstellungen mit einer Restlaufzeit von weniger als einem Jahr ein Wahlrecht für die Abzinsung angenommen werden.[1266] Das Zinsniveau wird im Handelsrecht grundsätzlich gesetzlich vorgegeben.[1267] Bei Rückstellungen mit unterjährigen Restlaufzeiten kann jedoch bilanzpolitischer Einfluss auf die Entscheidung über die Wahl der Diskontierungszinssätze ausgeübt werden.[1268] Zum einen wird eine lineare Interpolation auf die exakte Rückstellungslaufzeit vorgeschlagen.[1269] Zum anderen könnte auch der niedrigere der beiden Zinssätze verwendet werden oder der Zinssatz, welcher näher an der tatsächlichen Restlaufzeit liegt.[1270]

Im Rahmen der Abzinsung von **Altersvorsorgeverpflichtungen** kann gem. § 253 Abs. 2. S. 2 HGB abweichend zu dem durchschnittlichen Marktzinssatz der vergangenen sieben Geschäftsjahre auch pauschal mit dem durchschnittlichen Marktzinssatz abgezinst werden, welcher sich bei einer angenommenen Restlaufzeit von 15 Jahren ergibt.[1271] Das Handelsgesetzbuch schreibt zudem keine verbindliche

---

1260 Vgl. Wehrheim/Rupp (2010), S. 824.
1261 Vgl. Krüger (2015), S. 141.
1262 Vgl. Bitz u.a. (2011), S. 269; Coenenberg u.a. (2012), S. 436f.
1263 Vgl. Coenenberg u.a. (2012), S. 437.
1264 Vgl. Krüger (2015), S. 143; Schubert (2016), Rn. 112.
1265 Vgl. Göllert (2008), S. 1170; Skoluda/Meyer-Hollatz (2012), S. 345.
1266 Vgl. Fink/Kunath (2010), S. 2347; Haas u.a. (2011), S. 485; IDW RS HFA 4, Rn. 42.
1267 Vgl. Höfer u.a. (2009), S. 2389.
1268 Vgl. Fink/Kunath (2010), S. 2348.
1269 Vgl. Zülch/Hoffmann (2009), S. 372.
1270 Vgl. Zülch/Hoffmann (2009), S. 372.
1271 Aufgrund des anhaltenden niedrigen Zinsniveaus wurde durch das Gesetz zur Umsetzung der Wohnimmobilienkreditrichtlinie und zur Änderung handelsrechtlicher Vorschriften vom 11.3.2016 der Betrachtungszeitraum für den durchschnittlichen Zinssatz auf zehn Jahre erweitert, vgl. BGBl I 2016, S. 408.

Anwendung eines bestimmten Bewertungsverfahrens vor, sodass für die Bewertung von Verpflichtungen aus zeitlich ratierlich angesammelten Pensionsanwartschaften das Anwartschaftsbarwertverfahren (AWV) und das Teilwertverfahren (TWV) in Betracht kommen.[1272] Während die Gegenwartsmethode von einer gleichmäßigen Verteilung des Pensionsaufwandes vom Zeitpunkt der Pensionszusage bis zu dem voraussichtlichen Eintritt des Versorgungsfalles ausgeht, unterstellt die Teilwertmethode eine Verteilung von dem Zeitpunkt des Diensteintrittes bis zum Versorgungsfall.[1273] In Abhängigkeit des gewählten Verfahrens ergibt sich der Zeitpunkt der Rückstellungszuführung, wobei das Teilwertverfahren aufgrund der Erfassung des Aufwandes bereits ab dem Diensteintritt eine frühere Rückstellungsbildung vorsieht[1274] und dementsprechend bei identischen Bewertungsparametern eine höhere Rückstellung bedingt.[1275] Über diese Wahlrechte hinaus bestehen zahlreiche Ermessensspielräume hinsichtlich der Schätzung von Parametern, welche in die Bewertung der Pensionsrückstellung mit einfließen.[1276] Neben Lohn-, Gehalts- und Rentensteigerungen, sollen in diesem Sinne auch Karrieretrends sowie Fluktuations-, Sterbe- und Invaliditätswahrscheinlichkeiten berücksichtigt werden.[1277] Bei der Berücksichtigung der biometrischen Daten können bilanzpolitische Ermessensspielräume angewandt werden, welche die Bewertung der Pensionsrückstellung direkt beeinflussen.[1278] Zwar stehen für die verschiedenen Einflussfaktoren wie die Fluktuationswahrscheinlichkeit Tabellenwerte zur Verfügung[1279] oder für das Renteneintrittsalter gelten vertragliche oder gesetzliche Altersgrenzen.[1280] Dennoch besteht auch die Möglichkeit des Rückgriffs auf unternehmens- und branchenspezifische Gegebenheiten.[1281] Die Rückstellungen für Altersversorgungsverpflichtungen sind mit dem beizulegenden Zeitwert anzusetzen soweit sich ihre Höhe ausschließlich nach dem beizulegenden Zeitwert von Wertpapieren bestimmt (§ 253 Abs. 1 S. 3 und 4 HGB). Zugehörige zu verrechnende Vermögensgegenstände sind ebenfalls mit ihrem beizulegenden Zeitwert zu bewerten (§ 253 Abs. 1 S. 4 HGB i.V.m. § 246 Abs. 2 S. 2 HGB). An dieser Stelle bestehen bilanzpolitisch nutzbare Ermessensspielräume bei der Beurteilung, ob die Voraussetzungen für die Zurechnung zu dem

1272 Vgl. IDW RS HFA 30, RN. 60f.; Thurnes/Hainz (2009), S. 212; Grottel/Rhiel (2016), Rn. 197–199.
1273 Vgl. Coenenberg u.a. (2012), S. 432.
1274 Vgl. Coenenberg u.a. (2012), S. 432–435.
1275 Vgl. Grottel/Rhiel (2016), Rn. 199.
1276 Vgl. zu den Bewertungsparametern Thurnes u.a. (2012), S. 2883–2888; Thurnes u.a. (2015), S. 2945–2950.
1277 Vgl. Petersen u.a. (2012), S. 125.
1278 Vgl. Petersen u.a. (2010), S. 89.
1279 Vgl. Krüger (2015), S. 176.
1280 Vgl. IDW RS HFA 30, Rn 62.
1281 Vgl. IDW RS HFA 30, Rn 62.

Deckungsvermögen bestehen.[1282] Eine erfolgreiche Deklarierung von Deckungsvermögen kann dahingehend zur Aufdeckung von stillen Reserven führen.[1283] Gem. § 255 Abs. 4 S. 1 HGB entspricht der beizulegende Zeitwert dem Marktpreis. Soweit kein aktiver Markt besteht, ist es jedoch auch zulässig, den beizulegenden Zeitwert anhand allgemein anerkannter Bewertungsmethoden zu ermitteln (§ 255 Abs. 4 S. 2 HGB), wobei den Bewertungsmethoden wiederum bestimmte Annahmen und Schätzungen zugrunde liegen.[1284]

Eine grundsätzliche Erläuterungspflicht für Rückstellungen besteht in den Ansatz- und Bewertungsmethoden (§ 284 Abs. 2 Nr. 1 HGB), in welchen u.a. das angewandte Schätzverfahren, bei einer Restlaufzeit von einem Jahr oder weniger, die Ausübung des Abzinsungswahlrechts oder die Bewertungsparameter bei einer Bewertung von Pauschalrückstellungen zu erläutern sind.[1285] Zudem sind die unter den sonstigen Rückstellungen zusammengefassten Rückstellungen gesondert zu erläutern, sofern sie einen nicht unerheblichen Umfang aufweisen (§ 285 Nr. 12 HGB). Des Weiteren werden die allgemeinen Angaben über die Ansatz- und Bewertungsmethoden durch § 285 Nr. 24 HGB um genauere Angaben zu Pensionsrückstellungen ergänzt. Demnach sind das angewandte versicherungsmathematische Berechnungsverfahren anzugeben sowie grundlegende Annahmen zu der Berechnung wie Zinssatz, erwartete Lohn- und Gehaltssteigerungen und die zugrunde gelegten Sterbetafeln. Im Bereich der Pensionsrückstellungen kann somit die bilanzpolitische Strategie der Unternehmen mit Hilfe einer intensiven Auswertung der Anhangangaben eingeschätzt werden.[1286] Zudem sind gem. § 285 Nr. 25 HGB im Fall der Verrechnung der Altersversorgungsverspflichtung mit Deckungsvermögen Informationen über die Anschaffungskosten und der beizulegende Zeitwert der verrechneten Vermögensgegenstände, der Erfüllungsbetrag der verrechneten Schulden sowie die verrechneten Aufwendungen und Erträge offenzulegen. § 285 Nr. 20a HGB verlangt zudem Annahmen über die Bestimmung des beizulegenden Zeitwerts. Sollten die Rückstellungen in eine Bewertungseinheit (§ 254 HGB) zusammengefasst worden sein, sind gem. § 285 Nr. 23a HGB Informationen über die zur Absicherung dienenden und abzusichernden Risiken zu tätigen. An welcher Stelle im Anhang die Angaben gem. § 285 Nr. 24 HGB angeführt werden müssen, ist jedoch nicht geregelt und wird auch von Unternehmen lt. einer Studie von Keitz (2013)[1287] in der Praxis unterschiedlich gehandhabt.[1288]

1282 Vgl. Krüger (2015), S. 180.
1283 Vgl. Thurnes/Hainz (2009), S. 215.
1284 Vgl. Fink/Kunath (2010), S. 2350.
1285 Vgl. IDW RS HFA 34, Rn. 51.
1286 Vgl. Petersen u.a. (2010), S. 93.
1287 Vgl. von Keitz/Gloth (2013a), S. 129–138.
1288 Vgl. von Keitz/Gloth (2013a), S. 135. In ihrer Studie haben 39% der Unternehmen die Angaben in den Bilanzierungs- und Bewertungsmethoden, 28% der Unternehmen in der Erläuterung zu den Bilanzpositionen und 33% der Unternehmen die Angaben in beiden Teilen vorgenommen.

5.3.3.2.5 *Zusätzliche bilanzpolitische Maßnahmen*

Die vorangestellten Maßnahmen verkörpern einen wesentlichen Teil der buchmäßigen Bilanzpolitik im Einzelabschluss. Darüber hinaus existieren weitere buchmäßige bilanzpolitische Möglichkeiten, welche sich auf die verschiedenen Bereiche der Berichtsbestandteile auswirken können. Bei dem Zugang von Vermögensgegenständen oder Verbindlichkeiten sind grundsätzlich bei der **Währungsumrechnung** der maßgebende Brief- bzw. Geldkurs heranzuziehen.[1289] Sofern die Darstellung der tatsächlichen Vermögens-, Finanz- und Ertragslage gewährleistet ist, kann aus Vereinfachungsgründen im Zugangszeitpunkt der Devisenkassamittelkurs verwendet werden.[1290] Im Rahmen der Folgebewertung wird durch § 256a S. 2 HGB bei einer Restlaufzeit von weniger als einem Jahr das Realisationsprinzip (§ 252 Abs. 1 Nr. 4 2HS HGB) und das Anschaffungskostenprinzip (§ 253 Abs. 1 S. 1 HGB) ausgehebelt.[1291] Dies wird insb. Forderungen oder Verbindlichkeiten aus Lieferungen und Leistungen betreffen.[1292] Wenn keine Restlaufzeit festgelegt wurde, entstehen durch die Schätzung Ermessensspielräume.[1293] Zudem kann von der Einheitsbetrachtung abgewichen werden und die einzelnen Komponenten in Abhängigkeit ihrer unterschiedlichen Fälligkeiten bzw. Restlaufzeiten umgerechnet werden.[1294] Die Aufwendungen oder Erträge aus der Währungsumrechnung werden in den sonstigen betrieblichen Erträgen (§ 275 Abs. 2 Nr. 4 HGB) und den sonstigen betrieblichen Aufwendungen (§ 275 Abs. 2 Nr. 8 HGB) erfasst. Im Anhang sind zudem die Grundlagen für die Umrechnung in Euro anzugeben, soweit der Jahresabschluss Posten enthält, denen Beträge zugrunde liegen, die auf fremde Währung lauten oder ursprünglich auf fremde Währung lauteten (§ 284 Abs. 2 Nr. 2 HGB). Des Weiteren existieren bei komplexen Sachverhalten schwer fassbare buchmäßige bilanzpolitische Maßnahmen. So bestehen auf Basis nicht trivialer Fälle des Hedge-Accounting faktische Wahlrechte bei der Bildung von Bewertungseinheiten mit bilanzpolitischen Ermessensspielräumen.[1295] In diesem Fall sind jedoch umfangreiche Angaben im Anhang oder Lagebericht gefordert, welche u.a. die abgesicherten Risiken wie auch die Methode zur Ermittlung umfassen (§ 285 Nr. 23 HGB).

Neben den buchmäßigen bilanzpolitischen Maßnahmen existieren zahlreiche Maßnahmen der **realen Bilanzpolitik**. Übergeordnet können bilanzpolitisch motivierte Geschäftsvorfälle von einer Verlagerung von Geschäftsvorfällen unterschieden werden.[1296] Im Rahmen einer Verlagerung können bspw. bei der Forderungserstellung reale bilanzpolitische Einflüsse wirken, welche die Fertigstellung,

1289 Vgl. Grottel/Leistner (2016), Rn. 35.
1290 Vgl. Grottel/Leistner (2016), Rn. 35.
1291 Vgl. BT-Drs. 16/10067, S. 62.
1292 Vgl. Bitz u.a. (2011), S. 306f. und 310.
1293 Vgl. Krüger (2015), S. 187.
1294 Vgl. Küting u.a. (2010), S. 416.
1295 Vgl. Göllert (2008), S. 1167.
1296 Vgl. Anhang 1.

den Verkauf sowie die Auslieferung an die Kunden bestimmen.[1297] Bilanzpolitisch motivierte Geschäftsvorfälle liegen vor, wenn bspw. die Ankündigung von notwendigen Preiserhöhungen nach dem Bilanzstichtag oder spezielle Werbeaktionen vor dem Bilanzstichtag die Forderungsbildung induzieren sollen.[1298] Reale bilanzpolitische Einflussnahmen sind nur sehr bedingt aus den offenzulegenden Berichtsbestandteilen der Rechnungslegung ersichtlich. Im Anhang sind nicht in der Bilanz enthaltene Geschäftsvorfälle anzugeben, sofern die Risiken und Vorteile wesentlich sind und die Offenlegung für die Beurteilung der Finanzlage des Unternehmens erforderlich ist (§ 285 Nr. 3 HGB).

Mit Hilfe der **formalen Bilanzpolitik** können die buchmäßigen oder realen Einflussnahmen, welche sich i.d.R. direkt auf die erfolgs- oder zahlungsstrombasierten Größen auswirken, eine Unterstützung erfahren. Dabei können zur Unterstreichung der gewünschten Vermittlung des wirtschaftlichen Bildes Angaben bewusst unterlassen (§ 268 HGB) oder zusätzliche Erläuterungen im Anhang oder Lagebericht vorgenommen werden.

5.3.3.3 Normbilanzierung nach dem HGB

Um das bilanzpolitische Einflusspotenzial beurteilen zu können, muss zunächst der Versuch unternommen werden, das übliche Bilanzierungsverhalten der Unternehmen abzuleiten. Werden Bilanzierungswahlrechte bereits progressiv ausgeübt, so besteht in einer wirtschaftlichen Krisensituation durch diese Maßnahmen kein weiteres bilanzpolitisches Einflusspotenzial mehr. Küting hat in einer theoretischen Einschätzung die Normbilanzierung für das Bilanzierungsverhalten nach BilMoG beschrieben, welches auf Basis einer empirischen Untersuchung vor BilMoG abgeleitet wurde.[1299] Das Bilanzierungsverhalten gilt i.d.R. als typisch, wenn mindestens 75% der untersuchten Unternehmen in dieser Weise bilanzieren.[1300] Darüber hinaus wurden für die Ableitung der Normbilanzierung verschiedene Studien ausgewertet, welche das Bilanzierungsverhalten von Unternehmen in Deutschland nach den Neuregelungen des BilMoGs analysiert haben. Neben der Einschätzung von Küting spiegelt Tabelle 9 sieben weitere Veröffentlichungen zum Bilanzierungsverhalten in deutschen HGB Abschlüssen wider. Eine ausführliche Übersicht über die betrachteten Studien findet sich in Anhang 5 und 6. In den Studien werden die wahlweise Anwendung des BilMoGs ab dem Jahr 2009 sowie die pflichtgemäße Anwendung in den Jahren 2010 und 2011 analysiert. Zu beachten ist, dass zum Teil große Kapitalgesellschaften sowie auch kapitalmarktorientierte Unternehmen untersucht wurden. Die Ergebnisse sind daher nur bedingt übertragbar, können jedoch bereits einen ersten nachhaltigen Überblick über die Bilanzierung ermöglichen. So stellen

1297 Vgl. Pfleger (2002), S. 287.
1298 Vgl. Pfleger (2002), S. 294.
1299 Vgl. Küting/Weber (2012), S. 411.
1300 Vgl. Baetge (1998), S. 547; Hüttche u.a. (2007), S. 236.

von Keitz und Gloth (2013)[1301] heraus, dass Unternehmen, welche selbstgeschaffene immaterielle Vermögensgegenstände des Anlagevermögens aktivieren, im Vergleich zu den anderen Unternehmen eine niedrigere Gesamtkapital- und Umsatzrendite aufweisen.[1302] Dies verdeutlicht bereits die Vermutung, dass die neuen durch das BilMoG geschaffenen bilanzpolitischen Möglichkeiten zur Kaschierung einer schlechten wirtschaftlichen Lage eingesetzt werden könnten. In derselben Studie können die Autoren nur geringfügige Angaben zu möglichen außerbilanziellen realen bilanzpolitischen Geschäften finden. So geben von 54 Unternehmen sechs Unternehmen den Einsatz von Factoring an, ein Unternehmen weist eine Forderungsverbriefung aus und weitere zwei Unternehmen betreiben Sale-and-Lease-Back-Geschäfte.[1303]

Tabelle 9: Abgeleitete Normbilanzierung nach BilMoG[1304]

1.	Entwicklungskosten selbst geschaffener immaterieller Vermögensgegenstände des Anlagevermögens werden nicht aktiviert.
2.	Bewertungseinheiten werden nicht gebildet.
3.	Ein Geschäfts- oder Firmenwert ist nur selten in der Bilanz aktiviert. Ein Geschäfts- oder Firmenwert aus der einzelgesellschaftlichen Rechnungslegung wird über mehr als fünf Jahre abgeschrieben.
4.	Ansatz der Herstellungskosten erfolgt mit der handelsrechtlichen Wertuntergrenze.
5.	Fremdkapitalzinsen werden nicht in die Herstellungskosten einbezogen.
6.	Die Abschreibung auf bewegliche Vermögensgegenstände des Anlagevermögens wird nach der linearen Abschreibungsmethode vorgenommen.
7.	Es werden weder außerordentlich kurze noch außerordentlich lange Nutzungsdauern bei der Abschreibungsermittlung zu Grunde gelegt.
8.	Geringwertige Vermögensgegenstände werden sofort abgeschrieben.
9.	Anwendung der Durchschnittswertverfahren bei Bewertung des Vorratsvermögens.
10.	Verzicht auf Anwendung der Festbewertung.
11.	Tendenziell keine Vornahme von Bewertungswechseln im Zeitablauf.
12.	Im Rahmen der Langfristfertigung findet die Completed-Contract-Methode Anwendung.
13.	Im Rahmen der einzelgesellschaftlichen Rechnungslegung werden tendenziell keine aktivischen latenten Steuern erfasst. Vornahme einer Saldierung von aktiven und passiven latenten Steuern.
14.	Erwartungsgemäß werden in Einzelabschlüssen tendenziell die Mehrheit der Unternehmen keine Pensionsverpflichtungen passivieren. Pensionsverpflichtungen werden mit dem Anwartschaftsbarwertverfahren bewertet. Es wird die Zinssatzpauschalierung angewandt. Der zu Grunde gelegte Rententrend liegt zwischen 1-2%, Lohn- und Gehaltstrend zwischen 2-3%.

1301 Vgl. von Keitz/Gloth (2013a), S. 129–138.
1302 Vgl. von Keitz/Gloth (2013a), S. 132.
1303 Vgl. von Keitz/Gloth (2013b), S. 188.
1304 Quelle: Eigene Darstellung aus den Studien Philipps (2011), S. 203–209; von Keitz u.a. (2011a), S. 2445–2450; von Keitz u.a. (2011b), S. 2503–2508; Oser u.a. (2011), S. 1–56; Theile u.a. (2011), S. 912–941; Küting/Weber (2012), S. 411; von Keitz/Gloth (2013a), S. 129–138; von Keitz/Gloth (2013b), S. 185–194.

Werden die Studien zusammengefasst betrachtet, so ergibt sich keine eindeutige Ausrichtung der Bilanzierung. Abschreibungen werden in den Studien mit einer großen Mehrheit nach der linearen Methode vorgenommen, wohingegen ein Großteil der Unternehmen für den Ansatz der Herstellungskosten die Wertuntergrenze wählt. Hinsichtlich der Nutzungsdauer des Geschäfts- oder Firmenwerts wird mehrheitlich im Sinne einer progressiven Bilanzierung eine Nutzungsdauer von über fünf Jahren zu Grunde gelegt. Dennoch können hinsichtlich einer vermuteten progressiven bilanzpolitischen Einflussnahme in wirtschaftlichen Krisenzeiten vereinzelte Parameter wie die Wahl der Abschreibungsmethode mit großer Wahrscheinlichkeit als Aktionsparameter ausgeschlossen werden. Zudem deuten die Studien bereits an, dass die Angaben in der Praxis partiell unvollständig sind.[1305]

5.3.3.4 Beurteilung des mehrperiodigen bilanzpolitischen Potenzials im Einzelabschluss

Sofern eine Krise über mehrere Jahre kaschiert werden soll, müssen vorzugsweise langfristige Maßnahmen herangezogen werden, welche die Folgejahre weniger mit Umkehrwirkungen belasten.[1306] Zur Beurteilung, inwiefern Unternehmen im Einzelabschluss bilanzpolitisches Einflusspotenzial ausschöpfen können, sind die verschiedenen Ansatzpunkte der Bilanzpolitik zu betrachten. In einem Mehrperiodenkontext sind langfristige bilanzpolitische Maßnahmen einzusetzen. Die X-GmbH weist keinen Geschäfts- oder Firmenwert aus. Dieser ist auch bei den übrigen Unternehmen der Stichprobe in einem Einzelabschluss unwahrscheinlich anzunehmen. Eine Pensionsrückstellung ist in der Bilanz ebenfalls nicht wiederzufinden. Die Studien der Normbilanzierung deuten zudem an, dass eine Passivierung von Pensionsrückstellungen i.d.R. nur bei einem Teil der Unternehmen erfolgt.[1307] Somit werden die langfristigen Periodenabgrenzungen bei der X-GmbH primär durch die Abschreibungen symbolisiert. Der Wert dieser Periodenabgrenzung ist absolut betrachtet hoch. Jedoch ist das bilanzpolitische Gestaltungspotenzial in dieser Kategorie verschwindend gering. In einer wirtschaftlichen Krisensituation ist es unwahrscheinlich, dass Unternehmen weitere Anlagegüter zukaufen, sondern eher bestehende Anlagen aufgrund einer geringen Auslastung verkaufen. Dies ist auch an der Bilanz der X-GmbH durch die Reduzierung des Anlagevermögens ersichtlich. Dahingehend könnte nur eine Gewinnerhöhung durch die Auflösung stiller Reserven bei Verkäufen von Vermögensgegenständen resultieren. Die Studien der Normbilanzierung signalisieren, dass Unternehmen in Deutschland bereits in einem progressiven Sinne die lineare Abschreibungsmethode bei ihrem üblichen Bilanzierungsverhalten verwenden. Somit verbleibt in diesem Bereich vorwiegend eine veränderte Nutzungsdauerschätzung. Eine derartige Einflussnahme wird durch

1305 Vgl. von Keitz/Gloth (2013a), S. 136.
1306 Vgl. Pfleger (1991), S. 57.
1307 Vgl. Anhang 6.

den Abschreibungsindex der X-GmbH signalisiert. Aber auch an dieser Stelle muss ein Verweis auf die Einschränkung durch das Stetigkeitsgebot erfolgen. Demnach dürfen Durchbrechungen des Stetigkeitsgebots nur in begründeten Ausnahmefällen vorgenommen werden.[1308] Das Stetigkeitsgebot erfordert die Vergleichbarkeit der Jahresabschlüsse.[1309] Ein Wechsel der Bewertungsmethoden ist in den meisten Fällen nur in begründeten Ausnahmefällen möglich, welche bspw. durch sich ändernde Rechtsnormen, Neuorientierungen der Geschäftspolitik oder veränderter Einschätzungen der Branchen- und Konjunkturlagen gerechtfertigt werden können.[1310] Die Studien zur Normbilanzierung stellen ihren Untersuchungsfokus auf die Anwendung der Rechnungslegungsparameter infolge des BilMoGs. Sie betrachten daher oftmals nur eine einzige Periode und können daher keinen Aufschluss über Bewertungswechsel geben. Bisherige Studien in der Literatur deuten jedoch auf einen geringen Anteil von Bewertungswechseln im Zeitablauf hin.[1311] Küting hatte im Jahr 1992 in seiner Untersuchung von Konzernabschlüssen die geringe Zahl an Bewertungswechseln bestätigt, jedoch bei Krisenunternehmen diese verstärkt nachweisen können.[1312] Im Hinblick auf die nachfolgende empirische Untersuchung wird daher folgende Hypothese aufgestellt:

> H9: *Mittelgroße und große Kapitalgesellschaften werden nur geringfügige Wechsel in den Ansatz- und Bewertungsmethoden im Zeitverlauf ausweisen. Die insolvente Stichprobe wird im Vergleich zur solventen Stichprobe verstärkt Ansatz- und Bewertungswechsel vornehmen.*

Bezüglich des Aktivierungswahlrechts von selbsterstellten immateriellen Vermögensgegenständen des Anlagevermögens ist zunächst festzuhalten, dass das Vorliegen derartiger Vermögensgegenstände sehr branchenspezifisch sein wird und für die überwiegende Zahl der Unternehmen im Mittelstand als unwahrscheinlich gilt.[1313] Bei einer gleichbleibend hohen Aktivierung von selbsterstellten immateriellen Vermögensgegenständen des Anlagevermögens hätte das Aktivierungswahlrecht im Zeitablauf, bedingt durch die Abschreibung, keinen Einfluss auf das Periodenergebnis.[1314] In diesem Fall würde sich ein Ansatz hingegen auf die Eigenkapitalrentabilität negativ auswirken.[1315] Durch die Aktivierung steigt die Eigenkapitalquote, sodass bei gleichbleibendem Periodenergebnis die Eigenkapitalrentabilität sinkt. Die Aktivierung kann jedoch insb. in einem kurzfristigen Zeithorizont eingesetzt werden, wenn der Aufwand als Alternative vermieden werden soll. Daher kann angenommen werden, dass insb. Unternehmen, welche eine vorübergehende Krise meistern

---

1308 Vgl. Tanski (2014), Rn. 93.
1309 Vgl. Tanski (2014), Rn. 93.
1310 Vgl. Pfleger (1991), S. 62.
1311 Vgl. Küting/Kaiser (1994), S. 15; Smith u.a. (2001), S. 10.
1312 Vgl. Küting/Kaiser (1994), S. 17.
1313 Vgl. Weinand/Wolz (2010), S. 136.
1314 Vgl. Wagenhofer/Moitzi (2006), S. 178.
1315 Vgl. Weinand/Wolz (2010), S. 137.

müssen, diese Maßnahme als kurzfristige Bilanzpolitik einsetzen würden.[1316] Eine weitere Einschränkung erfährt die Bilanzpolitik durch die Orientierung eines gewissen Teils der Mittelständler an der Steuerbilanz.[1317] Sollte diese Vereinfachung praktiziert werden, können verschiedene Maßnahmen wie bspw. der Komponentenansatz, aufgrund des Verbots in der Steuerbilanz, nicht mehr eingesetzt werden.[1318] Schlussfolgernd kann zusammengefasst werden, dass im Bereich der langfristigen Periodenabgrenzungen nur ein geringes bilanzpolitisches Einflusspotenzial besteht.

Die kurzfristigen bilanzpolitischen Einflussnahmen finden überwiegend in den Periodenabgrenzungen des Working Capitals statt. Im Bereich der Forderungen bestehen verschiedene Ermessensspielräume. Während die Einschätzung über die Bildung und die Höhe von Einzelwertberichtigungen kurzfristig bilanzpolitisch eingesetzt werden kann, sind Pauschalwertberichtigungen aufgrund ihrer vergangenheitsorientierten Herleitung nur sehr bedingt für eine kurzfristige Bilanzpolitik verwendbar.[1319] Die Bewertungsmethoden für die Herstellungskosten wirken ebenfalls kurzfristig.[1320] Auf die Höhe der kurzfristigen Periodenabgrenzungen üben reale bilanzpolitische Maßnahmen wie bspw. Marketing und Rabattaktionen einen starken Einfluss aus. Reale bilanzpolitische Maßnahmen gelten jedoch als kostenintensiver im Vergleich zu buchmäßigen Maßnahmen.[1321] Die Vermutung liegt demnach nahe, dass diese erst zum Einsatz kommen, wenn das Potenzial der buchmäßigen Bilanzpolitik verbraucht ist.[1322] Der Kosten-/Nutzenvergleich wird daher i.d.R. primär bei realen bilanzpolitischen Maßnahmen zum Tragen kommen.[1323] Das Stetigkeitsgebot ist nicht auf Ermessensspielräume und Sachverhaltsgestaltungen erweitert worden, sodass insb. bei diesen schwer erkennbaren Maßnahmen bilanzpolitische Manövriermasse besteht.[1324] Aber auch in diesen Bereichen ist das bilanzpolitische Potenzial abhängig von der wirtschaftlichen Situation des Unternehmens.[1325] Die bilanzpolitische Einflussnahme wird daher verstärkt in dem Bereich des Working Capitals vermutet.

> H10: *Mittelgroße und große Kapitalgesellschaften werden in den Jahren vor einer Insolvenz verstärkt in dem Bereich der kurzfristigen Periodenabgrenzungen bilanzpolitischen Einfluss ausüben.*

Kurzfristige bilanzpolitische Maßnahmen auf Basis von Periodenabgrenzungen haben den Nachteil einer sehr geringen Wirkungsdauer. Ihr Effekt kehrt sich

1316 Vgl. Weinand/Wolz (2010), S. 137.
1317 Vgl. Scheren (2009), S. 696f.
1318 Vgl. Hommel/Rößler (2009), S. 2530; Lüdenbach (2010), S. 748.
1319 Vgl. Pfleger (2002), S. 292.
1320 Vgl. Pfleger (2002), S. 56.
1321 Vgl. Alcarria Jaime/de Albornoz Noguer (2004), S. 73.
1322 Vgl. Gunny (2010), S. 856.
1323 Vgl. Kirsch (2006), S. 1270.
1324 Vgl. Küting/Kaiser (1994), S. 17.
1325 Vgl. Küting/Kaiser (1994), S. 17; Gunny (2010), S. 856.

konkludent zu ihrem Einwirken kurzfristig wieder um. Sofern die bilanzpolitische Einflussnahme auf den kurzfristigen Periodenabgrenzungen fußt, kann vermutet werden, dass in den direkt nachfolgenden Perioden keine bilanzpolitische Manövriermasse mehr vorhanden ist. Die wirtschaftliche Lage bricht oftmals bereits mehrere Perioden vor der Insolvenz ein,[1326] sodass in Periode t-1 aufgrund der massiven Umkehreffekte entgegen eines Anreizes für eine progressive Bilanzpolitik, negative Periodenabgrenzungen resultieren können.

H11: *Mittelgroße und große Kapitalgesellschaften werden bereits verstärkt in Periode t-3 und in Periode t-2 ihre bilanzpolitische Manövriermasse ausschöpfen.*

5.4 Fazit der modelltheoretischen Analyse

Eine mehrperiodige bilanzpolitische Einflussnahme muss von den Bilanzerstellern mit Hilfe eines Planungsmodells konzipiert werden. Dabei ist in jeder Periode die bilanzpolitische Strategie erneut zu überprüfen. Der aktuelle Stand der Forschung in dem Bereich der Messmethoden zur Erkennung der Bilanzpolitik zeigt Stärken und Schwächen der verschiedenen Verfahren auf. Während qualitative Verfahren einzelne Maßnahmen identifzieren können, sind quantitative Verfahren in der Lage, die Höhe der Bilanzpolitik zu messen und statistisch valide Aussagen zu treffen. Bei der Messung können sich die Verfahren somit gegenseitig ergänzen.

Die Betrachtung der möglichen bilanzpolitischen Einflussnahme im HGB zeigt zunächst ein großes Sortiment von bilanzpolitischen Möglichkeiten auf. Die Analyse der X-GmbH gibt jedoch bereits einen Einblick, dass verschiedene Maßnahmen in den Einzelabschlüssen von mittelgroßen und großen Kapitalgesellschaften nicht zu erwarten sind. Die parallele Analyse der Anhangsangaben zeigt zudem auf, dass an vielen Stellen die Maßnahmen erkannt werden können. Die Ableitung einer Einschätzung über die Normbilanzierung verdeutlicht weitere Einschränkungen durch bereits progressiv ausgeübtes Bilanzierungsverhalten. Wird das die Bilanzpolitik determinierende Kriterium der Mehrperiodigkeit herangezogen, grenzt sich der bilanzpolitische Aktionsraum weiter ein. Die durch eine hohe Wirkungsdauer charakterisierten langfristigen bilanzpolitischen Maßnahmen sind nur geringfügig einsetzbar. Aufgrund des zwangsweise resultierenden Fokus auf kurzfristige bilanzpolitische Einflussnahmen, welche auf Einschätzungsspielräumen und realen Gestaltungen basieren, ist mit einer schnellen Ausschöpfung des bilanzpolitischen Manövrierpotenzials zu rechnen.

1326 Vgl. Hauschildt (2000a), S. 132.

6 Empirische Untersuchung der Rechnungslegung in wirtschaftlichen Krisenzeiten

6.1 Vorstellung der Untersuchungsstichprobe und Aufbau der empirischen Untersuchung

Für eine zweckmäßige Beurteilung der Entwicklung einer möglichen bilanzpolitischen Einflussnahme vor einer Insolvenz, resultiert die Notwendigkeit einer mehrperiodigen Untersuchung. Eine reine Zeitreihenbetrachtung ist aufgrund der erforderlichen Jahre hinsichtlich einer beschränkten Datenverfügbarkeit nicht sinnvoll.[1327] Zudem bestätigen Studien, dass Querschnittsuntersuchungen zum Nachweis von Bilanzpolitik zu empirisch besseren Ergebnissen führen.[1328] Die separate Betrachtung jeder einzelnen Periode im Rahmen von Querschnittsuntersuchungen hat zudem den Vorteil, dass die Regressionskoeffizienten im Gegensatz zur Zeitreihenanalyse für jedes Jahr neu geschätzt werden und daher nicht als identisch für alle Perioden vor der Insolvenz angenommen werden müssen. Zudem erfordert die Untersuchung auf qualitativer Basis ein Kontrollunternehmen für den direkten Querschnittsvergleich innerhalb derselben Branche. Den insolventen Unternehmen wird daher eine solvente normierte Kontrollgruppe in gleicher Zahl gegenübergestellt.

Um einen Ansatz- oder Bewertungswechsel im Zeitablauf beurteilen zu können, wird ein Ausgangsjahr benötigt, welches auch für die quantitative Analyse zur Datengenerierung dient.[1329] Zu dem Ausgangsjahr hinzukommend werden die letzten drei verfügbaren Jahre vor der Insolvenz betrachtet, da diese den wirtschaftlichen Status und die Mehrperiodigkeit abbilden. Zur Selektion der Unternehmen wird die Datenbank Amadeus von Bureau van Dijk mit dem Aktualisierungsstand vom 24.12.2015 verwendet.[1330] Die letzten verfügbaren Jahresabschlüsse stellen somit die Jahre 2014 oder 2013 dar. Die Insolvenzanmeldungen erfolgten dementsprechend im Jahr 2014 oder 2015. Das letzte in der Datenbank verfügbare Jahr vor der Insolvenz wird als Periode t=-1 definiert. Die globale Finanzkrise hat sich primär in den Jahren 2008 und 2009 auf die Realwirtschaft ausgewirkt, wobei sich im Jahr 2010 die wirtschaftliche Lage wieder stabilisierte.[1331] Zudem muss das BilMoG seit dem

---

1327 In der Literatur werden für reine Zeitreihenanalysen mindestens sechs (vgl. DeFond/Jiambalvo (1994), S. 159), zehn (vgl. Dechow u.a. (1995), S. 200) oder 14 Jahre (vgl. Jones (1991), S. 206) Datenverfügbarkeit verlangt.

1328 Vgl. Subramanyam (1996), S. 254; Alcarria Jaime/de Albornoz Noguer (2004), S. 74.

1329 So verlangen die Periodenabgrenzungsmodelle oftmals nach Vorjahresgrößen wie bspw. der Bilanzsumme oder den Umsatzerlösen.

1330 Letztmalige Recherche ist der 03.01.2016.

1331 Vgl. Satistisches Bundesamt (2015), S. 5.

Jahr 2010 verpflichtend von allen Unternehmen angewandt werden (vgl. Art. 66 und 67 EGHGB). Um die Auswirkungen der externen Finanzkrise gering zu halten und Verzerrungen aufgrund der zahlreichen geänderten bilanzpolitischen Einflussmöglichkeiten durch das BilMoG zu vermeiden, wurde der Untersuchungszeitraum beginnend ab dem Jahr 2010 festgelegt. Somit werden neben einem Ausgangsjahr drei nachfolgende Perioden auf eine bilanzpolitische Einflussnahme hin untersucht.

Die Untersuchungsstichprobe repräsentieren haftungsbeschränkte insolvente Unternehmen mit Sitz in Deutschland, welche ihren Jahresabschluss in Form eines Einzelabschlusses nach dem HGB aufstellen. Die Stichprobe wird auf Einzelabschlüsse beschränkt, da Konzernabschlüsse zahlreiche zusätzliche bilanzpolitische Möglichkeiten eröffnen und eine Analyse größerer Stichproben erschweren.[1332] Des Weiteren ermöglichen Einzelabschlüsse die Ableitung einer zielgerichteten Intention des Managements hinsichtlich der bilanzpolitischen Einflussnahme, da die Bilanzpolitik letztlich auch in einem Konzernabschluss primär auf Ebene der jeweiligen Einzelabschlüsse ausgeübt wird. Die Unabhängigkeit der Unternehmen wird durch den Ausschluss von Unternehmen mit einem Gewinnabführungsvertrag gewährleistet. Da kleine Kapitalgesellschaften keinen Lagebericht aufstellen müssen und zahlreiche Offenlegungserleichtungen wahrnehmen können,[1333] liefert diese Unternehmensgruppe keine ausreichende Datengrundlage für eine triangulatorische Untersuchung. Mittelgroße und große Kapitalgesellschaften unterscheiden sich hinsichtlich der Veröffentlichungsbestandteile mit Blick auf die Erkennung einer möglichen bilanzpolitischen Einflussnahme hingegen nur geringfügig.[1334] Dementsprechend wurden für die Stichprobenauswahl mittelgroße und große Kapitalgesellschaften oder haftungsbeschränkte Personenhandelsgesellschaften herangezogen, wobei sich die Größenklassifizierung aufgrund des Untersuchungszeitraumes nach den Größenkriterien vor BilRUG richtet.

Kleine Kapitalgesellschaften sind demnach gem. § 267 Abs. 1 HGB solche Unternehmen, welche mindestens zwei der nachstehenden Merkmale nicht überschreiten:

- 4.840.000 Euro Bilanzsumme nach Abzug eines auf der Aktivseite ausgewiesenen Fehlbetrages (§ 268 Abs. 3 HGB);
- 9.680.000 Euro Umsatzerlöse in den zwölf Monaten vor dem Abschlußstichtag und
- im Jahresdurchschnitt 50 Arbeitnehmer.

1332 Vgl. zu den bilanzpolitischen Möglichkeiten nach BilMoG im Konzernabschluss Petersen u.a. (2010), S. 173–217.

1333 Vgl. Hoffmann/Lüdenbach (2014), S. 2339–2342.

1334 Vgl. für eine Darstellung der unterschiedlichen Pflichtangaben von mittelgroßen und großen Kapitalgesellschaften Coenenberg u.a. (2012), S. 871–876; Roth/Prechtl (2014), Rn. 15f. Vgl. hierzu auch Kapitel 5.3.2.

Mittelgroße Kapitalgesellschaften werden durch das Gesetz (§ 267 Abs. 2 HGB) als solche definiert, welche die zuvor genannten Kriterien überschreiten und mindestens zwei der folgenden Maßstäbe übertreffen:

- 19.250.000 Euro Bilanzsumme nach Abzug eines auf der Aktivseite ausgewiesenen Fehlbetrages (§ 268 Abs. 3 HGB);
- 38.500.000 Euro Umsatzerlöse in den zwölf Monaten vor dem Abschlußstichtag und
- im Jahresdurchschnitt 250 Arbeitnehmer.

Demnach sind große Kapitalgesellschaften dadurch charakterisiert, dass sie zwei der Grenzkriterien von mittelgroßen Kapitalgesellschaften überschreiten (§ 267 Abs. 3 HGB).[1335]

Die Stichprobe wird somit durch mittelständische Unternehmen repräsentiert. Neben der gesetzlichen Beschreibung der Größenklassen haben sich in der Literatur die Mittelstandsdefinitionen des Instituts für Mittelstandsforschung (IfM) in Bonn[1336] und der Europäischen Kommission[1337] besonders etabliert. Diese betonen die partiell nur qualitativ abgrenzbaren Besonderheiten mittelständischer Unternehmen und tragen diesem Rechnung, indem sie Unternehmen, welche zu mehr als 25% einer Unternehmensgruppe gehören, nicht in den Mittelstand mit einbeziehen. Begründet wird dies durch die Eigenschaft der Einheit von Eigentum und Leitung bei mittelständischen Unternehmen.

Das europäische Kompetenzzentrum für angewandte Mittelstandsforschung definiert den Mittelstand bereits anhand dieser Kombination von Kriterien wie folgt:[1338]

- Eigentümergeführte Unternehmen bzw. Familienunternehmen,
- managementgeführte Unternehmen bis zu einer Mitarbeiterzahl von ca. 3.000 Mitarbeitern und/oder einer Umsatzgröße von ca. 600 Mio. Euro,
- Unternehmen, die beide Definitionsmerkmale aufweisen.

Diese weit ausgelegte Definition bekräftigt nochmals den Mittelstandsfokus in dieser Untersuchung, da nach dieser Abgrenzung auch die nach dem Gesetz als große Kapitalgesellschaften eingestuften Unternehmen unter den Mittelstand subsumiert werden können.

1335 Zudem werden gem. § 267a Abs. 1 HGB n.F. Kapitalgesellschaften als Kleinstkapitalgesellschaften definiert, wenn diese zwei der drei Merkmale Bilanzsumme i.H.v. 350.000 Euro, Umsatzerlöse 700.000 Euro und zehn Arbeitnehmer nicht überschreiten. Da in dieser Arbeit die Abgrenzung von kleinen zu mittelgroßen Kapitalgesellschaften entscheidend ist, werden den Kleinstkapitalgesellschaften keine weiteren Ausführungen zugesprochen.
Vgl. zudem für die geänderten Größenkriterien nach dem BilRUG Hendricks (2015), S. 4–9 sowie § 267 HGB n.F.

1336 Vgl. Institut für Mittelstandsforschung (2015a).

1337 Vgl. Europäische Kommission (2015).

1338 Die Definition wurde ursprünglich von dem vorangegangenen und nachfolgend umfimierten Deloitte Mittelstandsinstitut aufgestellt, vgl. Becker u.a. (2007), S. 10.

Um dem Charakteristikum des primär bankenfinanzierten Mittelstandes Rechnung zu tragen, werden ausschließlich nicht-kapitalmarktorientierte Unternehmen in die Stichprobe mit einbezogen. Branchen, welche eine gewinnstrebende Zielsetzung des Managements verneinen, wie bspw. der öffentliche Sektor oder Branchen, welchen besondere Bilanzierungsstandards zugrunde liegen, wie bspw. Finanzdienstleistungen[1339] oder Krankenhäuser[1340], wurden bei der Auswahl ausgeschlossen.

Studien zum Nachweis von Bilanzpolitik insolventer Unternehmen sind durch eine geringe Stichprobe gekennzeichnet.[1341] Für eine rein univariat ausgerichtete Untersuchung wird für statistische Signifikanztests allgemeinhin eine Stichprobe von größer 30 gefordert, um auch bei Verletzungen der Annahmen der Normalverteilung zuverlässige Informationen zu gewährleisten.[1342] Hinsichtlich einer multivariaten Analyse wird jedoch eine größere Stichprobe angestrebt. Die Fokussierung nur auf große Kapitalgesellschaften konnte dies nicht erfüllen, sodass mittelgroße Unternehmen miteinbezogen wurden. Diese sind jedoch durch vereinzelte Veröffentlichungserleichterungen gekennzeichnet, welche den Zugang von notwendigen Daten für die Analyse zunächst versperren. So müssen mittelgroße Gesellschaften die Umsatzerlöse nicht einzeln ausweisen, sondern können diese unter den Rohertrag subsumieren.[1343] Sofern diese Parameter nicht von den Unternehmen freiwillig offengelegt werden, stehen diese auch der Datenbank nicht zur Verfügung. Jedoch sind oftmals Angaben über die benötigten Parameter an verschiedenen Stellen in den qualitativen Berichtsbestandteilen enthalten oder manuell ableitbar.[1344] Aufgrund der partiell fehlenden Umsatzerlöse in der Datenbank wurden zunächst alle Unternehmen ausgewählt, welche in einer der betrachteten Perioden das Größenkriterium einer mittelgroßen Kapitalgesellschaft erfüllen. Diese wurden anschließend auf die Datenverfügbarkeit hinsichtlich der quantitativen Bestandteile in der Datenbank und der Vollständigkeit der qualitativen Berichtselemente im Bundesanzeiger geprüft. Von den 167 Unternehmen, welche das Größenkriterium mittelgroß in einem Jahr erfüllt haben, konnten bei 102 Unternehmen nicht alle notwendigen quantitativen und qualitativen Berichtsbestandteile ermittelt werden. Des Weiteren wurde ein Unternehmen aufgrund seiner enormen Größendifferenzierung

1339 Bspw. gebietet das HGB die Bilanzierung von speziellen Bankenrisiken gem. §§ 340f und 340g HGB. Vgl. auch Wagenhofer (1990), S. 242; Kasznik (1999), S. 65.

1340 Z.B. kann der Jahresabschluss von Krankenhäusern durch das Krankenhausfinanzierungsgesetz durch zahlreiche zusätzliche Abgrenzungen beeinflusst werden, vgl. Schock/Luber (2003).

1341 Vgl. Smith u.a. (2001), S. 7; Leach/Newsom (2007), S. 128; Etemadi u.a. (2012), S. 47.

1342 Vgl. Rasch (2010), S. 59.

1343 Vgl. Kapitel 5.3.2. und 5.3.3.

1344 So können die Umsatzerlöse direkt im Lagebericht bei der Darstellung der Ertragslage angegeben sein oder indirekt bspw. durch die Angabe der Personalquote hochgerechnet werden.

ausgeschlossen.[1345] Die Skalierung der Unternehmen mit Hilfe der Bilanzsumme im Rahmen der quantitativen Verfahren hilft zwar Heteroskedastizität zu vermindern, kann diese jedoch nicht vollends ausschließen.[1346] Zudem wurden drei Unternehmen exkludiert, bei welchen das Insolvenzverfahren bereits vor dem Jahr 2014 eröffnet wurde. Ein Unternehmen war gemeinnützig tätig und drei Unternehmen hatten einen Gewinnabführungsvertrag. Zwei Unternehmen der Stichprobe wurden erst im Jahr 2010 gegründet[1347] und drei Unternehmen wiesen in dem Untersuchungszeitraum ein Rumpfwirtschaftsjahr auf, sodass diese aufgrund der mangelnden Datenvollständigkeit ebenfalls ausgeschlossen wurden.

Tabelle 10: Herleitung der Untersuchungsstichprobe

Unternehmen in Deutschland – insolvent*	87.321
Gesellschaften mit beschränkter Haftung (standardisiert)	82.888
Branchen (NACE Rev. 2) ohne Finanzdienstleister/Versicherungen (64,65,66), Öffentliche Verwaltung (84), Bibliotheken (91), Gesundheitswesen (86,87,88), Private Haushalte (97,98) und Extoritiale Organisationen (99)	79.801
Einzelabschlüsse	33.542
Nicht-börsennotiert	33.542
Jahre mit verfügbaren Abschlüssen 2013, 2012, 2011, 2010**	4.679
Größenkriterien nach HGB (vor BilRUG) lt. Datenbank mindestens mittelgroß in einem Jahr erfüllt	**167**
Ausgeschlossen:	
Unternehmen mit Umsätzen im Milliardenbereich (zu groß)	1
Insolvenzverfahren bereits vor 2014 eingeleitet	3
Daten in Datenbank oder Bundesanzeiger nicht ausreichend verfügbar	102
Unternehmen, welche in dem Betrachtungszeitraum ein Rumpfwirtschaftsjahr aufweisen	3
Unternehmen, welche gemeinnützig tätig sind	1
Unternehmen mit einem Gewinnabführungsvertrag	3
Unternehmen, welche erst während des Jahres 2010 gegründet wurden	2
Verbleibende Stichprobe* **	**52**
Gleiche Suchstrategie mit Statusänderung auf Gelöscht (Auflösung) und Gelöscht	2.788
Größenkriterien nach HGB (vor BilRUG) lt. Datenbank mindestens mittelgroß in einem Jahr erfüllt	147
Unternehmen, welche durch Recherche im Bundesanzeiger, Handelsregister, Datenbank oder Insolvenzportal als insolvent klassifiziert werden konnten und bei welchen alle Jahre im Bundesanzeiger und Datenbank verfügbar sind	3
Endgültige Stichprobe	**55**

* Unternehmen insolvent = Aktive Unternehmen im Insolvenzverfahren, Unternehmen in Zahlungsverzug, inaktive Unternehmen in Insolvenz, gelöscht (Insolvenz).

** Das Kriterium Jahre mit verfügbaren Abschlüssen 2013, 2012, 2011, 2010 schließt das Jahr 2014 und 2015 mit ein.

*** Bei zwei Unternehmen hat sich während des erstmaligen und letztmaligen Aufrufes der Status wieder auf Aktiv revidiert – diese Unternehmen wurden aufgrund ihres ursprünglichen Insolvenzstatus, welcher in dem Betrachtungszeitraum bestanden hatte, mit einbezogen.

1345 Die ausgewählten insolventen Unternehmen erzielen in den betrachteten Perioden einen Durchschnittsumsatz in Höhe von 27 bis 34 Millionen Euro. Das exkludierte Unternehmen wies hingegen einen Umsatz im Milliardenbereich auf.

1346 Vgl. Kothari u.a. (2005), S. 173.

1347 Bei einem Unternehmen wurde aufgrund eines abweichenden Wirtschaftsjahres erst im Betrachtungsjahr 2010/2011 das BilMoG angewandt. Bei diesem Unternehmen konnte jedoch durch manuelle Prüfung eine Verzerrung durch Gewinnwirkungen und veränderter Bilanzierungspositionen ausgeschlossen werden.

Die verbleibende Stichprobe beinhaltet 52 Unternehmen. Zudem wurde in der Datenbank das Selektionskriterium *Gelöscht* mit sonst gleichbleibenden Kriterien gewählt. Unternehmen können dieses Kriterium aufgrund von Umstrukturierungen, Fusionen oder Betriebsaufgaben, aber letztlich auch auf Basis einer Insolvenz erhalten. Es konnten von den 147 Unternehmen mit diesem Status weitere drei Unternehmen recherchiert werden, welche in Datenbank, Bundesanzeiger, Handelsregister oder dem Insolvenzportal als insolvent identifiziert wurden. Die endgültige Stichprobe insolventer Unternehmen beinhaltet somit 55 Unternehmen.

Den insolventen Unternehmen werden solvente Unternehmen in gleicher Anzahl gegenübergesellt. Entscheidend für die Güte der empirischen Ergebnisse ist dabei die Homogenität der Stichprobenunternehmen mit den Kontrollunternehmen innerhalb der gleichen Branche.[1348] Die Auswahl der Kontrollstichprobe erfolgt anhand der Kriterien Zeitraum, Branche und Unternehmensgröße.[1349] Zur Auswahl der solventen Unternehmen in der Datenbank werden die gleichen Kriterien wie bei den insolventen Unternehmen zu Grunde gelegt. Es findet eine Festlegung auf die gleichen Jahre innerhalb des betrachteten Zeitraumes statt.[1350] Die Auswahl der Kontrollunternehmen wird anhand des Branchenschlüssels der europäischen Branchenklassifizierung NACE Rev. 2 nach der detailliertesten Stufe der Klassen (615 verschiedene Klassen) vorgenommen.[1351] Sofern kein passendes Unternehmen in dieser Stufe vorhanden ist, wird die Klassifizierung nach Gruppen (272 verschiedene Gruppen) für den Branchenschlüssel verwendet.[1352] Die Unternehmensgröße richtet sich für die Kontrollunternehmen entsprechend der Vorgaben des HGB nach der Mindestgröße einer mittelgroßen Kapitalgesellschaft aus. Sofern mehrere Unternehmen vorhanden sind, wird das Unternehmen der Kontrollgruppe mit dem nächsten Umsatz zum insolventen Unternehmen im Ausgangsjahr 2010 gewählt.[1353] Die Stichprobe ist primär durch Unternehmen des verarbeitenden Gewerbes und des Handelszweigs gekennzeichnet.

1348 Vgl. Larcker/Richardson (2004), S. 633; Dopuch u.a. (2012), S. 398.

1349 Vgl. zur Systematik der Auswahl der Kontrollstichprobe auch Kaminski u.a. (2004), S. 21f.; Ecker u.a. (2013), S. 190–211.

1350 Eine Differenzierung bei abweichenden Wirtschaftsjahren wurde nicht vorgenommen.

1351 Vgl. eurostat (2008).

1352 Dies erfolgt lediglich bei drei Unternehmen.

1353 Zusätzlich wurde das Unternehmen auf Ausreißer hinsichtlich der Bilanzsumme in dem Jahr 2010 geprüft.

Tabelle 11: Deskriptive Statistik – Branchenaufteilung nach NACE Rev. 2[1354]

C.	Verarbeitendes Gewerbe/Herstellung von Waren	30
F.	Baugewerbe/Bau	2
G.	Handel/Instandhaltung und Reparatur von Kraftfahrzeugen	13
H.	Verkehr und Lagerei	4
I.	Gastgewerbe/Beherbung und Gastronomie	1
L.	Grundstücks- und Wohnungswesen	2
M.	Erbringung von freiberuflichen, wissenschaftlichen und technischen Dienstleistungen	1
N.	Erbringung von sonstigen wirtschaftlichen Dienstleistungen	2
Insolvente Unternehmen		**55**

Die von Hauschildt in seiner Untersuchung festgestellte Beobachtung, dass später insolvent gewordene Unternehmen bereits vier Jahre vor der Insolvenz eine schlechtere Ertrags-, Vermögens- und Finanzstruktur aufweisen,[1355] wird durch die vorliegende Stichprobe bestätigt. Werden die Umsatzentwicklung und die Entwicklung der Jahresergebnisse betrachtet, so kann hinsichtlich der wirtschaftlichen Entwicklung eine deutliche Differenzierung zwischen der insolventen Untersuchungsstichprobe und der solventen Kontrollstichprobe festgestellt werden.

Abbildung 28: Entwicklung der Mittelwerte der Umsatzerlöse von solventen und insolventen Unternehmen (in Tausend)

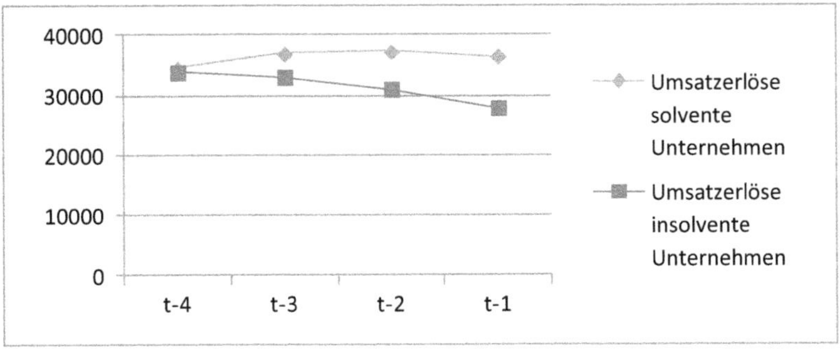

1354 Vgl. zur Kategorisierung eurostat (2008), S. 50. Vgl. zur Klassifikation der Wirtschaftszweige in Deutschland nach WZ 2008 Statistisches Bundesamt (2007), S. 1–56.

1355 Vgl. Hauschildt (2000a), S. 132.

Abbildung 29: Entwicklung der Mittelwerte der Jahresergebnisse von solventen und insolventen Unternehmen (in Tausend)

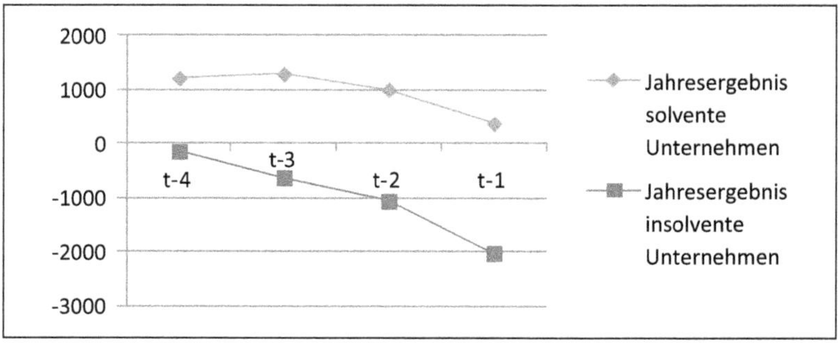

Die Abfolge der empirischen Untersuchung erfordert zunächst die qualitative Analyse, da diese der Datengenerierung für die multivariate quantitative Untersuchung dient.[1356] Zu diesem Zweck wird zunächst die analytische Untersuchungsmethodik am Beispiel der bereits deskriptiv analysierten Oberndörfer GmbH dargestellt. Im Anschluss an das Zwischenergebnis der univariaten und multivariaten analytischen Messung findet die quantitative Messung statt. Die teils divergierenden Resultate internationaler Studien verdeutlichen, dass neben signifikanten statistischen Ergebnissen, die inhaltliche Bedeutsamkeit der Ergebnisse mindestens genauso wichtig ist.[1357] Dementsprechend werden zum Schluss der Betrachtung im Rahmen einer triangulatorischen Analyse die Ergebnisse aus analytischer Messung, aggregierter quantitativer Messung und der modelltheoretischen Diskussion, hinsichtlich zusammenfassender Aussagen vereinigt. Mit Hilfe der triangulatorischen Vorgehensweise soll nicht nur die Erweiterung der quantitativen durch die qualitative Forschung (und vice versa) in Bezug auf die Anwendung der Methodiken vollzogen werden. Es sollen vielmehr die theoretischen und methodologischen Hintergründe der verschiedenen Methoden in ihrer Diversität berücksichtigt werden, um eine fundierte theoretische Diskussion der Forschungsfrage zu ermöglichen.[1358]

1356 Bspw. kann durch die Datenbank nur das aktuelle Management angezeigt werden, sodass im Rahmen der analytischen Messung die Angabe der Geschäftsführer hinsichtlich eines Managementwechsels manuell geprüft und erfasst werden muss.

1357 Vgl. Bortz/Döring (2006), S. 27–29; Rasch (2010), S. 85.

1358 Vgl. Flick (2014), S. 191.

Abbildung 30: Untersuchungsverlauf der empirischen Analyse

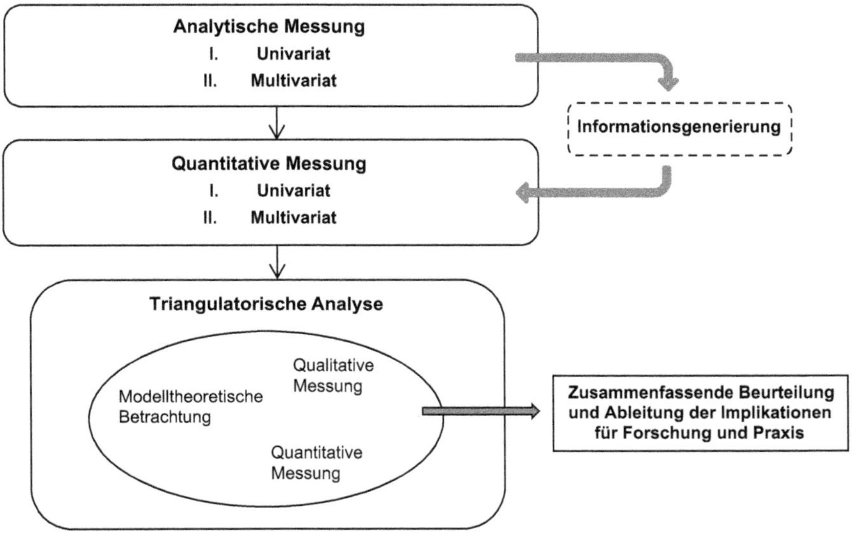

6.2 Analytische Messung

6.2.1 Univariate Untersuchung

6.2.1.1 Darstellung der Untersuchungsmethodik

Die Vorgehensweise der Untersuchung fußt auf dem Bewertungsschema einer standardisierten analytischen Bilanzpolitikbewertung.[1359] Die Identifizierung der untersuchten Merkmalsausprägungen erfolgt unter Beachtung der anschließenden triangulatorischen Gesamtbeurteilung der Bilanzpolitik. Die ausgewählten Merkmale müssen für die Untersuchung signifikant, relevant, nutzenstiftend und erkennbar sein.[1360] Bedingt durch das hohe Maß an Objektivität bei der Erfassung von Maßnahmen materialer Bilanzpolitik, wird der Schwerpunkt der Analyse auf Erkennungszeichen in diesem Bereich gelegt. Darüber hinaus findet eine Überprüfung der qualitativen Berichtsbestandteile auf erkennbare reale sowie im Lagebericht auf formale bilanzpolitische Einflussnahmen statt.

1359 Vgl. Abbildung 21.

1360 Vgl. zur Auswahl von Merkmalsausprägungen Hüttche u.a. (2007), S. 235. Demzufolge fand die Kennzahlenanalyse der Kategorie V aufgrund der nachfolgenden aggregierten quantitativen Analyse keine Anwendung. Auch wurde der Anhang aufgrund mangelnder Wesentlichkeit nicht hinsichtlich einer zusätzlichen formalen Bilanzpolitik untersucht.

Bei der Erfassung und Bewertung materialer bilanzpolitischer Einflussnahmen fokussieren Studien i.d.R. nur beobachtbare Ansatz- und Bewertungswechsel.[1361] Eine derartige Vorgehensweise kann jedoch nur eine Ausgangsbasis für die bilanzpolitische Beurteilung bilden. Für eine Schlussfolgerung ist bei dieser Analyseform die Ausgangsbilanzierung zu ermitteln und in die Analyse zu integrieren, da diese den Rahmen für mögliche Ansatz- und Bewertungswechsel in der Zeitreihe determiniert. Zu diesem Zweck wird in Ergänzung zur Analyse der Ansatz- und Bewertungswechsel eine Nutzwertanalyse durchgeführt, welche die Richtung der vorangehenden Bilanzierungsauslegung in die Bilanzpolitikbewertung mit einschließt. Das Bewertungsverfahren wurde im Anschluss an die Durchführung der empirischen Untersuchung durch Rückkopplung der gewonnenen Erkenntnisse abgeleitet. Die Nutzwertanalyse strebt die Differenzierung zwischen einer objektiv beobachtbaren progressiv oder konservativ ausgelegten Rechnungslegung und einer progressiv oder konservativ ausgerichteten Verhaltensintention bei der Bilanzierung an.

Die Differenzierung der Bewertung findet durch eine Punktvergabe von null bis drei Punkten im progressiven bilanzpolitischen Bereich und in einer gleichen Bewertung mit negativem Vorzeichen im konservativen Spektrum statt.[1362] Keine Punkte werden vergeben, wenn eine Maßnahme, wie bspw. die Erfassung von passiven latenten Steuern, nicht im Ermessen des Bilanzierenden liegt, sondern pflichtgemäß vorgenommen werden muss. Die Zuweisung der Punktzahl 1 erfolgt, wenn eine Maßnahme durch ein Wahlrecht oder eine Ermessensentscheidung in der betrachteten Periode anders ausgeübt werden könnte, jedoch eine stetige Auslegung über die Zeitreihe hinweg erfolgt. Findet bspw. eine erneute Anwendung der linearen Abschreibungsmethode statt, obwohl auch die degressive oder weitere Methoden den Nutzungsverlauf wiedergeben könnten, ist dieses Kriterium erfüllt. In einem Zwischenschritt werden 2 Punkte verteilt, wenn keine Ansatz- oder Bewertungswechsel erfolgen, die Bilanzierung sich jedoch signifikant ändert. Dies ist bspw. der Fall, wenn bereits selbstgeschaffene immaterielle Vermögensgegenstände des Anlagevermögens in der Vorperiode aktiviert wurden, der Wert sich jedoch um ein Vielfaches erhöht hat und der Bilanzierende letztlich bewusst über die erneute Aktivierung entscheiden musste. Bilanzpolitische Bilanzierungsänderungen über den Zeitverlauf erhalten eine Punktvergabe von 3 Punkten. Hierzu zählen die erstmalige Ausübung von Aktivierungswahlrechten oder ein Wechsel in den Bewertungsmethoden. Die

1361 Vgl. bspw. Smith u.a. (2001), S. 335–352.

1362 Dadurch sollen die in ihrer ursprünglich nominalen Ordnung bestehenden Textelemente der qualitativen Berichtsbestandteile auf ein ordinales oder metrisches Skalenniveau gebracht werden, vgl. hierzu auch Werner (1990), S. 370; Blochwitz/Eigermann (2000), S. 58–73.

positiven und konservativen Punkte werden saldiert betrachtet, um eine allgemeine Bilanzierungsrichtung des Unternehmens in der jeweiligen Periode bestimmen zu können. Für eine Beurteilung, ob eine bilanzpolitische Einflussnahme vorgenommen wurde, soll folgende zusammenfassende Einteilung gelten:

Tabelle 12: Einteilungsmaßstab für die bilanzpolitische Beurteilung

Bilanzpolitische Beurteilung in Periode t	**Ab erreichter Punktzahl**
Eindeutig	>6 Punkte
Sehr Wahrscheinlich	5 bis 6 Punkte
Vermutlich	3 bis 4 Punkte
Nicht beurteilbar	0 bis 2 Punkte

Im Folgenden wird das Punktebewertungssystem anhand der bereits deskriptiv analysierten Oberndörfer GmbH betrachtet. Das Kontrollunternehmen stellt die Fastenrath Befestigungstechnik GmbH dar, welche ebenfalls in der Branche der Herstellung von Schrauben und Nieten tätig ist. In Tabelle 13 wird ein verkürzter Ausschnitt des materialen Bewertungsschemas dargestellt, welches insb. die Merkmale aufführt, die im Zeitreihen- und Querschnittvergleich eine bilanzpolitische Ausprägung aufweisen.

In der Ausgangsperiode t-4 hat die Oberndörfer GmbH ein Disagio aktiviert, das Kontrollunternehmen weist in den Berichtsbestandteilen kein Disagio aus. Da die Entscheidung in der Vergangenheit getroffen wurde und lediglich bilanziell fortgeführt wird, erfolgt eine Bewertung mit 0 Punkten. In Periode t-2 werden aktive latente Steuern bewusst aktiviert, welche eine progressive bilanzpolitische Wirkung entfalten und daher mit der Punktzahl drei bewertet werden. In der Periode t-1 erfolgt eine erneute Aktivierung der latenten Steuern. Die Entscheidung kann dem Grunde nach erneut getroffen werden. Jedoch ist bei einer zur Vorperiode kongruenten Bilanzierung keine eindeutige Verhaltensintention erkennbar, sodass die Bewertung mit einem Punkt erfolgt. Die Bewertung wird zudem durch Erkenntnisse aus Studien gestützt, die eine Verwendung der Vorjahresdokumente als Vorlage für die Erstellung der aktuellen Berichtsbestandteile belegen.[1363]

1363 Vgl. Kajüter (2013), S. 10.

Tabelle 13: Ausschnitt des materialen Bewertungsschemas der Oberndörfer GmbH

Oberndörfer GmbH Fastenrath Befestigungstechnik GmbH	Ausgangs-bilanzierung t-4	t-3	P	t-2	P	t-1	P
Aktivierung Disagio	JA	JA	0	JA	0	JA	0
Kontrollunternehmen	nv	nv	0	nv	0	nv	0
Aktivierung latente Steuern	nv	Ausweis passive latente Steuern	0	Aktivierung latente Steuern, Saldierung	3	Aktivierung latente Steuern, Saldierung	1
Kontrollunternehmen	nv	nv	0	nv	0	Saldierung, bewusst nicht ausgewiesen	-3
Abschreibungsmethode immaterielle VG des AV	linear	linear	1	linear	1	linear	1
Kontrollunternehmen	degressiv	degressiv	-1	degressiv	-1	degressiv	-1
Abschreibungsmethode materielle VG des AV	degressiv wie auch linear (Übergang)	linear	3	linear	1	linear	1
Kontrollunternehmen	degressiv	degressiv und linear	3	degressiv und linear	-1	linear	3
Bilanzierung geringwertiger Vermögensgegenstände	Vollabschreibung	Vollabschreibung	-1	Sammelposten	3	Sammelposten	1
Kontrollunternehmen	Vollabschreibung	Vollabschreibung	-1	Vollabschreibung	-1	Vollabschreibung	-1
Bewertungsmethode gleichartiger VG des Vorratsvermögens	nv	nv	0	nv	0	nv	0
Kontrollunternehmen	Handelswaren Lifo	Handelswaren Lifo	-1	Handelswaren Lifo	-1	Handelswaren Lifo	-1
Wertberichtigungen von Forderungen aus LuL	EWB, PWB 1%	EWB, PWB 1%	0	EWB, PWB 1%	0	EWB, PWB 1%	0
Kontrollunternehmen	EWB, PWB	EWB, PWB	0	EWB, PWB	0	EWB, PWB	0
Einbezug Gemeinkosten in die Herstellungskosten	Nein	Nein	-1	Nein	-1	Nein	-1
Kontrollunternehmen	Nein	Nein	-1	Nein	-1	Nein	-1
Bewertung Pensionsrückstellungen	nv	nv	0	nv	0	nv	0
Kontrollunternehmen	AWB, 5,15%, Rentenentwicklung 2%, Fluktuation 4%	AWB, 5,15%, Rentenentwicklung 2%, Fluktuation 4%	0	AWB, 5,15%, Rentenentwicklung 2%, Fluktuation 4%	0	AWB, 5,15%, Rentenentwicklung 2%, Fluktuation 4%	0
Periodenspezifische Zusammenfassung							
Oberndörfer GmbH		**Nicht beurteilbar**	**2**	**Eindeutig progressiv**	**7**	**Vermutlich progressiv**	**3**
Kontrollunternehmen		Nicht beurteilbar	-1	Sehr wahrscheinlich konservativ	-5	Vermutlich konservativ	-4

In der modelltheoretischen Betrachtung konnte bei der Oberndörfer GmbH ein zunehmender Abschreibungsindex beobachtet werden. Dieser deutet auf eine geringere Abschreibung in Relation zu dem zugehörigen Anlagevermögen hin. Das Indiz des Abschreibungsindexes kann durch die qualitative Analyse bestätigt werden. In Periode t-3 wurde zur linearen Abschreibungsmethode gewechselt. Auch der Übergang zur Sammelpostenregelung in Periode t-2 führt i.d.R. zu einer verminderten Abschreibung.

Die Nutzwertanalyse soll dazu dienen, die periodenspezifische Auslegung der Rechnungslegung zusammenzufassen. In Periode t-3 ist dies in der Summe nicht möglich. In Periode t-2 aktiviert die Oberndörfer GmbH bewusst erstmalig latente Steuern, schreibt immaterielle und materielle Vermögensgegenstände des Anlagevermögens linear ab und wechselt von der GWG-Vollabschreibung zur progressiv wirkenden Sammelpostenregelung. Lediglich die gesetzlichen Wahlbestandteile werden nicht in die Herstellungskosten miteinbezogen. Insgesamt lässt sich jedoch eine eindeutig progressiv ausgelegte Bilanzierung ableiten, wobei in dieser Periode eine progressive verhaltensintendierte Erweiterung geschlussfolgert werden kann. In Periode t-1 deutet die Bewertung ebenfalls auf eine progressive Bilanzierung hin. Da jedoch keinerlei verhaltensinduzierte Ansatz- und Bewertungsänderungen registriert werden können, findet die Gesamtbeurteilung in der Kategorie *vermutlich* statt. Demzufolge sollen die retrospektiv abgeleiteten Bewertungskategorien in den Bereichen *nicht beurteilbar* und *vermutlich* die Richtung der objektiv beobachtbaren Rechnungslegung repräsentieren. Die Kategorien *wahrscheinlich* und *eindeutig* resultieren i.d.R. nur aus zusätzlichen Ansatz- und Bewertungswechseln und sollen die verhaltensinduzierte Rechnungslegungsbeeinflussung widerspiegeln.

Für die Beurteilung des Lageberichts wird die typologische Bilanzanalyse herangezogen. Diese geht insb. der Frage nach, ob ein Unternehmen von einer Vergleichsgruppe abweicht.[1364] Hierzu wird im Allgemeinen die qualitative Analyse erweitert und für die Normbilanzierung eine Branchendifferenzierung vorgenommen.[1365] In der vorliegenden Untersuchung wird dieses Vorgehen weiter spezifiziert und auf ein direktes Vergleichsunternehmen abgestellt. Der Wirtschafts- und Prognosebericht stellen i.d.R. für die Bilanzadressaten die wichtigsten Berichtsbestandteile des Lageberichts dar.[1366] Bilanzpolitisch werden daher in diesen beiden Berichten die beschriebene allgemeine Konjunktur- und Branchenlage sowie die Einschätzung deren zukünftiger Entwicklungen im Zeitreihen- und Querschnittsvergleich analysiert. Nur wenn eine eindeutige differenzierbare verzerrte Aussage getroffen wurde, ist das Kriterium der bilanzpolitischen Schönung erfüllt. Für eine weitergehende Analyse des Lageberichts besteht das Problem, dass die Texte aufgrund des vielgestaltigen Netzes ihrer syntaktischen, semantischen und pragmatischen Beziehungen nicht unmittelbar untereinander vergleichbar sind und eine nachprüfbare bilanzpolitische Schlussfolgerung nicht sinnvoll möglich ist.[1367] Weitere Bestandteile der formal ausgerichteten Bilanzpolitik werden aufgrund mangelnder Relevanz nicht untersucht.[1368] Überdies erfolgt eine systematische Analyse und Erfassung der im Lagebericht und Anhang getroffenen Aussagen über reale bilanzpolitische Einflussnahmen. Diese manifestieren sich überwiegend durch Sale-and-Lease-Back-Geschäfte, Factoring oder Verkäufe von Vermögensgegenständen.

Sale-and-Lease-Back-Geschäfte wirken im Rahmen einer Bilanzpolitikbewertung progressiv, wenn stille Reserven durch den Verkauf aufgelöst werden und

1364 Vgl. Hüttche u.a. (2007), S. 233f.
1365 Vgl. Göllert (2009), S. 1776.
1366 Vgl. Krumbholz (1994), S. 263.
1367 Vgl. Werner (1990), S. 370.
1368 Vgl. auch Hüttche u.a. (2007), S. 235.

dienen der Zahlungsmittelgenerierung.[1369] Die Oberndörfer GmbH betreibt diese Geschäfte bereits in Periode t-4, gibt jedoch in dem Lagebericht t-1 an, dass die Geschäfte ausgeweitet werden.[1370] Zudem lässt sich in dem Prognosebericht der Oberndörfer GmbH eine zu dem Kontrollunternehmen kontroverse Einschätzung der wirtschaftlichen Lage erkennen. Der Prognosebericht weist eine direkt zuordenbare unterschiedliche Beurteilung der wirtschaftlichen Lage auf. In Periode t-3 beschreibt die Oberndörfer GmbH die wirtschaftliche Lage wie folgt: „Aufgrund der schlechten Wirtschaftsaussichten für weite Teile des Euroraums rechnen wir mit einem deutlichen Rückgang der Neuzulassungen für diese Region, was sich auf die Produktionsvolumina für Pkw auswirkt. Die Umsatzerlöse waren im 1. Quartal 2012 gegenüber dem Vorjahr um rund 7% rückläufig."[1371] Das Kontrollunternehmen, die Fastenrath Befestigungstechnik GmbH, beurteilt die wirtschaftliche Gesamtsituation in ihrem Prognosebericht hingegen folgendermaßen: „Der Umsatz ist im ersten Quartal des Jahres 2012 im Vergleich zum ersten Quartal 2011 gestiegen. Aufgrund der guten allgemeinen wirtschaftlichen Lage gehen wir trotz des Preisdrucks seitens unserer Abnehmer von einer positiven Entwicklung unserer Absatzmöglichkeiten aus. Wir hoffen, das angestrebte Umsatzziel für 2012 erreichen zu können."[1372] Eine Erfassung dieser ungleichmäßigen Beurteilungen kann helfen die empirischen Ergebnisse differenzierter zu interpretieren. Die Analyse der realen und formalen Bilanzpolitik sollte jedoch aufgrund der subjektiven Bewertung und Erfassung zunächst gesondert beurteilt und erst im Rahmen der triangulatorischen Gesamtbetrachtung miteinbezogen werden.

6.2.1.2 Ergebnisse der empirischen Untersuchung

In einem ersten Schritt findet die Analyse von Bilanzierungsänderungen statt, welche in einem zweiten Schritt durch die Nutzwertanalyse erweitert wird. Tabelle 14 zeigt die Ergebnisse von Ansatz- und Bewertungswechseln der Untersuchungs- und Kontrollstichprobe in den letzten drei Perioden vor der Insolvenz. Eine ausführliche tabellarische Darstellung der einzelnen Maßnahmen befindet sich in Anhang 7.

1369 Vgl. Pfleger (1991), S. 144.
1370 Vgl. Lagebericht 2013 der Oberndörfer GmbH S. 2.
1371 Jahresabschluss 2011 Oberndörfer GmbH S. 4. Im Folgenden soll der Terminus Jahresabschluss den veröffentlichten Lagebericht mit einschließen.
1372 Jahresabschluss 2011 Fastenrath Befestigungstechnik GmbH S. 2.

Tabelle 14: Ansatz- und Bewertungswechsel von Untersuchungs- und Kontrollstichprobe im Zeitablauf[1373]

N=55	t-3		t-2		t-1	
Bilanzpolitische Beurteilung	**Konservativ**	**Progressiv**	**Konservativ**	**Progressiv**	**Konservativ**	**Progressiv**
Insolvente Unternehmen – Gesamt	**5**	**10**	**8**	**9**	**9**	**11**
Insolvente Unternehmen – Ansatzwechsel	1	5	3	3	2**	5**
Insolvente Unternehmen – Bewertungswechsel	4	5	5	6	7	6
Solvente Unternehmen – Gesamt	8	7	11	7	8	6
Solvente Unternehmen – Ansatzwechsel	0	3	6	2	5**	0**
Solvente Unternehmen – Bewertungswechsel	8	4	5	5	3	6
Chi-Quadrat/Signifikanz – Gesamt	1,222/0,543		0,737/0,692		2,003/0,367	
Chi-Quadrat/Signifikanz – Ansatzwechsel	1,589/0,452		1,242/0,537		6,327/0,042**	
Chi-Quadrat/Signifikanz – Bewertungswechsel	1,546/0,462		0,102/0,950		1,782/0,410	
*** P-Value bei Signifikanzniveau 1% **P-Value bei Signifikanzniveau 5% *P-Value bei Signifikanzniveau 10%						

Die Hypothese, dass mittelgroße und große Kapitalgesellschaften nur geringfügige Ansatz- und Bewertungswechsel im Zeitverlauf aufweisen, kann hinsichtlich der über zwanzig untersuchten Merkmale mit jeweils bis zu vier zugehörigen Merkmalsausprägungen bestätigt werden.[1374] Die Hypothese, dass insolvente Unternehmen verstärkt Ansatz- und Bewertungswechsel vornehmen, kann nicht bestätigt werden.[1375] Die vorgenommenen Bilanzierungsänderungen werden von den insolventen Unternehmen progressiv ausgelegt, wohingegen die solvente Stichprobe eine konservativ geprägte Bilanzierung verfolgt. Die konstitutive Hypothese einer progressiven Bilanzpolitik von Unternehmen in wirtschaftlichen Krisenzeiten kann infolge der Aufstellung bestätigt werden, wenn auch nur mit einer geringen Prägnanz. Ein statistisch signifikanter Unterschied hinsichtlich der verschiedenen Ausprägungen der vorgenommenen Ansatz- und Bewertungswechsel wird nur für Ansatzwechsel in Periode t-1 gemessen. Die angegebenen Wechsel setzen sich gleichermaßen aus kurz- und langfristig wirkenden bilanzpolitischen Maßnahmen zusammen. Ansatzwahlrechte sehen insb. die Wahlrechtsausübung der Aktivierung von aktiven latenten Steuern und selbsterstellten immateriellen

1373 Um die statistische Güte des Chi-Quadrat Tests infolge einer Kategorienreduzierung zu erhöhen, wurden Unternehmen mit verschiedenen Ansatz- und Bewertungswechseln mehrfach einzeln gezählt.

1374 Eine exakte Beschränkung der Merkmale und ihrer Merkmalsausprägungen wurde nicht vorgenommen. Dies begründet sich durch unternehmensspezifische materiale bilanzpolitische Maßnahmen, welche nicht sinnvoll bei der gesamten Stichprobe anhand von zwei Merkmalsausprägungen untersucht werden können, wie bspw. das Unterlassen einer außerplanmäßigen Abschreibung auf ein Tochterunternehmen oder eine Forderung.

1375 Werden alle Ansatz- und Bewertungswechsel über die Perioden zusammengefasst betrachtet, ergibt sich ein Chi-Quadrat i.H.v. 2,618 mit einem Signifikanzwert von 0,270.

Vermögensgegenständen des Anlagevermögens vor. Bewertungswechsel wurden insb. hinsichtlich der Abschreibungsmethode und -dauer sowie der Wertberichtigungen von Forderungen aus Lieferungen und Leistungen vorgenommen.

Bilanzpolitische Umkehreffekte symbolisieren die Bedingung, dass die Bilanzpolitik der Vorperiode die Bilanzpolitik der aktuellen Periode bedingt. Dementsprechend kann die Ausgangsbilanzierung, bzw. die gewöhnliche Bilanzierung über die Zeitreihe hinweg, mit Hilfe der abgeleiteten Nutzwertanalyse einen Teil dieser determinierenden Effekte erfassen. Im Folgenden werden die Ausgangs- sowie die nachfolgende Bilanzierung in den Perioden vor der Insolvenz dargestellt. Da nicht alle Merkmale von allen Unternehmen angegeben werden und die Angaben sich über den Zeitablauf ändern können, wird die Normbilanzierung der Stichproben prozentual dargestellt. Tabelle 15 weist die Merkmalsausprägungen in Relation zur Stichprobengröße von jeweils 55 Unternehmen aus. Tabelle 16 stellt die Angaben über die Merkmalsausprägungen in Relation zu denjenigen Unternehmen dar, welche Angaben zu den Merkmalen veröffentlicht haben. Zur Komplexitätsreduktion wurden die Merkmalsausprägungen auf Standardangaben und bilanzpolitisch beurteilbare materiale Effekte beschränkt. Spezifische Bilanzierungssachverhalte, wie bspw. die Veränderungen der Nutzungsdauern, die Anwendung der Teilgewinnrealisation durch Abschnittsbewertungen oder außerplanmäßige Abschreibungen auf Anlage- und Umlaufgüter, wurden aufgrund nur geringer Fallzahlen nicht mit in die Aufstellung aufgenommen. In der Spalte Bewertung wird die bilanzpolitische Beuteilung wiedergegeben.[1376]

1376 Ein + bedeutet eine progressive Beurteilung, ein – eine konservative sowie ein 0 eine neutrale Bilanzierung widerspiegelt. Bei der Bildung von Festwerten können bei steigenden Preisen stille Reserven angesammelt werden, vgl. Wöltje (2013), S. 195. Der Festwert kann jedoch auch bei tatsächlich verringerten Wertansätzen oder fallenden Preisen konservativ wirken. Da die Intention nicht eindeutig ableitbar ist, wird der Ansatz eines Festwertes mit 0 beurteilt. Für die Durchschnittsmethode gilt selbige Wirkung bei steigenden Preisen, vgl. Wöltje (2013), S. 199, wobei sie auch zu anderen Effekten führen kann und daher ebenfalls als neutral angesehen wird. Die Anwendung der Lifo-Methode kann hingegen zu deutlichen Bewertungsabschlägen im Rahmen einer konservativen Bilanzpolitik führen, insb. im Vergleich zur Einzelbewertung, vgl. Jahresabschluss 2010 Mosecker GmbH & Co. KG, S. 7.
Die Beurteilung der Pauschalwertberichtigung und der Bewertung von Pensionsrückstellungen innerhalb des Verfahrens ist nur in einem Zeitreihenvergleich möglich.

Tabelle 15: Bilanzierung der Untersuchungs-/Kontrollstichprobe in Relation zur jeweiligen gesamten Stichprobe

Insolvente Stichprobe (I) Kontrollstichprobe (K)	Bewertung (N= 55)	t-4		t-3		t-2		t-1	
		I	K	I	K	I	K	I	K
Aktiviertes Disagio	o	21,82%	7,27%	23,64%	7,27%	27,27%	7,27%	27,27%	7,27%
Bewusste neue Aktivierung Disagio	+	1,82%	0,00%	3,64%	0,00%	0,00%	0,00%	0,00%	0,00%
Bewusst keine Aktivierung eines neuen Disagios	-	0,00%	0,00%	0,00%	0,00%	0,00%	0,00%	0,00%	0,00%
Aktivierung selbstgeschaffene immaterielle VG des AV	+	7,27%	1,82%	9,09%	1,82%	9,09%	3,64%	9,09%	3,64%
Bewusst keine Aktivierung selbstgeschaffener VG des AV	-	3,64%	3,64%	3,64%	3,64%	3,64%	1,82%	3,64%	3,64%
Aktive latente Steuern	+	9,09%	14,55%	9,09%	14,55%	12,73%	10,91%	9,09%	9,09%
Bewusst keine aktiven latenten Steuern	-	12,73%	18,18%	10,91%	18,18%	18,18%	25,45%	21,82%	29,09%
Passive latente Steuern	o	9,09%	7,27%	14,55%	7,27%	9,09%	7,27%	9,09%	9,09%
Abschreibungen immaterielle VG – linear	+	63,64%	45,45%	67,27%	49,09%	69,09%	52,73%	67,27%	52,73%
Abschreibungen immaterielle VG – degressiv/linear	-	7,27%	14,55%	9,09%	14,55%	9,09%	12,73%	10,91%	12,73%
Abschreibungen materielle VG – linear	+	61,82%	43,64%	63,64%	50,91%	65,45%	54,55%	63,64%	56,36%
Abschreibungen materielle VG – degressiv/linear	-	16,63%	30,91%	14,55%	29,09%	14,55%	25,45%	16,36%	23,64%
Abschreibungsdauer Geschäfts- oder Firmenwert größer 5 und kleiner 15 Jahre	+	1,82%	1,82%	1,82%	1,82%	3,64%	1,82%	3,64%	1,82%
Abschreibungsdauer Geschäfts- oder Firmenwert 15 Jahre	+	12,73%	12,73%	12,73%	12,73%	12,73%	12,73%	12,73%	12,73%
Abschreibungsdauer Geschäfts- oder Firmenwert 5 Jahre	o	0,00%	0,00%	0,00%	0,00%	0,00%	0,00%	0,00%	1,82%
Abschreibungsdauer Geschäfts- oder Firmenwert kleiner 5 Jahre	-	0,00%	0,00%	0,00%	0,00%	0,00%	0,00%	0,00%	0,00%
Vollabschreibung GWG	-	32,73%	47,27%	30,91%	50,91%	30,91%	50,91%	32,73%	52,73%
Anwendung Sammelposten	+	45,45%	36,36%	50,91%	32,73%	50,91%	32,73%	49,09%	30,91%
Bewertungsvereinfachungsverfahren - Durchschnittsmethode	o	25,45%	16,36%	25,45%	16,36%	29,09%	16,36%	29,09%	16,36%
Bewertungsvereinfachungsverfahren - Festwert	o	12,73%	5,45%	12,73%	5,45%	12,73%	5,45%	12,73%	5,45%
Bewertungsvereinfachungsverfahren - Lifo	-	1,82%	7,27%	1,82%	9,09%	1,82%	9,09%	1,82%	9,09%
Bewertungsvereinfachungsverfahren - Fifo	+	0,00%	1,82%	0,00%	1,82%	0,00%	1,82%	0,00%	1,82%
EWB, PWB	o	61,82%	70,91%	58,18%	70,91%	60,00%	70,91%	60,00%	70,91%
EWB, PWB bis 2%	o	27,27%	14,55%	27,27%	14,55%	25,45%	16,36%	25,45%	16,36%
EWB, PWB über 2%	o	0,00%	1,82%	1,82%	3,64%	1,82%	3,64%	1,82%	3,64%
Einbezug Wahlbestandteile in HK - JA	+	9,09%	9,09%	7,27%	10,91%	7,27%	9,09%	9,09%	9,09%
Einbezug Wahlbestandteile in HK - Nein	-	36,36%	30,91%	40,00%	34,55%	40,00%	32,73%	40,00%	29,09%
Einbezug von FK-Zinsen in HK - JA	+	1,82%	5,45%	1,82%	5,45%	1,82%	5,45%	1,82%	3,64%
Einbezug von FK-Zinsen in HK - Nein	-	10,91%	18,18%	12,73%	20,00%	12,73%	21,82%	12,73%	23,64%
Pensionsrückstellung – Bewertung nach TWV – Einflussparameter bis 2%	-	5,45%	9,09%	5,45%	9,09%	5,45%	9,09%	5,45%	9,09%
Pensionsrückstellung – Bewertung nach TWV – Einflussparameter größer 2%	-	0,00%	0,00%	0,00%	0,00%	0,00%	0,00%	0,00%	0,00%
Pensionsrückstellung – Bewertung nach AWV – Einflussparameter bis 2%	o	21,82%	29,09%	21,82%	30,91%	21,82%	30,91%	21,82%	30,91%
Pensionsrückstellung – Bewertung nach AWV – Einflussparameter größer 2%	o	1,82%	10,91%	1,82%	9,09%	1,82%	9,09%	1,82%	9,09%
Betriebsgewöhnliche Nutzungsdauer	o	54,55%	60,00%	56,36%	60,00%	56,36%	61,82%	56,36%	61,82%
Steuerlich orientierte Nutzungsdauer	o	23,64%	12,73%	21,82%	12,73%	21,82%	10,91%	23,64%	10,91%
Pro rata temporis	+	21,82%	30,91%	23,64%	32,73%	25,45%	34,55%	25,45%	34,55%
Vereinfachungsregelung	-	0,00%	3,64%	0,00%	3,64%	0,00%	3,64%	0,00%	3,64%
FAV zu AK (bzw. beizulegender ZW)	o	43,64%	41,82%	43,64%	41,82%	45,45%	41,82%	43,64%	41,82%
FAV Abschreibung auch bei nur vorübergehender Wertminderung	-	1,82%	0,00%	0,00%	0,00%	0,00%	0,00%	1,82%	0,00%

Tabelle 16: Bilanzierung der Untersuchungs-/Kontrollstichprobe in Relation zur Anzahl angegebener Merkmale

Insolvente Stichprobe (I) Kontrollstichprobe (K)	Bewertung (N= 55)	t-4		t-3		t-2		t-1	
		I	K	I	K	I	K	I	K
Aktiviertes Disagio	o	92,31%	100,00%	86,67%	100,00%	100,00%	100,00%	100,00%	100,00%
Bewusste neue Aktivierung Disagio	+	7,69%	0,00%	13,33%	0,00%	0,00%	0,00%	0,00%	0,00%
Bewusst keine Aktivierung eines neuen Disagios	-	0,00%	0,00%	0,00%	0,00%	0,00%	0,00%	0,00%	0,00%
Aktivierung selbstgeschaffene immaterielle VG des AV	+	66,67%	33,33%	71,43%	33,33%	71,43%	66,67%	71,43%	50,00%
Bewusst keine Aktivierung selbstgeschaffener VG des AV	-	33,33%	66,67%	28,57%	66,67%	28,57%	33,33%	28,57%	50,00%
Aktive latente Steuern	+	29,41%	36,36%	26,32%	36,36%	31,82%	25,00%	22,73%	19,23%
Bewusst keine aktiven latenten Steuern	-	41,18%	45,45%	31,58%	45,45%	45,45%	58,33%	54,55%	61,54%
Passive latente Steuern	o	29,41%	18,18%	42,11%	18,18%	22,73%	16,67%	22,73%	19,23%
Abschreibungen immaterielle VG – linear	+	89,74%	75,76%	88,10%	77,14%	88,37%	80,56%	86,05%	80,56%
Abschreibungen immaterielle VG – degressiv/linear	-	10,26%	24,24%	11,90%	22,86%	11,63%	19,44%	13,95%	19,44%
Abschreibungen materielle VG – linear	+	79,07%	58,54%	81,40%	63,64%	81,82%	68,18%	79,55%	70,45%
Abschreibungen materielle VG – degressiv/linear	-	20,93%	41,46%	18,60%	36,36%	18,18%	31,82%	20,45%	29,55%
Abschreibungsdauer Geschäfts - oder Firmenwert größer 5 und kleiner 15 Jahre	+	12,50%	12,50%	12,50%	12,50%	22,22%	12,50%	22,22%	11,11%
Abschreibungsdauer Geschäfts - oder Firmenwert 15 Jahre	+	87,50%	87,50%	87,50%	87,50%	77,78%	87,50%	77,78%	77,78%
Abschreibungsdauer Geschäfts - oder Firmenwert 5 Jahre	o	0,00%	0,00%	0,00%	0,00%	0,00%	0,00%	0,00%	11,11%
Abschreibungsdauer Geschäfts - oder Firmenwert kleiner 5 Jahre	-	0,00%	0,00%	0,00%	0,00%	0,00%	0,00%	0,00%	0,00%
Vollabschreibung GWG	-	41,86%	56,52%	37,78%	60,87%	37,78%	60,87%	40,00%	63,04%
Anwendung Sammelposten	+	58,14%	43,48%	62,22%	39,13%	62,22%	39,13%	60,00%	36,96%
Bewertungsvereinfachungsverfahren - Durchschnittsmethode	o	63,64%	52,94%	63,64%	50,00%	66,67%	50,00%	66,67%	50,00%
Bewertungsvereinfachungsverfahren - Festwert	o	31,82%	17,65%	31,82%	16,67%	29,17%	16,67%	29,17%	16,67%
Bewertungsvereinfachungsverfahren - Lifo	-	4,55%	23,53%	4,55%	27,78%	4,17%	27,78%	4,17%	27,78%
Bewertungsvereinfachungsverfahren - Fifo	+	0,00%	5,88%	0,00%	5,56%	0,00%	5,56%	0,00%	5,56%
EWB, PWB	o	69,39%	81,25%	66,67%	79,59%	68,75%	78,00%	68,75%	78,00%
EWB, PWB bis 2%	o	30,61%	16,67%	31,25%	16,33%	29,17%	18,00%	29,17%	18,00%
EWB, PWB über 2%	o	0,00%	2,08%	2,08%	4,08%	2,08%	4,00%	2,08%	4,00%
Einbezug Wahlbestandteile in HK - JA	+	20,00%	22,73%	15,38%	24,00%	15,38%	21,74%	18,52%	23,81%
Einbezug Wahlbestandteile in HK - Nein	-	80,00%	77,27%	84,62%	76,00%	84,62%	78,26%	81,48%	76,19%
Einbezug von FK-Zinsen in HK - JA	+	14,29%	23,08%	12,50%	21,43%	12,50%	20,00%	12,50%	13,33%
Einbezug von FK-Zinsen in HK - Nein	-	85,71%	76,92%	87,50%	78,57%	87,50%	80,00%	87,50%	86,67%
Pensionsrückstellung – Bewertung nach TWV – Einflussparameter bis 2%	-	18,75%	18,52%	18,75%	18,52%	18,75%	18,52%	18,75%	18,52%
Pensionsrückstellung – Bewertung nach TWV – Einflussparameter größer 2%	-	0,00%	0,00%	0,00%	0,00%	0,00%	0,00%	0,00%	0,00%
Pensionsrückstellung – Bewertung nach AWV – Einflussparameter bis 2%	o	75,00%	59,26%	75,00%	62,96%	75,00%	62,96%	75,00%	62,96%
Pensionsrückstellung – Bewertung nach AWV – Einflussparameter größer 2%	o	6,25%	22,22%	6,25%	18,52%	6,25%	18,52%	6,25%	18,52%
Betriebsgewöhnliche Nutzungsdauer	o	69,77%	82,50%	72,09%	82,50%	72,09%	85,00%	70,45%	85,00%
Steuerlich orientierte Nutzungsdauer	o	30,23%	17,50%	27,91%	17,50%	27,91%	15,00%	29,55%	15,00%
Pro rata temporis	+	100,00%	89,47%	100,00%	90,00%	100,00%	90,48%	100,00%	90,48%
Vereinfachungsregelung	-	0,00%	10,53%	0,00%	10,00%	0,00%	9,52%	0,00%	9,52%
FAV zu AK (bzw. beizulegender ZW)	o	96,00%	100,00%	100,00%	100,00%	100,00%	100,00%	96,00%	100,00%
FAV Abschreibung auch bei nur vorübergehender Wertminderung	-	4,00%	0,00%	0,00%	0,00%	0,00%	0,00%	4,00%	0,00%

Ausschlaggebende Unterschiede in der Zeitreihe sind aufgrund geringer Ansatz- und Bewertungswechsel nicht zu erkennen. Die Tabellen sind stets zusammen zu betrachten. So werden bei Unternehmen mit einer Angabe in den Berichtsbestandteilen bspw. in Periode t-4 von 66,66% der insolventen Unternehmen, selbstgeschaffene immaterielle Vermögensgegenstände des Anlagevermögens aktiviert. Werden die Unternehmen jedoch in Relation zur gesamten Stichprobe betrachtet, so kristallisiert sich heraus, dass nur 7,27% der insolventen Unternehmen insgesamt eine Aktivierung vornehmen und lediglich 10,91% der Unternehmen überhaupt eine ableitbare Angabe zur Bilanzierung dieses Merkmals veröffentlicht haben. Aufgrund der geringfügigen Angaben der Unternehmen, kann in diesen Fällen keine übliche Bilanzierung abgeleitet werden. y

Für die Ableitung der üblichen Bilanzierung der Stichproben erfolgt eine Dreiteilung der Beurteilung. Die Aufstellung findet sich in Anhang 8 wieder. In die erste Kategorie *eindeutig* fällt die Bilanzierung, wenn die Unternehmen in Anlehnung an die Literatur zu mindestens 75% diese Bilanzierung anwenden.[1377] In die zweite Kategorie *mehrheitlich* wird die Bilanzierung zugeordnet, wenn von der Mehrheit der Unternehmen die Ausprägung angewandt wird. In der dritten Kategorie *nicht hinreichend beurteilbar* wird die mehrheitliche Bilanzierung von Unternehmen erfasst, wobei jedoch das Merkmal in keinem ausreichenden Umfang in den veröffentlichten Berichtsbestandteilen angegeben wurde, um eine stabile Aussage zu treffen. Das sich ergebende übliche Bilanzierungsverhalten während des Betrachtungszeitraums unterscheidet sich nicht bedeutend zwischen insolventer und solventer Stichprobe. Zusammengefasst schreiben sowohl insolvente wie auch solvente Unternehmen materielle und immaterielle Vermögensgegenstände des Anlagevermögens eindeutig linear ab. Zudem beziehen beide Stichproben eindeutig die Wahlbestandteile nicht in die Herstellungskosten mit ein, schreiben pro rata temporis ab und bilanzieren das Finanzanlagevermögen grundsätzlich zu den Anschaffungs- und Herstellungskosten. Mit einem Anteil von über 75% schreiben solvente Unternehmen nach der betriebsgewöhnlichen Nutzungsdauer ab, insolvente Unternehmen nur mehrheitlich. Diese bewerten jedoch eindeutig Pensionsrückstellungen mit dem Anwartschaftsbarwertverfahren und Bewertungsparametern bis zu 2%, wobei solvente Unternehmen dies nur mehrheitlich tun. Beide Stichproben aktivieren mehrheitlich ein Disagio, wenden das Durchschnittsverfahren zur Bewertung des Vorratsvermögens an und bilden Pauschalwertberichtigungen bis zu 2%. Insolvente Unternehmen schreiben den Geschäfts- oder Firmenwert mehrheitlich über die steuerrechtlich geltende Nutzungsdauer von 15 Jahren ab (§ 7 Abs. 1 S. 3 EStG). Ein Unterschied in der Bilanzierung stellt die mehrheitliche Anwendung der Sammelpostenregelung von insolventen Unternehmen, hingegen der mehrheitlichen Anwendung der GWG-Vollabschreibung bei solventen Unternehmen dar. Nicht hinreichend beurteilbar ist eine bewusste Aktivierung von latenten Steuern sowie die Aktivierung von selbstgeschaffenen immateriellen Vermögensgegenständen des

1377 Vgl. Lachnit (2004), S. 102.

Anlagevermögens. Die Ergebnisse decken sich weitgehend zu den in Kapitel 5.3.3.3 betrachteten Studien zur Ableitung einer allgemeinen Normbilanzierung.

Im Folgenden soll das Bilanzierungsverhalten über die Zeitreihe in die Nutzwertanalyse miteinbezogen werden. Tabelle 17 stellt die zusammengefassten Ergebnisse der Punktvergabe und Kategorisierung dar:

Tabelle 17: Übersicht Punktvergabe und Kategorisierung insolvente und solvente Stichprobe[1378]

N=55	t-3		t-2		t-1	
Bilanzpolitische Beurteilung	Konservativ	Progressiv	Konservativ	Progressiv	Konservativ	Progressiv
Eindeutig	1	1	1	2	0	1
Kontrollunternehmen	1	1	1	2	0	0
Sehr Wahrscheinlich	1	4	1	3	2	5
Kontrollunternehmen	0	3	1	2	1	0
Vermutlich	2	9	4	10	5	11
Kontrollunternehmen	7	5	7	5	8	10
Nicht beurteilbar	7	30	6	28	7	24
Kontrollunternehmen	20	18	16	21	16	20
Chi-Quadrat/Signifikanz	14,323/0,046**		8,230/0,313		10,959/0,090*	
*** P-Value bei Signifikanzniveau 1% **P-Value bei Signifikanzniveau 5% *P-Value bei Signifikanzniveau 10%						

Aus der Punktvergabe und der zusammenfassenden bilanzpolitischen Beurteilung tritt bereits ein deutlicheres Bild in Erscheinung. Partiell in der Kategorie *eindeutig*, jedoch offenkundig in der Kategorie *sehr wahrscheinlich* ist bei der insolventen Stichprobe im Vergleich zur solventen Stichprobe eine deutlich progressivere bilanzpolitische Einflussnahme erkennbar. Dies spiegelt die Verhaltensintention einer bewussten progressiven bilanzpolitischen Einflussnahme wider, wobei die Periode t-3 signifikante und die Periode t-1 leicht signifikante Unterschiede in den Merkmalsausprägungen der Stichproben dokumentieren. In Relation zur Stichprobengröße ist die Zahl der registrierten Unternehmen in dem Bereich der verhaltensintendierten Bilanzpolitik jedoch gering. Bezüglich der objektiven Feststellung einer progressiv oder konservativ ausgelegten Rechnungslegung in den Kategorien *vermutlich* und *nicht beurteilbar*, lässt sich ebenfalls bei der insolventen Stichprobe eine eindeutig stärker ausgelegte progressive Bilanzierung beobachten. Eine

1378 Das Kriterium der zeitanteiligen i.d.R. monatsgenauen Abschreibung pro rata temporis mit dem Gegenpart der Vereinfachungsregelung wurde nur in dem Fall der Anwendung der Vereinfachungsregelung als konservative Bilanzpolitik mit -1 bewertet, da die Anwendung nur vereinzelt vorkam, vgl. Tabelle 15 und 16.

Richtungsableitung für die solventen Unternehmen ist der Aufstellung nicht eindeutig zu entnehmen.[1379]

Werden alle Punkte über die gesamten Untersuchungsperioden t-3 bis t-1 aufsummiert (siehe Anhang 9), resultiert für die insolvente Stichprobe eine Gesamtpunktzahl i.H.v. 187 und für die solvente Kontrollgruppe eine Punktzahl i.H.v. -3. Die folgende Tabelle gibt einen Überblick über die Gesamtpunktzahl der Stichproben in den einzelnen Perioden:

Tabelle 18: Periodenspezifische Gesamtpunktzahl von Untersuchungs- und Kontrollgruppe

Periode	t-3		t-2		t-1	
N=55	Insolvente Stichprobe	Solvente Stichprobe	Insolvente Stichprobe	Solvente Stichprobe	Insolvente Stichprobe	Solvente Stichprobe
Punkte	68	2	57	-2	62	-3

Es ist zwischen den einzelnen Perioden kein signifikanter Unterschied innerhalb der Stichproben erkennbar. Im Querschnittsvergleich sind jedoch eine eindeutig progressive Bilanzierung bei insolventen Unternehmen und eine eindeutig neutral ausgelegte Bilanzierung bei solventen Unternehmen festzustellen.

Aufgrund des Erschwernisses der Objektivierung realer bilanzpolitischer Maßnahmen sowie der bilanzpolitischen Beurteilung des Lageberichts, wurden diese nicht in die Nutzwertanalyse miteinbezogen. In den qualitativen Berichtselementen können als reale bilanzpolitische Geschäftsprozesse insb. Verkäufe von Vermögensgegenständen, Sale-and-Lease-Back-Maßnahmen sowie Factoring klassifiziert werden. Die Maßnahmen finden vorwiegend in Zeiten wirtschaftlicher Rezession von Unternehmen zum Ausgleich von Verlusten und der Liquiditätsbeschaffung ihre Verwendung.[1380] Die Kategorie *neu* in Tabelle 19 erfasst nur Unternehmen, welche in der jeweiligen Periode erstmalig oder mit einer Vertragserweiterung die realen bilanzpolitischen Maßnahmen betreiben. In der Kategorie *insgesamt* wird die Anzahl der Unternehmen festgehalten, welche in der jeweiligen Periode die Maßnahme anwenden. In beiden Kategorien dominiert die Anzahl der insolventen Unternehmen, wobei die Maßnahme Factoring zahlenmäßig am häufigsten zum Einsatz gelangt. Ein Anstieg der realen Bilanzpolitik im Zeitablauf kann jedoch nicht beobachtet werden. Darüber hinaus sind vereinzelte Maßnahmen identifizierbar, welche nicht eindeutig gewertet werden können, wie bspw. Outsourcing oder die zusätzliche Anzeige stiller Reserven, um eine Überschuldung zu vermeiden.

1379 Anzumerken ist, dass Unternehmen mit einer Punktzahl von null einheitlich der progressiven Kategorie zugeordnet wurden.

1380 Vgl. Pfleger (1991), S. 144 und 461.

Tabelle 19: Übersicht reale bilanzpolitische Maßnahmen

N=55	t-3		t-2		t-1	
Reale bilanzpolitische Maßnahmen – **Neu**	Bewusst Nein	JA	Bewusst Nein	JA	Bewusst Nein	JA
Sale-and-Lease-Back	0	0	0	1	0	2
Kontrollunternehmen	1	0	0	0	0	0
Verkäufe von Vermögensgegenstände	0	2	0	1	0	1
Kontrollunternehmen	0	1	0	1	0	0
Factoring	0	4	0	3	1	3
Kontrollunternehmen	1	0	0	1	0	1
Reale bilanzpolitische Maßnahmen – **Insgesamt**	Bewusst Nein	JA	Bewusst Nein	JA	Bewusst Nein	JA
Sale-and-Lease-Back	0	3	0	3	0	4
Kontrollunternehmen	1	1	1	1	1	1
Verkäufe von Vermögensgegenstände	0	3	0	2	0	2
Kontrollunternehmen	0	1	0	2	0	1
Factoring	0	7	0	8	1	8
Kontrollunternehmen	1	0	0	1	0	1

Der Lagebericht eröffnet verschiedene Möglichkeiten die wirtschaftliche Lage besser in Erscheinung zu bringen. So werden von insolventen Unternehmen in einem schlechten wirtschaftlichen Jahr verbal hohe stille Reserven im Anlagevermögen angeführt, welche die Sicherheit des Unternehmens symbolisieren sollen.[1381] Auch findet bspw. in dem Nachtragsbericht die Hervorhebung positiver Entwicklungen lediglich der ersten zwei Monate des nachfolgenden Jahres statt, welche die wirtschaftliche Darstellung des Unternehmens ebenfalls verbessern soll.[1382] Auch der Anhang kann formale Besserstellungen der wirtschaftlichen Lage beinhalten. Bspw. wird hervorgehoben, dass aufgrund des Realisationsprinzips aus einem betriebswirtschaftlichen Blickwinkel erbrachte Leistungen in dem fokussierten Berichtsjahr nicht ausgewiesen werden dürfen.[1383] Die formale Lageberichtsanalyse wurde dahingehend um Indizien aus dem Anhang erweitert.

1381 Vgl. Jahresabschluss 2013 Weiss Kessel-, Anlagen- und Maschinenbau GmbH, S. 2.
1382 Vgl. Jahresabschluss 2011 Hellux GmbH, S. 9.
1383 Vgl. Jahresabschluss 2012 Lischma Betonwerke Lindenmann GmbH & Co. KG, S. 4.

Tabelle 20: Übersicht bilanzpolitische Beurteilung Lagebericht und Anhang

N=55	t-3		t-2		t-1	
	Konservativ	Progressiv	Konservativ	Progressiv	Konservativ	Progressiv
Bilanzpolitische Beurteilung Lagebericht	0	3	0	6	0	3
Kontrollunternehmen	0	0	0	0	0	0

Nach Auswertungen der Lageberichte können insb. durch einen Querschnittsvergleich in den Perioden t-3 und t-1 jeweils drei Unternehmen sowie in Periode t-2 sechs Unternehmen identifiziert werden, welche einen verbal progressiv ausgerichteten Lagebericht aufweisen. Dieser charakterisiert sich durch die wirtschaftliche Besserstellung des Unternehmens oder das Verlagern der Verantwortung der wirtschaftlich schlechten Lage auf externe Faktoren wie die Branchenkonjunktur, welche jedoch von dem zugehörigen Vergleichsunternehmen gegensätzlich beurteilt werden. In den Kontrollunternehmen konnte keine signifikante Einflussnahme in einem Zeitreihen- und Querschnittsvergleich beobachtet werden.

6.2.2 Multivariate Untersuchung

Die multivariate Untersuchung dient der Identifizierung und Bereinigung möglicher Einflussfaktoren auf die Bilanzpolitik. Im Folgenden werden insgesamt sieben nominal skalierte Kontrollvariablen überprüft.[1384] Eine Studie von Eierle u.a. (2011)[1385] hat ergeben, dass von 204 mittelgroßen Kapitalgesellschaften nur 18,6% von Big-Four Wirtschaftsprüfungsgesellschaften geprüft wurden.[1386] Etwas über die Hälfte der Abschlüsse prüften andere Prüfungsgesellschaften und bei 27% erfolgte die Testatserteilung durch einen Einzelprüfer.[1387] Bei dem Kontrollkriterium Größe des Wirtschaftsprüfers wurde daher die Kategorie zunächst in die drei Stufen Einzelprüfer, Prüfungsgesellschaft und Big-25 Wirtschaftsprüfungsgesellschaft unterteilt.[1388] Da während der qualitativen Analyse der Jahresabschlüsse und Lageberichte beobachtet werden konnte, dass sich bei einem Wechsel des Wirtschaftsprüfers die

1384 Vgl. zur Ableitung Kapitel 4.3.2. Eine Überprüfung metrisch skalierter Einflussfaktoren wird im Rahmen der quantitativen multivariaten Analyse vorgenommen.

1385 Vgl. Eierle u.a. (2011), S. 243–253.

1386 Vgl. Eierle u.a. (2011), S. 253.

1387 Vgl. Eierle u.a. (2011), S. 253.

1388 Die Liste der 25 größten Wirtschaftsprüfungsgesellschaften in Deutschland wurde der Veröffentlichung der Lünendonk GmbH mit Stand 16.07.2015 entnommen, vgl. Lünendonk GmbH (2015), S. 1.

Angaben in den Berichtsbestandteilen oftmals verändern,[1389] wurde das Kontrollkriterium Wirtschaftsprüferwechsel mit aufgenommen. Die Untersuchung von Eierle (2011) hat zudem ergeben, dass 89,6% der Bestätigungsvermerke uneingeschränkt erteilt wurden.[1390] Ein ähnliches Bild ist auch in der vorliegenden Stichprobe zu beobachten. Werden die Bestätigungsvermerke jedoch eingehender betrachtet, stellt sich heraus, dass insolvente Unternehmen in den letzten Perioden vor der Insolvenz zusätzliche Hinweise auf Gefahren für die Unternehmensfortführung sowie andere bilanzielle Anmerkungen erhalten. Derartige Hinweise schränken den Bestätigungsvermerk formal nicht ein, können jedoch mögliche bilanzielle Problembereiche andeuten. Sofern der Wirtschaftsprüfer einen Vermerk oder einen gesonderten Hinweis in den standardisierten Bestätigungsvermerken aufnimmt, ist das Kriterium Vermerk erfüllt.[1391] Die Eigenschaft des Managementwechsels liegt vor, wenn eine Person der Geschäftsführung ausscheidet, neu hinzukommt oder durch einen anderen Geschäftsführer ausgewechselt wird. Die Kontrollvariable Geschäftsführer spiegelt die Entscheidungsfindung wider und wird in Unternehmen unterteilt, welche von einem einzelnen Geschäftsführer oder einer Gruppe von Geschäftsführern vertreten werden. Sofern sich eine Frau in der Geschäftsführung befindet, gilt das Kriterium Gender als erfüllt. Die Spalte Gesamt in Tabelle 21 umfasst alle Unternehmen, die in einer beliebigen Periode das jeweilige Merkmal erfüllen. Hinsichtlich der Beurteilung, ob ein Unternehmen eigentümer- oder fremdgeführt ist, wurde ein Anteilsbesitz von mindestens 25% von einem oder mehreren Geschäftsführern für eine Einstufung als eigentümergeführt vorausgesetzt.[1392] Im Ergebnis werden 38 der insolventen Unternehmen eigentümergeführt, dementsprechend sind 17 Unternehmen fremdgeführt. Hingegen verzeichnet die solvente Kontrollgruppe einen Überhang von 30 fremdgeführten Unternehmen gegenüber 25 eigentümergeführten Unternehmen.

1389 Bspw. in dem Jahresabschluss 2013 von Saar Metallwerke GmbH, S. 6f. sowie in den Jahresabschlüssen 2013 Rückle GmbH Werkzeugfabrik und 2012 TechnoGuss Tangerhütte GmbH jeweils in einem Vergleich zu den Vorjahren.

1390 Vgl. Eierle u.a. (2011), S. 252.

1391 Vgl. für einen standardisierten Bestätigungsvermerk Hans-Böckler-Stiftung (2009), S. 8.

1392 Sofern bei Unternehmen Familienmitglieder des gleichen Namens die Anteile besitzen, findet ebenfalls eine Einstufung als eigentümergeführtes Unternehmens statt. Der Anteilsbesitz wurde in der Amadeus Datenbank in mehreren aufeinanderfolgenden Beteiligungsstufen geprüft. Sofern in vereinzelten Fällen ein Beteiligungsunternehmen im Ausland ansässig ist, bei welchem keine weiteren Informationen durch die Datenbank und zusätzliche Recherchen erlangt werden konnten, ist dieses als fremdgeführt klassifiziert worden.
Die Festlegung der Auswahl wurde hinsichtlich der spezifischen Charakteristika der Untersuchungsstichprobe festgelegt.

Tabelle 21: Übersicht multivariate Kontrollvariablen

Insolvente Stichprobe (I) N=55 Kontrollstichprobe (K) N=55	**Gesamt (I)**	**t-3 (I)**	**t-2 (I)**	**t-1 (I)**	Gesamt (K)	t-3 (K)	t-2 (K)	t-1 (K)
Wirtschaftsprüfer								
Einzelprüfer	12	12	13	12	7	7	7	6
Gesellschaft	33	32	32	34	28	28	27	27
Big-25	10	11	10	9	20	20	21	22
Wirtschaftsprüferwechsel								
JA	11	2	4	5	12	4	3	6
Nein	44	53	51	50	43	51	52	49
Vermerk/Hinweis durch WP								
JA	19	5	10	18	2	1	1	2
Nein	36	50	45	37	53	54	54	53
Managementwechsel								
JA	28	16	11	15	15	5	9	7
Nein	27	39	44	40	40	50	46	48
Geschäftsführung								
Einzelgeschäftsführer	16	14	13	13	17	16	16	15
Gruppe Geschäftsführer	39	41	42	42	38	39	39	40
Gender GF								
Frau	11	10	9	9	7	7	7	7
Mann	44	45	46	46	48	48	48	48

Die deskriptive Betrachtung der multivariaten Kontrollvariablen zeigt, dass deutlich mehr solvente Unternehmen von Big-25 Gesellschaften geprüft werden. Bei insolventen Unternehmen ist eine deutliche Zunahme der Variable Vermerk im Zeitablauf zu beobachten. Auch der Querschnittsvergleich bestätigt eine deutlich höhere Anzahl der Hinweise im Bestätigungsvermerk sowie auch Wechsel in der Geschäftsführung bei insolventen Unternehmen. Hinsichtlich der weiteren Faktoren kristallisieren sich in einem Zeitreihen- und Querschnittsvergleich keine maßgebenden Veränderungen oder Unterschiede heraus.

Tabelle 22 stellt die Ansatz- und Bewertungswechsel sowie die Punktvergabe der verschiedenen Kontrollvariablen in einem Vergleich zur gesamten insolventen Stichprobe dar. Werden die durchschnittlichen Punkte der einzelnen Kategorien betrachtet, so ergeben sich lediglich in den Fällen Gender und WPWechsel in den Perioden t-2 und t-1 negative Werte, welche jedoch auf einer nur sehr geringen Fallzahl beruhen. Auch durch Separation beider Kategorien würden sich hinsichtlich des primären Querschnittvergleichs zur solventen Stichprobe bei der bilanzpolitischen Interpretation keine Änderungen ergeben. Dennoch lässt sich eine konservative Tendenz dieser beiden Variablen im Zeitablauf festhalten.

Tabelle 22: Ansatz-/Bewertungswechsel und Punktvergabe dichotomer Kontrollvariablen[1393]

Periode t-3	Gesamt (N=55)	%	Führung (N=17)	%	Vermerk (N=5)	%	WP (N=12)	%	WPWechsel (N=2)	%	MW (N=16)	%	GF (N=14)	%	Gender (N=15)	%
CH progressiv	10	18,18%	4	23,53%	0	0,00%	1	8,33%	0	0,00%	4	25,00%	2	14,29%	3	30,00%
CH konservativ	5	9,09%	1	5,88%	0	0,00%	2	16,67%	0	0,00%	1	6,25%	1	7,14%	0	0,00%
Punkte/ Durchschnitt	68	1,24	26	1,53	5	1,00	21	1,75	7	3,50	25	1,56	6	0,43	15	1,50
Reale BP	13	23,64%	0	0,00%	1	20,00%	1	8,33%	1	50,00%	2	3,64%	1	7,14%	1	10,00%
Lagebericht	3	5,45%	1	5,88%	0	0,00%	1	8,33%	0	0,00%	0	0,00%	2	14,29%	0	0,00%
Periode t-2	Gesamt (N=55)	%	Führung (N=17)	%	Vermerk (N=10)	%	WP (N=12)	%	WPWechsel (N=4)	%	MW (N=11)	%	GF (N=13)	%	Gender (N=9)	%
CH progressiv	9	16,36%	3	17,65%	0	0,00%	4	33,33%	0	0,00%	2	18,18%	3	23,08%	0	0,00%
CH konservativ	8	14,55%	5	29,41%	2	20,00%	0	0,00%	5	125%	2	18,18%	2	15,38%	3	33,33%
Punkte/ Durchschnitt	57	1,04	10	0,59	13	1,30	32	2,67	-10	-2,50	18	1,64	16	1,23	-5	-0,56
Reale BP	13	23,64%	0	0,00%	2	20,00%	1	8,33%	0	0,00%	0	0,00%	1	7,69%	2	22,22%
Lagebericht	6	10,91%	1	5,88%	2	20,00%	2	16,67%	0	0,00%	0	0,00%	2	15,38%	2	22,22%
Periode t-1	Gesamt (N=55)	%	Führung (N=17)	%	Vermerk (N=18)	%	WP (N=12)	%	WPWechsel (N=5)	%	MW (N=15)	%	GF (N=13)	%	Gender (N=9)	%
CH progressiv	11	20,00%	3	17,65%	5	27,78%	4	33,33%	2	40,00%	2	13,33%	0	0,00%	0	0,00%
CH konservativ	9	16,36%	3	17,65%	3	16,67%	1	8,33%	4	80,00%	1	6,67%	1	7,69%	0	0,00%
Punkte/ Durchschnitt	62	1,13	20	1,18	25	1,39	31	2,58	-6	-1,20	34	2,27	14	1,08	-2	-0,22
Reale BP	14	25,45%	3	17,65%	1	5,56%	5	41,67%	1	20,00%	3	20,00%	2	15,38%	1	11,11%
Lagebericht	3	5,45%	2	11,76%	0	0,00%	1	8,33%	2	40,00%	1	6,67%	2	15,38%	0	0,00%

Mit:

CH	Ansatz- und Bewertungswechsel.
Führung	Unternehmen, welche fremdgeführt werden.
Vermerk	Unternehmen, welche einen Vermerk oder Hinweis im Bestätigungsvermerk erhalten haben.
WP	Unternehmen, welche von einem Einzelprüfer geprüft werden.
WPWechsel	Unternehmen, welche einen Wechsel des Wirtschaftsprüfers verzeichnen.
MW	Unternehmen mit einem Wechsel in der Geschäftsführung.
GF	Unternehmen, welche von einem einzelnen Geschäftsführer geführt werden.
Gender	Unternehmen, welche eine Frau in der Geschäftsführung haben.

Werden die Bewertungsänderungen in den Fokus gerückt, so kann auch bei prozentualer Betrachtung aufgrund der geringen Fallzahl keine eindeutige Schlussfolgerung über die bilanzpolitische Richtung der Kontrollvariablen gezogen werden. Die Analyse der realen und formalen Bilanzpolitik spiegelt ein ähnliches Bild wider. Sollen dennoch Tendenzaussagen auf Basis der Bilanzierungswechsel und Durchschnittspunktzahlen festgehalten werden, so ergibt sich insb. aufgrund der unterschiedlichen Periodenwirkung ein nicht einschätzbarer Einfluss der Kontrollvariablen Führung und Vermerk, eine progressive Tendenz der Variablen WP und Managementwechsel sowie eine konservative Tendenz der Variablen WPWechsel, Einzelgeschäftsführer und des Gender-Kriteriums.

1393 Die Einflussvariable Wirtschaftsprüfer wird in der multivariaten Untersuchung, um eine größere Fallzahl zu erhalten, nur zweigeteilt als Einzelprüfer und Wirtschaftsprüfungsgesellschaft betrachtet.

6.3 Quantitative Analyse

6.3.1 Univariate Analyse

Zur Ergänzung der qualitativen Analyse kann die quantitative Messung die Höhe der diskretionären Periodenabgrenzungen bestimmen und die Bilanzpolitik auf statistische Signifikanz hin überprüfen. Für die Schätzung der Regressionskoeffizienten wird der Annahme einer bilanzpolitikfreien solventen Unternehmensstichprobe gefolgt. Um die Güte der Schätzung der Regressionskoeffizienten zu verbessern, soll die solvente Stichprobe im Folgenden erweitert werden. Die Recherche der solventen Unternehmen richtet sich nach den gleichen Kriterien wie zur Auswahl der Untersuchungsstichprobe aus. Es werden die gleichen Branchencodes der insolventen Unternehmen herangezogen. Somit findet der Einbezug aller solventen Unternehmen in den jeweiligen Branchenklassifizierungen statt, welche entsprechend der Spannen der Umsatzerlöse und Bilanzsummen der insolventen Unternehmen eingegrenzt werden. Von den resultierenden 602 Unternehmen wiesen 77 Unternehmen die benötigten Finanzinformationen nicht in allen Jahren auf, sodass die Regressionskoeffizienten auf Basis der verbleibenden 525 Unternehmen geschätzt wurden.[1394] Zur Berücksichtigung der Perfomance wird das Performance-Matched-Modified-Jones-Modell (PMMJ) bei der Messung herangezogen. Da diesem jedoch ebenfalls eine teils verzerrende Wirkung und das Hervorrufen von Fehlern zweiter Art angelastet wird,[1395] bietet es sich an, die Bilanzpolitik mit verschiedenen Verfahren zu überprüfen. Die Schätzung wird daher durch das klassische Jones-Modell (JM) und das Modified-Jones-Modell (MJ) auf Basis der gesamten Periodenabgrenzungen ergänzt. Darüber hinaus findet der Einsatz beider Modelle auf Basis der kurzfristigen Periodenabgrenzungen statt (KPAJM und KPAMJ).[1396] Die kurzfristigen Periodenabgrenzungen ergeben sich aus den grundlegenden Bestandteilen des Working Capitals, der Veränderungen in den Beständen der Forderungen aus Lieferungen und Leistungen, des Vorratsbestandes und der Verbindlichkeiten aus Lieferungen und Leistungen. Die gesamten Periodenabgrenzungen werden durch die Rückstellungsveränderungen und Abschreibungen erweitert. Der Regression wurden in Anlehnung an die Literatur und dem vorgesehenen Ausweis nach dem HGB, die Nettowerte für den Regressor Anlagevermögen zu Grunde gelegt.[1397] Da die Nutzungsdauer der Bestandteile des immateriellen Anlagevermögens im nationalen Recht i.d.R. begrenzt ist, erfolgt eine Subsumtion des immateriellen

1394 Vgl. zum Vorgehen auch DeFond/Jiambalvo (1994), S. 158; Kasznik (1999), S. 65; Leach/Newsom (2007), S. 129.

1395 Vgl. Keung/Shih (2014), S. 736.

1396 Die statistischen Berechnungen wurden mit SPSS Version 23 durchgeführt. Weitere Verfahren wurden aufgrund keines weiteren Erklärungsgehalts oder wie bspw. das Dechow-Dichev-Modell und das Modell von Roychowdhury aufgrund unzureichender Datenverfügbarkeit nicht angewandt.

1397 Vgl. Lopatta u.a. (2013), S. 237.

Anlagevermögens bei der Regression zusammen mit dem Sachanlagevermögen in den verwendeten Regressor Anlagevermögen (β_2).[1398] Die Querschnittsregression wird für jede Periode gesondert durchgeführt, wodurch von der Annahme abstrahiert wird, dass die Regressionskoeffizienten über die Zeit konstant bleiben.[1399]

Tabelle 23: Deskriptive Statistik solvente Unternehmen[1400]

Solvente Unternehmen (N = 55)

Periode t-3	Minimum	Maximum	Q1	Q3	Mittelwert	Median	Std.-Abw.
Größe	7,568	12,356	9,029	10,048	9,588	9,549	0,842
Δ Umsatz	-2,285	1,479	-0,005	0,411	0,203	0,193	0,458
JE	-0,192	0,338	0,017	0,129	0,072	0,052	0,090
OCF	-0,520	0,310	0,034	0,196	0,090	0,112	0,150
LEV	-0,384	154,464	0,899	4,973	11,925	1,661	29,444
ROA	-0,244	0,371	0,013	0,122	0,065	0,050	0,096
GPA	-0,284	0,568	-0,098	0,049	-0,018	-0,039	0,144
KPA	-0,205	0,610	-0,021	0,090	0,040	0,022	0,128
Z-Score	0,728	11,372	2,535	4,174	3,566	3,296	1,654
Periode t-2	Minimum	Maximum	Q1	Q3	Mittelwert	Median	Std.-Abw.
Größe	8,369	12,336	9,044	10,095	9,700	9,573	0,819
Δ Umsatz	-0,396	2,655	-0,137	0,126	0,110	0,004	0,494
JE	-0,312	0,260	0,007	0,107	0,056	0,037	0,081
OCF	-0,188	0,952	0,009	0,174	0,102	0,098	0,173
LEV	0,133	168,408	0,754	5,291	12,635	2,391	31,868
ROA	-0,217	0,258	0,007	0,095	0,051	0,035	0,072
GPA	-0,839	0,216	-0,107	0,029	-0,045	-0,034	0,148
KPA	-0,314	0,392	-0,017	0,047	0,018	0,008	0,109
Z-Score	0,816	6,047	2,207	4,129	3,274	2,977	1,313
Periode t-1	Minimum	Maximum	Q1	Q3	Mittelwert	Median	Std.-Abw.
Größe	8,270	12,069	9,186	12,194	9,700	9,558	0,803
Δ Umsatz	-1,048	0,697	-0,244	0,078	-0,069	-0,017	0,254
JE	-0,643	0,249	0,008	0,073	0,035	0,023	0,116
OCF	-0,373	0,310	0,021	0,177	0,084	0,095	0,121
LEV	0,140	152,952	0,793	4,506	9,523	2,059	25,737
ROA	-0,927	0,214	0,008	0,078	0,027	0,024	0,147
GPA	-0,584	0,382	-0,096	0,008	-0,049	-0,049	0,131
KPA	-0,526	0,319	-0,024	0,042	0,006	0,006	0,111
Z-Score	0,837	6,089	2,418	4,438	3,263	3,042	1,303

Anmerkungen:
Größe ist der natürliche Logarithmus der Bilanzsumme.
Alle anderen Variablen bis auf der ROA, LEV und Z-Score sind durch die Bilanzsumme zu Beginn der Periode skaliert.
LEV ist der Verschuldungsgrad, definiert durch den Quotienten aus gesamten Fremdkapital und Eigenkapital.
Z-Score ist der auf nicht-kapitalmarktorientierte Unternehmen angepasste Wahrscheinlichkeitsindex für die Insolvenz.

1398 Vgl. zu dieser Vorgehensweise auch Key (1997), S. 325.
1399 Vgl. DeFond/Jiambalvo (1994), S. 158; Kasznik (1999), S. 65.
1400 Die Gewinnrücklagen der Kennzahl X_2 des Z-Scores wurden auf das gesamte Eigenkapital erweitert, um auf Basis gewonnener Erkenntnisse für den deutschen Raum, eine bessere Güte hinsichtlich einer frühzeitigen Beurteilung in den Perioden t-3 und t-2 zu gewährleisten, vgl. Baetge u.a. (1992), S. 758f.

Tabelle 24: Deskriptive Statistik insolvente Unternehmen

Insolvente Unternehmen (N = 55)

Periode t-3	Minimum	Maximum	Q1	Q3	Mittelwert	Median	Std.-Abw.
Größe	7,944	12,327	8,975	9,955	9,493	9,315	0,851
Δ Umsatz	-3,270	1,924	-0,061	0,338	0,117	0,122	0,677
JE	-0,527	0,172	-0,083	0,018	-0,035***	-0,007***	0,109
OCF	-0,578	0,546	-0,049	0,105	0,042	0,035***	0,166
LEV	0,000	81,113	1,564	6,237	7,337	3,194**	13,555**
ROA	-0,581	0,238	-0,096	0,035	-0,027***	0,000***	0,119
GPA	-0,645	0,390	-0,118	0,011	-0,063	-0,042	0,155
KPA	-0,643	0,427	-0,088	0,059	-0,018**	0,005*	0,163
Z-Score	0,404	6,437	1,909	3,691	2,827***	2,643*	1,241
Periode t-2	Minimum	Maximum	Q1	Q3	Mittelwert	Median	Std.-Abw.
Größe	7,693	12,299	8,859	10,002	9,444	9,303*	0,862
Δ Umsatz	-1,310	1,272	-0,225	0,023	-0,120***	-0,077**	0,413
JE	-0,315	0,765	-0,064	0,022	0,008**	-0,004***	0,156*
OCF	-0,645	0,321	-0,075	0,091	-0,002***	0,016***	0,184
LEV	0,000	106,835	1,835	9,835	10,787	3,645*	18,796
ROA	-0,431	0,283	-0,052	0,028	-0,023***	0,001***	0,120**
GPA	-0,312	0,765	-0,133	0,036	-0,015	-0,042	0,190
KPA	-0,215	0,802	-0,066	0,069	0,027	0,008	0,188**
Z-Score	0,111	7,522	1,677	3,206	2,555***	2,123**	1,417
Periode t-1	Minimum	Maximum	Q1	Q3	Mittelwert	Median	Std.-Abw.
Größe	7,702	12,290	8,727	9,899	9,338**	9,241**	0,872
Δ Umsatz	-2,247	0,876	-0,310	0,009	-0,189*	-0,210**	0,401
JE	-0,375	0,391	-0,089	0,013	-0,035***	-0,020***	0,129
OCF	-0,305	0,407	-0,071	0,088	0,026**	0,019***	0,143
LEV	0,000	224,437	2,321	11,297	13,571	4,564***	32,926
ROA	-0,801	0,158	-0,090	0,016	-0,071***	-0,023***	0,170**
GPA	-0,408	0,200	-0,184	-0,002	-0,085	-0,072	0,138
KPA	-0,396	0,204	-0,106	0,054	-0,035*	-0,033**	0,132**
Z-Score	-0,002	7,213	1,591	3,135	2,472***	2,213***	1,450

Anmerkungen:
Die Signifikanzprüfung der Mittelwerts-Differenzen erfolgt anhand eines zweiseitigen t-Tests; die Signifikanzprüfung des Medians anhand des nicht-parametrischen Mann-Withney-U Test und die Prüfung der Standardabweichung anhand des Levene`s Test.

*** P-Value bei Signifikanzniveau 1%
** P-Value bei Signifikanzniveau 5%
* P-Value bei Signifikanzniveau 10%

Die deskriptiven Statistiken zeigen erneut eine signifikant negative Entwicklung der Umsatzerlöse in den Perioden t-2 und t-1 der insolventen Unternehmen im Vergleich zur solventen Kontrollgruppe. Ein noch deutlicheres Bild stellt die negative Entwicklung des Jahresergebnisses und des Return on Assets dar, welche sich beide ebenfalls signifikant in allen Perioden zwischen Untersuchungs- und der Kontrollstichprobe unterscheiden. Ein analoges Bild signalisieren der operative Cash Flow, der Z-Score und partiell der Verschuldungsgrad. Hingegen lassen die Periodenabgrenzungen durch die deskriptive Statistik nur für die kurzfristigen Periodenabgrenzungen signifikante Unterschiede erkennen. Die logarithmierte Bilanzsumme weist erwartungsgemäß aufgrund der Stichprobenauswahl in Periode t-3 keine signifikanten Unterschiede auf. Zu beachten ist jedoch die sich signifikant verringernde logarithmierte Bilanzsumme der insolventen Unternehmen in Periode t-1. Diese kann durch die schlechte wirtschaftliche Lage, aber auch durch reale bilanzpolitische Maßnahmen resultieren.

Die Schätzung der Regressionskoeffizienten erfolgt zunächst zusammenfassend für alle Unternehmen der Schätzstichprobe, da für die Güte der Schätzung nicht nur die Branchenklassifizierung, sondern insb. die Homogenität der Schätzunternehmen anhand der Zeitperiode und Unternehmensgröße entscheidend sind.[1401] Anschließend werden die Berechnungen erneut unter Zugrundelegung einer branchendifferenzierten Schätzung der Regressionskoeffizienten vorgenommen. Zu diesem Zweck werden die acht verschiedenen Branchenklassifizierungen der Stichprobe anhand ihrer Bilanzrelationen in vier Kategorien zusammengefasst. Kategorie eins spiegelt die Produktionsbranche mit den Branchencodes C, F und L wieder, Kategorie zwei den Handel G und Kategorie drei die Dienstleistungsbranchen mit den Branchencodes J, M und N. Die vierte Kategorie beinhaltet die Branche Logistik und Verkehr H. Die diskretionären Periodenabgrenzungen der insolventen Unternehmen werden hinsichtlich der Nullhypothese keiner betriebenen Bilanzpolitik und somit diskretionärer Periodenabgrenzungen von null zweiseitig geprüft.

Tabelle 25 zeigt die branchenübergreifende Schätzung und Berechnung. Die Regressionskoeffizienten weisen fast ausschließlich einen signifikanten Erklärungsgehalt auf. Lediglich in Periode t-1 und t-3 beinhaltet der ROA keinen signifikanten Erklärungsgehalt, welcher jedoch auch nur zur Adjustierung der wirtschaftlichen Lage in die Regression integriert wird. Gemäß der F-Statistik weist das Bestimmtheitsmaß einen nicht zufällig begründeten Erklärungscharakter auf. Die Werte des Bestimmtheitsmaßes symbolisieren eine geringe bis mittlere Effektstärke[1402] und weisen ein in der Literatur übliches Niveau für diesen Bereich der Bilanzpolitikforschung auf.[1403] Alle Modelle veranschaulichen gleichgerichtete Ergebnisse, jedoch mit unterschiedlichen Signifikanzniveaus. In Periode t-3 können alle Modelle außer das MJ-Modell eine signifikante konservative Bilanzpolitik nachweisen. In Periode t-2 messen alle Modelle eine progressive bilanzpolitische Einflussnahme, wobei das Jones-Modell auf Basis kurzfristiger Periodenabgrenzungen diese stark signifikant und das PMMJ-Modell leicht signifikant nachweisen. In Periode t-1 signalisieren alle Modelle eine konservative Bilanzpolitik, können diese jedoch nicht statistisch signifikant belegen.

1401 Vgl. zur Differenzierung zwischen zusammenfassender Schätzung und branchenbezogener Schätzung Ball/Shivakumar (2006), S. 207–242.

1402 Vgl. Cohen (1992), S. 155–159.

1403 Vgl. Peltier-Rivest (1999), S. 41; Leach/Newsom (2007), S. 131; Arnedo u.a. (2008), S. 37–39.

Tabelle 25: Diskretionäre Periodenabgrenzungen insolvente Unternehmen[1404]

Diskretionäre Periodenabgrenzungen insolvente Unternehmen (N = 55)

Periode t-3	JM	MJ	KPAJM	KPAMJ	PMMJ
Mittelwert	-0,071***	-0,033	-0,048**	-0,049**	-0,037*
Signifikanz	0,001	0,135	0,026	0,027	0,100
Median	-0,035***	-0,014	-0,025*	-0,026*	-0,017
Signifikanz	0,001	0,319	0,057	0,062	0,237
R	0,293	0,293	0,285	0,285	0,295
R^2	0,086	0,086	0,081	0,081	0,087
F	24,549***	24,549***	46,371***	46,371***	16,626***
β_0	0,004	0,004	0,019***	0,019***	0,007
β_1	0,073***	0,073***	0,088***	0,088***	0,073***
β_2	-0,136***	-0,136***	-	-	-0,138***
β_3	-	-	-	-	-0,049
Periode t-2	JM	MJ	KPAJM	KPAMJ	PMMJ
Mittelwert	0,037	0,038	0,037***	0,035	0,042*
Signifikanz	0,137	0,138	0,000	0,170	0,081
Median	0,022	0,022	0,035***	0,019	0,025
Signifikanz	0,323	0,331	0,000	0,471	0,169
R	0,209	0,209	0,195	0,195	0,223
R^2	0,043	0,043	0,038	0,038	0,050
F-Statistik	11,910***	11,910***	31,334***	31,334***	9,160***
β_0	-0,011	-0,011	0,005	0,005	-0,016*
β_1	0,038**	0,038**	0,087***	0,087***	0,037**
β_2	-0,119***	-0,119***	-	-	-0,116***
β_3	-	-	-	-	-0,106*
Periode t-1	JM	MJ	KPAJM	KPAMJ	PMMJ
Mittelwert	-0,021	-0,024	-0,019	-0,023	-0,026
Signifikanz	0,273	0,226	0,296	0,218	0,188
Median	-0,003	-0,003	-0,015	-0,017	-0,003
Signifikanz	0,402	0,361	0,284	0,200	0,327
R	0,322	0,322	0,309	0,309	0,323
R^2	0,104	0,104	0,095	0,095	0,104
F-Statistik	30,304***	30,304***	55,388***	55,388***	20,258***
β_0	-0,001	-0,001	0,005	0,005	0,000
β_1	0,071***	0,071***	0,110***	0,110***	0,072***
β_2	-0,167***	-0,167***	-	-	-0,167***
β_3	-	-	-	-	-0,022

Anmerkungen:
Die Signifikanzprüfung der Mittelwerte erfolgt anhand eines zweiseitigen t-Tests; die Signifikanzprüfung des Medians anhand des nicht-parametrischen zweiseitigen Wilcoxon-Rang-Tests.
Heteroskedastizität liegt in dem von White (1980) vorgegebenen Rahmen. Multikollinearität wurde anhand des Durbin-Watson-Tests überprüft.

*** P-Valuebei Signifikanzniveau 1%
** P-Valuebei Signifikanzniveau 5%
* P-Valuebei Signifikanzniveau 10%

1404 Die Gefahr von Autoregression wird aufgrund der periodenspezifischen Querschnittsuntersuchung vermindert, da diese insb. bei Zeitreihenanalysen auftritt. Des Weiteren erfolgt der Fokus auf die Signifikanzprüfung der abhängigen Variable statt der Einflussparameter der Schätzung, vgl. zur Autoregression bei den Messmodellen DeFond/Jiambalvo (1994), S. 159.

Tabelle 26 stellt die Ergebnisse der branchenspezifischen Schätzung dar. Die Richtung der gemessenen Bilanzpolitik ist bei allen Modellen und in allen Perioden im Vergleich zur ganzheitlichen Schätzung identisch, jedoch mit unterschiedlichen Signifikanzniveaus.

Tabelle 26: Diskretionäre Periodenabgrenzungen insolvente Unternehmen nach Branchenschätzung

Diskretionäre Periodenabgrenzungen insolvente Unternehmen nach Branchenschätzung (N = 55)

Periode t-3	JM	MJ	KPAJM	KPAMJ	PMMJ
Mittelwert	-0,028	-0,028	-0,042*	-0,046**	-0,025
Signifikanz	0,181	0,193	0,051	0,035	0,267
Median	0,001	-0,000	-0,014*	-0,019*	-0,004
Signifikanz	0,357	0,344	0,076	0,051	0,487
Periode t-2	JM	MJ	KPAJM	KPAMJ	PMMJ
Mittelwert	0,034	0,034	0,028	0,030	0,047*
Signifikanz	0,183	0,184	0,241	0,238	0,070
Median	0,013	0,013	0,004	0,004	0,016
Signifikanz	0,446	0,466	0,854	0,900	0,175
Periode t-1	JM	MJ	KPAJM	KPAMJ	PMMJ
Mittelwert	-0,108***	-0,106***	-0,235	-0,029	-0,082***
Signifikanz	0,000	0,000	0,227	0,145	0,002
Median	-0,113***	-0,108***	-0,037	-0,038	-0,099***
Signifikanz	0,000	0,000	0,186	0,134	0,003

Anmerkungen:

Die Signifikanzprüfung der Mittelwerte erfolgt anhand eines zweiseitigen t-Tests; die Signifikanzprüfung des Medians anhand des nicht-parametrischen zweiseitigen Wilcoxon-Rang-Tests.
Heteroskedastizität liegt in dem von White (1980) vorgegebenen Rahmen. Multikollinearität wurde anhand des Durbin-Watson-Tests überprüft.

*** P-Value bei Signifikanzniveau 1%
** P-Value bei Signifikanzniveau 5%
* P-Value bei Signifikanzniveau 10%

In Periode t-3 können nur das Jones- und MJ-Modell auf Basis kurzfristiger Periodenabgrenzungen eine negative Bilanzpolitik nachweisen. In Periode t-2 belegt nur das PMMJ-Modell mit geringer Signifikanz die progressive Bilanzpolitik. In der letzten Periode vor der Insolvenz t-1 signalisieren alle Modelle auf Basis der gesamten Periodenabgrenzungen eine konservative Bilanzpolitik.

6.3.2 Multivariate Analyse

Im Rahmen der quantitativen multivariaten Analyse werden die Kontrollvariablen der Bilanzpolitik hinsichtlich ihres Einflusses auf die diskretionären Periodenabgrenzungen überprüft. Die folgende Regressionsgleichung stellt den Zusammenhang dar:

$$DPA_{i,t} = \beta_{0,i} + \beta_{1,i}Führung_{i,t} + \beta_{2,i}Vermerk_{i,t}^{WP} + \beta_{3,i}WP + \beta_{4,i}WP_{i,t}^{Wechsel} + \beta_{5,i}MW_{i,t} + \beta_{6,i}GF_{i,t} + \beta_{7,i}G_{i,t} + \beta_{8,i}ROA_{i,t} + \beta_{9,i}Größe_{i,t} + \beta_{10,i}LEV_{i,t} + \beta_{11,i}ZScore + \varepsilon_{i,t} \quad (56)$$

mit:

$Führung_{i,t}$ = Dummyvariable für Unternehmen i in Periode t, welche den Wert 1 bei fremdgeführten Unternehmen annimmt, andernfalls den Wert 0.

$Vermerk_{i,t}^{WP}$ = Dummyvariable für Unternehmen i in Periode t, welche den Wert 1 bei Unternehmen mit einem Vermerk annimmt, andernfalls den Wert 0.

$WP_{i,t}$ = Dummyvariable für Unternehmen i in Periode t, welche den Wert 1 bei Unternehmen mit einer Gesellschaft als Prüfer annimmt, andernfalls den Wert 0.

$WP_{i,t}^{Wechsel}$ = Dummyvariable für Unternehmen i in Periode t, welche den Wert 1 bei Unternehmen mit einem Prüferwechsel annimmt, andernfalls den Wert 0.

$MW_{i,t}$ = Dummyvariable für Unternehmen i in Periode t, welche den Wert 1 bei Unternehmen mit einem Geschäftsführerwechsel annimmt, andernfalls den Wert 0.

$GF_{i,t}$ = Dummyvariable für Unternehmen i in Periode t, welche den Wert 1 bei Untenehmen mit nur einem Geschäftsführer annimmt, andernfalls den Wert 0.

$G_{i,t}$ = Dummyvariable für Unternehmen i in Periode t, welche den Wert 1 bei Unternehmen mit einer Frau in der GF annimmt, andernfalls den Wert 0.

Zunächst werden mögliche Zusammenhänge zwischen den Variablen der Regressionsgleichung untereinander geprüft. Tabelle 27 zeigt die Korrelationsmatrix für Periode t-3, die Aufstellungen für die Perioden t-2 und t-1 finden sich in Anhang 11 und 12. Die diskretionären Periodenabgrenzungen sind durch das Perfomance-Matched-Modified-Jones-Modell berechnet worden. Für die diskretionären Periodenabgrenzungen signalisiert die Korrelationsmatrix einen negativen Zusammenhang mit Unternehmen, welche einen Managementwechsel aufweisen oder durch einen einzelnen Geschäftsführer vertreten werden. Zwischen den Kontrollvariablen ist des Weiteren ein signifikanter Zusammenhang zwischen der Größe des prüfenden Wirtschaftsprüfers und der Führungsstruktur sowie zwischen einem Wechsel des Wirtschaftsprüfers und einem Hinweis im Bestätigungsvermerk erkennbar. Periode t-2 zeigt Zusammenhänge zwischen dem Verschuldungsgrad und einem Vermerk sowie der Führungsstruktur und dem Wirtschaftsprüfer und dessen Wechsel.

Periode t-3 symbolisiert einen negativen Zusammenhang zwischen einem Vermerk und den diskretionären Periodenabgrenzungen.

Tabelle 27: Korrelationsmatrix Kontrollvariablen t-3

N=55		DPA PMMJ	Führung	Vermerk	WP	WP Wechsel	MW	GF	Gender	ROA	Größe	LEV
DPAPMMJ	Korrelation	1	-0,163	0,005	-0,038	0,013	-0,333**	-0,325**	-0,054	-0,068	0,039	-0,023
	Signifikanz		0,234	0,973	0,784	0,923	0,013	0,015	0,694	0,622	0,776	0,870
Führung	Korrelation	-	1	-0,075	0,354***	0,080	0,091	0,151	-0,009	0,223	0,073	-0,064
	Signifikanz			0,588	0,008	0,560	0,507	0,271	0,946	0,102	0,596	0,642
Vermerk	Korrelation	-	-	1	0,158	0,614***	-0,063	-0,040	0,015	0,006	-0,024	0,019
	Signifikanz				0,249	0,000	0,646	0,774	0,914	0,968	0,864	0,890
WP	Korrelation	-	-	-	1	0,146	-0,020	0,021	0,000	0,012	0,222	-0,083
	Signifikanz					0,289	0,885	0,880	1,000	0,931	0,103	0,548
WPWechsel	Korrelation	-	-	-	-	1	-0,124	-0,114	0,160	0,112	-0,054	0,148
	Signifikanz						0,365	0,409	0,243	0,415	0,694	0,280
MW	Korrelation	-	-	-	-	-	1	-0,007	0,009	-0,075	0,036	-0,073
	Signifikanz							0,961	0,945	0,588	0,796	0,598
GF	Korrelation	-	-	-	-	-	-	1	-0,059	0,084	0,046	0,126
	Signifikanz								0,669	0,540	0,739	0,358
Gender	Korrelation	-	-	-	-	-	-	-	1	0,044	0,003	0,006
	Signifikanz									0,750	0,980	0,965
ROA	Korrelation	-	-	-	-	-	-	-	-	1	0,099	-0,044
	Signifikanz										0,473	0,749
Größe	Korrelation	-	-	-	-	-	-	-	-	-	1	-0,132
	Signifikanz											0,339
LEV	Korrelation	-	-	-	-	-	-	-	-	-	-	1
	Signifikanz											

Anmerkungen:

Die Korrelationen wurden mit dem Pearson-Korrelationskoeffizienten berechnet. Normalverteilungsannahmen wurden anhand des Kolmogorov-Smirnov und Shapiro-Wilk-Tests geprüft.

*** P-Value bei Signifikanzniveau 1%
** P-Value bei Signifikanzniveau 5%
* P-Value bei Signifikanzniveau 10%

Anschließend erfolgt in Tabelle 28 die Messung unter Verwendung der Regressionsgleichung und anhand der dichotom kodierten Kontrollvariablen erneut. Diese bestätigt nochmals den negativen Einfluss eines Managementwechsels sowie Einzelgeschäftsführers in Periode t-3 und ebenfalls den negativen Einfluss eines Vermerks in Periode t-1.

Studien können belegen, dass durch eine Separation von Einflussfaktoren, welche die Bilanzpolitik bedingen, nicht nur das Ergebnis der Messung abgeschwächt, sondern sich in vereinzelten Fällen sogar das Vorzeichen der bilanzpolitischen Einflussnahme umkehren kann.[1405] Es erfolgt daher in Tabelle 29 eine Überprüfung der Ergebnisse des PMMJ-Modells unter singulärer Exklusion der verschiedenen Kontrollvariablen.

1405 Vgl. DeFond/Jiambalvo (1994), S. 167–171.

Tabelle 28: Regressionsergebnisse dichotome Kontrollvariablen

Regressionsergebnisse Kontrollvariablen (N = 55)

Periode t-3	Führung	Vermerk	WP	WPWechsel	MW	GF	Gender
β	-0,029	-0,004	-0,001	-0,038	-0,121**	-0,122**	-0,027
Signifikanz	0,574	0,965	0,991	0,800	0,014	0,017	0,626

R = 0,482, R^2 = 0,232

Periode t-2	Führung	Vermerk	WP	WPWechsel	MW	GF	Gender
β	0,061	-0,028	0,021	-0,144	0,014	0,028	-0,045
Signifikanz	0,371	0,690	0,770	0,215	0,841	0,666	0,530

R = 0,244, R^2 = 0,059

Periode t-1	Führung	Vermerk	WP	WPWechsel	MW	GF	Gender
β	0,011	-0,106*	-0,014	-0,078	0,031	-0,071	0,113
Signifikanz	0,849	0,053	0,850	0,381	0,612	0,243	0,106

R = 0,402, R^2 = 0,161

*** P-Value bei Signifikanzniveau 1%
** P-Value bei Signifikanzniveau 5%
* P-Value bei Signifikanzniveau 10%

Tabelle 29: Diskretionäre Periodenabgrenzungen insolvente Unternehmen nach Singulärexklusion dichotomer Kontrollvariablen[1406]

Periode t-3	Führung (N=38)	V	Vermerk (N=50)	V	WP (N=44)	V	WPWechsel (N=53)	V	MW (N=39)	V	GF (N=41)	V	Gender (N=45)	V
Mittelwert	-0,007	+	-0,025	o	-0,022	+	-0,026	-	-0,022	+	0,006	+	-0,021	+
Signifikanz	0,748		0,305		0,414		0,276		0,414		0,778		0,395	
Periode t-2	Führung (N=38)		Vermerk (N=45)		WP (N=45)		WPWechsel (N=51)		MW (N=44)		GF (N=42)		Gender (N=46)	
Mittelwert	0,036	-	0,052*	+	0,040	-	0,053*	+	0,046	-	0,041	-	0,055*	+
Signifikanz	0,190		0,092		0,175		0,053		0,133		0,115		0,055	
Periode t-1	Führung (N=38)		Vermerk (N=37)		WP (N=46)		WPWechsel (N=50)		MW (N=40)		GF (N=42)		Gender (N=46)	
Mittelwert	-0,085***	-	-0,049*	+	-0,084***	-	-0,074***	+	-0,082***	o	-0,065**	+	-0,100***	-
Signifikanz	0,004		0,094		0,003		0,007		0,004		0,028		0,000	

*** P-Value bei Signifikanzniveau 1%
** P-Value bei Signifikanzniveau 5%
* P-Value bei Signifikanzniveau 10%

1406 Die Überprüfung der Kontrollvariablen wurde nur anhand einer einseitigen Exklusion vorgenommen, da die Fallzahl der verbleibenden Untersuchungsstichprobe eines umgekehrten Ausschlusses für statistische Überprüfungen zu gering ist.

Werden die Mittelwerte nach erfolgter Singulärexklusion der Variablen im Vergleich zur ursprünglichen Messung betrachtet, so verringern oder erhöhen sich diese partiell, ausgedrückt durch die Spalte V. Werden die Vorzeichen in der Zeitreihe fokussiert, sind diese in fast allen Fällen nicht vollständig gleichgerichtet. Eine eindeutige Aussage zur Beeinflussung über die Zeitreihe ist daher schwer abzuleiten. Nur bei Extraktion von Unternehmen mit einem Vermerk ist durchgehend eine positive Richtung erkennbar. Demzufolge schränkt ein Hinweis im Bestätigungsvermerk eine progressive bilanzpolitische Einflussnahme ein. Ein Vorzeichenwechsel der diskretionären Periodenabgrenzungen ist in Periode t-3 bei der Extraktion der Unternehmen zu beobachten, welche einen alleinigen Geschäftsführer haben. Dies deckt sich mit der gemessenen negativen Korrelation zu den diskretionären Periodenabgrenzungen.

In einem letzten Schritt soll eine multiple Exklusion insb. der Kontrollvariablen vorgenommen werden, welche einen Einfluss nach der vorherigen Analyse nehmen können.[1407]

Tabelle 30: Diskretionäre Periodenabgrenzungen insolvente Unternehmen nach multipler Exklusion dichotomer Kontrollvariablen

Periode t-3	MW/GF (N=29)	V	Vermerk/GF (N=37)	V	Vermerk/G (N=41)	V	Vermerk/MW (N=35)	V	Führung/MW (N=28)	V	Führung/GF (N=30)	V	Führung/G (N=31)	V
Mittelwert	0,043	+	0,006	+	-0,020	+	0,011	+	0,020	+	0,021	+	0,010	+
Signifikanz	0,076*		0,798		0,462		0,717		0,371		0,312		0,676	
Periode t-2	MW/GF (N=32)		Vermerk/GF (N=34)		Vermerk/G (N=38)		Vermerk/MW (N=37)		Führung/MW (N=32)		Führung/GF (N=31)		Führung/G (N=32)	
Mittelwert	0,035	-	0,048	+	0,059*	+	0,050	+	0,031	-	0,037	-	0,054*	+
Signifikanz	0,275		0,133		0,087		0,165		0,327		0,254		0,070	
Periode t-1	MW/GF (N=32)		Vermerk/GF (N=28)		Vermerk/G (N=31)		Vermerk/MW (N=28)		Führung/MW (N=31)		Führung/GF (N=29)		Führung/G (N=32)	
Mittelwert	-0,069**	+	-0,024	+	-0,072**	+	-0,051*	+	-0,102***	-	-0,078**	+	-0,080***	+
Signifikanz	0,031		0,464		0,019		0,067		0,001		0,017		0,009	

*** P-Value bei Signifikanzniveau 1%
** P-Value bei Signifikanzniveau 5%
* P-Value bei Signifikanzniveau 10%

Die Ergebnisse bestätigen erneut einen konservativen Einfluss des Vermerks in allen drei Kombinationen und Perioden. Herauszuheben ist der Ausschluss von Unternehmen, welche einen Managementwechsel verzeichnen und von nur einem Geschäftsführer geführt werden, in Periode t-3. Die diskretionären Periodenabgrenzungen kehren sich in ein positives Vorzeichen um und sind sogar bei einer geringen Fallzahl leicht signifikant. Die weiteren Ergebnisse sind uneinheitlich und zeigen

1407 Zu beachten ist jedoch, dass die Fallzahl der verbleibenden Stichprobe (in Klammern) weiterhin möglichst eine Größe von mindestens 30 Unternehmen aufweisen sollte, sodass nur ein Ausschluss von zwei Variablen gleichzeitig erfolgt, vgl. Rasch (2010), S. 59.

die unterschiedliche Stärke des Einflusses der Kontrollvariablen. Ein Ausschluss der Variable Managementwechsel zusammen mit einem Vermerk wirkt in jeder Periode progressiv, während der Ausschluss des Managementwechsels zusammen mit der Variable Führung in den Perioden t-3 und t-1 und mit der Variable Einzelgeschäftsführer in Periode t-2 konservativ wirkt.

6.4 Fazit der empirischen Untersuchung

6.4.1 Zusammenführung der Ergebnisse

Die Eingangshypothese dieser Arbeit beschreibt eine bewusst progressive bilanzpolitische Einflussnahme von Unternehmen in wirtschaftlichen Krisenzeiten. In einem Mehrperiodenkontext soll zudem die Bilanzpolitik der Vorperiode negativ auf die Bilanzpolitik der aktuellen Periode einwirken. Überdies propagieren Forschungsarbeiten in diesem Themenfeld verschiedene Einflussfaktoren auf die Bilanzpolitik. Die quantitative Messung zeigt eine konservative Bilanzpolitik in Periode t-3, eine progressive Bilanzpolitik in Periode t-2 und wiederum eine konservative Bilanzpolitik Periode t-1. Durch Separation von insolventen Unternehmen, welche durch einen einzelnen Geschäftsführer geleitet werden, kehrt sich jedoch das negative Vorzeichen der diskretionären Periodenabgrenzungen in Periode t-3 in ein positives um. Werden zusätzlich Unternehmen exkludiert, die einen Managementwechsel aufweisen, resultieren positive diskretionäre Periodenabgrenzungen, welche bei einer nur geringen Fallzahl signifikant sind. Die Messung in Periode t-3 ist somit nicht konsistent, sodass weitere Messmethoden und Analysen zum Einsatz kommen sollten. Die analytische Untersuchung zeigt zunächst nur eine geringe progressive Tendenz von Ansatz- und Bewertungswechseln der insolventen Stichprobe, im Vergleich zu einer geringen konservativen Tendenz der solventen Stichprobe. Werden jedoch die Ergebnisse der Nutzwertanalyse herangezogen, bildet sich eine stark progressiv ausgelegte Ausgangsbilanzierung der insolventen Unternehmen im Vergleich zu einer neutralen Bilanzierung von solventen Unternehmen ab. Durch die progressive Ausgangsbilanzierung ist der bilanzpolitische Handlungsspielraum von insolventen Unternehmen in der Betrachtungsperiode deutlich eingeschränkt. Infolgedessen ist die progressive bilanzpolitische Tendenz der Ansatz- und Bewertungsänderungen stärker zu gewichten, sodass eine progressive Einflussnahme für insolvente Unternehmen in Periode t-3 geschlussfolgert werden kann. Zudem zeigen die analytische Messung hinsichtlich der Bilanzierungswechsel wie auch die Ergebnisse der Nutzwertanalyse, ein im Zeitreihenverlauf konstantes Bilanzierungsverhalten. Dementsprechend sind die auf einer material ausgerichteten Periodenabgrenzungsmessung resultierenden signifikant negativen diskretionären Periodenabgrenzungen in Periode t-1 nicht einer Verhaltensintention zuzuordnen, sondern durch bilanzpolitische Umkehreffekte bedingt. Dies bekräftigt die Analyse der ergänzenden qualitativen Berichtsbestandteile. Bei den insolventen Unternehmen ist eine deutlich höhere Anzahl an realen bilanzpolitischen Maßnahmen wie bspw. Sale-and-Lease-Back-Transaktionen zu verzeichnen, welche der

Ergebnis- und Liquiditätsverbesserung dienen und somit der progressiven Bilanzpolitik zugeordnet werden.[1408] Auch die Analyse des Lageberichts signalisiert eine progressive formale Bilanzpolitik von insolventen Unternehmen. Zudem konnte im Rahmen der Individualanalyse bei insolventen Unternehmen der bewusste Einsatz von Aktivierungswahlrechten zur Vermeidung eines Jahresfehlbetrages beobachtet werden.[1409] Zusammengefasst können die Hypothesen einer progressiven bilanzpolitischen Einflussnahme in wirtschaftlichen Krisenzeiten und einer negativ wirkenden Bilanzpolitik der Vorperiode bestätigt werden. Die Schlussfolgerung der Umkehrwirkung in Periode t-1 stärkt die Hypothese eines frühzeitigen Einsatzes der bilanzpolitischen Manövriermasse in den Perioden t-3 und t-2. Des Weiteren postulieren die Ergebnisse der Nutzwertanalyse bereits einen nicht unwesentlichen Verbrauch in den Perioden vor t-3.

Aus der modelltheoretischen Analyse resultieren bereits Indizien, dass verschiedene Bilanzpositionen wie Firmenwerte oder Pensionsrückstellungen, auf welchen bilanzpolitische Maßnahmen fußen, nur geringfügig im deutschen Mittelstand bilanziert werden. Des Weiteren zeigt sich, dass infolge der Bilanzanalyse langfristig ausgerichtete bilanzpolitische Positionen einen geringeren Anteil an den Periodenabgrenzungen besitzen, sodass eine mehrperiodige bilanzpolitische Einflussnahme erschwert wird. Unter Berücksichtigung der durch die Literatur abgeleiteten Normbilanzierung und der gesetzlichen Offenlegungspflichten, wurde das Fazit einer eingeschränkten mehrperiodigen Bilanzpolitik nach dem deutschen HGB für mittelständische Unternehmen gezogen. Die analytische Untersuchung bestätigt die eingeschränkte Präsenz verschiedener Bilanzpositionen wie Firmenwerte oder Pensionsrückstellungen. Auch die auf Basis der Nutzwertanalyse abgeleitete progressive Ausgangsbilanzierung unterstreicht den eingeschränkten bilanzpolitischen Rahmen. Eine deutliche Fokussierung auf kurzfristige bilanzpolitische Maßnahmen kann hingegen nicht beobachtet werden. Zahlreiche eingesetzte Maßnahmen weisen einerseits eine kurzfristige Wirkung auf. Die Unternehmen setzen jedoch auch bewusst langfristig wirkende Maßnahmen wie Änderungen in den Nutzungsdauern und Abschreibungsmethoden von Anlagegütern ein.

Die Analyse der multivariaten Einflussfaktoren ist gleichwohl schwieriger und entwickelt sich schnell zu einem sehr komplexen Prozess. Die Untersuchung zeigt, dass im Fall einer periodenspezifischen Berechnung der diskretionären Periodenabgrenzungen, diese sich hinsichtlich ihres Vorzeichens durch Separation von Unternehmen mit bestimmten multivariaten Eigenschaften ändern und zu einer gänzlich anderen Ergebnisinterpretation führen können. Des Weiteren ist im Zeitablauf eine Veränderung des Vorzeichens der Einflussnahme zahlreicher Kontrollvariablen durch die quantitative wie auch analytische Messung zu erkennen. Eine Analyse und Separation der Verbindungen ist auch durch die Korrelationsanalyse und die Regressionsergebnisse nicht eindeutig filterbar. Sequentielle Exklusionsberechnungen

1408 Vgl. Coenenberg u.a. (2012), S. 1024.
1409 Vgl. z.B. Jahresabschluss 2011 MKM Co-Pharma GmbH, S. 1–3.

können dahingehend helfen die Effekte zu identifizieren. Bezüglich der Größe der Wirtschaftsprüfungsgesellschaft, eines Wechsels des Wirtschaftsprüfers, der Geschlechterzusammensetzung in der Geschäftsführung und auch der Führungsstruktur können in dieser Arbeit keine eindeutigen Schlussfolgerungen getroffen werden. Der Verschuldungsgrad ist nicht direkt mit den diskretionären Periodenabgrenzungen korreliert. Auf Basis der signifikanten Unterschiede in den deskriptiven Statistiken und der gemessenen progressiven Bilanzpolitik kann jedoch ein Zusammenhang zwischen höherem Verschuldungsgrad und einer progressiven Bilanzpolitik abgeleitet werden. Das bilanzpolitische Verhalten vor, während und nach einem Managementwechsel ist ebenfalls in der analytischen wie auch quantitativen Messung nicht eindeutig beurteilbar. Hingegen kann für das Kriterium der Einzelgeschäftsführung sowie der Erteilung eines Vermerks ein konservativer bilanzpolitischer Einfluss geschlussfolgert werden.[1410]

6.4.2 Implikationen für Forschung und Praxis

Internationale Forschungsarbeiten fokussieren bei der Messung einer bilanzpolitischen Einflussnahme in den Perioden vor einer Insolvenz primär quantitative Verfahren.[1411] Die Resultate sind zwischen den Studien in der Zeitreihe und im Querschnittsvergleich heterogen. Infolge der Beschränkung auf eine quantitative Periodenabgrenzungsmessung können regelmäßig lediglich Vermutungen für die Erklärung der Messergebnisse angeführt werden. Die Resultate der vorliegenden Studie ermöglichen durch einen triangulatorischen Messansatz hingegen eine systematische Ergebnisinterpretation. Dementsprechend zeigen die Analysen, dass durch Separation multivariater Einflussfaktoren und ergänzender analytischer Betrachtungen, eine durchgehend progressive bilanzpolitische Einflussnahme erfolgt. Die quantitativ gemessene Bilanzpolitik in der letzten Periode vor der Insolvenz ist demzufolge auf Umkehreffekte zurückzuführen. Die Implikation für die internationale Forschung ist eine verstärkte Integration weiterer Analysemethoden. Die Ergebnisse der multivariaten Analyse zeigen zudem, dass eine Prüfung möglicher Kontrollvariablen zwingend erfolgen sollte, um eine Ergebnisverzerrung zu vermeiden. Des Weiteren veranschaulicht der Zeitreihenverlauf, dass die Kontrollvariablen periodenspezifisch erfasst und kontrolliert werden sollten. Durch die Integration weiterer Analyseverfahren, welche die bilanzpolitischen Maßnahmen direkt erkennen können, kann letztlich eine Differenzierung der Ergebnisinterpretation in eine verhaltensinduzierte Bilanzpolitik und gemessener Bilanzpolitik infolge materialer Umkehreffekte erfolgen.

Implikationen für die nationale Forschung sowie für Standardsetter und öffentliche Aufsichtsorgane ergeben sich im Hinblick auf die Ausübung bilanzpolitischer Wahlrechte und Ermessensspielräume. Unter Berücksichtigung der geringfügigen

1410 Vgl. für eine Ergebnisübersicht für die aufgestellten Hypothesen Anhang 13.
1411 Vgl. Kapitel. 4.2.3.

Ansatz- und Bewertungswechsel, ist das daraus entstehende bilanzpolitische Potenzial aufgrund der zugehörigen Angabepflichten und der progressiven Ausgangsbilanzierung von Krisenunternehmen letztlich als gering einzuschätzen. Dies bekräftigt die modelltheoretische Analyse, welche nur einen geringen Anteil langfristiger Periodenabgrenzungen und damit mehrperiodig einsetzbarer bilanzpolitischer Manövriermasse offenbart. Im Hinblick auf die Offenlegungspraxis der Unternehmen lässt sich festhalten, dass die veröffentlichten Jahresabschlüsse vielfach Mängel aufweisen, welche auf Flüchtigkeitsfehler oder mangelnder Sorgfalt bei der Erstellung der Jahresabschlüsse und Lageberichte basieren.[1412] Ebenfalls kann vermutet werden, dass Pflichtangaben vielfach nicht veröffentlicht werden. Überdies ist bei der Recherche der veröffentlichten Jahresabschlüsse partiell eine lückenhafte Überprüfung der ordnungsgemäßen Publizität der Unternehmen durch die öffentlichen Aufsichtsorgane zu bemängeln.

Die stark progressiv orientierte Ausgangsbilanzierung schließt in der Empfehlung für die Bilanzierenden eine zurückhaltendere Bilanzierung vorzunehmen. Durch verschiedene Bilanzierungselemente wie der zahlenmäßig geringe Ansatz latenter Steuern sowie die Auslegung von Nutzungsdauern und Bilanzierungswahlrechten nach steuerlichen Gesichtspunkten, lässt sich insgesamt auf eine steuerbilanzkonforme Rechnungslegung schließen.[1413] Unternehmen sollten jedoch ein größeres bilanzpolitisches Manövrierpotenzial als Puffer zur Verfügung haben, um dieses unternehmenszielkonform in wirtschaftlichen Krisenzeiten zum Erhalt des Unternehmens sinnvoll einsetzen zu können. Weitere Implikationen ergeben sich für die Bilanzadressaten. Banken versuchen durch Unternehmensratings die Bonität potenzieller Kreditnehmer einzuschätzen. Aktuelle Ratingprogramme inkludieren verschiedene quantitative und qualitative Faktoren wie bspw. auch die Art und den Umfang der Testatserteilung.[1414] Die untersuchte insolvente Stichprobe weist in Periode t-3 bereits fünf Hinweise in dem Bestätigungsvermerk auf, welche sich in Periode t-2 auf zehn und in Periode t-3 auf insgesamt 18 erhöhen. Bei den solventen Unternehmen weist lediglich ein Unternehmen einen Hinweis über alle Perioden auf sowie ein weiteres in Periode t-1. Insolvenzprognoseverfahren sollten

---

1412 Bspw. Ausführungen zu den Abschreibungen in Lagebericht 2010 und 2012 Dusar Kunststoff- und Metallwaren GmbH, S. 1f. und 4. Des Weiteren Erläuterungen, welche einen erstmaligen Ansatz oder die Behandlung entsprechend dem Vorjahr beschreiben, sich jedoch auf ein falsches Jahr beziehen, vgl. Jahresabschluss 2011 Weiss Kessel-, Anlagen- und Maschinenbau GmbH, S. 5; Jahresabschluss 2013 Rhe Microsystems GmbH, S. 9; Jahresabschlüsse 2010, 2011 und 2012 Otema Grimma GmbH Ostdeutsche Technik- und Maschinengesellschaft.
Vgl. zur Kritik an der Offenlegung in der Praxis auch von Keitz u.a. (2011a), S. 2508; von Keitz/Gloth (2013b), S. 138; von Keitz/Gloth (2013a), S. 194.

1413 Bspw. hinsichtlich der ab 2010 im Steuerrecht nicht mehr zulässigen degressiven Abschreibung, Jahresabschluss 2010 und 2011 Mosecker GmbH & Co. KG, S. 7; Jahresabschluss 2010 Saar-Metallwerke GmbH, S. 8.

1414 Vgl. bspw. das Bilanzanalyse Programm BARS für Kreditinstitute von der S&N AG.

daher weitere Variablen in ihre Berechnungen inkludieren. Hinweise in Bestätigungsvermerken können aufgrund der standardisierten Form der Vermerke mit syntaktischen EDV-Programmen gefiltert werden und signalisieren auf Basis der Erkenntnisse der vorliegenden Studie bereits drei Perioden vor der Insolvenz eine wirtschaftliche Krise.[1415]

1415 An dieser Stelle sei nochmals darauf hingewiesen, dass die Hinweise nicht nur bestandsgefährdende Risiken aufzeigen, sondern ebenfalls fehlerhafte oder zweifelhafte Bilanzierungssachverhalte hervorheben.

7 Zusammenfassung und Forschungsausblick

Gemeinhin gilt die Auffassung, dass Jahresabschlüsse von wirtschaftlich angeschlagenen Unternehmen genauer geprüft werden sollten, da diese mit einer hohen Wahrscheinlichkeit geschönt seien. Ein Blick in die Grundlagen der Bilanzpolitik sieht diese Annahme konform zu möglichen bilanzpolitischen Strategien, welche in die Unternehmensziele eingebettet werden. Nach einer umfassenden Literaturrecherche sind zu dieser Fragestellung in dem nationalen Raum nur sporadische Forschungsergebnisse vorzufinden. Durch eine Erweiterung auf das internationale Forschungsfeld ist eine ausreichende Zahl von Krisen- und Insolvenzstudien zu verzeichnen. Infolge der Auswertung der Studien treten allerdings kontroverse Ergebnisse hervor, welche unterschiedliche Richtungen der gemessenen Bilanzpolitik aufzeigen und infolge mangelnder Identifikation einzelner Maßnahmen keine fundierte Begründung für die Divergenzen geben können. Auf Basis der Ergebnisse und einer theoretischen Analyse können für verschiedene bilanzpolitische Verhaltensmuster auf Basis der Prinzipal-Agenten-Theorie und sozialwissenschaftlicher Verhaltenstheorien Erklärungsmuster abgeleitet werden. Diese begründen nicht nur Anreize für eine progressive Bilanzpolitik, sondern können auch Gründe für eine konservative Bilanzpolitik in wirtschaftlichen Krisenzeiten heranführen.

Die größte Zahl der in Deutschland registrierten Unternehmensinsolvenzen wird von dem deutschen Mittelstand repräsentiert.[1416] Der Frage, ob mittelständische Unternehmen in wirtschaftlichen Krisenzeiten Bilanzpolitik betreiben, geht jedoch zunächst die Frage voran, ob diese in einer mehrperiodigen Krisensituation überhaupt unentdeckt und effektiv Bilanzpolitik ausüben können. Die modelltheoretische Analyse, welche ein Unternehmen aus der nachfolgend empirisch untersuchten Stichprobe analysiert, zeigt bereits deutliche Restriktionen auf. So determinieren die Ausgangsbilanzierung, Angabepflichten und bilanzpolitische Umkehreffekte die mehrperiodige bilanzpolitische Einflussnahme.

Die Entdeckung bilanzpolitischer Einflussnahmen stellt die internationale Forschung seit zwei Dekaden vor ein großes Problem. Dominierend finden quantitative aggregierte Periodenabgrenzungsmessungen ihre Anwendung. Durch Separierung der bilanzpolitisch beeinflussten Periodenabrenzungen kann die Höhe und Richtung der Bilanzpolitik bestimmt werden. Die Verfahren sind jedoch nicht in der Lage, einzelne bilanzpolitische Maßnahmen zu identifizieren und die zwangsläufig entstehenden Umkehreffekte herauszufiltern. In dieser Arbeit fand daher ein triangulatorischer Ansatz Anwendung, welcher nach einer modelltheoretischen Analyse die Bilanzpolitik mit Hilfe analytischer und quantitativer Verfahren beurteilt. Es wird eine Stichprobe von 55 insolventen Unternehmen mit einer Kontrollgruppe von solventen Unternehmen in gleicher Anzahl untersucht. Unter Einbezug

1416 Vgl. Statistisches Bundesamt (2016).

der Ausgangsperiode wurden über den Untersuchungszeitraum somit insgesamt 440 Jahresabschlüsse und Lageberichte auf bilanzpolitische Einflussnahmen geprüft.

Aufgrund der verpflichtenden Anwendung des BilMoGs erst seit dem Jahr 2010, stellt die vorliegende Arbeit eine der ersten Studien zu dem mehrperiodigen Bilanzierungsverhalten von Unternehmen nach BilMoG dar. Die vorliegende Arbeit erweitert die Forschung durch den Nachweis einer progressiven bilanzpolitischen Einflussnahme mittelständischer Unternehmen in Deutschland während der letzten drei Perioden vor der Insolvenzanmeldung. Zudem stellt sich heraus, dass der mehrperiodige bilanzpolitische Handlungsspielraum infolge der stark progressiven Ausgangsbilanzierung bei insolventen Unternehmen eingeschränkt ist. Des Weiteren konnte der verstärkte Einsatz realer Bilanzpolitik aufgezeigt werden, welcher über die Zeitreihe konstant bleibt. Infolge der triangulatorischen Analyse werden die Ergebnisse internationaler Studien hinsichtlich der Interpretation kontroverser Ergebnisse erweitert. Drei Perioden vor Insolvenzanmeldung folgte durch eine Separierung bilanzpolitischer Einflussfaktoren die Umkehr einer zuvor konservativ gemessenen Einflussnahme hin zu einer progressiven Bilanzpolitik. Des Weiteren konnte gezeigt werden, dass die quantitativ gemessene konservative Bilanzpolitik in der letzten Periode vor der Insolvenz, nicht verhaltensinduziert ist, sondern durch Umkehreffekte entsteht.

Eine Beschränkung der Allgemeingültigkeit dieser Studie erfolgt durch die begrenzte Zahl von 55 Unternehmen in der Stichprobe. Zudem limitiert das Publikationsverhalten sowie die fehlende Existenz aller bilanzieller Merkmalsausprägungen bei den Unternehmen die Interpretation, sodass eine Analyse des allgemeinen Bilanzierungsverhaltens auf Basis von Prozentwerten erfolgen muss. In Bezug auf das Jahr 2010 als Ausgangsbilanzierung der meisten Stichprobenunternehmen, sind nachträgliche Auswirkungen der Finanzkrise nicht ausgeschlossen. Der Beurteilung von realer und formaler Bilanzpolitik obliegen bei der Erfassung zweifelsohne subjektive Elemente. Dahingehend wurden diese bei der Nutzwertanalyse ausgenommen. Die Punktevergabe im Rahmen der Nutzwertanalyse wurde untersuchungsspezifisch abgeleitet und ist nur eingeschränkt auf weitere Forschungsarbeiten übertragbar. Die spezifische Ableitung der Punktvergabe wie auch die subjektiven Elemente werden in der vorliegenden Studie jedoch durch den Querschnittsvergleich objektiviert. Zudem sind vereinzelt multivariate Kontrollvariablen aufgrund unterschiedlicher Definitionen (bspw. Führungsstruktur) oder nationalrechtlicher Rahmenbedingungen (bspw. Geschäftsführung) nicht uneingeschränkt mit anderen Arbeiten vergleichbar. Letztlich ist darauf hinzuweisen, dass vereinzelte Ergebnisse aufgrund partiell geänderter Rechnungslegungsvorschriften nach dem BilRUG (bspw. die Nutzungsdauer des Geschäfts- oder Firmenwerts) angepasst werden müssen.

Die Ergebnisse können von der nationalen und internationalen Forschung wie auch von den Bilanzierenden und Standardsettern aufgegriffen werden. Kreditinstitute sind durch umfassende Kenntnisse über das mehrperiodige bilanzpolitische Potenzial von Unternehmen sowie deren Entschlüsselungsmöglichkeiten in der Lage, die Güte von Insolvenzprognoseverfahren durch bilanzpolitische Adjustierungen zu erhöhen. Durch den Standardsetter sollten aufgrund der vielen formalen wie auch inhaltlichen Fehler in den Berichtsbestandteilen zukünftig weitere Konkretisierungen und Standardisierungen der qualitativen Berichtsbestandteile vorgenommen werden. Letztlich zeigen Studien, dass auch die standardisierten quantitativen Verfahren in unterschiedlichen Ländern zu unterschiedlichen Ergebnissen führen.[1417] Die verschiedenen Rechnungslegungsnormen sowie Charakteristika der Untersuchungsstichprobe sollten daher bewusst in der Messung der Bilanzpolitik Einklang finden. Die verzerrten Ergebnisse veranschaulichen die Notwendigkeit einer triangulatorischen Analyse. Eine rein quantitativ standardisierte Messung lehnt der Verfasser dieser Arbeit aufgrund der restriktiven Annahmen und der Messfehler der Verfahren ab. Qualitative Berichtsbestandteile sind in der Lage verzerrte Bilanzrelationen zu begründen.[1418] Dementsprechend sollten zukünftige Forschungsarbeiten an standardisierten Messmodellen arbeiten, wie dies durch die Konzeption des bilanzpolitischen Bewertungsschemas in dieser Arbeit als einen ersten Ansatzpunkt bereits veranschaulicht wurde. Die Messmethoden sollten durch einfache Adjustierungen an die Spezifika der jeweiligen Stichprobe angepasst werden können. Die elektronisch vorhandenen Jahresabschlussdaten haben sich in den Ländern außerhalb der USA in der letzten Dekade deutlich verbessert, was sich durch ein zunehmendes Interesse an der empirischen Bilanzpolitikforschung widerspiegelt.[1419] Durch die erst seit 2007 infolge des EHUGs geltenden Offenlegungspflichten und den aktuellen Entwicklungen zur elektronischen Einreichung einer E-Bilanz, entfaltet sich insb. im deutschen Forschungsraum durch die stetig steigende Verbesserung der Datenverfügbarkeit ein großer Forschungsbereich für weitere Studien.

1417 Vgl. Peek u.a. (2013), S. 566f.

1418 Bspw. die Angabe der erstmaligen Anwendung der Teilgewinnrealisation durch Abschnittsannahmen, vgl. Jahresabschluss 2010 Comsoft GmbH, S. 6.

1419 Vgl. Wagenhofer/Dücker (2007), S. 264.

Anhang

Anhang 1: Überblick über das bilanzpolitische Instrumentarium im Einzelabschluss nach HGB[1420]

Maßnahmen buchmäßiger Bilanzpolitik	
Materiale Bilanzpolitik	
Gesetzliche Ansatzwahlrechte	
Aktivierung Disagio	§ 250 Abs. 3 HGB
Aktivierung selbstgeschaffener immaterieller Vermögensgegenstände des Anlagevermögens	§ 248 Abs. 2 S. 1 HGB
Aktivierung latenter Steuern	§ 274 Abs. 1 S. 2 HGB
Rückstellungen für vor dem 1.1.1987 erworbene Altersversorgungsverpflichtungen	Art. 28 Abs. 1 EGHGB
Gesetzliche Bewertungswahlrechte	
Umfang der Herstellungskosten	§ 255 Abs. 2 und 3 HGB
Bewertungsvereinfachungsverfahren	§ 240 Abs. 4 HGB und § 256 HGB
Festwertverfahren	§ 256 S. 2 HGB i.V.m. § 240 Abs. 3 HGB
Außerplanmäßige Abschreibungen des Finanzanlagevermögens auch bei vorübergehender Wertminderung	§ 253 Abs. 3 S. 4 HGB

1420 Quelle: Eigene Darstellung in Anlehnung an Castan u.a. (1987); Küting/Weber (1990); Pfleger (1991), S. 150–943; Hofbauer/Kirsch (1994); Baetge u.a. (2002); Küting (2008), S. 758–825; Bieg/Kußmaul (2009), S. 256–304; Riebell (2009), S. 115–119; Petersen u.a. (2010), S. 19–147; IDW (2012); Coenenberg u.a. (2012), S. 1006f.; Binder (2014), S. 81–242; Petersen u.a. (2014); Hoffmann/Lüdenbach (2014); Krüger (2015), S. 132–188; Grottel u.a. (2016).
Der Überblick begründet keine Vollständigkeit aller Maßnahmen, deckt jedoch insb. hinsichtlich der buchmäßigen Bilanzpolitik den Großteil der nach deutschem Recht zulässigen Maßnahmen ab. Verschiedene Maßnahmen können mehreren Kategorien zugeordnet werden, wie z.B. die Bilanzierung von Leasingverträgen, welche ebenfalls im Rahmen der Vertragsausgestaltung als reale bilanzpolitische Maßnahme angesehen werden kann.
Vgl. für einen Überblick über bilanzpolitische Maßnahmen im Konzernabschluss nach HGB oder nach den IFRS Coenenberg u.a. (2012), S. 1005–1007.

Zinspauschalierung bei der Bewertung von Pensionsrückstellungen und anderen vergleichbaren langfristigen Rückstellungen	§ 253 Abs. 2 S. 2 HGB
Aufstellungszeitpunkt des Jahresabschlusses im Hinblick auf wertaufhellende Tatsachen	§ 252 Abs. 1 Nr. 4 HGB
GWGs bis 410 EUR Vollabschreibung oder Sammelposten	§ 6 Abs. 2 und 2a EStG
Erworbene Vermögensgegenstände im Wert von unter 150 EUR	GoB
Unentgeltlich erworbene materielle Vermögensgegenstände	GoB
Implizite Bewertungswahlrechte	
Gemeinkostenschlüsselung bei der Herstellungskostenermittlung	§ 255 Abs. 2 HGB, GoB
Ermittlung der Anschaffungskosten bei unentgeltlichem Erwerb, Tausch, Aufteilung bei mehreren Vermögensgegenständen oder Erwerb gegen Rente oder Ratenkauf	GoB
Bewertung der Pensionsrückstellungen nach dem Teilwert- oder Gegenwartswertverfahren	GoB
Ermessensspielräume	
Auslegung des Wesentlichkeitsgrundsatzes (z.B. aktiver RaP)	GoB
Bilanzierung von Leasingverträgen	GoB
Abgrenzung von Herstellungs- und Erhaltungsaufwand	GoB
Bewertung einzelner Vermögensgegenstände bei Erwerb eines Vermögensbündels	GoB
Einschätzung der Wahrscheinlichkeit von zukünftigen Aufwendungen bei der Rückstellungsbildung	§ 249 Abs. 1 HGB, GoB
Anwendung des Komponentenansatzes	IDW RH HFA 1.016
Methodenwahl für planmäßige Abschreibungen	§ 253 Abs. 3 S. 2 HGB
Schätzung der Nutzungsdauern und Restwerte von abnutzbaren Gegenständen des Anlagevermögens	§ 253 Abs. 3 S. 2 HGB
Bestimmung des Erfüllungsbetrages von Verbindlichkeiten und Rückstellungen	§ 253 Abs. 1 S. 2 HGB
Bestimmung der Korrekturwerte beizulegender Wert und Börsen- oder Marktpreis	§ 253 Abs. 3 und 4 HGB GoB
Einschätzung Dauer von Wertminderungen im Anlagevermögen	§ 253 Abs. 3 S. 3 und 4 HGB

Wahl des Diskontierungssatzes bei Pensionsrückstellungen	§ 253 Abs. 1 und 2 HGB, GoB
Verlustabzug bei schwebenden Geschäften	§ 249 Abs. 1 S. 1 HGB
Bestimmung des Steuersatzes bei latenten Steuern	§ 274 HGB, GoB
Bildung von Bewertungseinheiten	§ 254 HGB
Bestimmung der Entwicklungskosten im Rahmen der Bewertung selbst geschaffener immaterieller Vermögensgegenstände des Anlagevermögens	§ 255 Abs. 2a HGB
Latente Steuer auf steuerliche Verlustvorträge	§ 274 Abs. 1 S. 4 HGB
Formale Bilanzpolitik	
Ausweiswahlrecht	
Zuordnung von Vermögensgegenständen zum Anlagevermögen oder Umlaufvermögen	§ 247 Abs. 2 HGB
Aufstellung der Bilanz vor oder nach der Gewinnverwendung	§ 268 Abs. 1 i.V.m. § 270 Abs. 2 HGB
Ausweis des Anlagespiegels	§ 268 Abs. 2 HGB
Ausübung größenabhängiger Erleichterungen	§§ 266, 274a, 276, 288 i.V.m. § 267 HGB
Ausweis der Haftungsverhältnisse nach § 251 HGB	§ 268 Abs. 7 HGB
Ausweis erhaltener Anzahlungen auf Bestellungen	§ 268 Abs. 5 S. 2 HGB
Erläuterungswahlrecht	
Angabe der Restlaufzeiten bei Forderungen und Verbindlichkeiten	§ 268 Abs. 4 und 5 HGB
Unterlassen von Angaben	§ 268 HGB
Zusätzliche Erläuterungen im Anhang und Lagebericht zur Veränderung der wirtschaftlichen Darstellung	GoB
Gliederungswahlrecht	
Erweiterung der Mindestgliederung von Bilanz und GuV	§ 266 und § 275 HGB
Gliederung der GuV nach dem Gesamt- oder Umsatzkostenverfahren	§ 275 Abs. 1 S. 1 HGB
Getrennte Darstellung des Disagios	§ 268 Abs. 6 HGB
Saldierung aktiver und passiver latenter Steuern	§ 274 HGB

Maßnahmen realer Bilanzpolitik
Verlagerung von Geschäftsvorfällen
Vor- bzw. Nachverlagerung des Erwerbs und/oder der Veräußerung von Vermögensgegenständen – Vorverlagerung von geplanten Asset Verkäufen mit stillen Reserven – Vorverlagerung von geplanten Asset Verkäufen zur Verbesserung der Anlagenintensität – Beschaffung von Vorräten auf Ziel für eine Verbesserung der Anlagenintensität – Verlagerung von Vorratskäufen nach dem Bilanzstichtag zur Senkung des Vorratsbestandes und somit Verbesserung der Lagerdauer Vorverlagerung von geplanten Anschaffungen für eine frühere Abschreibung
Vor- bzw. Nachverlagerung der Aufnahme, Rückzahlung und/oder der Umschichtung von Kapital – Verlagerung einer Kreditaufnahme – Verbesserung der Eigenkapitalquote – Aktivierung oder Aufwandsverbuchung des Disagios Vornahme von Kapitalerhöhungen noch im laufenden Geschäftsjahr
Vor- bzw. Nachverlagerung von Maßnahmen mit unmittelbaren Aufwands- und/oder Ertragscharakter – Verlagerung von Reparatur oder Werbeaufwendungen – Fertigstellung von langfristigen Fertigungsaufträgen noch am Jahresende – Splittung von langfristigen Fertigungsaufträgen in Teilaufträge – Verschiebung von Umsatzerlösen durch Beschleunigung der Bearbeitung von eingegangenen Bestellungen, Gewährung besonderer Zahlungsbedingungen für Käufe am Jahresende – Verschiebung des Zeitpunktes geplanter Pensionszusagen oder Erhöhungen Vor-/Nachverlagerung von Lieferungen
Bilanzpolitisch motivierte Geschäftsvorfälle
Sale-and-Lease-Back
Verkäufe von Vermögensgegenständen
Einrichtung von Kommissionslager bei Lieferanten oder vorgezogener Verbrauch von Roh-, Hilfs- und Betriebsstoffen zur Senkung des Vorratsbestandes
Factoring
Forfaitierung
Fremdkapitaltilgungen am Jahresende zur Verbesserung der Eigenkapitalquote und Verschuldungsgrades
Umwandlung von kurzfristigen in langfristige Bankkredite oder Gesellschafterdarlehen
Widerrufbare Geschäftsvorfälle
Rückzahlung eines Kredits am Jahresende und Wiederaufnahme zu Beginn des nachfolgenden Jahres
Umwandlung von Fremdkapital in Eigenkapital durch Nachrangerklärungen von Gesellschaftsgläubigern
Wahl des Abschlussstichtages

Anhang 2: Formal-analytische Herleitung einer Prinzipal-Agentenbeziehung unter Bilanzpolitik

Im Folgenden[1421] soll der in Kapitel 4.1.3.3 dargestellte allgemeine Fall am Beispiel eines erfolgsabhängigen Entlohnungsvertrages mit Betrachtung der geltenden Nebenbedingungen fokussiert werden. Es soll ein risiko-neutraler Prinzipal und ein risikoaverser Agent unterstellt werden.[1422] Die Nutzenfunktionen von Prinzipal und Agent sollen durch eine von-Neumann-Morgenstern-Nutzenfunktion ausgedrückt werden.[1423] Entsprechend seiner Risikoeinstellung ist die Nutzenfunktion des Agenten $N_A(\cdot)$ streng steigend und konkav. Der Agent kann seinen Arbeitseinsatz e_A frei wählen. Der Arbeitseinsatz soll eindimensional und zweielementig mit den Ausprägungen NIEDRIG (n) und HOCH (h) sein. Es gilt $e_A \in \{n, h\}$, mit $n < h$. Der Agent hat in Abhängigkeit seines Arbeitseinsatzes Kosten, sodass die Kostenfunktion $a_A (e_A)$ gilt. Sofern er das Arbeitslevel HOCH wählt, entstehen die Kosten $a_A (h) = k_A$. Das Arbeitslevel NIEDRIG ruft diesbezüglich keine Kosten hervor $a_A (n) = 0$. Der Jahresüberschuss soll ebenfalls nur die zwei Varianten HOCH oder NIEDRIG einnehmen können, sodass $JÜ \in \{N, H\}$ sowie $N < H$ gilt. Für die betriebene Bilanzpolitik gilt die Kostenfunktion $a_{A,BP}(\cdot)$. Sofern der Agent den Jahresabschluss ohne den Einsatz von Bilanzpolitik aufstellt, verursacht dies keine Kosten für ihn $a_{A,BP} (0) = 0$. Betreibt er in der Krisensituation ergebniserhöhende Bilanzpolitik, so werden für den Einsatz der Bilanzpolitik Kosten in Form von $a_{A,BP} (H - N) = k_{A,BP} > 0$ entstehen. Der Einsatz von Bilanzpolitik bedeutet, dass der Agent einen Jahresüberschuss als HOCH ausweist, während er ohne bilanzpolitische Maßnahmen als NIEDRIG auszuweisen wäre. Die Entlohnung des Agenten soll $l_{A,i}$ sein, mit $i \in \{N, H\}$. Entsprechend lässt sich die Nutzenfunktion in Abhängigkeit der Entlohnung beschreiben $N_A (l_{A,i}) = n_{A,i}$. Die Kosten des Prinzipals ergeben sich in Abhängigkeit der Entlohnung des Agenten $K_P(l_{A,i})$. Die Kostenfunktion des risikoneutralen Prinzipals ist streng steigend und konvex, sodass $N_A^{-1}(\cdot) = K_p(\cdot)$ gilt.

Der Jahresüberschuss wird zweifelsfrei von weiteren exogenen Faktoren mitbestimmt. Diese werden durch eine Zufallsvariable θ ausgedrückt. Da die mathematische Integration der Zufallsvariable jedoch restriktive Annahmen wie eine differenzierbare Zahlungsfunktion implizieren würde, wird im Folgenden der allgemeinen Literatur gefolgt[1424] und die Zufallsvariable unterdrückt. Stattdessen

1421 Die folgenden Ausführungen sind insb. angelehnt an Sun (2009), S. 5–16 sowie auch Gedanken aus Dye (1988), S. 198–201; Goldman/Slezak (2006), S. 603–611; Demougin/Jost (2001), S. 45–81 und Wagenhofer (2001), S. 439–486 entnommen wurden.

1422 Die Unterstellung einer derartigen Risikoeinstellung entspricht dem Regelfall in der Diskussion der Prinzipal-Agenten-Theorie, vgl. Picot (1991), S. 151.

1423 Diese zeichnet sich insb. durch die Darstellung der Präferenzen des Akteurs im Rahmen einer Erwartungsnutzenfunktion aus. Vgl. für eine kritische Analyse der Erwartungsnutzentheorie in Einbettung der Behavioral Economics Beck (2014), S. 101–125.

1424 Vgl. Demougin/Jost (2001), S. 48.

wird der Jahresüberschuss selbst als Zufallsvariable definiert, wobei dessen Verteilung von dem Arbeitseinsatz und der betriebenen Bilanzpolitik des Agenten abhängig ist. Entsprechend der Annahme eindimensionaler Ausprägungen der Variablen, wird der Fall für ein diskretes Modell hergeleitet. Die stochastische Abhängigkeit des Jahresüberschusses von den zwei möglichen Aktionen des Agenten kann durch Wahrscheinlichkeitszuweisungen in das Modell integriert werden. Die Wahrscheinlichkeit P_h soll die Wahrscheinlichkeit angeben, dass der Arbeitseinsatz HOCH gewählt wird und der Jahresüberschuss ebenfalls den Wert HOCH erreicht. Zudem gilt $P_h > P_n$. Der prozentuale Wert x soll angeben, inwiefern der Agent Möglichkeiten besitzt, den Jahresüberschuss durch bilanzpolitische Maßnahmen zu beeinflussen. Entsprechend symbolisiert 1−x den prozentualen Wert für den Fall, dass der Agent keine effektive Bilanzpolitik betreiben kann.

Der Agent versucht in Abhängigkeit seiner Kosten, welche durch den Arbeitseinsatz und die Kosten der betriebenen Bilanzpolitik ausgedrückt werden, seine individuelle Nutzenfunktion zu maximieren. Die Kosten der betriebenen Bilanzpolitik ergeben sich auf Basis der gewählten bilanzpolitischen Strategie, welche sich wiederum in Abhängigkeit des Jahresüberschusses bestimmt $S_{BP}(JÜ)$. Die Strategie der betriebenen Bilanzpolitik bestimmt den Jahresüberschuss, den der Agent letztendlich dem Prinzipal veröffentlichen wird. Setzt er Bilanzpolitik für eine Erhöhung dessen ein, so ergibt sich ein zusätzlicher Nutzen in Form einer zusätzlichen Vergütung, in Abhängigkeit des Erhöhungsbetrages des Jahresüberschusses. Die Kosten aus der betriebenen Bilanzpolitik werden durch den Agenten entsprechend gegengerechnet werden. Die aus Sicht des Agenten zu maximierende Nutzenfunktion stellt sich somit wie folgt dar:

$$N_A\,(a_A\,(h), S_{BP}\,(JÜ)) \\ = xE[n_{A,S_{BP}(JÜ)} - k_{A,BP}\,(S_{BP}\,(JÜ) - JÜ) - a_A\,(k_A)] + (1 - x)\,E\,[n_{A,JÜ} - a_A\,(k_A)] \qquad (57)$$

Die Nutzenfunktion des Agenten bringt zum Ausdruck, dass die bilanzpolitische Strategie $S_{BP}(JÜ)$ von der wirtschaftlichen Lage des Unternehmens abhängig ist. Die Kosten für das Betreiben von Bilanzpolitik wie auch der Nutzen, entstehen in Abhängigkeit der Möglichkeiten zum Betreiben von Bilanzpolitik, ausgedrückt durch die Wahrscheinlichkeit x. Der Agent entscheidet bereits im Vorfeld über seinen Arbeitseinsatz, bevor er die tatsächliche wirtschaftliche Lage erfährt. Die Kosten für seinen Arbeitseinsatz k_A fallen daher stets zu hundert Prozent an. Sofern der Nutzen aus der betriebenen Bilanzpolitik größer wird, könnte dies zu einem verminderten Arbeitseinsatz führen. Dies ist im Hinblick auf die immanenten Umkehreffekte der meisten bilanzpolitischen Maßnahmen jedoch nur unter der Annahme einer einperiodigen Betrachtung schlüssig.

Dementgegen hat der Prinzipal aus Unternehmenssicht das Ziel den Arbeitseinsatz des Agenten auf dem Level HOCH zu setzen, bei den für ihn geringstmöglichen Kosten. Entsprechend ergibt sich für den Prinzipal hinsichtlich der optimalen Vertragsgestaltung folgende Zielfunktion:

$$\min_{n_{A,N}, n_{A,H}, S_{BP}(N), S_{BP}(H)} E[K_p(n_{A,i}) \mid h] = xE\,[p_h K_P (n_{A,H,S_{BP}(H)}) + (1 - p_h) K_P (n_{A,N,S_{BP}(N)})] +$$
$$(1-x)\, E[p_h K_P (n_{A,H}) + (1 - p_h) K_P (n_{A,N})] \qquad (58)$$

Es gilt somit aus Sicht des Prinzipals die Kosten in Abhängigkeit des spezifischen Nutzens des Agenten $K_p(n_{A,i})$ zu minimieren, bei gleichzeitig hohem Arbeitseinsatz des Agenten. Der erste Summand der Zielfunktion drückt die Wahrscheinlichkeit des Erwartungswertes aus, wenn der Agent einen speziellen bilanzpolitischen Einsatz ausüben kann. Der Ausdruck $p_h K_P(n_{A,H,S_{BP}(H)})$ bezeichnet die Kosten des Prinzipals, welche sich ergeben, wenn der Agent nach seiner Strategie Bilanzpolitik einsetzt, gewichtet mit der zugehörigen Wahrscheinlichkeit p_h für einen hohen Arbeitseinsatz, unter Bedingung eines hohen Jahresüberschusses.

Hinsichtlich der Zielfunktion gelten drei Nebenbedingungen. Die erste Nebenbedingung beschreibt den Arbeitseinsatz des Agenten, welchen der Prinzipal versuchen wird, durch einen entsprechend gestalteten Entlohnungsvertrag auf das Level HOCH zu bringen:

$$h = \arg\max_{e\varepsilon\{n,h\}} E[N_A(e_A, S_{BP}(JÜ))] = \arg\max_{e\varepsilon\{n,h\}} xE[n_{A,S_{BP}(JÜ)} - k_{A,BP}(S_{BP}(JÜ) - JÜ) - a_A(e_A)] +$$
$$(1 - x)\, E[n_{A,JÜ} - a_A (e_A)] \qquad (I)$$

Die Gleichung symbolisiert das Moral Hazard Problem. Sie wird in der Literatur auch als Anreizverträglichkeits- oder Anreizkompatibilitätsbedingung bezeichnet.[1425]

Die zweite Nebenbedingung verlangt, dass das Vertragsangebot des Prinzipals mindestens genauso gut wie mögliche Alternativen ist:

$$E[N_A\,(h, S_{BP}\,(JÜ))] = xE[n_{A,SBP\,(JÜ)} - k_{A,BP}\,(S_{BP}\,(JÜ) - JÜ) - a_A\,(e_A)\,|h] +$$
$$(1 - x)E[n_{A,JU} - a_A(e_A) \mid h] \geq N_A^{alternativ} \qquad (II)$$

Dabei gilt, dass $N_A^{alternativ}$ die Jobalternative und somit den Reservationsnutzen des Agenten darstellt.[1426] Die zweite Bedingung beschreibt folglich die Annahme, dass es für den Agenten keine bessere Arbeitsalternative gibt und wird als sog. Partizipations- oder Teilnahmebedingung benannt.[1427]

Die Annahmen des Modells verlangen, dass der Jahresüberschuss lediglich die zwei Ausprägungen HOCH oder NIEDRIG annehmen kann. Entsprechend kann der Agent sein Signal durch den Jahresüberschuss nicht separieren. Er kann nicht zeigen, inwiefern dieser durch seinen Arbeitseinsatz oder durch bilanzpolitische Maßnahmen zustande gekommen ist. Daher gilt die Nebenbedingung, dass sich

1425 Vgl. Demougin/Jost (2001), S. 48.
1426 Vgl. Demougin/Jost (2001), S. 48.
1427 Vgl. Demougin/Jost (2001), S. 48.

die bilanzpolitische Strategie stets als Maximierungsfunktion des Nutzens aus der Bilanzpolitik $n_{A,JÜ_{BP}}$ und den Kosten für die betriebene Bilanzpolitik $k_{A,BP}(JÜ_{BP} - JÜ)$ ergibt:

$$S_{BP}(JÜ) = \underset{JÜ_{BP} \in \{N,H\}}{\arg\max}\, n_{A,JÜ_{BP}} - k_{A,BP}(JÜ_{BP} - JÜ) \quad \text{mit } \forall JÜ \in \{N,H\} \qquad \text{(III)}$$

Anhang 3: Übersicht der Insolvenzstudien auf Basis diskretionärer Periodenabgrenzungen[1428]

Studie	Stichprobe	Methode	Untersuchungs-schwerpunkt	Mögliche Einflussfaktoren
Kallunki und Martikainen (1999)	1983-1989 Finnische Unternehmen	Ausmaß diskretionäre Periodenabgrenzungen aus GuV abgeleitet	Länderspezifisch, Erkenntnisse für Insolvenzprognoseverfahren	Kapitalmarktorientierung, Code-Law
Rosner (2003)	1985-1997 US Unternehmen	Proxyvariablen für Bilanzpolitik und Bilanzfälschung, Dechow u.a. (1995)	Stresslevel, Kennzahlen, Bilanzfälschung, Audit-Opinion	Kapitalmarktorientierung, Case-Law, Stresslevel, Audit-Opinion
Charitou u.a. (2007a)	1986-2001 US Unternehmen	Theo u.a. (1998) Dechow u.a. (1995)	Audit-Opinion, Survival, KPA vs. GPA	Kapitalmarktorientierung, Case-Law, Stresslevel, Audit-Opinion
Charitou u.a. (2007b)	1986-2004 US Unternehmen	Kothari u.a. (2005)	Managementwechsel, Eigentümerverhältnisse, Audit-Opinion	Kapitalmarktorientierung, Case-Law, Audit-Opinion, Managementwechsel, Governance-Strukturen
Leach und Newsom (2007)	1980-2000 US Unternehmen	Theo u.a. (1998)	(Vergleich bilanzfälschende und nicht fälschende Unternehmen)	Kapitalmarktorientierung, Case-Law
Lara u.a. (2009)	1998-2004 Unternehmen in Großbritannien und Irland	Kasznik (1999), Roychowdhury (2006)	Stresslevel, reale Bilanzpolitik	Kapitalmarktorientierung, Case-Law, Stresslevel
Etemadi u.a. (2012)	2006-2009 Unternehmen im Iran	Kothari u.a. (2005)	Schwellenland	Kapitalmarktorientierung, Schwellenland
Campa und Camacho-Miñano (2014)	Mai bis Juni 2010 Unternehmen in Spanien	Kasznik (1999), Roychowdhury (2006)	Nicht-kapitalmarktorientierte Unternehmen, Code-Law, Branche	Keine Kapitalmarktorientierung, Code-Law, Branche

1428 Die Rubrik Methode beschreibt die Autoren, welche die Messmethodik begründet haben, vgl. hierzu Kapitel 5.2.4. Die Kategorie Untersuchungsschwerpunkt filtert die Fokussierung der Autoren in den jeweiligen Studien und die Rubrik mögliche Einflussfaktoren stellt mögliche Faktoren heraus, welche die Ergebnisse in einem internationalen Vergleich verzerren können.

Anhang 4: Ablaufdiagramm zur Ermittlung eines zieloptimalen Abschlusses[1429]

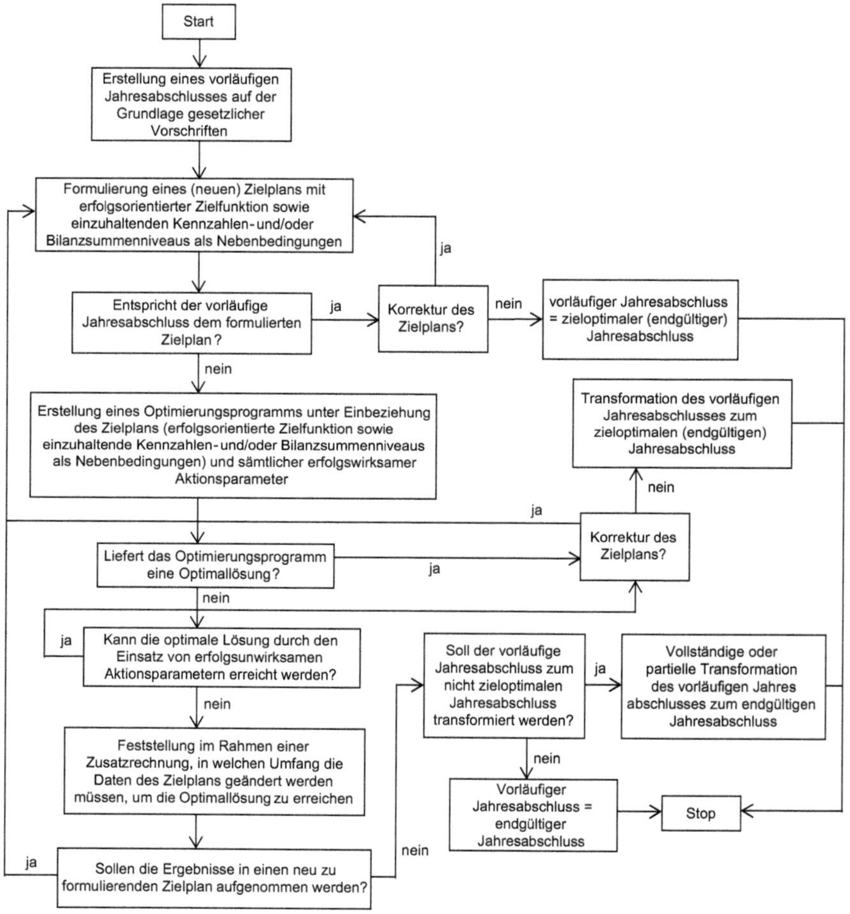

1429 Vgl. Freidank (1990), S. 115.

Anhang 5: Theoretische Einschätzung von Küting über das Bilanzierungsverhalten deutscher Unternehmen nach BilMoG[1430]

1.	Entwicklungskosten selbst geschaffener immaterieller Vermögensgegenstände des Anlagevermögens werden nicht aktiviert.
2.	Bewertungseinheiten werden nicht gebildet.
3.	Ein Geschäfts-oder Firmenwert aus der einzelgesellschaftlichen Rechnungslegung wird regelmäßig über fünf Jahre abgeschrieben.
4.	Ansatz der Herstellungskosten erfolgt mit der handelsrechtlichen Wertuntergrenze.
5.	Fremdkapitalzinsen werden nicht in die Herstellungskosten einbezogen.
6.	Die Abschreibung auf bewegliche Wirtschaftsgüter des Anlagevermögens wird nach der gebrochenen Abschreibungsmethode vorgenommen (erst geometrisch degressiv, dann linear).
7.	Es werden weder außerordentlich kurze noch außerordentlich lange Nutzungsdauern bei der Abschreibungsermittlung zugrunde gelegt.
8.	Geringwertige Wirtschaftsgüter werden sofort abgeschrieben.
9.	Verzicht auf Anwendung der Lifo-Methode; allerdings zunehmende Tendenz erkennbar.
10.	Verzicht auf Anwendung der Festbewertung.
11.	Keine Vornahme von Bewertungswechseln im Zeitablauf.
12.	Im Rahmen der Langfristfertigung findet die Completed-Contract-Methode Anwendung.
13.	Im Rahmen der einzelgesellschaftlichen Rechnungslegung werden keine aktivischenlatenten Steuern erfasst.
14.	Pensionsverpflichtungen werden in voller Höhe passiviert.

1430 Vgl. Küting/Weber (2012), S. 411.

Anhang 6: Übersicht über das Bilanzierungsverhalten nach BilMoG[1431]

Maßnahme	Nutzungsdauer Geschäfts- oder Firmenwert (§ 253 Abs. 3 S. 2 HGB i.V.m. § 285 Nr. 13 HGB)		Aktivierung selbstgeschaffener immaterieller VG des AV (§ 248 Abs. 2 S. 1 HGB i.V.m. § 285 Nr. 22 HGB)		Latente Steuern (§ 274 HGB i.V.m. § 285 Nr. 29 HGB)		Ermittlung der Pensionsrückstellungen (§ 253 Abs. 1 und 2 HGB i.V.m. § 285 Nr. 24 und 25 HGB)	
Studie								
Philipps 2011 Jahr 2009 53 Unternehmen unterschiedliche Unternehmensgrößen	In 5 Unternehmen aktiviert, davon 3 mal ND > 5 Jahre 2 mal ND = 5 Jahre	(+)	Aktivierung bei 6 Unternehmen, Rest keine Angabe.	o	Bilanzierung bei 36 Unternehmen 35 mal Saldierung 19 Unternehmen mit einem Aktivüberhang	(+)	28 Unternehmen Passivierung, 20 mal AWV, alle Unternehmen Zinssatzpauschalierung.	+
v. Keitz u.a. 2011 Teil 1 und 2 Jahre 2009 und 2010 42 Familienunternehmen DAXplus Family Index	In 8 Unternehmen aktiviert, davon 7 mal ND > 5 Jahre 1 mal ND = 5 Jahre	+	Aktivierung bei 5 Unternehmen. (weitere 12 Unternehmen Aktivierung in ihrem Konzernabschluss)	o	28 mal keine Aktivierung, 9 mal Aktivierung, 5 Unternehmen keine Angabe. 26 mal Saldierung, 5 mal keine Saldierung, 11 mal keine Angabe.	o	24 Unternehmen Passivierung, 21 mal AWV, 3 mal TWV. 17 Unternehmen Zinssatzpauschalierung, restliche Unternehmen keine Angabe.	+
BDI/E&Y/DHBW 2011 Jahr 2010 132 Unternehmen mittelständische Konzernabschlüsse Hybrides Forschungsdesign mit standardisierten Fragebögen	In 58 Unternehmen aktiviert, davon 24 mal ND > 5 Jahre 16 mal ND <= 5 Jahre 18 mal keine Angabe	+	5 Unternehmen Aktivierung.	o	31 von 79 Unternehmen Ansatz eines Aktivüberhangs, 48 mal kein Ansatz. 65 von 112 Unternehmen Saldierung, 47mal keine Saldierung.	o	108 Unternehmen Passivierung, 100 Unternehmen Angaben: 85 mal AWV, 15mal TWV, 98 mal Zinssatzpauschalierung. Häufigster Wert: Zinssatz 5,20% Lohn- und Gehaltstrend 2,00% Rententrend 2,00% Fluktuation 0,00%	+
Theile u.a. 2011 Jahr 2010 163 Unternehmen 103 kapitalmarktorientiert 60 nicht-kapitalmarktorientiert	-	n.v.	Aktivierung bei 6 Unternehmen, 91 Unternehmen weisen F&E Aktivitäten auf.	(-)	24 von 108 Unternehmen Ansatz eines Aktivüberhangs, 39 Unternehmen Aktivierung, 32 Unternehmen Saldierung.	o	131 Unternehmen Passivierung, 123 mal AWV, 3mal TWV, 5 mal keine Angabe. 125 mal Zinssatzpauschalierung. Mittelwert: Gehaltstrend 2,52% Rententrend 1,79%	+
v. Keitz/Gloth 2013 Teil 1 und 2 Jahr 2011 54 Unternehmen börsennotiert DAX, MDAX, DAXplus Family Index	In 14 Unternehmen aktiviert, davon 3 mal keine Angabe 3 mal ND = 5 Jahre 8 mal ND > 5 Jahre	+	Aktivierung bei 7 Unternehmen. (alle im Vergleich niedrigere GKR und UR)	(+)	11 mal aktive latente Steuern, 5 mal passive latente Steuern, 3 mal aktive und passive latente Steuern. 41 Unternehmen Saldierung, 50% jeweils Angabe des Steuersatzes ≥30% oder ≤30%.	o	39 Unternehmen Passivierung, 37 mal AWV, 2 mal TWV, 33 mal Zinssatzpauschalierung.	+
Einschätzung von Küting	ND = 5	o	Keine Aktivierung	-	Keine Aktivierung	-	Passivierung in voller Höhe	-

Maßnahme	Abschreibungsmethode (§ 253 Abs. 3 S. 2 HGB)		GWG Vollabschreibung (§ 6 Abs. 2 EStG) oder Sammelpostenbildung (§ 6 Abs. 2a EStG)		Umfang der Herstellungskosten (§ 255 Abs. 2 HGB) Einbezug von Fremdkapitalkosten (§ 255 Abs. 4 S. 2 HGB)		Bewertungsmethode gleichartiger VG des Vorratsvermögens (§ 256 S. 1 und § 256 S. 2 i.V.m. § 240 Abs. 4 HGB)	
Studie								
v. Keitz u.a. 2011 Teil 1 und 2 Jahre 2009 und 2010 42 Familienunternehmen DAXplus Family Index	36 Unternehmen lineare Abschreibung, 5 mal degressiv, 1 mal keine Angabe.	+	23 Unternehmen Bildung eines Sammelpostens. Restliche Unternehmen nur Angabe ob GWG bis 150€ oder 410€ voll abgeschrieben wurden.	(+)	24 Unternehmen Angabe, 18 Unternehmen Wertuntergrenze, 6 Unternehmen Einbezug von Verwaltungskosten. 0 von 24 Unternehmen Einbezug von Fremdkapitalkosten.	-	15 Unternehmen Durchschnittswertverfahren, 2mal LiFo, 2mal FiFo, Rest keine Angabe.	o
Einschätzung von Küting	Übergang von degressiv auf linear	-	GWG Vollabschreibung	-	Wertuntergrenze, kein Einbezug von Fremdkapitalzinsen.	-	Verzicht auf LiFo Methode	(+)

1431 Quelle: Eigene Darstellung aus den Studien Philipps (2011), S. 203–209; von Keitz u.a. (2011a), S. 2445–2450; von Keitz u.a. (2011b), S. 2503–2508; Oser u.a. (2011), S. 1–56; Theile u.a. (2011), S. 912–941; Küting/Weber (2012), S. 411; von Keitz/Gloth (2013a), S. 129–138; von Keitz/Gloth (2013b), S. 185–194.

Anhang 7: Ansatz- und Bewertungswechsel insolventer und solventer Unternehmen

Insolvente Stichprobe Kontrolltichprobe	t-3	V	t-2	V	t-1	V
Aktivierung Disagio - bewusst neu	2	+	0		0	
Kontrollunternehmen	0		0		0	
Aktivierung selbstgeschaffener immaterieller VG des AV	2	+	1	+	1	+
Kontrollunternehmen	1	+	2	+	0	
Bewusst keine Aktivierung selbstgeschaffener immaterieller VG des AV	0		0		0	
Kontrollunternehmen	0		0		1	-
Aktivierung aktiver latenter Steuern	1	+	2	+	2	+
Kontrollunternehmen	0		0		0	
Bewusst keine Aktivierung aktiver latenter Steuern	0		3	-	2	-
Kontrollunternehmen	0		4	-	3	-
Veränderung Abschreibung immaterielle VG des AV – progressiv	0		1	+	0	
Kontrollunternehmen	0		1	+	0	
Veränderung Abschreibung immaterielle VG des AV – konservativ	1	-	1	-	1	-
Kontrollunternehmen	0		0		0	
Veränderung Abschreibung materielle VG des AV – progressiv	2	+	1	+	1	+
Kontrollunternehmen	3	+	2	+	1	+
Veränderung Abschreibung materielle VG des AV – konservativ	1	-	1	-	1	-
Kontrollunternehmen	1	-	0		0	
Veränderung Abschreibungsdauer GoF	0		1	-	0	
Kontrollunternehmen	0		0		0	
Bewertungswechsel geringwertige Vermögensgegenstände – progressiv	2	+	1	+	1	+
Kontrollunternehmen	0		0		0	
Bewertungswechsel geringwertige Vermögensgegenstände – konservativ	0		1	-	2	-
Kontrollunternehmen	2	-	1	-	0	
Bewertungswechsel-Bewertungsvereinfachungsverfahren-konservativ	0		1	-	0	
Kontrollunternehmen	2	-	1	-	0	
Wertberichtigungen Forderungen aus LuL – progressiv	0		2	+	1	+
Kontrollunternehmen	0		1	+	0	
Wertberichtigungen Forderungen aus LuL – konservativ	1	-	0		1	-
Kontrollunternehmen	0		1	-	1	-
Einbezug Wahlbestandteile in HK – JA	0		0		2	+
Kontrollunternehmen	1	+	0		0	
Einbezug Wahlbestandteile in HK – Nein	1	-	0		0	
Kontrollunternehmen	0		1	-	0	

Insolvente Stichprobe Kontrolltichprobe	t-3	V	t-2	V	t-1	V
Einbezug Fremdkapitalzinsen in HK – JA	0		0		0	
Kontrollunternehmen	1	+	0		0	
Einbezug Fremdkapitalzinsen in HK – Nein	0		0		0	
Kontrollunternehmen	0		1	-	1	-
Veränderung Bewertungsparameter Pensionsrückstellungen – progressiv	0		0		1	+
Kontrollunternehmen	0		0		2	+
Veränderung Bewertungsparameter Pensionsrückstellungen – konservativ	0		0		1	-
Kontrollunternehmen	1	-	2	-	0	
Ermessensbehaftete außerplanmäßige Abschreibungen auf GoF, TU, wg. Erneuerungen etc.	1	-	0		0	
Kontrollunternehmen	1	-	1	-	0	
Nutzungsdauerveränderung Anlagegüter	1	+	1	+	1	+
Kontrollunternehmen	1	-	0		3	+
Unterlassen von außerplanmäßigen Abschreibungen	0		0		0	
Kontrollunternehmen	1	+	0		0	
Bewertungsparameter Rückstellungen – konservativ (Erhöhung % bei Garantierückstellungen)	0		0		0	
Kontrollunternehmen	0		0		1	-
Steuerrechtliche Abschreibung – progressive Wirkung	0		0		1	+
Kontrollunternehmen	0		1	+	0	
Außerplanmäßige Abschreibung des FAV bei nur vorübergehender Wertminderung	0		0		1	-
Kontrollunternehmen	0		0		0	
Periodenspezifische Zusammenfassung						
Insolvente Stichprobe	**Progressiv**	**10**	**Progressiv**	**9**	**Progressiv**	**11**
Insolvente Stichprobe	**Konservativ**	**5**	**Konservativ**	**8**	**Konservativ**	**9**
Kontrollunternehmen	Progressiv	7	Progressiv	7	Progressiv	6
Kontrollunternehmen	Konservativ	8	Konservativ	11	Konservativ	8

Anhang 8: Übersicht über die Normbilanzierung von insolventer und solventer Stichprobe

Insolvente Stichprobe	Solvente Kontrollstichprobe
Eindeutig	**Eindeutig**
Abschreibungen immaterielle VG – linear	Abschreibungen immaterielle VG – linear
Abschreibungen materielle VG – linear	Abschreibungen materielle VG – linear
Einbezug Wahlbestandteile in HK - Nein	Einbezug Wahlbestandteile in HK - Nein
Einbezug von FK-Zinsen in HK - Nein	Einbezug von FK-Zinsen in HK - Nein
Pensionsrückstellung – Bewertung nach AWV – Einflussparameter bis 2%	Kategorie Mehrheitlich
Kategorie Mehrheitlich	Betriebsgewöhnliche Nutzungsdauer
Pro rata temporis	Pro rata temporis
FAV zu AK (bzw. beizulegender ZW)	FAV zu AK (bzw. beizulegender ZW)
Mehrheitlich	**Mehrheitlich**
Disagio wird aktiviert	Disagio wird aktiviert
Abschreibungsdauer Geschäfts- oder Firmenwert 15 Jahre	Nicht beurteilbar
Anwendung Sammelposten	**Vollabschreibung GWG**
Bewertungsvereinfachungsverfahren - Durchschnittsmethode	Bewertungsvereinfachungsverfahren - Durchschnittsmethode
EWB, PWB bis 2%	EWB, PWB bis 2%
Kategorie Eindeutig	Pensionsrückstellung – Bewertung nach AWV – Einflussparameter bis 2%
Betriebsgewöhnlich e Nutzungsdauer	Kategorie Eindeutig
Nicht hinreichend beurteilbar	**Nicht hinreichend beurteilbar**
Aktivierung selbstgeschaffene immaterielle VG des AV	Nicht beurteilbar
Bewusst keine Aktivierung latenter Steuern	Bewusst keine Aktivierung latenter Steuern

Anhang 9: Übersicht über die Gesamtbeurteilung der Punktvergabe insolvente und solvente Stichprobe

N=55	Gesamtbeurteilung				
Punkte	**Untersuchungs-stichprobe**	Kontrollstichprobe	**Punkte**	**Untersuchungs-stichprobe**	Kontrollstichprobe
20	0	0	-1	1	1
19	0	1	-2	1	1
18	1	0	-3	4	7
17	0	0	-4	0	0
16	0	0	-5	1	3
15	1	0	-6	1	6
14	2	1	-7	2	0
13	0	1	-8	0	1
12	1	0	-9	1	2
11	2	0	-10	1	3
10	1	0	-11	0	0
9	6	2	-12	0	0
8	2	3	-13	0	0
7	2	0	-14	2	0
6	7	4	-15	0	0
5	2	2	-16	0	0
4	0	0	-17	0	0
3	10	7	-18	0	0
2	1	1	-19	0	0
1	1	4	-20	0	0
0	2	4	-21	0	1
Summe	41	30		14	25
Gesamtpunktzahl insolvente Unternehmen			**187**		
Gesamtpunktzahl solvente Unternehmen			-3		

Anhang 10: Übersicht über die periodenspezifische Beurteilung der Punktvergabe insolvente und solvente Stichprobe

Periodenspezifische Beurteilung						
N=55	**t-3**		**t-2**		**t-1**	
Punkte	**Untersuchungs-stichprobe**	Kontrollstichprobe	**Untersuchungs-stichprobe**	Kontrollstichprobe	**Untersuchungs-stichprobe**	Kontrollstichprobe
9	0	1	0	0	0	0
8	0	0	1	0	0	0
7	1	0	1	2	1	0
6	0	1	1	0	3	0
5	4	2	2	2	2	0
4	1	1	1	1	3	4
3	8	4	9	4	8	6
2	15	5	10	3	9	5
1	12	7	13	10	10	10
0	3	6	5	8	5	5
-1	4	12	4	9	5	10
-2	3	8	2	7	2	6
-3	1	7	3	6	4	3
-4	1	0	1	1	1	5
-5	1	0	1	1	0	0
-6	0	0	0	0	2	1
-7	1	1	0	0	0	0
-8	0	0	0	1	0	0
-9	0	0	0	0	0	0
-10	0	0	0	0	0	0
-11	0	0	0	0	0	0
-12	0	0	1	0	0	0
Punkte	**62**	2	**57**	-2	**62**	-3

Anhang 11: Korrelationsmatrix Kontrollvariablen t-2

N=55		DPA PMMJ	Führung	Vermerk	WP	WP Wechsel	MW	GF	Gender	ROA	Größe	LEV
DPAPMMJ	Korrelation	1	0,090	-0,062	0,078	-0,127	0,003	0,055	-0,105	0,085	-0,100	-0,030
	Signifikanz		0,516	0,655	0,655	0,355	0,983	0,693	0,445	0,537	0,466	0,827
Führung	Korrelation	-	1	0,093	0,297**	0,419***	0,157	0,184	0,023	-0,080	0,134	-0,059
	Signifikanz			0,501	0,028	0,001	0,251	0,180	0,866	0,560	0,330	0,671
Vermerk	Korrelation	-	-	1	-0,100	0,050	0,118	-0,040	0,046	0,105	0,055	0,321**
	Signifikanz				0,468	0,720	0,391	0,770	0,737	0,447	0,690	0,017
WP	Korrelation	-	-	-	1	0,050	0,000	-0,040	0,046	-0,020	0,256	0,011
	Signifikanz					0,720	1,000	0,770	0,737	0,883	0,059	0,935
WPWechsel	Korrelation	-	-	-	-	1	0,210	0,174	0,065	0,015	0,039	-0,089
	Signifikanz						0,124	0,204	0,635	0,914	0,780	0,519
MW	Korrelation	-	-	-	-	-	1	-0,171	-0,098	-0,059	0,033	-0,074
	Signifikanz							0,211	0,475	0,667	0,812	0,594
GF	Korrelation	-	-	-	-	-	-	1	-0,015	0,158	0,001	-0,047
	Signifikanz								0,915	0,249	0,992	0,732
Gender	Korrelation	-	-	-	-	-	-	-	1	-0,014	-0,005	0,039
	Signifikanz									0,920	0,971	0,776
ROA	Korrelation	-	-	-	-	-	-	-	-	1	-0,089	0,012
	Signifikanz										0,518	0,932
Größe	Korrelation	-	-	-	-	-	-	-	-	-	1	-0,231
	Signifikanz											0,090
LEV	Korrelation	-	-	-	-	-	-	-	-	-	-	1
	Signifikanz											

Anmerkungen:

Die Korrelationen wurden mit dem Pearson-Korrelationskoeffizienten berechnet. Normalverteilungsannahmen wurden anhand des Kolmogorov-Smirnov und Shapiro-Wilk-Tests geprüft.

*** P-Value bei Signifikanzniveau 1%
** P-Value bei Signifikanzniveau 5%
* P-Value bei Signifikanzniveau 10%

Anhang 12: Korrelationsmatrix Kontrollvariablen t-1

N=55		DPA PMMJ	Führung	Vermerk	WP	WP Wechsel	MW	GF	Gender	ROA	Größe	LEV
DPAPMMJ	Korrelation	1	0,023	-0,259*	0,017	-0,149	-0,002	-0,166	0,209	0,066	-0,047	0,157
	Signifikanz		0,867	0,056	0,900	0,279	0,986	0,226	0,126	0,633	0,734	0,253
Führung	Korrelation	-	1	0,120	0,342**	-0,075	0,297**	-0,002	0,023	-0,011	0,063	-0,159
	Signifikanz			0,381	0,011	0,588	0,028	0,990	0,866	0,936	0,647	0,245
Vermerk	Korrelation	-	-	1	0,006	0,049	0,095	-0,023	0,006	-0,124	-0,002	0,168
	Signifikanz				0,967	0,722	0,491	0,866	0,967	0,368	0,989	0,219
WP	Korrelation	-	-	-	1	-0,140	0,281**	0,101	0,070	-0,078	0,259*	-0,120
	Signifikanz					0,308	0,038	0,463	0,611	0,573	0,056	0,383
WPWechsel	Korrelation	-	-	-	-	1	-0,052	0,122	0,031	-0,255*	-0,179	0,155
	Signifikanz						0,708	0,376	0,822	0,060	0,190	0,258
MW	Korrelation	-	-	-	-	-	1	0,140	-0,161	-0,158	-0,007	0,142
	Signifikanz							0,309	0,242	0,251	0,961	0,302
GF	Korrelation	-	-	-	-	-	-	1	-0,015	-0,187	0,036	0,321**
	Signifikanz								0,915	0,171	0,794	0,017
Gender	Korrelation	-	-	-	-	-	-	-	1	0,003	0,008	0,108
	Signifikanz									0,985	0,953	0,432
ROA	Korrelation	-	-	-	-	-	-	-	-	1	-0,230*	0,075
	Signifikanz										0,091	0,586
Größe	Korrelation	-	-	-	-	-	-	-	-	-	1	-0,221
	Signifikanz											0,104
LEV	Korrelation	-	-	-	-	-	-	-	-	-	-	1
	Signifikanz											

Anmerkungen:

Die Korrelationen wurden mit dem Pearson-Korrelationskoeffizienten berechnet. Normalverteilungsannahmen wurden anhand des Kolmogorov-Smirnov und Shapiro-Wilk-Tests geprüft.

*** P-Value bei Signifikanzniveau 1%
** P-Value bei Signifikanzniveau 5%
* P-Value bei Signifikanzniveau 10%

Anhang 13: Übersicht Hypothesenergebnisse

Hypothesen	Ergebnis
H1: Unternehmen betreiben in wirtschaftlichen Krisenzeiten bewusst verstärkt progressive Bilanzpolitik	Bestätigt durch qualitative Analyse (Ansatz-/Bewertungswechsel, Nutzwertanalyse, reale und formale Bilanzpolitik) Quantitativ in Periode t-2 bestätigt. Nach multipler Exklusion von Kontrollvariablen Managementwechsel und Unternehmen mit nur einem Geschäftsführer für Periode t -3 erfüllt. Periode t -1 negativer Effekt aufgrund von Umkehreffekten.
H2: Ein höherer Verschuldungsgrad verstärkt eine progressive Bilanzpolitik in den Jahren vor einer Insolvenz	Quantitativ kein signifikanter Zusammenhang. Schlussfolgernd durch signifikanter Unterschied zu solventer Kontrollgruppe, kann progressive Wirkung vermutet werden.
H3.a: Die Größe der Wirtschaftsprüfungsgesellschaft wirkt sich negativ auf eine progressive Bilanzpolitik in den Jahren vor einer Insolvenz aus.	Quantitativ wie qualitativ keine signifikanten Zusammenhänge gemessen. Auch Vorzeichenanalyse nicht konsistent.
H3.b: Einschränkungen oder zusätzliche Vermerke in dem Bestätigungsvermerk sowie Hinweise über Unsicherheiten in der Unternehmensfortführung wirken sich negativ auf eine progressive Bilanzpolitik in den Jahren vor einer Insolvenz aus.	Durch Vorzeichenanalyse bestätigt.
H4: Eigentümergeführte Unternehmen betreiben im Vergleich zu Nicht-eigentümergeführten Unternehmen eine weniger progressiv ausgerichtete Bilanzpolitik in den Jahren vor einer Insolvenz. In der letzten Periode vor der Insolvenz ist die Bilanzpolitik im Vergleich jedoch progressiver ausgelegt.	Quantitativ wie qualitativ keine signifikanten Zusammenhänge gemessen. Auch Vorzeichenanalyse nicht konsistent.
H5: Unternehmen mit einer höheren Anzahl von Geschäftsführern betreiben eine weniger progressiv ausgerichtete Bilanzpolitik in den Jahren vor einer Insolvenz. In der letzten Periode vor der Insolvenz ist die Bilanzpolitik im Vergleich jedoch progressiver ausgelegt.	Kann nicht eindeutig bestätigt werden. Inkonsistente Ergebnisse über die Zeitreihe. Wirkt zusammen mit einem Managementwechsel nach der Vorzeichenanalyse limitierend auf eine progressive Bilanzpolitik.
H6: Weibliche Geschäftsführer wirken einschränkend auf eine progressive Bilanzpolitik ein.	Quantitativ wie qualitativ keine signifikanten Zusammenhänge gemessen. Geringfügige Tendenz zu einer limitierenden Wirkung. Vorzeichenanalyse jedoch nicht vollständig konsistent.
H7.a: Ein Managementwechsel führt in dem Jahr des Wechsels zu einer konservativen Bilanzpolitik.	Wirkt zusammen mit der Kontrollvariablen des einzelnen Geschäftsführers limitierend auf eine progressive Bilanzpolitik ein. Einzeln im Rahmen der Vorzeichenanalyse betrachtet jedoch nicht über alle Perioden hinweg konsistent.
H7.b: Ein Managementwechsel führt in dem Jahr nach dem Wechsel zu einer progressiven Bilanzpolitik.	Quantitativ wie qualitativ keine signifikanten Zusammenhänge gemessen. Auch Vorzeichenanalyse nicht konsistent.
H7.c: In dem Jahr vor einem Managementwechsel wird verstärkt progressive Bilanzpolitik betrieben.	Quantitativ wie qualitativ keine signifikanten Zusammenhänge gemessen. Auch Vorzeichenanalyse nicht konsistent.
H8: Die Bilanzpolitik der Vorperiode/n wirkt sich negativ auf die Bilanzpolitik der aktuellen Periode aus.	Kann schlussfolgernd durch die progressive Bilanzpolitik in Periode t-2 und die quantitativ konservativ gemessene Bilanzpolitik in Periode t-1, hingegen einer eindeutig progressiv gemessenen Bilanzpolitik in Periode t -1 durch die qualitative Analyse bestätigt werden.
H9: Mittelgroße und große Kapitalgesellschaften werden nur geringfügige Wechsel in den Ansatz- und Bewertungsmethoden im Zeitablauf ausweisen. Die insolvente Stichprobe wird im Vergleich zur solventen Stichprobe verstärkt Ansatz- und Bewertungswechsel vornehmen.	Geringfügige Wechsel wurden bestätigt. Ein signifikant zunehmender Gebrauch von Ansatz- und Bewertungswechsel von insolventen Unternehmen kann nicht bestätigt werden.
H10: Mittelgroße und große Kapitalgesellschaften werden in den Jahren vor einer Insolvenz verstärkt in dem Bereich der kurzfristigen Periodenabgrenzungen bilanzpolitischen Einfluss ausüben.	Kann nicht bestätigt werden. Bilanzpolitische Maßnahmen werden aus kurz- und langfristigen Bereichen eingesetzt.
H11: Mittelgroße und große Kapitalgesellschaften werden bereits verstärkt in Periode t -3 und in Periode t -2 ihre bilanzpolitische Manövriermasse ausschöpfen.	Durch multiple Exklusion quantitativ sowie qualitativ für Periode t-3 vermutbar; in Periode t-2 quantitativ wie qualitativ gemessen. Übermäßiger Einsatz in Periode t-2 spiegelt sich zudem durch die stark konservativen Periodenabgrenzungen auf Basis von Umkehreffekten in Periode t-1 wider.

Literaturverzeichnis

Abbott, Lawrence J./Parker, Susan/Peters, Gary F. (2006): Earnings Management, Litigation Risk, and Asymmetric Audit Fee Responses, in: Auditing: A Journal of Practice & Theory, 25. Jg. (2006), S. 85–98.

Abdel-Khalik, Rashad A. (1973): The Effect of Aggregation Accounting Reports on the Quality of the Lending Decision: An Empirical Investigation, in: Journal of Accounting Research, 11. Jg. (1973), S. 104–138.

Achleitner, Ann-Kristin/Günther, Nina/Kaserer, Christoph/Siciliano, Gianfranco (2014): Real Earnings Management and Accrual-based Earnings Management in Family Firms, in: European Accounting Review, 23. Jg. (2014), S. 431–461.

Adam, Silke (2007): Das Going-Concern-Prinzip in der Jahresabschlussprüfung, Wiesbaden 2007.

Adler, Hans/Düring, Walther/Schmaltz, Kurt (1995a): Kommentar zu § 253 HGB, in: Adler, Hans/Düring, Walther/Schmaltz, Kurt: Rechnungslegung und Prüfung der Unternehmen. Kommentar zum HGB, AktG, GmbHG, PublG nach den Vorschriften des Bilanzrichtlinien-Gesetzes, Teilband 1 und 2, 6. Aufl., Stuttgart 1995.

Adler, Hans/Düring, Walther/Schmaltz, Kurt (1995b): Kommentar zu § 255 HGB, in: Adler, Hans/Düring, Walther/Schmaltz, Kurt: Rechnungslegung und Prüfung der Unternehmen. Kommentar zum HGB, AktG, GmbHG, PublG nach den Vorschriften des Bilanzrichtlinien-Gesetzes, Teilband 1 und 2, 6. Aufl., Stuttgart 1995.

Adler, Hans/Düring, Walther/Schmaltz, Kurt (1995c): Kommentar zu § 284 HGB, in: Adler, Hans/Düring, Walther/Schmaltz, Kurt: Rechnungslegung und Prüfung der Unternehmen. Kommentar zum HGB, AktG, GmbHG, PublG nach den Vorschriften des Bilanzrichtlinien-Gesetzes, Teilband 1 und 2, 6. Aufl., Stuttgart 1995.

Ajona, Laura A./Dallo, Fermín L./Alegría, Santiago S. (2008): Discretionary Accruals and Auditor Behavior in Code-Law Context: An Application to Failing Spanish Firms, in: European Accounting Review, 17. Jg. (2008), S. 641–666.

Akerlof, George A. (1970): The Market for "Lemons": Quality Uncertainty and the Market Mechanism, in: The Quarterly Journal of Economics, 84. Jg. (1970), S. 488–500.

Albach, Horst (1989): Kosten, Transaktionen und externe Effekte im betrieblichen Rechnungswesen, in: Albach, Horst (Hrsg.): Organisation. Mikroökonomische Theorie und ihre Anwendungen, Wiesbaden 1989, S. 27–43.

Alcarria Jaime, José J./de Albornoz Noguer, Belén G. (2004): Specification and Power of Cross-sectional Abnormal Working Capital Accruals Models in the Spanish Context, in: European Accounting Review, 13. Jg. (2004), S. 73–104.

Alchian, Armen A. (1965): Some Economics of Property Rights, in: Il Politico, 30. Jg. (1965), S. 816–829.

Ali, Ashiq/Chen, Tai-Yuan/Radhakrishnan, Suresh (2007): Corporate disclosures by family firms, in: Journal of Accounting and Economics, 44. Jg. (2007), S. 238–286.

Alparslan, Adem (2006): Strukturalistische Prinzipal-Agent-Theorie. Eine Reformulierung der Hidden-Action-Modelle aus der Perspektive des Strukturalismus, Wiesbaden 2006.

Altman, Edward I. (1968): Financial ratios, discriminant analysis and the prediction of corporate bankruptcy, in: The Journal of Finance, 23. Jg. (1968), S. 589–609.

Altman, Edward I. (2000): Predicting Financial Distress of Companies: Revisiting the Z-Score and ZETA Models, in: Working Paper, Stern School of Business, New York University (2000), S. 7–36.

Amen, Matthias (2013): Kapitalflussrechnung, in: Schulze-Osterloh, Joachim/Hennrichs, Joachim/Wüstemann, Jens (Hrsg.): Handbuch des Jahresabschlusses. Bilanzrecht nach HGB, EStG, IFRS, Köln 2013, Rn. 1–234.

Angele, Jürgen (2007): Insolvenzen 2006, in: Wirtschaft und Statistik, 4. Jg. (2007), S. 352–361. Internet: https://www.destatis.de/DE/Publikationen/WirtschaftStatistik/UnternehmenGewerbeanzeigen/Insolvenzen06.pdf?__blob=publicationFile, Abfrage: 15.03.2015.

Antle, Rick (1982): The Auditor as an Economic Agent, in: Journal of Accounting Research, 20. Jg. (1982), S. 503–527.

Argyris, Chris (1952): The Impact of Budgets on People, New York 1952.

Arnedo, Laura/Lizarraga, Fermín/Sánchez, Santiago (2008): Going-concern Uncerntainties in Pre-bankrupt Audit Reports: New Evidence Regarding Discretionary Accruals and Wording Ambiguity, in: International Journal of Auditing, 12. Jg. (2008), S. 25–44.

Arnott, Richard J./Stiglitz, Joseph E. (1988): The Basic Analytics of Moral Hazard, in: The Scandinavian Journal of Economics, 90. Jg. (1988), S. 383–413.

Aronson, Elliot (1981): Dissonanztheorie: Weiterentwicklung und Probleme, in: Ackermann, Karl-Friedrich/Reber, Gerhard (Hrsg.): Personalwirtschaft. Motivationale und kognitive Grundlagen, Stuttgart 1981, S. 309–328.

Arrow, Kenneth J. (1985): The Economics of Agency, in: Pratt, John W./Zeckhauser, Richard (Hrsg.): Principals and agents: The Structure of Business, Boston 1985, S. 37–54.

Arrow, Kenneth J. (1994): Methodological Individualism and Social Knowledge, in: The American Economic Review, 84. Jg. (1994), S. 1–9.

Arthur, W. Brian (1989): Competing Technologies, Increasing Returns, and Lock-In by Historical Events, in: The Economic Journal, 99. Jg. (1989), S. 116–131.

Arya, Anil/Glover, Jonathan/Shyam, Sunder (2003): Are Unmanaged Earnings Always Better for Shareholders?, in: Accounting Horizons, 17. Jg. (2003), S. 111–116.

Arya, Anil/Glover, Jonathan/Sunder, Shyam (1998): Earnings Management and the Revelation Principle, in: Review of Accounting Studies, 3. Jg. (1998), S. 7–34.

Atik, Asuman (2009): Detecting income-smoothing behaviors of Turkish listed companies through empirical tests using discretionary accounting changes, in: Critical Perspectives on Accounting, 20. Jg. (2009), S. 591–613.

Baber, William R./Fairfield, Patricia M./Haggard, James A. (1991): The Effect of Concern about Reported Income on Discretionary Spending Decisions: The Case of Research and Development, in: The Accounting Review, 66. Jg. (1991), S. 818–829.

Baber, William R./Kang, Sok-Hyon/Li, Ying (2011): Modeling Discretionary Accrual Reversal and the Balance Sheet as an Earnings Management Constraint, in: The Accounting Review, 86. Jg. (2011), S. 1189–1212.

Backhaus, Klaus/Erichson, Bernd/Plinke, Wulff/Weiber, Rolf (2016): Multivariate Analysemethoden. Eine anwendungsorientierte Einführung, 14. Aufl., Berlin 2016.

Badertscher, Brad A. (2011): Overvaluation and the Choice of Alternative Earnings Management Mechanisms, in: The Accounting Review, 86. Jg. (2011), S. 1491–1518.

Baetge, Jörg (1989): Möglichkeiten der Früherkennung negativer Unternehmensentwicklungen mit Hilfe statistischer Jahresabschlussanalyse, in: ZfbF (1989), S. 792–811.

Baetge, Jörg (1998): Bilanzanalyse, Düsseldorf 1998.

Baetge, Jörg (2002): Die Früherkennung von Unternehmenskrisen anhand von Abschlusskennzahlen. Rückblick und Standortbestimmung, in: Der Betrieb (2002), S. 2281–2287.

Baetge, Jörg/Ballwieser, Wolfgang (1977): Zum bilanzpolitischen Spielraum der Unternehmensleitung, in: BFuP, 29. Jg. (1977), S. 199–215.

Baetge, Jörg/Ballwieser, Wolfgang (1978): Probleme einer rationalen Bilanzpolitik, in: BFuP, 30. Jg. (1978), S. 511–530.

Baetge, Jörg/Beuter, Hubert/Feidicker, Markus (1992): Kreditwürdigkeitsprüfung mit Diskriminanzanalyse, in: Die Wirtschaftsprüfung (1992), S. 749–761.

Baetge, Jörg/Fischer, Thomas R./Paskert, Dierk (1989): Der Lagebericht. Aufstellung, Prüfung und Offenlegung, Stuttgart 1989.

Baetge, Jörg/Haenelt, Timo/Jonas, Martin (2009a): Die novellierte Bilanzierung latenter Steuern nach dem Bilanzrechtsmodernisierungsgesetz (BilMoG), in: Egner, Thomas/ Henselmann, Klaus/Schmidt, Lutz (Hrsg.): Steuern und Rechnungslegung. Festschrift zum 65. Geburtstag von Professor Dr. Jochen Sigloch, Aachen 2009, S. 511–530.

Baetge, Jörg/Huß, Michael/Niehaus, Hans-Jürgen (1986): Die statistische Auswertung von Jahresabschlüssen zur Informationsgewinnung bei der Abschlußprüfung, in: Die Wirtschaftsprüfung, 39. Jg. (1986), S. 605–613.

Baetge, Jörg/Huß, Michael/Niehaus, Hans-Jürgen (1987): Betriebswirtschaftliche Möglichkeiten zur Erkennung einer drohenden Insolvenz, in: Beiträge zur Reform des Insolvenzrechts: Vorträge und Diskussionen des IDW-Insolvenz-Symposiums am 11./12. Juni 1987 (1987), S. 61–81.

Baetge, Jörg/Kirsch, Hans-Jürgen/Thiele, Stefan (2002): Bilanzrecht, Handelsrecht mit Steuerrecht und den Regelungen des IASB. Begründet von Baetge, Jörg/ Kirsch, Hans-Jürgen/Thiele, Stefan, Berlin 2002.

Baetge, Jörg/Kirsch, Hans-Jürgen/Thiele, Stefan (2004): Bilanzanalyse, 2. Aufl., Düsseldorf 2004.

Baetge, Jörg/Kirsch, Hans-Jürgen/Thiele, Stefan (2009b): Bilanzen, 10. Aufl., Düsseldorf 2009.

Baetge, Jörg/Schmidt, Matthias/Hater, André (2012): Determinanten einer Unternehmenskrise, in: Thierhoff, Michael u.a. (Hrsg.): Unternehmenssanierung, Heidelberg 2012, S. 19–86.

Baker, C. Richard/Hayes, Rick (2004): Reflecting form over substance: the case of Enron Corp., in: Critical Perspectives on Accounting, 15. Jg. (2004), S. 767–785.

Baker, Terry/Collins, Denton/Reitenga, Austin (2003): Stock Option Compensation and Earnings Management Incentives, in: Journal of Accounting, Auditing and Finance, 18. Jg. (2003), S. 557–582.

Ball, Ray/Shivakumar, Lakshmanan (2006): The Role of Accruals in Asymmetrically Timely Gain and Loss Recognition, in: Journal of Accounting Research, 44. Jg. (2006), S. 207–242.

Baron, Reuben M./Kenny, David A. (1986): The Moderator-Mediator Variable Distinction in Social Psychological Research: Conceptual, Strategic, and Statistical Considerations, in: Journal of Personality and Social Psychology, 51. Jg. (1986), S. 1173–1182.

Barth, Daniela (2009): Prognoseberichterstattung, Praxis, Determinanten und Kapitalmarktwirkungen bei deutschen börsennotierten Unternehmen, Frankfurt 2009.

Barth, Mary E./Landsman, Wayne R./Lang, Mark H. (2008): International Accounting Standards and Accounting Quality, in: Journal of Accounting Research, 46. Jg. (2008), S. 467–498.

Bartov, Eli (1993): The Timing of Asset Sales and Earnings Manipulation, in: The Accounting Review, 68. Jg. (1993), S. 840–855.

Bartov, Eli/Givoly, Dan/Hayn, Carla (2002): The rewards to meeting or beating earnings expectations, in: Journal of Accounting and Economics, 33. Jg. (2002), S. 173–204.

Bartov, Eli/Gul, Ferdinand A./Tsui, Judy S. (2001): Discretionary-accruals models and audit qualifications, in: Journal of Accounting and Economics, 30. Jg. (2001), S. 421–452.

Bartov, Eli/Lindahl, Frederick W./Ricks, William E. (1998): Stock Price Behavior Around Announcements of Write-Offs, in: Review of Accounting Studies, 3. Jg. (1998), S. 327–346.

Bauer, Jörg (1981): Grundlagen einer handels- und steuerrechtlichen Rechnungspolitik der Unternehmung, Wiesbaden 1981.

Bayley, Luke/Taylor, Stephen L. (2007): Identifying Earnings Overstatements: A Practical Test. Hrsg. v. SSRN. Internet: http://papers.ssrn.com/sol3/papers.cfm?abstract_id=995957, Abfrage: 29.10.2015.

Beatty, Anne/Chamberlain, Sandra L./Magliolo, Joseph (1995): Managing Financial Reports of Commercial Banks: The Influence of Taxes, Regulatory Capital, and Earnings, in: Journal of Accounting Research, 33. Jg. (1995), S. 231–261.

Beatty, Anne/Weber, Joseph (2003): The Effects of Debt Contracting on Voluntary Accounting Method Changes, in: The Accounting Review, 78. Jg. (2003), S. 119–142.

Beatty, Anne L./Ke, Bin/Petroni, Kathy R. (2002): Earnings Management to Avoid Earnings Declines across Publicly and Privately Held Banks, in: The Accounting Review, 77. Jg. (2002), S. 547–570.

Beaver, William H./Engel, Ellen E. (1996): Discretionary behavior with respect to allowances for loan losses and the behavior of security prices, in: Journal of Accounting and Economics, 22. Jg. (1996), S. 177–206.

Beck, Hanno (2014): Behavioral Economics. Eine Einführung, Wiesbaden 2014.

Beck, Siegfried (2003): Die neue Insolvenzordnung, in: Beck, Siegfried/Depré, Peter (Hrsg.): Praxis der Insolvenz. Ein Handbuch für die Beteiligten und ihre Berater, München 2003, S. 4–6.

Becker, Bernhard/Bieckmann, Bernhard/Martin, Konrad/Müller, Stefan (2014): Der neue IDW ES 11. Ein Leitfaden für Unternehmen und Berater zur Beurteilung des Vorliegens von Insolvenzeröffnungsgründen, in: KSI, (2014), S. 197–201.

Becker, Bernhard/Bieckmann, Bernhard/Martin, Konrad/Müller, Stefan (2015a): Endgültige Verabschiedung des IDW S 11 zur Beurteilung der Insolvenzreife, in: KSI, (2015), S. 164–167.

Becker, Bernhard/Müller, Stefan/Wobbe, Christian (2011): Kreditrating und Unternehmenseinschätzungen: Was bewirken neue Bilanzdaten auf der Basis des BilMoG? Neue Anforderungen an die Ratingkonzeption und die Erkennung von Krisensignalen, in: KSI, (2011), S. 252–257.

Becker, Connie L./DeFond, Mark L./Jiambalvo, James/Subramanyam, K. R. (1998): The Effect of Audit Quality on Earnings Management, in: Contemporary Accounting Research, 15. Jg. (1998), S. 1–24.

Becker, Hans P. (2016): Investition und Finanzierung. Grundlagen der betrieblichen Finanzwirtschaft, 7. Aufl., Wiesbaden 2016.

Becker, Wolfgang/Fischer, Stefan/Staffel, Michaela/Ulrich, Patrick (2007): Anforderungen mittelständischer Unternehmen an potentielle Bewerber aus den Bereichen Controlling, Finance & Accounting, in: Bamberger Betriebswirtschaftliche Beiträge, Nr. 146 (2007), S. 1–27. Internet: https://www.uni-bamberg.de/fileadmin/uni/fakultaeten/sowi_lehrstuehle/unternehmensfuehrung/Download-Bereich/BBB_146_akademika_Aussteller_ungeschuetzt.pdf, Abfrage: 14.02.2015.

Becker, Wolfgang/Ulrich, Patrick/Botzkowski, Tim (2015b): Finanzierung im Mittelstand, Wiesbaden 2015.

Begley, Joy (1990): Debt Covenants and Accounting Choice, in: Journal of Accounting and Economics, 12. Jg. (1990), S. 125–139.

Behringer, Stefan (2010): Cash-flow und Unternehmensbeurteilung. Berechnungen und Anwendungsfelder für die Finanzanalyse, 10 Aufl., Berlin 2010.

Bemmann, Martin (2005): Verbesserung der Vergleichbarkeit von Schätzgüteergebnissen von Insolvenzprognosestudien, in: Dresden Discussion Paper Series in Economics, (2005), S. 1–148.

Beneish, Messod D. (1997): Detecting GAAP Violation: Implications for Assessing Earnings Management among Firms with Extreme Financial Performance, in: Journal of Accounting and Public Policy, 16. Jg. (1997), S. 271–309.

Beneish, Messod D. (1999): The Detection of Earnings Manipulation, in: Financial Analysts Journal, 55. Jg. (1999), S. 24–36.

Beneish, Messod D. (2001): Earnings Management: A Perspective, in: Managerial Finance, 27. Jg. (2001), S. 3–17.

Beneish, Messod D./Lee, Charles M./Nichols, Craig D. (2012a): Fraud Detection and Expected Returns (Working Paper). Internet: http://papers.ssrn.com/sol3/papers.cfm?abstract_id=1998387, Abfrage: 02.03.2015.

Beneish, Messod D./Press, Eric/Vargus, Mark E. (2001): The Relation between Incentives to Avoid Debt Covenant Default and Insider Trading. Internet: http://papers.ssrn.com/sol3/papers.cfm?abstract_id=268548, Abfrage: 01.03.2015.

Beneish, Messod D./Press, Eric/Vargus, Mark E. (2012b): Insider Trading and Earnings Management in Distressed Firms, in: Contemporary Accounting Research, 29. Jg. (2012), S. 191–220.

Benston, George J./Hartgraves, Al L. (2002): Enron: what happened and what we can learn from it, in: Journal of Accounting and Public Policy, 21. Jg. (2002), S. 105–127.

Bergstresser, Daniel/Philippon, Thomas (2006): CEO incentives and earnings management, in: Journal of Financial Economics, 80. Jg. (2006), S. 511–529.

Bernardi, Richard A./Arnold, Donald F. (1997): An Examination of Moral Development within Public Accounting by Gender, Staff Level, and Firm, in: Contemporary Accounting Research, 14. Jg. (1997), S. 653–668.

Bhasin, Madan L. (2013): Corporate Accounting Fraud: A Case Study of Satyam Computers Limited, in: Open Journal of Accounting, 2. Jg. (2013), S. 26–38.

Bhattacharya, Rabi (2011): Random Walk, in: Lovrić, Miodrag (Hrsg.): International encyclopedia of statistical science, Berlin 2011, S. 1178–1180.

Bieg, Hartmut (2009): Bilanzrechtsmodernisierungsgesetz, München 2009.

Bieg, Hartmut/Kußmaul, Heinz (2009): Externes Rechnungswesen, 5. Aufl., München 2009.

Bieker, Marcus/Lackmann, Julia/Lenz, Thomas (2009): Stand und Perspektiven der Lageberichterstattung, in: Wagner, Franz W./Schildbach, Thomas/Schneider, Dieter (Hrsg.): Private und öffentliche Rechnungslegung, Wiesbaden 2009, S. 23–39.

Binder, Sebastian (2014): Möglichkeiten der Bilanzpolitik in der Handels- und Steuerbilanz. Eigenständige Gestaltung, zielgerichteter Mitteleinsatz, Umsetzung mit Zwei-Kreis-Systemen, Hamburg 2014.

Bitter, Georg/Falk, Ulrich (2006): Ursachen von Insolvenzen. Gründe für die Unternehmensinsolvenzen aus der Sicht von Insolvenzverwaltern. Wirtschaft Konkret Nr. 414. Internet: http://www.zis.uni-mannheim.de/studien/dokumente/ursache_von_insolvenzen/414_wiko.pdf, Abfrage: 15.10.2013.

Bitter, Georg/Röder, Sebastian (2009): Insolvenz und Sanierung in Zeiten der Finanz- und Wirtschaftskrise, in: ZInsO (2009), S. 1283–1292.

Bitz, Michael/Schneeloch, Dieter/Wittstock, Wilfried (2011): Der Jahresabschluss. Nationale und internationale Rechtsvorschriften, Analyse und Politik, 5. Aufl., München 2011.

Blochwitz, Stefan/Eigermann, Judith (2000): Unternehmensbeurteilung durch Diskriminanzanalyse mit qualitativen Merkmalen, in: ZfbF, 52. Jg. (2000), S. 58–73.

Bloomfield, Matthew J./Gerakos, Joseph/Kovrijnykh, Andrei (2015): Accrual reversals and cash conversion. Working Paper Nr. 14–29 Chicago Booth. Internet: http://papers.ssrn.com/sol3/papers.cfm?abstract_id=2495610, Abfrage: 18.12.2015.

Böcking, Hans-Joachim/Dutzi, Andreas/Gros, Marius (2012): Kommentar zu § 289 HGB, in: Baetge, Jörg/Kirsch, Hans-Jürgen/Thiele, Stefan (Hrsg): Bilanzrecht. Handelsrecht mit Steuerrecht und den Regelungen des IASB, Berlin 2012, S. 1–98.

Bomsdorf, Eckart (2010): Deskriptive Statistik, 13 Aufl., Köln 2010.

Bork, Reinhard (2009): Einführung in das Insolvenzrecht, 5. Aufl., Tübingen 2009.

Born, Karl (2008): Bilanzanalyse international. Deutsche und ausländische Jahresabschlüsse lesen und beurteilen, 3. Aufl., Stuttgart 2008.

Bornemann, Sven/Kick, Thomas/Pfingsten, Andreas/Schertler, Andrea (2015): Earnings baths by CEOs during turnovers: empirical evidence from German saving banks, in: Journal of Banking & Finance, 53. Jg. (2015), S. 188–201.

Bortz, Jürgen/Döring, Nicola (2006): Forschungsmethoden und Evaluation für Human- und Sozialwissenschaftler, 4. Aufl., Berlin 2006.

Botsis, Dionysios/Hansknecht, Stephan/Hauke, Christoph/Janssen, Nils/Kaiser, Björn/Rock, Thomas (2015): Kennzahlen und Kennzahlensysteme für Banken, Wiesbaden 2015.

Braam, Geert/Nandy, Monomita/Weitzel, Utz/Lodh, Suman (2015): Accrual-based and real earnings management and political connections, in: The International Journal of Accounting, 50. Jg. (2015), S. 111–141.

Bradbury, Michael (2007): Discussion of Charitou, Lambertides and Trigeorgis, in: Abacus, 43. Jg. (2007), S. 297–302.

Brazel, Joseph F./Jones, Keith L./Zimbelman, Mark F. (2009): Using Nonfinancial Measures to Assess Fraud Risk, in: Journal of Accounting Research, 47. Jg. (2009), S. 1135–1166.

Brickley, James A./Linck, James S./Coles, Jeffrey L. (1999): What happens to CEOs after they retire? New evidence on career concerns, horizon problems, and CEO incentives, in: Journal of Financial Economics, 52. Jg. (1999), S. 341–377.

Brösel, Gerrit (2012): Bilanzanalyse. Unternehmensbeurteilung auf der Basis von HGB- und IFRS-Abschlüssen, 14. Aufl., Berlin 2012.

Brosius, Hans-Bernd/Koschel, Friederike/Haas, Alexander (2009): Methoden der empirischen Kommunikationsforschung. Eine Einführung, 5. Aufl., Wiesbaden 2009.

Bruns, William J./De Coster, Donald T. (1969): Accounting and its Behavioral Implications, New York 1969.

Buchner, Robert (1985): Finanzwirtschaftliche Statistik und Kennzahlenrechnung, München 1985.

Burgstahler, David/Dichev, Ilia (1997): Earnings management to avoid earnings decreases and losses, in: Journal of Accounting and Economics, 24. Jg. (1997), S. 99–126.

Burgstahler, David/Eames, Michael (2006): Management of Earnings and Analysts' Forecasts to Achieve Zero and Small Positive Earnings Surprises, in: Journal of Business Finance & Accounting, 33. Jg. (2006), S. 633–652.

Burgstahler, David C./Eames, Michael J. (2003): Earnings Management to Avoid Losses and Earnings Decreases: Are Analysts Fooled?, in: Contemporary Accounting Research, 20. Jg. (2003), S. 253–294.

Bushee, Brian J. (1998): The Influence of Institutional Investors on Myopic R&D Investment Behavior, in: The Accounting Review, 73. Jg. (1998), S. 305–333.

Busse von Colbe, Walther (1976): Cash-Flow, in: Büschgen, Hans E. (Hrsg.): Handwörterbuch der Finanzwirtschaft, Stuttgart 1976, S. 240–251.

Bußhardt, Harald (2012): Kommentar zu § 17, in: Bußhardt, Harald (Hrsg.): Insolvenzordnung (InsO). 5. Aufl., München 2012, Rn. 1–49.

Calderon, Thomas G./Green, Brian P. (1994): Signaling fraud by using analytical procedures, in: Ohio CPA Journal, 53. Jg. (1994), S. 27–38.

Campa, Domenico/Camacho-Miñano, María-del-Mar (2014): Earnings management among bankrupt non-listed firms: evidence from Spain, in: Spanish Journal of Finance and Accounting, 43. Jg. (2014), S. 3–20.

Campbell, John Y./Hilscher, Jens/Szilagyi, Jan (2008): In Search of Distress Risk, in: The Journal of Finance, 63. Jg. (2008), S. 2899–2939.

Castan, Edgar/Böcking, Hans-Joachim/Heymann, Gerd/Pfitzer, Norbert/Scheffler, Eberhard (1987): Beck'sches Handbuch der Rechnungslegung. HGB und IFRS, München 1987.

Chaganti, Rajeswararao S./Mahajan, Vijay/Sharma, Subhash (1985): Corporate board size, composition and corporate failures in retailing industry, in: Journal of Management Studies, 22. Jg. (1985), S. 400–417.

Chambers, Dennis J. (1999): Earnings Management and Capital Market Misallocation. Internet: http://papers.ssrn.com/sol3/papers.cfm?abstract_id=198790, Abfrage: 04.12.2015.

Charitou, Andreas/Lambertides, Neophytos/Trigeorgis, Lenos (2007a): Managerial discretion in distressed firms, in: The British Accounting Review, 39. Jg. (2007), S. 323–346.

Charitou, Andreas/Lambertides, Neophytos/Trigeorgis, Lenos (2011): Distress Risk, Growth and Earnings Quality, in: Abacus, 47. Jg. (2011), S. 158–181.

Charitou, Andreas/Lambertides, Neophytos/Trigeorgis, Lenos (2007b): Earnings Behavior of Financially Distressed Firms: The Role of Institutional Ownership, in: Abacus, 43. Jg. (2007), S. 271–296.

Cheng, Qiang/Warfield, Terry D. (2005): Equity Incentives and Earnings Management, in: The Accounting Review, 80. Jg. (2005), S. 441–476.

Cheng, Shijun (2004): R&D Expenditures and CEO Compensation, in: The Accounting Review, 79. Jg. (2004), S. 305–328.

Chia, Yew M./Lapsley, Irvine/Lee, Hing-Wah (2007): Choice of auditors and earnings management during the Asian financial crisis, in: Managerial Auditing Journal, 22. Jg. (2007), S. 177–196.

Ching, Ken M./Firth, Michael/Rui, Oliver M. (2006): Earnings Management, Corporate Governance and the Market Performance of Seasoned Equity Offerings in Hong Kong, in: Journal of Contemporary Accounting & Economics, 2. Jg. (2006), S. 73–98.

Choi, Jong-Hag/Kim, Chansog/Kim, Jeong-Bon/Zang, Yoonseok (2010): Audit Office Size, Audit Quality, and Audit Pricing, in: Auditing: A Journal of Practice & Theory, 29. Jg. (2010), S. 73–97.

Choi, Jong-Seo/Kwak, Young-Min/Choe, Chongwoo (2014): Earnings Management Surrounding CEO Turnover: Evidence from Korea, in: Abacus, 50. Jg. (2014), S. 25–55.

Christie, Andrew A. (1990): Aggregation of test statistics. An Evaluation of the Evidence on Contracting and Size Hypotheses, in: Journal of Accounting and Economics, 12. Jg. (1990), S. 15–36.

Clemm, Hermann (1989): Bilanzpolitik und Ehrlichkeits-(„True-and-Fair-View") Gebot, in: Die Wirtschaftsprüfung, 42. Jg. (1989), S. 357–366.

Clemm, Hermann (1998): Rechnungslegungspolitik und ihre Begrenzung durch Recht und (Wirtschafts-)Ethik: Vereinbarkeit mit rechtlichen und ethischen Grundgeboten wie Fairneß, Ehrlichkeit, Verantwortungsbewußtsein, getreue Rechenschaftslegung, in: Bareis, Peter/Freidank, Carl-Christian (Hrsg.): Rechnungslegungspolitik. Eine Bestands-aufnahme aus handels- und steuerrechtlicher Sicht, Berlin 1998, S. 1199–1242.

Coase, Ronald H. (1937): The Nature of the Firm, in: Economica, New Series, 4. Jg. (1937), S. 386–405.

Coase, Ronald H. (1960): The Problem of Social Cost, in: Journal of Law and Economics, 3. Jg. (1960), S. 1–44.

Coenenberg, Adolf G./Haller, Axel/Schultze, Wolfgang (2012): Jahresabschluß und Jahresabschlußanalyse. Betriebswirtschaftliche, handelsrechtliche, steuerrechtliche und internationale Grundlagen - HGB, IAS/IFRS, US-GAAP, DRS, 22. Aufl., Stuttgart 2012.

Cohen, Daniel/Mashruwala, Raj/Zach, Tzachi (2010): The use of advertising activities to meet earnings benchmarks: evidence from monthly data, in: Review of Accounting Studies, 15. Jg. (2010), S. 808–832.

Cohen, Daniel A./Dey, Aiyesha/Lys, Thomas Z. (2004): Trends in Earnings Management and Informativeness of Earnings Announcements in the Pre- and Post-Sarbanes Oxley Periods. Internet: http://papers.ssrn.com/sol3/papers.cfm?abstract_id=658782, Abfrage: 08.10.2015.

Cohen, Daniel A./Zarowin, Paul (2010): Accrual-based and real earnings management activities around seasoned equity offerings, in: Journal of Accounting and Economics, 50. Jg. (2010), S. 2–19.

Cohen, Jacob (1992): A Power Primer, in: Psychological Bulletin, 112. Jg. (1992), S. 155–159.

Commons, John R. (1934): Institutional Economics, New York 1934.

Copeland, Ronald M. (1968): Income Smoothing, in: Journal of Accounting Research, 6. Jg. (1968), S. 101–116.

Coughlan, Anne T./Schmidt, Ronald M. (1985): Executive compensation, management turnover, and firm performance, in: Journal of Accounting and Economics, 7. Jg. (1985), S. 43–66.

Creditreform e.V. (2015): Insolvenzen in Deutschland. Jahr 2015. Internet: http://www.creditreform.de/fileadmin/user_upload/crefo/download_de/news_termine/wirtschaftsforschung/insolvenzen-deutschland/Pressemitteilung_Insolvenzen_in_Deutschla nd__Jahr_ 2015_neu.pdf, Abfrage: 13.05.2016.

Creditreform e.V. (2014): Insolvenzen in Deutschland. 1. Halbjahr 2014. Internet: http://www.ifus-institut.de/fileadmin/pdf/Insolvenzen_in_Deutschland_-_1._Halbjahr_2014.pdf, Abfrage: 15.03.2015.

Crone, Andreas (2012a): Die Unternehmenskrise, in: Crone, Andreas/Werner, Henning (Hrsg.): Modernes Sanierungsmanagement. Insolvenzverfahren, Haftungsrisiken, Arbeitsrecht, Sanierungskonzept und steuerliche Aspekte, 3. Aufl., München 2012, S. 3–12.

Crone, Andreas (2012b): Krisendiagnose und Kennzahlen, in: Crone, Andreas/Werner, Henning (Hrsg.): Modernes Sanierungsmanagement. Insolvenzverfahren, Haftungsrisiken, Arbeitsrecht, Sanierungskonzept und steuerliche Aspekte, 3. Aufl., München 2012, S. 49–60.

Cushing, Barry E. (1969): An Empirical Study of Changes in Accounting Policy, in: Journal of Accounting Research, 7. Jg. (1969), S. 196–203.

Daley, Lane A./Vigeland, Robert L. (1983): The effect of debt covenants and political costs on the choice of accounting methods, in: Journal of Accounting and Economics, 5. Jg. (1983), S. 195–211.

Danos, Paul/Eichenseher, John W. (1982): Audit Industry Dynamics: Factors Affecting Changes in Client-Industry Market Shares, in: Journal of Accounting Research, 20. Jg. (1982), S. 604–616.

Daske, Holger/Gebhardt, Günther/McLeay, Stuart (2006): The distribution of earnings relative to targets in the European Union, in: Accounting and Business Research, 36. Jg. (2006), S. 137–167.

David, Paul A. (1985): Clio and the Economics of QWERTY, in: The American Economic Review, 75. Jg. (1985), S. 332–337.

David, Sven (2001): Externes Krisenmanagement aus Sicht der Banken, Lohmar 2001.

Davidson, Ryan/Goodwin-Stewart, Jenny/Kent, Pamela (2005): Internal governance structures and earnings management, in: Accounting and Finance, 45. Jg. (2005), S. 241–267.

Davidson, Wallace N./Jiraporn, Pornsit/Kim, Young S./Nemec, Carol (2004): Earnings management following duality-creating successions: Ethnostatistics, impression management and agency theory, in: Academy of Management Journal, 47. Jg. (2004), S. 267–275.

DeAngelo, Harry/DeAngelo, Linda (1990): Dividend Policy and Financial Distress: An Empirical Investigation of Troubled NYSE Firms, in: The Journal of Finance, 45. Jg. (1990), S. 1415–1431.

DeAngelo, Harry/DeAngelo, Linda (1991): Union negotiations and corporate policy, in: Journal of Financial Economics, 30. Jg. (1991), S. 3–43.

DeAngelo, Harry/DeAngelo, Linda/Skinner, Douglas (1994): Accounting choice in troubled companies, in: Journal of Accounting and Economics, 17. Jg. (1994), S. 113–143.

DeAngelo, Linda E. (1981): Auditor size and audit quality, in: Journal of Accounting and Economics, 3. Jg. (1981), S. 183–199.

DeAngelo, Linda E. (1986): Accounting Numbers as Market Valuation Substitutes: A Study of Management Buyouts of Public Stockholders, in: The Accounting Review, 61. Jg. (1986), S. 400–420.

DeAngelo, Linda E. (1988): Managerial Competition, information costs, and corporate governance, in: Journal of Accounting and Economics, 10. Jg. (1988), S. 3–36.

Dechow, Patricia/Ge, Weili/Larson, Chad/Sloan, Richard (2011): Predicting Material Accounting Misstatements, in: Contemporary Accounting Research, 28. Jg. (2011), S. 17–82.

Dechow, Patricia/Ge, Weili/Schrand, Catherine (2010): Understanding earnings quality: A review of the proxies, their determinants and their consequences, in: Journal of Accounting and Economics, 50. Jg. (2010), S. 344–401.

Dechow, Patricia/Skinner, Douglas (2000): Earnings Management: Reconciling the Views of Accounting Academics, Practitioners, and Regulators, in: American Accounting Association, 14. Jg. (2000), S. 235–250.

Dechow, Patricia M. (1994): Accounting earnings and cash flows as measures of firm performance. The role of accounting accruals, in: Journal of Accounting and Economics, 18. Jg. (1994), S. 3–42.

Dechow, Patricia M./Dichev, Ilia D. (2002): The Quality of Accruals and Earnings: The Role of Accrual Estimation Errors, in: The Accounting Review, 77. Jg. (2002), S. 35–59.

Dechow, Patricia M./Hutton, Amy P./Kim, Jung Hoon/Sloan, Richard G. (2012): Detecting Earnings Management: A New Approach, in: Journal of Accounting Research, 50. Jg. (2012), S. 275–334.

Dechow, Patricia M./Kothari, S.P./Watts, Ross L. (1998): The relation between earnings and cash flows, in: Journal of Accounting and Economics, 25. Jg. (1998), S. 133–168.

Dechow, Patricia M./Richardson, Scott A./Tuna, Irem (2003): Why Are Earnings Kinky? An Examination of the Earnings Management Explanation, in: Review of Accounting Studies, 8. Jg. (2003), S. 355–384.

Dechow, Patricia M./Sloan, Richard G. (1991): Executive incentives and the horizon problem, in: Journal of Accounting and Economics, 14. Jg. (1991), S. 51–89.

Dechow, Patricia M./Sloan, Richard G./Sweeny, Amy P. (1995): Detecting Earnings Management, in: The Accounting Review, 70. Jg. (1995), S. 193–225.

Dechow, Patricia M./Sloan, Richard G./Sweeny, Amy P. (1996): Causes and Consequences of Earnings Manipulation: An Analysis of Firms Subject to Enforcement Actions by the SEC, in: Contemporary Accounting Research, 13. Jg. (1996), S. 1–36.

DeFond, Mark/Jiambalvo, James (1994): Debt covenant violation and manipulation of accruals, in: Journal of Accounting and Economics, 17. Jg. (1994), S. 145–176.

DeFond, Mark/Subramanyam, K.R. (1998): Auditor changes and discretionary accruals, in: Journal of Accounting and Economics, 25. Jg. (1998), S. 35–67.

DeFond, Mark L. (2010): Earnings quality research: Advances, challenges and future research, in: Journal of Accounting and Economics, 50. Jg. (2010), S. 402–409.

DeFond, Mark L./Park, Chul W. (1997): Smoothing income in anticipation of future earnings, in: Journal of Accounting and Economics, 23. Jg. (1997), S. 115–139.

DeFond, Mark L./Park, Chul W. (2001): The Reversal of Abnormal Accruals and the Market Valuation of Earnings Surprises, in: The Accounting Review, 76. Jg. (2001), S. 375–404.

Degeorge, Francois/Patel, Jayendu/Zeckhauser, Richard (1999): Earnings Management to Exceed Thresholds, in: The Journal of Business, 72. Jg. (1999), S. 1–33.

Deloitte & Touche GmbH Wirtschaftsprüfungsgesellschaft (2008): Ten things about bankruptcy and fraud. Internet: http://bankruptcyfraud.typepad.com/Deloitte_Report.pdf, Abfrage: 09.10.2015.

Demougin, Dominique/Jost, Peter-J. (2001): Theoretische Grundlagen der Prinzipal-Agenten-Theorie, in: Jost, Peter-J. (Hrsg.): Die Prinzipal-Agenten-Theorie in der Betriebswirtschaftslehre, Stuttgart 2001, S. 45–81.

Demsetz, Harold (1967): Toward a Theory of Property Rights, in: American Economic Review, 57. Jg. (1967), S. 347–359.

Detert, Karsten/Sellhorn, Thorsten (2007): Bilanzpolitik, in: DBW, Jg. 37 (2007), S. 247–252.

Dhaliwal, Dan S. (1980): The Effect of the Firm's Capital Structure on the Choice of Accounting Methods, in: The Accounting Review, 55. Jg. (1980), S. 78–84.

Dhaliwal, Dan S./Salamon, Gerald L./Smith, E. D. (1982): The effect of owner versus management control on the choice of accounting methods, in: Journal of Accounting and Economics, 4. Jg. (1982), S. 41–53.

Dichev, Ilia/Graham, John/Harvey, Campbell R./Rajgopal, Shiva (2013a): Earnings Quality: Evidence from the Field. Internet: http://papers.ssrn.com/sol3/papers.cfm?abstract_id=2103384, Abfrage: 16.01.2015.

Dichev, Ilia D./Graham, John R./Harvey, Campbell R./Rajgopal, Shiva (2013b): Earnings Quality: Evidence from the field, in: Journal of Accounting and Economics, 56. Jg. (2013), S. 1–33.

Dichev, Ilia D./Skinner, Douglas J. (2002): Large-Sample Evidence on the Debt Covenant Hypothesis, in: Journal of Accounting Research, 40. Jg. (2002), S. 1091–1123.

Dietsche, Marcel/Fink, Christian (2008): Die Qualität der Lageberichterstattung in Deutschland. Empirische Analyse der Unternehmen des HDAX, in: KoR, 4. Jg. (2008), S. 250–261.

Dopuch, Nicholas/Mashruwala, Raj/Seethamraju, Chandra/Zach, Tzachi (2012): The Impact of a Heterogeneous Accrual-Generating Process on Empirical Accruals Models, in: Journal of Accounting, Auditing and Finance, 27. Jg. (2012), S. 386–411.

Döring, Ulrich/Obermann, Oliver (2008): Primär- und Sekundärwirkungen von rechnungslegungspolitischen Maßnahmen, in: Freidank, Carl-Christian/Müller, Stefan/Wulf, Inge (Hrsg.): Controlling und Rechnungslegung. Aktuelle Entwicklungen in Wissenschaft und Praxis, Wiesbaden 2008, S. 413–438.

Dr. Wieselhuber & Partner GmbH (2003): Insolvenzen in Deutschland. Insolvenzursachen und Erfolgsfaktoren einer Sanierung aus der Insolvenz, München 2003.

D'Souza, Julia/Jacob, John/Ramesh, K. (2001): The use of accounting flexibility to reduce labor renegotiation costs and manage earnings, in: Journal of Accounting and Economics, 30. Jg. (2001), S. 187–208.

DuCharme, Larry L./Malatesta, Paul H./Sefcik, Stephan E. (2001): Earnings Management: IPO Valuation and Subsequent Performance, in: Journal of Accounting, Auditing and Finance, 16. Jg. (2001), S. 369–396.

DuCharme, Larry L./Malatesta, Paul H./Sefcik, Stephan E. (2004): Earnings management, stock issues, and shareholder lawsuits, in: Journal of Financial Economics, 71. Jg. (2004), S. 27–49.

Duke, Joanne C./Hunt, Herbert G. (1990): An empirical examination of debt covenant restrictions and accounting-related debt proxies, in: Journal of Accounting and Economics, 12. Jg. (1990), S. 45–63.

Dye, Ronald A. (1985): Disclosure of Nonproprietary Information, in: Journal of Accounting Research, 23. Jg. (1985), S. 123–145.

Dye, Ronald, A. (1988): Earnings Management in an Overlapping Generations Model, in: Journal of Accounting Research, 26. Jg. (1988), S. 195–235.

Ebers, Mark/Gotsch, Wilfried (2006): Institutionenökonomische Theorien der Organisation, in: Kieser, Alfred/Ebers, Mark (Hrsg.): Organisationstheorien, 6 Aufl., Stuttgart 2006, S. 247–308.

Eckel, Norm (1981): The Income Smoothing Hypothesis Revisited, in: Abacus, 17. Jg. (1981), S. 28–40.

Ecker, Frank/Francis, Jennifer/Olsson, Per/Schipper, Katherine (2013): Estimation sample selection for discretionary accruals models, in: Journal of Accounting and Economics, 56. Jg. (2013), S. 190–211.

Eierle, Brigitte/Eich, Benedikt/Klug, Christine (2011): Das Offenlegungsverhalten kleiner und mittelgroßer Kapitalgesellschaften sowie Kapitalgesellschaften & Co. nach dem EHUG - Eine empirische Untersuchung, in: KoR (2011), S. 243–253.

Eigenstetter, Hans (1997): Entscheidungsmodelle für eine anteilseignerbezogene Steuerpolitik. Zugleich ein Beitrag zur Wahl der Mitunternehmer-GmbH als Gestaltungsinstrument, Frankfurt am Main 1997.

Eigenstetter, Hans (1998): Flexibilitätsanalyse des steuerbilanzpolitischen Instrumentariums, in: Bareis, Peter/Freidank, Carl-Christian (Hrsg.): Rechnungslegungspolitik. Eine Bestandsaufnahme aus handels- und steuerrechtlicher Sicht, Berlin 1998, S. 449–503.

Eilenberger, Guido (2013): Kommentar zu § 17 InsO, in: Kirchhof, Hans-Peter/Eiden-müller, Horst/Stürner, Rolf (Hrsg.): Münchener Kommentar zur Insolvenzordnung, 3. Aufl., München 2013, Rn. 1–36.

Eisenhardt, Kathleen M. (1989): Agency Theory: An Assessment and Review, in: The Academy of Management Review, 14. Jg. (1989), S. 57–74.

Elliott, John A./Shaw, Wayne H. (1988): Write-Offs As Accounting Procedures to Manage Perceptions, in: Journal of Accounting Research, 26. Jg. (1988), S. 91–119.

Elschen, Rainer (1991): Gegenstand und Anwendungsmöglichkeiten der Agency-Theorie, in: ZfbF, 43. Jg. (1991), S. 1002–1012.

Enomoto, Masahiro (2015): A Reexamination of Changes in Accounting Policy: Evidence from Japan, in: Discussion Paper Series RIEB Kobe University, 12. Jg. (2015), S. 1–41.

Erlei, Mathias/Sauerland, Dirk/Leschke, Martin (2007): Neue Institutionenökonomik, 2 Aufl., Stuttgart 2007.

Ernsting, Ingo (2010): Ausübung steuerbilanzieller Wahlrechte nach dem BilMoG, in: Finanzrundschau (2010), S. 1067–1074.

Etemadi, Hossein/Dastgir, Mohsen/Momeni, Mansour/Dehkordi, Hassan F. (2012): Discretionary Accruals Behavior of Iranian Distressed Firms, in: Middle Eastern Finance and Economics, 16. Jg. (2012), S. 44–53.

Etemadi, Hossein/Dehkordi, Hassan F./Amirkhani, Kourosh (2013): Effect of auditor opinion on discretionary accruals behavior of distressed firms: Empirical evidences from Iran, in: African Journal of Business Management, 7. Jg. (2013), S. 1956–1965.

Euler Hermes/ZIS (2009): Insolvenzen in Zeiten der Finanzkrise. Befragung von Insolvenzverwaltern zu Entwicklung, Ursachen, Konsequenzen. Internet: http://www.wirtschaft-konkret.de/de/dokumente/107-insolvenzen-in-zeiten-der-finanzkrise.pdf/107-insolvenzen-in-zeiten-der-finanzkrise.pdf, Abfrage: 09.11.2013.

Europäische Kommission (2015): What is an SME? Internet: http://ec.europa.eu/enter prise/policies/sme/facts-figures-analysis/sme-definition/index_en.htm, Abfrage: 14.03.2015.

Eurostat (2008): NACE Rev. 2. Statistische Systematik der Wirtschaftszweige in der Europäischen Gemeinschaft, Rev. 2, Luxemburg 2008.

Exler, Markus, W./Situm, Mario (2013): Früherkennung von Unternehmenskrisen. Systematische Zuordnung von Krisenfrüherkennungsindikatoren zu den unterschiedlichen Krisenphasen eines Unternehmens, in: KSI (2013), S. 161–166.

Fahrmeir, Ludwig/Künstler, Rita/Pigeot, Iris (1997): Statistik. Der Weg zur Datenanalyse, Berlin 1997.

Fama, Eugene F./Jensen, Michael C. (1983): Separation of Ownership and Control, in: Journal of Law and Economics, 26. Jg. (1983), S. 301–325.

Fan, Joseph P./Wong, T.J. (2002): Corporate ownership structure and the informativeness of accounting earnings in East Asia, in: Journal of Accounting and Economics, 33. Jg. (2002), S. 401–425.

Farr, Wolf-Michael (2012a): Checkliste für die Aufstellung, Prüfung und Offenlegung des Anhangs der GmbH. Unter Berücksichtigung der neuen Pflichtangaben nach dem Bilanzrechtsmodernisierungsgesetz einschließlich Musteranhang, 5. Aufl., Düsseldorf 2012.

Farr, Wolf-Michael (2012b): Checkliste für die Aufstellung, Prüfung und Offenlegung des Anhangs der Kapitalgesellschaft und Co/GmbH & Co KG. Unter Berücksichtigung der neuen Pflichtangaben nach dem Bilanzrechtsmodernisierungsgesetz einschließlich Musteranhang, 5. Aufl., Düsseldorf 2012.

Farr, Wolf-Michael (2013): Checkliste für die Aufstellung und Prüfung des Lageberichts bzw. Konzernlageberichts, 8. Aufl., Düsseldorf 2013.

Feltham, Gerald A./Ohlson, James A. (1995): Valuation and Clean Surplus Accounting for Operating and Financial Activities, in: Contemporary Accounting Research, 11. Jg. (1995), S. 689–731.

Festinger, Leon (1957): A Theory of Cognitive Dissonance, Stanford 1957.

Fields, Thomas D./Lys, Thomas Z./Vincent, Linda (2001): Empirical research on accounting choice, in: Journal of Accounting and Economics, 31. Jg. (2001), S. 255–307.

Filip, Andrei/Raffournier, Bernard (2012): The impact of the 2008–2009 financial crisis on earnings management: the european evidence Internet: http://www.cbe.uaeu.ac.ae/en/csafc/pdf/ad_33.pdf, Abfrage: 13.02.2015.

Fink, Christian (2012): Auswirkungen der Novellierungen durch das BilMoG auf die Bilanzpolitik, in: Freidank, Carl-Christian/Velte, Patrick (Hrsg.): Corporate Governance, Abschlussprüfung und Compliance. Neue Entwicklungen aus nationaler und internationaler Sicht, Berlin 2012, S. 55–76.

Fink, Christian/Heidbreder, Stefan/Schäfer, Henry (2008): Informationsbedürfnisse der Gesellschafter von Familienunternehmen, in: KoR, 10. Jg. (2008), S. 601–608.

Fink, Christian/Kajüter, Peter/Winkeljohann, Norbert (2013): Lageberichterstattung. HGB, DRS und IFRS Practice Statement Management Commentary, Stuttgart 2013.

Fink, Christian/Kunath, Oliver (2010): Bilanzpolitisches Potenzial bei der Rückstellungsbildung und -bewertung nach neuem Handelsrecht, in: Der Betrieb (2010), S. 2345–2352.

Fink, Christian/Reuther, Frank (2010): Bilanzpolitik als Mittel zur Gestaltung des Jahresabschlusses, in: Fink, Christian/Schultze, Wolfgang/Winkeljohann, Norbert (Hrsg.): Bilanzpolitik und Bilanzanalyse nach neuem Handelsrecht, Stuttgart 2010, S. 3–26.

Fink, Steven (2002): Crisis management. Planning for the inevitable, Lincoln 2002.

Fischer, Andrea/Haller, Axel (1993): Bilanzpolitik zum Zwecke der Gewinnglättung. Empirische Erkenntnisse, in: ZfbF, 63. Jg. (1993), S. 35–59.

Flick, Uwe (2014): Triangulation als Rahmen für die Verknüpfung qualitativer und quantitativer Forschung, in: Mey, Günter/Mruck, Katja (Hrsg.): Qualitative Forschung. Analysen und Diskussionen - 10 Jahre Berliner Methodentreffen 2014, S. 185–191.

Foerste, Ulrich (2010): Insolvenzrecht, 5. Aufl., München 2010.

Franceschetti, Bruno M./Koschtial, Claudia (2013): Do bankrupt companies manipulate earnings more than the non-bankrupt ones?, in: Journal of Finance and Accountancy, 12. Jg. (2013), S. 4–25.

Francis, Jennifer/LaFond, Ryan/Olsson, Per/Schipper, Katherine (2005): The market pricing of accruals quality, in: Journal of Accounting and Economics, 39. Jg. (2005), S. 295–327.

Francis, Jere R./Yu, Michael D. (2009): Big 4 Office Size and Audit Quality, in: The Accounting Review, 84. Jg. (2009), S. 1521–1552.

Freidank, Carl-Christian (1982): Zielsetzungen und Instrumente der Bilanzpolitik bei Aktiengesellschaften, in: Der Betrieb (1982), S. 337–343.

Freidank, Carl-Christian (1990): Entscheidungsmodelle der Rechnungslegungspolitik. Computergestützte Lösungsvorschläge für Kapitalgesellschaften vor dem Hintergrund des Bilanzrichtlinien-Gesetzes, Stuttgart 1990.

Freidank, Carl-Christian (1998): Zielformulierungen und Modellbildungen im Rahmen der Rechnungslegungspolitik, in: Bareis, Peter/Freidank, Carl-Christian (Hrsg.): Rechnungslegungspolitik. Eine Bestandsaufnahme aus handels- und steuerrechtlicher Sicht, Berlin 1998, S. 85–153.

Freidank, Carl-Christian/Buchholz, Antje (2009): Auswirkungen von Steuer- und Bilanzreform auf rechnungslegungspolitische Entscheidungsmodelle, in: Wagner, Franz W./Schildbach, Thomas/Schneider, Dieter (Hrsg.): Private und öffentliche Rechnungslegung, Wiesbaden 2009, S. 109–133.

Freidank, Carl-Christian/Velte, Patrick (2007): Rechnungslegung und Rechnungslegungspolitik. Eine Einführung aus handels-, steuerrechtlicher und internationaler Sicht in die Rechnungslegung und Rechnungslegungspolitik von Einzelunternehmen, Personenhandels- und Kapitalgesellschaften, Stuttgart 2007.

Frey, Dieter/Schulz-Hardt, Stefan (1997): Eine Theorie der gelernten Sorglosigkeit, in: Mandl, Heinz (Hrsg.): Schwerpunktthema Wissen und Handeln, Göttingen 1997, S. 604–611.

Frishkoff, Paul (1970): Some Recent Trends in Accounting Changes, in: Journal of Accounting Research, 8. Jg. (1970), S. 141–144.

Fudenberg, Drew/Tirole, Jean (1995): A Theory of Income and Dividend Smoothing Based on Incumbency Rents, in: Journal of Political Economy, 103. Jg. (1995), S. 75–93.

Furubotn, Eirik G./Pejovich, Svetozar (1974): Introduction: The New Property Rights Literature, in: Furubotn, Eirik G./Pejovich, Svetozar (Hrsg.): The economics of property rights, Cambridge 1974, S. 1–9.

Gadek, Stephan/Schubert, Wolfgang J. (2016): Kommentar zu § 255 HGB, in: Grottel, Bernd/Schmidt, Stefan/Schubert, Wolfgang J./Winkeljohann, Norbert (Hrsg.): Beck'scher Bilanz-Kommentar. Handels- und Steuerbilanz, §§ 238 bis 339, 342 bis 342e HGB, 10. Aufl., München 2016.

Gaio, Christina (2010): The relative importance of firm and country characteristics for Earnings Quality around the Word, in: European Accounting Review, 19. Jg. (2010), S. 693–738.

García-Meca, Emma/Sánchez-Ballesta, Juan P. (2009): Corporate Governance and Earnings Management: A Meta-Analysis, in: Corporate Governance: An International Review, 17. Jg. (2009), S. 594–610.

Garza-Gómez, Xavier/Okumura, Masashi/Kunimura, Michio (2000): Discretionary accrual models and the accounting process, in: Kobe Economic & Business Review, 45. Jg. (2000), S. 103–135.

Gelhausen, Hans F./Fey, Gerd/Kämpfer, Georg (2009): Rechnungslegung und Prüfung nach dem Bilanzrechtsmodernisierungsgesetz, Düsseldorf 2009.

Gerakos, Joseph (2012): Discussion of Detecting Earnings Management: A New Approach, in: Journal of Accounting Research, 50. Jg. (2012), S. 335–347.

Giesselmann, Marco/Windzio, Michael (2012): Regressionsmodelle zur Analyse von Paneldaten, Wiesbaden 2012.

Gilson, Stuart C. (1989): Management turnover and financial distress, in: Journal of Financial Economics, 25. Jg. (1989), S. 241–262.

Gilson, Stuart C./Vetsuypens, Michael R. (1993): CEO Compensation in Financially Distressed Firms: An Empirical Analysis, in: The Journal of Finance, 48. Jg. (1993), S. 425–458.

Giroux, Gary A. (2006): Earnings magic and the unbalance sheet. The search for financial reality, Chichester 2006.

Gladen, Werner (2014): Performance Measurement. Controlling mit Kennzahlen, 6. Aufl., Wiesbaden 2014.

Glaschke, Michael (2006): Rechnungslegungspolitik in einem IAS/IFRS-Einzelabschluss und einer traditionellen Steuerbilanz ohne Maßgeblichkeitsprinzip: Möglichkeiten des unabhängigen Einsatzes bilanzpolitischer Instrumente und Einfluss von Bilanzpolitik auf latente Steuern in einem Zukunftsszenario, Hamburg 2006.

Glaum, Martin/Lichtblau, Karl/Lindemann, Jens (2004): The Extent of Earnings Management in the U.S. and Germany, in: Journal of International Accounting Research, 3. Jg. (2004), S. 45–77.

Goldman, Eitan/Slezak, Steve L. (2006): An equilibrium model of incentive contracts in the presence of information manipulation, in: Journal of Financial Economics, 80. Jg. (2006), S. 603–626.

Göllert, Kurt (2008): Auswirkungen des Bilanzrechtsmodernisierungsgesetzes (BilMoG) auf die Bilanzpolitik, in: Der Betrieb, 61. Jg. (2008), S. 1165–1171.

Göllert, Kurt (2009): Problemfelder der Bilanzanalyse: Einflüsse des BilMoG auf die Bilanzanalyse, in: Der Betrieb, 62. Jg. (2009), S. 1173–1778.

Goncharov, Igor (2005): Earnings Management and Its Determinants. Closing Gaps in Empirical Accounting Research, Frankfurt am Main 2005.

Goncharov, Igor/Zimmermann, Jochen (2006): Do Accounting Standards influence the Level of Earnings Management? Evidence from Germany. Internet: http://papers.ssrn.com/sol3/papers.cfm?abstract_id=386521, Abfrage: 26.02.2015.

Gore, Pelham/Pope, Peter F./Singh, Ashni K. (2007): Earnings management and the distribution of earnings relative to targets: UK evidence, in: Accounting and Business Research, 37. Jg. (2007), S. 123–150.

Gräfer, Horst (1990): Möglichkeiten der Bilanzanalyse, in: Küting, Karlheinz/ Weber, Claus-Peter (Hrsg.): Handbuch der Rechnungslegung. Kommentar zur Bilanzierung und Prüfung, 3. Aufl., Stuttgart 1990, Rn. 192–265.

Gräfer, Horst/Schneider, Georg (2010): Bilanzanalyse, 11. Aufl., Herne 2010.

Graham, John R./Harvey, Campbell R./Rajgopal, Shiva (2005): The economic implications of corporate financial reporting, in: Journal of Accounting and Economics, 40. Jg. (2005), S. 3–73.

Grape, Christian (2006): Sanierungsstrategien. Empirisch-qualitative Untersuchung zur Bewältigung schwerer Unternehmenskrisen, Wiesbaden 2006.

Gräwe, Daniel (2012): Der Ablauf des US-amerikanischen Chapter 11-Verfahrens, in: ZInsO, (2012), S. 158–165.

Grossman, Sanford J./Hart, Oliver D. (1983): An Analysis of the Principal-Agent Problem, in: Econometrica, 51. Jg. (1983), S. 7–45.

Grottel, Bernd (2012): Kommentar zu § 289 HGB, in: Förschle, Gerhart/Grottel, Bernd/Schmidt, Stefan/Schubert, Wolfgang J. (Hrsg.): Beck'scher Bilanz-Kommentar. Handels- und Steuerbilanz, §§ 238 bis 339, 342 bis 342e HGB mit IFRS-Abweichungen, 9. Aufl., München 2012.

Grottel, Bernd (2016): Kommentar zu § 284 HGB, in: Grottel, Bernd/Schmidt, Stefan/Schubert, Wolfgang J./Winkeljohann, Norbert (Hrsg.): Beck'scher Bilanz-Kommentar. Handels- und Steuerbilanz, §§ 238 bis 339, 342 bis 342e HGB, 10. Aufl., München 2016.

Grottel, Bernd/Leistner, Martin (2016): Kommentar zu § 256 HGB, in: Grottel, Bernd/Schmidt, Stefan/Schubert, Wolfgang J./Winkeljohann, Norbert (Hrsg.): Beck'scher Bilanz-Kommentar. Handels- und Steuerbilanz, §§ 238 bis 339, 342 bis 342e HGB, 10. Aufl., München 2016.

Grottel, Bernd/Rhiel, Raimund (2016): Kommentar zu § 249 HGB, in: Grottel, Bernd/Schmidt, Stefan/Schubert, Wolfgang J./Winkeljohann, Norbert (Hrsg.): Beck'scher Bilanz-Kommentar. Handels- und Steuerbilanz, §§ 238 bis 339, 342 bis 342e HGB, 10. Aufl., München 2016.

Grundmann, Wolfgang (2013): Leasing und Factoring. Formen, Rechtsgrundlagen, Verträge, Wiesbaden 2013.

Guan, Liming/Pourjalali, Hamid (2010): Effect of Cultural Environmental and Accounting Regulation on Earnings Management: A Multiple Year-Country Analysis, in: Asia-Pacific Journal of Accounting & Economics, 17. Jg. (2010), S. 99–127.

Guay, Wayne R./Kothari, S.P./Watts, Ross L. (1996): A Market-Based Evaluation of Discretionary Accrual Models, in: Journal of Accounting Research, 34. Jg. (1996), S. 83–105.

Gude, Hardy (2011): Inner- und außerbetriebliche Insolvenzursachen. Aktuelle Befragungsergebnisse aus Gläubigersicht, in: KSI (2011), S. 125–127.

Guenther, David A. (1994): Earnings Management in Response to Corporate Tax Rate Changes: Evidence from the 1986 Tax Reform Act, in: The Accounting Review, 69. Jg. (1994), S. 230–243.

Guenther, David A./Maydew, Edward L./Nutter, Sarah E. (1997): Financial reporting, tax costs, and book-tax conformity, in: Journal of Accounting and Economics, 23. Jg. (1997), S. 225–248.

Guhr, Hans-Martin (1972): Gewinn und Cash Flow als Bewertungskriterien, in: Siebert, Georg/Büschgen, Hans E. (Hrsg.): Aktienanalyse: Beiträge zur Aktienanalyse, Frankfurt am Main 1972, S. 26–53.

Gunny, Katherine A. (2010): The Relation Between Earnings Management Using Real Activities Manipulation and Future Performance: Evidence from Meeting Earnings Benchmarks, in: Contemporary Accounting Research, 27. Jg. (2010), S. 855–888.

Günther, Thomas (2002): Wertorientierte Kennzahlen zur Steuerung mittelständischer Unternehmen, in: Controlling und Management, 46. Jg. (2002), S. 89–97.

Haarmeyer, Hans (2006): Sanierung nach der InsO, in: Blöse, Jochen/Kihm, Axel (Hrsg.): Unternehmenskrisen. Ursachen - Sanierungskonzepte - Krisenvorsorge - Steuern, Berlin 2006, S. 157–214.

Haas, Stefan/David, Katrin/Skowronek, Thomas (2011): Aktuelle Anwendungsfragen bei der Abzinsung von sonstigen Rückstellungen nach BilMoG, in: KoR (2011), S. 483–492.

Haberstock, Lothar (1971): Zur Integrierung der Ertragsbesteuerung in die simultane Produktions-, Investitions- und Finanzierungsplanung mit Hilfe der linearen Programmierung, Köln 1971.

Habib, Ahsan/Bhuiyan, Uddin/Islam, Ainul (2013): Financial distress, earnings management and market pricing of accruals during the global financial crisis, in: Managerial Finance, 39. Jg. (2013), S. 155–180.

Haghani, Sascha/Voll, Steffen/Holzamer, Matthias/Warnig, Claudia (2009): Financial Covenants in der Unternehmensfinanzierung. Roland Berger. Internet: http://www.rolandberger.com/media/pdf/Roland_Berger_Financial_Covenants_20090725.pdf, Abfrage: 18.10.2013Uhr.

Hall, Steven C./Agrawal, Vipin/Agrawal, Pushpa (2013): Earnings Management and the Financial Statement Analyst, in: Accounting and Finance Research, 2. Jg. (2013), S. 105–111.

Hambrick, Donald C. (2007): Upper Echelons Theory: An Update, in: Academy of Management Review, 32. Jg. (2007), S. 334–343.

Hambrick, Donald C./Mason, Phyllis A. (1984): Upper Echelons: The Organization as a Reflection of Its Top Managers, in: Academy of Management Review, 9. Jg. (1984), S. 193–206.

Han, Jerry C./Wang, Shiing-wu (1998): Political Costs and Earnings Management of Oil Companies During the 1990 Persian Gulf Crisis, in: The Accounting Review, 73. Jg. (1998), S. 103–117.

Hans-Böckler-Stiftung (2009): Rechtliche Grundlagen des Jahresabschlusses. Hans-Böckler-Stiftung. Internet: http://www.boeckler.de/pdf/mbf_rechtsfragen_kapitel5.pdf, Abfrage: 20.09.2016.

Hansen, Glen A. (1999): Bias and Measurement Error in Discretionary Accrual Models. Internet: http://papers.ssrn.com/sol3/papers.cfm?abstract_id=192748, Abfrage: 09.12.2015.

Hansen, Lars P. (1982): Large Sample Properties of Generalized Method of Moments Estimators, in: Econometrica, 50. Jg. (1982), S. 1029–1054.

Hanssmann, F. (1993): Entscheidungsmodelle und Entscheidungskriterien, in: Wittmann, Waldemar (Hrsg.): Handwörterbuch der Betriebswirtschaft, 5 Aufl., Stuttgart 1993, S. 896–910.

Harder, Ulrich (1962): Bilanzpolitik. Wesen und Methoden der taktischen Beeinflussung von handels- und steuerrechtlichen Jahresabschlüssen, Wiesbaden 1962.

Hart, Oliver/Holmström, Bengt (1987): The theory of contracts, in: Bewley, Truman F. (Hrsg.): Advances in economic theory. Fifth World Congress, Cambridge 1987.

Harz, Michael/Schlarb, Eberhard/Hub, Heinz-Günter (2006): Sanierungs-Management. Unternehmen aus der Krise führen, 3. Aufl., Düsseldorf 2006.

Hauschildt, Jürgen (2000a): Vorgehensweise der statistischen Insolvenzdiagnose, in: Hauschildt, Jürgen/Leker, Jens (Hrsg.): Krisendiagnose durch Bilanzanalyse, 2. Aufl., Köln 2000, S. 119–143.

Hauschildt, Jürgen (1988a): Bilanzanalyse, Bilanzkritik und Bilanzpolitik, in: Albers, Willi/Zottmann, Anton (Hrsg.): Handwörterbuch der Wirtschaftswissenschaft, Stuttgart 1988, S. 659–670.

Hauschildt, Jürgen (1988b): Unternehmenskrisen. Herausforderungen an die Bilanzanalyse, in: Hauschildt, Jürgen (Hrsg.): Krisendiagnose durch Bilanzanalyse, Köln 1988, S. 1–16.

Hauschildt, Jürgen (2000b): Unternehmenskrisen - Herausforderungen an die Bilanzanalyse, in: Jürgen Hauschildt und Jens Leker (Hrsg.): Krisendiagnose durch Bilanzanalyse, 2. Aufl., Köln 2000, S. 1–18.

Hauschildt, Jürgen (2006): Entwicklungen in der Krisenforschung, in: Hutzschenreuter, Thomas/Griess-Nega, Torsten (Hrsg.): Krisenmanagement. Grundlagen, Strategien, Instrumente, Wiesbaden 2006, S. 19–42.

Hauschildt, Jürgen (2008): Die Feststellung der Unternehmenskrise, in: KSI, 1. Jg. (2008), S. 5–11.

Hauschildt, Jürgen/Grape, Christian/Schindler, Marc (2006): Typologien von Unternehmenskrisen im Wandel, in: Die Betriebswirtschaft, 66. Jg. (2006), S. 7–25.

Haw, In-Mu/Qi, Daqing/Wu, Donghui/Wu, Woody (2005): Market Consequences of Earnings Management in Response to Security Regulations in China, in: Contemporary Accounting Research, 22. Jg. (2005), S. 95–140.

Hax, Herbert (1991): Theorie der Unternehmung. Information, Anreize und Vertragsgestaltung, in: Ordelheide, Dieter/Rudolph, Bernd/Büsselmann, Elke (Hrsg.): Betriebswirtschaftslehre und ökonomische Theorie, Stuttgart 1991, S. 51–72.

Hayek, Friedrich August von (1971): Die Verfassung der Freiheit, Tübingen 1971.

Healy, Paul M. (1985): The effect of bonus schemes on accounting decisions, in: Journal of Accounting and Economics, 7. Jg. (1985), S. 85–107.

Healy, Paul M./Palepu, Krishna G. (1990): Effectiveness of accounting-based dividend covenants, in: Journal of Accounting and Economics, 12. Jg. (1990), S. 97–123.

Healy, Paul M./Wahlen, James M. (1999): A Review of the Earnings Management Literature and Its Implications for Standard Setting, in: American Accounting Association, 13. Jg. (1999), S. 365–383.

Heckhausen, Heinz (1989): Motivation und Handeln, 2 Aufl., Berlin 1989.

Heine, Christian/Zenger, Heidemarie (2014): Kommentar zu § 256 HGB, in: Petersen, Karl/Zwirner, Christian/Brösel, Gerrit (Hrsg.): Systematischer Praxiskommentar Bilanzrecht. Rechnungslegung, Offenlegung, 2. Aufl., Köln 2014, S. 514–531.

Heinhold, Michael (1979): Betriebliche Steuerplanung mit quantitativen Methoden, Florentz 1979.

Heinhold, Michael (1984a): Bilanzpolitik. Wesen, Ziele und Stellung in der Unternehmensplanung, in: WiSt, (1984), S. 388–392.

Heinhold, Michael (1984b): Instrumente unternehmerischer Bilanzpolitik, in: WiSt, (1984), S. 449–454.

Hendricks, Lukas (2015): BilRUG für Praktiker, Weil im Schönbuch 2015.

Henselmann, Klaus/Hofmann, Stefan (2010): Accounting fraud. Case studies and practical implications, Berlin 2010.

Herold, Christian (2006): Vermeidung des Earnings Management der Umsatzerlöse. Eine ökonomische Analyse der internationalen Rechnungslegungsnormen, Wiesbaden 2006.

Herrmann, Don/Inoue, Tatsuo/Thomas, Wayne B. (2003): The Sale of Assets to Manage Earnings in Japan, in: Journal of Accounting Research, 41. Jg. (2003), S. 89–108.

Herzig, Norbert/Briesemeister, Simone (2009): Steuerliche Konsequenzen des BilMoG - Deregulierung und Maßgeblichkeit, in: Der Betrieb (2009), S. 926–931.

Herzig, Norbert/Briesemeister, Simone/Joisten, Christian/Vossel, Stephan (2010): Component approach im Handels- und Steuerbilanzrecht. Anmerkungen zu IDW RH HFA 1.016, in: Die Wirtschaftsprüfung (2010), S. 561–573.

Herzig, Norbert/Liekenbrock, Bernhard (2013): Bilanzierung von Steuerrückstellungen nach BilMoG und IDW RS HFA 34, in: Der Betrieb (2013), S. 409–417.

Herzig, Norbert/Vossel, Stephan (2009): Paradigmenwechsel bei latenten Steuern nach dem BilMoG, in: Betriebs-Berater (2009), S. 1174–1178.

Hess, Harald/Fechner, Dietrich (1991): Sanierungshandbuch, 2. Aufl., Neuwied 1991.

Heuer, Jan/Hils, Silvia/Richter, Anika (2005): Insolvenzursachen und Insolvenzprophylaxe. Ergebnisse einer Befragung von Geschäftsführern insolventer Unternehmen im Auftrag der Seghorn Inkasso GmbH. Seghorn Inkasso GmbH. Internet: http://www.seghorn.de/fileadmin/img/Publikationen/Studie_Insolvenzursachen_01.pdf, Abfrage: 31.10.2013.

Hillmer, Hans-Jürgen (2006): Managementfehler als Insolvenzgründe. Ergebnisse einer Insolvenzverwalter-Befragung, in: KSI (2006), S. 233–234.

Hillmer, Hans-Jürgen (2014): Europäische und deutsche Perspektiven der Insolvenzrechtsentwicklung. Bericht zum 10. Mannheimer Insolvenzrechtstag vom 11.7.2014, in: KSI, (2014), S. 234–237.

Hinz, Michael (1994): Sachverhaltsgestaltungen im Rahmen der Jahresabschlusspolitik, Düsseldorf 1994.

Hirte, Heribert/Knof, Béla/Mock, Sebastian (2012): Das neue Insolvenzrecht nach dem ESUG. Einführung und Materialien zum Gesetz zur weiteren Erleichterung der Sanierung von Unternehmen, München 2012.

Hofbauer, Max A./Kirsch, Hanno (1994): Rechnungslegung, 2. Aufl., Bonn.

Höfer, Reinhold/Früh, Hans-Georg/Neumeier, Günter (2009): Bewertungsparameter für Versorgungszusagen im internationalen und deutschen Jahresabschluss 2009/2010, in: Der Betrieb, 62. Jg. (2009), S. 2389–2392.

Hoffmann, Wolf-Dieter (2009): Der Anhang vor und nach dem BilMoG, in: BC (2009), S. 259–264.

Hoffmann, Wolf-Dieter/Lüdenbach, Norbert (2014): NWB Kommentar Bilanzierung, Handels- und Steuerrecht, 5 Aufl., Herne 2014.

Hofmann, Stefan (2009): Handbuch Anti-Fraud-Management. Bilanzbetrug erkennen - vorbeugen - bekämpfen, Berlin 2009.

Holhausen, Robert W./Leftwich, Richard W. (1983): The economic consequences of accounting choice, in: Journal of Accounting and Economics, 5. Jg. (1983), S. 77–117.

Holmström, Bengt (1979): Moral hazard and observability, in: The Bell Journal of Economics, 10. Jg. (1979), S. 74–91.

Holzborn, Timo/Vietinghoff, Petra v. (2013): Haftung und Insolvenz in der GmbH, München 2013.

Holzer, H. Peter/Lück, Wolfgang (1978): Verhaltenswissenschaft und Rechnungswesen. Entwicklungstendenzen des Behavioral Accounting in den USA, in: Die Betriebswirtschaft, 38. Jg. (1978), S. 509–523.

Homburg, Carsten/Wrede, Nikolaus (2007): Persistente Bestimmungsgrößen des künftigen operativen Cash Flows. Empirische Evidenz für deutsche KMU des verarbeitenden Gewerbes, in: ZfB, 77. Jg. (2007), S. 875–910.

Hommel, Michael (2011): Kommentar zu § 249 HGB, in: Baetge, Jörg/Kirsch, Hans-Jürgen/Thiele, Stefan (Hrsg.): Bilanzrecht. Handelsrecht mit Steuerrecht und den Regelungen des IASB, Berlin 2011, S. 1–126.

Hommel, Michael/Rößler, Bettina (2009): Komponentenansatz des IDW RH HFA 1.016 - eine GoB-konforme Konkretisierung der planmäßigen Abschreibungen?, in: Betriebs-Berater (2009), S. 2526–2530.

Horsch, Andreas/Meinhövel, Harald/Paul, Stephan (2005): Institutionenökonomie und Betriebswirtschaftslehre. Einführung zum Einkommensaspekt menschlichen Handelns, in: Horsch, Andreas/Meinhövel, Harald/Paul, Stephan (Hrsg.): Institutionenökonomie und Betriebswirtschaftslehre, München 2005, S. 1–14.

Horváth, Péter (1979): Controlling, München 1979.

Houghton, K. A./Smith, M. (1991): Loan Risk and the Anticipation of Corporate Distress: West Astralian Evidence, in: Davis, K./Harper, I. (Hrsg.): Risk Management in Financial Institutions, Sidney 1991, S. 61–74.

Houston, Reza/Howe, John (2014): Earnings Management, Earnings Surprises, and Distressed Firms. Internet: http://bengal.missouri.edu/~rhd32/Earnings%20 Management%20working%20paper.pdf, Abfrage: 23.02.2015.

Hribar, Paul/Collins, Daniel W. (2002): Errors in Estimating Accruals: Implications for Empirical Research, in: Journal of Accounting Research, 40. Jg. (2002), S. 105–134.

Husemann, Walter/Hofer, Heinz (2008): Die Abschaffung der Aufwandsrückstellungen nach dem BilMoG-RegE, in: Der Betrieb, 61. Jg. (2008), S. 2661–2666.

Huson, Mark R./Malatesta, Paul H./Parrino, Robert (2004): Managerial succession and firm performance, in: Journal of Financial Economics, 74. Jg. (2004), S. 237–275.

Hüttche, Tobias (2009): Modernisierte Bilanzpolitik: Weichenstellungen mit Blick auf das BilMoG, in: Betriebs-Berater (2009), S. 1346–1351.

Hüttche, Tobias/Dicke-Wentrup, Thorsten/Int-Veen, Thomas (2007): Typologische Bilanzanalyse. Branchenspezifische Anwendung der IFRS, in: IRZ (2007), S. 233–242.

IDW (2007): WP Handbuch 2008. Wirtschaftsprüfung, Rechnungslegung, Beratung, BAND II, 13. Aufl., Düsseldorf 2007.

IDW (2012): WP Handbuch 2012. Wirtschaftsprüfung, Rechnungslegung, Beratung, Band I, 14. Aufl., Düsseldorf 2012.

IHK München (2015): Der Deutsche Mittelstand-"Hidden Champions". Internet: https:// www.muenchen.ihk.de/de/standortpolitik/Wirtschafts-und-Mittelstands-politik/der-deutsche-mittelstand, Abfrage: 15.03.2015.

Institut für Mittelstandsforschung (2015a): KMU-Definition des IfM Bonn. Internet: http://www.ifm-bonn.org/mittelstandsdefinition/definition-kmu-des-ifm-bonn/, Abfrage: 14.03.2015.

Institut für Mittelstandsforschung (2015b): Familienunternehmen-Definition des IfM Bonn. Internet: http://www.ifm-bonn.org/mittelstandsdefinition/definition-familienunterne hmen/, Abfrage: 17.03.2015.

Intriligator, Michael D. (1978): Econometric Models, Techniques, and Applications, Amsterdam 1978.

Jäckel, Andreas/Poppe, Hartmut (2000): Krisendiagnose durch qualitative Bilanzanalyse, in: Hauschildt, Jürgen/Leker, Jens (Hrsg.): Krisendiagnose durch Bilanzanalyse, 2. Aufl., Köln 2000, S. 88–118.

Jackson, Scott B./Wilcox, William E. (2000): Do Managers Grant Sales Price Reductions to Avoid Losses and Declines in Earnings and Sales?, in: Quarterly Journal of Business and Economics, 39. Jg. (2000), S. 3–20.

Janisch, Monika (1993): Das strategische Anspruchsgruppenmanagement. Vom Shareholder Value zum Stakeholder Value, Bern 1993.

Jansen, Ivo P./Ramnath, Sundaresh/Yohn, Teri L. (2012): A Diagnostic for Earnings Management Using Changes in Asset Turnover and Profit Margin, in: Contemporary Accounting Research, 29. Jg. (2012), S. 221–251.

Janssen, Jan (2009): Rechnungslegung im Mittelstand. Eignung der nationalen und internationalen Rechnungslegungsvorschriften unter Berücksichtigung der Veränderungen durch den IFRS for Private Entities und das Bilanzrechtsmodernisierungsgesetz, Wiesbaden 2009.

Jany, Jens (2011): Die Qualität von Abschlussprüfungen im Kontext der Haftung, Größe und Spezialisierung von Prüfungsgesellschaften, Lohmar 2011.

Jensen, Michael C. (1983): Organization Theory and Methodology, in: The Accounting Review, 58. Jg. (1983), S. 319–339.

Jensen, Michael C./Meckling, William H. (1976): Theory of the firm: Managerial behavior, agency costs and ownership structure, in: Journal of Financial Economics, 3. Jg. (1976), S. 305–360.

Jeter, Debra C./Shivakumar, Lakshmanan (1999): Cross-sectional estimation of abnormal accruals using quarterly and annual data: effectiveness in detecting event-specific earnings management, in: Accounting and Business Research, 29. Jg. (1999), S. 299–319.

Jiraporn, Pornsit/DaDalt, Peter J. (2009): Does Founding Family Control Affect Earnings Management? An Empirical Note, in: Applied Economics Letters, 16. Jg. (2009), S. 113–119.

Johnston, Derek/Rock, Steve (2005): Earnings Management to Minimize Superfund Clean-up and Transaction Costs, in: Contemporary Accounting Research, 22. Jg. (2005), S. 617–642.

Jones, Jennifer J. (1991): Earnings Management During Import Relief Investigations, in: Journal of Accounting Research, 29. Jg. (1991), S. 193–228.

Jones, Keith L./Krishnan, Gopal V./Melendrez, Kevin D. (2008): Do Models of Discretionary Accruals Detect Actual Cases of Fraudulent and Restated Earnings? An Empirical Analysis, in: Contemporary Accounting Research, 25. Jg. (2008), S. 499–531.

Jong, Abe de/DeJong, Douglas V./Mertens, Gerard/Roosenboom, Peter (2007): Investor relations, reputational bonding, and corporate governance: The case of Royal Ahold, in: Journal of Accounting and Public Policy, 26. Jg. (2007), S. 328–375.

Jordan, Charles E./Clark, Stanley J./Hames, Charlotte C. (2010): The impact of audit quality on earnings management to achieve user reference points in eps, in: The Journal of Applied Business Research, 26. Jg. (2010), S. 19–30.

Jorissen, Ann/Otley, David (2010): The management of accounting numbers: case study evidence from the 'crash' of an airline, in: Accounting and Business Research, 40. Jg. (2010), S. 3–38.

Jost, Peter-J. (2001): Die Prinzipal-Agenten-Theorie im Unternehmenskontext, in: Jost, Peter-J. (Hrsg.): Die Prinzipal-Agenten-Theorie in der Betriebswirtschaftslehre, Stuttgart 2001, S. 11–44.

Kajüter, Peter (2001): Risikoberichterstattung: Empirische Befunde und der Entwurf des DRS 5, in: Der Betrieb, 54. Jg. (2001), S. 105–111.

Kajüter, Peter (2011): Kommentar zu §§ 289, 289a HGB, in: Küting, K./Pfitzer, N./Weber, C.-P. (Hrsg.): Handbuch der Rechnungslegung - Einzelabschluss. Kommentar zur Bilanzierung und Prüfung, 5. Aufl., Stuttgart 2011, S. 1–56.

Kajüter, Peter (2013): Lageberichterstattung nach E-DRS 27 - Hintergründe und neue Anforderungen, in: Baetge, Jörg/Kirsch Hans-Jürgen (Hrsg.): Zukunft der Unternehmensberichterstattung - Lagebericht, Zusatzberichte und technische Umsetzung: Beiträge und Diskussionen zum 27. Münsterischen Tagesgespräch des Münsteraner Gesprächskreises Rechnungslegung und Prüfung e.V. am 10. Mai 2012. Münsterisches Tagesgespräch, Düsseldorf 2013, S. 1–33.

Kajüter, Peter/Bachert, Kristian/Blaesing, Daniel/Kleinmanns, Hermann (2010): Die DRS zur Lageberichterstattung auf dem Prüfstand. Empirische Befunde zur Beurteilung und Anwendungspraxis der DRS, in: Der Betrieb, 63. Jg. (2010), S. 457–465.

Kajüter, Peter/Winkler, Carsten (2003): Die Risikoberichterstattung der DAX100-Unternehmen im Zeitvergleich. Ergebnisse einer empirischen Untersuchung, in: KoR, 5. Jg. (2003), S. 217–228.

Kallunki, Juha-Pekka/Martikainen, Teppo (1999): Financial failure and managers' accounting response: Finnish evidence, in: Journal of Multinational Financial Management, 4. Jg. (1999), S. 15–26.

Kaminski, Kathleen A./Wetzel, T. Sterling/Guan, Liming (2004): Can financial ratios detect fraudulent financial reporting?, in: Managerial Auditing Journal, 19. Jg. (2004), S. 15–28.

Kang, Sok-Hyon (1999): A Conceptual and Empirical Evaluation of Accrual Prediction Models. Internet: http://papers.ssrn.com/sol3/papers.cfm?abstract_id=147259, Abfrage: 09.12.2015.

Kang, Sok-Hyon/Sivaramakrishnan, K. (1995): Issues in Testing Earnings Management and an Instrumental Variable Approach, in: Journal of Accounting Research, 33. Jg. (1995), S. 353–367.

Kaplan, Robert S. (1985): Comments on Paul Healy. Evidence on the Effect of Bonus Schemes on Accounting Procedure and Accrual Decisions, in: Journal of Accounting and Economics, 7. Jg. (1985), S. 109–113.

Kappler, Ekkehard (1976): Bilanzanalyse und Bilanzkritik, in: Grochla, Erwin/Wittmann, Waldemar (Hrsg.): Handwörterbuch der Betriebswirtschaft, 4. Aufl. 1976, S. 899–909.

Kasznik, Ron (1999): On the Association between Voluntary Disclosure and Earnings Management, in: Journal of Accounting Research, 37. Jg. (1999), S. 57–81.

Keim, Matthias (2006): Die Prüfung des Risikomanagementsystems im Rahmen der Abschlussprüfung, Bamberg 2006.

Keller, Bernd/Weber, Antje (2009): Neudefinition der Herstellungskosten nach BilMoG: Auswirkungen auf die Rechnungslegungspraxis, in: BC (2009), S. 129–134.

Keller, Richard (1999): Unternehmenssanierung, Aussergerichtliche Sanierung und gerichtliche Sanierung: Beratungs- und Gestaltungsschwerpunkte unter Berücksichtigung der Insolvenzrechtsreform, Herne 1999.

Keown-McMullan, Caroline (1997): Crisis: when does a molehill become a mountain?, in: Disaster Prevention and Management, 6. Jg. (1997), S. 4–10.

Kerth, Albin/Wolf, Jakob (1992): Bilanzanalyse und Bilanzpolitik, 2. Aufl., München 1992.

Keung, Edmund/Shih, Michael S. (2014): Measuring discretionary accruals: are ROA-matched models better than the original Jones-type models?, in: Review of Accounting Studies, 19. Jg. (2014), S. 736–768.

Key, Kimberly G. (1997): Political cost incentives for earnings management in the cable television industry, in: Journal of Accounting and Economics, 23. Jg. (1997), S. 309–337.

KfW (2002): Warum Firmen Pleite machen. Der Einfluss finanzieller Kennziffern und anderer Faktoren auf die Insolvenzwahrscheinlichkeit kleiner und mittlerer Unternehmen. KfW Bank. Internet: http://www.german-zscore.de/docs/plattner_2002.pdf, Abfrage: 09.11.2013.

Kiefer, Kerstin (2008): Drei empirische Studien zu Anreiz- und Finanzierungswirkungen der externen Rechnungslegung, Hamburg 2008.

Kihm, Axel (2006): Ursachen von Unternehmenskrisen, in: Blöse, Jochen/Kihm, Axel (Hrsg.): Unternehmenskrisen. Ursachen - Sanierungskonzepte - Krisenvorsorge - Steuern, Berlin 2006, S. 33–68.

Kinnebrock, Werner (1992): Neuronale Netze. Grundlagen, Anwendungen, Beispiele, München 1992.

Kinnunen, Juha/Kasanen, Eero/Niskanen, Jyrki (1995): Earnings management and the economy sector hypothesis: empirical evidence on a converse relationship in the finnish case, in: Journal of Business Finance & Accounting, 22. Jg. (1995), S. 497–520.

Kinnunen, Juha/Koskela, Markku (2003): Who Is Miss World in Cosmetic Earnings Management? A Cross-National Comparison of Small Upward Rounding of Net Income Numbers among Eighteen Countries, in: Journal of International Accounting Research, 2. Jg. (2003), S. 39–68.

Kirchheimer, Harry W. (1968): Discussion of Income Smoothing, in: Journal of Accounting Research, 6. Jg. (1968), S. 117–119.

Kirsch, Hanno (2006): Beuteilung des bilanzpolitischen Instrumentariums der IFRS-Rechnungslegung, in: Betriebs-Berater, 61. Jg. (2006), S. 1266–1270.

Kirsch, Hanno (2009): Bilanzpolitik im Jahresabschluss nach den Vorschriften des Bilanzrechtsmodernisierungsgesetzes, in: BC (2009), S. 254–259.

Kirsch, Hanno (2011): Kommentar zu § 248 HGB, in: Hofbauer, Max A./Kirsch, Hanno (Hrsg.): Rechnungslegung, 2. Aufl., Bonn 2011, S. 1–31.

Kirsch, Hanno (2012): Kommentar zu § 240 HGB, in: Hofbauer, Max A./Kirsch, Hanno (Hrsg.): Rechnungslegung, 2. Aufl., Bonn 2012, S. 1–57.

Kirsch, Hanno (2015): Kommentar zu § 249 HGB, in: Hofbauer, Max A./Kirsch, Hanno (Hrsg.): Rechnungslegung, 2. Aufl., Bonn 2015, S. 1–91.

Klein, April (2002): Audit committee, board of director characteristics, and earnings management, in: Journal of Accounting and Economics, 33. Jg. (2002), S. 375–400.

Klein, Hans-Dieter (1989): Konzernbilanzpolitik, Heidelberg 1989.

Klein, Johannes (2008): Anforderungen an Sanierungskonzepte. Analyse bestehender Anforderungen und Leitfaden zur zukünftigen Ausgestaltung von Sanierungskonzepten, Wiesbaden 2008.

Klenke, Karin (2003): Gender Influences in Decision-making Processes in Top Management Teams, in: Management Decision, 41. Jg. (2003), S. 1024–1034.

Klepzig, Heinz-Jürgen (2010): Working-Capital und Cash Flow. Finanzströme durch Prozessmanagement optimieren, 2 Aufl., Wiesbaden 2010.

Klinkert, Manfred (1999): Rational choice und Organisation: Zur Reichweite des Agency-Ansatzes, München 1999.

Kloock, Josef (1989): Bilanzpolitik und Maßgeblichkeitsprinzip aus handelsrechtlicher Sicht, in: BFuP, 41. Jg. (1989), S. 141–158.

Köhler, Annette G./Junc, Lars S. (2010): Die Qualität von Corporate-Compliance-Systemen, in: Zeitschrift für Planung & Unternehmenssteuerung, 21. Jg. (2010), S. 299–322.

Kosiol, Erich (1964): Betriebswirtschaftslehre und Unternehmensforschung, in: ZfB, 34. Jg. (1964), S. 743–762.

Kothari, S.P./Leone, Andrew J./Wasley, Charles E. (2005): Performance matched discretionary accrual measures, in: Journal of Accounting and Economics, 39. Jg. (2005), S. 163–197.

Krag, Joachim/Mölls, Sascha (2001): Rechnungslegung. Handels- und steuerrechtliche Grundlagen, München 2001.

Kramer, Ralph/Peter, Frank K. (2012): Insolvenzrecht. Grundkurs für Wirtschaftswissenschaftler, Wiesbaden 2012.

Kraus, Karl.-J./Haghani, Sascha (2004): Krisenverlauf und Krisenbewältigung - der aktuelle Stand, in: Bickhoff, Nils u.a. (Hrsg.): Die Unternehmenskrise als Chance. Innovative Ansätze zur Sanierung und Restrukturierung, Berlin 2004, S. 13–38.

Krishnan, Gopal V. (2003): Audit Quality and the Pricing of Discretionary Accruals, in: Auditing: A Journal of Practice & Theory, 22. Jg. (2003), S. 39–68.

Krishnan, Gopal V./Parsons, Linda M. (2008): Getting to the Bottom Line: An Exploration of Gender and Earnings Quality, in: Journal of Business Ethics, 78. Jg. (2008), S. 65–76.

Krog, Markus (1998): Rechnungslegungspolitik im internationalen Vergleich. Eine modellorientierte Analyse, Landsberg 1998.

Kropff, Bruno (1983): Sinn und Grenzen von Bilanzpolitik. Im Hinblick auf den Entwurf des Bilanzrichtlinie-Gesetzes, in: Jörg Baetge (Hrsg.): Der Jahresabschluß im Widerstreit der Interessen, Düsseldorf 1983, S. 179–211.

Krüger, Kathrin (2015): Jahresabschlusspolitik. Analyse, Beurteilung und zielgerichteter Einsatz von Aktionsparametern im Einzelabschluss nach HGB, 2015.

Krumbholz, Marcus (1994): Die Qualität publizierter Lageberichte. Ein empirischer Befund zur Unternehmenspublizität, Düsseldorf 1994.

Krystek, Ulrich (1981): Krisenbewältigungs-Management und Unternehmungsplanung, Wiesbaden 1981.

Krystek, Ulrich (1987): Unternehmungskrisen. Beschreibung, Vermeidung und Bewältigung überlebenskritischer Prozesse in Unternehmungen, Wiesbaden 1987.

Krystek, Ulrich (2002): Unternehmenskrisen: Vermeidung und Bewältigung, in: Pastors, Peter M. (Hrsg.): Risiken des Unternehmens - vorbeugen und meistern, Mering 2002, S. 87–134.

Krystek, Ulrich (2006): Krisenarten und Krisenursachen, in: Hutzschenreuter, Thomas/Griess-Nega, Torsten (Hrsg.): Krisenmanagement. Grundlagen, Strategien, Instrumente, Wiesbaden 2006, S. 41–66.

Krystek, Ulrich/Moldenhauer, Ralf (2007): Handbuch Krisen- und Restrukturierungsmanagement. Generelle Konzepte, Spezialprobleme, Praxisberichte, Stuttgart 2007.

Kuckartz, Udo (2014): Qualitative Inhaltsanalyse. Methoden, Praxis, Computerunterstützung, 2 Aufl., Weinheim 2014.

Künkele, Kai P./Zwirner, Christian (2010): Steuerbilanzpolitik: Ausweitung der Möglichkeiten durch das BilMoG, in: DStR, (2010), S. 2263–2270.

Küpper, Hans-Ulrich (2008): Controlling. Konzeption, Aufgaben, Instrumente, 5. Aufl., Stuttgart 2008.

Küpper, Hans-Ulrich (2009): Anschaffungs- oder Wiederbeschaffungs- bzw. Tageswerte bei Abschreibungen?, in: Egner, Thomas/Henselmann, Klaus/Schmidt, Lutz (Hrsg.): Steuern und Rechnungslegung. Festschrift zum 65. Geburtstag von Professor Dr. Jochen Sigloch, Aachen 2009, S. 687–714.

Kussmaul, Heinz (1984): Kennzahlen und Kennzahlensysteme - Ihre Möglichkeiten und Grenzen für die externe Analyse des Jahresabschlusses, in: StB (1984), S. 145–159.

Kußmaul, Heinz/Lutz, Richard (1993a): Instrumente der Bilanzpolitik. Wichtige Aktionsparameter der Bilanzierung und Bewertung, in: WiSt (1993), S. 479–484.

Kußmaul, Heinz/Lutz, Richard (1993b): Instrumente der Bilanzpolitik: Systematisierungsmöglichkeiten und Bewertungskriterien, in: WiSt, (1993), S. 399–403.

Küting, Karlheinz (2005): Erkennung von Unternehmenskrisen anhand der angewandten Bilanzpolitik. Die angewandte Bilanzpolitik als Krisenindikator, in: Controlling (2005), S. 223–231.

Küting, Karlheinz (2006): Der Stellenwert der Bilanzanalyse und Bilanzpolitik im HGB- und IFRS-Bilanzrecht, in: Der Betrieb, 59. Jg. (2006), S. 2753–2762.

Küting, Karlheinz (2008): Bilanzpolitik, in: Küting, Karlheinz (Hrsg.): Saarbrücker Handbuch der Betriebswirtschaftlichen Beratung, 4. Aufl., Herne 2008, S. 747–830.

Küting, Karlheinz/Dawo, Sascha (1999a): Bilanzielle Gestaltungsmöglichkeiten im Rahmen der handelsrechtlichen Bewertung der Roh-, Hilfs- und Betriebsstoffe sowie der fertigen und unfertigen Erzeugnisse, Teil II, in: BC, 23. Jg. (1999), S. 241–244.

Küting, Karlheinz/Dawo, Sascha (1999b): Bilanzielle Gestaltungsmöglichkeiten im Rahmen der handelsrechtlichen Bewertung der Roh-, Hilfs- und Betriebsstoffe sowie der fertigen und unfertigen Erzeugnisse, Teil I, in: BC, 23. Jg. (1999), S. 145–151.

Küting, Karlheinz/Kaiser, Thomas (1994): Bilanzpolitik in der Unternehmenskrise, in: Betriebs-Berater, Beilage 2 (1994), S. 1–18.

Küting, Karlheinz/Pfirmann, Armin/Mojadadr, Mana (2010): Währungsumrechnung nach BilMoG. Einzelfragen der Umrechnung und Bewertung von Fremdwährungsgeschäften im Einzelabschluss nach § 256a HGB, in: Steuer- und Bilanzpraxis (2010), S. 411–419.

Küting, Karlheinz/Pfitzer, Norbert/Weber, Claus-Peter (2009): Das neue deutsche Bilanzrecht. Handbuch zur Anwendung des Bilanzrechtsmodernisierungsgesetzes (BilMoG), in: Küting, Karlheinz/Pfitzer, Norbert/Weber, Claus-Peter (Hrsg.), 2. Aufl., Stuttgart 2009.

Küting, Karlheinz/Weber, Claus-Peter (1990): Handbuch der Rechnungslegung. Kommentar zur Bilanzierung und Prüfung, in: Küting, Karlheinz/Weber, Claus-Peter (Hrsg.), 3. Aufl., Stuttgart 1990.

Küting, Karlheinz/Weber, Claus-Peter (2008): Kernbereiche der Unternehmensführung, in: Küting, Karlheinz (Hrsg.): Saarbrücker Handbuch der Betriebswirtschaftlichen Beratung, 4. Aufl., Herne 2008, S. 659–746.

Küting, Karlheinz/Weber, Claus-Peter (2012): Die Bilanzanalyse. Beurteilung von Abschlüssen nach HGB und IFRS, 10. Aufl., Stuttgart 2012.

Lachnit, Laurenz (2004): Bilanzanalyse. Grundlagen - Einzel- und Konzernabschlüsse - internationale Abschlüsse - Unternehmensbeispiele, Wiesbaden 2004.

Lachnit, Laurenz (2010): Bilanzpolitik und Bilanzanalyse in der Finanzmarktkrise, in: Freidank, Carl-Christian (Hrsg.): Rechnungslegung, Steuerung und Überwachung von Unternehmen. Aktuelle Entwicklungen, Krisenbewältigungen und Reformbestrebungen, Berlin 2010, S. 125–152.

Lafeldt, Martin/Nikolay, Jörn (2004): Cash vs. Accruals. Unternehmensbewertung mit dem Residualeinkommensmodell, Düsseldorf 2004.

Laier, Rainer (2011): Value Reporting. Analyse von Relevanz und Qualität der wertorientierten Berichterstattung von DAX-30 Unternehmen, Wiesbaden 2011.

Lambert, Richard A. (1983): Long-Term Contracts and Moral Hazard, in: The Bell Journal of Economics, 14. Jg. (1983), S. 441–452.

Lambert, Richard A. (1984): Income Smoothing as Rational Equilibrium Behavior, in: The Accounting Review, 59. Jg. (1984), S. 604–618.

Lang, Mark/Raedy, Jana S./Wilson, Wendy (2006): Earnings management and cross listing: Are reconciled earnings comparable to US earnings?, in: Journal of Accounting and Economics, 42. Jg. (2006), S. 255–283.

Langer, Cornelia/Eschenburg, Klaus/Eschbach, Rainer (2013): Rating und Finanzierung im Mittelstand. Leitfaden für erfolgreiche Bankgespräche, in: Rating und Finanzierung im Mittelstand 2013.

Lara, Juan M./Osma, Beatriz G./Neophytou, Evi (2009): Earnings quality in expost failed firms, in: Accounting and Business Research, 39. Jg. (2009), S. 119–138.

Larcker, David F./Richardson, Scott A. (2004): Fees Paid to Audit Firms, Accrual Choices, and Corporate Governance, in: Journal of Accounting Research, 42. Jg. (2004), S. 625–658.

Laux, Helmut (1990): Risiko, Anreiz und Kontrolle. Principal-Agent-Theorie: Einführung und Verbindung mit dem Delegationswert-Konzept, Berlin 1990.

Lawson, Daniel T./Boldin, Robert J. (2014): Influence of Auditor Office Size on Earnings Prediction, in: Accounting and Finance Research, 3. Jg. (2014), S. 31–44.

Leach, Robert/Newsom, Paul (2007): Do firms manage their earnings prior to filing for bankruptcy?, in: Academy of Accounting and Financial Studies Journal, 11. Jg. (2007), S. 125–137.

Lee, B. Brian/Vetter, William (2015): Critical Evaluation of Accrual Models in Earnings Management Studies, in: Journal of Accounting and Finance, 1. Jg. (2015), S. 62–71.

Lee, Thomas A./Ingram, Robert W./Howard, Thomas P. (1999): The Difference between Earnings and Operating Cash Flow as an Indicator of Financial Reporting Fraud, in: Contemporary Accounting Research, 16. Jg. (1999), S. 749–786.

Leftwich, Richard (1983): Accounting Information in Private Markets: Evidence from Private Lending Agreements, in: The Accounting Review, 58. Jg. (1983), S. 23–42.

Lemma, Tesfaye/Negash, Minga/Mlilo, Mthokozisi (2013): Determinants of earnings management: Evidence from around the world, in: Working paper at SSRN (2013), S. 1–56.

Lennox, Clive S. (1999): Non-audit fees, disclosure and audit quality, in: European Accounting Review, 8. Jg. (1999), S. 239–252.

Leuz, Christian/Nanda, Dhananjay/Wysocki, Peter D. (2003): Earnings management and investor protection: an international comparison, in: Journal of Financial Economics, 69. Jg. (2003), S. 505–527.

Li, Feng/Abeysekera, Indra/Ma, Shiguang (2011): Earnings management and the effect of earnings quality in relation to stress level and bankruptcy level of Chinese listed firms, in: Corporate Ownership and Control, 9. Jg. (2011), S. 366–391.

Li, Yuhao (2010): The Case Analysis of the Scandal of Enron, in: International Journal of Business and Management, 5. Jg. (2010), S. 37–41.

Liberty, Susan E./Zimmerman, Jerold L. (1986): Labor Union Contract Negotiations and Accounting Choices, in: The Accounting Review, 61. Jg. (1986), S. 692–712.

Lim, Stephen/Matolcsy, Zoltan (1999): Earnings management of firms subjected to product price controls, in: Accounting and Finance, 39. Jg. (1999), S. 131–150.

Lindemann, Jens (2004): Rechnungslegung und Kapitalmarkt. Eine theoretische und empirische Analyse, Gießen 2004.

Lintemeier, Klaus (2013): Unternehmenskrisen und Stakeholder-Beziehungen, in: Thießen, Ansgar (Hrsg.): Handbuch Krisenmanagement, Wiesbaden 2013, S. 53–68.

Ljubicic, Marko (2013): Bilanzpolitik und Pensionsverpflichtungen nach IAS 19. Eine empirisch-ökonometrische Untersuchung am deutschen Kapitalmarkt, Wiesbaden 2013.

Lopatta, Kerstin/Kaspereit, Thomas/Jaeschke, Reemda/Stockem, Gesa (2013): The Effect of the German Accounting Law Modernization Act (BilMoG) on the Earnings Quality of Private Firms, in: CFL, (2013), S. 234–242.

Lorson, Peter (2009): Bedeutungsverschiebung der Bilanzierungszwecke, in: Küting, Karlheinz/Pfitzer, Norbert/Weber Claus-Peter (Hrsg.): Das neue deutsche Bilanzrecht. Handbuch zur Anwendung des Bilanzrechtsmodernisierungsgesetzes (BilMoG), 2. Aufl., Stuttgart 2009, S. 3–37.

Lüdenbach, Norbert (2010): Komponentenabschreibung von Sachanlagen, in: Unternehmensteuern und Bilanzen, (2010), S. 747–748.

Lünendonk GmbH (2015): Führende Wirtschaftsprüfungs- und Steuerberatungs-Gesellschaften in Deutschland 2014. Internet: http://luenendonk-shop.de/out/pictures/0/lue_pi_wp-liste_f160715%281%29_fl.pdf, Abfrage: 30.01.2016.

Lüthy, Martin (1988): Unternehmenskrisen und Restrukturierungen. Bank und Kreditnehmer im Spannungsfeld existentieller Unternehmenskrisen, Stuttgart 1988.

Lys, Thomas/Vincent, Linda (1995): An analysis of value destruction in AT&T's acquisition of NCR, in: Journal of Financial Economics, 39. Jg. (1995), S. 353–378.

Maijoor, Steven J./Vanstraelen, Ann (2006): Earnings management within Europe: the effects of member state audit environment, audit firm quality and international capital markets, in: Accounting and Business Research, 36. Jg. (2006), S. 33–52.

Man, Chi-keung/Seng, Hang/Wong, Brossa (2013): Corporate Governance and Earnings Management: A Survey of Literature, in: The Journal of Applied Business Research, 29. Jg. (2013), S. 391–418.

Marattek, Alexander (1976): Ermessensspielräume bei der Bestimmung wichtiger aktienrechtlicher Wertansätze, in: WiSt, 5. Jg. (1976), S. 515–520.

March, James G./Simon, Herbert A. (1958): Organizations, New York 1958.

Marquardt, Carol A./Wiedman, Christine I. (2004): How Are Earnings Managed? An Examination of Specific Accruals, in: Contemporary Accounting Research, 21. Jg. (2004), S. 461–491.

Marten, Kai-Uwe/Quick, Reiner/Ruhnke, Klaus (2007): Wirtschaftsprüfung. Grundlagen des betriebswirtschaftlichen Prüfungswesens nach nationalen und internationalen Normen, 3. Aufl., Stuttgart 2007.

Massenberg, Hans-Joachim/Borchardt, Anke (2007): Rating und Rechnungslegung im Mittelstand, in: BFuP, 59. Jg. (2007), S. 346–357.

Matsunaga, Steven R./Park, Chul W. (2001): The Effect of Missing a Quarterly Earnings Benchmark on the CEO's Annual Bonus, in: The Accounting Review, 76. Jg. (2001), S. 313–332.

Mayring, Philipp (2015): Qualitative Inhaltsanalyse. Grundlagen und Techniken, 12. Aufl., Weinheim 2015.

McKeown, James C./Mutchler, Jane F./Hopwood, William (1991): Towards an explanation of auditor failure to modify the audit opinions of bankrupt companies, in: Auditing: A Journal of Practice & Theory, 10. Jg. (1991), S. 1–13.

McMullin, Jeff L./Schonberger, Bryce (2015): Entropy-balanced discretionary accruals. Internet: http://papers.ssrn.com/sol3/papers.cfm?abstract_id=2556389, Abfrage: 18.12.2015.

McNichols, Maureen/Wilson, Peter G. (1988): Evidence of Earnings Management from the Provision for Bad Debts, in: Journal of Accounting Research, 26. Jg. (1988), S. 1–31.

McNichols, Maureen F. (2000): Research design issues in earnings management studies, in: Journal of Accounting and Public Policy, 19. Jg. (2000), S. 313–345.

McNichols, Maureen F. (2002): The Quality of Accruals and Earnings: The Role of Accruals Estimation Errors: Discussion, in: The Accounting Review, 77. Jg. (2002), S. 61–69.

Meinhövel, Harald (2005): Grundlagen der Principal-Agent-Theorie, in: Horsch, Andreas/Meinhövel, Harald/Paul, Stephan (Hrsg.): Institutionenökonomie und Betriebswirtschaftslehre, München 2005, S. 65–80.

Melumad, Nahum D./Nissim, Doron (2008): Line-Item Analysis of Earnings Quality, in: Foundations and Trends in Accounting, 3. Jg. (2008), S. 87–221.

Merkt, Hanno (2014): Kommentar zu § 255 HGB, in: Hopt, Klaus J. u.a. (Hrsg.): Handelsgesetzbuch. Mit GmbH & Co., Handelsklauseln, Bank- und Börsenrecht, Transportrecht (ohne Seerecht), 36. Aufl., München 2014.

Meyer, Claus (1976): Betriebswirtschaftliche Kennzahlen und Kennzahlen-Systeme, Stuttgart 1976.

Meyer, Marco (2005): Unternehmenswertorientierte Berichterstattung auf Basis der IAS-IFRS. Eine bilanztheoretische und bilanzpolitische Betrachtung aus deutscher Sicht, Wiesbaden 2005.

Meyer-Löwy, Bernd/Poertzgen, Christoph/Eckhoff, Lars (2005): Einführung in das US-amerikanische Insolvenzrecht, in: ZInsO, 14. Jg. (2005), S. 735–740.

Milgrom, Paul/Roberts, John (1992): Economics, organization and management, Englewood 1992.

Mill, John S. (1948): Essays on some unsettled questions of political economy, London 1948.

Miller, James E. (2009): The Miller Ratio (MR): A Tool For Practitioners And Regulators To Detect For The Possibility Of Earnings Management (EM), in: The Journal of Applied Business Research, 25. Jg. (2009), S. 139–144.

Miller, Paul B./Bahnson, Paul R. (2002): Quality financial reporting, New York 2002.

Monem, Reza M. (2003): Earnings Management in Response to the Introduction of the Australian Gold Tax, in: Contemporary Accounting Research, 20. Jg. (2003), S. 747–774.

Mönning, Rolf-Dieter (2010a): Kommentar zu § 14 InsO, in: Mönning, Rolf-Dieter (Hrsg.): Insolvenzordnung, München 2010, Rn. 1–41.

Mönning, Rolf-Dieter (2010b): Kommentar zu § 15a InsO, in: Mönning, Rolf-Dieter (Hrsg.): Insolvenzordnung, München 2010, Rn. 1–46.

Moore, Michael L. (1973): Management Changes and Discretionary Accounting Decisions, in: Journal of Accounting Research, 11. Jg. (1973), S. 100–107.

Moses, O. Douglas (1987): Income Smoothing and Incentives: Empirical Tests Using Accounting Changes, in: The Accounting Review, 62. Jg. (1987), S. 358–377.

Moxter, Adolf (1984): Bilanzlehre. Band I: Einführung in die Bilanztheorie, 3 Aufl., Wiesbaden 1984.

Moxter, Adolf (1986): Bilanzlehre. Band II: Einführung in das neue Bilanzrecht, 3 Aufl., Wiesbaden 1986.

Moxter, Adolf (2003): Grundsätze ordnungsgemäßer Rechnungslegung, Düsseldorf 2003.

Moxter, Adolf (2004): Neue Ansatzkriterien für Verbindlichkeitsrückstellungen? (Teil I), in: DStR, (2004), S. 1057–1060.

Moyer, Susan E. (1990): Capital adequacy ratio regulations and accounting choices in commercial banks, in: Journal of Accounting and Economics, 13. Jg. (1990), S. 123–154.

Mulford, Charles W./Comiskey, Eugene E. (2002): The Financial Numbers Game. Detecting Creative Accounting Practices, New York 2002.

Müller, Rainer (1986): Krisenmanagement in der Unternehmung. Vorgehen, Maßnahmen und Organisation, 2. Aufl., Frankfurt am Main 1986.

Müller, Stefan/Brackschulze, Kai/Mayer-Fiedrich, Matija D. (2012): Finanzierung mittelständischer Unternehmen nach Basel III. Selbstrating, Risikocontrolling und Finanzierungsalternativen, 2. Aufl., München 2012.

Müller, Stefan/Stawinoga, Martin (2013): Teil A Entwicklung, Verpflichtung und Grundlagen der Lageberichterstattung, in: Müller, Stefan/Stute, Andreas/Withus, Karl-Heinz (Hrsg.): Handbuch Lagebericht. Kommentar von § 289 und § 315 HGB, DRS 20 und IFRS Management Commentary, Berlin 2013, S. 3–38.

Murphy, Kevin J./Zimmerman, Jerold L. (1993): Financial performance surrounding CEO turnover, in: Journal of Accounting and Economics, 16. Jg. (1993), S. 273–315.

Myers, James N./Myers, Linda A./Omer, Thomas C. (2003): Exploring the Term of the Auditor-Client Relationship and the Quality of Earnings: A Case for Mandatory Auditor Rotation?, in: The Accounting Review, 78. Jg. (2003), S. 779–799.

Myers, James N./Myers, Linda A./Skinner, Douglas J. (2007): Earnings Momentum and Earnings Management, in: Journal of Accounting, Auditing and Finance, 22. Jg. (2007), S. 249–284.

Naidu, Dharmendra/Patel, Arvind (2013): A Comparison of Qualitative and Quantitative Mehods of Detecting Earnings Management: Evidence from two Fijian Private and two Fijian State-owned Entities, in: Australasian Accounting, Business and Finance Journals, 7. Jg. (2013), S. 79–98.

Nelson, Mark W./Elliott, John A./Tarpley, Robin L. (2002): Evidence from Auditors about Managers' and Auditors' Earnings Management Decisions, in: The Accounting Review, 77. Jg. (2002), S. 175–202.

Nobach, Kai (2006): Bedeutung der IAS/IFRS für die Bilanzpolitik deutscher Unternehmen, Herne, 2006.

Nordmeyer, Andreas/Göbel, Reimund (1987): B 212, in: Castan, Edgar u.a. (Hrsg.): Beck'sches Handbuch der Rechnungslegung. HGB und IFRS, München 1987.

North, Douglass C. (1990): Institutions, institutional change, and economic performance, New York 1990.

Obermann, Marc-Oliver (2011): Bilanzpolitik und Kreditvergabeentscheidungen. Auswirkung von Kreditvergabeentscheidungen auf das rechnungslegungspolitische Verhalten von mittelständischen Unternehmen, Wiesbaden 2011.

Ohlson, James A. (1980): Financial Ratios and the Probabilistic Prediction of Bankruptcy, in: Journal of Accounting Research, 18. Jg. (1980), S. 109–131.

Omoye, A. S./Eriki, P. O. (2014): Corporate Governance Determinants of Earnings Management: Evidence from Nigerian Quoted Companies, in: Mediterranean Journal of Social Sciences, 5. Jg. (2014), S. 533–564.

Ortmann-Babel, Martina/Bolik, Andreas (2010): Bilanzierung geringwertiger Wirtschaftsgüter, in: Steuer- und Bilanzpraxis (2010), S. 56–58.

Oser, P./Holzwarth, J. (2011): Kommentar zu §§ 284–288 HGB, in: Küting, K./Pfitzer, N./Weber, C.-P. (Hrsg.): Handbuch der Rechnungslegung - Einzelabschluss. Kommentar zur Bilanzierung und Prüfung, 5. Aufl., Stuttgart 2011, S. 1–206.

Oser, Peter/Hahn, Klaus/Breitweg, Jan/Eisenhardt, Patrick (2011): Das Bilanzrechtsmodernisierungsgesetz in der Praxis mittelständischer Unternehmen. Eine empirische Untersuchung der Konzernabschlüsse 2010. Bundesverband der Deutschen Industrie e.V. Internet: http://www.bdi.eu/download_content/Marketing/327-2011_BilMoG_ web.pdf, Abfrage: 07.11.2013.

Oser, Peter/Orth, Christian/Wirtz, Holger (2015): Das Bilanzrichtlinie-Umsetzungs-gesetz (BilRUG). Wesentliche Änderungen und Hinweise zur praktischen Umsetzung, in: Der Betrieb, 68. Jg. (2015), S. 1729–1741.

Packmohr, Arthur (1984): Bilanzpolitik und Bilanzmanagement. Leitlinien für die optimale Gestaltung des Jahresabschlusses mit Checkliste der bilanzpolitischen Aktivitäten, Köln 1984.

Pae, Jinhan (2005): Expected Accrual Models: The Impact of Operating Cash Flows and Reversals of Accruals, in: Review of Quantitative Finance and Accounting, 24. Jg. (2005), S. 5–22.

Pearson, Christine M./Clair, Judith A. (1998): Reframing Crisis Management, in: The Academy of Management Review, 23. Jg. (1998), S. 59–76.

Peasnell, K. V./Pope, P. F./Young, S. (2000): Detecting earnings management using cross-sectional abnormal accruals models, in: Accounting and Business Research, 30. Jg. (2000), S. 313–326.

Peasnell, K. V./Pope, P. F./Young, S. (2005): Board Monitoring and Earnings Management: Do Outside Directors Influence Abnormal Accruals?, in: Journal of Business Finance & Accounting, 32. Jg. (2005), S. 1311–1346.

Peek, Erik/Meuwissen, Roger/Moers, Frank/Vanstraelen, Ann (2013): Comparing Abnormal Accruals Estimates across Samples: An International Test, in: European Accounting Review, 22. Jg. (2013), S. 533–572.

Peemöller, Volker H. (2001): Bilanzanalyse und Bilanzpolitik. Einführung in die Grundlagen, 2. Aufl., Wiesbaden 2001.

Peemöller, Volker H./Hofmann, Stefan (2005): Bilanzskandale. Delikte und Gegenmaßnahmen, Berlin 2005.

Peltier-Rivest, Dominic (1999): The Determinants of Accounting Choices in Troubled Companies, in: Quarterly Journal of Business and Economics, 38. Jg. (1999), S. 28–44.

Peltier-Rivest, Dominic/Swirsky, Concordia (2000): Earnings Management in Healthy Firms, in: Quarterly Journal of Business and Economics, 39. Jg. (2000), S. 21–37.

Pelzmann, Linda (2010): Wirtschaftspsychologie. Behavioral economics, behavioral finance, Arbeitswelt, 5. Aufl., New York 2010.

Peni, Emilia/Vähämaa, Sami (2010): Female executives and earnings management, in: Managerial Finance, 36. Jg. (2010), S. 629–645.

Perols, Johan L./Lougee, Barbara A. (2011): The relation between earnings management and financial statement fraud, in: Advances in Accounting, incorporating Advances in International Accounting, 27. Jg. (2011), S. 39–53.

Perry, Susan E./Williams, Thomas H. (1994): Earnings management preceding management buyout offers, in: Journal of Accounting and Economics, 18. Jg. (1994), S. 157–179.

Persakis, Anthony/Latridis, George E. (2015): Earnings quality under financial crisis: A global empirical investigation, in: Journal of Multinational Financial Management, 30. Jg. (2015), S. 1–35.

Peter Hintereder (2015). Frankfurter Societäts-Medien GmbH. Internet: http://www.tats achen-ueber-deutschland.de/de/wirtschaft/inhaltsseiten/hintergrund/dermittelstand.html ?type=1, Abfrage: 15.03.2015.

Petersen, Karl/Künkele, Kai P./Zwirner, Christian (2012): BilMoG in Beispielen. Anwendung und Übergang; praktische Empfehlungen für den Mittelstand, 3 Aufl., Herne 2012.

Petersen, Karl/Künkele, Kai P./Zwirner, Christian (2014): Kommentar zu § 249 HGB, in: Petersen, Karl/Zwirner, Christian/Brösel, Gerrit (Hrsg.): Systematischer Praxiskommentar Bilanzrecht. Rechnungslegung, Offenlegung, 2. Aufl., Köln 2014, S. 161–277.

Petersen, Karl/Zwirner, Christian/Künkele, Kai P. (2010): Bilanzanalyse und Bilanzpolitik nach BilMoG. Einzelabschluss, Konzernabschluss und Steuerbilanz, 2. Aufl., Herne 2010.

Petersen, Thomas (1989): Optimale Anreizsysteme. Betriebswirtschaftliche Implikationen der Prinzipal-Agenten-Theorie, Wiesbaden 1989.

Petroni, Kathy R. (1992): Optimistic reporting in the property-casualty insurance industry, in: Journal of Accounting and Economics, 15. Jg. (1992), S. 485–508.

Pfleger, Günter (1991): Die neue Praxis der Bilanzpolitik. Strategien und Gestaltungsmöglichkeiten im handels- und steuerrechtlichen Jahresabschluss, 4. Aufl., Freiburg 1991.

Pfleger, Günter (1999): Bilanz-Lifting. Legale und illegale Praktiken zur Schönung von Bilanzen, Freiburg 1999.

Pfleger, Günter (2002): Die Bewertung von Forderungen als Instrument der Bilanzpolitik, in: Bilanz und Buchhaltung, (2002), S. 287–296.

Pfleger, Günter (2004): Vorräte und Bilanzpolitik, in: Bilanz und Buchhaltung (2004), S. 29–36.

Pfohl, Hans-Christian (2006): Abgrenzung der Klein- und Mittelbetriebe von Großbetrieben, in: Pfohl, Hans-Christian (Hrsg.): Betriebswirtschaftslehre der Mittel- und Kleinbetriebe. Größenspezifische Probleme und Möglichkeiten zu ihrer Lösung, 4. Aufl, Berlin 2006, S. 1–25.

Philipps, Holger (2011): Rechnungslegungspraxis nach BilMoG. Empirische Befunde zur Ausübung von Wahlrechten und Ermessensspielräumen im ersten Jahresabschluss nach neuem Bilanzrecht, in: Steuer- und Bilanzpraxis, (2011), S. 203–209.

Philipps, Holger (2014): Der Anhang im Jahresabschluss der GmbH. Inhalt, Kommentierung, Gestaltung und Offenlegung, 3 Aufl., Herne 2014.

Picot, Arnold (1982): Transaktionskostenansatz in der Organisationstheorie: Stand der Diskussion und Aussagewert, in: Die Betriebswirtschaft, 42. Jg. (1982), S. 267–284.

Picot, Arnold (1991): Ökonomische Theorien der Organisation - Ein Überblick über neuere Ansätze und deren betriebswirtschaftliches Anwendungspotential, in: Ordelheide, Dieter/Rudolph, Bernd/Büsselmann, Elke (Hrsg.): Betriebswirtschaftslehre und ökonomische Theorie, Stuttgart 1991, S. 143–170.

Picot, Arnold/Dietl, Helmut/Franck, Egon (2005): Organisation. Eine ökonomische Perspektive, 4. Aufl., Stuttgart 2005.

Pinkwart, Andreas/Kolb, Susanne/Heinemann, Daniel (2005): Unternehmen aus der Krise führen. Die Turnaround-Balanced Scorecard als ganzheitliches Konzept zur Wiederherstellung des Unternehmenserfolgs von kleinen und mittleren Unternehmen, Stuttgart 2005.

Podewils, Felix (2010): Zur Anerkennung von Chapter 11 in Deutschland, - zugleich eine rechtsvergleichende Betrachtung Deutschland vs. USA -, in: ZInsO, 6. Jg. (2010), S. 209–213.

Portisch, Wolfgang (2010): Sanierung und Insolvenz aus Bankensicht, 2. Aufl., München 2010.

Pourciau, Susan (1993): Earnings management and nonroutine executive changes, in: Journal of Accounting and Economics, 16. Jg. (1993), S. 317–336.

Powell, Melanie/Ansic, David (1997): Gender differences in risk behaviour in financial decision-making: An experimental analysis, in: Journal of Economic Psychology, 18. Jg. (1997), S. 605–628.

Pratt, John W./Zeckhauser, Richard J. (1985): Principal and Agents: An Overview, in: Pratt, John W./Zeckhauser, Richard (Hrsg.): Principals and agents: The Structure of Business, Boston 1985, S. 1–36.

Preinreich, Gabriel A. (1937): Valuation and Amortization, in: The Accounting Review, 12. Jg. (1937), S. 209–226.

Preißler, Peter R. (2008): Betriebswirtschaftliche Kennzahlen. Formeln, Aussagekraft, Sollwerte, Ermittlungsintervalle, München 2008.

Press, Eric G./Weintrop, Joseph B. (1990): Accounting-based constraints in public and private debt agreements, in: Journal of Accounting and Economics, 12. Jg. (1990), S. 65–95.

Priebe, Klaus (2011): Chapter 11 & Co.: Eine Einführung in das US-Insolvenzrecht und ein erster Rückblick auf die Jahre 2007–2010 der Weltwirtschaftskrise. Statistische Erhebungen im Spiegel des US-amerikanischen und deutschen Insolvenzrechts, in: ZInsO, 38. Jg. (2011), S. 1676–1686.

Prinz, Ulrich (2012): Aktive Rechnungsabgrenzungsposten (RAP), in: Prinz, Ulrich/Kanzler, Hans-Joachim (Hrsg.): NWB Praxishandbuch Bilanzsteuerrecht. Neues bilanzielles Gestaltungsfeld nach BilMoG, Herne 2012, S. 829–846.

Probst, Hans-Jürgen (2006): Kennzahlen leicht gemacht. Richtig anwenden und interpretieren, Heidelberg 2006.

Quick, Reiner/Wolz, Matthias (2009): Bilanzierung in Fällen. Grundlagen, Aufgaben und Lösungen nach HGB und IFRS, 4. Aufl., Stuttgart 2009.

Raman, Kartik/Shahrur, Husayn (2008): Relationship-Specific Investments and Earnings Management: Evidence on Corporate Suppliers and Customers, in: The Accounting Review, 83. Jg. (2008), S. 1041–1081.

Rammert, Stefan (2011): Kommentar 51, Bilanzpolitik und Bilanzanalyse, in: Lüdenbach, Norbert (Hrsg.): Haufe-IFRS-Kommentar, 9. Aufl., Freiburg 2011, S. 2215–2264.

Rangan, Srinivasan (1998): Earnings management and the performance of seasoned equity offerings, in: Journal of Financial Economics, 50. Jg. (1998), S. 101–122.

Rasch, Björn (2010): Quantitative Methoden. Einführung in die Statistik, 3. Aufl., Berlin 2010.

Rees, Lynn/Gill, Susan/Gore, Richard (1996): An Investigation of Asset Write-Downs and Concurrent Abnormal Accruals, in: Journal of Accounting Research, 34. Jg. (1996), S. 157–169.

Reibis, Christian (2005): Computergestützte Optimierungsmodelle als Instrumente einer unternehmenswertorientierten Rechnungslegungspolitik. Eine Analyse vor dem Hintergrund des Bilanzrechtsreformgesetzes, Hamburg 2005.

Reichmann, Thomas (2006): Controlling mit Kennzahlen und Management-Tools. Die systemgestützte Controlling-Konzeption, 7. Aufl., München 2006.

Reitenga, Austin L./Tearny, Michael G. (2003): Mandatory CEO Retirements, Discretionary Accruals, and Corporate Governance Mechanisms, in: Journal of Accounting, Auditing and Finance, 18. Jg. (2003), S. 255–280.

Reker, Jürgen (2013): Wachstumsmotor Mittelstand - Wege zum Erfolg. Studie zum Axia-Award 2012. Deloitte & Touche GmbH Wirtschaftsprüfungsgesellschaft. Internet: https://www.deloitte.com/assets/Dcom-Germany/Local%20 Assets/Documents/13_FocusOn/Mittelstand/2012/MM_Studie_Axia_2012.pdf, Abfrage: 15.03.2015.

Reynolds, Paul D. (1987): New Firms: Societal Contribution versus Survival Potential, in: Journal of Business Venturing, 2. Jg. (1987), S. 231–246.

Richter, Lutz/Künkele, Kai P./Zwirner, Christian (2014): Kommentar zu § 255 HGB, in: Petersen, Karl/Zwirner, Christian/Brösel, Gerrit: Systematischer Praxiskommentar Bilanzrecht. Rechnungslegung, Offenlegung, 2. Aufl., Köln 2014, S. 413–513.

Richter, Rudolf/Furubotn, Eirik G. (2003): Neue Institutionenökonomik. Eine Einführung und kritische Würdigung, 3. Aufl., Tübingen 2003.

Riebell, Claus (1974): Die Praxis der Bilanzauswertung, 2. Aufl., 1974.

Riebell, Claus (2009): Die Praxis der Bilanzauswertung, 8. Aufl., Stuttgart 2009.

Riebell, Claus/Int-Veen, Thomas/Middelberg, Andreas/Siegler, Jan (2015): Die Praxis der Bilanzauswertung, 10 Aufl. 2015.

Rodewald, Jörg (2001): Lagebericht als Investor-Relations-Instrument. Möglichkeiten und Grenzen aus rechtlicher Sicht, in: Betriebs-Berater, 56. Jg. (2001), S. 2155–2161.

Rogler, Silvia (2010): Das bilanzpolitische Potenzial von Bilanzierungswahlrechten. Eine Fallstudie zu den Unterschieden von HGB a.F., HGB n.F. (BilMoG) und IFRS (Teil 2), in: KoR, 4. Jg. (2010), S. 225–231.

Ronen, Joshua/Sadan, Simcha (1975): Classificatory Smoothing: Alternative Income Models, in: Journal of Accounting Research, 13. Jg. (1975), S. 133–149.

Ronen, Joshua/Yaari, Varda (2008): Earnings management. Emerging Insights in Theory, Practice, and Research, New York 2008.

Rosner, Rebecca L. (2003): Earnings Manipulation in Failing Firms, in: Contemporary Accounting Research, 20. Jg. (2003), S. 361–408.

Ross, Stephen A. (1973): The Economic Theory of Agency: The Principal's Problem, in: American Economic Review, 63. Jg. (1973), S. 134–139.

Roth, Matthias/Prechtl, Stefan (2014): Kommentar zu § 284 HGB, in: Petersen, Karl/Zwirner, Christian/Brösel, Gerrit: Systematischer Praxiskommentar Bilanzrecht. Rechnungslegung, Offenlegung, 2. Aufl., Köln 2014, S. 933.

Roychowdhury, Sugata (2006): Earnings management through real activities manipulation, in: Journal of Accounting and Economics, 42. Jg. (2006), S. 335–370.

Ruhwedel, Franca/Sellhorn, Thorsten/Lerchenmüller, Julia (2009): Prognoseberichterstattung in Aufschwung und Krise. Eine empirische Untersuchung der DAX-Unternehmen, in: Der Betrieb, 62. Jg. (2009), S. 1305–1313.

Russ, Wolfgang (1986): Der Anhang als dritter Teil des Jahresabschlusses. Eine Analyse der bisherigen und der zukünftigen Erläuterungsvorschriften für die Aktiengesellschaft, 2. Aufl., Köln 1986.

Saleh, Norman M./Ahmed, Kamran (2005): Earnings Management of distressed firms during debt renegotiation, in: Accounting and Business Research, 35. Jg. (2005), S. 69–86.

Saleh, Norman M./Iskandar, Takiah M./Rahmat, Mohd. M. (2005): Earnings Management and Board Characteristics: Evidence from Malaysia, in: Jurnal Pengurusan, 24. Jg. (2005), S. 77–103.

Sánchez-Ballesta, Juan P./García-Meca, Emma (2007): Ownership Structure, Discretionary Accruals and the Informativeness of Earnings, in: Corporate Governance: An International Review, 15. Jg. (2007), S. 677–691.

Sander, Carl-Dietrich (2015): Mit Kreditgebern auf Augenhöhe verhandeln. Praxisleitfaden zur Bankenkommunikation für Unternehmer und Berater. Grundlagen einer Kreditentscheidung, typische Kreditunterlagen, Verhandlungen über Kreditkonditionen, 2. Aufl, Herne 2015.

Sandig, Curt (1970): Blanzpolitik, in: Kosiol, Erich (Hrsg.): Handwörterbuch des Rechnungswesens, Stuttgart 1970, Sp. 231–238.

Sankar, Mandira R. (1999): The impact of alternative forms of earnings management on the returns-earnings relation. Internet: http://ssrn.com/abstract=146732, Abfrage: 15.01.2015.

Sankar, Mandira R./Subramanyam, K.R. (2001): Reporting Discretion and Private Information Communication through Earnings, in: Journal of Accounting Research, 39. Jg. 2001, S. 365–386.

Statistisches Bundesamt (2015): Volkswirtschaftliche Gesamtrechnungen. Bruttoinlandsprodukt ab 1970, Vierteljahres- und Jahresergebnisse. Internet: https://www.destat is.de/DE/ZahlenFakten/GesamtwirtschaftUmwelt/VGR/Inlandsprodukt/Tabellen/BruttoinlandVierteljahresdaten_pdf.pdf?__blob=publicationFile, Abfrage: 29.01.2016.

Sattler, Matthias (2011): Vereinbarkeit von Abschlussprüfung und Beratung, Wiesbaden 2011.

Schäfer, Sven (1999): Entscheidungsmodelle der Konzernrechnungspolitik. Computergestützte Gestaltung des Konzernabschlusses nach den Vorschriften des Handelsrechts und der International Accounting Standards, Landsberg 1999.

Schedlbauer, Hans (1989): Erfolgsbereinigung um stille Reserven, in: Coenenberg, Adolf (Hrsg.): Bilanzanalyse nach neuem Recht, Landsberg 1989, S. 133–153.

Scheffler, Wolfram (2002): Bilanzplanung- und politik, in: Küpper, Hans-Ulrich/Wagenhofer, Alfred (Hrsg.): Handwörterbuch Unternehmensrechnung und Controlling, 4. Aufl., Stuttgart 2002, S. 186–194.

Scheipers, Günther (1993): Insolvenzursachen. Zum Stand der empirischen Ursachenforschung, in: DStR (1993), S. 417–456.

Scheren, Michael (2009): Bilanzpolitik und deren Erkennbarkeit, in: Küting, Karlheinz/Pfitzer, Norbert/Weber, Claus-Peter (Hrsg.): Das neue deutsche Bilanzrecht. Handbuch zur Anwendung des Bilanzrechtsmodernisierungsgesetzes (BilMoG), 2. Aufl., Stuttgart 2009, S. 671–716.

Schilit, Howard M. (1993): Financial shenanigans. How to detect accounting gimmicks and fraud in financial reports, New York 1993.

Schipper, Katherine (1989): Commentary on earnings management, in: Accounting Horizons, 3. Jg. (1989), S. 91–102.

Schipper, Katherine/Vincent, Linda (2003): Earnings Quality, in: Accounting Horizons, Supplement (2003), S. 97–110.

Schmalenbach, Eugen (1926): Dynamische Bilanz, 4. Aufl., 1926.

Schmidt, Reinhart (1981): Diagnose von Unternehmensentwicklungen auf Basis computergestützter Inhaltsanalyse, in: Bratschitsch, Rudolf/Schnellinger, Wolfgang (Hrsg.): Unternehmenskrisen - Ursachen, Frühwarnung, Bewältigung. Bericht über die Pfingsttagung in Innsbruck, Juni 1979, Stuttgart 1981, S. 353–379.

Schmölders, Günter (1953): Ökonomische Verhaltensforschung, in: Ordo Band 5 1953, S. 203–244.

Schock, Rudolf/Luber, Franz (2003): Krankenhausfinanzierungsgesetz. Rechtssammlung mit qualifizierten Anwenderhinweisen, München 2003.

Scholtis, Thomas (1998): Vertragsgestaltung bei Informationsasymmetrie. Probleme und Lösungen bei der Zertifizierung von QM-Systemen nach ISO 9000ff., Wiesbaden 1998.

Schönbrunn, Norbert (1988): Rechnungswesen und Verhaltenswissenschaften. Entwicklungsstand und motivationstheoretische Grundlagen des Behavioral Accounting, Marburg 1988.

Schreyögg, G./Sydow, J. (2011): Organizational Path Dependence: A Process View, in: Organization Studies, 32. Jg. (2011), S. 321–335.

Schubert, Wolfgang/Andrejewski, Kai C./Roscher, Klaus (2016): Kommentar zu § 253 HGB, in: Grottel, Bernd u.a. (Hrsg.): Beck'scher Bilanz-Kommentar. Handels- und Steuerbilanz, §§ 238 bis 339, 342 bis 342e HGB, 10. Aufl., München 2016.

Schubert, Wolfgang J. (2016): Kommentar zu § 249 HGB, in: Grottel, Bernd u.a. (Hrsg.): Beck'scher Bilanz-Kommentar. Handels- und Steuerbilanz, §§ 238 bis 339, 342 bis 342e HGB, 10. Aufl., München 2016.

Schulenburg, Nils (2008): Entstehung von Unternehmenskrisen. Eine evolutionstheoretische Erklärung, Wiesbaden 2008.

Schwarz, Andreas/Löffelholz, Martin (2014): Krisenkommunikation: Vorbereitung, Umsetzung, Erfolgsfaktoren, in: Zerfaß, Ansgar/Piwinger, Manfred (Hrsg.): Handbuch Unternehmenskommunikation. Strategie, Management, Wertschöpfung, 2. Aufl., Wiesbaden 2014, S. 1303–1332.

Scott, William R. (2003): Financial Accounting Theory, 3 Aufl., Toronto 2003.

Seagon, Christopher (2015): Eigenverwaltung in der Restrukturierungspraxis unterschiedlicher Kulturkreise. Was können wir aus eigenen ESUG-Erfahrungen lernen und was sollten wir aus dem US-Chapter-11-Verfahren übernehmen?, in: KSI, 2. Jg. (2015), S. 75–78.

Seefelder, Günter (2007): Unternehmenssanierung, 2. Aufl., Stuttgart 2007.

Selchert, Friedrich Wilhelm/Karsten, Jürgen (1989): Konzernabschlusspolitik und Konzerneinheitlichkeit: Gestaltungsmöglichkeiten der Rechnungslegung im Konzernabschluss, in: Der Betrieb, 42. Jg. (1989), S. 837–843.

Sellami, Mouna (2015): Incentives and Constraints of Real Earnings Management: The Literature Review, in: International Journal of Finance and Accounting, 4. Jg. (2015), S. 206–213.

Shane, Scott A. (1996): Hybrid Organizational Arrangements and Their Implications for Firms Growth and Survival: A Study of New Franchisors, in: The Academy of Management Journal, 39. Jg. (1996), S. 216–234.

Shuto, Akinobu (2007): Executive compensation and earnings management: Empirical evidence from Japan, in: Journal of International Accounting, Auditing and Taxation, 16. Jg. (2007), S. 1–26.

Siddharth, Mohapatra (2011): Earnings Management, Human Rationality, and Relative Deprivation - Some Critical Assessments. Internet: http://dspace.unive.it/bitstream/handle/10579/1051/Siddharth2011.pdf?sequence=1, Abfrage: 24.02.2014.

Siener, Friedrich (1991): Der Cash-Flow als Instrument der Bilanzanalyse. Praktische Bedeutung für die Beurteilung von Einzel- und Konzernabschluss, Stuttgart 1991.

Sikora, Karl (2010): Wie erstellt man einen Überschuldungsstatus? Anforderungen im Rahmen des insolvenzrechtlichen Überschuldungsbegriffes, in: NWB (2010), S. 2258–2567.

Sikora, Karl (2012): Die Feststellung der Zahlungsunfähigkeit, in: NWB (2012), S. 308–321.

Simon, Herbert A. (1957): Models of Man: Social and Rational. Mathematical Essays on Rational Human Behavior in a Social Setting, New York 1957.

Simon, Herbert A. (1976): Administrative behavior. A Study of Decision-Making Processes in Administrative Organization, 3. Aufl., New York 1976.

Simon, Herbert A./Guetzkow, Harold/Kozmetsky, George/Tyndall, Gordon (1954): Centralization vs. Decentralization in Organizing the Controller's Department, New York 1954.

Skoluda, Stefanie/Meyer-Hollatz, Wolfram (2012): Darstellung und Erläuterung ausgewählter Inhalte des IDW ERS HFA 34. Einzelfragen zur handelsrechtlichen Bilanzierung von Verbindlichkeitsrückstellungen, in: Steuer- und Bilanzpraxis (2012), S. 343–349.

Smith, Clifford W./Warner, Jerold B. (1979): On financial contracting, in: Journal of Financial Economics, 7. Jg. (1979), S. 117–161.

Smith, Malcom/Kestel, Jo-Anne/Robinson, Peter/Houghton, Keith A. (2001): Economic Recession, Corporate Distress and Income Increasing Accounting Policy Choice, in: Accounting Forum, 25. Jg. (2001), S. 335–352.

Sorg, Peter (1988): Die voraussichtliche Entwicklung der Kapitalgesellschaft. Anmerkungen zu Form und Inhalt der Angaben im Lagebericht, in: Die Wirtschaftsprüfung, (1988), S. 381–389.

Sprick, Alexander (2013): Sanierungskonzepte nach IDW Standard 6. Eine kritische Betrachtung der Neufassung des IDW S 6 aus Praxissicht, Hamburg 2013.

Srinidhi, Bin/Gul, Ferdinand A./Tsui, Judy (2011): Female Directors and Earnings Quality, in: Contemporary Accounting Research, 28. Jg. (2011), S. 1610–1644.

Stahn, Frank (2000): Der Deutsche Rechnungslegungsstandard Nr. 2 (DRS 2) zur Kapitalflussrechnung aus praktischer und analytischer Sicht, in: Der Betrieb, 53. Jg. (2000), S. 233–238.

Starke, Dieter (2007): Unternehmensinsolvenzen im Wandel von Gesellschafts- und Wirtschaftssystemen. Eine Untersuchung im Lichte des Kritischen Rationalismus und der Evolutionsökonomik, Stuttgart 2007.

Statistisches Bundesamt (2007): Gliederung der Klassifikation der Wirtschaftszweige, Ausgabe 2008 (WZ 2008). Internet: https://www.destatis.de/DE/Methoden/Klassifikatio nen/GueterWirtschaftklassifikationen/klassifikationenwz2008.pdf?__blob=publicationFileAbfrage: 30.01.2016.

Statistisches Bundesamt (2016): Unternehmen und Arbeitsstätten, Insolvenzverfahren. Internet: https://www.destatis.de/DE/Publikationen/Thematisch/UnternehmenHandwerk/Insolvenzen/Insolvenzen2020410161024.pdf?__blob=publicationFile, Abfrage: 18.10.2013.

Stein, Heinz-Gerd (1993): Ziele und Maßnahmen der Konzernbilanzpolitik, in: ZfbF, 45. Jg. (1993), S. 973–993.

Stephan, Jörg (2006): Finanzielle Kennzahlen für Industrie- und Handelsunternehmen. Eine wert- und risikoorientierte Perspektive, Wiesbaden 2006.

Stice, James D. (1991): Using Financial and Market Information to Identify Pre-Engagement Factors Associated with Lawsuits against Auditors, in: The Accounting Review, 66. Jg. (1991), S. 516–533.

Strong, John S./Meyer, John R. (1987): Asset Writedowns: Managerial Incentives and Security Returns, in: The Journal of Finance, 42. Jg. (1987), S. 643–661.

Subramanyam, K. R. (1996): The pricing of discretionary accruals, in: Journal of Accounting and Economics, 22. Jg. (1996), S. 249–281.

Suhardianto, Novrys/Shauki, Elvia (2013): A decade of earnings management researches: a study on research methods and market reactions towards opportunistic behaviour. Internet: http://www.apira2013.org/proceedings/pdfs/K030.pdf, Abfrage: 13.01.2015.

Sun, Bo (2009): Executive Compensation and Earnings Management under Moral Hazard, in: Working paper, Federal Reserve Board 2009, S. 1–32.

Sun, Lan (2012): Executive Compensation and contract-driven earnings management, in: Asian Academy of Management Journal of Accounting and Finance, 8. Jg. (2012), S. 111–127.

Sundén, Annika E./Surette, Brian J. (1998): Gender Differences in the Allocation of Assets in Retirement Savings Plans, in: The American Economic Review, 88. Jg. (1998), S. 207–211.

Sure, Matthias (2014): Working Capital Management. Empirische Analyse der Gestaltungsfaktoren des Working Capitals und seiner Komponenten, Wiesbaden 2014.

Sweeney, Amy P. (1994): Debt-covenant violations and managers' accounting responses, in: Journal of Accounting and Economics, 17. Jg. (1994), S. 281–308.

Sydow, J./Schreyögg, G./Koch, J. (2009): Organizational Path Dependency: Opening the Black Box, in: Academy of Management Review, 34. Jg. (2009), S. 689–709.

Szczesny, Andrea (2007): Der Zusammenhang zwischen Bilanzpolitik und Rechnungslegungsstandards. Meßmethoden und empirische Evidenz, in: BFuP, 59. Jg. (2007), S. 101–122.

Talbi, Dorra/Omri, Mohamed A./Guesmi, Khaled/Ftiti, Zied (2015): The Role of Board Characteristics in Mitigating Management Opportunism: The Case of Real Earnings Management, in: The Journal of Applied Business Research, 31. Jg. (2015), S. 661–674.

Tanski, Joachim S. (2004): Bilanzpolitische Spielräume in den IFRS, in: DStR, 42. Jg. (2004), S. 1843–1847.

Tanski, Joachim S. (2014): Kommentar zu § 246 HGB, in: Petersen, Karl/Zwirner, Christian/Brösel, Gerrit: Systematischer Praxiskommentar Bilanzrecht. Rechnungslegung, Offenlegung, 2. Aufl., Köln 2014.

Tebben, Tobias (2011): Vergütungsanreize und opportunistische Bilanzpolitik. Eine empirische Analyse der Rolle von Aufsichtsrat und Abschlussprüfer, Wiesbaden 2011.

Teece, D.J./Pisano, G./Shuen, A. (1997): Dynamic Capabilities and Strategic Management, in: Strategic Management Journal, 18. Jg. (1997), S. 509–533.

Teoh, Siew H./Welch, Ivo/Wong, T.J. (1998): Earnings management and the underperformance of seasoned equity offerings, in: Journal of Financial Economics, 50. Jg. (1998), S. 63–99.

Theile, Carsten/Nagafi, Human/Zyczkowski, Christian (2011): BilMoG. Analystenschreck oder Weißer Ritter des HGB? Emprirische Analyse der Ausübung von BilMoG - Wahlrechten, in: BBK, (2011), S. 912–941.

Thomas, Jacob/Zhang, Xiao-jun (2000): Identifying unexpected accruals: a comparison of current approaches, in: Journal of Accounting and Public Policy, 19. Jg. (2000), S. 347–376.

Thomas, Jacob K./Zhang, Huai (2002): Inventory Changes and Future Returns, in: Review of Accounting Studies, 7. Jg. (2002), S. 163–187.

Thorne, Linda/Massey, Dawn W./Magnan, Michel (2003): Institutional Context and Auditors' Moral Reasoning: A Canada-U.S. Comparison, in: Journal of Business Ethics, 43. Jg. (2003), S. 305–321.

Thurnes, Georg/Hainz, Günter (2009): Auswirkungen des Bilanzrechtsmodernisierungsgesetzes auf Pensionsrückstellungen, in: BC, (2009), S. 212–217.

Thurnes, Georg/Rasch, Christian/Geilenkothen, André (2015): Betriebliche Altersversorgung im Jahresabschluss nach nationalen und internationalen Bilanzierungsgrundsätzen, in: Der Betrieb, (2015), S. 2945–2950.

Thurnes, Georg/Vavra, Rainer/Geilenkothen, André (2012): Betriebliche Altersversorgung im Jahresabschluss nach nationalen und internaionalen Bilanzierungsgrundsätzen. Bewertungsannahmen zum 31.12.2012, in: Der Betrieb, (2012), S. 2883–2888.

Tong, Yen H. (2008): Financial reporting practices of family firms, in: Advances in Accounting, 23. Jg. (2008), S. 231–261.

Trejo-Pech, Carlos J./Weldon, Richard N./Gunderson, Michael A. (2015): Earnings Management through Specific Accruals and Discretionary Expenses: Evidence from U.S. Agribusiness Firms, in: Canadian Journal of Agricultural Economics, (2015), S. 1–30.

Trinidad, Cristina/Normore, Anthony H. (2005): Leadership and gender: a dangerous liaison?, in: Leadership & Organization Development Journal, 26. Jg. (2005), S. 574–590.

Tucker, Spencer A. (1961): Successful Managerial Control by Ratio-Analysis, New York 1961.

Tzur, Joseph/Yaari, Varda (1999): Microstructure of Firm's Disclosure, in: Review of Quantitative Finance and Accounting, 13. Jg. (1999), S. 367–391.

Uhlenbruck, Wilhelm (2010): Kommentar zu § 13 InsO, in: Uhlenbruck, Wilhelm (Hrsg.): Insolvenzordnung, 13. Aufl., München 2010, Rn. 1–141.

Ulrich, Patrick (2011): Corporate Governance in mittelständischen Familienunternehmen. Theorien, Feldstudien, Umsetzung, Wiesbaden.

Vafeas, Nikos/Vlittis, Adamos/Katranis, Philippos/Ockree, Kanalis (2003): Earnings Management Around Share Repurches: A Note, in: Abacus, 39. Jg. (2003), S. 262–272.

Van Tendeloo, Brenda/Vanstraelen, Ann (2005): Earnings Management under German GAAP versus IFRS, in: European Accounting Review, 14. Jg. (2005), S. 155–180.

Veit, Klaus-Rüdiger (2002): Bilanzpolitik, München 2002.

Verbruggen, S./Christaens, J./Milis, K. (2008): Earnings management: a literature review, in: Hub Research paper, 14. Jg. (2008), S. 1–27.

Vladu, Alina B. (2013): Earnings management occurence in times of crisis: insights from the literature, in: Annals of the Constantin Barncusi University, 5. Jg. (2013), S. 115–119.

Vladu, Alina B./Cuzdriorean, Dan D. (2014): Detecting earnings management: Insights from the last decade leading journals published research, in: Procedia Economics and Finance, 15. Jg. (2014), S. 695–703.

von Keitz, I./Sibi, B. (2004): Rechnungslegung nach IAS/IFRS - auch ein Thema für den Mittelstand? - Ergebnisse einer Befragung mittelständischer Unternehmen, in: KoR, 4. Jg. (2004), S. 423–429.

von Keitz, Isabel/Gloth, Thomas (2013a): Praxis ausgewählter HGB-Anhangangaben (Teil 1). Eine empirische Analyse von 54 Jahresabschlüssen, in: Der Betrieb, (2013), S. 129–138.

von Keitz, Isabel/Gloth, Thomas (2013b): Praxis ausgewählter HGB-Anhangangaben (Teil 2). Eine empirische Analyse von 54 Jahresabschlüssen, in: Der Betrieb, (2013), S. 185–194.

von Keitz, Isabel/Wenk, Marc Oliver/Jagosch, Christian (2011a): HGB-Bilanzierungspraxis nach BilMoG (Teil 1). Eine empirische Analyse von ausgewählten Familienunternehmen, in: Der Betrieb, (2011), S. 2445–2450.

von Keitz, Isabel/Wenk, Marc Oliver/Jagosch, Christian (2011b): HGB-Bilanzierungspraxis nach BilMoG (Teil 2). Eine empirische Analyse von ausgewählten Familienunternehmen, in: Der Betrieb, (2011), S. 2503–2508.

Wagenhofer, Alfred (1990): Informationspolitik im Jahresabschluss. Freiwillige Informationen und strategische Bilanzanalyse, Heidelberg 1990.

Wagenhofer, Alfred (2001): Rechnungslegung, in: Jost, Peter-J. (Hrsg.): Die Prinzipal-Agenten-Theorie in der Betriebswirtschaftslehre, Stuttgart 2001, S. 439–486.

Wagenhofer, Alfred/Dücker, Hannes (2007): Die Messung von „Earnings"-Qualität, in: JfB, 57. Jg. 2007, S. 263–297.

Wagenhofer, Alfred/Ewert, Ralf (2007): Externe Unternehmensrechnung, 2. Aufl., Berlin 2015.

Wagenhofer, Alfred/Ewert, Ralf (2015): Externe Unternehmensrechnung, 3. Aufl., Berlin 2015.

Wagenhofer, Alfred/Moitzi, Bernhard (2006): Forschungs- und Entwicklungskosten im Jahresabschluss, in: Forschung und Entwicklung: Steuerung, Berichterstattung und Prüfung, (2006), S. 163–184.

Walb, Hans H. (1938): Der Geschäftsbericht der Aktiengesellschaft, Halle 1938.

Wang, Dechun (2006): Founding Family Ownership and Earnings Quality, in: Journal of Accounting Research, 44. Jg. (2006), S. 619–656.

Warfield, Terry D./Wild, John J./Wild, Kenneth L. (1995): Managerial ownership, accounting choices, and informativeness of earnings, in: Journal of Accounting and Economics, 20. Jg. (1995), S. 61–91.

Watts, Ross L./Zimmerman, Jerold L. (1986): Positive Accounting Theory, New Jersey 1986.

Weber, Christoph/Raab, Michael (2012): Bilanzpolitik und Krisenfrühwarnung, in: Jacobs, Jürgen u.a. (Hrsg.): Frühwarnindikatoren und Krisenfrühaufklärung. Konzepte zum präventiven Risikomanagement, Wiesbaden 2012, S. 467–489.

Wehrheim, Michael/Rupp, Dominik (2010): Die Passivierung von Rückstellungen für Innenverpflichtungen nach Inkrafttreten des BilMoG, in: DStR, (2010), S. 821–825.

Weinand, Martin/Wolz, Matthias (2010): Forschungs- und Entwicklungskosten im Mittelstand. Zur faktischen Irrelevanz eines Aktivierungswahlrechtes, in: KoR, 3. Jg. 2010, S. 130–138.

Weißenberger, Barbara E./Sieber, Tom/Kraft, Jens-Christian (2011): Strategieberichterstattung deutscher Aktiengesellschaften im Lagebericht nach HGB: Eine Bestandsaufnahme, in: KoR, 5. Jg. (2011), S. 254–263.

Wellhöfer, Werner/Peltzer, Martin/Müller, Welf (2008): Die Haftung von Vorstand, Aufsichtsrat, Wirtschaftsprüfer, München 2008.

Wenger, Ekkehard/Terberger, Eva (1988): Die Beziehung zwischen Agent und Prinzipal als Baustein einer ökonomischen Theorie der Organisation, in: WiSt, 17. Jg. (1988), S. 506–514.

Werner, Ute (1990): Die Berücksichtigung nicht numerischer Daten im Rahmen der Bilanzanalyse, in: Die Wirtschaftsprüfung 1990, S. 369–376.

White, Gary E. (1970): Discretionary Accounting Decisions and Income Normalization, in: Journal of Accounting Research, 8. Jg. (1970), S. 260–273.

White, H. (1980): A Heteroskedasticity-Consistent Covariance Matrix Estimator and a Direct Test for Heteroskedasticity, in: Econometrica, 48. Jg. (1980), S. 817–838.

Wiemann, Daniela (2011): Prüfungsqualität des Abschlussprüfers. Einfluss der Mandatsdauer auf die Bilanzpolitik beim Mandanten, Wiesbaden 2011.

Williamson, Oliver E. (1975): Markets and Hierarchies: Analysis and Antitrust Implications. A Study in the Economics of Internal Organization, New York 1975.

Williamson, Oliver E. (1985): The Economic Institutions of Capitalism. Firms, Markets, Relational Contracting, New York 1985.

Williamson, Oliver E. (1988): Corporate Finance and Corporate Governance, in: The Journal of Finance, 43. Jg. (1988), S. 567–591.

Williamson, Oliver E. (1991): Comparative Economic Organization. Vergleichende ökonomische Organisationstheorie: Die Analyse diskreter Strukturalternativen, in: Ordelheide, Dieter/Rudolph, Bernd/Büsselmann, Elke (Hrsg.): Betriebswirtschaftslehre und ökonomische Theorie, Stuttgart 1991, S. 13–49.

Williamson, Oliver E. (1998): Transaction Cost Economics: How It Works; Where It is Headed, in: De Economist, 146. Jg. (1998), S. 23–58.

Winkeljohann, Norbert/Taetzner, Tobias (2016): Kommentar zu § 253 HGB, in: Grottel, Bernd u.a. (Hrsg.): Beck'scher Bilanz-Kommentar. Handels- und Steuerbilanz, §§ 238 bis 339, 342 bis 342e HGB, 10. Aufl., München 2016.

Winnefeld, Robert (2006): Bilanz-Handbuch, Handels- und Steuerbilanz Rechtsformspezifisches Bilanzrecht Bilanzielle Sonderfragen Sonderbilanzen IAS/US-GAAP, 4. Aufl., München 2006.

Wirtschaftswoche o.V. (2014): Insolvenzen und Pleiten. Welche Unternehmen den Laden dicht machen. Internet: http://www.wiwo.de/unternehmen/handel/insolvenzen-und-pleiten-welche-unternehmen-den-laden-dicht-machen/6809326.html?slp=false&p=5&a=true#image, Abfrage: 27.01.2014.

Witte, Eberhard (1981): Die Unternehmenskrise - Anfang vom Ende oder Neubeginn?, in: Bratschitsch, Rudolf/Schnellinger, Wolfgang (Hrsg.): Unternehmenskrisen - Ursachen, Frühwarnung, Bewältigung. Bericht über die Pfingsttagung in Innsbruck, Juni 1979, Stuttgart 1981, S. 7–24.

Wöhe, Günter (2000): Einführung in die allgemeine Betriebswirtschaftslehre, 20. Aufl., München 2000.

Wohlgemuth, Frank (2007): IFRS: Bilanzpolitik und Bilanzanalyse, Gestaltung und Vergleichbarkeit von Jahresabschlüssen, Berlin 2007.

Wohlgemuth, Michael (2005): Kommentar zu § 253 HGB, in: Hofbauer, Max A./Kirsch, Hanno: Rechnungslegung, 2. Aufl., Bonn 2005.

Wohlgemuth, Michael/Radde, Jens (2002): B 162 Anschaffungskosten, in: Castan, Edgar u.a. (Hrsg.): Beck'sches Handbuch der Rechnungslegung. - HGB und IFRS -, München 2002.

Wöhrmann, Arnt (2010): Auswirkungen des Bilanzrechtsmodernisierungsgesetzes auf Finanzkennzahlen, in: Zeitschrift für Controlling & Management, (2010), S. 80–88.

Wolf, Thomas/Nagel, Ulrike (2007): Zur Abgrenzung strafrechtlich relevanter Verstöße gegen Rechnungslegungsvorschriften, in: Corporate Governance, Rechnungslegung und Strafrecht, 2. Jg. (2007), S. 84–89.

Wolff, Birgitta (1994): Organisation durch Verträge, Wiesbaden 1994.

Wöltje, Jörg (2013): Bilanzen lesen, verstehen und gestalten, 11. Aufl., München 2013.

Wulf, Torsten/Stubner, Stephan/von Stietencron, Philipp (2011): Führungskonzeption und Erfolg deutscher Familien- und Nichtfamilienunternehmen, in: Arbeitspapier 1/2011 Universität Leipzig 2011, S. 1–43.

Young, Steven (1998): The Determinants of Managerial Accounting Policy Choice: Further Evidence for the UK, in: Accounting and Business Research, 28. Jg. (1998), S. 131–143.

Young, Steven (1999): Systematic Measurement Error in the Estimation of Discretionary Accruals: An Evaluation of Alternative Modelling Procedures, in: Journal of Business Finance & Accounting, 26. Jg. (1999), S. 833–862.

Zang, Amy Y. (2012): Evidence on the Trade-Off between Real Activities Manipulation and Accrual-Based Earnings Management, in: The Accounting Review, 87. Jg. (2012), S. 675–703.

Zentes, Joachim/Swoboda, Bernhard (2001): Grundbegriffe des Marketing. Marktorientiertes globales Management-Wissen, 5. Aufl., Stuttgart 2001.

Zhu, Xiaotian/Lu, Shuoyi (2013): Earnings management through real activities manipulation before mergers and acquisitions, in: Journal of Finance and Accountancy, 13. Jg. (2013), S. 1–16.

Ziesemer, Stefan (2002): Rechnungslegungspolitik in IAS-Abschlüssen und Möglichkeiten ihrer Neutralisierung, Düsseldorf 2002.

Zimmermann, Ruth-Caroline (2008): Abschlussprüfer und Bilanzpolitik der Mandanten. Eine empirische Analyse des deutschen Prüfungsmarktes, Wiesbaden 2008.

Zingel, Harry (2007): Bilanzanalyse nach HGB, Weinheim 2007.

Zirener, Jörg/Hautkappe, Andreas (2015): Eigenkapitalgeber, in: Baur, Michael/Kantowsky, Jan/Schulte, Axel (Hrsg.): Stakeholder Management in der Restrukturierung. Perspektiven und Handlungsfelder in der Praxis, 2. Aufl., Wiesbaden 2015, S. 7–62.

Zülch, Henning/Hoffmann, Sebastian (2009): Die Bilanzierung sonstiger Rückstellungen nach BilMoG, in: Steuer- und Bilanzpraxis, (2009), S. 369–373.

Zülch, Henning/Holzamer, Matthias/Böhm, Josefine/Kretzmann, Christian W. (2014): Financial Covenants aus Banken- und Unternehmenssicht, in: Der Betrieb, (2014), S. 2117–2122.

Zwirner, Christian (2015): BilRUG: Wesentliche Änderungen für Einzel- und Konzernabschluss. Darstellung, Beispiele sowie Tipps für die Erstanwendung und Umsetzung in der Praxis, in: Der Betrieb, 68. Jg. (2015), S. 1–29.

Zwirner, Christian/Künkele, Kai P. (2010): Neue Möglichkeiten der Bilanzpolitik nach BilMoG - Auswirkungen auf die Aktivseite Teil 2: Umlaufvermögen und latente Steuern, in: BC, (2010), S. 319–321.

Zwirner, Christian/Künkele, Kai P. (2012): Eigenständige Steuerbilanzpolitik. Möglichkeiten, Anwendungsbereiche, Konsequenzen, in: Steuer- und Bilanzpraxis, (2012), S. 1–16.

Rechtsprechungsverzeichnis

Gericht	Aktenzeichen	Fundstelle
BFH, Urteil vom 1.8.1984	I R 88/80	BStBl. 1985 II, S. 44
BGH, Urteil vom 13.10.2009	X ZR 79/06	DB 2009, S. 2657
BGH, Urteil vom 24.5.2005	IX ZR 123/04	BGHZ 163, S. 134

Gesetzes- und Regelwerksverzeichnis

Bilanzrechtsmodernisierungsgesetz (BilMoG) v. 25.5.2009, BGBl. I, S. 1102–1137.

Deutsches Rechnungslegungs Standards Committee e.V. (DRSC) (1999): Deutscher Rechnungslegungs Standard Nr. 2: Kapitalflussrechnung v. 29.10.1999, zuletzt geändert durch Art. 1 des Deutschen Rechnungslegungs Änderungsstandards Nr. 4 vom 5.1.2010 aufgehoben.

Deutsches Rechnungslegungs Standards Committee e.V. (DRSC) (2012): Deutscher Rechnungslegungs Standard Nr. 20: Konzernlagebericht v. 2.11.2012.

Deutsches Rechnungslegungs Standards Committee e.V. (DRSC) (2014): Deutscher Rechnungslegungs Standard Nr. 21: Kapitalflussrechnung v. 4.2.2014.

Gesetz zur Durchführung der Vierten, Siebenten und Achten Richtlinie des Rates der Europäischen Gemeinschaften zur Koordinierung des Gesellschaftsrechts (Bilanzrichtlinien-Gesetz – BilRiLiG) v. 19.12.1985, BGBl. I, S. 2355–2433.

Gesetz über elektronische Handelsregister und Genossenschaftsregister sowie das Unternehmensregister (EHUG) v. 10.11.2006, BGBl. I, S. 2553–2586.

Gesetz zur Umsetzung der Richtlinie 2012/6/EU des Europäischen Parlaments und des Rates vom 14. März 2012 zur Änderung der Richtlinie 78/660/EWG des Rates über den Jahresabschluss von Gesellschaften bestimmter Rechtsformen hinsichtlich Kleinstbetrieben (Kleinstkapitalgesellschaften-Bilanzrechtsänderungsgesetz – MicroBilG) v. 20.12.2012, BGBl. I, S. 2751–2755.

Gesetz zur Umsetzung der Wohnimmobilienkreditrichtlinie und zur Änderung handelsrechtlicher Vorschriften v. 11.3.2016, BGBl. I, S. 396–441.

Gesetz zur Umsetzung der Richtlinie 2013/34/EU des Europäischen Parlaments und des Rates vom 26. Juni 2013 über den Jahresabschluss, den konsolidierten Abschluss und damit verbundene Berichte von Unternehmen bestimmter Rechtsformen und zur Änderung der Richtlinie 2006/43/EG des Europäischen Parlaments und des Rates und zur Aufhebung der Richtlinien 78/660/EWG und 83/349/EWG des Rates (Bilanzrichtlinie-Umsetzungsgesetz – BilRUG) v. 17.7.2015, BGBl. I, S. 1245–1267.

Gesetz zur Umsetzung eines Maßnahmenpakets zur Stabilisierung des Finanzmarktes (Finanzmarktstabilisierungsgesetz – FMStG) v. 17.10.2008, BGBl. I, S. 1982–1989.

Gesetz zur weiteren Erleichterung der Sanierung von Unternehmen (ESUG) v. 7.12.2011, BGBl. I, S. 2582–2591.

Handelsgesetzbuch (HGB) v. 10.5.1897, zuletzt geändert durch Art. 1 Bilanzrechtsmodernisierungsgesetz v. 25.5.2009, BGBl. I, S. 1102.

Handelsgesetzbuch (HGB n.F.) v. 10.5.1897, zuletzt geändert durch Art. 1 Bilanzrichtlinie-Umsetzungsgesetz v. 17.7.2015, BGBl. I, S. 1245.

IDW ES 11 (2015):
Beurteilung des Vorliegens von Insolvenzeröffnungsgründen, in: IDW Fachnachrichten, S. 202–213, (Stand 29.01.2015).

IDW PS 270 (2003):
IDW Prüfungsstandard (IDW PS): Die Beurteilung der Fortführung der Unternehmenstätigkeit im Rahmen der Abschlussprüfung, IDW, Düsseldorf, (Stand: 09.09.2010).

IDW PS 400 (2005):
IDW Prüfungsstandard (IDW PS): Grundsätze für die ordnungsmäßige Erteilung von Bestätigungsvermerken bei Abschlussprüfungen, IDW, Düsseldorf, (Stand: 12.12.2012).

IDW PS 210 (2006):
IDW Prüfungsstandard (IDW PS): Zur Aufdeckung von Unregelmäßigkeiten im Rahmen der Abschlussprüfung, IDW, Düsseldorf, (Stand: 12.12.2012).

IDW RH HFA 1.016 (2009):
IDW Rechnungslegungshinweis (IDW RH HFA): Handelsrechtliche Zulässigkeit einer komponentenweisen planmäßigen Abschreibung von Sachanlagen, IDW, Düsseldorf, (Stand: 29.5.2009).

IDW Rechnungslegungshinweis (IDW RS VFA):
Auslegung des § 341b HGB, IDW, Düsseldorf, (Stand: 8.4.2002).

IDW RS HFA 4 (2010):
IDW Rechnungslegungshinweis (IDW RS HFA): Zweifelsfragen zum Ansatz und zur Bewertung von Drohverlustrückstellungen, IDW, Düsseldorf, (Stand: 29.11.2012).

IDW RS HFA 30 (2011):
IDW Rechnungslegungshinweis (IDW RS HFA): Handelsrechtliche Bilanzierung von Altersvorsorgeverpflichtungen, IDW, Düsseldorf, (Stand: 10.6.2011).

IDW RS HFA 34 (2013):
IDW Rechnungslegungshinweis (IDW RS HFA): Einzelfragen zur handelsrechtlichen Bilanzierung von Verbindlichkeitsrückstellungen, IDW, Düsseldorf, (Stand: 3.6.2015).

Insolvenzordnung (InsO) v. 5.10.1994, zuletzt geändert durch Art. 16 des Gesetzes v. 20.11.2015, BGBl. I, S. 2010.

Krankenhausfinanzierungsgesetz (KHG) v. 10.4.1991, zuletzt geändert durch Art. 1 des Gesetzes v. 10.12.2015, BGBl. I, S. 2229.

Richtlinie 2013/34/EU des europäischen Parlaments und des Rates über den Jahresabschluss, den konsolidierten Abschluss und damit verbundene Berichte von Unternehmen bestimmter Rechtsformen und zur Änderung der Richtlinie 2006/43/EG des Europäischen Parlaments und des Rates und zur Aufhebung der Richtlinien 78/660/EWG und 83/439/EWG des Rates v. 26.6.2013, Amtsblatt der Europäischen Union L 182, S. 19–76.

Verzeichnis amtlicher Schriften

BT-Drucksache 12/2443:
Drucksache des deutschen Bundestages 12/2443 vom 19.04.1994: Entwurf einer Insolvenzordnung.

BT-Drucksache 16/10067:
Drucksache des deutschen Bundestages 16/10067 vom 30.7.2008: Entwurf eines Gesetzes zur Modernisierung des Bilanzrechts (Bilanzrechtsmodernisierungsgesetz – BilMoG), S. 1–124.

Internationale Steuerlehre, Steuerrecht und Wirtschaftsprüfung

Herausgegeben von Rainer Heurung, Gerd Morgenthaler und Andreas Dutzi

Band 1 Markus Gsödl: Entstrickungstatbestände des Einkommen- und Körperschaftsteuergesetzes. Eine Analyse unter dem Aspekt der Gerechtigkeit. 2010.

Band 2 Philipp Seidel: Ertragsbesteuerung periodischer Auslandseinkünfte aus Direktinvestitionen. 2011.

Band 3 Hans-Jürgen Lappat: Die in- und ausländische Besteuerung schweizerischer Betriebsstätten deutscher Personenhandelsgesellschaften. 2011.

Band 4 Jens Kalbitzer: Wegzugsbesteuerung nach § 6 AStG. Betriebswirtschaftliche Analyse und Gestaltungsempfehlungen. 2012.

Band 5 Bastian Thiedemann: Die Entwicklung einer modernen, europarechtskonformen und zukunftsweisenden Gruppenbesteuerung für Deutschland. Eine Untersuchung insbesondere unter gemeinschaftsrechtlichen und steuersystematischen Gesichtspunkten. 2013.

Band 6 Michael Fritz: Ermittlung von Umtauschverhältnissen im Rahmen von grenzüberschreitenden Verschmelzungstatbeständen. 2015.

Band 7 Markus Schneider: Steuerliches Verrechnungspreis-Risikomanagement im internationalen Konzern. Analyse und Bewertung von Instrumenten zur Begegnung steuerlicher Verrechnungspreisrisiken. 2016.

Band 8 Ariane Bresgen: Qualifikationskonflikte bei Personengesellschaften im Internationalen Steuerrecht. Eine Analyse der abkommensrechtlichen Behandlung von grenzüberschreitend gezahlten Sondervergütungen bei Mitunternehmerschaften. 2016.

Band 9 Katja Fröhr: Der internationale Erbfall Deutschland-Schweiz. Eine rechtsvergleichende und ökonomische Analyse der erbschaftsteuerlichen Regelungen im Lichte aktueller Entwicklungen. 2016.

Band 10 Bastian Rausch: Rechnungslegung in wirtschaftlichen Krisenzeiten. Eine empirische Analyse der bilanzpolitischen Einflussnahme mittelständischer Unternehmen vor einer Insolvenz. 2017.

www.peterlang.com

www.ingramcontent.com/pod-product-compliance
Ingram Content Group UK Ltd.
Pitfield, Milton Keynes, MK11 3LW, UK
UKHW021831290926
8980IPUK00004B/390

9 783631 714867